GRUNDRISSE DES RECHTS

Rudolf Rengier · Strafrecht
Besonderer Teil II

Strafrecht
Besonderer Teil II

Delikte gegen die Person
und die Allgemeinheit

von

Dr. Rudolf Rengier

o. Professor an der Universität Konstanz

10., neu bearbeitete Auflage

Verlag C. H. Beck München 2009

Verlag C. H. Beck im Internet:
beck.de

ISBN 978 3 406 58656 9

© 2009 Verlag C. H. Beck oHG
Wilhelmstraße 9, 80801 München
Gesamtherstellung: Druckerei C. H. Beck Nördlingen
(Adresse wie Verlag)

Gedruckt auf säurefreiem, alterungsbeständigem Papier
(hergestellt aus chlorfrei gebleichtem Zellstoff)

Vorwort zur zehnten Auflage

Der vorliegende Band II des Lehrbuchs zum Besonderen Teil behandelt die Delikte gegen die Person und die Allgemeinheit. Es konzentriert sich auf den erfahrungsgemäß prüfungs- und examensrelevanten Pflichtfachstoff. Das Buch stößt weiterhin auf so viel Resonanz, dass bereits im elften Jahr nach der 1. Aufl. 1998 die zehnte Auflage notwendig wird. Das Werk mit seiner Mischung zwischen systematischer und fallorientierter Darstellung trifft offenbar das Bedürfnis der Studierenden nach einem klar strukturierten und verständlichen Leitfaden zum Besonderen Teil. Angesprochen sind Anfangssemester wie Examenskandidaten. Für Referendare eignet sich das Lehrbuch zur Wiederholung des Stoffes. Hinweise zur Benutzung werden in § 1 Rn. 5 ff. gegeben. Der ergänzende Band I (11. Aufl. 2009) hat die Vermögensdelikte zum Gegenstand.

Für alle Äußerungen aus dem Leserkreis bedanke ich mich. Hinweise, Kritik und Anregungen nehme ich auch weiterhin gerne per E-Mail entgegen (Rudolf.Rengier@uni-konstanz.de).

Die vorliegende Neuauflage ist gründlich überarbeitet worden. Erneut habe ich wie schon in den Vorauflagen großen Wert auf die Einarbeitung aktueller und ausbildungsrelevanter Entscheidungen gelegt. Zudem wurden weitere Aufbauschemata und Hinweise zur Fallbearbeitung aufgenommen. Besondere Aufmerksamkeit haben Fragen der Tötungs- und Körperverletzungsdelikte sowie der §§ 306 ff. (§ 40), 323 a (§ 41) und 316, 315 c (§§ 44, 45) gefunden.

Im Übrigen wurde die gesamte Darstellung durchgesehen, ergänzt und auf den neuesten Stand gebracht. Literatur und Rechtsprechung sind bis Anfang Februar 2009 berücksichtigt. Soweit vereinzelt BGH-Entscheidungen nur mit Aktenzeichen zitiert werden, sind diese (noch) nicht gedruckt publiziert, aber im Internet unter www.bundesgerichtshof.de abrufbar.

Meinen früheren und jetzigen Mitarbeiterinnen und Mitarbeitern, allen voran *Christian Brand* und *Dr. Björn Jesse*, sowie ferner *Sandra Braun, Alexander Herrmann, Oliver Kanzler, Martin*

Lotz, Dennis Reschke, Isabelle Röchner, Christian Sperling und *Thomas Wostry* danke ich für zahlreiche Anregungen, die in diese Neuauflage eingeflossen sind. Besonderen Dank schulde ich auch meiner Sekretärin, Frau *Silvia Lehmann,* die nicht nur die Schreib- und Computerarbeiten zuverlässig erledigt hat.

Konstanz, im Februar 2009   *Rudolf Rengier*

Aus dem Vorwort zur ersten Auflage

Für tatkräftige Unterstützung danke ich besonders meinem Assistenten, Herrn Dr. *Bernd Hecker.* Weiter haben insbesondere Frau Dr. *Bettina Weißer* sowie die Herren *Reinhold Brandt* und *Stephan Haack* durch wertvolle Diskussionen die Entstehung des Buches gefördert; auch ihnen sei herzlich gedankt. Der Dank geht schließlich an meine Sekretärin, Frau *Gisa Pflanz,* die ebenfalls das Manuskript für den Band II geduldig und zuverlässig erstellt hat.

Konstanz, im März 1998   *Rudolf Rengier*

Inhaltsverzeichnis

2. Kapitel. Straftaten gegen das werdende Leben

Inhaltsverzeichnis IX

3. Kapitel. Straftaten gegen die körperliche Unversehrtheit

5. Kapitel. Straftaten gegen die Ehre

6. Kapitel. Hausfriedensbruch, Straftaten gegen den persönlichen Lebens- und Geheimbereich

2. Teil. Straftaten gegen die Allgemeinheit

7. Kapitel. Urkundenstraftaten

9. Kapitel. Gemeingefährliche Straftaten

10. Kapitel. Verkehrsstraftaten

13. Kapitel. Straftaten gegen die Staatsgewalt und öffentliche Ordnung

14. Kapitel. Straftaten im Amt

Abkürzungsverzeichnis

GS .... Gedächtnisschrift
GVG .... Gerichtsverfassungsgesetz

Halbs. .... Halbsatz
Hilgendorf .... *Hilgendorf,* Fallsammlung zum Strafrecht, 5. Aufl., 2008
h. M. .... herrschende Meinung
HRRS .... Höchstrichterliche Rechtsprechung Strafrecht (Online-Zeitschrift, abrufbar unter www.hrr-strafrecht.de)
Hrsg. .... Herausgeber

i. A. .... im Auftrag
InsO .... Insolvenzordnung
Iurratio .... Zeitschrift für stud. iur. (als Online-Zeitschrift abrufbar unter www.iurratio.de)
i. V. .... in Vertretung
i. V. m. .... in Verbindung mit

JA .... Juristische Arbeitsblätter
Jäger, BT .... *Jäger,* Examens-Repetitorium Strafrecht Besonderer Teil, 2. Aufl., 2007
Jescheck/Weigend, AT .... *Jescheck/Weigend,* Lehrbuch des Strafrechts, Allgemeiner Teil, 5. Aufl., 1996
JGG .... Jugendgerichtsgesetz
JK .... Jura-Kartei
JMBlNW .... Justizministerialblatt Nordrhein-Westfalen
Joecks .... *Joecks,* Strafgesetzbuch-Studienkommentar, 7. Aufl., 2007
JR .... Juristische Rundschau
Jura .... Juristische Ausbildung
JuS .... Juristische Schulung
JZ .... Juristenzeitung

Kap. .... Kapitel
KG .... Kammergericht
Kindhäuser, BT I .... *Kindhäuser,* Strafrecht, Besonderer Teil I, Straftaten gegen Persönlichkeitsrechte, Staat und Gesellschaft, 3. Aufl., 2007
Kindhäuser, LPK-StGB .... *Kindhäuser,* Strafgesetzbuch, Lehr- und Praxiskommentar, 3. Aufl., 2006
KK/OWiG/*Bearbeiter* .... Karlsruher Kommentar zum Gesetz über Ordnungswidrigkeiten, 3. Aufl., 2006
Krey/M. Heinrich, BT 1 ...... *Krey/M. Heinrich,* Strafrecht, Besonderer Teil, Bd. 1, Besonderer Teil ohne Vermögensdelikte, 14. Aufl., 2008

Nr.	Nummer
NStE	Neue Entscheidungssammlung für Strafrecht
NStZ	Neue Zeitschrift für Strafrecht
NStZ-RR	NStZ-Rechtsprechungs-Report Strafrecht
NuR	Natur und Recht
NVwZ	Neue Zeitschrift für Verwaltungsrecht
NVwZ-RR	NVwZ-Rechtsprechungs-Report Verwaltungsrecht
NZV	Neue Zeitschrift für Verkehrsrecht
OLG	Oberlandesgericht
OLGSt	Entscheidungen der Oberlandesgerichte zum Straf- und Strafverfahrensrecht
Otto, AT und BT	*Otto,* Grundkurs Strafrecht: Allgemeine Strafrechtslehre, 7. Aufl., 2004; Die einzelnen Delikte, 7. Aufl., 2005
OWiG	Ordnungswidrigkeitengesetz
PflSchG	Pflanzenschutzgesetz
PostG	Postgesetz
PStG	Personenstandsgesetz
Rengier, BT I	*Rengier,* Strafrecht, Besonderer Teil I, Vermögensdelikte, 11. Aufl., 2009
Rengier, Erfolgsqualifizierte Delikte	*Rengier,* Erfolgsqualifizierte Delikte und verwandte Erscheinungsformen, 1986
RGSt	Entscheidungen des Reichsgerichts in Strafsachen
Rn.	Randnummer
Roxin, AT I und AT II	*Roxin,* Strafrecht, Allgemeiner Teil: Bd. I, Grundlagen, Der Aufbau der Verbrechenslehre, 4. Aufl., 2006; Bd. II, Besondere Erscheinungsformen der Straftat, 2003
RPflG	Rechtspflegergesetz
S.	Seite
Schlüchter	*Schlüchter* (Hrsg.), Bochumer Erläuterungen zum 6. Strafrechtsreformgesetz, 1998
Schroth, BT	*Schroth,* Strafrecht, Besonderer Teil, 4. Aufl., 2006
Sch/Sch/*Bearbeiter*	*Schönke/Schröder,* Strafgesetzbuch, 27. Aufl., 2006
SGB	Sozialgesetzbuch
SK/*Bearbeiter*	Systematischer Kommentar zum Strafgesetzbuch, Loseblattausgabe: Stand 116. Lfg., 2008

sog.	sogenannte
StGB	Strafgesetzbuch
StPO	Strafprozessordnung
str.	streitig
StraFo	StrafverteidigerForum
StrÄndG	Strafrechtsänderungsgesetz
StrRG	Gesetz zur Reform des Strafrechts
StV	Strafverteidiger
StVG	Straßenverkehrsgesetz
StVZO	Straßenverkehrs-Zulassungs-Ordnung
SubvG	Subventionsgesetz
TSchG	Tierschutzgesetz
u. a.	unter anderem
u. ä.	und ähnliches
UKG	Gesetz zur Bekämpfung der Umweltkriminalität
usw.	und so weiter
UWG	Gesetz gegen den unlauteren Wettbewerb
Var.	Variante
vgl.	vergleiche
VRS	Verkehrsrechts-Sammlung
VwGO	Verwaltungsgerichtsordnung
VwVfG	Verwaltungsverfahrensgesetz
WaffG	Waffengesetz
Wessels/Beulke, AT	*Wessels/Beulke*, Strafrecht, Allgemeiner Teil, 38. Aufl., 2008
Wessels/Hettinger, BT 1	*Wessels/Hettinger*, Strafrecht, Besonderer Teil 1, Straftaten gegen Persönlichkeits- und Gemeinschaftswerte, 32. Aufl., 2008
Wessels/Hillenkamp, BT 2	*Wessels/Hillenkamp*, Strafrecht, Besonderer Teil 2, Straftaten gegen Vermögenswerte, 31. Aufl., 2008
WHG	Wasserhaushaltsgesetz
wistra	Zeitschrift für Wirtschaft, Steuer, Strafrecht bzw. Wirtschafts- und Steuerstrafrecht, 1997 ff.
z. B.	zum Beispiel
ZfW	Zeitschrift für Wasserrecht
ZIS	Zeitschrift für Internationale Strafrechtsdogmatik (Online-Zeitschrift, abrufbar unter www.zis-online.com)

§ 1. Einführung

I. Strukturen des Besonderen Teils

Nach dem üblichen Gliederungsprinzip unterscheidet man zwischen Straftaten, die Individualrechtsgüter verletzen, und solchen, die gegen Rechtsgüter der Allgemeinheit gerichtet sind (dazu bereits *Rengier,* BT I, § 1 Rn. 1). Von den Individualdelikten ist der größte Komplex (Vermögensdelikte) im ersten Band meines Lehrbuchs zum Besonderen Teil behandelt. Mit dem anderen großen Komplex, den Delikten gegen die Person, beginnt der vorliegende zweite Band. Daneben enthält der „BT II" die Straftaten gegen die Allgemeinheit. **1**

II. Insbesondere die Straftaten gegen die Person

Bei den Delikten gegen den Einzelnen orientiert sich der systematische Aufbau am Rang der geschützten Rechtsgüter. Am Anfang stehen die Straftaten gegen das Leben und gegen das werdende Leben. Es folgen die Taten gegen die körperliche Unversehrtheit und gegen die persönliche Freiheit. Diese Ordnung entspricht weitgehend auch der gesetzlichen Systematik (16. bis 18. Abschnitt). Weitere Kapitel haben die Straftaten gegen die Ehre, den Hausfriedensbruch sowie die Delikte gegen den persönlichen Lebens- und Geheimbereich zum Gegenstand. **2**

III. Insbesondere die Straftaten gegen die Allgemeinheit

Im Bereich der Universalrechtsgüter gibt es weniger anerkannte systematische Prinzipien. An die Spitze gestellt sind die Urkundenstraftaten und die damit zusammenhängenden Geldfälschungsdelikte. Nach den gemeingefährlichen Straftaten werden die Verkehrsdelikte erörtert, bei denen wegen des Sachzusammenhangs auch § 142 eingeordnet wird, obwohl es sich um einen Vermögensgefährdungstatbestand handelt. Umgekehrt erlangt § 316a typischerweise im Zusammenhang mit den §§ 249–255 Aktualität **3** und findet dementsprechend dort seinen Platz (*Rengier*, BT I, § 12).

4   Nach den anschließend behandelten Umweltdelikten werden die Straftaten gegen die Rechtspflege erörtert. Zumindest auch zu den Rechtspflegedelikten kann man die §§ 257, 258, 258 a, 261 zählen. Da es sich hierbei um Anschlussstraftaten handelt, sind strukturelle und didaktische Gründe der Anlass dafür gewesen, die §§ 257–261 geschlossen im ersten Band darzustellen (*Rengier*, BT I, §§ 20–23). Am Ende des Buches stehen die Straftaten gegen die öffentliche Staatsgewalt und Ordnung sowie die Straftaten im Amt.

IV. Zur Benutzung des Lehrbuchs

5   Die Bände „BT I" und „BT II" können selbstverständlich unabhängig voneinander benutzt werden, bilden allerdings auch eine Einheit: Querverweise zwischen den Bänden sollen übergreifende Zusammenhänge und parallele Fragestellungen hervortreten lassen.

6   Ferner habe ich mich wie schon im Band I darum bemüht, solche Fragen des Allgemeinen Teils in die Darstellung zu integrieren, die mit bestimmten Tatbeständen des Besonderen Teils eng zusammenhängen. Weitgehend um „AT-Fragen" geht es z. B. in den §§ 5, 8 und 20 dieses Buches. Auch bei den erfolgsqualifizierten Delikten bereiten die „allgemeinen" Fragestellungen erhebliche Probleme (vgl. insbesondere unten §§ 15, 16). Konkurrenzfragen werden (nicht nur) in den Falllösungen mit angesprochen. Schließlich kann der Leser mit Hilfe des Stichwortverzeichnisses einschlägige AT-Stellen finden (siehe etwa die Stichworte Besondere persönliche Merkmale, Erfolgsqualifizierte Delikte, Gefahr, Irrtum, Konkurrenzen, Täterschaft und Teilnahme, Versuch).

7   Was meine „Empfehlungen zur vertiefenden Lektüre" betrifft, so darf ich auf die Ausführungen in BT I, § 1 Rn. 10 verweisen. Kurz zusammengefasst: Es handelt sich um eine unter didaktischen Aspekten getroffene gezielte Auswahl, die Anregungen für ein ergänzendes und unbedingt empfehlenswertes Vertiefungsstudium geben will.

8   Im Übrigen findet der Leser in BT I, § 1 Rn. 8, 9, 11 noch weitere kurze Hinweise, auf die ebenfalls verwiesen sei. Sie betreffen

u. a. den Umgang mit den Fällen, die den einzelnen Paragraphen vorangestellt sind.

Den Hinweis zum Pflichtfachstoff (BT I, § 1 Rn. 12) möchte ich an dieser Stelle wiederholen: Die meisten Prüfungsordnungen haben im Bereich des Besonderen Teils gewisse Stoffbegrenzungen normiert, die unterschiedlich ausfallen und mit denen insbesondere die fortgeschrittenen Studierenden vertraut sein sollten. Was nicht zum Prüfungsstoff gehört, ist in Hausarbeiten und Klausuren auch dann nicht zu erörtern, wenn allgemein nach der Strafbarkeit der Beteiligten gefragt wird.   9

1. Teil. Straftaten gegen die Person

1. Kapitel. Straftaten gegen das Leben

§ 2. Überblick

Innerhalb der Tötungsdelikte muss man zunächst die vorsätz- **1** liche Tötung scharf von der fahrlässigen Tötung unterscheiden. Als Folge der Regel des § 15 normiert § 222 das Fahrlässigkeitsdelikt, während § 212 den Normalfall der vorsätzlichen Tötung enthält.

Die vorsätzlichen Tötungstatbestände sind in den §§ 212 **2** (i. V. m. 213), 211 und 216 geregelt. Das Gesetz lässt hier eine dreistufige Systematik erkennen:

(1) Der „Durchschnittsfall" der vorsätzlichen Tötung wird von § 212 erfasst und als Totschlag bezeichnet.

(2) Davon hebt sich in strafschärfender Richtung der Mordtat- **3** bestand des § 211 ab. Nach richtiger Ansicht stellt § 211 eine Qualifikation zu § 212 dar (dazu § 4 Rn. 1). Der Totschläger wird zum Mörder, wenn er wenigstens eines der neun sog. Mordmerkmale verwirklicht. Nach § 211 I muss der Mord (zwingend!) mit lebenslanger Freiheitsstrafe bestraft werden.

(3) In strafmildernder Richtung ist zuerst auf § 213 hinzuwei- **4** sen, der wegen seines Wortlauts („Totschläger") nach ganz h. M. nur für Fälle des § 212 gilt. Allerdings handelt es sich bei § 213, der vor allem in Provokationsfällen eine mildere Bestrafung ermöglichen will, nicht um einen selbstständigen Tatbestand, sondern um einen zum Teil benannten minder schweren Fall des Totschlags, also um eine Strafzumessungsvorschrift. Anders liegt es bei § 216, der einen echten Tatbestand enthält und eine bindende Strafmilderung vorsieht, die den Rückgriff auf § 212 wie § 211 verbietet; daher spricht man von einem privilegierenden Tatbestand.

Eine andere Privilegierung, die Kindestötung (§ 217 a. F.), ist mit dem 6. StRG 1998 ersatzlos weggefallen.

§ 3. Totschlag (§ 212)

Fall 1: Bei der schwangeren S kommt es zu einer Totgeburt. Die Untersuchung ergibt, dass der Embryo schon im Mutterleib im achten Monat, bevor Wehen einsetzten, gestorben ist, weil der Arzt A vorsätzlich bzw. fahrlässig eine Erkrankung der S falsch behandelt hat. → Rn. 4, 5

Fall 2: Trotz vorhandener „Alarmzeichen" behandelt der für die Betreuung zuständige Arzt A am Wochenende die P zu spät, so dass sie stirbt. Bei rechtzeitiger Behandlung wäre das Leben der P im Bereich von Stunden verlängert, wenn nicht sogar gerettet worden (*BGH* NStZ 1985, 26). → Rn. 11

I. Tatbestand

1   § 212 enthält nach ganz h. M. das Grunddelikt der vorsätzlichen Tötung, das durch § 211 qualifiziert wird (dazu § 4 Rn. 1). Der objektive Tatbestand des § 212 I setzt die Tötung eines (anderen) Menschen voraus. Die Worte „ohne Mörder zu sein" haben keine eigenständige Bedeutung und sind überflüssig.

1. Merkmal „Mensch"

2   a) Zum einen muss der **Beginn** des Menschseins im strafrechtlichen Bereich festgelegt und dabei das Merkmal „Mensch" zum werdenden Leben, zur Leibesfrucht, abgegrenzt werden. Vom Wortlaut her könnte man als „Menschen" im Sinne des § 212 I (wie des § 222) auch den werdenden Menschen ansehen. Auch das Grundgesetz stellt durch Art. 1 I, 2 II 1 GG das werdende Leben unter seinen Schutz (BVerfGE 39, 1, 36 ff.; 88, 203, 251 f.). Der Einbeziehung des werdenden Lebens in das Tatbestandsmerkmal Mensch stehen aber systematische Gründe entgegen. Denn aus den §§ 218 ff. ergibt sich, dass der Gesetzgeber den strafrechtlichen Schutz der Leibesfrucht selbstständig geregelt hat.

3   Einen Anhaltspunkt für den Beginn des Menschseins im strafrechtlichen Bereich findet man in dem – durch das 6. StrRG 1998 aus anderen Gründen aufgehobenen – § 217 a. F. (Kindestötung), wonach jedenfalls nicht erst der Austritt des Kindes aus dem Mutterleib (so wird allgemein § 1 BGB verstanden), sondern schon die Phase „in der Geburt" maßgeblich sein konnte. Vor diesem Hintergrund hat sich seit BGHSt 32, 194 weitgehend die Ansicht durchgesetzt, dass bei regulärem Geburtsverlauf die Leibesfrucht

mit dem Einsetzen der Eröffnungswehen zum Menschen wird, weil hiermit die maßgeblichen „Ausstoßungsversuche des Mutterleibes" beginnen (zur h.M. und aktuellen Diskussion *Otto,* Jura 2003, 613f. m.w.N.; für die Anknüpfung an § 1 BGB NK/*Merkel,* § 218 Rn. 33ff.; enger als die h.M. auch NK/*Neumann,* vor § 211 Rn. 5ff. m.w.N.).
Beim Kaiserschnitt ist für den Lebensbeginn die Öffnung des Uterus maßgeblich.

Im **Fall 1** ist der Tod der Leibesfrucht vor den Eröffnungswehen im Mutter- **4** leib eingetreten. Eine Bestrafung des A nach § 212 bzw. § 222 entfällt damit. Daran würde sich selbst dann nichts ändern, wenn der Tod des Kindes zeitlich zwar nach den Eröffnungswehen eingetreten wäre, die Falschbehandlung aber schon vorher stattgefunden hätte; denn für die Frage, ob die Tötung eines Menschen oder einer Leibesfrucht vorliegt, ist der Zeitpunkt der schädlichen *Einwirkung* auf das Opfer, nicht der des Todeseintritts maßgeblich (BGHSt 31, 348, 351ff.; *BGH* NStZ 2008, 394; ergänzend § 11 Rn.6a). Was die §§ 218ff. anbelangt, so erfassen sie nur die *vorsätzliche* Abtötung des Embryos; allein eine vorsätzliche Falschbehandlung wie im **Fall 1** genügt dafür nicht. Auf jeden Fall bleibt die fahrlässig tödliche pränatale Einwirkung auf die Leibesfrucht straflos (*BVerfG* NJW 1988, 2945; *OLG Karlsruhe* NStZ 1985, 314).
Man könnte hier allenfalls wegen der natürlichen Einheit von Mutter und **5** Frucht an eine Bestrafung wegen fahrlässiger Körperverletzung der Mutter denken (vgl. *Hirsch,* JR 1985, 339; *Otto,* Jura 1996, 144f.; LK/*Lilie,* 11. Aufl., vor § 223 Rn. 7; ergänzend § 11 Rn. 24). Da jedoch ein solcher Schritt den Wertungen des Abtreibungsstrafrechts zuwiderlaufen würde, muss man aus den §§ 218ff. eine Sperrwirkung bezüglich aller Beeinträchtigungen ableiten, die für die Mutter mit der Abtötung der Leibesfrucht als solcher verbunden sind (MüKo/*Schneider,* vor § 211 Rn. 13; ferner *Jung,* NStZ 1985, 316f.; zum Gedanken der Sperrwirkung auch § 21 Rn. 4).
Bei **pränatalen Verletzungen** tauchen parallele Probleme auf (§ 13 Rn. 2).

Auf die Lebensfähigkeit des Neugeborenen kommt es nicht an. **6** Für das Menschsein genügt es, dass das Kind, sei es auch möglicherweise nur kurz wie nach einer Frühgeburt oder einem Schwangerschaftsabbruch, unabhängig von der Mutter lebt (BGHSt 10, 291). Jetzt erfolgende (ggf. neue) Angriffe durch Tun oder Unterlassen gelten einem Menschen. Geschützt wird Leben jeder Qualität, auch wenn es von manchen als sog. „lebensunwertes Leben" eingestuft werden sollte (schwerstgeschädigte Neugeborene, geistig und/oder körperlich Schwerstbehinderte).
b) Zum anderen muss das **Ende** des Menschseins bestimmt **7** werden (ausführlich Sch/Sch/*Eser,* vor § 211 Rn. 16ff.). Die medizinischen Fortschritte mit ihren Reanimationsmöglichkeiten ha-

ben bewirkt, dass man heute nicht mehr auf den Stillstand der Atmungs- und Kreislauftätigkeit abstellt, sondern auf den sog. **Hirntod**, d.h. auf den irreversiblen und totalen Ausfall der Gehirnfunktionen. Geht es nämlich um den Schutz menschlichen Lebens, so muss dieses enden, wenn das, was das Personsein des Menschen ausmacht, völlig ausfällt. Diese Festlegung des Todeszeitpunktes ermöglicht es, Atmung und Kreislauf von Hirntoten für Transplantationszwecke (z.B. eine Herztransplantation) aufrechtzuerhalten.

2. Merkmal „anderer" Mensch

8   Die vorsätzlichen (und fahrlässigen) Tötungsdelikte setzen die Tötung eines **anderen** Menschen voraus. Auch wenn der Wortlaut der §§ 212, 222 dies nicht so eindeutig wie § 223 ausdrückt, ergibt sich aus dem Sinnzusammenhang, dass mit dem Merkmal „einen Menschen" ein anderer als der Täter („wer") gemeint sein muss.

9   Daraus folgt erstens: Die (versuchte) Selbsttötung erfüllt keinen Tatbestand und bleibt – wie die (versuchte) Selbstverletzung (§ 13 Rn. 3 f.) – straflos. Wesentlich bedeutsamer aber ist zweitens, dass mangels Haupttat auch die Teilnahme an der Selbsttötung nicht bestraft werden kann. Allerdings muss man eine solche straflose Teilnahme an der Selbsttötung von der strafbaren Fremdtötung in (mittelbarer) Täterschaft abgrenzen (zu dieser Problematik § 8 Rn. 1 ff.).

3. Zum Merkmal „töten"

10   Töten heißt den Tod des anderen verursachen (so ausdrücklich § 222). Nach der Bedingungstheorie muss insoweit der Täter zumindest eine nicht hinwegdenkbare Bedingung für den Tod in seiner konkreten Gestalt gesetzt haben. Einzelheiten gehören zur Lehre vom Kausalzusammenhang (*Jescheck/Weigend*, AT, § 28; *Roxin*, AT I, § 11). Kurzfristige Lebensverkürzungen genügen.

> **Beispiele:** Das Leben des Sterbenden wird durch eine Spritze um eine Stunde (*BGH* NJW 1987, 1092) oder durch einen Gnadenschuss abgekürzt. Der Täter hängt ein bewusstloses Opfer, das ein Dritter bereits tödlich verletzt hat, zur Vortäuschung eines Selbstmordes auf und bewirkt dadurch dessen Tod (*Mitsch*, JuS 1995, 789 f.).

11   In entsprechender Weise reichen im Bereich des § 13 **unterlassene Lebensverlängerungen** durch einen Garanten aus. Eine prak-

tische Rolle spielt dies vor allem bei fehlerhaften ärztlichen Unterlassungen, wenn davon ausgegangen werden muss, dass auch die kunstgerechte Behandlung den Tod des Patienten letztlich (möglicherweise) nicht abgewendet hätte. Hier kommt eine Bestrafung aus dem Tötungsdelikt (typischerweise aus den §§ 222, 13) in Betracht, sofern die richtige Heilbehandlung das Leben des Verstorbenen mit an Sicherheit grenzender Wahrscheinlichkeit – nicht nur unwesentlich – verlängert hätte (*BGH* NStZ 1985, 26, 27; *BGH* MDR/H 1988, 100; *Lackner/Kühl*, § 212 Rn. 2 m. w. N. auch zu Gegenstimmen). Im **Fall 2** hat A danach die §§ 222, 13 erfüllt.

Wo freilich auch die lebensverlängernde Wirkung zweifelhaft 12 bleibt, muss nach dem Grundsatz in dubio pro reo freigesprochen werden.

Beispiel: Die gebotene Bestrahlung nach einer Krebsoperation führt „nur" bei ca. 90 Prozent aller Patienten zu einer Lebensverlängerung von 5 bis 10 Jahren (vgl. *BGH* GA 1988, 184). – In einem solchen Fall muss zugunsten des Garanten-Arztes unterstellt werden, dass jeder pflichtwidrig nicht bestrahlte und früh verstorbene Patient zu den 10 Prozent der Patienten gehört, bei denen die Bestrahlung keine Wirkung gezeigt hätte.

4. Subjektiver Tatbestand

Die Feststellung des notwendigen Tötungsvorsatzes (§ 15) und 13 insbesondere die Abgrenzung zur bewussten Fahrlässigkeit bereiten oft erhebliche Schwierigkeiten. Fraglich ist beispielsweise, inwieweit ein Aidsinfizierter bei ungeschützten Sexualkontakten mit Tötungsvorsatz handelt.

Näher BGHSt 36, 1, 15 f.; *LG Würzburg* bei *Jahn*, JuS 2007, 773; *Rengier*, Jura 1989, 229; *Frisch*, JuS 1990, 365 ff.; MüKo/*Schneider*, § 212 Rn. 42 ff. In den Aids-Fällen verneint insbesondere die Rechtsprechung einen Tötungsvorsatz und bejaht bloß einen Körperverletzungsvorsatz (ergänzend unten § 13 Rn. 11, 14; § 14 Rn. 5, 21; § 20 Rn. 6).

Die Rechtsprechung bemüht bei solchen Abgrenzungsfragen immer wieder ihre – nur für den Tötungsvorsatz kreierte, indes nicht widerspruchsfrei gehandhabte – „Hemmschwellentheorie". Diese hat das voluntative Vorsatzelement im Blickfeld und enthält die Aussage, dass bei als lebensgefährlich erkannten Handlungen das erforderliche billigende Inkaufnehmen des Todes die Überwindung einer erhöhten Hemmschwelle voraussetze (zur Kritik

MüKo/*Schneider,* § 212 Rn. 46 ff.; *Trück,* NStZ 2005, 233 ff.; *Edl-bauer,* JA 2008, 725 f.).

Ausführlich mit der Abgrenzung zwischen (ausreichendem) bedingtem Tö-tungsvorsatz und (bewusster) Fahrlässigkeit befassen sich etwa: *BGH* NStZ 1983, 407 (Zufahren auf andere mit Pkw); *BGH* NStZ 1994, 483 (Brandan-schlag); *BGH* NStZ 1994, 584 (Brandanschlag); *BGH* NStZ-RR 2000, 327 und StV 2004, 75 (Messerstiche); *BGH* NStZ-RR 1997, 199 (Würgen und Drosseln); *BGH* StV 1998, 545 (Vernachlässigung des eigenen Säuglings); *BGH* NStZ 1999, 507 (Gaszufuhr); *BGH* NStZ 2009, 91 (Hiebe mit Eisenstange gegen Rumpf); *BGH* bei *Altvater,* NStZ 2002, 20 f., 2003, 21 f., 2004, 24 f., 2005, 22 f., 2006, 86 f. (Rechtsprechungsübersichten); *Roxin,* AT I, § 12 Rn. 21 ff., 75 ff.; *Geppert,* Jura 2001, 55 ff.; *Hermanns/Hülsmann,* JA 2002, 140 ff.

II. Minder schwerer Fall (§ 213)

14   § 213 enthält eine in der Praxis oft angewendete, für die straf-rechtliche Fallbearbeitung aber selten relevante Strafzumessungs-vorschrift, die nach h. M. nur im Rahmen des § 212 gilt (vgl. aber § 4 Rn. 34). Im **Aufbau** wird man den § 213 am besten in die Prü-fung des § 212 integrieren und nach der Schuld („IV. Strafzumes-sung") erörtern.

15   Als konkretisiertes Beispiel des unbenannten minder schweren Falles (§ 213 2. Var.) regelt § 213 1. Var. in der Form eines benann-ten Strafmilderungsgrundes den provozierten (Affekt-)Totschlag, der bestimmte Tötungen aus „berechtigtem Zorn" erfasst. Dabei versteht die h. M. unter einer „schweren Beleidigung" – über die §§ 185 ff. hinausgehend – schwere Kränkungen jeder Art. „Ohne eigene Schuld" heißt, dass der Täter keine genügende Veranlas-sung zur Provokation gegeben hat.

Beispiel: Die untreue Ehefrau wird mit ihrem Liebhaber in der ehelichen Wohnung vom Ehemann überrascht und verhöhnt ihren Mann auch noch we-gen seiner mangelhaften sexuellen Potenz, der daraufhin so in Wut gerät, dass er seine Frau erwürgt (vgl. *BGH* NStZ 1982, 27). – Zum Merkmal „auf der Stelle hingerissen" siehe *BGH* NStZ 1995, 83, zu weiteren Fällen *BGH* bei *Altvater,* NStZ 1998, 346 f. Weiterführend *Schneider,* NStZ 2001, 455 ff.

Empfehlungen zur vertiefenden Lektüre:

Rechtsprechung: BGHSt 32, 194 (Beginn des Menschseins); *BGH* GA 1988, 184 (Töten durch Unterlassen einer gebotenen Behandlung).

Literatur: *Mitsch,* Grundfälle zu den Tötungsdelikten, JuS 1995, 787 ff.

§ 4. Mord (§ 211)

Fall 1: Die geisteskranke und lebensmüde N hat ihren Bekannten B wiederholt gedrängt, ihr beim Selbstmord zu helfen. B gibt schließlich dem weiteren Flehen und Betteln der N nach, wobei sie ihm am Ende für seine Hilfe 500 € sowie vorherigen Geschlechtsverkehr verspricht und auch gewährt. Vereinbarungsgemäß tötet B jetzt die N mit einem übergestülpten Plastiksack und nimmt die 500 €, die er im Büstenhalter findet, an sich (*BGH* NJW 1981, 932). → Rn. 15

Fall 2: a) Um fehlende Fluchtabsichten zu demonstrieren, lässt sich die A von der B fesseln. Im Verlaufe eines erneuten Streits beschließt B, ihre Rivalin mit einem Kopftuch zu erwürgen. Die gefesselte A erkennt diese Absichten, als B zur Vorbereitung das Kopftuch faltet, und ruft in Todesangst um Hilfe. B nähert sich nun der A und erdrosselt sie (BGHSt 32, 382). b) *Variante:* B hat die A mit Vorbedacht bedrängt, sich fesseln zu lassen, um ihre Rivalin dann wie beschrieben leichter töten zu können. → Rn 24, 25, 31

Fall 3: Die Frau E des A, eines Türken, ist vom Onkel O des A vergewaltigt worden. E will sich nun aus der bis dahin harmonischen Ehe lösen, weil der Täter der Sippe des A angehört, und unternimmt mehrere Selbstmordversuche. Als A alles erfährt, kündigt er E in seiner Fassungslosigkeit und tiefen Verzweiflung Rache an und beschließt schließlich, den O, der sich A gegenüber u. a. sogar mit seiner Tat brüstet, zu töten. In einem Lokal erschießt A nach einem Gruß den O, der seine ungeteilte Aufmerksamkeit dem Kartenspiel widmet (BGHSt 30, 105). → Rn. 32 ff.

Fall 4: A wird bei einer Verkehrskontrolle als steckbrieflich gesuchter Straftäter erkannt. Um seine Festnahme zu verhindern, gibt er plötzlich Gas und fährt mit (Eventual-)Tötungsvorsatz auf Polizisten los, die sich in den Weg stellen und mit viel Glück im letzten Moment zur Seite springen können. → Rn 19, 49, 54, 58

I. Grundlagen

1. Verhältnis von Mord und Totschlag

Nach der richtigen und in der Literatur mit seltener Einmütig- 1 keit vertretenen Ansicht stellt § 211 eine Qualifikation zu § 212 dar. Demgegenüber sieht die Rechtsprechung, unbeirrt von aller Kritik, in § 211 und § 212 zwei selbstständige Tatbestände mit verschiedenem Unrechtsgehalt und versucht, dies mit der überholten Anknüpfung an die angeblich unterschiedlichen Tätertypen „Mörder" und „Totschläger" zu legitimieren (BGHSt 1, 368,

370 f.; *BGH* NJW 2005, 996, 997). Immerhin räumt BGHSt 36, 231 ein, dass der Unrechtsgehalt des § 212 in § 211 enthalten und die vorsätzliche Tötung gemäß § 212 ein notwendiges Merkmal des § 211 ist, sowie dass der Wortlaut des § 212 – „ohne Mörder zu sein" – dem nicht widerspricht. BGHSt 41, 8, 9 redet sogar vom „Qualifikationsgrund" der Verdeckungsabsicht und BGHSt 41, 358, 362 von den „Mordqualifikationen". Man fragt sich nach allem, was eigentlich noch für den eigenständigen Charakter des § 211 sprechen soll. Doch gibt es neue Zeichen: Während *BGH* NStZ 2006, 288, 290 die Rechtsprechung noch bestätigt (vgl. § 5 Rn. 12), greift *BGH* NJW 2006, 1008, 1012 f. in einem obiter dictum die Kritik erstmals auf und räumt „Probleme der bisherigen Rechtsprechung" ein. Die Entscheidung könnte die überfällige Wende eingeleitet haben.

Zur Kritik vgl. *Timpe,* JZ 1990, 98; *Vietze,* Jura 2003, 394 ff.; *Puppe,* JZ 2005, 902 f.; *Kraatz,* Jura 2006, 616 ff.; *Küper,* JZ 2006, 1157 ff.; *Geppert,* Jura 2008, 37 f. Falllösung bei *Norouzi,* JuS 2005, 917.

2   Insbesondere bleibt bisher der Hauptkritikpunkt unberührt: Denn die These von der Selbstständigkeit des § 211 führt zur Anwendung des § 28 I bei den täterbezogenen Mordmerkmalen (zu ihnen in Rn. 6 f.), was eine Reihe unbefriedigender Ergebnisse nach sich zieht (näher § 5 Rn. 9 ff.). Hier im Bereich des § 28 spielt der Meinungsstreit um das Verhältnis der §§ 212, 211 die Hauptrolle und muss ggf. aufgegriffen werden.

Ansonsten darf und sollte der Studierende in der strafrechtlichen **Fallbearbeitung** ohne weitere Erläuterung von der Literaturansicht ausgehen und § 212 als Grunddelikt sowie § 211 als Qualifikationstatbestand behandeln (näher unten Rn. 8 ff.).

2. Verfassungsrechtliche Problematik

3   Zum Mörder wird, wer eines der in § 211 II genannten neun Mordmerkmale verwirklicht. § 211 II hat die Aufgabe, die besonders verwerflichen Tötungen zu erfassen. Deshalb sieht das Gesetz als Strafe für den Mörder ausschließlich die lebenslange Freiheitsstrafe vor. Aus dieser absoluten Verknüpfung zwischen Mordmerkmal und schwerster Strafe folgt die besondere (verfassungsrechtliche) Problematik des § 211. Insoweit hat das Bundesverfassungsgericht 1977 in einem wegweisenden Urteil (BVerfGE 45, 187) betont, aus der Verfassung, nämlich aus dem Schuld-

grundsatz sowie dem Rechtsstaatsprinzip, folge, dass Tatbestand und Rechtsfolge sachgerecht aufeinander abgestimmt sein und die angedrohte Strafe in einem gerechten Verhältnis zur Schwere der Tat und zum Maß der Schuld stehen müssten (BVerfGE 45, 187, 259 ff.). Auch in Grenzfällen dürfe keine unverhältnismäßig hohe und der Schuld nicht angemessene Strafe verhängt werden (BVerf-GE 54, 100, 109).

Für die Interpretation des Mordtatbestandes folgt daraus: Allen 4 Mordfällen muss das Merkmal der besonderen Verwerflichkeit der Tat anhaften, das einen lebenslangen Freiheitsentzug als verhältnismäßig erscheinen lässt. Wo die Tat den Stempel der besonderen Verwerflichkeit nicht trägt, wäre die Verhängung der lebenslangen Freiheitsstrafe verfassungswidrig. Insoweit ist der Normanwender aufgerufen, Strafgesetz und Mordmerkmale so zu interpretieren, dass nur die Fälle erfasst werden, welche die höchste Strafe verdienen. Dies führt zu einer restriktiven Tendenz bei der Auslegung der Mordmerkmale.

In der konkreten Rechtsanwendung bereitet die Kopplung von 5 Mordmerkmal und lebenslanger Freiheitsstrafe vor allem beim Heimtückemerkmal und (weniger) bei der Verdeckungsabsicht Schwierigkeiten. Deshalb soll dort die Problematik vertieft werden (Rn. 32 ff., 66 f.).

3. Täterbezogene und tatbezogene Mordmerkmale

Innerhalb der Mordmerkmale des § 211 II muss man drei Grup- 6 pen unterscheiden. Die erste Gruppe erfasst Fälle, in denen ein Mensch aus einem besonders verwerflichen Beweggrund getötet wird, die zweite Gruppe Tötungen auf besonders verwerfliche Art und Weise und die dritte Tötungen zu einem besonders verwerflichen Zweck.

Die Mordmerkmale der **ersten und dritten Gruppe** sind **täter-** 7 **bezogene,** also subjektive Verbrechensmerkmale. Über ihre genaue Charakterisierung als Unrechts- oder Schuldmerkmale besteht zum Teil (ein für den Studierenden unbedeutender) Streit. Richtigerweise handelt es sich um besondere subjektive Tatbestands- bzw. Unrechtsmerkmale (BGHSt 1, 368, 371; 22, 375, 377; *Eisele,* BT I, Rn. 74).

Davon müssen scharf die Mordmerkmale der **zweiten Gruppe** (Heimtücke, Grausamkeit, gemeingefährliche Mittel) unterschieden werden, bei denen es sich um **tatbezogene** Merkmale, also um normale objektive Tatbestandsmerkmale handelt (woran gewisse subjektive Komponenten nichts ändern). Die Einteilung wirkt sich insbesondere bei Teilnahmefragen im Zusammenhang mit § 28 aus (näher § 5).

4. Aufbaufragen

8   Der unterschiedliche Charakter der Mordmerkmale hat auch gewisse Konsequenzen für die Einordnung der Merkmale in den deliktischen Aufbau. Insoweit kann man erstens Grunddelikt und Qualifikation (§§ 212, 211) gemeinsam prüfen. Dann ergibt sich folgendes

---

Aufbauschema (§§ 212, 211 gemeinsam)

I. Tatbestandsmäßigkeit
  1. Objektiver Tatbestand
     a) Tötung eines anderen Menschen
     b) Tatbezogene Mordmerkmale
        (mit subjektiven Komponenten)
  2. Subjektiver Tatbestand
     a) Vorsatz bezüglich 1. a und b
     b) Täterbezogene Mordmerkmale
II. Rechtswidrigkeit
III. Schuld

Die gemeinsame Prüfung hat nicht zuletzt den klausurtaktischen Vorteil, dass man die – zumindest vorteilhafte, wenn nicht erwartete – Erörterung der Mordmerkmale auch dann vornimmt, sofern die Tötung gerechtfertigt oder entschuldigt ist oder im Falle des Versuchs ein Rücktritt eingreift (vgl. auch *Jäger*, BT, Rn. 14, 34; *Kaspar*, JA 2007, 699).

Außerdem kommt es in etwaigen Teilnahmefällen wegen der limitierten Akzessorietät grundsätzlich nur auf das Vorliegen einer tatbestandsmäßigen und rechtswidrigen (versuchten) Haupttat an (vertiefend unten § 5).

Ergänzend verdienen die folgenden Punkte besondere Beachtung:

(1) Bei tatbezogenen Mordmerkmalen darf die Prüfung des Vorsatzes (z. B. bezüglich der Heimtücke) nicht vergessen werden.

(2) Über die Einbeziehung der subjektiven Komponenten der tatbezogenen Mordmerkmale in den objektiven Tatbestand wird man streiten können. Konkret geht es vor allem um die feindliche Willensrichtung bei der Heimtücke (Rn. 23, 37) und um die gefühllose, unbarmherzige Gesinnung bei der Grausamkeit (Rn. 44). Die Alternative, diese subjektiven Elemente etwa im Anschluss an den Vorsatz vor den täterbezogenen Mordmerkmalen zu erörtern, würde die Prüfung zusammengehörender Definitionselemente auseinander reißen (zust. *Eisele*, BT I, Rn. 75).

(3) Die täterbezogenen Mordmerkmale werden im subjektiven Tatbestand an der gleichen Stelle wie deliktische Zueignungs- und Bereicherungsabsichten geprüft (vgl. *Rengier*, BT I, § 2 Rn. 2, § 11 Rn. 4). Zur Einordnung der niedrigen Beweggründe siehe ergänzend Rn. 22 a.

(4) Stellt sich die verfassungsrechtliche Problematik (Rn. 32 ff., 66 f.), erörtert man diese im Anschluss an die Schuldprüfung, sofern man eine Rechtsfolgenlösung bevorzugt. Wer eine Tatbestandslösung vorzieht, wird die Problematik sinnvollerweise auch innerhalb des Tatbestandes behandeln.

Beim **Versuch** der §§ 212, 211 muss der Tatentschluss (= subjektiver Tatbestand gemäß Schemapunkt I.2) vorangestellt werden. Es folgt das unmittelbare Ansetzen (§ 22). Somit gelangt man zu folgendem

9

Aufbauschema (§§ 212, 211, 22)

I. Tatbestandsmäßigkeit
  1. Subjektiver Tatbestand (Tatentschluss)
    a) Vorsatz bezüglich
        aa) der Tötung eines anderen Menschen
        bb) der tatbezogenen Mordmerkmale
    b) Täterbezogene Mordmerkmale
  2. Objektiver Tatbestand
     (unmittelbares Ansetzen gemäß § 22)
II. Rechtswidrigkeit
III. Schuld

Die Prüfung des Versuchs beginnt stets mit dem subjektiven Tatbestand und dem Vorsatz bezüglich der objektiven Tatbestandsmerkmale. An dieser aufbaumäßigen Einordnung der objektiven Tatbestandsmerkmale ändert sich nichts, wenn ein solches Merkmal „vollendet" vorliegt. Ist etwa ein Fall zu beurteilen, in dem das objektiv heimtückisch angegriffene Opfer überlebt, so bleibt der Standort für die Heimtückeprüfung Punkt I.1.a.bb; keinesfalls darf die Erörterung unter Punkt I.2 beim unmittelbaren Ansetzen erfolgen.

Beispiele: Wer heimtückisch sein Opfer töten will, das in Wirklichkeit nicht mehr arg- und wehrlos ist, erfüllt die §§ 211, 22 (*BGH* NStZ 2006, 501). Stirbt in diesem Fall das Opfer, so sind die §§ 211, 22 ebenfalls, jetzt in Tateinheit mit § 212, verwirklicht. Desgleichen liegen die §§ 211, 22 vor, wenn das objektiv heimtückisch angegriffene Opfer überlebt.

10   Als **Alternative** zur gemeinsamen Prüfung kann man auch erst § 212 voll durchprüfen und sich dann § 211 zuwenden:

Aufbauschema (§§ 212, 211 getrennt)

A. § 212
   I. Tatbestandsmäßigkeit
   II. Rechtswidrigkeit der Tat
  III. Schuld
B. § 211
   I. Tatbestandsmäßigkeit
     1. Objektiver Tatbestand
      Tatbezogene Mordmerkmale
      (mit subjektiven Komponenten)
     2. Subjektiver Tatbestand
      a) Vorsatz bezüglich 1
      b) Täterbezogene Mordmerkmale
   II. Rechtswidrigkeit
  III. Schuld

Die Trennung der §§ 212, 211 ist natürlich auch bei einer nur versuchten Tat möglich. Wenn allerdings der (versuchte) Totschlag gerechtfertigt oder entschuldigt ist oder wegen eines Rücktritts entfällt, sollte aus den schon zum Aufbauschema in Rn. 8 genannten Gründen die Prüfung grundsätzlich gemeinsam erfolgen.

II. Die Mordmerkmale im Einzelnen

1. Mordlust

Aus Mordlust tötet, wem es allein darauf ankommt, einen Men- 11
schen sterben zu sehen. Die Mordlust ist dadurch gekennzeichnet,
dass bei ihr der Tod des Opfers als solcher der einzige Zweck der
Tat ist. Danach tötet aus Mordlust insbesondere, wer allein aus
Freude an der Vernichtung eines Menschenlebens handelt (BGHSt
34, 59, 61; 47, 128, 133; *BGH* NStZ 2007, 522, 523). Praktisch
kommt das Merkmal nur selten vor.

2. Befriedigung des Geschlechtstriebs

Zur Befriedigung des Geschlechtstriebs tötet anerkannterma- 12
ßen, wer erstens im Tötungsakt selbst geschlechtliche Befriedigung
sucht (Lustmord), wer zweitens tötet, um danach seine sexuelle
Lust an der Leiche zu befriedigen, oder wer drittens die Tötung
(typischerweise des Vergewaltigungsopfers) zumindest in Kauf
nimmt, um den Geschlechtsverkehr durchführen zu können
(BGHSt 19, 101, 105). Dies bedeutet aber nicht, dass ein unmittelbarer zeitlich-räumlicher Zusammenhang zwischen der Tötung
und der erstrebten Befriedigung erforderlich ist. Daher erfüllt das
Mordmerkmal auch, wem die Tötungshandlung dazu dient, eine
Videoaufzeichnung zu erlangen, bei deren späterer Betrachtung er
sich sexuell befriedigen will (BGHSt 50, 80, 86f.; *Kudlich*, JR 2005,
343f.; a.A. *Otto*, JZ 2005, 799; *Köhne*, Jura 2009, 102 ff.).

Stets muss das Tötungsopfer zugleich als Sexualobjekt, also
als Bezugsobjekt der Sinneslust des Täters, angegriffen werden
(BGHSt 50, 80, 87; *Arzt/Weber*, BT, § 2 Rn. 55; Sch/Sch/*Eser*,
§ 211 Rn. 16; *Mitsch*, JuS 1996, 123). In den damit nicht erfassten
Fällen der sexuell motivierten Tötung Dritter (z.B. von Neben-
buhlern und Schutzpersonen) lassen sich aber vielfach andere
Mordmerkmale (niedrige Beweggründe, Ermöglichungsabsicht)
bejahen. Zum **Fall 1** unten Rn. 15.

3. Habgier

Habgier bedeutet ein rücksichtsloses Streben nach Vermögens- 13
vorteilen um den Preis eines Menschenlebens (*BGH* NJW 1981,

932; 2001, 763; StV 1991, 207, 208). Klassische Fälle sind der Raub-
mord, Taten gedungener Mörder und Tötungen, um in den Genuss
einer Erbschaft oder Lebensversicherung zu gelangen (*BGH* NJW
1993, 1664, 1665). Generell liegt in jedem Streben nach Besitz, der
Vermögenswert hat (dazu *Rengier*, BT I, § 13 Rn. 96), ein Gewinnstreben. Daher handelt habgierig, wer in der „bewusstseins-
dominanten" Absicht tötet, sich in den Besitz eines Fluchtfahr-
zeugs zu bringen (*BGH* NStZ-RR 1999, 235, 236; ergänzend
Rn. 14). Auf die Größe des materiellen Vorteils kommt es nicht an
(Beispiel nach BGHSt 29, 317: Tötung, um in den Besitz einer kleinen Rauschgiftmenge zu kommen).

13a   Zwei Fälle sind umstritten: *Erstens* ist fraglich, ob habgieriges
Handeln bejaht werden kann, wenn der Täter tötet, um einen ihm
zustehenden **rechtmäßigen Vorteil** zu erlangen. Für die zutreffende Verneinung der Habgier spricht, dass der Täter keinen
„echten" Zugewinn erstrebt und im Rahmen der §§ 249, 253, 255
ein solches gewaltsames Gewinnstreben die Rechtswidrigkeit der
erstrebten Zueignung entfallen lässt.

Arzt/Weber, BT, § 2 Rn. 60; *Eisele*, BT I, Rn. 87; *Mitsch*, JuS 1996, 124; *Küper*, Meurer-GS, 2002, S. 191 ff., 206; MüKo/*Schneider*, § 211 Rn. 64; a. A.
LK/*Jähnke*, 11. Aufl., § 211 Rn. 8; NK/*Neumann*, § 211 Rn. 23. Zu den
§§ 249, 253, 255 siehe *Rengier*, BT I, § 7 Rn. 39; § 11 Rn. 61 ff.; § 13 Rn. 110 ff.

Zweitens stellt sich die Frage, ob für das Streben nach Vermö-
gensvorteilen die Absicht genügt, **Aufwendungen** (z. B. Unter-
haltszahlungen) **zu ersparen** oder **Verluste zu vermeiden**. Die
h. M. bejaht dies zu Recht. Folglich kann auch die Absicht, die
Entziehung der Tatbeute zu verhindern, unter die Habgier subsumiert werden.

BGHSt 10, 399; *BGH* NStZ-RR 1999, 235, 236; *Lackner/Kühl*, § 211 Rn. 4;
NK/*Neumann*, § 211 Rn. 21 f.; MüKo/*Schneider*, § 211 Rn. 65; a. A. Sch/Sch/
Eser, § 211 Rn. 17; *Mitsch*, JuS 1996, 124 f.; *Küper*, Meurer-GS, 2002, S. 191 ff.,
206.

14   Fraglich kann das Habgiermerkmal weiter dann sein, wenn das
Vorteilsstreben mit anderen Motiven wie Furcht vor Festnahme,
Hass, Mitleid oder Verzweiflung konkurriert (**Motivbündel**). In
derartigen Konstellationen darf habgieriges Handeln nur bejaht
werden, soweit nach einer Gesamtwürdigung die Habgier das Gesamtbild der Tat (noch) prägt, und das heißt: Unter mehreren Beweggründen muss das Gewinnstreben der tatbeherrschende und

damit „bewusstseinsdominante" Beweggrund gewesen sein (*BGH* NJW 1981, 932, 933; 1995, 2365, 2366; StV 1989, 150, 151).

Im **Fall 1** muss zunächst § 216 mangels eines „ernstlichen" Tö- **15** tungsverlangens (§ 6 Rn. 6) verneint und § 212 bejaht werden. Das Landgericht hatte den B darüber hinaus wegen Mordes aus Habgier zu lebenslanger Freiheitsstrafe verurteilt. Der Leser sollte sehen, dass diese Verhängung der Höchststrafe auch angesichts einer gewissen Nähe des Falles zum privilegierenden § 216 unverhältnismäßig und mit dem verfassungsrechtlichen Rahmen nicht vereinbar erscheint, weshalb sich eine restriktive Interpretationslinie aufdrängt (vgl. Rn. 3 ff.; BGHSt 42, 301, 304). Zu Recht bezweifelt daher der *BGH* (NJW 1981, 932), dass es dem B den gesamten Umständen nach wirklich hauptsächlich um die 500 € gegangen sei. Im Übrigen handelt B keinesfalls zur Befriedigung des Geschlechtstriebs, weil er die getötete N nicht zugleich als Opfer eines sexualbezogenen Angriffs missbraucht. – Zu Abwandlungen des Falles siehe § 6 Rn. 4 und 10.

4. Niedrige Beweggründe

Niedrig ist ein Tötungsbeweggrund, wenn er nach allgemeiner **16** sittlicher Wertung auf tiefster Stufe steht und deshalb besonders verachtenswert ist. Der Beweggrund muss mithin in deutlich weiterreichendem Maße als bei einem Totschlag verwerflich sein. Die Einstufung beurteilt sich auf Grund einer Gesamtwürdigung, welche die Umstände der Tat, die Lebensverhältnisse des Täters und seine Persönlichkeit einschließt (BGHSt 47, 128, 130; *BGH* StV 2001, 228, 229 und 571 f.; NStZ 2004, 34; 2007, 330, 331).

Vor dem Hintergrund der zwingend angedrohten lebenslangen Freiheitsstrafe muss die Gesetzesinterpretation gewährleisten, dass das Mordmerkmal nur besonders verwerfliche Fälle erfasst und nicht – wozu der Anfänger neigt – zu weit ausgelegt wird. Allein die Verfolgung eigener Interessen und ein Missverhältnis zwischen Anlass und Tat genügen nicht, da dies schon den Regelfall des § 212 I kennzeichnet (*BGH* NStZ-RR 2008, 308).

Allgemein lässt sich als **Leitlinie** formulieren: Die niedrige Ge- **17** sinnung wird typischerweise durch eine hemmungslose (krasse) Eigensucht oder rücksichtslosen Egoismus gekennzeichnet; wo die Motivation irgendwie menschlich begreiflich oder „nachvollziehbar" ist oder, mit anderen Worten, einer „gewissen Berechtigung" nicht entbehrt, wird die Niedrigkeit der Beweggründe zweifelhaft (vgl. *BGH* NStZ 2002, 368; NJW 2005, 996, 998).

18   **Beispiele** (für das Vorliegen niedriger Beweggründe): Wut und Enttäuschung über verweigerten Geschlechtsverkehr (BGHSt 2, 60); Rassenhass (BGHSt 18, 37); Ausländerhass (*BGH* NJW 1994, 395); Tötung des Opfers allein wegen seiner Zugehörigkeit zu einer politischen, sozialen oder ethischen Gruppe (*BGH* NStZ 2004, 89, 90); menschenverachtender Vernichtungswille, der z. B. in einer willkürlichen Auswahl von unbeteiligten Menschen als Opfer und/ oder in einem unkontrollierbaren Einsatz von Bomben oder Minen zum Ausdruck kommen kann (*BGH* NJW 2004, 3051, 3054; NStZ-RR 2004, 78); Tötung des Lebenspartners oder eines Kindes, weil er oder es als störendes Hindernis beseitigt werden soll; Tötung eines unbekannten Menschen, um statt seiner als tot zu gelten und so frei von aller (familiären) Verantwortung ein „neues Leben" beginnen zu können (*BGH* NStZ 1985, 454). Zum Töten aus „Imponiergehabe" *BGH* NStZ 1999, 129.

BGHSt 47, 128 nennt als weitere Fälle das bewusste Abreagieren von frustrationsbedingten Aggressionen an einem unbeteiligten Opfer sowie die Tötung eines anderen allein deshalb, weil er in der Wertvorstellung des Täters als geringer eingeordnet wird. Ebenso kann ein niedriger Beweggrund gegeben sein, wenn der Täter in dem Bewusstsein handelt, keinen Grund für eine Tötung zu haben oder zu brauchen, also die Einstellung hat, nach eigenem Gutdünken über das Leben des Opfers verfügen zu können (*BGH* NStZ-RR 2004, 332).

19   Grundsätzlich „niedrig" sind auch **„verdeckungsnahe" Beweggründe**. Sie sind typischerweise in den folgenden Konstellationen einschlägig (zum Verhältnis zur Verdeckungsabsicht und zum Aufbau siehe unten Rn. 22 a):

(1) In den Fällen, in denen der Täter einen Polizisten oder Strafvollzugsbeamten tötet, um seine Festnahme zu verhindern bzw. seine Flucht zu ermöglichen, liegt das „verdeckungsnahe" Motiv in der Absicht, sich der Verantwortung für begangenes Unrecht zu entziehen (zum **Fall 4** Rn. 49, 54).

(2) In den „verdeckungsnahen" Bereich gehören ferner solche Tötungen, durch die der Täter das Ziel verfolgt, eigenes Fehlverhalten zu verdecken, das er zwar nicht für strafbar, aber für verwerflich oder seinem Ansehen abträglich hält. Hier ist die Vernichtung eines Menschenlebens sogar eher als niedrig und verwerflich zu werten, weil die Folgen, um deren Verdeckung es dem Täter geht, zumeist nicht so gravierend sind wie bei Straftaten (*BGH* NStZ-RR 1999, 234; NStZ 2003, 146, 147).

(3) Vgl. weiter noch Rn. 56.

Desgleichen sind terroristische Anschläge auf das Leben zu   **20**
nennen, aber nicht unbedingt Taten aus „Protesthaltung" gegen
Bau und Betrieb einer Startbahn (*BGH* NStZ 1993, 341, 342). Ge-
fühlsregungen wie Zorn, Wut, Verärgerung, Rache oder Hass
können niedrige Beweggründe sein, wenn sie ihrerseits auf niedrigen Beweggründen beruhen, also nicht menschlich verständlich,
sondern Ausdruck einer niedrigen Gesinnung des Täters sind. Bei
einer Spontantat bedarf die Annahme niedriger Beweggründe stets
besonders sorgfältiger Prüfung. Dabei wiederum spielt – hauptsächlich in der Praxis – die Feststellung der inneren Tatseite des
Mordmerkmals eine wichtige Rolle (dazu unten Rn. 40 ff.).

Näher *BGH* NStZ 1995, 181, 182; 2004, 34; NStZ-RR 2000, 333; StV 1996,
211; 2001, 228, 229.

Für die Bewertung einer **Tötung des** (früheren) **Partners,** insbe-   **21**
sondere **aus Eifersucht** gibt es keine eindeutigen Antworten. Die
Bejahung der niedrigen Beweggründe liegt etwa dort nahe, wo der
Täter seine Ehefrau/Geliebte, die von ihm nichts mehr wissen will,
tötet, damit sie dann auch kein anderer haben soll. Demgegenüber
sind Tötungen des (früheren) Partners/Liebhabers, bei denen Enttäuschung über die Untreue, Gefühle der Verzweiflung und inneren Ausweglosigkeit, zugefügte Kränkungen und Demütigungen,
Konfliktausbrüche oder affektive Erregung dominieren, „ver-
ständlicher" und daher nicht mehr besonders verwerflich.

Bei **Motivbündeln** muss die Gesamtbewertung entsprechend
Rn. 14 erfolgen und gefragt werden, ob das Hauptmotiv oder die
vorherrschenden Motive auf tiefster Stufe stehen. So tötet aus niedrigen Beweggründen, wer seine frühere Ehefrau und ihre Eltern
zwar auch wegen erlittener Erniedrigungen, aber letztlich tötet, um
sich an der „ganzen Brut" zu rächen.

Zu Motivbündeln *BGH* StV 2001, 228; NStZ-RR 2004, 14 und 134; 2007,
111; zur Partnertötung ferner BGHSt 3, 180; *BGH* StV 1981, 399; 2001, 571;
NStZ 1984, 261; 2001, 88; 2002, 368; 2004, 34; 2006, 97.

Umstritten ist, inwieweit besondere heimatliche Anschauungen   **22**
und Wertvorstellungen, denen (ausländische) Täter wegen ihrer
Bindung an eine fremde Kultur verhaftet sind, bei der Gesamtwürdigung berücksichtigt werden müssen, so wenn sich der Täter
aus kulturell bedingten sittlichen Gründen zur Blutrache für verpflichtet hält oder ein Moslem seine untreue Ehefrau tötet. Die

heutige Rechtsprechung und wohl auch die h.M. lehnen eine Berücksichtigung grundsätzlich ab und betonen, dass der Bewertung allein die Maßstäbe unserer Rechtsgemeinschaft und nicht einer Volksgruppe zugrunde zu legen seien, die unsere rechtlichen Werte nicht anerkenne. In Betracht komme nur die Verneinung der inneren Tatseite des Mordmerkmals, nämlich dann, wenn der Täter so in seinem Kulturkreis verhaftet sei, dass er die Bewertung der Tat nach den deutschen Anschauungen nicht nachvollziehen könne (vgl. Rn. 40). Nach der Gegenmeinung überzeugt es nicht, bei der Gesamtwürdigung, die das Mordmerkmal verlangt und die Persönlichkeit einschließen soll (Rn. 16), den kulturellen Hintergrund einfach auszublenden.

Zur h.M. *BGH* NStZ 2002, 369; 2006, 284; NJW 2004, 1466 mit Anm. *Ogorek,* JA 2004, 787 ff.; *BGH* NJW 2006, 1008, 1011; *Fischer,* § 211 Rn. 29 ff.; LK/*Jähnke,* 11. Aufl., § 211 Rn. 37; MüKo/*Schneider,* § 211 Rn. 92 ff.; *Nehm,* Eser-FS, 2005, S. 419 ff. – Zur Gegenmeinung NK/*Neumann,* § 211 Rn. 30; *Maurach/Schroeder,* BT 1, § 2 Rn. 37; *Saliger,* StV 2003, 22 ff.; auch noch *BGH* JZ 1980, 238; StV 1997, 565, 566. – Weiterführend *Küper,* JZ 2006, 610 f.

22 a   Zur **Fallbearbeitung:** Das Gesetz betont den Auffangcharakter der niedrigen Beweggründe innerhalb der Mordmerkmale der ersten Gruppe ausdrücklich („sonst"). Daher erübrigt sich, wenn ein „benannter" niedriger Beweggrund (z.B. die Habgier) zu bejahen ist, grundsätzlich die Erörterung der „unbenannten" niedrigen Beweggründe. *Ausnahme:* Es liegen *zusätzliche, andere* niedrige Motive vor, deren Unwertgehalt *für sich allein* die Bejahung „sonstiger" niedriger Beweggründe trägt.

Entsprechendes gilt für das Verhältnis der niedrigen Beweggründe zu den täterbezogenen Mordmerkmalen der dritten Gruppe (*BGH* NStZ 1999, 243; NStZ-RR 1999, 235, 236). Demzufolge sollten auch die Ermöglichungs- und Verdeckungsabsicht im Aufbau *vor* den niedrigen Beweggründen geprüft werden (zur Veranschaulichung siehe die in Rn. 19, 54 erörterten „verdeckungsnahen" Fälle).

5. Heimtücke

23   a) Heimtückisch handelt, wer – in feindseliger Willensrichtung (streitig; siehe Rn. 37) – die Arg- und Wehrlosigkeit des Opfers bewusst zur Tötung ausnutzt.

Beispiele: Heimliche Tötungen von Schlafenden (*BGH* NStZ 2006, 338, 339; 2007, 523; ergänzend Rn. 30); Tötungen aus dem Hinterhalt, insbesondere Attentate (vgl. aber Rn. 33); Steinwürfe mit Tötungsvorsatz von Autobahnbrücke auf fahrende Fahrzeuge (*BGH* NStZ-RR 1997, 294; ergänzend Rn. 47).

Die besondere Verwerflichkeit heimtückischen Handelns liegt in seiner besonderen Gefährlichkeit für das Opfer, das vom Täter in hilfloser Lage überrascht und dadurch gehindert wird, den Angriff auf sein Leben (z.B. durch aktive Gegenwehr, Hilferufe, Flucht, Umstimmung) abzuwehren oder wenigstens zu erschweren (vgl. *BGH* NStZ-RR 1997, 294, 295; NStZ 2003, 146, 147; 2006, 338, 339). – Zum Element der „bewussten" Ausnutzung Rn. 41 f.

b) **Arglos** ist, wer sich bei Beginn des Tötungsversuchs (= Zeit- **24** punkt des § 22) keines erheblichen tätlichen Angriffs auf sein Leben oder seine körperliche Unversehrtheit versieht. Anders formuliert: Die Arglosigkeit entfällt, wenn das Opfer vor dem konkreten Tatzeitpunkt des § 22 mit einem erheblichen Angriff zumindest auf seine Körperintegrität rechnet, da ihm dann noch im Regelfall eine Möglichkeit verbleibt, dem Angriff irgendwie zu begegnen.

Beispiele: (1) Das Opfer, das die drohende Gefahr erst im letzten Augenblick (gemeint ist: erst im Versuchsstadium) erkennt, weil der – etwa schussbereite – Täter kurz vor der Tötungshandlung noch laut „Hey" oder „Geli, es ist soweit" ruft, wird heimtückisch getötet (*BGH* NStZ 2006, 96; NStZ-RR 1997, 168 mit Anm. *Lesch*, JA 1997, 536).
(2) Dagegen ist im **Fall 2 a** die A zum Zeitpunkt des § 22, der frühestens mit der Annäherung beginnt, nicht mehr arglos, weil sie die drohenden Tätlichkeiten vorher erkannt hat.
Zu dieser „Zeitregel" (*Küper*, BT, S. 197) des § 22 siehe näher BGHSt 32, 382; *BGH* NJW 1991, 1963; NStZ 1993, 341 f.; 1999, 506, 507; 2003, 146, 147; *Küper*, JuS 2000, 742 ff.; *Rengier*, Küper-FS, 2007, S. 473 ff.

Auf die Arglosigkeit bei Tötungsbeginn kommt es ausnahms- **25** weise nicht an, wenn der Täter sein Opfer arglistig in einen **Hinterhalt gelockt** hat, wo es wehrlos seiner Übermacht unentrinnbar ausgeliefert ist, und der Täter dann im Stadium des § 22 „offen" vorgeht (vgl. BGHSt 22, 77; *BGH* NStZ 1989, 364). – Im **Fall 2 b** tötet B daher heimtückisch.

Ein bloß generelles oder latentes Misstrauen z.B. als Gefange- **26** ner, Flüchtling, Polizist, Politiker oder Privatperson gegenüber Aufsehern, Bewachern, Demonstranten, Terroristen, Ex-Partnern oder „gefährlichen" Personen beseitigt die Arglosigkeit nicht (vgl. BGHSt 39, 353, 368; *BGH* NStZ-RR 2004, 14, 15 f.). Auch eine vorangegangene rein verbale (feindselige) Auseinandersetzung berührt die Arglosigkeit nur, wenn das (spätere) Tatopfer im Tatzeitpunkt mit einem erheblichen tätlichen Angriff rechnet (BGHSt 33,

363; *BGH* NStZ-RR 2004, 234; StraFo 2005, 212; dazu kritisch *Rengier,* NStZ 1986, 505).

26 a Wer allerdings eine Notwehrlage auslöst, muss mit einem tätlichen (Gegen-)Angriff des Opfers rechnen und ist daher nicht arglos, wenn ihn das Opfer während der Notwehrlage tötet, auch wenn für ihn der Gegenangriff beispielsweise im Beendigungsstadium einer Erpressung „überraschend" kommt.

So BGHSt 48, 207; zust. *Roxin,* JZ 2003, 966; *Rengier,* NStZ 2004, 236; Falllösungen bei *Dreher,* JA 2005, 790; *Maier/Ebner,* JuS 2007, 654 f. – Zurückhaltend *BGH* NStZ 2007, 523, 525; kritisch *Schneider,* NStZ 2003, 428 ff.; a. A. *Zaczyk,* JuS 2004, 751 f.; *Quentin,* NStZ 2005, 128 ff.

Folgt man dieser normativen Einschränkung, die an ein bestimmtes Opferverhalten anknüpft, so ist es insbesondere konsequent, das Heimtückemerkmal auch bei der Tötung von (z. B. schlafenden) Personen zu verneinen, von denen – wie von permanent gewalttätigen Familientyrannen (Rn. 38 f.) – eine rechtswidrige Dauergefahr ausgeht.

Rengier, NStZ 2004, 236 f.; *Otto,* NStZ 2004, 143; *Kaspar,* JA 2007, 701 f. – Zum Ganzen kritisch *Hillenkamp,* JZ 2004, 49 f., der in Rudolphi-FS, 2004, S. 463 ff. eine Lösung über das Tückeelement befürwortet.

27 Arglos kann nur jemand sein, der grundsätzlich die Fähigkeit hat, Argwohn zu hegen. Bei normaler Entwicklung wird diese Fähigkeit, Angriffe auf Leib oder Leben zu erkennen, mit einem Alter von ca. 3 Jahren erworben sein (*BGH* NJW 1978, 709; NStZ 1995, 230). Auf der anderen Seite kann die Fähigkeit bei einem nicht mehr ansprechbaren Schwerkranken verloren gehen (*BGH* NStZ 1997, 490, 491). Zum besinnungslosen Opfer Rn. 30.

28 Insbesondere gegenüber **kleineren Kindern** scheidet somit heimtückisches Handeln aus, es sei denn (zusammenfassend *Fahl,* JA 1999, 284 ff.):

(1) Der Täter beseitigt arglistig die Schutzbereitschaft Dritter (z. B. Eltern, Babysitter, Wachpersonal), etwa indem er sie ablenkt oder sonst in Sicherheit wiegt, um das Kleinstkind – bzw. eine andere zu Argwohn unfähige Person wie einen bewusstlosen Patienten (näher Rn. 30 a) – in der so geschaffenen Hilflosigkeit zu töten.

Vgl. BGHSt 3, 330, 332; *BGH* NStZ 2006, 338, 339 f.; NStZ-RR 2006, 43; MüKo/*Schneider,* § 211 Rn. 135. – Vgl. dazu auch die ähnlich liegenden Hinterhalt-Fälle oben Rn. 25.

Nach *BGH* NStZ 2008, 93, 94 soll allerdings nicht unbedingt 28a
ein gezieltes Ausschalten des Dritten erforderlich sein, sondern es
genügen, dass der Täter die Arg- und Wehrlosigkeit einer sich in
der Nähe befindlichen schutz- und eingriffsbereiten Person ausnutzt. In dieser Entscheidung bejaht der *BGH* heimtückisches
Handeln bei einem Krankenpfleger, der auf einer Intensivstation
einen besinnungslosen Patienten, um den sich andere Pflegekräfte
gerade nicht kümmern, tötet und dabei auch einen akustischen
Alarm unterdrückt (kritisch *Bosch*, JA 2008, 390 f.; *Satzger*, JK
6/08, StGB § 211/54). Doch misst der *BGH* der Ausschaltung des
Alarms wohl keine entscheidende Bedeutung bei. Dann könnte
etwa auch ein Täter heimtückisch töten, der ein Kleinstkind im
Schlafzimmer in dem Bewusstsein erstickt, dass die Mutter in der
Küche ein Essen zubereitet. Solche Ausweitungen verdienen bei
dem ohnehin sehr problematischen Heimtückemerkmal keine Zustimmung.

(2) Darüber hinaus hat der *BGH* gegenüber Kleinstkindern 29
Heimtücke in Fällen bejaht, in denen der Täter durch wohl-
schmeckendes Gift oder durch Vermischung die natürlichen Ab-
wehrinstinkte des Kindes ausgeschaltet hat. Diese Rechtsprechung, die zu zufälligen Grenzziehungen führt, ist allerdings
abzulehnen.

Rengier, MDR 1980, 5 f.; *Fahl,* JA 1999, 286; NK/*Neumann,* § 211 Rn. 58;
Kett-Straub, JuS 2007, 520. – Anders BGHSt 8, 216; *BGH* MDR/D 1973, 901;
Sch/Sch/*Eser,* § 211 Rn. 25b, 26; MüKo/*Schneider,* § 211 Rn. 134.

Der **Schlafende** ist regelmäßig arg- und wehrlos, weil er sich 30
dem wehrlos machenden Schlaf typischerweise bewusst überlie-
fert und damit seine Arglosigkeit gleichsam mit in den Schlaf
nimmt. Anders liegt es, wenn das Opfer zum Zeitpunkt des Ein-
schlafens mit einem tätlichen Angriff rechnet und trotzdem vom
Schlaf übermannt wird. Hier nimmt das Opfer den Argwohn mit
in den Schlaf, so dass es in keinen Zustand der Arglosigkeit gerät
(vgl. *BGH* NStZ 2007, 523, 524; *Kett-Straub,* JuS 2007, 519; *Kaspar,* JA 2007, 700).

Streitig ist, ob **besinnungslose Opfer** Schlafenden gleichstehen. 30a
Während sich der Schlafende in der Regel bewusst in den Schlaf-
zustand begeben hat, wird der Besinnungslose von seinem unna-
türlichen Zustand überrascht und kann deshalb – im Hinblick auf
tätliches Verhalten anderer – keine Erwartungen mitnehmen. Au-

ßerdem lässt sich beim Besinnungslosen dessen Argwohn und Verteidigungsbereitschaft überhaupt nicht wecken. Ob demzufolge Besinnungslose heimtückisch getötet werden können, ist umstritten, aber mit der h. M. zu verneinen.

BGHSt 23, 119, 120; *BGH* StV 1998, 545; NStZ 2008, 93, 94; *Rengier,* MDR 1980, 6; *Wessels/Hettinger,* BT 1, Rn. 120; NK/*Neumann,* § 211 Rn. 55, 57; MüKo/*Schneider,* § 211 Rn. 133, 137; a. A. *Krey/M. Heinrich,* BT 1, Rn. 43 ff.; *Otto,* Jura 2003, 619. – Zum Ausschalten der Schutzbereitschaft Dritter siehe Rn. 28 f.

Hat freilich ein heimtückisch begangener Tötungsversuch die Besinnungslosigkeit des Opfers zur Folge und tötet es der Täter dann durch einen weiteren Akt, so ist das Heimtückemerkmal zu bejahen (*BGH* NStZ 2008, 211).

31   c) **Wehrlos** ist, wer infolge seiner Arglosigkeit zur Verteidigung außerstande oder in seiner natürlichen Abwehrbereitschaft und Abwehrfähigkeit stark eingeschränkt ist (*BGH* GA 1971, 113). Demnach muss die Wehrlosigkeit auf der Arglosigkeit beruhen. Dieser Zusammenhang fehlt, wenn das Opfer auch im Falle der rechtzeitigen Kenntnis vom bevorstehenden tätlichen Angriff keine Verteidigungschancen im Sinne der Rn. 23 gehabt hätte (*Kaspar,* JA 2007, 702; *Geppert,* Jura 2007, 274). Ferner muss stets kumulativ die Arg- *und* Wehrlosigkeit ausgenutzt werden. Folglich erfüllt die Tötung eines bloß wehrlosen Menschen, also z. B. eines Gefesselten oder Gelähmten, der den tätlichen Angriff vor dem Beginn des Tötungsversuchs erkennt, nicht das Merkmal der Heimtücke **(Fall 2 a)**.

6. Verfassungsrechtliche Problematik und restriktive Interpretation der Mordmerkmale, insbesondere der Heimtücke

32   a) Im **Fall 3** (BGHSt 30, 105 – Großer Senat) besteht wohl Einigkeit darüber, dass eine Verurteilung des A zu lebenslanger Freiheitsstrafe nicht schuldangemessen und damit verfassungswidrig wäre (dazu schon Rn. 3 ff.). Indes hat A nach der normalen Auslegung heimtückisch getötet. Über den Weg, wie man in solchen Fällen – sofern nicht in der Praxis insbesondere § 21 „hilft" – dennoch den Schritt zum „Lebenslang" vermeiden kann, bestehen große Meinungsunterschiede.

Näher *Rengier,* NStZ 1982, 225 ff.; *Mitsch,* JuS 1996, 121 ff.; *Krey/M. Heinrich,* BT 1, Rn. 62 ff.; Sch/Sch/*Eser,* § 211 Rn. 8 ff.; *Fischer,* § 211 Rn. 101 ff.; *Roxin,* Widmaier-FS, 2008, S. 744 ff.

aa) Sog. **Tatbestandslösungen** bemühen sich um Restriktionen 33
auf der Tatbestandsebene des § 211:

(1) So wird, anknüpfend an das Element der „Tücke", ein tückisch-verschlagenes, d.h. listiges, hinterhältiges Vorgehen gefordert.

Wessels/Hettinger, BT 1, Rn. 108f., 114; *Spendel,* JR 1983, 271ff.; NK/
Neumann, § 211 Rn. 72; *Seebode,* StV 2004, 597f.

(2) Andere meinen, heimtückisches Handeln setze einen verwerflichen Vertrauensbruch voraus. Gegen diese Ansicht, die teilweise zu Unrecht als h.M. im Schrifttum bezeichnet wird, spricht
nicht nur der unklare und konturenlose Vertrauensbegriff, sondern
auch vor allem die Fallgruppe der hinterhältigen Attentate, die auf
diese Weise aus dem Heimtückemerkmal herausfiele.

Ablehnend auch BGHSt 30, 105, 115f.; *Mitsch,* JuS 1996, 214; *Roxin,* Widmaier-FS, 2008, S. 746ff. – *Dafür Krey/M. Heinrich,* BT 1, Rn. 58f.; Sch/Sch/
Eser, § 211 Rn. 26. – *Zusammenfassend Küper,* JuS 2000, 214.

(3) Die Lehre von der Typenkorrektur schließlich will den
Mordtatbestand trotz Vorliegens eines Mordmerkmals verneinen,
wenn auf Grund einer umfassenden Gesamtwürdigung die Tötung
ausnahmsweise als nicht besonders verwerflich erscheint. Tatbestandslösungen führen über § 212 zur Anwendbarkeit auch von
§ 213.

bb) Demgegenüber belassen es sog. **Rechtsfolgenlösungen** 34
zwar bei der Verurteilung wegen Mordes, suchen aber auf der
Rechtsfolgenseite nach Wegen, um die lebenslange Freiheitsstrafe
zu vermeiden. So ist angeregt worden, entsprechend § 213 (§ 3
Rn. 14f.) einen minder schweren Fall des Mordes mit dem Strafrahmen des § 212 anzuerkennen (*Rengier,* MDR 1980, 1ff.; ähnlich Sch/Sch/*Eser,* § 213 Rn. 3 m.w.N.).

Auch der Große Senat (BGHSt 30, 105) hat Tatbestandslösungen verworfen und eine andere, bis dahin noch nicht diskutierte
Rechtsfolgenlösung vorgeschlagen: Er will in Analogie zu gesetzlichen Milderungsvorschriften wie §§ 13 II, 17 S. 2, 21 den Strafrahmen des § 49 I Nr. 1 (drei bis fünfzehn Jahre) zugrundelegen,
sofern Entlastungsfaktoren vorliegen, die den Charakter „außergewöhnlicher Umstände" aufweisen und die Verhängung der lebenslangen Freiheitsstrafe als unverhältnismäßig erscheinen lassen. Damit soll kein Sonderstrafrahmen für minder schwere Fälle

begründet werden. Vielmehr müssen Umstände „besonderer Art" vorliegen, die über § 213 hinausreichen und in ihrer Gewichtung gesetzlichen Milderungsgründen vergleichbar sind (*BGH* NStZ 2005, 154, 155). Solche Umstände können beispielsweise rechtfertigungs- oder entschuldigungsnahe Konflikttötungen in ausweglos erscheinenden Situationen sowie Taten aufweisen, die in großer Verzweiflung, aus tiefem Mitleid oder nach wiederholt schweren Provokationen begangen worden sind.

35   Der Studierende braucht nicht alle Details der Diskussion um BGHSt 30, 105 konkret zu kennen. Er muss aber Problembewusstsein für Konstellationen entwickeln, in denen der – in erster Linie die Heimtücke betreffende – Mechanismus: Mordmerkmal gleich lebenslange Freiheitsstrafe unverhältnismäßige Ergebnisse hervorruft, und dann den Schritt, der von der lebenslangen Freiheitsstrafe wegführt, vernünftig begründen.

36   b) Zu solchen Problemkonstellationen im Umfeld der Heimtücke gehören die in der Regel von tiefer Verzweiflung geprägten **Fälle des missglückten Mitnahmesuizids** (*BGH* MDR/H 1981, 267; StV 1989, 390). Hier nimmt der zur Selbsttötung entschlossene Täter Familienangehörige, die er liebt, mit sich in den Tod, um ihnen ein ungewisses schweres Schicksal zu ersparen. Weiter spielen Tötungen aus echtem Mitleid eine Rolle (BGHSt 37, 376; *BGH* NStZ-RR 1997, 42; NStZ 2008, 93, 94).

37   Die Rechtsprechung hat diesbezüglich schon früh das Heimtückemerkmal durch das Erfordernis einer gegen das Opfer gerichteten „feindseligen Willensrichtung" eingeschränkt (BGHSt 9, 385, 390; 37, 376, 377; *BGH* NStZ 2006, 338, 339). Dieser – im Ergebnis zu billigende, in der Begründung aber nicht überzeugende (Sch/Sch/*Eser*, § 211 Rn. 25a; *Mitsch*, JuS 1996, 214; *Otto*, JK 01, StGB § 211/35) – Restriktionsversuch reicht nicht sehr weit und soll Taten erfassen, bei denen der Täter glaubt, zum vermeintlich Besten des Opfers zu handeln.

38   c) Die Probleme mit dem Heimtückemerkmal zeigen sich besonders deutlich bei der **Tötung von Familientyrannen**, einer Fallgruppe, für die etwa der Fall typisch ist, dass die im Sinne einer Dauergefahr jahrelang misshandelte und gedemütigte („schwache") Frau irgendwann sich nicht mehr zu helfen weiß und in ihrer Verzweiflung den Wüterich im Schlaf tötet.

Vgl. BGHSt 48, 255; *BGH* NStZ 1984, 20; dazu *Rengier*, NStZ 1984, 21 ff.; 2004, 233 ff.; *Rotsch*, JuS 2005, 12 ff.; Falllösung bei *Haverkamp/Kaspar*, JuS 2006, 895 ff.

Unabhängig von der oben befürworteten normativen Einschränkung der Heimtücke (Rn. 26 a) sollte man sehen, dass hier (und in anderen Konstellationen) die im Zusammenhang mit BGHSt 30, 105 diskutierten – subsidiären – Auswege (Rn. 32 ff.) in der Praxis kaum eine Rolle spielen, weil man auf verschiedenen anderen Wegen von der lebenslangen Freiheitsstrafe fortkommt: So wird man möglicherweise eine verminderte Schuldfähigkeit im Sinne des § 21 oder unter dem Aspekt der Dauergefahr die Voraussetzungen des § 35 (dazu *Rengier*, NStZ 1984, 22) bzw. zumindest einen entsprechenden Irrtum gemäß § 35 II (dazu BGHSt 48, 255, 261 ff.) feststellen können. Ferner stellt die Praxis an die innere Tatseite der Heimtücke besondere Anforderungen, die helfen, eine „bewusste" Ausnutzung der Arg- und Wehrlosigkeit zu verneinen (Rn. 41 f.). **39**

d) Wie soeben angedeutet, ist die Entscheidung BGHSt 30, 105 bisher nicht zuletzt deshalb ohne große praktische Bedeutung geblieben, weil die Rechtsprechung eine (oft und effektiv eingesetzte) besondere Vermeidungsstrategie entwickelt hat, die die **innere Tatseite des Mordmerkmals** betrifft, und die, abgesehen von der Heimtücke, vor allem bei den niedrigen Beweggründen eine zentrale Rolle spielt. So gehört es zu den subjektiven Voraussetzungen der niedrigen Beweggründe, dass der Täter sich der Umstände, die den Antrieb zum Handeln als besonders verwerflich erscheinen lassen, bewusst gewesen ist, und dass er die Bedeutung seiner Beweggründe und Ziele für die Bewertung der Tat erfasst hat. Gefühlsmäßige und triebhafte Regungen muss er gedanklich beherrschen und willensmäßig steuern können. Bedeutungslos ist allerdings, ob der Täter seine Motive selbst als niedrig bewertet (*BGH* NJW 1989, 1739; 2004, 1466, 1467; NStZ 1997, 81; 2001, 87; StV 2001, 228, 229). **40**

Bei der Heimtücke („bewusste" Ausnutzung der Arg- und Wehrlosigkeit) muss dem Täter „bewusst" geworden sein, einen durch Arglosigkeit schutzlosen Menschen zu überraschen und diese Situation des Opfers gerade in ihrer Bedeutung für die Tatausführung auszunutzen. **41**

Vgl. *BGH* NStZ 2005, 691, 692; 2006, 503, 504; 2007, 330, 331; 2008, 510, 511 f.; NStZ-RR 2004, 79 f.; 2005, 265; *Rengier*, Küper-FS, 2007, S. 478 ff.

Eine restriktive Funktion kommt dieser subjektiven Tatseite vor allem bei (affektiven) Spontantötungen und heftigen Erregungszuständen zu. Insoweit lebt hier in einem anderen Gewande das **42**

alte Mordmerkmal der Überlegung wieder auf, das früher (bis
1941) ausschließlich den Unterschied zwischen Mord und Totschlag definierte.

43 **Übungsarbeiten** werden die für eine solche „besondere" Prüfung der inneren Tatseite erforderlichen Angaben kaum enthalten. Der Studierende sollte
sich aber zumindest einprägen, dass bei heftigen Gemütsbewegungen und
starken Erregungszuständen, bei Spontan-, Verzweiflungs- und Affekttaten
der Schritt zu § 211 sorgfältig bedacht und geprüft werden muss. Dabei ist es
nicht ausgeschlossen, dass der Täter die Bedeutung der Tatumstände für die
Tat auch ohne längere Planung und Überlegung „mit einem Blick" erfasst
(BGHSt 6, 329, 331; *BGH* NStZ 1981, 140; NJW 1989, 1739; NStZ-RR 2001,
296, 297).

7. Grausamkeit

44 Grausam tötet, wer dem Opfer besondere Schmerzen oder
Qualen körperlicher oder seelischer Art aus gefühlloser, unbarm-
herziger Gesinnung zufügt (BGHSt 49, 189, 196; *BGH* NStZ
2007, 402, 403). Eine brutale Tatausführung allein reicht für das
Mordmerkmal nicht aus; „besondere" Schmerzen oder Qualen
werden nur zugefügt, wenn sie über das für die Tötung als solche
erforderliche Maß in dem Sinne hinausgehen, dass das Opfer
(vom Vorsatz umfasst) übermäßige starke Schmerzen oder Qualen
erleidet (*BGH* NStZ 2008, 29 mit Anm. *Schneider;* StV 1997, 565,
566; *Frister,* StV 1989, 344).

Beispiele: Tod nach 30 Messerstichen, aber nicht Tod schon nach den ersten
von insgesamt 30 Messerstichen; Tötung mittels Nahrungsentzug; Tötung im
Rahmen einer längeren, seelisch quälenden Hinrichtungsaktion.

44 a Gewisse Unklarheiten bestehen darüber, inwieweit sich das erforderliche besondere Maß an Leidzufügung nur nach objektiven
Kriterien oder auch unter Einbeziehung der Tatplanperspektive
bestimmt. Richtigerweise sollte es keine Rolle spielen, ob der Täter aus seiner Sicht eine mildere Tötungsart hätte wählen können.
Vielmehr kommt es allein auf die in objektiver Hinsicht hochgradig schmerzvolle Tötungsaktion an.

Beispiele: Grausam tötet nicht nur, wer seinem Opfer vor dessen Tod mit
Tötungsvorsatz „unnötige" gesteigerte Qualen zufügt, sondern ebenso jemand, der eine per se besonders schmerzvolle Tötungsmethode – wie Verbrennen bei lebendigem Leibe, qualvolles Ersticken – ergreift, auch wenn er
aus seiner Sicht über keine mildere Ausführungsmodalität verfügt (zutreffend
Schneider, NStZ 2008, 29 ff.; *Fischer,* § 211 Rn. 56).

Die grausame Tatausführung muss objektiv und subjektiv (Vor- **45**
satz) Bestandteil der Tötungshandlung, d.h. der Tötungstat sein,
die mit dem unmittelbaren Ansetzen zur Tatbestandsverwirklichung (§ 22) beginnt. Daher genügt eine Tötung im Anschluss an
grausame, ohne Tötungsvorsatz zugefügte Verletzungen so wenig
wie die umgekehrte Konstellation mit grausamen Körperverletzungshandlungen nach aufgegebenem bzw. nicht mehr feststellba-
rem Tötungsvorsatz (dazu BGHSt 37, 40; *BGH* NJW 1986, 265;
Mitsch, JuS 1996, 214 f.).

8. Gemeingefährliche Mittel

Mit gemeingefährlichen Mitteln tötet, wer ein Mittel so ein- **46**
setzt, dass er in der konkreten Tatsituation die Ausdehnung der
Gefahr nicht beherrschen und dadurch eine Mehrzahl von Menschen an Leib und Leben gefährden kann (hierzu BGHSt 34, 13,
14; 38, 353 mit Anm. *Rengier,* JZ 1993, 364). Der Täter muss, so
ist die Vorsilbe „gemein" zu verstehen, über das oder die in seinen
Tötungsvorsatz einbezogene(n) Individualopfer hinaus eine un-
beherrschbare Gefahr für die Allgemeinheit (genauer: für mehrere
Repräsentanten der Allgemeinheit) schaffen.

Umstritten ist die – kaum praxisrelevante – Frage, ob die Ge-
meingefahr eine Lebensgefahr verlangt (*Rengier,* StV 1986, 407;
MüKo/*Schneider,* § 211 Rn. 106; Sch/Sch/*Eser,* § 211 Rn. 29; NK/
Neumann, § 211 Rn. 86) oder auch eine Gefahr für Leib *oder* Le-
ben genügt (*BGH* NJW 1985, 1477, 1478; *Wessels/Hettinger,* BT 1,
Rn. 103). Die gebotene restriktive Auslegung der Mordmerkmale
(Rn. 3 ff.) spricht dafür, nur eine Lebensgefahr ausreichen zu lassen.
Jedenfalls muss es sich nach h.M. nicht um eine *konkrete* (Le-
bens-)Gefahr handeln (MüKo/*Schneider,* § 211 Rn. 107 m.w.N.;
enger *Rengier,* StV 1986, 407 f.).

Beispiele: Einsatz von Sprengstoff oder Feuer als Tötungsmittel (aber nicht, **47**
wenn in der konkreten Tatsituation Gefahren für andere ausgeschlossen sind);
Gift im Kessel der Gemeinschaftsküche (aber nicht in einer Tasse); Steinwürfe
von Autobahnbrücke auf fahrende Autos (ergänzend Rn. 23); wilde, unbere-
chenbare Autofahrt durch Menschenansammlungen (*BGH* NStZ 2006, 167);
unkontrolliert gebrauchtes Maschinengewehr; aber nicht: Tötung mit einem
einzelnen Schuss, auch nicht in einem belebten Lokal, weil sich die Gefahr nur
alternativ, jedoch nicht kumulativ bei mehreren Repräsentanten der Allgemeinheit verwirklichen kann (BGHSt 38, 353 mit Anm. *Rengier,* JZ 1993, 364;
Mitsch, JuS 1996, 215 f.).

An dem *Einsatz* eines gemeingefährlichen Mittels oder an einer Tötung *mit* gemeingefährlichen Mitteln fehlt es, wenn der Täter eine bereits vorhandene gemeingefährliche Situation nur zur Tat ausnutzt (BGHSt 34, 13; Sch/Sch/ *Eser,* § 211 Rn. 29). Dies schließt nach h. M. auch eine Verwirklichung des Merkmals durch Unterlassen aus (MüKo/*Schneider,* § 211 Rn. 109 m. w. N.; a. A. *Fischer,* § 211 Rn. 61; *Grünewald,* Jura 2005, 519 ff.; offen gelassen von BGHSt 48, 147, 149).

47a   Probleme bereitet die Paradoxie, dass auf der einen Seite mit gemeingefährlichen Mitteln tötet, wer, um seinen Feind umzubringen, eine Bombe in ein volles Lokal wirft, und auf der anderen Seite das Mordmerkmal entfallen soll, wenn der Bombenwerfer seinen Tötungsvorsatz auf alle Gäste des Lokals erstreckt (*Arzt/Weber,* BT, § 2 Rn. 52; MüKo/*Schneider,* § 211 Rn. 103). Indes stellt sich die Frage, inwieweit man hier wirklich noch von einer – nicht unter die gemeingefährlichen Mittel fallenden – „individualisierten Mehrfachtötung" sprechen kann. Mit vergleichbaren Konstellationen hat man es zu tun, sofern ein Täter alle Insassen eines Flugzeugs, alle Teilnehmer einer großen Versammlung, alle Benutzer einer Gemeinschaftsküche oder gar alle erreichbaren Personen als Opfer eines Bomben- oder Giftanschlags auserkoren hat.

Die Wertungswidersprüche muss man nicht hinnehmen. Die meisten lassen sich vermeiden, wenn man das Mordmerkmal nicht so ganz allgemein mit der Reichweite des Tötungsvorsatzes verknüpft. Besser ist es, zu den Opfern einer Allgemeingefahr jeden zu zählen, der als (letztlich austauschbarer) Repräsentant der Allgemeinheit und nicht als ausgesuchte, bestimmte Individualperson betroffen wird. So betrachtet kann man etwa wilde Autofahrten durch Menschenansammlungen und Bombenangriffe auf Flugzeuge in der Regel unter die gemeingefährlichen Mittel subsumieren.

Auf dieser Linie *BGH* NStZ 2006, 167, 168 und 503, 504; *Rengier,* StV 1986, 407; *Eisele,* BT I, Rn. 109 f.; abl. MüKo/*Schneider,* § 211 Rn. 103.

9. Ermöglichungs- und Verdeckungsabsicht

48   a) **Gemeinsamkeiten.** Diese täterbezogenen Mordmerkmale der dritten Gruppe beruhen auf der Erwägung, dass der Täter besonders verwerfliche Zwecke verfolgt. Es handelt sich um Absichtsmerkmale („um … zu"), wobei die Absicht im Sinne zielgerichteten Handelns zu verstehen ist. Dem Täter muss es also auf die Ermöglichung/Verdeckung der anderen Straftat gerade ankommen (dolus directus 1. Grades). Soweit ihn bei diesen subjektiven Merkmalen verschiedene Beweggründe leiten („Motivbündel"), ist entsprechend Rn. 14, 21 entscheidend, ob das Ermöglichungs-/Verdeckungsmotiv im Bewusstsein dominiert (*BGH* NStZ 2005, 332, 333).

Mit der „anderen Straftat" ist eine – eigene wie fremde – strafbare, d.h. tatbestandsmäßige, rechtswidrige und schuldhafte, Tat gemeint. Ordnungswidrigkeiten reichen nach ganz h.M. nicht aus (vgl. nur BGHSt 28, 93; a.A. *Maurach/Schroeder*, BT 1, § 2 Rn. 34). Das Gesetz stellt allein auf die subjektive Vorstellung ab. Daher wird z.B. auch der objektiv bereits entdeckte Täter erfasst, der irrtümlich glaubt, noch nicht identifiziert zu sein (vgl. Rn. 53). Ferner genügt es, wenn die zu ermöglichende oder zu verdeckende Tat nur nach der Vorstellung des Täters eine Straftat darstellt. Dabei kommt es nicht darauf an, ob der Irrtum auf der Verkennung von Tatsachen oder auf falschen Wertungen beruht (dazu BGHSt 11, 226; *BGH* MDR/H 1991, 1021; LK/*Jähnke*, 11. Aufl., § 211 Rn. 10, 18).

Beispiele (mit zu bejahender Verdeckungsabsicht): O erkennt nicht, dass er den Angreifer A in berechtigter Notwehr schwer verletzt hat; um wegen der vermeintlich strafbaren Körperverletzung nicht verfolgt zu werden, tötet er den A. – T fährt mit einem Blutalkoholgehalt von 0,8 Promille unauffällig nach Hause (Ordnungswidrigkeit nach § 24a I StVG; zu § 316 unten § 43 Rn. 5ff.); als er in eine Polizeikontrolle gerät, fährt er mit Tötungs-Eventualvorsatz auf einen Polizisten zu, um wegen der nach seiner (falschen) Einschätzung strafbaren Trunkenheitsfahrt nicht belangt zu werden (Falllösung bei *Mitsch*, JuS 1996, 217f.).

b) Die – auf eine *andere* Straftat bezogene – **Ermöglichungsab-** **49** **sicht** ist dadurch gekennzeichnet, dass der Täter die Tötung als funktionales Mittel einsetzt, um durch eine andere Tathandlung weiteres kriminelles Unrecht begehen zu können (BGHSt 51, 236, 240; MüKo/*Schneider*, § 211 Rn. 199; ergänzend § 40 Rn. 49ff. zu § 306b II Nr. 2).

Beispiele: Die Tötung dient dem Zweck, dem Opfer im Wege des Diebstahls oder Raubs Geld abzunehmen, einer beabsichtigten erpresserischen Drohung Nachdruck zu verleihen oder einen Betrug gegenüber einer Versicherung vorzubereiten (vgl. BGHSt 46, 73, 80f.; *BGH* NStZ 1998, 352, 353). Ein Beschützer wird getötet, um die Vergewaltigung einer Frau zu ermöglichen (vgl.

Rn. 12). In Betracht kommt ferner die Absicht, durch Tötung etwa eines nahenden Retters ein Dauerdelikt (z.B. § 239) aufrechtzuerhalten. Ebenso genügt die Absicht, nach einem vollendeten Diebstahl die Tat fortzuführen, um noch weitere Beute zu erlangen (vgl. *BGH* NStZ 1984, 453, 454; NJW 1995, 2365).

Dagegen scheidet die Annahme einer Ermöglichungsabsicht aus, wenn die Tötungshandlung und die Begehung der anderen Straftat in einem Akt zusammenfallen. So liegt es im **Fall 4** (dazu ferner in Rn. 19, 54), in dem A zwar § 113 I, II 2 Nr. 2 und die §§ 212, 22 erfüllt, doch nicht töten will, um die Tat des § 113 zu ermöglichen, weil die Tötungshandlung zugleich die Widerstandshandlung darstellt (ergänzend § 53 Rn. 5, 9, 26). Nicht anders ist die Konstellation zu beurteilen, dass der Täter nach einem vollendeten Diebstahl/ Raub tötet, um die Beute zu verteidigen; hier sind die gleichzeitig mit § 212 verwirklichten §§ 252, 251 keine tauglichen Bezugstaten (*Graul*, JR 1993, 511; MüKo/*Schneider*, § 211 Rn. 199).

50   Die Tötung muss als Mittel zur Ermöglichung der anderen Straftat eingesetzt werden. Diese Mittel-Zweck-Formel bedarf aber der Präzisierung. Die Judikatur hat früher zum Teil gefordert, dass gerade der Tötungs*erfolg* das notwendige Mittel zur Zielerreichung sein müsse (BGHSt 23, 176, 194; *BGH* MDR/H 1980, 629).

51   Diesen Standpunkt hat BGHSt 39, 159 zu Recht aufgegeben (zust. *Lackner/Kühl*, § 211 Rn. 15; *Schall*, JuS 1990, 624 f.; *Schroeder*, JuS 1994, 294 ff.). Danach reicht es aus, dass der Täter die eingesetzte Tötungs*handlung* als notwendiges Mittel ansieht, um die Begehung anderen kriminellen Unrechts zu ermöglichen. Hierbei genügt die Vorstellung, auf diese Weise die andere Straftat schneller oder leichter begehen zu können. Vor diesem Hintergrund steht ein bedingter Tötungsvorsatz der Annahme der Ermöglichungsabsicht nicht entgegen.

   Beispiele: Ein Beschützer wird unter Inkaufnahme seiner Tötung außer Gefecht gesetzt, um eine Frau vergewaltigen zu können (*BGH* GA 1963, 84). Der Täter würgt mit Tötungs-Eventualvorsatz sein Opfer, um die Wohnung ausrauben zu können (BGHSt 39, 159). – Zu parallelen Fragen bei der Verdeckungsabsicht siehe Rn. 57 ff.

52   c) Die **Verdeckungsabsicht** wird durch das Streben des Täters charakterisiert, sich der Entdeckung wegen einer vorangegangenen Straftat zu entziehen. Vor dem Hintergrund, dass Selbstbegünstigungstendenzen teilweise entlasten (vgl. §§ 157, 258), könnten gegen das Mordmerkmal verfassungsrechtliche Bedenken bestehen (vgl. Rn. 3 ff.); doch lässt sich die Höchststrafe vor allem mit dem präventiven Zweck legitimieren, den Täter durch ein be-

sonderes Strafbarkeitsrisiko eindringlich davor zu warnen, begangenes Unrecht durch die Verknüpfung mit weiterem Unrecht zu vergrößern oder gar die Tötung als etwas einzukalkulieren, was für die zu erwartende Strafe nicht mehr stark ins Gewicht fällt. Dem erhöhten Tötungsanreiz muss zum Schutz des Opfers mit erhöhter Strafdrohung entgegengewirkt werden (*BGH* NJW 1999, 1039, 1041; *Momsen,* JR 2000, 31; *Geppert,* Jura 2004, 243).

aa) Mit Verdeckungsabsicht tötet, wem es darauf ankommt, **53** durch die Tötung entweder die **Aufdeckung der Vortat** in einem die Strafverfolgung sicherstellenden Umfang oder die **Aufdeckung seiner Täterschaft** zu verbergen (BGHSt 50, 11, 14 f.; *BGH* NJW 1988, 2682). Typisch sind zum einen die Fälle, in denen der Täter das Opfer der Vortat oder einen etwaigen Tatzeugen bzw. Mitwisser ausschalten will, um die Entdeckung der Tat zu vermeiden oder selbst unentdeckt zu bleiben. In der anderen charakteristischen Fallgruppe tötet der Täter einen Verfolger oder einen die Flucht störenden Menschen, um unerkannt zu entkommen, um also seine Identifizierung als Täter einer Straftat zu verhindern (*BGH* NStZ-RR 1997, 132). Sind Tat und Täterschaft den Strafverfolgungsbehörden in einem für eine Verurteilung ausreichenden Umfang bekannt, so gibt es nichts mehr zu verdecken. Wer dies weiß und nur tötet, um sich der Verhaftung zu entziehen oder um seine Überführung durch die Beseitigung eines Belastungszeugen zu erschweren, handelt nicht mit Verdeckungsabsicht (BGHSt 50, 11, 14; *BGH* GA 1971, 108).

Im **Fall 4** (vgl. schon Rn. 19, 49) muss daher die Verdeckungsabsicht ver- **54** neint werden. Jedoch liegt bei solchen „verdeckungsnahen" Motiven die Bejahung der niedrigen Beweggründe nahe, weil der Täter – wie es auch die Verdeckungsabsicht kennzeichnet – handelt, um sich in eigensüchtiger Weise der Verantwortung für begangenes Unrecht zu entziehen (*BGH* MDR/D 1971, 722; MDR/H 1987, 280; MDR 1988, 276, 277; NStZ 1992, 127).

Umstritten ist, ob das Verdeckungsmerkmal zwingend die Ab- **55** sicht voraussetzt, für den Fall des Bekanntwerdens der Straftat gerade eine *Straf*verfolgung zu vereiteln, oder ob es genügt, dass der Täter nur **außerstrafrechtliche Konsequenzen** vermeiden will.

Beispiele: (1) Die Angeklagten haben dem M wahrheitswidrig die Lieferung von 5 kg Haschisch versprochen und dafür eine Vorauszahlung von 10.000 € erhalten. In der Folgezeit rechnen sie zwar nicht damit, dass M sie wegen des Betruges (dazu *Rengier,* BT I, § 13 Rn. 60) bei den Strafverfolgungsbehörden anzeigen würde, aber sie fürchten seine Reaktion, falls er merken würde, dass er „abgelinkt" worden ist. Daher töten sie M, um den Betrug ihm gegenüber zu verdecken und die 10.000 € nicht zu verlieren (BGHSt 41, 8).

(2) Die Ehefrau E hat ihren Großvater G um Geld betrogen. Als er von dem Betrug erfährt, kündigt er an, den Ehemann M zu informieren. E befürchtet, dass M sie dann verlassen wird. Um dies zu verhindern, tötet E, die keine Strafanzeige erwartet, den G (*BGH* NStZ 1999, 615).

56   Der *BGH* hat sich für die weite Interpretation ausgesprochen und in den Beispielen die Verdeckungsabsicht bejaht (zust. *Saliger,* ZStW 1997, 305 ff.; Sch/Sch/*Eser,* § 211 Rn. 34; *Kindhäuser,* LPK-StGB, § 211 Rn. 36). Vom Wortlaut und vom Unrechtsgehalt her ist dies durchaus vertretbar. Jedoch beseitigt ein solches Verständnis die spezifische Unrechtsqualität und die Konturen, die das Merkmal hat, wenn man es auf die Absicht beschränkt, sich der Strafverfolgung zu entziehen. Die „verdeckungsnahen" Motive, die bei der Verfolgung „außerstrafrechtlicher" Zwecke vorliegen, werden besser den niedrigen Beweggründen zugewiesen (vgl. Rn. 19).

Grundlegend *Küper,* JZ 1995, 1158 ff.; ferner *Lackner/Kühl,* § 211 Rn. 12; MüKo/*Schneider,* § 211 Rn. 176 ff.; *Buttel/Rotsch,* JuS 1996, 329 mit Falllösung.

57   **bb) Verdeckungsabsicht und dolus eventualis** bezüglich der Tötung schließen sich nicht von vornherein aus. Das Merkmal setzt nicht voraus, dass der erstrebte Verdeckungserfolg gerade vom *Tod* des Opfers abhängt. Vielmehr genügt es – wie bei der Ermöglichungsabsicht (Rn. 50 f.) – grundsätzlich, wenn der Täter die vorgenommene Tötungs*handlung* als notwendiges Verdeckungsmittel ansieht (BGHSt 41, 358; *BGH* NJW 1999, 1039, 1040).

58   **Beispiele:** (1) A hat W erstochen. Um die Spuren zu verwischen, setzt er nachts die Wohnung des W in Brand, wohl wissend, dass im oberen Stockwerk des Hauses zwei Frauen schlafen, deren Tod ihm gleichgültig ist. – BGHSt 41, 358 bejaht zu Recht die Verdeckungsabsicht (zust. *Mitsch,* JuS 1997, 793 f.).

(2) Wer die Tötung eines die Flucht versperrenden Polizeibeamten in Kauf nimmt, um seine Identifizierung und Festnahme zu verhindern, setzt die Tötungshandlung als Mittel zur Verdeckung der Täterschaft ein (BGHSt 15, 291). Im **Fall 4** läge eine solche Konstellation vor, wenn A *vor* seiner Identifizierung auf die Polizisten losfahren würde.

(3) Ebenso handelt mit Verdeckungsabsicht, wer sein zuvor schwer misshandeltes Opfer mit Tötungs-Eventualvorsatz einsperrt, um dessen beklagenswerten Zustand, der andere auf das Vortatgeschehen aufmerksam machen könnte, vor der Umwelt zu verbergen (*BGH* NJW 1988, 2682).

(4) Parallel zu BGHSt 39, 159 (Rn. 51) liegt der Fall, dass der Täter sein Opfer mit Tötungs-Eventualvorsatz würgt, um unerkannt zu entkommen (vgl. *BGH* NJW 1999, 1039, 1040f.; NStZ 2004, 495).

Nur wenn der Täter befürchtet, durch persönliche Angaben ge- **59** rade des überlebenden Tötungsopfers überführt zu werden, wenn er also sein Verdeckungsziel – Vermeidung jeder belastenden Aussage des Opfers – allein durch dessen Tötung sicher erreichen kann, muss es ihm auch auf den Tötungserfolg als Mittel zum Zweck ankommen; in dieser Konstellation sind Verdeckungsabsicht und Eventualvorsatz miteinander unvereinbar (*BGH* NJW 1988, 2682; 1999, 1039, 1040; StV 1992, 259f.; Falllösung bei *Hinderer*, JA 2009, 30f.).

cc) Immer wieder übersehen wird die Prüfung der **Verde-** **60** **ckungsabsicht in Unterlassungsfällen,** wenn der Täter trotz Garantenstellung das Vortatopfer mit Tötungsvorsatz einfach seinem Schicksal überlässt und insoweit einen (versuchten) Totschlag durch Unterlassen begeht. Zwei Konstellationen lassen sich unterscheiden, deren Lösung den zum aktiven Tun anerkannten Grundsätzen folgt und inzwischen als weitgehend akzeptiert gelten kann:

(1) Einmal handelt es sich um den Fall, dass der Täter T sein **61** Opfer O – allerdings mit Tötungsabsicht (Rn. 59) – liegen lässt, weil er *dessen* belastende Aussagen fürchtet.

Beispiele: T hat die O vergewaltigt, dadurch in Lebensgefahr gebracht und holt keine ärztliche Hilfe herbei, um die Aufdeckung der Notzucht durch sie zu verhindern (vgl. *BGH* MDR/D 1966, 24). T hat den O zusammengeschlagen und lässt ihn danach auf befahrenen Schienengleisen liegen, weil er Angst vor einer Strafanzeige des O hat (vgl. BGHSt 38, 356, 361).

(2) Eher bereitet die Erfassung der Konstellation Probleme, in **62** der aus der Sicht des Täters die Entdeckungsgefahr nicht vom Opfer droht, sondern auf anderen Umständen beruht. Hier betont die neuere Rechtsprechung zutreffend, dass es auf die zum Tod führende Verdeckungs*handlung* ankommt. Von dieser Perspektive aus muss die Entdeckungsgefahr nicht unbedingt vom Tötungsopfer ausgehen und es kann Tötungs-Eventualvorsatz genügen.

BGH NJW 2000, 1730, 1731f. im Anschluss an BGHSt 41, 358 (Rn. 57f.); *Fischer*, § 211 Rn. 72; a.A. NK/*Neumann*, § 211 Rn. 102ff.; *Theile*, JuS 2006, 111f. Aus der Sicht der Rechtsprechung überholt BGHSt 7, 287.

Danach ist in den Unterlassungsfällen die Verdeckungsabsicht **63** zu bejahen, wenn es dem Täter bei der Tötungsunterlassungs-

handlung (auch i.V.m. bedingtem Tötungsvorsatz) darauf ankommt, seine Vortat gegenüber anderen Personen zu verbergen,
von denen er im Falle der Vornahme der gebotenen Rettungshandlung eine strafverfolgungsrelevante Aufdeckung befürchtet.
Demnach sind Pflegeeltern wegen Verdeckungsmordes durch Unterlassen strafbar, die für ihr misshandeltes, unterernährtes und in
erkannter Lebensgefahr schwebendes Pflegekind die rettende ärztliche Hilfe nicht herbeiholen, um die Entdeckung ihrer Misshandlungen zu vermeiden (*BGH* NJW 2000, 1730). – Besonders typisch ist das folgende

64　　**Beispiel:** Der Täter überfährt infolge Alkoholgenusses den auf der Straße
liegenden bewusstlosen Betrunkenen B, hält an, erkennt die schweren Verletzungen und lässt B mit Tötungs-Eventualvorsatz liegen, weil er befürchtet,
wenn er Rettungsmaßnahmen einleitet, wegen der Trunkenheitsfahrt strafrechtlich zur Verantwortung gezogen zu werden. B stirbt, weil ihm nicht ge-
holfen wird.
　　Neben den §§ 315 c I Nr. 1 a, III Nr. 1 oder 2, 222 im ersten Teil (Unfall)
sind im zweiten Teil (nach dem Unfall) zunächst die §§ 212, 13 (Garantenstellung aus Ingerenz) und dann auch die §§ 211, 13 (Verdeckungsabsicht) zu bejahen. Dahinter treten die §§ 221 I Nr. 2, 323 c im Wege der Konsumtion zurück. Weiter sind § 142 I Nr. 2 und § 316 zu bejahen. § 222 ist gegenüber den
§§ 211, 13 subsidiär. Im *Ergebnis* konkurrieren die §§ 211, 13, 142 I Nr. 2, 316,
52 in Tatmehrheit mit § 315 c I Nr. 1 a, III Nr. 1 oder 2. Dazu, dass § 316 (in
§ 315 c I Nr. 1 a enthalten) die beiden Handlungsabschnitte nicht zur Tateinheit „verklammern" kann, weil in *beiden* Teilen die anderen Straftaten einen
größeren Unwert als § 316 verkörpern, siehe § 46 Rn. 40 f.

65　　dd) Eine **zeitliche Zäsur** zwischen Vortat und Verdeckungstötung ist *nicht* (mehr) erforderlich; insbesondere kann die zu verdeckende andere Straftat auch eine vorangegangene Körperverletzung sein, an die sich unmittelbar die Tötung anschließt (BGHSt
35, 116; *BGH* NStZ 2002, 253; anders die frühere, durch BGHSt
27, 346 ausgelöste komplizierte Rechtsprechung; näher Sch/Sch/
Eser, § 211 Rn. 32 a). Eine „andere" Straftat soll nach der Rechtsprechung allerdings dann nicht anzunehmen sein, wenn der Täter
im Anschluss an eine, auch mit einer vollendeten Körperverletzung einhergehende, versuchte Tötung diese – im Rahmen ein-
heitlicher Tötungshandlungen – in der Absicht vollendet, den Tötungsversuch (und die dabei ggf. verwirklichte Körperverletzung)
zu verdecken. Diese Rechtsprechung wird von dem Gedanken getragen, dass das bloße Hinzutreten der Verdeckungsabsicht nicht
geeignet ist, ein bisher schon mit Tötungsvorsatz verwirklichtes

einheitliches Geschehen zu einer anderen Tat zu machen (*Otto*, JK 12/02, StGB § 211/38). Nur soweit zwischen der ersten und zweiten Tötungshandlung eine deutliche zeitliche Zäsur liegt, soll die erste Tat eine „andere" Tat darstellen, die Gegenstand eines Verdeckungsmordes sein kann (*BGH* NStZ 2002, 253; 2003, 259, 260; NJW 2003, 1060).

Gegen diese Rechtsprechung lässt sich einwenden, dass sie, sofern die Zäsur fehlt, widersprüchlicherweise den Verdeckungstäter begünstigt, der sein Opfer am Anfang nicht nur mit Körperverletzungsvorsatz, sondern (zusätzlich) mit zumindest bedingtem Tötungsvorsatz angreift. Daher wird gefordert, auch eine am Beginn eines einheitlichen Tötungsgeschehens stehende versuchte Tötung (und eine dabei begangene Körperverletzung) als verdeckungstaugliche „andere" Straftat(en) einzustufen (*Freund*, JuS 2002, 644 f.; *Theile*, JuS 2006, 110 f.; vgl. ferner *Baier*, JA 2002, 844 f.; NK/*Neumann*, § 211 Rn. 108).

ee) Noch nicht geklärt ist die Frage, wie man den Tatbestand **66** des Verdeckungsmordes in denkbaren **Grenzfällen** einschränken kann, in denen die Höchststrafe nicht angemessen erscheint (ausführlich *Saliger*, ZStW 1997, 329 ff.; vgl. Rn. 3 ff.). Typische Problemfälle stellen – insbesondere im Rahmen persönlicher Beziehungen – spontane und konfliktbedingte, oft im Zustand hochgradiger affektiver Erregung begangene, Körperverletzungen dar, an die sich innerhalb eines einheitlichen Tatgeschehens die Verdeckungstötung anschließt. Entsprechende Problemfälle sind mit versuchten Tötungen als Ersttaten denkbar, sofern man hier die Verdeckungsabsicht überhaupt bejaht (dazu Rn. 65).

Möglich wäre es einmal, auf im Zusammenhang mit BGHSt **67** 30, 105 zur Heimtücke diskutierte Auswege zurückzugreifen (Rn. 33 f.). Vorzugswürdig erscheint es indes, den Gedanken von der Verdeckungsabsicht als benannten Unterfall der niedrigen Beweggründe aufzunehmen und von daher in Grenzfällen eine Gesamtwürdigung zu ermöglichen.

Krey/M. Heinrich, BT 1, Rn. 57; *Freund*, JuS 2002, 644; erwogen auch von BGHSt 35, 116, 121, 126 ff.; kritisch aber BGHSt 41, 358, 361 f.; *Lackner/Kühl*, § 211 Rn. 13 m. w. N.; a. A. *Küpper*, BT 1, I § 1 Rn. 56 f.; NK/*Neumann*, § 211 Rn. 111.

Übersichten zur *BGH*-Rechtsprechung zu den Tötungsdelikten, auch zu den **68** Mordmerkmalen, bei *Altvater*, NStZ 2002, 20 ff.; 2003, 21 ff.; 2004, 23 ff.; 2005, 22 ff.; 2006, 86 ff.; *Otto*, Jura 2003, 614 ff.

Empfehlungen zur vertiefenden Lektüre:

Rechtsprechung: BGHSt 10, 399 (Habgier, wenn Täter sich einer Unterhaltspflicht entziehen will); BGHSt 15, 291 (Verdeckungsabsicht in Festnahmefällen); BGHSt 29, 317 (Habgier); BGHSt 30, 105 (Großer Senat – grundlegend zur Heimtücke bei unangemessener lebenslanger Freiheitsstrafe); BGHSt 32, 382 (Fragen der Heimtücke); BGHSt 34, 59 (Mordlust); BGHSt 35, 116 (grundlegend zur Verdeckungsabsicht); BGHSt 38, 353 (gemeingefährliche Mittel); BGHSt 39, 159 (Tötungshandlung als Mittel, um eine Straftat zu ermöglichen); BGHSt 41, 358 (Tötungshandlung als Mittel, um eine Straftat zu verdecken); BGHSt 48, 207 (Heimtücke bei Tötung des Erpressers im Beendigungsstadium); BGHSt 48, 255 (Tötung eines Familientyrannen); *BGH* GA 1979, 108 (Verdeckungsabsicht in Festnahmefällen); *BGH* NJW 1981, 932 (Habgier bei „Motivbündel"); *BGH* NJW 1988, 2682 (u. a. Fragen der Verdeckungsabsicht); *BGH* NStZ 1993, 341 (Tötung bei Demonstration aus „Protesthaltung" – gemeingefährliche Mittel, Heimtücke, niedrige Beweggründe); *BGH* NStZ 1997, 81 (niedrige Beweggründe in „verdeckungsnahen" Fällen); *BGH* NStZ-RR 1997, 168 (Heimtücke bei einem erst nach Tatbeginn offenen Angriff); *BGH* StV 1997, 565 (Grausamkeit und niedrige Beweggründe); *BGH* StV 2001, 228 und 571 (niedrige Beweggründe bei Partnertötung und Motivbündel; *BGH* NStZ 2002, 243 (Verdeckungsabsicht nach Körperverletzung und versuchter Tötung); *BGH* NJW 2004, 1466 (niedrige Beweggründe bei fremden kulturellen Wertvorstellungen); *BGH* NStZ 2006, 167 (Amokfahrt durch Caféterrassen mit Pkw); *BGH* NStZ 2006, 338 (heimtückische Tötung schlafender Kinder); *BGH* NStZ 2008, 93 (heimtückische Tötung eines bewusstlosen Patienten durch Ausnutzen der Arg- und Wehrlosigkeit schutzbereiter Pflegekräfte).

Literatur: *Geppert,* Zum Begriff der „Verdeckungsabsicht" in § 211 StGB, Jura 2004, 242; *Geppert,* Zum Begriff der „heimtückischen" Tötung in § 211 StGB, vornehmlich an Hand neuerer höchstrichterlicher Rechtsprechung, Jura 2007, 270 ff.; *Kaspar,* Das Mordmerkmal der Heimtücke, JA 2007, 699 ff.; *Kett-Straub,* Die Tücken der Heimtücke in der Klausur, JuS 2007, 515 ff.; *Küper,* „Heimtücke" als Mordmerkmal – Probleme und Strukturen, JuS 2000, 740 ff.; *Mitsch,* Grundfälle zu den Tötungsdelikten, JuS 1996, 121 ff., 213 ff.; *Mitsch,* Straftatverdeckung mit bedingtem Tötungsvorsatz als Mordversuch – BGHSt 41, 358, JuS 1997, 791 ff.; *Otto,* Die Mordmerkmale in der höchstrichterlichen Rechtsprechung, Jura 1994, 141 ff.; *Otto,* Neue Entwicklungen im Bereich der vorsätzlichen Tötungsdelikte, Jura 2003, 612; *Rengier,* Der Große Senat für Strafsachen auf dem Prüfstand (zu BGHSt 30, 105), NStZ 1982, 225 ff.; *Rengier,* Totschlag oder Mord und Freispruch aussichtslos? – Zur Tötung von (schlafenden) Familientyrannen, NStZ 2004, 233 ff.; *Rotsch,* Die Tötung des Familientyrannen: heimtückischer Mord? – Eine Systematisierung aus aktuellem Anlass, JuS 2005, 12 ff.; *Wohlers,* Die Abgrenzung des Verdeckungsmordes vom Totschlag – BGHSt 35, 116, JuS 1990, 20 ff.; *Zaczyk,* Das Mordmerkmal der Heimtücke und die Notwehr gegen eine Erpressung, JuS 2004, 750 ff.

§ 5. Täterschaft und Teilnahme bei den §§ 212, 211

Fall 1: Mutter M stiftet wegen der zu erwartenden Erbschaft ihren Sohn S an, die Tante T heimtückisch zu erschlagen. S tötet T, ohne selbst habgierig oder heimtückisch zu handeln. → Rn. 2, 10

Fall 2: Sohn S ist Erbe der Tante T. Daher tötet er die T heimtückisch. Mutter M leistet in Kenntnis aller Fakten Hilfe, ohne aber selbst materielle Vorteile zu erstreben. → Rn. 2, 8

Fall 3: Im Fall 2 hilft die M dem S, weil sie eine Strafanzeige der T wegen Diebstählen befürchtet, die sie gegenüber T begangen hat. → Rn. 11

I. Teilnahme bei tatbezogenen Mordmerkmalen

Die tatbezogenen Mordmerkmale der zweiten Gruppe sind 1 normale objektive Tatbestandsmerkmale (§ 4 Rn. 7). Ob einem Beteiligten ein tatbezogenes Mordmerkmal zugerechnet werden kann, richtet sich nach allgemeinen Regeln. § 28 ist nicht einschlägig. Ebenso wenig spielt der Streit um das Verhältnis von Mord und Totschlag eine Rolle. Vielmehr gelten im Bereich der §§ 212, 211, 26, 27 die üblichen Akzessorietätsgrundsätze und Vorsatzregeln.

Im **Fall 1** erfüllt S allein § 212. Bei M liegen die §§ 212, 26 vor. Die §§ 211, 2 26 können unter dem Blickwinkel der Heimtücke nicht bejaht werden, weil die heimtückisch begangene Haupttat fehlt. Man kommt insoweit nur zu den §§ 211, 30 I (vgl. ergänzend Rn. 14). Zu den §§ 211, 26 wegen der Habgier Rn. 10.

Im **Fall 2** erfüllt S § 211 (Heimtücke, Habgier). Bei M sind die §§ 211, 27, was die Heimtücke anbelangt, unproblematisch; denn sie weiß (Gehilfenvorsatz), dass S heimtückisch tötet. Unterstellte man, dass M irrtümlich von einer „offenen" Tötung durch S ausgegangen wäre, so käme man wegen eines vorsatzausschließenden Tatbestandsirrtums (§ 16 I 1) nur zu den §§ 212, 27. Zu den §§ 211, 27 wegen der Habgier Rn. 8.

II. Teilnahme bei täterbezogenen Mordmerkmalen

1. Grundlagen

Die täterbezogenen Mordmerkmale der ersten und dritten Grup- 3 pe sind besondere subjektive Tatbestandsmerkmale (§ 4 Rn. 7), die als besondere persönliche Merkmale unter § 28 fallen. Hier spielt der Streit zwischen Literatur und Rechtsprechung um das systematische Verhältnis von § 212 und § 211 eine Rolle (§ 4 Rn. 1), weil § 28 II eingreift, wenn man § 211 als Qualifikation des § 212 einstuft (Literatur), bzw. § 28 I zur Anwendung kommt, falls man in § 211 einen eigenständigen Tatbestand sieht (Rechtsprechung).

Ergänzend empfiehlt es sich, um die einschlägigen Prinzipien besser zu verstehen, die Fragen des § 28 insbesondere im Zusammenhang mit den echten/unechten Amtsdelikten zu studieren (§ 59 Rn. 1 ff.; ferner *Rengier*, BT I, § 4 Rn. 106 f.).

2. Literatur

4   Für die Literatur, die in § 211 zu Recht eine Qualifikation des § 212 erblickt, **schärfen** die subjektiven Mordmerkmale die Strafe des § 212, weshalb **§ 28 II** gilt. § 28 II durchbricht den Grundsatz der limitierten Akzessorietät. Diese **Akzessorietätslockerung** führt zu der Leitlinie, dass die Frage, ob eine Teilnahme an § 212 oder § 211 vorliegt, unter Anwendung des § 28 II immer aus der Sicht des jeweiligen Teilnehmers zu bestimmen ist. Danach spielt es keine Rolle, ob der Haupttäter ein täterbezogenes Mordmerkmal verwirklicht oder der Vorsatz des Teilnehmers sich auf ein solches Merkmal erstreckt. Folglich kann es zu einer **Tatbestandsverschiebung** von § 211 zu § 212 und umgekehrt kommen: Einerseits fallen täterbezogene Merkmale, die ausschließlich der Haupttäter erfüllt, beim Teilnehmer weg, andererseits werden Merkmale, die allein der Teilnehmer verwirklicht, bei ihm hinzugerechnet.

5   In der **Fallbearbeitung** ist im Hinblick auf täterbezogene Mordmerkmale zu empfehlen, bei der Erörterung der Literaturansicht zuerst auf die Geltung des § 28 II hinzuweisen und dann folgende Prüfungsreihenfolge zugrunde zu legen:

(1) Prüfung, ob der Teilnehmer in *seiner* Person täterbezogene Mordmerkmale verwirklicht.

(2) Ist dies nicht der Fall, so kommt nur eine Teilnahme an § 212 in Betracht, auch wenn der Haupttäter wegen eines täterbezogenen Mordmerkmals § 211 erfüllt und der Teilnehmer das genau weiß.

(3) Verwirklicht dagegen der Teilnehmer in seiner Person ein täterbezogenes Mordmerkmal, so liegt immer eine Teilnahme am Mord vor. Insoweit kann es eine Anstiftung oder Beihilfe zum

Mord ohne Mord als Haupttat geben. – Siehe ergänzend das Aufbauschema unten Rn. 13.

3. Rechtsprechung

Nach der Rechtsprechung, die § 211 für ein selbstständiges Delikt hält, **begründen** die subjektiven Mordmerkmale die Strafbarkeit, weshalb § 28 I gilt (*BGH* StV 1989, 150; NStZ-RR 2002, 139; NJW 2005, 996, 997). Dieser Standpunkt führt zur **Geltung der allgemeinen Akzessorietätsregeln.** Demnach setzt eine Teilnahme am Mord voraus, dass beim Haupttäter ein täterbezogenes Mordmerkmal vorliegt, auf das sich der Vorsatz des Teilnehmers beziehen muss.

Für die **Fallbearbeitung** ergeben sich daraus die folgenden Schritte:

(1) Feststellung täterbezogener Mordmerkmale beim Haupttäter und entsprechender Teilnehmervorsatz.

(2) Entfällt (1), so fehlt die Haupttat und eine Teilnahme am Mord scheidet aus.

(3) Sind dagegen (zumindest) ein täterbezogenes Mordmerkmal und der Teilnehmervorsatz zu bejahen, so muss § 28 I angesprochen und gesehen werden, dass es bezüglich der §§ 211, 26 oder 27 zu einer **Strafrahmenverschiebung** kommen kann. § 28 I ordnet eine obligatorische Strafmilderung an, wenn der Haupttäter ein täterbezogenes Mordmerkmal verwirklicht, das in der Person des Teilnehmers nicht vorliegt (Normalfall).

(4) Ausnahme „gekreuzte" Mordmerkmale: § 28 I greift nicht ein, wenn der Teilnehmer ein anderes täterbezogenes Mordmerkmal als der Haupttäter verwirklicht und insoweit beim Teilnehmer ein solches im Ergebnis nicht „fehlt" (Rn. 11). – Siehe ergänzend das Aufbauschema unten Rn. 13.

Wenn man **Fall 2** ausschließlich unter dem Blickwinkel des Bereicherungsmotives betrachtet und die Heimtücke ausblendet, werden die unterschiedlichen Ergebnisse sichtbar: Zunächst ist bezüglich S die Erfüllung der §§ 212, 211 (Habgier) festzuhalten. Was die M betrifft, so spielt nach der vorzugswürdigen Literaturansicht die Habgier des S für die Strafbarkeit der M keine Rolle; vielmehr kommt § 28 II zur Anwendung mit der Folge, dass bei M nur die §§ 212, 27 zu bejahen sind. Nach der Rechtsprechung hat M dagegen eine Beihilfe zum Mord begangen (§§ 211, 27), weil sie die Habgier des S kennt; da bei ihr selbst allerdings die Habgier fehlt, greift zu ihren Gunsten § 28 I ein. – Strafzumessungsrechtlich ist allerdings die auf dem Boden der Rechtsprechung erfolgende Verurteilung wegen Beihilfe zum Mord hinsichtlich der Mindeststrafe überraschenderweise günstiger, weil sich infolge der doppelten Strafmilderung – erst § 27 II 2 i. V. m. § 49 I Nr. 1, dann § 28 I i. V. m. § 49 I Nr. 3 – ein Mindestmaß von sechs Monaten ergibt, während dieses nach der Literaturlösung gemäß § 27 II 2 i. V. m. § 49 I Nr. 3 bei zwei Jahren liegt (*Valerius* zu *BGH* JA 2005, 412, 413).

Variante: Würde M die Habgier des S nicht kennen, so käme auch die Rechtsprechung nur zu den §§ 212, 27; denn aus dem Blickwinkel der Rechtsprechung bezöge sich dann der Gehilfenvorsatz nicht auf das strafbarkeitsbegründende Mordmerkmal (Tatbestandsirrtum gemäß § 16 I 1). In einem solchen Fall muss die Streitfrage nicht entschieden werden.

4. Argumente für die Literaturmeinung

9   Für die Literatur spricht bereits, dass die Rechtsprechung bisher keine plausible Erklärung für ihre These geliefert hat, § 211 sei ein selbstständiger Tatbestand und keine Qualifikation des § 212 (dazu § 4 Rn. 1). Schon von daher muss § 28 II angewendet werden. Die Überlegenheit der Literaturansicht verdeutlichen zudem einige Ungereimtheiten, zu denen die Sichtweise der Rechtsprechung führt.

Vgl. hierzu auch LK/*Roxin*, 11. Aufl., § 28 Rn. 71; *Geppert/Schneider,* Jura 1986, 109; *Otto,* Jura 1994, 142; *Vietze,* Jura 2003, 396 f.; *Küper,* JZ 2006, 1165 ff.; *Geppert,* Jura 2008, 38 f.

10   *Erstens:* Erfüllt der Täter kein subjektives Mordmerkmal (z. B. die Habgier), läuft nach der Rechtsprechung eine beim Teilnehmer gegebene Habgier mangels Haupttat gleichsam ins Leere und kann nur bei der Strafzumessung berücksichtigt werden (*BGH* NJW 2005, 996, 997, 998). Denn § 28 I regelt nur das *Fehlen,* aber nicht das Vorliegen des persönlichen Merkmals beim Teilnehmer.

Im **Fall 1** hat nach Meinung der Literatur die M wegen ihrer Habgier die §§ 211, 26 verwirklicht (Schärfung der §§ 212, 26 über § 28 II), obwohl der Haupttäter S nur § 212 erfüllt. Demgegenüber kann die Rechtsprechung die M nur aus den §§ 212, 26 bestrafen. Die Lösung der Literatur ist hier dogmatisch überzeugender.

11   *Zweitens:* Nach der Rechtsprechung soll – vom Ergebnis her richtig, aber wenig konsequent – die Vergünstigung des § 28 I entfallen, sofern der Teilnehmer zwar nicht das vom Haupttäter erfüllte, aber (irgend)ein anderes täterbezogenes Mordmerkmal verwirklicht, immer unter der Voraussetzung, dass sich der Teilnehmervorsatz auf das beim Haupttäter gegebene Merkmal er-

streckt (*BGH* NJW 2005, 996, 997). Der Gedanke dieser Konstellation der sog. „gekreuzten" Mordmerkmale ist wohl, dass dann, wenn Täter und Teilnehmer verschiedene täterbezogene Merkmale erfüllen, beim Teilnehmer „unter dem Strich" ein solches Merkmal nicht „fehlt". Eine solche Interpretation widerspricht jedoch sowohl dem Wortlaut des § 28 I als auch der von der Rechtsprechung zugrunde gelegten Geltung der allgemeinen Akzessorietätsregeln (zur Kritik *Küper,* JZ 1991, 865 f.; *Puppe,* JZ 2005, 903 f.).

Im **Fall 3** handelt die M ohne die bei dem S vorliegende und ihr bekannte Habgier, so dass auf der Basis der Rechtsprechung bezüglich der §§ 211, 27 eigentlich § 28 I eingreifen müsste. Da die Rechtsprechung aber die bei M fehlende Habgier durch die bei ihr gegebene Verdeckungsabsicht ersetzt, entfällt § 28 I. Die Literatur kann den Fall widerspruchsfrei lösen: § 28 II führt bei M erst zum Wegfall der Habgier und damit zu den §§ 212, 27, in der nächsten Gedankenoperation aber wegen eines anderen täterbezogenen Mordmerkmals (Verdeckungsabsicht) wieder zu den §§ 211, 27. Im Ergebnis bestehen keine Meinungsverschiedenheiten.

Drittens: Sieht man in dem täterbezogenen Mordmerkmal mit 12 der Rechtsprechung ein strafbarkeitsbegründendes subjektives Tatbestandsmerkmal, so hängt die Strafbarkeit des Anstifters aus den §§ 211, 26 allein davon ab, dass sich sein Anstiftervorsatz auf das subjektive Mordmerkmal als Bestandteil der Haupttat erstreckt. Ist dies der Fall, fehlt aber beim Anstifter das persönliche Merkmal, so kommt ihm § 28 I zugute, was nach § 49 I Nr. 1 i.V.m. § 38 II einen Strafrahmen von drei bis zu fünfzehn Jahren Freiheitsstrafe zur Folge hat. Die Widersprüchlichkeit der Rechtsprechung liegt darin, dass sich ein höherer Strafrahmen, nämlich von fünf bis zu fünfzehn Jahren ergibt, falls der Haupttäter ausschließlich § 212 und der Anstifter folglich nur die §§ 212, 26 verwirklicht. Dagegen sind nach der Literatur in beiden Fällen die §§ 212, 26 zu bejahen.

Die Entscheidung *BGH* NStZ 2006, 288, 290 (mit abl. Anm. *Puppe*) versucht, den Widerspruch zu vermeiden, indem sie dem Strafrahmen des § 212 eine Sperrwirkung beimisst.

Falllösungen bei *Zöller,* Jura 2007, 312 f.; *Ihring/Noak,* Jura 2007, 790 f.; *Weißer,* JuS 2009, 137 f.

III. Aufbaufragen

13   Im deliktischen **Aufbau** bereiten die tatbezogenen Mordmerkmale keine Schwierigkeiten. Als normale objektive Tatbestandsmerkmale werden sie entsprechend den allgemeinen Akzessorietätsregeln integriert.

Schwieriger liegt es bei den täterbezogenen Mordmerkmalen und den (nur) hier einschlägigen Fragen des § 28. Grundsätzlich muss § 28 II als Fall der *Tatbestands*verschiebung im Rahmen der Tatbestandsmäßigkeit und § 28 I als Fall der *Strafrahmen*verschiebung nach der Schuld erörtert werden. Ist die Einordnung in § 28 I oder II wie bei den täterbezogenen Mordmerkmalen umstritten, so gehört die Behandlung der Problematik, weil sich dort die Fragen erstmals stellen, in die Tatbestandsstufe und wird am besten hinter den objektiven und subjektiven Tatbestand platziert (*Vietze*, Jura 2003, 398 f.). Im Einzelnen wird eine gute Fallbearbeitung etwa nach dem Muster verfahren, erst die Lösung auf dem Boden des § 28 II und dann des § 28 I zu erörtern, bevor, sofern sich unterschiedliche Lösungen ergeben, die Streitfrage diskutiert und entschieden wird (Schemapunkt I.4). – Eine auf Anstiftungs- und Beihilfefälle bezogene Orientierung ermöglicht das folgende

---

Aufbauschema (§§ 212, 211, 26 oder 27 i. V. m. § 28)

I. Tatbestandsmäßigkeit
  1. Objektiver Tatbestand
     a) Vorsätzliche, rechtswidrige Haupttat: Feststellung, inwieweit die §§ 212, 211 einschließlich etwaiger tat- und täterbezogener Mordmerkmale vorliegen.
     b) Teilnahmehandlung (Bestimmen oder Hilfeleisten)
  2. Subjektiver Tatbestand
     a) Vorsatz bezüglich 1.a (Merkmale des § 212 I und tatbezogene Mordmerkmale)
     b) Vorsatz bezüglich 1.b
  3. Eventuell *Zwischenergebnis* festhalten: Tatbestandsmäßige Teilnahme an § 212 und an § 211 bezüglich tatbezogener Mordmerkmale

4. Teilnahme an den §§ 212, 211 bezüglich täterbezogener Mordmerkmale
   a) Lösung nach Literatur (§ 28 II)
      – Verwirklichung von täterbezogenen Mordmerkmalen beim Teilnehmer
      – Wenn ja: immer §§ 211, 26 oder 27, auch wenn bei Haupttäter nur § 212
      – Wenn nein: immer §§ 212, 26 oder 27, auch wenn bei Haupttäter § 211
   b) Lösung nach Rechtsprechung (§ 28 I)
      – Verwirklichung von täterbezogenen Mordmerkmalen beim Haupttäter (vgl. 1.a) und entsprechender Teilnehmervorsatz
      – Wenn nein: nur §§ 212, 26 oder 27
      – Wenn ja: §§ 211, 26 oder 27 mit Prüfung des § 28 I, der eingreift, wenn ein vom Haupttäter verwirklichtes täterbezogenes Merkmal beim Teilnehmer fehlt.
      – Ausnahme „gekreuzte" Mordmerkmale: § 28 I greift nicht ein, wenn der Teilnehmer ein anderes täterbezogenes Mordmerkmal als der Haupttäter verwirklicht.
   c) Bei unterschiedlichen Ergebnissen: Diskussion der Streitfrage und Entscheidung
II. Rechtswidrigkeit
III. Schuld

Ergänzende Hinweise: 1. Bleibt die vorsätzliche, rechtswidrige Haupttat im Versuchsstadium stecken, ändert sich bezüglich der Fragen des § 28 nichts. Im Schema muss man lediglich bei den §§ 212, 211 jeweils den § 22 hinzudenken.

2. Punkt I.3 (der gedanklicher Art sein kann) soll insbesondere deutlich machen, dass in einem Gutachten die Fragen des § 28 bei täterbezogenen Mordmerkmalen auch dann aufzuwerfen sind, wenn bezüglich eines tatbezogenen Mordmerkmals der 2. Gruppe eine Anstiftung oder Beihilfe bereits zu bejahen ist. An dieser Bejahung ändert sich natürlich nichts, wenn man anschließend mit Blick auf die täterbezogenen Mordmerkmale zu keiner Mordteilnahme gelangt.

3. Den Teilnehmervorsatz hinsichtlich täterbezogener Mordmerkmale (vgl. Punkt I.4.b) kann man auch schon unter I.2.a prüfen, darf dann aber im Falle der Verneinung des Vorsatzes nicht übersehen, dass es nach der Literaturansicht auf diesen Vorsatz nicht ankommt und von daher Punkt I.4 zu beachten bleibt.

IV. Versuchte Anstiftung

14   Der Streit um die Anwendbarkeit von § 28 I oder § 28 II wirkt sich entsprechend auf die versuchte Anstiftung (§§ 212, 211, 30 I) aus:

(1) Nach der **Rechtsprechung** (*BGH* NJW 1982, 2738; 2005, 996, 998; MDR/H 1986, 794) spielt es keine Rolle, ob der erfolglose Anstifter selbst ein täterbezogenes Mordmerkmal verwirklicht, sondern es kommt allein darauf an, ob er sich als angestrebtes Tötungsdelikt (nur) einen Totschlag oder eine Tat mit strafbarkeitsbegründendem Mordmerkmal vorstellt (dann §§ 211, 30 I, wobei ggf. zusätzlich nach § 28 I gemildert werden kann).

(2) Hingegen müssen nach der **Literaturmeinung** die §§ 211, 30 I immer dann bejaht werden, wenn der gescheiterte Anstifter in seiner Person das subjektive Mordmerkmal aufweist, völlig unabhängig davon (§ 28 II), ob der Haupttäter ein Mordmerkmal der ersten oder dritten Gruppe erfüllen sollte.

Am Rande: Der Meinungsstreit betrifft auch § 30 II 2. Var. (Annahme des Erbietens eines anderen). Denn nach h.M. stellt diese Variante einen Spezialfall der versuchten Anstiftung dar, weil hier durch die Annahme des Erbietens die Tatgeneigtheit des Sich-Erbietenden in einen festen Tatentschluss verwandelt wird (*Roxin*, AT II, § 28 Rn. 82; instruktive Falllösung bei *Nuzinger/Sauer*, JuS 1999, 983 ff.).

15   Bei den tatbezogenen Mordmerkmalen, für die ja § 28 nicht gilt, beurteilt sich der Bestimmungsversuch stets nach der angestrebten Haupttat (vgl. schon Rn. 2).

V. Mittäterschaft

16   Im Bereich der Mittäterschaft wirkt sich der Meinungsstreit nicht aus, nachdem auch die Rechtsprechung anerkannt hat, dass ein Mörder und ein Totschläger in Mittäterschaft handeln können, dass also der eine Mittäter nur aus den §§ 212, 25 II und der andere aus den §§ 211, 25 II strafbar sein kann (BGHSt 36, 231). Zu solchen Strafbarkeitsunterschieden kann es kommen, wenn einem Mittäter ein tatbezogenes Mordmerkmal wie die Grausamkeit mangels Tatherrschaft oder Tatvorsatzes nicht nach § 25 II zugerechnet werden kann, oder wenn der Mittäter ein täterbezogenes

Mordmerkmal nicht in *seiner* Person (!) verwirklicht (§ 25 II gilt nicht; vgl. *Rengier,* BT I, § 2 Rn. 95 f.).

Aus der Sicht der Literatur verstehen sich derartige Ergebnisse angesichts des Qualifikationscharakters von § 211 und der Geltung des § 28 II ohnehin von selbst.

Empfehlungen zur vertiefenden Lektüre:

Rechtsprechung: *BGH* NJW 2005, 996 (insbesondere zur Anwendung des § 28 I bei täterbezogenen Mordmerkmalen).

Literatur: *Engländer,* Die Teilnahme an Mord und Totschlag, JA 2004, 410 ff.; *Fischer/Gutzeit,* Grundfragen zu § 28 StGB, JA 1998, 41 ff.; *Geppert,* Die Akzessorietät der Teilnahme (§ 28 StGB) und die Mordmerkmale, Jura 2008, 34 ff.; *Geppert/Schneider,* Mordmerkmale und Akzessorietät der Teilnahme (§ 28 StGB), Jura 1986, 106 ff.; *Vietze,* Gekreuzte Mordmerkmale in der Strafrechtsklausur, Jura 2003, 394 ff.

§ 6. Tötung auf Verlangen (§ 216)

In § 216 kommt das **Prinzip der Unantastbarkeit fremden Lebens** zum Ausdruck. Der Einzelne kann in eine Tötung durch fremde Hand nicht rechtfertigend einwilligen, weil das Rechtsgut Leben grundsätzlich unverfügbar ist. Das Verlangen des Getöteten wirkt nur strafmildernd, nicht strafausschließend. Die Strafmilderung lässt sich sowohl mit dem Gedanken der *Unrechts*minderung (Rechtsgutsverzicht) wie der *Schuld*minderung (Mitleidskonflikt) erklären (zutreffend Sch/Sch/*Eser,* § 216 Rn. 1; *Lackner/Kühl,* § 216 Rn. 1). Als Normalfall kann man sich einen Arzt vorstellen, der einen schwerkranken Patienten auf dessen Bitten hin mit einer todbringenden Spritze von allen Leiden erlöst.   **1**

Die Struktur des § 216 verdeutlicht das folgende   **2**

Aufbauschema (§ 216)

I. Tatbestandsmäßigkeit
  1. Objektiver Tatbestand
    a) Merkmale des § 212 I: Tötung eines anderen Menschen

>   b) Ausdrückliches und ernstliches Verlangen des
>   Getöteten,
>   c) durch das der Täter zur Tötung bestimmt wird.
> 2. Subjektiver Tatbestand
>   a) Vorsatz
>   b) Ausnahmefall § 16 II: § 216 greift auch ein, wenn
>   die privilegierenden Merkmale 1.b, c nicht objektiv,
>   sondern nur nach der Tätervorstellung vorliegen.
> II. Rechtswidrigkeit
> III. Schuld

3   Im **Verhältnis zu den §§ 212, 211** stellt § 216 eine **Privilegierung** dar, die im Falle ihres Eingreifens eine Bestrafung aus den §§ 212, 211 ausschließt (Sperrwirkung). Eine Tötung auf Verlangen, die ein Mordmerkmal erfüllt, bleibt demnach ausschließlich nach § 216 strafbar. Freilich werden solche Überschneidungen eher selten und auf tatbezogene Mordmerkmale beschränkt sein, da bei der Bejahung von täterbezogenen Mordmerkmalen die gleichzeitige Annahme eines (handlungsleitenden) Tötungsverlangens grundsätzlich ausscheidet (Rn. 8). Körperverletzungsdelikte treten hinter den vollendeten § 216 im Wege der Subsidiarität zurück (§ 21 Rn. 3; ergänzend unten Rn. 11).

4   Ist in der **Fallbearbeitung** § 216 zu prüfen, aber im Ergebnis zu verneinen, wird man die Erörterung des § 216 am besten an den Anfang stellen (siehe Fall 1 in § 4 Rn. 15). – Muss § 216 bejaht werden, so wenn im Fall 1 des § 4 die N gesund wäre, kommt dieser Weg ebenfalls in Betracht. Wählt man ihn, dann hat man inzident auch schon § 212 bejaht, und es muss nur noch die privilegierende Wirkung des § 216 betont werden. Wenn daneben Mordmerkmale vorliegen (könnten), ist weiter § 211 (eher kurz) anzusprechen und anschließend unbedingt die Sperrwirkung des § 216 auch gegenüber § 211 hervorzuheben. Die umgekehrte Reihenfolge – §§ 212, 211 vor dem zu bejahenden § 216 – dürfte aber meist vorzuziehen sein, weil dann das schwerere Delikt am Anfang steht. Zur etwaigen Prüfung der §§ 223, 224 siehe § 14 Rn. 4.

Eine Falllösung zu diversen Fragen des § 216 bei *Gropp/Küpper/Mitsch*, S. 133 ff.

5   Der **objektive Tatbestand** des § 216 setzt zunächst die Verwirklichung der Merkmale des § 212 I, also die Tötung eines anderen Menschen voraus. Insoweit sind von den Ausführungen zu § 212 im Rahmen des § 216 insbesondere § 3 Rn. 7–10 von Bedeutung. Dabei wiederum verdient die Frage der Abgrenzung zwischen einer strafbaren Fremdtötung auf Verlangen und einer bloßen straflosen Teilnahme an einer Selbsttötung besondere Beachtung (§ 3 Rn. 9 i. V. m. § 8 Rn. 1 ff., 8 ff.).

Weiter setzt der Tatbestand ein **ausdrückliches und ernstliches** **6** **Verlangen** des Getöteten voraus. Zum „Verlangen" gehört mehr als eine bloße Einwilligung, der Getötete muss auch auf den Willen des Täters eingewirkt haben. Das Verlangen muss „ausdrücklich", also in eindeutiger, nicht misszuverstehender Weise gestellt worden sein; dies kann auch (konkludent) durch Gesten und selbst in Frageform geschehen (*BGH* NJW 1987, 1092; *Kühl*, JR 1988, 338 f.). „Ernstlich" ist das Verlangen, das auf freier Willensbildung beruht, das – anders betrachtet – abgesehen von der Verfügungsbefugnis den Voraussetzungen einer wirksamen Einwilligung entspricht (Einsichts- und Urteilsfähigkeit; keine wesentlichen Willensmängel, insbesondere also täuschungs- und irrtumsfrei).

Das **Bestimmen** entspricht insoweit dem Bestimmen im Sinne **7** des § 26, als das Verlangen den Tötungsvorsatz hervorrufen muss; daher scheidet bei einem schon zur Tötung entschlossenen Täter (omnimodo facturus) § 216 aus.

Der Täter muss weiter **durch** das Tötungsverlangen zur Tat be- **8** stimmt werden. Insoweit werden, um die Privilegierung zu legitimieren, subjektive Komponenten in den Tatbestand hineininterpretiert: Bei konkurrierenden Motiven („Motivbündel") ist das Verlangen bestimmend, wenn es im Täterbewusstsein dominiert, d. h. tatsächlich handlungsleitend ist (BGHSt 50, 80, 91 ff.). Da bei Motivbündeln im Zusammenhang mit täterbezogenen Mordmerkmalen eine entsprechende Dominanz gefordert wird (§ 4 Rn. 14, 21, 48), ergibt sich insoweit die bemerkenswerte Konsequenz, dass § 216 und § 211 in einem gewissen Exklusivitätsverhältnis stehen. Denn wenn für den Täter z. B. Bereicherungsmotive handlungsleitend sind, handelt er habgierig (§ 211) und wird nicht mehr durch ein zugleich an ihn gerichtetes Tötungsverlangen dominiert. Steht umgekehrt das Tötungsverlangen im Vordergrund, so greift allein § 216 ein, weil dann etwaige Beweggründe finanzieller Art gegenüber dem Verlangen eine untergeordnete Rolle spielen (MüKo/*Schneider*, § 216 Rn. 26, 66; Falllösung bei *Bernsmann*, Jura 1982, 261 ff.).

Zur Bejahung beider Tatbestände – mit Sperrwirkung des § 216 – mag man kommen können, wenn Mitleids- und Bereicherungsmotive gleiches Gewicht

haben und insoweit zwei gleichwertige Zwecke verfolgt werden (so die Falllösung bei *Gropp/Küpper/Mitsch*, S. 133 ff.). Nimmt man freilich an, dass in
einem solchen Fall weder das Tötungsverlangen noch die Habgier bewusst-
seinsdominant ist, so könnte man auch sowohl § 216 wie § 211 ablehnen und
nur aus § 212 bestrafen.

9   Der **Vorsatz** muss sich wie üblich auf alle objektiven Tatbestandsmerkmale erstrecken. Dazu gehört auch die Tötung im Sinne des § 212 I. Bei Tötungen in Unkenntnis objektiv gegebener
privilegierender Merkmale (§ 16 I) greifen die §§ 212, 211 ein.

10   Gemäß **§ 16 II** kommt in den Genuss des § 216 auch, wer sich
die privilegierenden Merkmale nur irrig vorstellt. § 16 II fingiert
gewissermaßen die Erfüllung des objektiven Tatbestandes (*Mitsch,*
JuS 1996, 312).

> **Beispiel:** Nimmt man im Fall 1 des § 4 an, dass B die N für gesund hält, so
> verläuft die Erörterung der §§ 212, 211 in den in § 4 Rn. 15 geschilderten Bah-
> nen. Was den weiter zu prüfenden § 216 I betrifft, so fehlt hinsichtlich des ob-
> jektiven Tatbestandes nach wie vor das „ernstliche" Verlangen. Da B aber von
> einem „ernstlichen" Verlangen und damit vom Vorliegen des privilegierenden
> § 216 I ausgeht, wird er über § 16 II als Täter eines *vollendeten* § 216 I behan-
> delt. Dies bedeutet auch, dass auf die §§ 212, 211 nicht zurückgegriffen werden
> darf.

11   Der **Versuch** ist strafbar (§ 216 II). Probleme bereitet das Verhältnis der §§ 216, 22 zu den §§ 224, 226.

> **Beispiel:** Die Krankenschwester S injiziert dem sterbewilligen Patienten P
> auf dessen Verlangen ein Mittel, das ihn von seinen Leiden endgültig erlösen
> soll. P überlebt, verfällt aber in Siechtum. *Variante:* P überlebt auf Grund eines
> strafbefreienden Rücktritts der S (so der Fall bei *Jäger,* BT, Rn. 20 f.).

Bezüglich der §§ 224 I Nr. 1, 2, 5, 226 I Nr. 3 2. Var. sollte zunächst gesehen werden, dass die Einwilligung entsprechend der
Wertung des § 216 wegen des verfolgten Tötungszwecks gemäß
§ 228 unwirksam ist (§ 20 Rn. 2 b) und von daher – auch im Falle
eines strafbefreienden Rücktritts von den §§ 216, 22 – die Strafbarkeit nicht entfällt. Allerdings ist der Regelstrafrahmen sowohl
des § 224 I (im Höchstmaß) als auch des § 226 I (im Mindest- und
Höchstmaß) jeweils strenger als der des § 216 I. Da im Falle der
Vollendung des § 216 die Körperverletzungsdelikte zurücktreten
würden (Rn. 3), darf der Täter im Versuchsfalle nicht schlechter
gestellt werden; alles andere liefe insbesondere auf eine Bestrafung
des Rücktritts hinaus. Deshalb muss darauf geachtet werden, dass
die privilegierende Wertung des § 216 erhalten bleibt. Insoweit er-

kennt man eine **Sperrwirkung des milderen Gesetzes** an. Einzelheiten sind umstritten. Richtigerweise greift die Sperrwirkung auf jeden Fall gegenüber § 226 I ein, weil es sich um einen Verbrechenstatbestand handelt und deshalb die Annahme eines minder schweren Falles nach § 226 III nicht ausreichen würde. Bezüglich § 224 I genügt es allerdings, die Sperrwirkung auf dessen Regelstrafrahmen zu beschränken und von einem minder schweren Fall des § 224 I auszugehen (*Jäger*, JuS 2000, 37 und BT, Rn. 21; *Küpper*, Meurer-GS, 2002, S. 126 f.; NK/*Neumann*, § 216 Rn. 24 f.; ergänzend *Fischer*, § 216 Rn. 15).

Im Beispielsfall wird S demnach aus den §§ 216, 22, 224, 52 bzw. in der Variante allein gemäß § 224 – jeweils unter Annahme eines minder schweren Falles des § 224 I – bestraft.

Das Tötungsverlangen ist wegen der Mitleidsmotivation (Rn. 1) **12** kein tatbezogenes, sondern ein täterbezogenes Merkmal im Sinne des § 28 II (h. M.; Sch/Sch/*Eser*, § 216 Rn. 18; a. A. *Otto*, BT, § 6 Rn. 14; NK/*Neumann*, § 216 Rn. 20). Von daher wird ein nicht durch das Verlangen motivierter Gehilfe aus den §§ 212, 27 bestraft, unter Umständen auch, was sich nach den oben in § 5 dargestellten Teilnahmegrundsätzen richtet, aus den §§ 211, 27. Nach der Gegenansicht haftet der Gehilfe akzessorisch allein aus den §§ 216, 27.

Nach der zutreffenden h. M. kann der Adressat eines wirk- **13** samen Tötungsverlangens § 216 nicht durch Unterlassen verwirklichen (näher § 7 Rn. 9, § 8 Rn. 12 ff.). Zu § 216 in Fällen eines (mutmaßlich) einverständlichen Behandlungsabbruchs siehe § 7 Rn. 7 f.

§ 7. Sterbehilfe (Euthanasie)

I. Aktive Sterbehilfe

Aus § 216 folgt, dass auch die einverständliche aktive (oder: di- **1** rekte) Sterbehilfe (Euthanasie) durch gezieltes täterschaftliches Töten selbst bei aussichtsloser Prognose und schweren Leiden strafrechtlich sanktioniert ist. Der strafrechtliche Lebensschutz wirkt gegenüber jedem Leben, er lässt die Annahme von minderwertigem – teilweise als „lebensunwert" oder „verlöschend" bezeichneten – Leben nicht zu und schützt auch vor Lebensverkürzungen (*BGH* NJW 1987, 1092: Lebensverkürzung um eine Stunde; dazu schon § 3 Rn. 10).

Diskutiert (und meist verneint) wird, ob in seltenen Ausnahmesituationen insbesondere eine Rechtfertigung nach § 34 (Abwägung zwischen der Unerträglichkeit bestimmter Qualen und dem befristeten Lebensrest) in Betracht kommt (vgl. Sch/Sch/*Eser*, vor § 211 Rn. 25; *Fischer*, vor § 211 Rn. 17; *Otto*, BT, § 6 Rn. 43 ff.; *Schreiber*, NStZ 1986, 339 f.; *Achenbach*, Jura 2002, 548).

2   Stellt sich der aktive Tatbeitrag als bloße Beihilfe zur Selbsttötung dar, so bleibt er mangels teilnahmefähiger Haupttat straflos (zur schwierigen Abgrenzung mit § 216 siehe § 8 Rn. 1 ff.). Zur Abgrenzung zwischen Selbsttötung in „mittelbarer Täterschaft" und fahrlässiger aktiver Sterbehilfe siehe § 20 Rn. 6 a.

II. Indirekte Sterbehilfe

3   Über die Straflosigkeit der sog. indirekten Sterbehilfe besteht im Ergebnis Einigkeit. Hierbei geht es um die mit (mutmaßlicher) Einwilligung eines todkranken und schwer leidenden Patienten erfolgende ärztlich gebotene Schmerzbekämpfung mittels bestimmter Medikamente, die zur Linderung unerträglicher Schmerzen verabreicht werden und dabei als nicht vermeidbare, unbeabsichtigte Nebenwirkung den Todeseintritt beschleunigen.

4   Formal betrachtet erfüllt ein solches Verhalten objektiv und subjektiv (dolus eventualis) den Tatbestand des § 216 bzw. § 212 (vgl. § 3 Rn. 10, 13). Zur Begründung der Straflosigkeit greift man zum Teil auf Gedankengut der objektiven Zurechnung zurück und verweist etwa mit der Erwägung, hier liege keine eigentliche *gegen* das Leben gerichtete Tötungshandlung vor, auf den Schutzzweck der Norm (so *Krey/M. Heinrich*, BT 1, Rn. 14). Mit Blick auf die „ärztlich gebotene", d.h. den Regeln der medizinischen Wissenschaft entsprechende, Schmerzbekämpfung oder Leidensminderung könnte man auch erwägen, die Setzung eines rechtlich missbilligten Risikos zu verneinen. Die h.M. wendet § 34 an und hält die einverständliche Ermöglichung eines Todes in Würde und Schmerzfreiheit für ein höherwertiges Rechtsgut als die Aussicht, unter schwersten Schmerzen noch eine kurze Zeit länger leben zu müssen.

Siehe BGHSt 42, 301, 305; 46, 279, 285; *Lackner/Kühl,* vor § 211 Rn. 7; *Otto,* BT, § 6 Rn. 42; *Küpper,* BT 1, I § 1 Rn. 23; *Gössel/Dölling,* BT 1, § 2 Rn. 43; *Eisele,* BT I, Rn. 154; vertiefend *Schöch/Verrel* u. a., GA 2005, 573 ff.; Falllösung bei *Thoss,* JA 2001, 951, 955 f.; zusammenfassend *Fischer,* vor § 211 Rn. 23.

III. Passive Sterbehilfe

Besondere praktische Relevanz hat der Bereich der sog. passiven **5** Sterbehilfe. Eine solche darf „entsprechend dem erklärten oder mutmaßlichen Patientenwillen durch die Nichteinleitung oder den Abbruch lebensverlängernder Maßnahmen geleistet werden, um dem Sterben ... seinen natürlichen, der Würde des Menschen gemäßen Verlauf zu lassen" (treffend BGHSt 37, 376). Es gibt keine ärztliche Pflicht zur Lebensverlängerung mit allen technischen Mitteln. Vielmehr bestimmt es sich nach dem **wirklichen** oder **mutmaßlichen Patientenwillen,** welche lebensverlängernden Eingriffe mit welcher Dauer zulässig sind; die vom Patientenwillen nicht gedeckte Ausschöpfung medizinischer Technologie ist rechtswidrig (BGHSt 37, 376, 378; vertiefend zu den Einwilligungsaspekten *Otto,* Jura 1999, 435 ff.; *Zöller,* ZRP 1999, 318 f.; *Höfling,* JuS 2000, 116 f.).

Passive Sterbehilfe heißt Sterbehilfe durch Sterbenlassen. Ihre **6** Zulässigkeit beruht auf dem **Selbstbestimmungsrecht** des verantwortungsfähigen Kranken, der jede (weitere) ärztliche Behandlung ablehnen darf, selbst wenn die Weigerung einer sinnvollen Lebensverlängerung/-erhaltung im Wege steht und von daher unvernünftig erscheinen mag. Der Arzt hat insoweit gar kein Behandlungsrecht, geschweige denn eine Behandlungspflicht.

Vgl. GenStA Nürnberg NStZ 2008, 343, 344; *Schreiber,* NStZ 1986, 341; *Roxin,* NStZ 1987, 350; *Achenbach,* Jura 2002, 545 f.; vgl. auch § 13 Rn. 15 ff.

Der von BGHSt 37, 376 einbezogene erlaubte „Abbruch lebens- **7** verlängernder Maßnahmen" umfasst auch bestimmte Fälle des **(mutmaßlich) einverständlichen Behandlungsabbruchs** durch aktives Tun, die auf den ersten Blick unter § 216 zu fallen scheinen. Dabei kreist die Diskussion hauptsächlich um das (tödliche) Abschalten eines Beatmungsgeräts. Richtigerweise steht ein solcher „aktiver" Abbruch dem erlaubten Unterlassen der Weiterbehandlung wertungsmäßig gleich. Denn das Recht, die Einstellung einer Behandlung zu verlangen, kann nicht infolge der (mehr oder we-

niger zufälligen) Notwendigkeit eines „aktiven" Knopfdrucks aufgehoben sein. Wenn also ein behandelnder Arzt, dem Patientenwillen folgend, das Beatmungsgerät abschaltet, liegt ein strafloses
Unterlassen der Weiterbehandlung vor.

8   Wird eine Behandlung gegen den Willen des Patienten widerrechtlich fortgesetzt, so stellt sich die Frage, inwieweit auch andere Personen als der Arzt den Behandlungsabbruch herbeiführen
dürfen. Teilweise nimmt man bei solchen Personen ein aktives
Tun mit der Begründung an, dass ein für die Behandlung überhaupt nicht zuständiger Dritter auch keine Weiterbehandlung
unterlassen könne. Die Argumentation überzeugt nicht, falls
das Verhalten des Dritten gegen die Fortsetzung der Zwangsbe-
handlung, also auf das Unterlassen der Weiterbehandlung gerichtet ist.

Auf dieser Linie auch LG Ravensburg NStZ 1987, 229; *Roxin,* NStZ 1987,
348 ff.; *Lackner/Kühl,* § 216 Rn. 6; NK/*Neumann,* vor § 211 Rn. 123. – Für
aktives Tun *B. Heinrich,* AT II, Rn. 872; *Eisele,* BT I, Rn. 161, der freilich bei
unrettbar Sterbenden im Ergebnis zumindest § 34 eingreifen lassen will.

9   Eine etwaige Verwirklichung **durch Unterlassen** scheidet von
vornherein aus, solange der Sterbewillige noch bei Bewusstsein ist
und damit die Tatherrschaft bei ihm liegt. Im Stadium der Bewusstlosigkeit hält allerdings die Rechtsprechung, wenn noch erfolgversprechende rettende Gegenaktivitäten unterbleiben, die Erfüllung der §§ 216, 13 grundsätzlich für möglich, während viele
Stimmen in der Literatur zu Recht die Garantenhandlungspflicht
für aufgehoben halten (näher unten § 8 Rn. 12 ff.). Andere sagen,
dass die Einwilligungssperre des § 216 nur gegen die *aktive* Fremdtötung gerichtet sei (Sch/Sch/*Eser,* § 216 Rn. 10; *Lackner/Kühl,*
§ 216 Rn. 4).

10   Bei der Ermittlung eines etwaigen mutmaßlichen Patientenwil-
lens können, auch bei entscheidungsunfähigen Patienten, vorhandene **Patientenverfügungen** – die ebenso Patiententestamente
oder Betreuungsverfügungen heißen – sowie frühere Äußerungen
als Indiz mit berücksichtigt werden, freilich nur mit Vorsicht, weil
derartige Willenskundgebungen eines (früher) Gesunden dem wahren Willen des (jetzt) Schwerkranken keineswegs entsprechen müssen (vgl. BGHSt 35, 246, 249 f.; 40, 257, 260 ff.; *Achenbach,* Jura
2002, 546; *Dreier,* JZ 2007, 323 ff.; a. A. NK/*Neumann,* vor § 211
Rn. 108 ff.: grundsätzlich verbindlich).

Hat bei einem entscheidungsunfähigen Patienten sein Grund- 11
leiden einen irreversiblen tödlichen Verlauf angenommen und der
Sterbevorgang bereits eingesetzt, so dürfen lebenserhaltende und
-verlängernde Maßnahmen unterbleiben bzw. abgebrochen werden. Es muss so verfahren werden, wenn dies dem mutmaßlichen,
eventuell zuvor in einer Verfügung geäußerten, Willen des Patienten entspricht (BGHSt 40, 257, 260 f.; *BGH* NJW 2003, 1588).

Soweit der Patient einen ihn gemäß § 1902 BGB vertretenden 12
Betreuer hat, kommt es auf dessen Einwilligung an, die materiell
den Maßstäben des § 1901 BGB entsprechen und formell vom
Vormundschaftsgericht analog § 1904 BGB genehmigt werden
muss.

So BGHSt 40, 257, 261 (a. A. *LG Augsburg* NJW 2000, 2363). Zur unklaren
Rechtslage vgl. *Saliger,* JuS 1999, 16 ff.; *Otto,* Jura 1999, 439 f.; *Gründel,* NJW
1999, 3391 ff.; *Lackner/Kühl,* vor § 211 Rn. 8 m. w. N.; *Schöch,* Hirsch-FS,
1999, S. 709 ff.; NK/*Neumann,* vor § 211 Rn. 133; Falllösung bei *Murmann,*
JuS 1998, 630 f.

Zu den schwierigen Fragen rund um die passive Sterbehilfe hat 13
auch ein Zivilsenat des *BGH* in einem umfangreichen Beschluss
Stellung genommen, der ebenfalls für die strafrechtliche Diskussion Bedeutung hat (*BGH* NJW 2003, 1588 ff.). Auch dieser Senat
befürwortet für bestimmte Fälle eine vormundschaftsgerichtliche
Kontrolle, lehnt allerdings die analoge Anwendung des § 1904
BGB ab. Zum Beschluss *Verrel,* NStZ 2003, 449 ff.; *Heyers,* JuS
2004, 100 ff.

Empfehlungen zur vertiefenden Lektüre (zu §§ 6, 7):

Rechtsprechung: *BGH* NJW 1987, 1092 = NStZ 1987, 365 (Tötung auf
Verlangen); *LG Ravensburg* NStZ 1987, 229 (Abschalten eines Beatmungsgeräts).

Literatur: *Achenbach,* Beteiligung am Suizid und Sterbehilfe – Strukturen
eines unübersichtlichen Problemfeldes, Jura 2002, 542 ff.; *Fischer,* vor § 211
Rn. 16 ff. (Sterbehilfe); *Otto,* Die strafrechtliche Problematik der Sterbehilfe,
Jura 1999, 434 ff.; *Roxin,* Die Sterbehilfe im Spannungsfeld von Suizidteil-
nahme, erlaubtem Behandlungsabbruch und Tötung auf Verlangen (zu *BGH*
NStZ 1987, 365 und *LG Ravensburg* NStZ 1987, 229), NStZ 1987, 345 ff.;
Schmitt, Ärztliche Entscheidungen zwischen Leben und Tod in strafrechtli-
cher Sicht, JZ 1985, 365 ff.

§ 8. Strafbare Fremdtötung und straflose Teilnahme an einer Selbsttötung oder Selbstgefährdung

Fall 1: Frau E, von unheilbarem Gesichtskrebs entstellt und gequält, will ihrem Leben ein Ende setzen und bittet inständig den Arzt H, ihr zu helfen, der sich schließlich dazu bereit erklärt. In seiner Klinik übergibt er nach diversen gemeinsamen Unterweisungen der Freundin von E ein schnell wirkendes Gift. In Abwesenheit von H und begleitet von ihrer Freundin nimmt E den Becher mit dem aufgelösten Gift, trinkt ihn leer und verstirbt (*OLG München* NJW 1987, 2940 – Fall Hackethal). → Rn. 6, 9, 13

Fall 2: F will ihren Ehemann M loswerden, um sich ganz ihrem Liebhaber zuwenden zu können. Sie möchte M bewegen, Gift zu trinken, indem sie ihm ihren Willen zum gemeinsamen Selbstmord vorspiegelt. M stimmt dem Plan, gemeinsam aus dem Leben zu scheiden, zu. Um M weiterhin in Sicherheit zu wiegen, verspricht F ihm noch einen letzten Geschlechtsverkehr. Beim Entkleiden trinkt M einen (bereits tödlichen) Schluck von der Giftmischung und muss feststellen, dass F sich danach entgegen der Vereinbarung weigert zu trinken (*BGH* GA 1986, 508). → Rn. 6

I. Abgrenzung zwischen strafbarer Fremdtötung und strafloser Teilnahme an der Selbsttötung

1   Wie schon ausgeführt, ist mangels Haupttat die Teilnahme (Beihilfe, Anstiftung) an der Selbsttötung straflos (§ 3 Rn. 9). Eine solche straflose Teilnahme am Suizid setzt zweierlei voraus: Erstens die Freiverantwortlichkeit der Selbsttötung (Rn. 2 ff.) und zweitens die Tatherrschaft des Suizidenten über den unmittelbar lebensbeendenden Akt (Rn. 8 ff.). Sind diese Voraussetzungen nicht erfüllt, kann sich die Selbsttötung als in mittelbarer Täterschaft begangene vorsätzliche Fremdtötung bzw. als fahrlässige Fremdtötung darstellen. – Zum Folgenden vgl. auch die Falllösung bei *Thoss,* JA 2001, 951 ff.

1. Freiverantwortlichkeit der Selbsttötung

2   Unstreitig handelt es sich einmal dann um eine „unfreie" Selbsttötung, wenn dem Suizidenten die Tatsache der Selbsttötung verschleiert bleibt und er insoweit als „vorsatzlos" handelndes Werkzeug gegen sich selbst benutzt wird.

So liegt es in dem bekannten **Sirius-Fall** (BGHSt 32, 38 mit Anm. *Roxin,* NStZ 1984, 70; LK/*Schünemann,* 12. Aufl., § 25 Rn. 108), in dem der Täter dem Opfer vorspiegelt, es werde nicht sterben, sondern nur in veränderter und höherer Form (indes immer noch) irdisch weiterleben (Fall des Quasi-Tatbestandsirrtums; siehe ergänzend Rn. 7).

Zum Anderen sind die Konstellationen unproblematisch (ent-   **3** sprechend dem schuldlos handelnden Werkzeug), in denen die Freiverantwortlichkeit nach Maßgabe der §§ 19, 20, 35 StGB, 3 JGG entfällt.

Streitig ist, ob mit der sinngemäßen Anwendung dieser Exkul-   **4** pationsregeln zugleich die Grenzen des Bereichs unfreier Selbsttötungen abgesteckt sind (sog. **Exkulpationslösung**). Während eine Mindermeinung dies bejaht, zieht die h. M. den Kreis zu Recht weiter und bestimmt die Grenzen nach den Einwilligungsregeln (sog. **Einwilligungslösung**). Danach muss geprüft werden, ob die Selbsttötungsentscheidung, als Verlangen im Sinne von § 216 gedacht, eine „ernstliche" Entscheidung wäre (vgl. dazu § 6 Rn. 6).

Zur h. M. siehe *Lackner/Kühl,* vor § 211 Rn. 13 ff.; *Krey/M. Heinrich,* BT 1, Rn. 86 ff.; Sch/Sch/*Eser,* vor § 211 Rn. 36; NK/*Neumann,* vor § 211 Rn. 60 ff.; *Eisele,* BT I, Rn. 176 f. – Zur Mindermeinung *Roxin,* NStZ 1984, 72 f.; LK/ *Roxin,* 11. Aufl., § 25 Rn. 106 ff.; *Charalambakis,* GA 1986, 485 ff.; MüKo/ *Schneider,* vor § 211 Rn. 37 ff.

Für die h. M. spricht insbesondere, dass es immer dann, wenn   **5** jemand über höchstpersönliche Rechtsgüter verfügt, auf die Wirksamkeit des einwilligenden Verlangens ankommt. Im Interesse des Lebensschutzes muss die Entscheidung, in den Tod zu gehen, unabhängig davon mangelfrei sein, ob es um eine Selbst- oder Fremdtötung geht. Es ist auch strafwürdig, eine andere Person durch die Vortäuschung etwa einer unheilbaren Krankheit oder eines Doppelselbstmordes in den Tod zu treiben. Die Mindermeinung macht dagegen geltend, wer sich (infolge Täuschung) nur über den Sinn des eigenen Todes irre, wer also in einem bloßen Motivirrtum handele, verfüge dennoch frei und bewusst über sein Leben und bleibe daher im Rechtssinne für das, was er tue, eigenverantwortlich.

Im **Fall 1** gibt es keine Anhaltspunkte für ein „unfreies" Handeln der E (siehe   **6** weiter Rn. 9).
Im **Fall 2** liegt nach der Mindermeinung eine freiverantwortliche Selbsttötung vor, weil der (im Rechtssinne) gesunde M die Folgen seines Handelns für sein Leben genau erkennt und sein täuschungsbedingter Motivirrtum (über die

Selbstmordabsichten der F) unbeachtlich bleibt. Dagegen fehlt nach h. M. M's Selbsttötung infolge der von F hervorgerufenen Täuschung die „Ernstlichkeit". Da F diesen erheblichen, die Freiverantwortlichkeit ausschließen-den Einwilligungsmangel objektiv und subjektiv beherrscht und ausnutzt, ist sie nach §§ 212, 211 (niedrige Beweggründe), 25 I 2. Var. strafbar (so im Ergebnis auch *BGH* GA 1986, 508, ohne aber zu der Streitfrage Stellung zu nehmen).

7   Im **Sirius-Fall** (Rn. 2) wäre auf dem Boden der h. M. die mittelbare Täterschaft auch mit Hilfe der Einwilligungsregeln zu bejahen gewesen.

2. Tatherrschaft (des Suizidenten) über den unmittelbar lebensbeendenden Akt

8   Als (mittelbarer) Täter kann nur bestraft werden, wer täterschaftlich handelt, wer also insbesondere die Tatherrschaft innehat. Liegt die Tatherrschaft über die „Tatbestandsverwirklichung" (d. h. die Herrschaft über das Töten) beim eigenverantwortlich handelnden Suizidenten, scheidet Täterschaft eines anderen aus. Die Grenzziehung erfolgt richtigerweise danach, wer die **Tatherrschaft über den unmittelbar lebensbeendenden Akt** hat (*Lackner/Kühl,* § 216 Rn. 3; *Otto,* Tröndle-FS, 1989, S. 163; *Roxin,* NStZ 1987, 347f.).

9   Im **Fall 1** ist die Tatherrschaft der – eigenverantwortlich handelnden – E unzweifelhaft; seitens H liegt folglich nur eine straflose Beihilfe zur Selbsttötung vor. Ebenso sind ähnliche Sterbehilfefälle zu entscheiden, in denen die letzte Entscheidung über das „Ob" des Todes beim sich frei entscheidenden Suizidenten verbleibt, so wenn z. B. für einen ab dem Hals abwärts völlig Gelähmten eine Trinkvorrichtung konstruiert wird, aus der sich der Sterbewillige (noch) selbst bedienen kann. Wenn allerdings Dritte, um zum tödlichen Ende zu kommen, den Giftbecher oder die Trinkvorrichtung führen/bedienen müssen, wird die Grenze zur täterschaftlichen Fremdtötung überschritten (§ 216 bzw. § 212, wenn der Dritte nicht durch das Verlangen motiviert wird).

10   Die vorstehenden Grundsätze gelten auch für den **einseitig fehlgeschlagenen Doppelselbstmord** (A und B wollen gemeinsam in den Tod gehen; A überlebt, B stirbt). Der Überlebende hat nur dann die Tatherrschaft über den unmittelbar lebensbeendenden Akt gehabt und damit § 216 erfüllt, wenn der getötete Mitsuizident keine Möglichkeit mehr hatte, sich der tödlichen Wirkung des entscheidenden todesverursachenden Tatbeitrags (z. B. Aufdrehen eines Gashahnes) in freier Entscheidung (z. B. durch Verlassen des Raumes) zu entziehen (Sch/Sch/*Eser,* § 216 Rn. 11 m. w. N. pro und contra; ähnlich BGHSt 19, 135). Andere Stimmen greifen den Ge-

danken einer Quasi-Mittäterschaft auf und gehen von einer straflosen Beteiligung des Überlebenden an einer Selbsttötung aus, wenn der tote Suizident – eigenverantwortlich handelnd – die Mit-Tatherrschaft über den letzten tödlichen Akt gehabt hat (*Otto*, BT, § 6 Rn. 62 ff.; NK/*Neumann*, vor § 211 Rn. 56; *Engländer*, Jura 2004, 236; *Hecker/Witteck*, JuS 2005, 397 ff.).

II. Strafbarkeit aus Unterlassungsdelikten trotz strafloser Teilnahme an der Selbsttötung

Sehr streitig ist, inwieweit die straflose Teilnahme an einer Selbst- **11**
tötung eine Strafbarkeit aus Unterlassungsdelikten ausschließt. In Betracht kommen Tötungsdelikte durch Unterlassen (§§ 212, 211, 13; 216, 13; 222, 13), ferner § 221 I Nr. 2 sowie § 323 c.

1. Tötungsdelikte durch Unterlassen

Beispiel (BGHSt 32, 367 – Fall Wittig): Arzt A kommt zu seiner im Koma **12**
liegenden Patientin, nachdem diese in (freier) Selbsttötungsabsicht eine Überdosis Medikamente eingenommen hat. A unternimmt nichts zu ihrer Rettung, weil er ihren immer wieder geäußerten Selbsttötungswillen und ihre letzte, auf einem Zettel hinterlassene Bitte („An meinen Arzt – Kein Krankenhaus – Erlösung!") respektiert.

Der *BGH* hält eine Strafbarkeit des A aus den §§ 216, 13 für möglich. Nach der Auffassung des *BGH* treffen den Garanten zwar, solange der Suizident noch Herr des Geschehens ist, keine Handlungspflichten; <u>verliere aber der Suizident seine Tatherrschaft (infolge von Bewusstlosigkeit), gehe die Tatherrschaft auf den Garanten über,</u> der nun nach allgemeinen Unterlassungsgrundsätzen aus den Tötungstatbeständen hafte. Im Einzelfall will der *BGH* lediglich, ohne dies dogmatisch klar auszudrücken, unter Zumutbarkeitsaspekten eine Strafbarkeit ausschließen, wie er es im Fall Wittig im Ergebnis auch getan hat.

Auch im **Fall 1** wäre nach der *BGH*-Rechtsprechung eine Strafbarkeit des H **13**
aus den §§ 216, 13 nicht von vornherein ausgeschlossen (dagegen zu Recht *OLG München* NJW 1987, 2940, 2942 ff.).

Diese Rechtsprechung verdient keinen Beifall (Sch/Sch/*Eser*, vor **14**
§ 211 Rn. 42 f.; *Lackner/Kühl*, vor § 211 Rn. 15; *Achenbach*, Jura 2002, 544; *Fischer*, vor § 211 Rn. 12). Indem sie eine Rettungspflicht

statuiert, setzt sie sich über den wirklichen oder mutmaßlichen
(Patienten-)Willen des Suizidenten und damit über dessen Selbstbestimmungsrecht hinweg (vgl. § 7 Rn. 5 f.). Wer als Garant einen
beachtlichen Selbsttötungswillen respektiert, verletzt keine Handlungspflicht, weil der Sterbewillige diese, individuell disponibel,
aufgehoben bzw. eingeschränkt hat.

15   Die gegenteilige Auffassung des *BGH* führt auch zu der wider-
sinnigen Konsequenz (a. A. BGHSt 32, 367, 375), dass derjenige,
der dem Selbstmörder das Tötungsmittel straflos zur Verfügung
gestellt hat, einschreiten muss, wenn es gewirkt hat. Man kann
nicht ein tatsächliches (oder hinzugedachtes) aktives Tun, das als
bloße Teilnahme zur eigenverantwortlichen Selbsttötung straflos
bleibt (bzw. bliebe), im Falle anschließenden Unterlassens als Tötung durch Unterlassen bestrafen, es sei denn, ein Sinneswandel
des Suizidenten wird erkennbar.

16   Für die Rechtsprechung spricht zwar ihr (durchaus anerken-
nenswertes) Bestreben, das Leben möglichst umfassend zu schützen; insbesondere können die großen Schwierigkeiten, „freie" und
„unfreie" Selbsttötungen in praktikabler Weise zu unterscheiden,
nicht geleugnet werden. Dennoch bleibt im Ergebnis die Rechtsprechung abzulehnen, weil sie die gesetzgeberische Entscheidung,
die Teilnahme an der Selbsttötung straflos zu lassen, umgeht.

17   Entsprechende Erwägungen gelten für den Tatbestand des § 221 I Nr. 2, der
ebenfalls eine Garanten-Handlungspflicht voraussetzt (§ 10 Rn. 4, 9). Gewissen Schutzbedürfnissen kann allein mit dem anschließend erörterten § 323 c
Rechnung getragen werden.

2. Unterlassene Hilfeleistung

18   Kontrovers wird auch die Reichweite des § 323 c in Selbsttötungsfällen beurteilt. Eine in der Literatur verbreitete Meinung
sieht in einer freiverantwortlichen Selbsttötung schon keinen Unglücksfall. Diese Auffassung vermeidet konsequent alle Umge-
hungstendenzen.

Arzt/Weber, BT, § 3 Rn. 33; *Sch/Sch/Cramer/Sternberg-Lieben,* § 323 c
Rn. 7; SK/*Rudolphi/Stein,* § 323 c Rn. 8 f.; *Wessels/Hettinger,* BT 1, Rn. 60 ff.;
MüKo/*Schneider,* vor § 211 Rn. 84.

19   Allerdings sind die Gründe, die zu einer Entlassung des Garanten aus seiner besonderen Verantwortung führen (Rn. 14 ff.), nicht
ohne weiteres auf die (auch) dem allgemeinen Lebensschutz die-

nende Vorschrift des § 323 c übertragbar; denn insoweit strahlt der
Gedanke von der Unverfügbarkeit des Lebens (vgl. § 6 Rn. 1) auf
§ 323 c aus. Angesichts der Schwierigkeiten, zwischen freiverantwortlichen und unfreien Selbsttötungsentscheidungen zu unterscheiden, angesichts der damit verbundenen Gefahr, dass gebotene
Hilfeleistungen in vermeintlich „freien" Selbsttötungsfällen unterbleiben, sprechen die besseren Gründe dafür, im Interesse sowohl
des möglicherweise „unfrei" handelnden Suizidenten als auch des
allgemeinen Lebensschutzes jeden Selbsttötungsversuch als Unglücksfall anzusehen.

Hierzu BGHSt 32, 367, 376; *Dölling*, NJW 1986, 1012 ff.; *Kutzer*, MDR
1985, 712 ff.; *Eisele*, BT I, Rn. 184.

Freilich bedarf dann vor allem die **Frage der Zumutbarkeit**   20
sorgfältiger Prüfung. Unzumutbares Handeln wird insbesondere
dort in Betracht zu ziehen sein,
- wo es um Fälle im Umfeld der passiven Sterbehilfe geht;
- wo sich der Normadressat des § 323 c an dem Suizid vorher aktiv beteiligt hat;
- wo der Suizident die Tatherrschaft hat, also z.B. bei klarem
  Bewusstsein Hilfe untersagt (vgl. *BGH* NStZ 1983, 117, 118);
- wo es sich um eindeutig eigenverantwortliche Wiederholungs-
  taten handelt oder solche nahe liegen.

III. Entsprechende Anwendung bei Selbstgefährdungen

Die dargestellten Grundsätze zur Selbsttötung gelten zunächst   21
für die Teilnahme an einer freiverantwortlichen **bewussten Selbstverletzung** entsprechend (ergänzend § 13 Rn. 3 ff.).

Seit BGHSt 32, 262 hat sich ferner die Erkenntnis durchgesetzt,   22
dass Tatbeiträge, die als aktive vorsätzliche Teilnahme an einer
freiverantwortlichen Selbsttötung straflos wären, „erst recht" nicht
bei einer bloßen (vorsätzlichen oder fahrlässigen) Mitwirkung an
einer freiverantwortlichen **bewussten Selbstgefährdung** als vorsätzliche bzw. fahrlässige Tötung oder Körperverletzung bestraft
werden können, wenn sich infolge der Selbstgefährdung das Ver-
letzungs- oder Todesrisiko realisiert (bestätigend BGHSt 46, 279,
288 f.; 49, 34, 39; *BGH* NJW 2000, 2286, 2287).

23   Dabei setzt die Freiverantwortlichkeit voraus, dass der sich selbst Gefährdende das Risiko im selben Maße erfasst wie der Mitwirkende (Ausfluss der Einwilligungsregeln; vgl. § 6 Rn. 6). Ferner kann es eine zurechnungsausschließende Selbstgefährdung nur bei der Preisgabe von Individualinteressen geben; bei Tatbeständen, die (auch) Allgemeininteressen schützen, greift der Gedanke nicht.

24   **Beispiele:** (1) Wer sein Motorrad für eine riskante (Wett-)Fahrt zur Verfügung stellt, haftet nicht aus § 222 oder (bei Tötungsvorsatz) aus § 212, falls der Entleiher tödlich verunglückt (vgl. *OLG Stuttgart* VRS 67, 429). Entsprechendes gilt für die Überredung zu einem gefährlichen gemeinsamen Motorradrennen, das für den (unterstellt: freiverantwortlich handelnden) angestifteten Motorradfahrer tödlich ausgeht (zum Teil überholt BGHSt 7, 112). Siehe ferner *BayObLG* NStZ-RR 1997, 51 (Überlassung eines defekten Fahrzeugs mit tödlichem Unfall).

(2) Süchtige, die verordnete Mittel entgegen der ärztlichen Anweisung in eigenverantwortlicher Weise falsch dosiert einnehmen und daran sterben, schließen trotz pflichtwidriger Verschreibung die strafrechtliche Verantwortlichkeit des Arztes gemäß § 222 aus (*BayObLG* StV 1997, 307).

25   (3) Wer einem anderen ein Rauschgift wie Heroin überlässt, haftet für den Tod des Konsumenten nach eigenverantwortlichem Genuss nicht aus § 222 (h. M.; z. B. *BGH* NJW 2000, 2286, 2287; *Rudolphi*, JZ 1991, 573; a. A. *Weber*, Spendel-FS, 1992, S. 371 f.), wohl aber eventuell nach § 30 I Nr. 3 BtMG, da man in dieser Vorschrift Allgemeininteressen wie die Volksgesundheit als mit geschützt ansehen kann (so BGHSt 37, 179, 182; 49, 34, 43; 2287; zust. *Rudolphi*, JZ 1991, 573 f.; a. A. *Roxin*, AT I, § 11 Rn. 112; *Nestler-Tremel*, StV 1992, 273 ff.; zusammenfassend *Frisch*, NStZ 1992, 62). Zu einem untypischen Ausnahmefall siehe BGHSt 46, 279, 289 f. Zum Kriterium der Eigenverantwortlichkeit bei Drogenabhängigen ausführlich *Amelung*, NJW 1996, 2393 ff. – Zum Ganzen *Roxin*, AT I, § 11 Rn. 107 ff.; *Fahl*, JA 1998, 105 ff.

26   Verfügt der Mitwirkende über überlegenes Sachwissen und erkennt er dies, so liegt die Tatherrschaft grundsätzlich bei ihm. Es liegt dann eine prinzipiell strafbare *Fremd*verletzung bzw. *Fremd*gefährdung vor, deren Abgrenzung zur bloßen *Selbst*gefährdung noch zu vertiefen sein wird (§ 20 Rn. 3 ff.). Problematisch ist die Tatherrschaft, wenn der Tötende als vorsatzlos handelndes Werkzeug des Sterbewilligen missbraucht wird (näher § 20 Rn. 6 a).

27   Verfehlt wäre es, die Unterlassungsgrundsätze (Rn. 12 ff.) unbesehen auf die Fallgruppe der bewussten Selbstgefährdung zu übertragen. Dies verbietet sich u. a. deshalb, weil der sich selbst Gefährdende typischerweise die drohenden Folgen nicht will und daher eine etwaige Garanten-Handlungspflicht Dritter sein Selbst-

bestimmungsrecht nicht berührt; auch führt der Gefahrverursacher die Gefahr unter Umständen sogar in strafbarer Weise (Rauschgiftfälle) herbei. Auf der Basis solcher Überlegungen kann man mit dem *BGH* die unterlassene Rettung im Anschluss an die illegale Abgabe von Heroin nicht nur nach § 323 c bestrafen, sondern auch eine Garantenstellung aus vorangegangenem Tun bejahen und dann das Unterlassen unter dem Aspekt der §§ 212, 13 bzw. 222, 13 sowie des § 221 I Nr. 2 beurteilen (*BGH* NStZ 1984, 452; 1985, 319, 320).

Während die Anwendung des § 323 c außer Streit steht, lehnt **28** man in der Literatur entgegen der Rechtsprechung eine Ingerenz-Garantenstellung meist etwa mit der Begründung ab, infolge der eigenverantwortlichen Selbstgefährdung sei die Gefahrenlage in nicht zurechenbarer Weise verursacht worden und damit die Verantwortung für das bedrohte Rechtsgut aus dem vorangegangenen Tun entfallen (Sch/Sch/*Stree,* § 13 Rn. 35 a, 40; *Roxin,* NStZ 1985, 320 f.).

Empfehlungen zur vertiefenden Lektüre:

Rechtsprechung: BGHSt 32, 262 (Teilnahme an freiverantwortlicher Selbstgefährdung bei Abgabe von Heroin); BGHSt 32, 367 (Unterlassungsstrafbarkeit bei freiverantwortlicher Selbsttötung – Fall Wittig); *OLG Stuttgart* VRS 67, 429 (Teilnahme an freiverantwortlicher Selbstgefährdung); *OLG München* NJW 1987, 2940 (Teilnahme an freiverantwortlicher Selbsttötung – Fall Hackethal); *BayObLG* StV 1997, 307 (Teilnahme an freiverantwortlicher Selbstgefährdung bei pflichtwidriger ärztlicher Verordnung).

Literatur: *Achenbach* (wie zu § 7), Jura 2002, 542 ff.; *Mitsch,* Grundfälle zu den Tötungsdelikten, JuS 1995, 888 ff.

§ 9. Fahrlässige Tötung (§ 222)

Fragen im Zusammenhang mit § 222 betreffen typischerweise **1** die allgemeine Fahrlässigkeitslehre und gehören insoweit nicht zum Stoff des Besonderen Teils. Aus Gründen der Sachnähe sind in diesem Buch allerdings bestimmte Probleme aus dem Umfeld des Allgemeinen Teils vor allem im Rahmen der vorsätzlichen Tötungsdelikte erörtert worden. Diese Punkte sind ebenso oder sogar zuallererst für § 222 von Bedeutung. Im Einzelnen zusammengefasst:

2   (1) Der objektive Tatbestand des § 222 setzt wie § 212 die Tötung eines Menschen voraus (näher § 3 Rn. 2 ff.). Insbesondere die Problematik pränataler Einwirkungen und unterlassener Lebensverlängerungen spielen, wie in den früheren Ausführungen schon angedeutet, gerade im Bereich des § 222 eine besondere Rolle.

3   (2) Im Zusammenhang mit Selbsttötungen kann § 222 etwa Relevanz erlangen, wenn der Teilnehmer am Suizid irrtümlich von einer Freiverantwortlichkeit der Selbsttötung ausgeht und dabei die Mangelhaftigkeit des Willens fahrlässig verkennt (vgl. § 8 Rn. 2 ff.).

4   (3) Wer in „freien" Selbsttötungsfällen mit dem *BGH* eine Strafbarkeit aus unechten Unterlassungsdelikten für möglich hält (§ 8 Rn. 11 ff.), kann zu einer Bestrafung aus den §§ 222, 13 kommen, falls der Garant in dem vermeidbaren Glauben untätig bleibt, der Suizident sei nicht mehr zu retten.

5   (4) Von allergrößter Bedeutung für die Reichweite des § 222 bei der Teilnahme an freiverantwortlichen Selbstgefährdungen sind die Grundsätze von BGHSt 32, 262 (§ 8 Rn. 21 ff.). Ob in solchen Fällen ggf. eine Garantenstellung aus Ingerenz angenommen und mit deren Hilfe die Nichtabwendung sich realisierender Gefährdungsfolgen über die §§ 222, 13 erfasst werden kann, ist streitig (§ 8 Rn. 27 f.).

6   (5) Von der straflosen Teilnahme an einer freiverantwortlichen Selbstgefährdung müssen die Fälle der einverständlichen Fremdgefährdung (mit tödlichen Folgen) unterschieden werden (dazu näher § 20 Rn. 3 ff.). In diesem Zusammenhang stellt sich auch die Frage, ob nach § 222 bestraft werden kann, wer einem Sterbewilligen, von diesem getäuscht, fahrlässig aktive Sterbehilfe leistet (§ 20 Rn. 6 a).

§ 10. Aussetzung (§ 221)

Fall 1: In Begleitung des von W verpflichteten Bergführers B bricht sich in einer einsamen Gegend der Wanderer W das Bein. Da B und W sich gemeinsam nicht mehr fortbewegen können, vereinbaren sie, dass B ins Tal absteigen, die mögliche Hilfe alarmieren und W bis zur vermuteten Rettung in etwa fünf Stunden alleine zurückbleiben soll. Im Tal angekommen, beschließt B, nichts zu veranlassen, wohl wissend um die lebensgefährlichen Folgen für W. Am anderen Tage wird der (bewusstlose) W zufällig gefunden und gerettet.
→ Rn. 10, 15

I. Grundlagen und Aufbaufragen

Die mit dem 6. StrRG 1998 in Kraft getretene Neufassung des 1
§ 221 weist gegenüber der Vorläuferbestimmung zahlreiche Änderungen auf, die nicht zuletzt eine Klärung bestimmter Streitpunkte gebracht haben. Dazu gehört auch die Frage nach dem geschützten Rechtsgut: Jetzt bezieht der Grundtatbestand (§ 221 I) neben dem Leben eindeutig die körperliche Unversehrtheit ein.

Auf der anderen Seite sind neue Unklarheiten entstanden, die 2
etwa das Verhältnis der Nr. 1 und Nr. 2 sowie von hilfloser Lage und konkreter Gefährdungsklausel betreffen. So gibt es Stimmen, die – zum Teil nur bei einer Nummer des § 221 I – eine Trennung von hilfloser Lage und Gefahrenlage nicht für möglich halten und auf diese Weise aus dem Tatbestand letztlich ein allgemeines Lebens- und Gesundheitsgefährdungsdelikt machen (vgl. *Struensee*, in: *Dencker u.a.*, S. 35 ff.; LK/*Jähnke*, 11. Aufl., § 221 Rn. 18, 25; *Fischer*, § 221 Rn. 9 f., 13). Dies überzeugt jedenfalls für § 221 I Nr. 1 nicht. Der Tatbestand lautet gerade *nicht*: Wer einen Menschen in die Gefahr des Todes oder einer schweren Gesundheitsschädigung bringt (ergänzend Rn. 13 f.).

In der **Fallbearbeitung** sind Tötungs- und Körperverletzungs- 3
delikte, auch durch Unterlassen, als Verletzungsdelikte vor dem konkreten Gefährdungsdelikt des § 221 zu prüfen. Bezüglich § 221 ist u.a. auf die Feststellung der hilflosen Lage *und* der sich daraus entwickelnden konkreten Gefahr (mit dem entsprechenden Vorsatz) zu achten. Ferner darf im Rahmen des § 221 I Nr. 2 die Prüfung der Garantenstellung nicht übersehen werden. – Zu beginnen ist mit dem Grunddelikt (§ 221 I). Es empfiehlt sich folgendes

Aufbauschema (§ 221)

I. Tatbestandsmäßigkeit
  1. Objektiver Tatbestand
    a) Tathandlung
      aa) Versetzen eines Menschen in eine hilflose
        Lage (Nr. 1), oder
      bb) Im-Stich-Lassen eines Menschen in einer
        hilflosen Lage durch einen Garanten (Nr. 2)

II. Grunddelikt (§ 221 I)

4   Das Grunddelikt enthält zwei Tatmodalitäten: § 221 I Nr. 1
normiert ein Jedermannsdelikt, während § 221 I Nr. 2 ein Sonderdelikt darstellt, das nur von Garanten im Sinne des § 13 (umschrieben mit „in seiner Obhut hat oder ihm sonst beizustehen
verpflichtet ist") verwirklicht werden kann. Für die Nr. 1 ist charakteristisch, dass der Täter die hilflose Lage herbeiführt. Bei der
Nr. 2 befindet sich dagegen das Opfer bereits in einer hilflosen
Lage.

1. Tathandlung: Versetzen in eine hilflose Lage (Nr. 1)

5   Der objektive Tatbestand verlangt, dass der Täter – in einer ihm
als täterschaftliches Handeln zurechenbaren Weise – einen „anderen" Menschen in eine hilflose Lage versetzt.

Die **hilflose Lage** ist eine Situation, in der das Opfer außerstande ist, sich aus eigener Kraft oder mit Hilfe schutzbereiter Dritter
vor drohenden abstrakten Lebens- oder schweren Gesundheitsgefahren zu schützen. Die Einbeziehung der Schutzbereitschaft
Dritter, d.h. von hilfsfähigen und hilfswilligen Personen, verdient
Zustimmung, weil der Tatbestand eine hilflose „Lage" verlangt,
die vom Status einer hilflosen „Person", also von bloßer „Hilfs-
bedürftigkeit", zu unterscheiden ist.

BGH NStZ 2008, 395; NJW 2008, 2199, 2200; NK/*Neumann,* § 221 Rn. 8;
Küper, BT, S. 35, 38, 210 f.; *Wessels/Hettinger,* BT 1, Rn. 199, 204; SK/*Horn/*
Wolters, § 221 Rn. 3; MüKo/*Hardtung,* § 221 Rn. 6 f.

5a   Akzeptiert man diesen Ausgangspunkt, entsteht eine hilflose
Lage auch dann, wenn die Schutzfunktion des schutzbereiten Drit-

ten beseitigt wird oder aus anderen Gründen entfällt, etwa weil der Dritte seine Hilfsbereitschaft aufgibt. So betrachtet gerät auch in den klassischen Fällen des § 221 I Nr. 2 – Mutter verlässt ihr Kleinkind; Krankenschwester kümmert sich nicht mehr um den Schwerkranken – das Opfer in eine hilflose Lage, an die sich als Tathandlung das Im-Stich-Lassen anschließt (Dauerdelikt).

Zur Diskussion vgl. MüKo/*Hardtung*, § 221 Rn. 16; *Hacker/Lautner*, Jura 2006, 277; *Gössel/Dölling*, BT 1, § 7 Rn. 15.

Im Normalfall führt der Täter die hilflose Lage erstmals herbei. **6** Es genügt richtigerweise aber auch, wenn er das bereits hilflose Opfer in eine **andere** (oder auch **neue**) **hilflose Lage** versetzt. Eine solche neue hilflose Lage wird geschaffen, wenn die dem Opfer in der veränderten Situation drohenden Lebens- oder schweren Gesundheitsgefahren generell gesteigert sind oder eine andere Qualität haben. Worauf die Herbeiführung der – erstmaligen, anderen oder neuen – hilflosen Lage zurückzuführen ist, spielt keine Rolle; so kann etwa eine Veränderung allein der äußeren Umstände genügen.

Vgl. hierzu *BGH* NJW 2008, 2199, 2200; LK/*Jähnke*, 11. Aufl., § 221 Rn. 14; MüKo/*Hardtung*, § 221 Rn. 8 ff.; *Stein*, JR 1999, 265; ferner NK/*Neumann*, § 221 Rn. 15 f.

Für das Versetzen typisch ist ein räumliches Verbringen, d. h. **7** eine Veränderung des Aufenthaltsortes, was durch Gewalt wie durch Täuschung oder Drohung geschehen kann.

Beispiele: Ein Gastwirt oder ein Gast packt einen volltrunkenen (anderen) Gast, bringt ihn nach draußen in die Kälte und versetzt ihn dadurch in eine andere hilflose Lage. Die Mutter oder ihr Liebhaber nimmt ihr schreiendes Kind und legt es auf einsamer Straße ab. Ein erfahrener Bergsteiger führt einen bergunkundigen Wanderer plangemäß in unwegsames Gelände und lässt ihn dort allein zurück. Jugendliche veranlassen durch Täuschung einen orientierungsunfähigen Behinderten, in den einsamen Wald zu gehen. – Zum weiter notwendigen Gefahrerfolg Rn. 13 ff.

Vor dem Hintergrund, dass das Merkmal „versetzt" an die Stelle **7 a** des früheren „aussetzt" getreten ist und für Letzteres einhellig eine Ortsveränderung verlangt wurde, könnte fraglich sein, ob auch das „versetzt" stets eine Ortsveränderung des Opfers voraussetzt. Richtigerweise kommen mit der h. M. auch andere aktiv herbeigeführte Veränderungen in Betracht, die eine hilflose Lage verursachen.

BGH NJW 2008, 2199, 2200; *Schroth,* NJW 1998, 2863; *Küper,* ZStW 1999, 39 ff.; *Jäger,* JuS 2000, 32 f.; *Otto,* BT, § 10 Rn. 2. – A. A. *Nolte,* in: *Schlüchter,* S. 30; *Krey/M. Heinrich,* BT 1, Rn. 134 f.

7b   Beispiele: Der Täter führt die Hilflosigkeit herbei, indem er das Opfer verletzt, fesselt, betäubt oder einsperrt, Lebens- oder Rettungsmittel vernichtet, wärmende Kleidung wegnimmt oder einen „menschlichen Schutzkreis", z. B. durch falsches Lenken eines Rettungstrupps, entfernt (SK/*Horn/Wolters,* § 221 Rn. 4; *Küper,* ZStW 1999, 43 f.). Der Täter drückt sein Opfer, das sich in eine Nische gezwängt hat, weiter hinunter, so dass es sich, in Berührung mit einem heißen Heizkörper, nicht mehr befreien kann (*Küpper,* JuS 2000, 225). Ein Vater fährt mit seinem Kleinkind auf einen unbelebten Parkplatz; dort nimmt er nach einiger Zeit Tabletten ein, um sich zu töten (Falllösung bei *Baier,* JA 2000, 300, 305 f.). – Zum weiter notwendigen Gefahrerfolg Rn. 13 ff.

8   Das Versetzen in eine hilflose Lage kann auch durch ein Unterlassen in Garantenstellung (§ 13) begangen werden (LK/*Jähnke,* 11. Aufl., § 221 Rn. 21; NK/*Neumann,* § 221 Rn. 17).

Beispiele: Der Garant verhindert nicht, dass das Opfer in eine hilflose Lage gerät, sei es durch „Selbstaussetzung", durch Einwirkung Dritter oder durch Zufall (Kinderwagen rollt davon). – Zum notwendigen Gefahrerfolg Rn. 13 ff.

2. Tathandlung: Im-Stich-Lassen in einer hilflosen Lage (Nr. 2)

9   Das – an die Stelle des früheren „Verlassens" getretene – Im-Stich-Lassen ist typischerweise dadurch gekennzeichnet, dass sich der Täter – nochmals: der ein Garant sein muss (Rn. 4) – von der ihm anvertrauten Person **räumlich entfernt.** Dadurch entsteht für sie eine hilflose Lage, an die sich unmittelbar die Phase des Im-Stich-Lassens anschließt (Rn. 5 a).

Beispiele: Der verantwortliche Arzt verlässt den Schwerkranken. Die Mutter lässt ihr Kleinstkind allein, um sich zu vergnügen. Ein Autofahrer entfernt sich vom schuldhaft angefahrenen Opfer. Garanten lassen verunglückte Wanderer, Bergsteiger, Skifahrer usw. zurück. Ein Taxifahrer, der die Heimfahrt eines Betrunkenen übernommen hat, fährt nach einem Zwischenhalt und diversen Vorfällen alleine weiter (*LG Zweibrücken* VRS 98, 284; dazu *Otto,* JK 00, StGB § 13/30). Zum notwendigen Gefahrerfolg Rn. 13 ff. – Zur Verwirklichung von § 221 I Nr. 2 im Zusammenhang mit freiverantwortlichen Selbsttötungen und -gefährdungen § 8 Rn. 11 ff., 17.

10   Darüber hinaus bezieht der Begriff des Im-Stich-Lassens – was für das alte Verlassen streitig war – solche Fälle ein, in denen der Beistandspflichtige **ohne räumliches Verlassen** die Beistandsleistung nicht erbringt, obwohl er dazu in der Lage wäre. Erfasst sind die Konstellationen schlichter Passivität und geistiger Abwesenheit, ferner diejenigen, in denen sich der Garant in strafloser Weise entfernt hat, aber dann beschließt, nicht zurückzukehren oder sonstige Rettungsaktivitäten zu unterlassen.

Beispiele: Eine Krankenschwester verweilt zwar bei dem überwachungsbedürftigen Patienten, kümmert sich aber nicht um ihn, weil sie z. B. lieber schläft oder das spannende Buch weiterliest (ergänzend Rn. 5 a zur hilflosen Lage und Rn. 13 ff. zum Erfordernis der konkreten Gefahr). Eine Mutter kehrt nach einer Feier zu ihrem Säugling nicht zurück, der daher in der ungeheizten Wohnung in Lebensgefahr gerät. Siehe ferner **Fall 1** in Rn. 15.

Ungeklärt und selten erörtert ist, ob § 221 I Nr. 2 auch das „Im- 11 Stich-Lassen" durch – z. B. alarmierte – Garanten (Ärzte, Feuerwehrleute, Polizisten, zuständiges Rettungspersonal) erfasst, die zwar ihre Hilfspflichten verletzen, die aber – im Gegensatz zu der Mutter oder dem Bergführer im **Fall 1** – keine speziellen Rückkehrpflichten treffen (bejahend SK/*Horn/Wolters,* § 221 Rn. 6; verneinend LK/*Jähnke,* 11. Aufl., § 221 Rn. 29; NK/*Neumann,* § 221 Rn. 27 ff.).

Im Zusammenhang mit den in Rn. 9 erwähnten Fällen des räum- 12 lichen Verlassens sind Abgrenzungsschwierigkeiten zu § 221 I Nr. 1 entstanden. Diskutiert wird vor allem das folgende

Beispiel: Bergführer F lässt nach einem Disput den unerfahrenen Kletterer K in einem schwierigen Gelände allein zurück, so dass K in konkrete Lebensgefahr gerät.

Vorbemerkung: An den Gang in das schwierige Gelände kann man nicht anknüpfen, da insoweit eine zurechnungsausschließende freiverantwortliche Selbstgefährdung vorliegt (vgl. § 8 Rn. 1 ff., 21 ff.; § 20 Rn. 3 f.). Zum Problem führt dann die Überlegung, F habe den K mit dem Zurücklassen in eine hilflose Lage versetzt und von daher § 221 I Nr. 1 erfüllt (so *Wessels/Hettinger,* BT 1, Rn. 201, 204). Richtigerweise greift aber nur § 221 I Nr. 2 ein: Erstens befindet sich K, weil er zu seinem Schutz fremde Hilfe braucht, bereits in einer hilflosen Lage, als F fortgeht (Rn. 5 f.); daher *unterlässt* F (weiteren) Beistand (*Jäger,* JuS 2000, 33 f.). Zweitens könnte man mit der Subsumtion unter die Nr. 1 die engere Regelung der Nr. 2 umgehen, die das Verlassen nur erfasst, wenn der Täter Garant ist (*Krey/M. Heinrich,* BT 1, Rn. 134 a;

SK/*Horn/Wolters,* § 221 Rn. 4, 6; für die Nr. 2 ferner LK/*Jähnke,* 11. Aufl., § 221 Rn. 12, 24).

3. Gefährdungsteil mit Taterfolg in Form einer konkreten Gefahr

13   Der objektive Tatbestand beider Nummern setzt in seinem Gefährdungsteil weiter voraus, dass der Täter den hilflosen Menschen **durch** die Tathandlung **einer bestimmten Gefahr aussetzt.** Es handelt sich um ein **konkretes Gefährdungsdelikt** (siehe dazu § 44 Rn. 1, 6 bezüglich § 315 c). Dieses verlangt die zurechenbare **Verursachung eines konkreten Gefahrerfolges,** in dem sich die Gefahren der hilflosen Lage realisieren. Das heißt hier: Der Täter muss im Normalfall eine Verschlechterung der gegenwärtigen physischen Opfersituation in dem Sinne – bei der Nr. 2 durch Unterlassen der gebotenen Handlung – herbeiführen, dass es vom Zufall abhängt, ob das Opfer den Tod oder eine schwere Gesundheitsschädigung (dazu unten Rn. 16 f.) erleidet. Befindet sich das Opfer bereits in einem solchen Gefahrzustand, so genügt es, wenn die Gefahr gesteigert wird.

> *Otto,* BT, § 10 Rn. 2; *Wessels/Hettinger,* BT 1, Rn. 203; *Eisele,* BT I, Rn. 240; LK/*Jähnke,* 11. Aufl., § 221 Rn. 9. – A. A. NK/*Neumann,* § 221 Rn. 16, 31; vgl. auch *OLG Zweibrücken* NStZ 1997, 601, 602 zu § 221 Abs. 1 a. F.

14   Die hilflose Lage und die konkrete Gefahrenlage bezeichnen also, dem Gesetzeswortlaut entsprechend, zwei verschiedene Zustände, die grundsätzlich voneinander zu trennen sind. Die konkrete Gefährdung muss sich aus einer **bestehenden hilflosen Lage** entwickeln.

> Dazu *BGH* NJW 2008, 2199, 2200; SK/*Horn/Wolters,* § 221 Rn. 3; Sch/Sch/ *Eser,* § 221 Rn. 9; *Wessels/Hettinger,* BT 1, Rn. 199, 203; *Ebel,* NStZ 2002, 404 ff.; *Hardtung,* JZ 2008, 955 f.

Es wäre auch sinnwidrig, im Rahmen der Nr. 2 die Handlungspflicht erst mit dem Eintritt der konkreten Gefahr entstehen zu lassen (*Struensee,* in: *Dencker u. a.,* S. 39).

14 a   Wer also jemanden mittels eines zugefügten tatbestandsmäßigen konkreten Gefahrerfolges in eine hilflose Lage bringt, erfüllt allein dadurch noch nicht § 221 I Nr. 1. Vielmehr muss hinzukommen, dass die Gefahr für das – in konkrete Gefahr gebrachte – Opfer weiter gesteigert wird (vgl. Rn. 13).

Nach allem dürfte deutlich geworden sein, dass sich die in Rn. 2 angesprochene Gleichsetzung jedenfalls der Nr. 1 des § 221 I mit einem allgemeinen Lebensgefährdungsdelikt verbietet; denn weder reicht das Herbeiführen einer konkreten Gefahr allein aus (z.B. durch einen knapp vorbeigehenden Schuss) noch genügt es, wenn – z.B. bei einem treffenden Schuss – der konkrete Gefahrerfolg vor oder allenfalls gleichzeitig mit der hilflosen Lage eintritt (in diesem Sinne auch *Mitsch,* JuS 2000, 849; MüKo/*Hardtung,* § 221 Rn. 12; *Küper,* BT, S. 39).

Etwas anders liegt es auf Grund der Unterlassungsstruktur **14 b** beim Tatbestand des § 221 I Nr. 2. Zwar stimmen im Ausgangspunkt die Strukturen der Nr. 1 und Nr. 2 durchaus überein. So muss man auch auf der Ebene der Nr. 2 feststellen, dass der Garant das Tatopfer in einer hilflosen Lage vorgefunden hat, aus der heraus es in eine Lebens- oder schwere Gesundheitsgefahr geraten ist, die der Garant durch Vornahme der gebotenen Handlung mit an Sicherheit grenzender Wahrscheinlichkeit hätte verhindern können. Aber: Während im Rahmen der Nr. 1 die aktive unmittelbare Herbeiführung einer tatbestandsmäßigen konkreten Gefahr ohne Schaffung einer vorherigen hilflosen Lage ohne weiteres denkbar – und eben nicht tatbestandsmäßig – ist, kann man sich kaum vorstellen, dass ein Garant, der tatenlos zusieht, wie sein Schützling unbewusst in eine solche Gefahr gerät, nicht zumindest kurz zuvor das Opfer in einer hilflosen Lage vorfindet (vgl. auch Rn. 5 f.). Faktisch lässt sich von daher § 221 I Nr. 2 als ein – auf Garanten und ihnen anvertraute hilflose Personen beschränktes – konkretes allgemeines Gefährdungsdelikt einstufen (MüKo/*Hardtung,* § 221 Rn. 18).

Wegen des konkreten Gefahrerfordernisses muss der Tatbe- **15** stand z.B. verneint werden, wenn die Mutter das Kind an einem Ort aussetzt, wo es schnell gefunden wird, wenn der allein gelassene Säugling (Rn. 10) vor dem Eintritt eines Gefahrerfolges in die Obhut anderer Hände gelangt, oder wenn der vom Kraftfahrer schuldhaft angefahrene und liegengelassene Fußgänger schon unrettbar tödlich verletzt gewesen ist. In den letzten beiden Fällen steht der – bei entsprechendem Gefährdungsvorsatz – verbleibende bloße Versuch des § 221 I nicht unter Strafe (§§ 23 I, 12 II); wohl aber kommen die §§ 212, 22, 13 und § 323 c (vgl. § 42 Rn. 3 f., 9 ff.) in Betracht.

Betrachtet man im **Fall 1** zunächst das Verhalten des B im Rahmen der vereinbarten Rettungsaktion, so ist bezüglich § 221 I Nr. 2 nach dem Sachverhalt offen, ob innerhalb der fünf Stunden ein Gefahrerfolg bereits eingetreten und damit der objektive Tatbestand überhaupt vollendet ist. Jedenfalls wäre die Tat durch Einwilligung (ergänzend § 20 Rn. 11 f.) bzw. § 34 gerechtfertigt. Nach seinem Gesinnungswandel erfüllt B § 221 I Nr. 2; denn als Beschützergarant lässt er erstens den hilflosen B durch die unterlassenen Rettungsaktivitäten im Stich, und zweitens wäre bei Vornahme der gebotenen Handlung der Gefahrerfolg nicht eingetreten bzw. der Gefahrzustand nicht intensiviert worden. Ferner liegen die §§ 224 I Nr. 5, 13 und § 323 c vor; denkbar sind auch die §§ 212, 22, 13 (zu den Konkurrenzen Rn. 23 und § 21 Rn. 5 ff.).

4. Speziell: Begriff der schweren Gesundheitsschädigung

16   Das Merkmal der schweren Gesundheitsschädigung ist über die Aussetzung hinaus von Bedeutung, weil es der Gesetzgeber noch in zahlreichen anderen Strafvorschriften als strafschärfenden Gefahr- oder Verletzungserfolg vorgesehen hat (z. B. §§ 113 II 2 Nr. 2, 218 II 2 Nr. 2, 225 III Nr. 1, 239 III Nr. 2, 250 I Nr. 1 c, 315 b III i. V. m. 315 III Nr. 2). Der Begriff erfasst auf jeden Fall

(1) alle qualifizierenden Erfolge des § 226 I (dazu § 15 Rn. 5 ff.) sowie

(2) solche gesundheitlichen Schäden, die einen mit § 226 vergleichbaren Schweregrad aufweisen. Die für den an § 226 orientierten Vergleichsmaßstab benötigten Kriterien lassen sich aus einer Gesamtbewertung gewinnen, in die die Schwere des Krankheitszustandes und ein gewisser Zeitfaktor einfließen.

> **Beispiele,** bei denen zumindest der Tendenz nach eine schwere Gesundheitsschädigung zu bejahen ist: Eintritt einer dauernden oder langwierigen schwerwiegenden Beeinträchtigung der Gesundheit, der Arbeitskraft oder anderer körperlicher Fähigkeiten; Verfallen in eine ernste langwierige Krankheit; Kopfverletzungen, die mehrere Hauttransplantationen erforderlich machen und mit einem durch Nahrungsentzug und Misshandlungen hervorgerufenen, potentiell lebensbedrohlichen Allgemeinzustand einhergehen (vgl. *BGH* NStZ-RR 2007, 304, 305 f.).

16 a   Umstritten ist, ob darüber hinausgehend noch ein Bereich von Verletzungsfolgen erfasst wird, deren Schwere unterhalb der Ebene des § 226 liegt. Insbesondere die Rechtsprechung bejaht dies. Nach ihr liegt eine schwere Gesundheitsschädigung schon dann vor,

> wenn die Gesundheit „ernstlich, einschneidend oder nachhaltig beeinträchtigt ist … Diese Voraussetzung ist jedenfalls immer dann zu bejahen, wenn intensivmedizinische Maßnahmen oder umfangreiche und langwierige Rehabilitationsmaßnahmen zur Wiederherstellung der Gesundheit und/oder zur sons-

tigen Beseitigung der Tatfolgen notwendig sind" (so *BGH* NStZ-RR 2007, 304, 306 zu § 225 III Nr. 1 2. Var.).

Ferner auf dieser Linie *BGH* NJW 2002, 2043 zu § 250 I Nr. 1 c; *Schroth*, NJW 1998, 2865; *Renzikowski*, NStZ 1999, 383; *Wallschläger*, JA 2002, 395; *Wessels/Hettinger*, BT 1, Rn. 315; ergänzend *Küper*, BT, S. 169 ff.

Die genauen Unterschiede zur engeren, auf der Ebene des § 226 bleibenden, Ansicht sind ungeklärt. Unabhängig davon spricht für die engere Interpretation, dass ohne den Vergleichsmaßstab des § 226 das Merkmal der schweren Gesundheitsschädigung seine Konturen zu verlieren droht.

Stein, in: *Dencker u. a.*, S. 102 f.; *Rengier*, ZStW 1999, 24; *Hellmann*, JuS 2003, 18; Sch/Sch/*Eser*, § 250 Rn. 21; MüKo/*Sander*, § 250 Rn. 48.

Die Feststellung der (Gefahr einer) schweren Gesundheitsschä- **17** digung hat unter Berücksichtigung der individuellen Verfassung des Opfers (wie Alter, Gebrechlichkeit, Krankheit) zu erfolgen (*BGH* NStZ 2003, 662, 663). Darüber hinaus sind – parallel zur Interpretation der Wichtigkeit eines Gliedes (§ 15 Rn. 11) – ggf. auch die individuellen, insbesondere die beruflichen Verhältnisse zu berücksichtigen (*BGH* NJW 2002, 2043; *Schroth*, NJW 1998, 2865; Letzteres abl. *Hellmann*, JuS 2003, 19 f.).

5. Subjektiver Tatbestand

Der Tatbestand verlangt vorsätzliches Handeln (§ 15). Insoweit **18** wird immer wieder übersehen, dass sich der Vorsatz zum Zeitpunkt der Tathandlung auch auf den konkreten Gefahrerfolg erstrecken muss, also auf die Herbeiführung einer unbeherrschbaren kritischen Situation, bei der das Opfer „beinahe" hätte sterben oder eine schwere Gesundheitsschädigung erleiden können.

III. Qualifikationen (§ 221 II und III)

§ 221 II Nr. 1: Als Täter des Verbrechenstatbestandes kommen **19** neben den leiblichen Eltern insbesondere auch Adoptiv-, Stief-, Pflege- und Heimeltern in Betracht.

§ 221 II Nr. 2 und III: Es handelt sich um erfolgsqualifizierte **20** Delikte, für die gemäß § 18 die fahrlässige Herbeiführung der besonderen Folge genügt. Ferner muss sich im qualifizierenden Erfolg – wie bei allen erfolgsqualifizierten Delikten (siehe etwa § 16

Rn. 4 ff.) – gerade die der grunddeliktischen Tathandlung anhaftende eigentümliche Gefahr niederschlagen. Dies ist z. B. dann der Fall, wenn ein von einem Garanten im Stich gelassener Betrunkener herumirrt und dabei tödlich angefahren wird (*LG Zweibrücken* VRS 98, 284).

21   Im Bereich des § 221 II ist der **Versuch** strafbar (Verbrechen). Für § 221 II Nr. 2 in der Form der **versuchten Erfolgsqualifizierung** gilt § 15 Rn. 30 f. entsprechend. Dem steht die fehlende Versuchsstrafbarkeit des Grunddelikts nicht entgegen, weil der Tatbestand, wenn sich der Vorsatz auf die qualifizierende Folge erstreckt, wie eine normale Vorsatzqualifikation zu behandeln ist.

Ebenso die h. M.; SK/*Rudolphi,* § 18 Rn. 8 m. w. N.; *Kühl,* Gössel-FS, 2002, S. 203 f.; a. A. NK/*Paeffgen,* § 18 Rn. 113.

Bei der versuchten Aussetzung mit Todesfolge (§§ 221 I, III, 22) in der Form der versuchten Erfolgsqualifizierung werden zugleich die §§ 212, 22 (ggf. i. V. m. § 13) verwirklicht (Falllösung bei *Frisch/Murmann,* JuS 1999, 1199 f.).

22   Was den im Rahmen des § 221 II Nr. 2 und III – entsprechend § 16 Rn. 29 ff. – konstruierbaren **erfolgsqualifizierten Versuch** betrifft, so scheitert dessen Strafbarkeit nach der zutreffenden h. M. am nicht strafbaren Versuch des Grunddelikts. Die Mindermeinung setzt sich darüber hinweg, dass die Folge, an die § 18 lediglich eine *„schwerere"* Strafe knüpft, die Strafe nicht *begründen* darf.

Zutreffend NK/*Paeffgen,* § 18 Rn. 112; NK/*Neumann,* § 221 Rn. 42; SK/ *Rudolphi,* § 18 Rn. 7; *Kühl,* Gössel-FS, 2002, S. 204 f.; h. M. – A. A. *Otto,* BT, § 10 Rn. 9; *Rath,* JuS 1999, 142; *Heger,* ZStW 2007, 620 f.

IV. Konkurrenzen

23   Soweit der Täter § 221 I Nr. 1 erfüllt, verwirklicht er typischerweise auch § 221 I Nr. 2, da ihn sein Vorverhalten zum Garanten macht und er normalerweise in der Lage sein wird, die dem hilflosen Opfer drohenden tatbestandsmäßigen Gefahren wieder abzuwenden. Insoweit tritt die Nr. 2 im Wege der Konsumtion zurück (MüKo/*Hardtung,* § 221 Rn. 48; *Hacker/Lautner,* Jura 2006, 279 f.).

Neben § 221 I Nr. 2 sind häufig § 323 c und auch die §§ 212, 22, 13 erfüllt; im letzteren Fall liegen zugleich die §§ 221 I Nr. 2, III,

22 vor. Hier treten hinter die §§ 212, 22, 13 alle anderen Tatbestände im Wege der Konsumtion zurück. In entsprechender Weise tritt § 323 c hinter § 221 I Nr. 2 zurück.

Die Todeserfolgsqualifikation des § 221 III ist Spezialgesetz zu § 222, während sie hinter § 212 zurücktritt (vgl. ergänzend § 16 Rn. 25 f.).

Empfehlungen zur vertiefenden Lektüre:

Rechtsprechung: *BGH* NJW 2008, 2199 (Fragen des § 221 I).

Literatur: *Hacker/Lautner,* Der Grundtatbestand der Aussetzung (§ 221 Abs. 1 StGB), Jura 2006, 274 ff.; *Jäger,* Die Delikte gegen Leben und körperliche Unversehrtheit nach dem 6. Strafrechtsreformgesetz – Ein Leitfaden für Studium und Praxis, JuS 2000, 32 ff.; *I. Sternberg-Lieben/Fisch,* Der neue Tatbestand der (Gefahr-)Aussetzung (§ 221 StGB n. F.), Jura 1999, 45 ff.

2. Kapitel. Straftaten gegen das werdende Leben

§ 11. Schwangerschaftsabbruch (§§ 218–219 b)

I. Grundlagen

1   Die §§ 218 ff. haben eine wechselvolle Geschichte erlebt. Einen wichtigen Wendepunkt brachte das Jahr 1974, als der Gesetzgeber eine „Fristenlösung" schuf und den mit Einwilligung der Schwangeren von einem Arzt vorgenommenen Schwangerschaftsabbruch innerhalb der ersten 12 Wochen seit Empfängnis straflos stellte. Diese Regelung erklärte das *BVerfG* für nichtig (BVerfGE 39, 1). Daher schwenkte der Gesetzgeber 1976 auf eine **Indikationslösung** um, wonach in den Fällen der medizinischen (bzw. medizinisch-sozialen), der embryopathischen, der kriminologischen und der sozialen (oder Notlagen-)Indikation ein Abbruch grundsätzlich gestattet war (zu den Indikationen ergänzend Rn. 28 ff.).

2   Die Wiedervereinigung im Jahre 1990 ließ die Diskussion erneut aufflammen, weil auf dem Gebiet der ehemaligen DDR die dort geltende Fristenregelung zunächst in Kraft blieb und bis Ende 1992 eine einheitliche Lösung gefunden werden musste. Die nach heftigen Diskussionen 1992 verabschiedeten Vorschriften beruhten auf dem Konzept einer **Fristenregelung mit Beratungspflicht,** ergänzt um bestimmte Indikationen. Das *BVerfG* hat dieses Gesetz zum Teil erneut für verfassungswidrig erklärt (BVerfGE 88, 203). So ist es zu dem bisher letzten Anlauf gekommen, der 1995 zur heutigen Regelung geführt hat.

3   Die **verfassungsrechtlichen Vorgaben** hat BVerfGE 88, 203 in 17 Leitsätzen zusammengefasst. Die für das Strafrecht wichtigsten Aussagen lauten:

(1) Das Grundgesetz verpflichtet den Staat, menschliches Leben, auch das ungeborene, zu schützen. Dabei ist die Schutzpflicht für das ungeborene Leben gerade auch auf das einzelne Leben bezogen.

(2) Rechtlicher Schutz gebührt dem Ungeborenen auch gegenüber seiner Mutter. Ein solcher Schutz ist nur möglich, wenn der Gesetzgeber ihr einen Schwangerschaftsabbruch grundsätzlich verbietet und ihr damit die grundsätzliche Rechtspflicht auferlegt, das Kind auszutragen.

(3) Der Schwangerschaftsabbruch muss für die ganze Dauer der Schwanger- **4** schaft grundsätzlich als Unrecht angesehen und demgemäß rechtlich verboten sein. Das Lebensrecht des Ungeborenen darf nicht, wenn auch nur für eine begrenzte Zeit, der freien, rechtlich nicht gebundenen Entscheidung eines Dritten, und sei es selbst der Mutter, überantwortet werden.

(4) Den Staat trifft eine Schutzpflicht. Im Rahmen des notwendigen Schutzkonzepts darf auf den Einsatz auch des Strafrechts und auf die davon ausgehende Schutzwirkung für das menschliche Leben nicht frei verzichtet werden.

(5) Jedoch ist es dem Gesetzgeber verfassungsrechtlich grundsätzlich nicht **5** verwehrt, in der Frühphase der Schwangerschaft in Schwangerschaftskonflikten den Schwerpunkt auf die Beratung der schwangeren Frau zu legen, um sie für das Austragen des Kindes zu gewinnen.

(6) Schwangerschaftsabbrüche, die ohne Feststellung einer Indikation nach der Beratungsregelung vorgenommen werden, dürfen nicht für gerechtfertigt (nicht rechtswidrig) erklärt werden.

II. Aufbaufragen

§ 218 enthält den zentralen Straftatbestand. Er wird ergänzt **5a** durch § 218 a, der in Abs. 1 einen Tatbestandsausschließungsgrund und in Abs. 2 und 3 zwei Rechtfertigungsgründe normiert, während Abs. 4 Privilegierungen der Schwangeren vorsieht. Es ergibt sich folgendes

Aufbauschema (§§ 218, 218 a)

I. Tatbestandsmäßigkeit
   1. Objektiver Tatbestand
      a) Leibesfrucht
      b) Abbrechen der Schwangerschaft = Herbeiführung des Todes der Leibesfrucht
      c) Kein Tatbestandsausschluss gemäß § 218 a I
   2. Subjektiver Tatbestand
      Vorsatz auch bezüglich des fehlenden Tatbestandsausschlusses
II. Rechtswidrigkeit
   1. Rechtfertigung gemäß § 218 a II (medizinisch-soziale Indikation)
   2. Rechtfertigung gemäß § 218 a III (kriminologische oder ethische Indikation)

III. Schwangerschaftsabbruch (§ 218)

1. Tatbestand

6 Der Tatbestand schützt in erster Linie entsprechend den Vorgaben des *BVerfG* (Rn. 3) das ungeborene Leben als eigenständiges Rechtsgut, daneben auch noch die Gesundheit der Schwangeren (str.; zutreffend Sch/Sch/*Eser*, vor § 218 Rn. 12 m.w.N.; a.A. *Satzger*, Jura 2008, 425).

6 a Den objektiven Tatbestand erfüllt, wer eine Schwangerschaft abbricht. Mit dem Abbrechen der Schwangerschaft ist nicht etwa eine irreguläre Beendigung der Schwangerschaft, sondern, genauer ausgedrückt, die **Abtötung der Leibesfrucht** gemeint. Man muss den Tatbestand also im Sinne von „Wer eine Leibesfrucht abtötet, …" oder weiter präzisierend wie folgt lesen: „Wer auf die Leibesfrucht einwirkt und dadurch deren Tod – entweder schon im Mutterleib oder nach der Geburt als objektiv zurechenbare Folge der Einwirkung – herbeiführt, …" (im Anschluss an *Küper*, BT, S. 270; NK/*Merkel*, § 218 Rn. 51).

7 Die Leibesfrucht entsteht mit der **Nidation** (§ 218 I 2), die in der Regel nach dem 13. Tag seit der Empfängnis abgeschlossen ist. Die Verhütung der Nidation etwa durch die „Pille danach" oder Intrauterinpessare fällt also nicht unter den Tatbestand. Die konkrete Berechnung des Nidationszeitpunktes erfolgt im Wege der Rückrechnung; normalerweise tritt die Nidation innerhalb von vier Wochen seit Beginn der letzten Menstruation ein (dazu Sch/Sch/*Eser*, vor § 218 Rn. 34, 37, § 218 Rn. 15).

8 Das Stadium der von § 218 geschützten Leibesfrucht endet, wenn sie zu einem Menschen im strafrechtlichen Sinne wird (dazu schon § 3 Rn. 2 ff.). Ob eine Leibesfrucht oder ein Mensch Tatobjekt ist, bestimmt sich nach dem Zeitpunkt der Einwirkung (= der Tathandlung; siehe bereits § 4 Rn. 4). § 218 I kann demnach auch dann vorliegen, wenn auf den Fötus im Mutterleib eingewirkt wird, dieser aber erst außerhalb, schon als Mensch (Kind), infolge der Einwirkung verstirbt. Dabei soll freilich insbesondere nach

BGHSt 31, 348, 351 f. die Vollendung davon abhängen, dass der Tod alsbald nach der Geburt eintritt (zust. etwa LK/*Kröger,* 11. Aufl., § 218 Rn. 15). Überzeugender ist die Ansicht, die allgemeiner im Sinne objektiver Zurechnung darauf abstellt, ob sich im postnatalen Tod des Kindes noch die durch die pränatale Einwirkung geschaffene Gefahr realisiert hat (MüKo/*Gropp,* § 218 Rn. 20; SK/*Rudolphi/Rogall,* § 218 Rn. 14; Sch/Sch/*Eser,* § 218 Rn. 23). Dieser Ansicht scheint sich nunmehr auch der *BGH* zumindest anzunähern:

Beispiel (*BGH* NStZ 2008, 393): Die 16-jährige S wurde auf Grund einer intimen Beziehung mit M schwanger. Sie trennte sich von ihm und zog zu ihrer Mutter. Als sich S nach einem Gespräch mit M weigerte, ihm eine neue Chance zu geben, stach er mit Tötungsabsicht mehrmals auf S ein, die sich in der 25. Schwangerschaftswoche befand. S überlebte und wurde durch einen Notfallkaiserschnitt von einer Tochter T entbunden, die 16 Tage später trotz intensivmedizinischer Behandlung verstarb. – Bezüglich T ist (nur) § 218 I erfüllt, weil dieser Tatbestand auch den als objektiv zurechenbare Folge der Tathandlung außerhalb des Mutterleibes eintretenden Tod des Kindes erfasst. Dies sieht im Ergebnis auch der *BGH* so, der allerdings auf das fragwürdige Erfordernis eines „alsbaldigen" Todeseintritts nicht näher eingeht, weil er meint, die zeitliche Verknüpfung sei noch so eng, dass der Tod jedenfalls „alsbald" im Sinne von BGHSt 31, 348, 352 eingetreten sei (*BGH* NStZ 2008, 393, 394 f.). Mit § 218 I in Tateinheit (Rn. 22) stehen die gegenüber S verwirklichten §§ 212, (211), 22, 224.

Die Strafbarkeit nach § 218 I setzt stets **vorsätzliches** Handeln **9** voraus (§ 15); fahrlässige pränatale Einwirkungen werden nicht erfasst (dazu schon § 3 Rn. 4). Zu den Tötungsdelikten bei Angriffen auf das geborene Kind unten Rn. 22.

Für Fremdabbrüche sieht § 218 II **besonders schwere Fälle** in der Form der Regelbeispielstechnik vor (vgl. *Rengier,* BT I, § 3 Rn. 1 ff. zu § 243). § 218 II 2 Nr. 2 verlangt die Herbeiführung einer **konkreten Gefahr** (dazu § 44 Rn. 6); zum Begriff der schweren Gesundheitsschädigung siehe § 10 Rn. 16 ff., zum Begriff der Leichtfertigkeit unten § 24 Rn. 38 und *Rengier,* BT I, § 9 Rn. 10 f.

2. Täterkreis und Strafbarkeitsbereich

§ 218 erfasst sowohl den Fremd- als auch den Selbstabbruch. **10** Taugliche Täter können Laien (Nicht-Ärzte), Ärzte und die Schwangere selbst sein. Freilich sind die Strafbarkeitsbereiche in unterschiedlicher Weise abgesteckt:

11   a) Der Schwangerschaftsabbruch durch **Laien** ist wegen der besonderen Gefährlichkeit des Laienabortes grundsätzlich strafbar. Dies gilt auch in den unten Rn. 25 ff. behandelten Fällen des § 218 a I–III, da die Straflosigkeit einen von einem Arzt vorgenommenen Abbruch voraussetzt.

12   b) Für den **Arzt** bleibt der vorsätzliche Schwangerschaftsabbruch in den Fällen des § 218 a I–III straflos.

13   c) Selbstabbruch durch die **Schwangere als Täterin** ist in eigenhändiger Form, in mittelbarer Täterschaft sowie nicht zuletzt in Mittäterschaft – insbesondere durch Zulassen eines Abbruchs – denkbar (Sch/Sch/*Eser*, § 218 Rn. 30 ff. m.w.N.; SK/*Rudolphi/ Rogall*, § 218 Rn. 22).

14   Freilich wird die **Schwangere** in mehrfacher Hinsicht **privilegiert:**

(1) § 218 III setzt den Strafrahmen herab.

15   (2) § 218 IV 2 sieht bezüglich der Versuchsstrafbarkeit einen persönlichen Strafausschließungsgrund vor. Dazu folgendes

Beispiel: Die Schwangere S lässt sich, um die Leibesfrucht abzutreiben, von dem Laien L ein Mittel einspritzen, das der eingeweihte G dem L zur Verfügung gestellt hat. Der Abbruch misslingt. – S bleibt wegen ihres täterschaftlich versuchten § 218 I gemäß § 218 IV 2 straflos. L erfüllt – eventuell in Tateinheit mit § 224 i.V.m. § 228 (vgl. Rn. 23 f.) – die §§ 218 I, IV 1, 22; die Straflosigkeit der S berührt seine Strafbarkeit nicht (§ 28 II). G verwirklicht die §§ 218 I, 22, 27, 28 II (ggf. in Tateinheit mit den §§ 224, 27). Eine Teilnahme der S an den §§ 223, 224 als Gehilfin oder Anstifterin kommt nach den Grundsätzen der notwendigen Teilnahme, wonach die Beteiligung des durch den Tatbestand Geschützten straflos bleibt, nicht in Betracht (dazu Sch/Sch/*Cramer/Heine*, vor § 25 Rn. 47; *Jescheck/Weigend*, AT, § 64 V 2 a).

16   (3) Privilegiert wird die Schwangere ferner dadurch, dass ihre Strafbarkeit – wie die des Arztes – in den Fällen des § 218 a I–III ausscheidet.

17   (4) Darüber hinaus sieht § 218 a IV 1 einen persönlichen Strafausschließungsgrund vor, wenn der Schwangerschaftsabbruch nach Beratung (§ 219) *und* von einem Arzt – der nicht Berater gewesen sein darf (§ 219 II 3) – innerhalb von 22 Wochen seit der Empfängnis vorgenommen wird. Der Sache nach verlängert die Vorschrift (nur) für die Schwangere – auch als Anstifterin oder Gehilfin – die Fristenregelung des § 218 a I (Rn. 25 f.) um zehn Wochen. Die Strafbarkeit anderer Beteiligter bleibt unberührt (§ 28 II). Daher ist der Vater, der in dieser Phase den Abbruch fördert und/oder nicht

verhindert, nach den §§ 218 I, 27 bzw. möglicherweise wegen täterschaftlichen Unterlassens strafbar (§§ 218 I, 13; dazu Rn. 20). Ein entsprechendes Strafbarkeitsrisiko besteht ebenfalls für den Arzt, solange er in Deutschland agiert. Vor solchem Hintergrund wird die Schwangere in dem fraglichen Zeitraum im **Inland** kaum einen abtreibungswilligen Arzt finden.

Hingegen ist für den Arzt im **Ausland** das Strafbarkeitsrisiko – jedenfalls **18** faktisch – gering (vgl. § 5 Nr. 9), auch wenn man in den Schutzbereich des § 7 I den Fötus einer deutschen Frau einbezieht (Sch/Sch/*Eser*, § 7 Rn. 6 m.w.N.). Insoweit hat der Gesetzgeber nach der 12. bis zur 22. Woche unter der Voraussetzung vorangegangener Beratung zumindest faktisch straffreie Wege zu einer Auslandsabtreibung offen gelassen (zur Kritik *Roxin*, JA 1981, 229 und 542 mit Fall 4 zum übereinstimmenden § 218 III 2 a. F.).

(5) Schließlich kann noch nach § 218a IV 2 von Strafe abgese- **19** hen werden, wenn sich die Schwangere im Zustand „besonderer Bedrängnis" befunden hat (dazu Sch/Sch/*Eser*, § 218a Rn. 75 ff.).

d) Fremdabbruch durch **Unterlassen** kommt insbesondere in **20** Betracht, wenn Beschützergaranten (insbesondere der Vater oder behandelnde Arzt) vorsätzliche und rechtswidrige Abbruchshandlungen nicht abwehren (zur Thematik SK/*Rudolphi/Rogall*, § 218 Rn. 23 f.; Sch/Sch/*Eser*, § 218 Rn. 29; LK/*Kröger*, 11. Aufl., § 218 Rn. 17 ff., 36 ff.).

Ungeklärte Fragen auch der Garantenhaftung hat der Erlanger Schwanger- **21** schaftsfall von 1992 aufgeworfen, in dem die behandelnden Ärzte die Vitalfunktionen einer hirntoten Schwangeren aufrechterhielten, um den Fötus zu retten (näher *Hilgendorf*, JuS 1993, 97 ff.; SK/*Rudolphi/Rogall*, § 218 Rn. 25 f.; Sch/Sch/*Eser*, § 218 Rn. 27; LK/*Kröger*, 11. Aufl., § 218 Rn. 26; *Satzger*, Jura 2008, 428 f.).

3. Konkurrenzen

a) **Mit den Tötungsdelikten.** Soweit das Kind nach einem Ab- **22** bruch lebend geboren wird, d.h. zumindest vorübergehend losgelöst vom Mutterleib lebt, genießt es unabhängig von seiner Lebensfähigkeit den Schutz der §§ 211 ff., 222 (vgl. schon § 3 Rn. 6). Jetzt führen *neue* vorsätzliche Tötungshandlungen zur Strafbarkeit nach den §§ 211 ff. zusätzlich zu der wegen versuchten Schwangerschaftsabbruchs (beachte freilich § 218 IV 2); dabei konkurrieren ggf. die Taten bei einem lebensfähigen Kind real, bei einem lebensunfähigen ideal (vgl. BGHSt 13, 21; *Roxin*, JA 1981, 546;

Sch/Sch/*Eser*, § 218 Rn. 24, 69). Tötet der Täter in Kenntnis der Schwangerschaft die Schwangere zusammen mit dem Ungeborenen vorsätzlich, so stehen wegen der Eigenbedeutung der betroffenen Rechtsgüter § 218 I und §§ 212, 211 in Tateinheit (*BGH* NStZ 1996, 276).

23   **b) Mit den Körperverletzungsdelikten.** Typischerweise im Zusammenhang mit Abbrüchen durch Laien kann sich die Frage nach dem Konkurrenzverhältnis zwischen § 218 I und den §§ 223 ff. stellen (dazu BGHSt 28, 11 anlässlich von Fällen, in denen der Täter schwangeren Frauen nicht sterilisierte Seifenlösungen eingespritzt hat; ferner *Roxin*, JA 1981, 547 f.). Soweit die Einwilligung der Schwangeren in einen strafbaren Abbruch nach § 228 unwirksam (dazu § 20 Rn. 2 c) oder nicht erteilt ist, ergeben sich folgende Konstellationen:

24   (1) Der bloße Versuch gemäß § 218 I, IV konkurriert mit den §§ 223 ff. ideal.

(2) Der vollendete § 218 I verdrängt den Tatbestand des § 223 im Wege der Gesetzeskonkurrenz, weil jede Abtötung der Leibesfrucht einen im Sinne des § 223 I 2. Var. gesundheitsschädlichen Eingriff in die körperliche Unversehrtheit der Schwangeren zur Folge hat (BGHSt 28, 11, 13, 16; vgl. unten § 13 Rn. 11). Für die gefährliche Körperverletzung (§ 224) gilt dies aber nicht; insoweit besteht Tateinheit (*BGH* NJW 2007, 2565 f. unter Aufgabe von BGHSt 28, 11, 16 f.; Sch/Sch/*Eser*, § 218 Rn. 68; NK/*Merkel*, § 218 Rn. 153).

(3) Zwischen § 218 I und den §§ 226, 227 besteht Tateinheit.

IV. Straflosigkeit des Schwangerschaftsabbruchs (§ 218 a I–III)

1. Der sog. beratene Schwangerschaftsabbruch (§ 218 a I)

25   § 218 a I folgt dem vom *BVerfG* (oben Rn. 3 ff.) vorgezeichneten Konzept einer „nicht rechtfertigenden" Fristenregelung mit Beratungspflicht und normiert einen Tatbestandsausschließungsgrund sui generis (Sch/Sch/*Eser*, § 218 a Rn. 12 ff., 17). Auch wenn das *BVerfG* dem Gesetzgeber untersagt hat, in den in Abs. 1 geregelten Nichtindikations-Fällen den Schwangerschaftsabbruch speziell für *gerechtfertigt* zu erklären, räumt es ein, dass Nothilfe zugunsten des Ungeborenen gegen das Handeln der Frau und des Arztes ausgeschlossen werden müsse. Dieses Ergebnis ist sinnvoll, aber angesichts des § 32 II schwer zu begründen.

Dazu SK/*Rudolphi/Rogall*, § 218 Rn. 19; umfassend zu Nothilfefällen zugunsten des Ungeborenen *Satzger*, JuS 1997, 800 ff.; LK/*Kröger*, 11. Aufl., § 218 Rn. 44; Falllösung bei *Beulke* III, Rn. 63 ff.; ferner NK/*Merkel*, § 218 Rn. 141 f., § 218 a Rn. 57 ff., der den Abbruch als rechtmäßig einstuft.

Der Tatbestandsausschluss im Sinne des Abs. 1 hängt nicht von **26** irgendeiner Indikation oder sonstigen Notlage der Schwangeren ab, sondern allein von der Erfüllung bestimmter prozeduraler Bedingungen. Insbesondere erfolgt keine inhaltliche Kontrolle der Entscheidung der Schwangeren. Die grundlegenden Ziele des Beratungskonzepts formuliert § 219. Ob dann irgendetwas bei der Schwangeren tatsächlich „ankommt", spielt keine Rolle; die vorgeschriebene Beratung soll nur die Chance eröffnen, Einfluss auf die Schwangere zu nehmen.

In zeitlicher Hinsicht muss der Abbruch innerhalb von zwölf Wochen seit der Empfängnis stattfinden (§ 218 a I Nr. 3).

2. Rechtfertigende Indikationen (§ 218 a II und III)

Von den vier herkömmlichen Indikationstatbeständen des § 218 a **27** von 1976 (Rn. 1; dazu z. B. *Schönke/Schröder*, 24. Aufl. 1991) findet man, als Rechtfertigungsgründe ausgestaltet, in § 218 a II und III nur noch die **medizinisch-soziale** (Abs. 2) und die sog. **kriminologische** oder **ethische Indikation** (Abs. 3). Der Rechtsnatur nach handelt es sich um Spezialfälle des § 34.

SK/*Rudolphi/Rogall*, § 218 a Rn. 16; Sch/Sch/*Eser*, § 218 a Rn. 22; zum Ganzen *Satzger*, Jura 2008, 430 ff.; h. M.

Der Verzicht auf die frühere **allgemeine Notlagenindikation** **28** (auch soziale Indikation genannt) erklärt sich damit, dass der heutige § 218 a I (nicht nur) in diesem Bereich die Möglichkeit eines gleichsam legalen Schwangerschaftsabbruchs eröffnet (SK/*Rudolphi/Rogall*, § 218 a Rn. 13).

Problematischer ist der Wegfall der **embryopathischen** oder **29** **genetischen Indikation** (Abbruch wegen der Gefahr, dass das Kind infolge schädlicher Einflüsse vor der Geburt oder infolge einer Erbanlage an einer nicht behebbaren Schädigung seines Gesundheitszustandes leiden würde). Die Streichung soll Missdeutungen, dass sich die rechtfertigende Wirkung der embryopathischen Indikation aus einer Abwertung behinderten Lebens ergebe, entgegenwirken.

30   Allerdings geht der Wille des Gesetzgebers dahin, die einschlägigen Fallkonstellationen mit Hilfe der medizinisch-sozialen Indikation des § 218 a II aufzufangen. Bedenkliche Folge: Die alte zeitliche Grenze von 22 Wochen seit der Empfängnis ist aufgehoben, weil § 218 a II den Abbruch bis zum Beginn der Geburt erlaubt (vgl. hierzu Sch/Sch/*Eser,* § 218 a Rn. 37 f., 42 f.; SK/*Rudolphi/ Rogall,* § 218 a Rn. 13 f.; *Otto,* Jura 1996, 141 f.; LK/*Kröger,* 11. Aufl., § 218 a Rn. 48 ff.).

V. §§ 218 b–219 b

31   Die §§ 218 b, 218 c enthalten flankierende Regelungen, die gegenüber § 218 subsidiär sind, sich freilich im Prinzip nicht gegen den Schwangerschaftsabbruch als solchen wenden, sondern gegen bestimmte Vorgehensweisen.

§ 218 b I 1 betrifft den Fall, dass der Abbruch zwar nach § 218 a II oder III gerechtfertigt ist, der abbrechende Arzt aber sein Urteil alleine fällt und nicht durch die Feststellung eines anderen Kollegen absichert. Die Regelung soll einseitigen/leichtfertigen Indikationsfeststellungen vorbeugen.

§ 218 c dient der vom *BVerfG* verlangten Umsetzung bestehender beruflicher Verhaltensanforderungen an den abbrechenden Arzt (BVerfGE 88, 203, 289 ff.). Dem Arzt soll seine Eigenverantwortlichkeit sowie insbesondere bewusst gemacht werden, dass er auch dem Lebensschutz des Ungeborenen verpflichtet ist.

32   § 219 a will verhindern, dass der Schwangerschaftsabbruch als etwas Normales propagiert und kommerzialisiert wird. § 219 b richtet sich gegen den Handel mit Mitteln zum illegalen Schwangerschaftsabbruch.

Empfehlungen zur vertiefenden Lektüre:

Rechtsprechung: *BGH* NStZ 2008, 393 (Schwangerschaftsabbruch durch Gewaltanwendung gegen die Mutter mit tödlicher Folge für das geborene Kind).

Literatur: *Satzger,* Der Schwangerschaftsabbruch (§§ 218 ff. StGB), Jura 2008, 424 ff.

3. Kapitel. Straftaten gegen die körperliche Unversehrtheit

§ 12. Überblick

Im Ausgangspunkt muss zunächst die vorsätzliche Körper- **1** verletzung (§ 223) streng von der fahrlässigen Körperverletzung (§ 229) unterschieden werden (vgl. § 15). § 223 normiert das Grunddelikt der (sog. einfachen) Körperverletzung. Darauf bauen drei Qualifikationen auf, nämlich § 224, § 226 und § 227. Eine weitere Qualifikation stellt die Körperverletzung im Amt dar (§ 340; dazu § 62). Von diesen Qualifikationen ist namentlich § 224 ein reines Vorsatzdelikt, während die §§ 226 I, 227 als klassische erfolgsqualifizierte Delikte bezüglich der Herbeiführung des qualifizierenden Erfolges (wenigstens) Fahrlässigkeit genügen lassen (§ 18).

Der Tatbestand des § 225 I enthält im Wesentlichen (zur Aus- **2** nahme § 17 Rn. 5) ebenfalls einen qualifizierenden Fall der Körperverletzung. Dagegen erfasst § 231 auch Gefährdungssachverhalte, die eine vorsätzliche Körperverletzung nicht zwingend voraussetzen. § 228 spezifiziert die Einwilligungsregeln.

Die §§ 223 ff. haben durch das 6. StrRG 1998 mit gewissen inhaltlichen Än- **3** derungen neue Paragraphenziffern erhalten. Die Kenntnis der alten Vorschriften kann vor allem bei der Lektüre von Entscheidungen zu den Vorgängervorschriften hilfreich sein: § 224 entspricht weitgehend dem § 223 a a. F. Neu hinzugekommen ist lediglich § 224 I Nr. 1, der zum Teil den entfallenen Tatbestand der Vergiftung (§ 229 a. F.) aufgenommen hat. Die Vorläufer des § 226 finden sich in den §§ 224, 225 a. F. § 227 war in § 226 a. F. geregelt, während § 227 a. F. jetzt als § 231 firmiert. Die §§ 228, 229 entsprechen § 226 a a. F. bzw. § 230 a. F.

§ 13. Einfache Körperverletzung (§ 223)

Fall 1: A spuckt dem O ins Gesicht, so dass der Speichel von der Brille und Wange auf die Oberbekleidung tropft (*OLG Zweibrücken* NJW 1991, 240). → Rn. 9

Fall 2: Bei einem Banküberfall erleidet der Kassierer infolge des vom Täter T verbreiteten Schreckens einen Herzinfarkt (*BGH* NStZ 1986, 166). → Rn. 10

Fall 3: Arzt A führt bei der M eine dritte Kaiserschnittoperation (erfolgreich) durch. Während der Operation gewinnt A die Überzeugung, dass bei einer vierten Schwangerschaft der M das Leben von Mutter und Kind gefährdet sei. A und der mit hinzugezogene Chefarzt beschließen nun, zur Verhütung weiterer Schwangerschaften den medizinisch indizierten Eingriff einer Eileiterunterbrechung vorzunehmen, wobei sie von einer mutmaßlichen Einwilligung ausgehen, die freilich in Wirklichkeit nicht vorliegt (nach BGHSt 35, 246; Vorinstanz *OLG Köln* NStE Nr. 1 zu § 225 StGB). → Rn. 20

I. Tatbestand

1   Der objektive Tatbestand setzt die Verletzung des Körpers einer anderen Person voraus, wobei die Körperverletzung im Tatbestand des § 223 I als körperliche Misshandlung oder Gesundheitsschädigung definiert wird. Diesen Körperverletzungsbegriff legt auch § 229 zugrunde, weshalb Fahrlässigkeitsfälle in die folgenden Ausführungen einbezogen werden.

1. Merkmal „Person"

2   Zum Begriff der Person (= Mensch) können die früheren Ausführungen zu § 212 (§ 3 Rn. 2 ff.) entsprechend herangezogen werden. Wenn im Bereich der §§ 212, 222 pränatale Einwirkungen auf die Leibesfrucht nicht ausreichen, erfüllen solche Handlungen erst recht nicht den Tatbestand der §§ 223, 229. Demzufolge ist es nicht möglich, das fahrlässige Inverkehrbringen von Medikamenten, die Missbildungen bei der Leibesfrucht verursacht haben **(Contergan-Fall),** als fahrlässige Körperverletzung einer „Person" nach § 229 zu ahnden (h. M.; a. A. *LG Aachen* JZ 1971, 507, 509 f.; *Arzt/Weber,* BT, § 5 Rn. 96 ff.; zur Diskussion *Krey/M. Heinrich,* BT 1, Rn. 184 ff.).

Das Strafrecht schützt die Leibesfrucht nur in den §§ 218 ff. und hier nur vor unbefugter vorsätzlicher Abtötung. Diese Rechtslage befriedigt zwar nicht, doch gibt es auch für sie sprechende Gründe, wenn man an pränatale Einwirkungen infolge unvernünftigen Verhaltens insbesondere seitens der Eltern denkt (Rauchen, Alkohol, andere Drogen, gefährlicher Sport).

Soweit eingepflanzte **Implantate** ihre Sacheigenschaft verlieren und Bestandteil des lebenden Körpers werden (näher *Rengier,* BT I, § 9 Rn. 9), führt ihre „Beschädigung" zu § 223 (*Hardtung,* JuS 2008, 864 f.).

2. Merkmal „andere" Person

Der objektive Tatbestand verlangt ferner – wieder inhaltlich **3** übereinstimmend mit § 212 – die Verletzung einer „anderen" Person. Also können all die Folgerungen, die insoweit insbesondere im Rahmen der §§ 212, 222 zur Straflosigkeit der Selbsttötung/ Selbstgefährdung (einschließlich der Teilnahme daran) und zur Abgrenzung mit der Fremdtötung/Fremdgefährdung gezogen wurden, grundsätzlich auf die §§ 223, 229 übertragen werden. Zusammengefasst bedeutet dies:

Die (versuchte) Selbstverletzung ist straflos (was bei beeinträch- **4** tigten Allgemeininteressen besondere Selbstverstümmelungs-Tatbestände wie § 109 StGB und § 17 WStG nicht ausschließt). Dementsprechend kann – ohne existierende Haupttat – die Teilnahme an der Selbstverletzung nicht bestraft werden (vgl. § 3 Rn. 8 f.), es sei denn, eine solche Teilnahme stellt sich mangels Freiverantwortlichkeit der Selbstschädigung als Fremdverletzung in mittelbarer Täterschaft dar (vgl. § 8 Rn. 1 ff.).

Fremdverletzungen können – insoweit abweichend von Fremd- **5** tötungen (vgl. § 216) – durch Einwilligung gerechtfertigt sein; gewisse Grenzen setzt lediglich § 228 (näher § 20).

Schließlich erfassen die §§ 223, 229 nicht die Teilnahme an **6** „freien" Selbstgefährdungen, aus denen Verletzungsfolgen entstehen (Grundsatz der Eigenverantwortlichkeit; vgl. § 8 Rn. 21 ff.). Davon müssen zwar einverständliche Fremdgefährdungen (mit Verletzungsfolgen) unterschieden werden; indes bleiben solche Fremdgefährdungen bei mangelfreier Willensbildung kraft Einwilligung im Ergebnis in der Regel ebenfalls straffrei (näher § 20 Rn. 7 ff.).

3. Körperliche Misshandlung (§ 223 I 1. Var.)

Unter einer körperlichen Misshandlung versteht man eine üble, **7** unangemessene Behandlung, durch die das körperliche Wohlbefinden oder die körperliche Unversehrtheit nicht nur unerheblich beeinträchtigt wird. Neben den – die körperliche Unversehrtheit angreifenden – substanzverletzenden Einwirkungen können dazu auch andere das körperliche Wohl tangierende Einwirkungen auf den Körper gehören.

Als **Beispiele** für körperliche **Substanzverletzungen** seien die Einbuße von **8** Körperteilen (auch eines Zahns), Beulen und das Haarabschneiden genannt.

Zu den (nicht nur unerheblichen) Angriffen auf das **körperliche Wohlbefinden** zählen Ohrfeigen (*BGH* NJW 1990, 3156, 3157), Faustschläge (*OLG Düsseldorf* NJW 1994, 1232), das Übergießen mit einer erheblichen Menge Brennspiritus (*BGH* NStZ 2007, 701) und das Beschmieren des Körpers insbesondere mit schwer entfernbaren Materialien. Ebenso erfüllt den Tatbestand, wer z. B. einen Wachmann mit einem Klebeband fesselt, knebelt und mit dem Gesicht nach unten auf den Boden legt (*BGH* NStZ 2007, 404). Dagegen genügt für sich allein nicht ein (heftiger) Stoß gegen den Oberkörper (*BGH* StV 2001, 680; *OLG Köln* StV 1985, 17), während ein nicht besonders starker Tritt in die Seite eines am Boden Liegenden eher tatbestandsmäßig sein dürfte (a. A. *OLG Düsseldorf* NJW 1991, 2918).

9   Als „unerhebliche" **Bagatellfälle** – die auch bei der 2. Var. eingeordnet werden könnten (vgl. Rn. 12) – werden bloße Hautrötungen, kleine Nadelstiche, Kratzer und ganz leichte Brandverletzungen ausgeschieden (*OLG Karlsruhe* VRS 108, 427, 428; StA Hannover NStZ 1987, 175, 176; LK/*Lilie*, 11. Aufl., § 223 Rn. 9). Zur Erheblichkeitsschwelle auch die folgenden

Beispiele: Unerheblich ist ein von einem Stromstoß herrührendes Kribbeln in den Beinen und an den Füßen des Badenden, das ein in die volle Badewanne geworfener Föhn verursacht (*BGH* NStZ 1997, 123). Nach *OLG Köln* NJW 1997, 2191 überschreitet das vorübergehende Auftreten von Durchfall infolge von Bedrohungen noch nicht die Erheblichkeitsschwelle.

Im **Fall 1** sieht das *OLG Zweibrücken* (NJW 1991, 240) im Spucken ins Gesicht zu Recht nur eine „unerhebliche" Beeinträchtigung des körperlichen Wohlbefindens, weil die Folgen alsbald durch Abwischen zu beseitigen seien, und bestraft lediglich wegen tätlicher Beleidigung aus § 185 2. Var. (dazu § 29 Rn. 34).

10   Die Tat muss immer zu einer nicht unerheblichen Beeinträchtigung gerade des *physischen* Wohlbefindens führen. Bloße Befindlichkeitsstörungen und Störungen des seelischen Wohlbefindens (Erregung, Schrecken, Ekel, Angst, Panikgefühle, Müdigkeit oder Schlafstörungen z. B. infolge von nächtlichen Störanrufen) erfasst der Tatbestand nicht (BGHSt 48, 34, 36f.; *OLG Köln* StV 1985, 17; *OLG Düsseldorf* NJW 2002, 2118; zu § 238 I Nr. 2 siehe § 26a Rn. 3 ff.). Freilich kann die psychische Beeinträchtigung mittelbar zu körperlichen Folgen führen (Schock, Magen- oder Kopfschmerzen, Übelkeit, Zittern, Schwindelgefühl, Nervosität) und auf diesem Weg dann den Tatbestand der Körperverletzung erfüllen (hierzu *BGH* NStZ 1997, 123; *OLG Köln* StV 1985, 17; NJW 1997, 2191; *OLG Zweibrücken* NJW 1991, 240, 241).

Im **Fall 2** begründet zwar nicht der Schrecken, aber der dadurch bedingte Herzinfarkt eine Körperverletzung. Geht man von einem zurechenbaren Kausalverlauf aus, so hängt es von der subjektiven Tatseite ab, ob nur § 229 oder § 223 – eventuell qualifiziert durch § 224 I Nr. 5 (dazu § 14 Rn. 21) – erfüllt ist.

4. Gesundheitsschädigung (§ 223 I 2. Var.)

Unter einer Gesundheitsschädigung versteht man das Hervor- **11** rufen oder Steigern eines – nicht nur unerheblichen – krankhaften (= pathologischen) Zustandes. Krankhaft ist der vom Normalzustand der körperlichen Funktionen des Opfers nachteilig abweichende Zustand. Auf Schmerzempfindungen kommt es nicht an.

Beispiele: Erkrankungen, Frakturen, Infektionen, Wunden, Hämatome, Vergiftungen; Bauchschmerzen, Übelkeit und Erbrechen (BGHSt 51, 18, 23); ferner das Herbeiführen von Trunkenheit, Rauschzuständen, Bewusstlosigkeit oder Schlaf durch Alkohol, Drogen oder Tabletten. Insbesondere liegt auch in der Ansteckung mit dem Aids-Virus eine Gesundheitsschädigung (BGHSt 36, 1, 6 f.; *BGH* StV 2008, 350, 351; *Frisch,* JuS 1990, 363), und zwar bereits in der bloßen Infizierung, da diese unabhängig von spürbaren Veränderungen objektiv den körperlichen Normalzustand tiefgreifend verändert (zu den Aids-Fällen siehe weiter oben § 3 Rn. 13 und unten Rn. 14; § 14 Rn. 5, 21; § 20 Rn. 6). BGHSt 43, 346, 354 ff. nimmt ferner jedenfalls bei exzessivem Röntgen somatisch fassbare nachteilige Veränderungen der Körperbeschaffenheit an (zust. *Rigizahn,* JR 1998, 524 f.; *Jerouschek,* JuS 1999, 746 f.; kritisch *Jung/Wigge,* MedR 1998, 329 ff.; *Wolfslast,* NStZ 1999, 133 f.; ergänzend § 14 Rn. 21).

Als im Rahmen der 2. Var. des § 223 I „unerhebliche" Bagatell- **12** fälle kann man sich neben den in Rn. 9 erwähnten Nadelstichen, Kratzern und Brandverletzungen weiter einen leichten Schnupfen, harmlose blaue Flecken und das Beibringen geringer Alkoholmengen vorstellen.

5. Sonstiges

Die Varianten des § 223 I überschneiden sich oft und sind beide **13** häufig zu bejahen. Man denke an Schussverletzungen und Messerstiche, aber auch an Blutergüsse und Angriffe mit Tränengas. In der **Fallbearbeitung** sollte man in solchen Fällen durchaus beide Varianten ansprechen, doch auf die notwendige Kürze achten. Ist eine Gesundheitsschädigung zu bejahen, so kann man auch empfehlen, sich zumindest gedanklich zuerst der griffigeren 2. Var. des § 223 I zuzuwenden; eine knappe Behandlung der 1. Var. ergibt sich dann fast von selbst.

14   Der subjektive Tatbestand verlangt **Vorsatz** (§ 15). Sofern der Täter mit Tötungsvorsatz handelt, darf nicht übersehen werden, dass nach der anerkannten Einheitstheorie jeder Tötungsvorsatz zwangsläufig auch einen Körperverletzungsvorsatz enthält (zu den Auswirkungen § 14 Rn. 4; § 21 Rn. 3 f.). Ein Aidsinfizierter, der ungeschützten Geschlechtsverkehr ausübt, handelt mit Körperverletzungsvorsatz (h. M.; ausführlich BGHSt 36, 1, 9 ff.).

Was das elterliche – Körperverletzungen im Sinne des § 223 I rechtfertigende – **Züchtigungsrecht** betrifft, so sprechen der Wortlaut des § 1631 II BGB und der Wille des Gesetzgebers dafür, ein solches ausnahmslos, auch nicht in Form einer maßvollen tatbestandsmäßigen Ohrfeige, nicht mehr anzuerkennen.

BT-Drs. 14/1247, S. 5, 6, 8; *Hillenkamp,* JuS 2001, 164 f.; *Otto,* Jura 2001, 671; *Roxin,* JuS 2004, 177 ff.; *Riemer,* FPR 2006, 387 ff.; a. A. *Wessels/Beulke,* AT, Rn. 387 ff.; *Eisele,* BT I, Rn. 290 ff.; zur Diskussion *Lackner/Kühl,* § 223 Rn. 11.

Der **Versuch** ist strafbar (§ 223 II). In Betracht kommen z. B. fehlgeschlagene Angriffe, bei denen das Opfer Faust- oder Karateschlägen ausweichen kann. Ob das bloße Ausholen zu einem Schlag schon die Voraussetzungen des § 22 erfüllt, ist eine Frage des Einzelfalls (weitere Anwendungsbereiche bei *Rengier,* ZStW 1999, 4 f.).

II. Ärztliche Heilbehandlung

15   Vor allem nach Ansicht der Rechtsprechung beinhaltet jeder ärztliche Heileingriff, auch wenn er erfolgreich und nach allen Regeln der ärztlichen Kunst durchgeführt worden ist, eine Körperverletzung. Diese tatbestandliche Körperverletzung kann aber durch eine – von Willensmängeln nicht beeinflusste – ausdrückliche bzw. mutmaßliche Einwilligung gerechtfertigt sein. Aus der Anwendbarkeit der Einwilligungsregeln ergibt sich die in der Praxis wichtige ärztliche Aufklärungspflicht; denn nur das Wissen um die Bedeutung und Tragweite des Eingriffs ermöglicht eine mangelfreie Willensbildung. Die Wirksamkeit der Einwilligung setzt daher voraus, dass der Patient in der gebotenen Weise über den Eingriff, seinen Verlauf, seine Erfolgsaussichten, Risiken und mögliche Behandlungsalternativen aufgeklärt worden ist.

Zum Ganzen siehe BGHSt 11, 111, 112; 45, 219, 221; *BGH* NStZ 1996, 34; 2004, 442; 2008, 278, 279; NStZ-RR 2007, 340, 341; *Bollacher/Stockburger,* Jura 2006, 908 ff.

Nach einer in der Literatur vorherrschenden Tendenz (mit un-   **16** terschiedlichen Kriterien im Einzelnen) soll der indizierte und kunstgerecht ausgeführte ärztliche Heileingriff schon gar nicht tatbestandsmäßig sein. In der Gesamtbewertung, so wird gesagt, könne ein gelungener Heileingriff nach seinem sozialen Sinngehalt nicht – auf einer Stufe mit einem Messerstecher – als „Misshandlung" oder „Gesundheitsschädigung" angesehen werden.

Vgl. LK/*Lilie*, 11. Aufl., vor § 223 Rn. 3; Sch/Sch/*Eser,* § 223 Rn. 28 ff.; *Gössel/Dölling,* BT 1, § 12 Rn. 73 ff.; *Lackner/Kühl,* § 223 Rn. 8; *Otto,* BT, § 15 Rn. 11.

Zustimmung verdient die Rechtsprechung. Nur sie schützt de   **17** lege lata ausreichend das Selbstbestimmungsrecht des Patienten. Nach der Literaturauffassung gibt es für eigenmächtige Heilbehandlungen, sofern sie nur „an sich" indiziert und kunstgerecht ausgeführt sind, lediglich die wenig effektiven Schranken der §§ 239, 240. Von daher droht eine partielle Entmündigung des Patienten; Aufklärungsgespräche werden aus strafrechtlicher Sicht entbehrlich(er), ja es kann sogar unter Umständen gegen den Patientenwillen straffrei behandelt werden, wenn dies nur aus ärztlicher – nicht unfehlbarer – Sicht objektiv indiziert erscheint.

Der Rechtsprechung grundsätzlich zustimmend etwa auch *Kindhäuser,* BT I, § 8 Rn. 22 ff.; *Eisele,* BT I, Rn. 295; *Fischer,* § 223 Rn. 9; *Hardtung,* JuS 2008, 868 f.; Falllösung bei *Rönnau/Hohn,* JuS 2003, 998, 1001 f. – Zusammenfassung der Diskussion bei *Bollacher/Stockburger,* Jura 2006, 908 f.

Soweit danach eine wirksame Einwilligung in einen ärztlichen   **18** Heileingriff nicht vorliegt, begeht der Arzt eine vorsätzliche Körperverletzung, die nach § 226 oder § 227 qualifiziert werden kann.

Beispiel: So erfüllt nach allen Ansichten ein Narkosearzt die §§ 223, 227, der entgegen den anerkannten Regeln eine angebrochene Flasche mit einem Narkosemittel wieder verwendet und dadurch bei dem Patienten fahrlässig (§ 18) eine tödliche Infektion verursacht (*BGH* NStZ 2008, 278 f.).

Von der Einwilligung und insbesondere mutmaßlichen Einwilli-   **19** gung (Rn. 15) ist die – auf das Arztstrafrecht beschränkte – problematische Figur der **„hypothetischen" Einwilligung** zu unterscheiden.

Beispiel: Arzt A ist bei der Operation seines Patienten P ein Behandlungsfehler unterlaufen. Um diesen zu verheimlichen und zu korrigieren, erwirkt A von P, ohne den wahren Grund zu nennen, die Einwilligung in eine zweite Operation. P erklärt später, er hätte dieser Operation auch bei wahrheitsgemäßer Aufklärung zugestimmt.

Die ausdrückliche Einwilligung des P in die zweite Operation ist wegen der Täuschung unwirksam. Der Rückgriff auf eine mutmaßliche Einwilligung scheidet aus, weil P ausdrücklich befragt worden ist und weiter hätte befragt werden können. Doch erkennt man neuerdings zunehmend die „hypothetische" Einwilligung (hier des P) als strafrechtlichen Rechtfertigungsgrund an und überträgt insoweit das von der objektiven Zurechnung her bekannte Kriterium des Pflichtwidrigkeitszusammenhangs auf die Rechtfertigungsebene.

BGH NStZ-RR 2004, 16 mit Anm. *Eisele,* JA 2005, 252; *BGH* NStZ-RR 2007, 340 mit Anm. *Bosch,* JA 2008, 70; zust. *Kühl,* AT, § 9 Rn. 47 a; *Roxin,* AT I, § 13 Rn. 119 ff. – A.A. etwa *Otto,* AT, § 8 Rn. 134; *ders.,* JK 2/05, StGB § 228/4; *Eisele,* BT I, Rn. 298 ff.; *Sternberg-Lieben,* StV 2008, 190 ff., die auf die Verletzung des Selbstbestimmungsrechts hinweisen. – Kritisch *Bollacher/ Stockburger,* Jura 2006, 912 ff.; *Sickor,* JA 2008, 11 ff.

20   Im **Fall 3** hängt nach der Lösung der Rechtsprechung die Strafbarkeit der Ärzte aus § 223 und dann auch aus § 226 I Nr. 1, II (Verlust der Fortpflanzungsfähigkeit) von Einwilligungsregeln und etwaigen Irrtümern darüber ab, die hier nicht näher zu diskutieren sind. Nur so viel: Haben die Ärzte irrigerweise angenommen, M hätte bei vorheriger Befragung ihre Zustimmung gegeben, dann irrten sie über das Vorliegen von tatsächlichen Voraussetzungen des Rechtfertigungsgrundes der mutmaßlichen Einwilligung und es läge ein nach ganz h. M. die Bestrafung aus dem Vorsatzdelikt ausschließender Erlaubnistatbestandsirrtum vor. Haben sie dagegen geglaubt, der körperliche Eingriff sei – da aus medizinischer Sicht sinnvoll und geboten – auch ohne Einwilligung rechtlich zulässig, läge ein (vermeidbarer) Verbotsirrtum gemäß § 17 vor (klärend BGHSt 45, 219, 224 ff. mit Anm. *Geppert,* JK 00, StGB § 226/9; *Hoyer,* JZ 2000, 473 ff.). Auf dem Boden der in der Literatur vorherrschenden Bewertung des ärztlichen Heileingriffs entfällt schon der Tatbestand des § 223 und damit von vornherein der Schritt zu § 226 (vgl. Sch/Sch/*Eser,* § 223 Rn. 60 f.; LK/*Lilie,* 11. Aufl., vor § 223 Rn. 3). Zuzugeben ist, dass die geltende Rechtslage auch vom Standpunkt der Rechtsprechung aus insoweit nicht befriedigt, als bei medizinisch indizierten Eingriffen die Einbeziehung des § 226 wegen der hohen Mindeststrafen zu unangemessenen Ergebnissen führt (*Wessels/ Hettinger,* BT 1, Rn. 329).

21   Immerhin werden auf der Ebene des § 224 I Nr. 2 unbillige Strafschärfungen dadurch vermieden, dass man ärztliche Instru-

mente, die ein Arzt in Ausübung seines Berufes benutzt, nicht als gefährliche Werkzeuge qualifiziert, weil der Gegenstand Angriffs- oder Verteidigungszwecken dienen muss (dazu *BGH* NJW 1978, 1206; NStZ 1987, 174; ergänzend § 14 Rn. 13).

Empfehlungen zur vertiefenden Lektüre:

Rechtsprechung: BGHSt 36, 1 (Infizieren mit Aids-Virus); *BGH* NStZ 1997, 123 (Kribbeln und Angstzustände nach Stromstoß); *OLG Köln* StV 1985, 17 (heftiger Stoß gegen den Oberkörper); *OLG Zweibrücken* NJW 1991, 240 (Spucken ins Gesicht); *OLG Düsseldorf* NJW 1991, 2918 (Tritt in die Seite); *OLG Köln* NJW 1997, 2191 (vorübergehender Durchfall infolge von Bedrohungen); *OLG Düsseldorf* NJW 2002, 2118 (nächtliche Telefonanrufe).

Literatur: *Bollacher/Stockburger,* Der ärztliche Heileingriff in der strafrechtlichen Fallbearbeitung, Jura 2006, 908 ff.; *Hardtung,* Die Körperverletzungsdelikte, JuS 2008, 864 ff.

§ 14. Gefährliche Körperverletzung (§ 224)

Fall 1: Der M will der Antialkoholikerin F einen Streich spielen und schüttet heimlich einen kleinen Schnaps in ihre Limonade. Nachdem sie alles ausgetrunken hat, leidet sie alkoholbedingt etwa eine Stunde unter leichter Übelkeit. → Rn. 8 a

Fall 2: a) A sieht seinen Feind X zufällig in einem Bierzelt. Spontan geht er von hinten auf den X zu, packt ihn und wuchtet seinen Kopf gegen einen fest montierten Zeltpfosten. b) *Variante:* Später will A den X noch einmal angreifen. Deshalb lauert er ihm an einer bestimmten Stelle auf und wirft ihn zu Boden. Dann tritt A mit seinem Lederhalbschuh mehrmals in das Gesicht des X. → Rn. 22, 23

Fall 3: In Begleitung seines Kumpels K sieht S den O nachts unerwartet in der leeren Innenstadt vor sich gehen. S sagt zu K: „Der O bekommt von mir eine saftige Abreibung. Kannst Du aufpassen und laut pfeifen, wenn jemand kommt?" K übernimmt den „Job", während S schnell von hinten den O anfällt und gezielt mit aller Kraft in eine (zersplitternde) Schaufensterscheibe stößt. → Rn. 24

I. Grundlagen und Aufbaufragen

Der Qualifikationstatbestand des § 224 I enthält fünf Varianten. 1
Im deliktischen **Aufbau** kann man – parallel zu den §§ 212, 211
(§ 4 Rn. 8) – ohne weiteres das Grunddelikt (§ 223) und das quali-

fizierende oder speziellere Delikt (§ 224) zusammen prüfen, und zwar entsprechend dem folgenden

---

Aufbauschema (§§ 223, 224)

I. Tatbestandsmäßigkeit
  1. Objektiver Tatbestand
      a) Tatbestandsmerkmale des § 223 I
      b) Qualifikationsgründe des § 224 I
  2. Subjektiver Tatbestand: Vorsatz bezüglich 1.a und b
II. Rechtswidrigkeit
III. Schuld

Was aus klausurtaktischer Sicht zum Aufbauschema für die gemeinsame Prüfung der §§ 212, 211 gesagt wurde (§ 4 Rn. 8), gilt hier entsprechend: Die Qualifikationsgründe des § 224 I sollten auch dann erörtert werden, wenn die Körperverletzungstat gerechtfertigt oder entschuldigt ist oder im Falle des Versuchs ein Rücktritt vorliegt.

---

2   Für weitere Körperverletzungsdelikte empfiehlt sich eine solche gemeinsame Prüfung in der Regel nicht. Insbesondere gilt dies für die Erfolgsqualifikationen der §§ 226, 227, die keine einfache Struktur haben (näher § 15 Rn. 3 und § 16 Rn. 2). Von daher ist es im Normalfall übersichtlicher und besser, § 226 bzw. § 227 getrennt im Anschluss an die §§ 223, 224 zu erörtern.

3   In der **Fallbearbeitung** müssen wie bei jeder Qualifikation alle potentiell einschlägigen Qualifikationsgründe behandelt werden. Freilich sollte man gerade in Examensarbeiten darauf achten, bei der Erörterung des § 224 mit seinen oft unproblematischen Varianten nicht zu viel Zeit zu verlieren, zumal wenn noch § 226 oder § 227 vorliegt. Insoweit kann sich ggf. ein knapper Urteilsstil empfehlen.

Sind die §§ 223, 224 zu bejahen, so geht bei den Konkurrenzen der qualifizierende oder speziellere Tatbestand vor. § 223 tritt also im Wege der Spezialität zurück. Im Ergebnis ist dann festzuhalten, dass sich der Täter (nur) gemäß § 224 – und nicht etwa gemäß den §§ 223, 224 – strafbar gemacht hat. – Ergänzend zu Konkurrenzfragen § 21 Rn. 1 f.

4   Grundsätzlich erübrigt sich die Prüfung der §§ 223, 224, wenn sie notwendiger Bestandteil einer vollendeten vorsätzlichen Tö-

tung (§§ 212, 211, 216) sind. In diesem Fall darf man ausnahmsweise auf die Prüfung von Tatbeständen verzichten, die an sich
erst im Konkurrenzwege verdrängt werden (dazu § 21 Rn. 3 ff.).
Teilweise wird allerdings auch eine – kurze – Prüfung der §§ 223,
224 empfohlen (*Beulke* I, Rn. 114 ff. und III, Rn. 94 f.). Wenn man
diesem Ratschlag folgen will, sollte die Prüfung in der Regel *wirklich kurz* ausfallen. Töten beispielsweise zwei Mittäter ihr Opfer
durch Schüsse aus einem geplanten Hinterhalt heraus, so kann man
nach den §§ 212, 211 (Heimtücke) noch feststellen: „Die gleichzeitig verwirklichten §§ 223 I, 224 I Nr. 2, 3, 4, 5 treten im Wege
der Gesetzeskonkurrenz zurück." Es wäre aber verfehlt, in einem
solchen Fall etwa im Rahmen des § 224 bezüglich aller Varianten
„ordentlich" zu definieren und zu subsumieren. Das führt zu falschen Schwerpunkten und kostet insbesondere in Klausuren nur
Zeit, die anderswo dann fehlt.

In Beteiligungsfällen kann allerdings die Feststellung, dass neben den §§ 212,
211 auch die §§ 223, 224 – und außerdem noch § 227 (unten § 16 Rn. 25) – vorliegen, dann hilfreich sein, wenn sich der Vorsatz des Teilnehmers nicht auf den
Tötungsvorsatz des Haupttäters erstreckt und von daher nur eine Beteiligung an
den §§ 223, 224 in Betracht kommt (näher unten in § 16 Rn. 32 f.).
Etwas mehr Gewicht mag man den §§ 223, 224 auch einräumen, wenn der Täter sein Opfer, bereits mit Tötungsvorsatz, erst länger misshandelt, bevor es
stirbt. Am Ergebnis – Subsidiarität der §§ 223, 224 – ändert sich nichts (*BGH*
NStZ 2004, 684).

Im Falle einer *versuchten* Tötung, die mit einem bloßen Versuch   4a
der §§ 223, 224 konkurriert, gelten die vorstehenden Ausführungen entsprechend. Anders liegt es, wenn es um die Konkurrenz
zwischen einer versuchten Tötung und *vollendeten* Körperverletzungsdelikten geht: Hier müssen die §§ 223 ff. unbedingt normal
geprüft werden (zum Konkurrenzverhältnis § 21 Rn. 5 ff.).

II. Objektiver Tatbestand

1. Beibringung von Gift (§ 224 I Nr. 1)

Tatmittel ist nach dem Wortlaut jeder gesundheitsschädliche   5
Stoff, d. h. ein Stoff, der unter den konkreten Bedingungen geeignet ist, die Gesundheit zu schädigen (Bezugnahme auf § 223 I
2. Var.; siehe § 13 Rn. 11 f.).

Unter das speziellere Merkmal **Gift** fallen die organischen oder anorganischen Stoffe, die chemisch oder chemisch-physikalisch wirken (z.b. Arsen, Zyankali, Gas, Rauschgifte, Alkohol, Pflanzengifte, Substanzen in Medikamenten, Salzsäure, Pfefferspray). Zu den **anderen Stoffen** gehören vor allem die mechanisch oder thermisch wirkenden Substanzen (z.b. zerhacktes Glas/Metall, heiße Flüssigkeit, Brennspiritus). Erfasst sind ferner, ohne dass es auf die genaue Einordnung in die Gift- oder Stoffkategorie ankommt, Krankheitserreger wie Bakterien und Viren, nach h.m. auch der Aids-Virus.

Die Einordnung des Alkohols und von Substanzen in Medikamenten beim Giftmerkmal deutet an, dass man den Giftbegriff nicht unbedingt eng versteht und auf Stoffe beschränkt, deren Beibringung typischerweise gesundheitsschädlich ist. Vielmehr sind alle gesundheitsschädlichen Stoffe erfasst, die „im konkreten Fall die Eigenschaft eines Giftes" haben (BGHSt 51, 18, 22). Also kommt es maßgeblich auch auf die Dosierung und darauf an, ob etwa Allergien oder eine bestimmte Konstitution in Verbindung mit dem Stoff Gesundheitsschäden hervorrufen können.

Unter dieser Voraussetzung sind in den § 224 I Nr. 1 **Stoffe des täglichen Bedarfs** einbezogen. Dazu kann man Kochsalz (BGHSt 51, 18, 22 f.) und Zucker, vielleicht auch noch Alkohol und Substanzen in Medikamenten zählen. Jedenfalls spricht man von einer Alkohol- und Medikamentenvergiftung, es gibt die Kochsalzintoxikation, und Zucker ist für einen Zuckerkranken „Gift".

Man kann darüber streiten, inwieweit namentlich Alltagsstoffe als „Gift" oder „anderer" Stoff einzuordnen sind (vgl. *Bosch,* JA 2006, 744). Doch sind derartige Abgrenzungsfragen unwichtig und werden wohl auch deshalb wenig diskutiert.

Keine Stoffe sind Strahlen als solche und elektrischer Strom, wohl aber z.B. radioaktiv verseuchte Substanzen (zum Ganzen *Fischer,* § 224 Rn. 3 f.; SK/*Horn/Wolters,* § 224 Rn. 8 a).

6   Der Normalfall des § 224 I Nr. 1 wird so liegen: Nach der Bejahung des Grunddelikts in der Form der Gesundheitsschädigung (§ 223 I 2. Var.) ist bei der Verwendung eines Giftes/Stoffes dessen Gesundheitsschädlichkeit bereits festgestellt und damit zugleich § 224 I Nr. 1 zu bejahen. Dabei wird es angesichts des weiten Werkzeugbegriffs (Rn. 9 f.) in der Regel Überschneidungen mit § 224 I Nr. 2 geben, solange man dort chemische Mittel einbezieht.

Allerdings muss der Stoff des § 224 I Nr. 1 nach dem Gesetzes- 7
wortlaut nicht unbedingt die Eignung haben, *erhebliche* Gesundheitsschäden hervorzurufen. Dies führt zu Reibungen mit § 224 I
Nr. 2. War früher bei dem – die Bagatellschwelle des § 223 I über-
schreitenden – Beibringen von heißen Flüssigkeiten, Rausch- oder
Schlafmitteln zwischen einfacher und gefährlicher Körperverletzung zu unterscheiden, so gelangt man nach dem Wortlaut des
durch das 6. StrRG 1998 eingefügten § 224 I Nr. 1 stets zu einem
qualifizierten Fall, wenn etwa jemandem heimlich eine Dosis Alkohol beigebracht wird, die zwar die Gesundheit schädigt, aber
nicht die Eignung aufweist, eine erhebliche Körperverletzung
herbeizuführen.

Dieses Ergebnis überzeugt aus systematischen Gründen nicht
und ist auch mit dem Strafrahmen nicht zu vereinbaren. Daher
muss die Erheblichkeitskomponente von dem Begriff des gefährlichen Werkzeugs (Rn. 9f.) in die Nr. 1 hineininterpretiert werden.

So auch die h.M. und zumindest im Ergebnis ebenso BGHSt 51, 18, 22 mit
Anm. *Bosch,* JA 2006, 743 (näher zu dieser „Kochsalz-Entscheidung" in § 16
Rn. 14). Siehe ferner *Rengier,* ZStW 1999, 8 f.; *Wessels/Hettinger,* BT 1, Rn. 267;
Krey/M. Heinrich, BT 1, Rn. 301 f. Enger *Wolters,* JuS 1998, 583.

Beibringung heißt, den Stoff mit dem Körper so in Verbin- 8
dung zu bringen, dass er seine gesundheitsschädliche Wirkung
entfalten kann. Wie schon im Rahmen des bis 1998 geltenden
Vergiftungstatbestandes (§ 229 a. F.) ist streitig, ob das (vollendete) Beibringen eine Wirkung im Körperinneren voraussetzt, oder
ob es auch genügt, wenn das Gift nur von außen her einwirkt
(Beispiel: Schütten von Salzsäure auf die Haut). Diese Streitfrage
hat an Bedeutung verloren, weil die Giftbeibringung nur noch
ein Qualifikationsgrund des § 224 I und § 224 I Nr. 1 neben
§ 224 I Nr. 2 letztlich überflüssig ist, wenn man an der Einbeziehung chemisch wirkender Mittel in die Nr. 2 festhält (vgl.
Rn. 9f.). Nach der überzeugenderen Ansicht spielt es keine Rolle, ob der Stoff seine schädliche Kraft innen oder außen entfaltet.
Die Anwendbarkeit des Tatbestandes sollte nicht von solchen
Zufälligkeiten abhängig sein, ob der Stoff etwa über Nase, Ohr
oder Tränenkanal ins Körperinnere gelangt und erst dann oder
unmittelbar äußerlich wirkend die Gesundheit angreift. Zudem
können der Innen- und Außenbereich letztlich nicht genau voneinander unterschieden werden.

Die Gegenmeinung nimmt freilich für sich in Anspruch, eine harmonische Abgrenzung zwischen der Nr. 1 (Innenwirkung) und der Nr. 2 (Außenwirkung) zu ermöglichen und dadurch der Nr. 1 einen eigenständigen Anwendungsbereich zu eröffnen.

Wie hier *Fischer*, § 224 Rn. 6; *Lackner/Kühl*, § 224 Rn. 1 b; Sch/Sch/*Stree*, § 224 Rn. 2 d; MüKo/*Hardtung*, § 224 Rn. 10. – Zur Gegenmeinung *Jäger*, JuS 2000, 35; *Wallschläger*, JA 2002, 392; *Jahn*, JuS 2006, 759; LK/*Lilie*, 11. Aufl., § 224 Rn. 15 f.

8a   Im **Fall 1** verursacht die zugeführte Alkoholmenge eine Gesundheitsschädigung, die nicht als unerheblich im Sinne der Bagatellschwelle des § 223 angesehen werden kann. Damit erfüllt M § 223 I 2. Var. (vgl. § 13 Rn. 11 f.). § 224 I Nr. 1 könnte zwar dem Wortlaut nach bejaht, muss aber richtigerweise restriktiv im Sinne des § 224 I Nr. 2 interpretiert werden. Da insoweit die beigebrachte Dosis Alkohol nicht die Eignung aufweist, die Gesundheit in qualifizierter Weise „erheblich" zu schädigen, scheidet § 224 I Nr. 1 aus.

Der Fall wäre genauso zu lösen, wenn F nach dem Schnapsgenuss hätte erbrechen müssen, oder wenn M der F heimlich eine leichte Schlaftablette verabreicht und F infolgedessen eine Stunde geschlafen hätte (zum Ganzen auch LK/*Lilie*, 11. Aufl., § 224 Rn. 11).

2. Gefährliches Werkzeug (§ 224 I Nr. 2)

9   a) Der Strafgrund dieser Variante liegt in dem besonders gefährlichen Einsatz eines gegenständlichen Mittels. **Gefährliches Werkzeug** (Oberbegriff) ist jeder Gegenstand, der (als Angriffs- oder Verteidigungsmittel) nach seiner objektiven Beschaffenheit und der Art seiner Benutzung im konkreten Fall erhebliche Verletzungen hervorrufen kann (*BGH* NStZ 1987, 174; 2002, 594; 2007, 95; *OLG Düsseldorf* NJW 1989, 920). Daraus folgt ein weiter Anwendungsbereich dieses qualifizierenden Merkmals. Es kommen nicht nur mechanische, sondern auch chemische Mittel in Betracht (BGHSt 1, 1), und es spielt keine Rolle, ob das Mittel äußerlich oder innerlich wirkt. Insbesondere können alle möglichen „Alltagsgegenstände" erfasst sein.

10   **Beispiele:** Knüppel, Flasche, Glasscherben, Stein, Kraftfahrzeug, gehetzter Hund (BGHSt 14, 152), ein (zum Stechen benutzter) spitzer Bleistift, eine (zum Würgen benutzte) Krawatte, eine (über den Kopf gestülpte) Plastiktüte. Ferner sind im Lichte von BGHSt 1, 1 etwa heißes Wasser, Salzsäure, Arznei- und Betäubungsmittel sowie Gas einbezogen; insoweit kommt es zu Überschneidungen mit der Nr. 1 (Rn. 5 ff.).

Wer einer anderen Person mit einem **Ledergürtel** leichte Schläge zufügt, setzt ihn nicht als konkret gefährliches Werkzeug ein (*BGH* NStZ 2007, 95).

Das **Ausdrücken einer brennenden Zigarette** auf der Wade ist nicht ohne weiteres geeignet, *erhebliche* Verletzungen hervorzurufen (zutreffend *OLG Köln* StV 1994, 244, 246). Dem widerspricht freilich der *BGH:* Er will das Ausdrücken der Zigarette auf der Haut generell erfassen und bezieht namentlich die Brust und den Arm „schon im Hinblick auf die nicht sicher absehbaren Folgen" ein (*BGH* StV 2002, 21 und 21 f.). Zustimmung verdient der *BGH* insoweit, als er das Ausdrücken einer brennenden Zigarette oberhalb der Nase in Augennähe für tatbestandsmäßig hält. Auch das einige Sekunden lange Halten eines brennenden Feuerzeugs unter die Finger eines Kindes sowie der Schnitt mit einem Messer am Knie sind Konstellationen, die der *BGH* zutreffend unter § 224 I Nr. 2 subsumiert.

Ob der **Schuh am Fuß** als gefährliches Werkzeug anzusehen ist, hängt von den konkreten Tatumständen – wie Art des Schuhs, Anwendungsart, betroffene Körperteile – und seiner die Wirkung des bloßen Fußes verstärkenden Funktion ab (dazu *BGH* NStZ 1999, 616; 2003, 662, 663; *OLG Hamm* StV 2001, 350; *OLG Düsseldorf* NJW 1989, 920; *Fischer,* § 224 Rn. 9 c; LK/*Lilie,* 11. Aufl., § 224 Rn. 25). – Zum **Fall 2 b** unten Rn. 23.

Das Erheblichkeitskriterium eröffnet Interpretationsspielräu- **11** me, die bisher weder von der Rechtsprechung noch von der Literatur in klärender Weise ausgefüllt worden sind. Generell muss, nachdem das 6. StrRG 1998 die – im Übrigen 1994 erst eingeführte – Mindestfreiheitsstrafe von drei Monaten für den Regelfall verdoppelt hat, eine restriktivere Tendenz als bisher eingeschlagen werden, die der Stellung des § 224 zwischen § 223 und § 226 (vgl. die Strafrahmen) besser gerecht wird (*Rengier,* ZStW 1999, 13 f.). In diesem Sinne weiterführend ist der Vorschlag, die Gefahr einer „erheblichen" Verletzung als die Gefahr einer Verletzung im Sinne des § 226 I oder einer anderen „gravierenden Verletzung" zu umschreiben, „welche die Funktionen oder das Erscheinungsbild des Körpers so einschneidend beeinträchtigt, dass der Verletzte schwer getroffen ist und beträchtlich darunter zu leiden hat" (*Küper,* BT, S. 452; im Anschluss an *Stree,* Jura 1980, 286 f.; ferner LK/*Lilie,* 11. Aufl., § 224 Rn. 22; MüKo/*Hardtung,* § 224 Rn. 7; *Kretschmer,* Jura 2008, 919).

Leider widerspricht *BGH* StV 2002, 21, 22 solchen Ansätzen **12** und sieht in der Erhöhung der Mindeststrafe keinen Grund, an die Gefahr einer „erheblichen" Verletzung höhere Anforderungen zu stellen als früher.

Mit dem Erfordernis der Benutzung als „Angriffs- oder Vertei- **13** digungsmittel" sind bislang nur ärztliche Instrumente ausgeschieden worden, die ein Arzt in Ausübung seines Berufes verwendet, weil der Tathandlung in solchen Fällen der Angriffs- oder Verteidigungscharakter fehlt (*BGH* NJW 1978, 1206; vgl. schon § 13 Rn. 21). Ein ohne Zulassung tätiger Heilkundiger fällt nach der Rechtsprechung nicht darunter (*BGH* NStZ 1987, 174).

14   b) Im Übrigen bedürfen die folgenden Punkte der besonderen Erörterung:

(1) *Keine* gefährlichen Werkzeuge sind eigene **Körperteile** (dazu *BGH* GA 1984, 124, 125; *OLG Köln* StV 1994, 247). Nach dem Wortlaut, der sich auf ein gegenständliches Mittel bezieht, können die Faust, die Handkante, der Ellbogen, der nackte Fuß oder das Knie nicht als „Werkzeuge" verstanden werden (ganz h.M.; a.A. *Hilgendorf*, ZStW 2000, 811 ff.). Im Einzelfall kann nur eine lebensgefährdende Behandlung gemäß Abs. 1 Nr. 5 (Rn. 21) in Betracht kommen.

15   (2) Streitig ist, ob es sich um **bewegbare Gegenstände** handeln muss. Dies wird insbesondere von der Rechtsprechung angenommen, die als Werkzeuge nur solche Gegenstände ansieht, die durch menschliche Einwirkung in Bewegung gesetzt werden können. Danach reicht das Stoßen des Opfers mit dem Kopf gegen die Wand oder einen harten Fußboden oder das Wuchten des Gegners gegen einen festen Zeltpfosten nicht aus. Man beruft sich vor allem auf den Wortlaut, der der Einbeziehung unbewegbarer Gegenstände entgegenstehen soll. Von diesem Standpunkt aus lässt sich in den erwähnten Beispielen der Tatbestand des § 224 nur bei einer (oft gegebenen) lebensgefährdenden Behandlung (Abs. 1 Nr. 5) bejahen.

Zur Rechtsprechung und wohl h.M. siehe BGHSt 22, 235; *BGH* MDR/H 1979, 987; NStZ 1988, 361, 362; NStZ-RR 2005, 75; *Wessels/Hettinger*, BT 1, Rn. 274; MüKo/*Hardtung*, § 224 Rn. 15; *Britz/Jung*, JuS 2000, 1197.

16   Zustimmung verdient indes die Gegenmeinung, die auch unbewegbare Gegenstände einbezieht. Angesichts des allgemein weit verstandenen Werkzeugbegriffs (Rn. 9 f.) überzeugt das Wortlautargument nicht. Mit dem Begriff Werkzeug kann jeder Gegenstand erfasst werden, der be- oder ausgenutzt wird und mit dem deshalb der Täter etwas be*werk*stelligt. Wer gezielt das Opfer gegen einen Felsen wuchtet, mit einem fest montierten Sägemesser oder Amboss verletzt oder auf eine heiße Herdplatte setzt, benutzt den Felsen, das Sägemesser usw. als Verletzungs*werkzeug*. Die Ansicht der Rechtsprechung, wonach nur bei einem von Hand geführten Sägemesser oder Amboss oder einer tragbaren heißen

Kochplatte ein gefährliches Werkzeug vorliegen kann, führt zu zufälligen Ergebnissen, die dem Zweck der Vorschrift widersprechen, die gefährliche Benutzung von gegenständlichen Mitteln besonders zu pönalisieren. Ein weiteres

Beispiel: Vom hier vertretenen Standpunkt aus kann auch das Untertauchen einer Person unter Wasser von § 224 I Nr. 2 erfasst sein (ebenso die Falllösung bei *Gropp/Küpper/Mitsch*, S. 156 ff.; ergänzend *Kretschmer*, Jura 2008, 920). Wie hier LK/*Lilie*, 11. Aufl., § 224 Rn. 27; SK/*Horn/Wolters*, § 224 Rn. 17 f.; *Stree*, Jura 1980, 284 f.; *Küpper*, JuS 2000, 226; *Eckstein*, NStZ 2008, 126 f. – Zum **Fall 2a** unten Rn. 22 und **Fall 3** unten Rn. 24.

(3) Neuerdings findet das noch nicht genau geklärte Merkmal **16a** „**mittels**" mehr Aufmerksamkeit. Die Körperverletzung ist „mittels" eines gefährlichen Werkzeugs begangen, wenn mit Hilfe des Gegenstands physisch auf den Körper des Opfers eingewirkt und der Gegenstand bewusst als Mittel zum Zweck der Verletzung eingesetzt wird (*Küper*, BT, S. 456; *Lackner/Kühl*, § 224 Rn. 3; *Eisele*, BT I, Rn. 322). Eine andere Ansicht versteht das „mittels" weiter im Sinne eines bloßen „durch" oder „mit Hilfe", so dass alle Verletzungsgefahren erfasst werden, die kausal und objektiv zurechenbar auf den Einsatz des Werkzeugs zurückzuführen sind (MüKo/*Hardtung*, § 224 Rn. 21).

Beispiele: Mangels physischer Einwirkung für die Nr. 2 nicht ausreichend ist die Auslösung eines Schocks infolge der Bedrohung mit einer Waffe (Sch/Sch/*Stree*, § 224 Rn. 3; a.A. MüKo/*Hardtung*, § 224 Rn. 21). Wer auf die Reifen eines fahrenden Pkw schießt und dabei eine Körperverletzung von Insassen nur als Folge eines Unfalls in Kauf nimmt, verletzt nicht „mittels" der Schusswaffe (*BGH* NStZ 2006, 572, 573). Ebenso wenig soll eine Person „mittels" Einwirkung des Kfz verletzt werden, die sich außen am Fahrzeug festklammert und z.B. infolge eines Bremsmanövers des Täters auf die Straße fällt und dabei erhebliche Verletzungen erleidet (*BGH* NStZ 2007, 405; *OLG Jena* NStZ-RR 2008, 74; *Krüger*, NZV 2007, 482 f.); diese Bewertung ist zweifelhaft, weil man mit Blick auf die gezielt erzeugten Beschleunigungseffekte, die vom Kfz ausgehen und auf den Körper des Opfers mit dem Zwang zum Loslassen einwirken, Widerspruch erheben kann (*Eckstein*, NStZ 2008, 125 ff.). Bei unbeweglichen Gegenständen (Rn. 16) muss festgestellt werden, dass diese im Sinne einer Widmung gezielt als Verletzungswerkzeug eingesetzt werden (LK/*Lilie*, 11. Aufl., § 224 Rn. 27; *Küpper*, BT 1, I § 2 Rn. 11).

c) Für den Begriff der **Waffe** bleiben als Unterfall des gefähr- **17** lichen Werkzeugs nur die sog. Waffen im technischen Sinn übrig (*BGH* StV 2002, 21, 22), also solche Werkzeuge, die ihrer Natur nach dazu bestimmt sind, auf mechanischem oder chemischem

Wege Verletzungen beizubringen (Schusswaffe, Gaspistole, Schlag-
ring). Auf eine genaue Abgrenzung kommt es nicht an.

3. Hinterlistiger Überfall (§ 224 I Nr. 3)

18   Ein **Überfall** ist ein überraschender oder unerwarteter Angriff.
Dies bedeutet: Das Opfer versieht sich – parallel zur Arglosigkeit
beim Mordmerkmal der Heimtücke (§ 4 Rn. 24 ff.) – keines Angriffs auf seine körperliche Unversehrtheit. Die **Hinterlist** setzt
voraus, dass der Täter planmäßig in einer auf Verdeckung seiner
wahren Absicht berechneten Weise vorgeht, um die Abwehr des
nicht erwarteten Angriffs zu erschweren. Aus dem Erfordernis
einer **planmäßigen** (listigen) Tätigkeit ergibt sich, dass – insoweit
enger als bei der Heimtücke – die bewusste Ausnutzung der Arg-
und Wehrlosigkeit allein nicht genügt (*BGH* StV 1989, 152; NStZ
2004, 93; 2005, 97; 2007, 702; LK/*Lilie*, 11. Aufl., § 224 Rn. 31).

Man muss folglich besonders beachten: Wer sich auf Grund eines spontan gefassten Entschlusses z. B. einem Spaziergänger von hinten nähert und körperlich angreift, etwa um ihn auszurauben, begeht keinen hinterlistigen Überfall,
wohl aber einen heimtückischen Angriff. Anders liegt es z. B. im Falle des Auf-
lauerns (*BGH* NStZ 2005, 40). Auch in der heimlichen Verabreichung betäubender Mittel wird in der Regel ein hinterlistiger Überfall liegen (*BGH* NStZ-
RR 1996, 100, 101). – Zu den **Fällen 2 und 3** unten Rn. 22–24.

4. Gemeinschaftliche Begehungsweise (§ 224 I Nr. 4)

19   „Mit einem anderen Beteiligten gemeinschaftlich" wird die
Körperverletzung begangen, wenn mindestens zwei Personen einverständlich zusammenwirken und dem Opfer im Tatortbereich
unmittelbar gegenüberstehen. Verlangt wird also ein gemeinsames
Auftreten am Tatort (Gefährlichkeitsaspekt), aber nicht, dass jeder
anwesende Beteiligte an der Verletzungshandlung eigenhändig mitwirkt. Auch spielt es keine Rolle, ob das Tatopfer von der zweiten
Person weiß (*BGH* NStZ 2006, 572, 573; *Fischer*, § 224 Rn. 11 a;
a. A. *Kretschmer*, Jura 2008, 921). Entscheidend ist, dass die Gefährlichkeit der Körperverletzung für das Opfer durch Erhöhung
der Angriffsintensität und/oder Schwächung der Abwehrmög-
lichkeiten verstärkt wird. Handeln in diesem Sinne zwei Personen
am Tatort gemeinschaftlich, so kann ein dritter Mittäter auch ab-
wesend sein (*BGH* NStZ 2000, 194, 195).

Umstritten ist, ob das Merkmal so wie in § 25 II zu verstehen 20 ist und mittäterschaftliches Handeln voraussetzt. Dagegen sprechen zwei Gründe: Erstens verweist der Wortlaut auf den in § 28 II definierten „Beteiligten", der den „Teilnehmer" einbezieht. Zweitens besteht die – den Strafgrund ausmachende – erhöhte Gefahr für das Opfer, die sich aus der unmittelbaren Konfrontation mit mehreren Gegnern ergibt, unabhängig von der Beteiligungsform. Demzufolge genügt auch das gefahrerhöhende örtliche Zusammenwirken eines Täters mit einem Gehilfen oder Anstifter.

So auch die h. M.; BGHSt 47, 383 für den Gehilfen; *Stree*, NStZ 2003, 203; *Rengier*, ZStW 1999, 9 f.; *Küper*, BT, S. 58 ff.; LK/*Lilie*, 11. Aufl., § 224 Rn. 33 ff.; *B. Heinrich*, JR 2003, 213 ff. – A. A. *Schroth*, JZ 2003, 215 f.; *Paeffgen*, StV 2004, 77 ff.; *Krey/M. Heinrich*, BT 1, Rn. 252 ff.

Beachte: Der gemäß den §§ 223 I, 26 oder 27 strafbare Anstifter oder Gehilfe kann § 224 I Nr. 4 natürlich nicht erfüllen, da er keine (mit-)täterschaftliche Körperverletzung begeht (*BGH* NStZ-RR 2009, 10).

Aus dem Wort „gemeinschaftlich" folgt lediglich, dass der Täter und der Beteiligte einverständlich zusammenwirken müssen. Insoweit kann es im Rahmen des § 224 I Nr. 4 den Fall einer „heimlichen" Beihilfe nicht geben (*Joecks*, § 224 Rn. 35; *B. Heinrich*, JR 2003, 214; *Küper*, BT, S. 61). – Zum **Fall 3** unten Rn. 24.

5. Lebensgefährdende Behandlung (§ 224 I Nr. 5)

Die 5. Variante „mittels einer das Leben gefährdenden Behand- 21 lung" verlangt – in Übereinstimmung mit dem gesetzgeberischen Willen und der h. M. – eine Begehungsweise, die nach den Umständen des konkreten Falles wie der Art, Dauer und Stärke der Einwirkung objektiv generell geeignet ist, das Opfer in Lebensgefahr zu bringen. Demgegenüber verlangt eine Mindermeinung den Eintritt einer konkreten Lebensgefahr. Dies überzeugt nicht, weil dadurch die 5. Variante zum einen zu nahe an die §§ 212, 22 herangerückt wird (vgl. § 44 Rn. 6 f.) und zum anderen sich ihr Unrechtsgehalt zu weit von den anderen Varianten des § 224 I entfernt.

Zur h. M. BT-Drs. 13/8587, S. 82 f.; BGHSt 36, 1, 9; *BGH* NStZ 2004, 618; NZV 2006, 483, 484; *OLG Düsseldorf* NJW 1989, 920; LK/*Lilie*, 11. Aufl., § 224 Rn. 36. – Zur Mindermeinung Sch/Sch/*Stree*, § 224 Rn. 12; *Kretschmer*, Jura 2008, 921 f., der übertrieben von einer „klassischen Streitfrage" spricht.

Beispiele: Schwere Schläge/Tritte gegen den Kopf (vgl. *BGH* NJW 1990, 3156; *OLG Köln* NJW 1983, 2274); Stoßen des Kopfes gegen einen anderen Kopf (*OLG Hamm* NStZ-RR 2009, 15) oder gegen harte Gegenstände (vgl. Rn. 15); Würgegriffe; Anfahren/Abschütteln mit Kfz; Werfen von Kindern unter 10 Jahren in einen ca. 60 cm tiefen eiskalten Bach (*LG Saarbrücken* NStZ 1983, 414); Infizieren mit dem Aids-Virus (BGHSt 36, 1, 9; 36, 262, 265 f.; *Frisch*, JuS 1990, 365; h. M.); nach BGHSt 43, 346, 356 auch Belastungen des Körpers durch häufiges Röntgen (a. A. *Jung/Wigge*, MedR 1998, 331).

Eine Körperverletzung „mittels" einer lebensgefährdenden Behandlung soll nicht vorliegen, wenn erst die durch den Verletzungsakt geschaffene Lage – z. B. Liegen auf der Straße – die Lebensgefahr begründet (*BGH* NStZ 2007, 34, 35; a. A. *Bosch,* JA 2006, 902). – Zum Vorsatz unten Rn. 25.

6. Falllösungen

22   Im **Fall 2 a** erfüllt A § 223 I 1. Var. und auch dessen 2. Var., wenn man annimmt, dass die Tat zwangsläufig zum Eintritt einer Gesundheitsschädigung in Form von Blutergüssen und/oder Beulen geführt haben muss. Im Rahmen des § 224 I Nr. 2 (gefährliches Werkzeug) ist auf den Streit einzugehen, ob dieser Tatbestand auch unbewegbare Gegenstände wie den fest montierten Zeltpfosten erfasst (was hier befürwortet wird). Hinsichtlich § 224 I Nr. 3 (hinterlistiger Überfall) liegt zwar ein Überraschungsangriff, aber nicht das für die Hinterlist erforderliche planmäßige Element vor. Schließlich bleibt die lebensgefährdende Behandlung (§ 224 I Nr. 5) zu prüfen und zu bejahen, da der wuchtige Stoß gegen den Pfosten angesichts des empfindlichen Zieles (Kopf) generell geeignet war, das Leben des X zu gefährden. Im Ergebnis wird A gemäß § 224 I bestraft, da § 223 I im Wege der Spezialität zurücktritt.

23   Im **Fall 2 b** sind zunächst wie im Fall 2 a beide Varianten des § 223 I zu bejahen. Was § 224 I Nr. 2 betrifft, so muss der Lederhalbschuh nach der konkreten Tatsituation als gefährliches Werkzeug eingestuft werden; denn erstens weist der Schuh eine gewisse Festigkeit auf, und zweitens tritt A in das empfindliche Gesicht. Ferner liegt § 224 I Nr. 3 vor, da A planmäßig berechnend vorgeht. Für die Annahme des § 224 I Nr. 5 gibt es letztlich zu wenige Anhaltspunkte; doch mag man unter Hinweis auf die Ge-fahr eines Schädelbruchs oder lebensgefährlicher innerer Blutungen die Variante auch vertretbar bejahen können. Ergebnis: § 224 I (lex specialis zu § 223 I).

24   Im **Fall 3** erfüllt S mit Blick auf das gezielte Stoßen in die Schaufenster-scheibe auf jeden Fall dann § 224 I Nr. 2 (gefährliches Werkzeug), wenn man unbewegliche Gegenstände einbezieht. Aber selbst vom Standpunkt der Gegenmeinung aus könnte man unter Hinweis auf die umherfliegenden, „beweg-baren" Glassplitter durchaus zum gleichen Ergebnis kommen (vgl. *OLG Köln* VRS 70, 273). Für einen hinterlistigen Überfall (§ 224 I Nr. 3) fehlt das planmäßige Element. Das weiter zu erörternde Merkmal der Gemeinschaftlichkeit

(§ 224 I Nr. 4) müsste verneint werden, wenn man es mit einer Mindermeinung auf mittäterschaftliches Handeln beschränkte (K ist nur Gehilfe gemäß
§ 27). Die h.M. lässt aber zu Recht – unter Bezugnahme auf den Gesetzeswortlaut („Beteiligten") – das örtliche Zusammenwirken von S und K genügen, weil K auch als Gehilfe jederzeit in das Geschehen eingreifen könnte und
deshalb für O eine zusätzliche Gefahr darstellt. Schließlich wird man noch die
Variante der lebensgefährdenden Behandlung (§ 224 I Nr. 5) bejahen können.
Hinter § 224 I tritt § 223 I 1. Var. zurück.

K macht sich, wenn man bei S eine gemeinschaftlich begangene Körperverletzung bejaht, unproblematisch wegen Beihilfe dazu strafbar. Ob K auch bezüglich der anderen von S verwirklichten Tatmodalitäten des § 224 I in strafbarer Weise Hilfe geleistet hat, ist eine Vorsatzfrage.

III. Subjektiver Tatbestand, Versuch

Der **Vorsatz** (§ 15) muss sich auf die qualifizierenden Tatum- **25**
stände erstrecken. Bezüglich der lebensgefährdenden Behandlung
soll nach der Rechtsprechung die Kenntnis derjenigen konkreten
Umstände genügen, aus denen sich die allgemeine Gefährlichkeit
der Behandlung für das Leben des Opfers ergibt (BGHSt 19, 352;
36, 1, 15; *BGH* NStZ 2004, 618). Dies ist insofern zumindest ungenau, als sich nach den anerkannten Grundsätzen über die Paral-
lelwertung in der Laiensphäre der Vosatz auch auf die allgemeine
Lebensgefährlichkeit beziehen muss (*Lackner/Kühl*, § 224 Rn. 9;
Wessels/Hettinger, BT 1, Rn. 284).

Nach § 224 II ist auch der **Versuch** strafbar.

Empfehlungen zur vertiefenden Lektüre:

Rechtsprechung: BGHSt 22, 235 (Stoßen des Kopfes gegen Wand); BGHSt
47, 383 (gemeinschaftliche Begehungsweise); BGHSt 51, 18 (Kochsalz als ge-
sundheitsschädlicher Stoff); *BGH* StV 1989, 152 (hinterlistiger Überfall bei
heimlichem Angriff); *BGH* NStZ 1999, 616 (Turnschuh als gefährliches Werkzeug); *BGH* StV 2002, 21 und 21 f. (brennende Zigarette und andere Gegenstände als gefährliche Werkzeuge); *OLG Düsseldorf* NJW 1989, 920 („beschuhter"
Fuß als gefährliches Werkzeug); *LG Saarbrücken* NStZ 1983, 414 (Werfen von
Kindern in eiskalten Bach).

Literatur: *Frisch,* Riskanter Geschlechtsverkehr eines HIV-Infizierten als
Straftat? – BGHSt 36, 1, JuS 1990, 362 ff. (S. 365 zur lebensgefährdenden Behandlung); *Jäger* (wie zu § 10), JuS 2000, 35 ff.; *Hardtung,* Die Körperverletzungsdelikte, JuS 2008, 960 ff.; *Kretschmer,* Die gefährliche Körperverletzung
(§ 224 StGB) anhand neuer Rechtsprechung, Jura 2008, 916 ff.; *Wallschläger,*
Die Körperverletzungsdelikte nach dem 6. Strafrechtsreformgesetz, JA 2002,
390 ff.

§ 15. Schwere Körperverletzung (§ 226)

Fall 1: S steht im Verdacht, das Patenkind des B sexuell missbraucht zu haben. Um S einen Denkzettel zu verpassen, fixieren A und B seine rechte Hand auf dem asphaltierten Boden. Danach schlägt A mit einem scharfen Gipserbeil mehrfach gezielt auf die Hand und trennt dadurch zwei Glieder des Mittelfingers ab; ferner bleibt der Zeigefinger steif (BGHSt 51, 252). → Rn. 28

Fall 2: M schießt ohne Tötungsvorsatz auf den Unterkörper seiner Ehefrau und trifft den Bauch und ein Knie, so dass eine Niere entfernt werden muss und das verletzte Kniegelenk später steif bleibt. → Rn. 11, 29

Fall 3: a) A sticht ohne Tötungsvorsatz aus Rache auf den Unterleib der O mit einem Messer ein, wobei ihm bewusst ist, dass dadurch die Fortpflanzungsfähigkeit zerstört werden und sichtbare Narben zurückbleiben können. Glücklicherweise verheilt alles ohne bleibende und nennenswert sichtbare Schäden. b) *Variante:* Gleicher Sachverhalt, aber dem A kommt es auf die Herbeiführung der schweren Folgen an. → Rn. 21, 31

I. Grundlagen und Aufbaufragen

1   Der Verbrechenstatbestand des § 226 I normiert ein erfolgsqualifiziertes Delikt, das sich typischerweise aus einem Vorsatz- und einem Fahrlässigkeitsteil zusammensetzt (Vorsatz-Fahrlässigkeits-Kombination). Derartige Kombinationsdelikte werden gemäß § 11 II als Vorsatztaten eingestuft. Wichtig ist dies vor allem für die Strafbarkeit des Versuchs und der Beteiligung (vgl. unten Rn. 32, 34 i. V. m. § 16 Rn. 29 ff., 32 ff.).

2   Das Grunddelikt des § 226 I, „die Körperverletzung", muss eine tatbestandsmäßige, rechtswidrige und schuldhafte (Vorsatz-) Tat nach § 223 (niemals § 229) sein. Bezüglich des qualifizierenden Erfolges genügt *wenigstens* fahrlässiges Handeln (§ 18). Insoweit erfasst § 226 I neben der einfachen Fahrlässigkeit auch die Fälle der Leichtfertigkeit und des dolus eventualis. Handelt der Täter hinsichtlich der schweren Folge mit direktem Vorsatz, nämlich absichtlich oder wissentlich, so greift als Qualifikation § 226 II ein.

3   Was den deliktischen **Aufbau** anbelangt, so muss zunächst die Strafbarkeit nach § 223 durchgeprüft und bejaht worden sein, wobei ggf. § 224 miterörtert wird. Insoweit sei nochmals betont, dass die gemeinsame Prüfung der „§§ 223, 224" sinnvoll ist, wäh-

rend sich dieser Weg für die „§§ 223, (224), 226" normalerweise
nicht empfiehlt (dazu schon § 14 Rn. 2). Eine Leitlinie für die Fallbearbeitung bietet das folgende

---

Aufbauschema (§ 226)   4

1. Verweis auf das strafbare Grunddelikt (§ 223)
2. Prüfung aller in Betracht kommenden qualifizierenden
   Erfolge (§ 226 I Nr. 1–3) und ihrer Verursachung im Sinne
   der Bedingungstheorie
3. Objektive Sorgfaltspflichtverletzung (folgt aus Punkt 1)
   Entfällt bei vorsätzlicher Herbeiführung des qualifizierenden Erfolges (vgl. 6.b, c)
4. Objektive Zurechnung
5. Spezifischer Gefahrverwirklichungszusammenhang zwischen Grunddelikt (§ 223) und qualifizierendem Erfolg (ggf.
   insbesondere Auseinandersetzung mit der Letalitätslehre)
6. Innere Tatseite hinsichtlich des qualifizierenden Erfolges
   und des Gefahrverwirklichungszusammenhangs
   a) Subjektive Fahrlässigkeit: § 226 I i.V.m. § 18
   b) Dolus eventualis: § 226 I i.V.m. § 18
   c) Absicht oder Wissentlichkeit: Qualifikation gemäß
      § 226 II

Rechtswidrigkeit und Schuld sind bereits unter Punkt 1 im Rahmen des
Grunddelikts geprüft worden, so dass eine erneute Prüfung unnötig ist. In
der typischen Vorsatz-Fahrlässigkeits-Kombination (vgl. die Punkte 1, 3,
6.a) entspricht die Struktur des § 226 I der des § 227 I. Insoweit empfiehlt
es sich, ergänzend § 227 zu studieren und sich mit den Hinweisen im dor-
tigen Aufbauschema vertraut zu machen (unten § 16 Rn. 3).

II. Die qualifizierenden Erfolge (§ 226 I)

1. Verlust bestimmter Funktionsfähigkeiten (§ 226 I Nr. 1)

Von einem Verlust des **Sehvermögens** (auf einem Auge genügt) 5
kann man sprechen, sobald die Fähigkeit, Gegenstände als solche
zu erkennen, nahezu aufgehoben ist (vgl. *OLG Hamm* GA 1976,
304: 5 bis 10 Prozent des Normalzustandes; *Fischer,* § 226 Rn. 2a).
Beim **Gehör** geht es um die Fähigkeit, artikulierte Laute akustisch

zu verstehen. **Sprechvermögen** ist die Fähigkeit zum artikulierten Reden. Das Tatbestandsmerkmal **Fortpflanzungsfähigkeit** ist – anders als die frühere „Zeugungsfähigkeit" – eindeutig geschlechtsneutral zu verstehen.

6   Unter einem Verlust ist eine dauernde Beeinträchtigung im Sinne der Rn. 22 zu verstehen. Erfolgreiche sowie erfolgversprechende zumutbare operative Heileingriffe sind zu berücksichtigen, aber nicht z. B. künstliche Sehhilfen, die am organischen Schaden nichts ändern, sondern das Sehvermögen nur bei Verwendung eines bestimmten Hilfsmittels vorübergehend herstellen (*BayObLG* NStZ-RR 2004, 264 f. mit Anm. *Kudlich,* JuS 2005, 80 f.; MüKo/ *Hardtung,* § 226 Rn. 17 f.).

2. Verlust oder Gebrauchsunfähigkeit eines wichtigen Gliedes (§ 226 I Nr. 2)

7   a) Unter den Begriff des (Körper-)**Gliedes** fallen nach der engsten Auffassung (*Lackner/Kühl,* § 226 Rn. 3; LK/*Hirsch,* 11. Aufl., § 226 Rn. 14) nur **äußerliche Körperteile,** die eine besondere Funktion im Gesamtorganismus haben und mit dem Körper durch ein Gelenk verbunden sind (Bein, Fuß, Zeh, Knie, Arm, Hand, Finger, Fingerglieder). Nach einer mittleren Linie, die auf das Erfordernis einer Verbindung durch Gelenke verzichtet, sind auch etwa die Nase, das Ohr und die äußeren Genitalien erfasst (*Gössel/ Dölling,* BT 1, § 13 Rn. 61; Sch/Sch/Stree, § 226 Rn. 2). Die weiteste Auffassung beschränkt den Begriff nicht auf äußere Körperteile und bezieht auch innere Organe wie die Niere ein (*Otto,* BT, § 17 Rn. 6; *Küper,* BT, S. 184 f.; *Eisele,* BT I, Rn. 334).

8   Die Rechtsprechung hat die Einbeziehung **innerer Organe** (BGHSt 28, 100: Verlust einer Niere) und damit jedenfalls die letzte Ansicht abgelehnt. Doch überzeugt ihr Wortlautargument (zust. etwa *Hörnle,* Jura 1998, 179; *Wallschläger,* JA 2002, 396), wonach man ein inneres Organ nicht als „Glied" bezeichnen könne, nicht: Die Niere ist ein Körperteil, und Körperteile können als Körperglieder (= selbstständige Teile des ganzen Körpers) umschrieben werden. Stichhaltiger ist der systematische Einwand, der sich darauf stützt, dass § 226 I Nr. 1 abschließend und beschränkt auf bestimmte Fälle regele, inwieweit Organe geschützt seien.

9   Unter teleologischen Aspekten kann jedoch von der Schwere der Schädigung her der Verlust innerer Organe genauso ins Ge-

wicht fallen. Insbesondere sollte das Unrecht der heutzutage vorkommenden Fälle von heimlichen Organentnahmen bei Patienten oder von Entführungen, um dem Opfer ein inneres Organ zu entnehmen, von § 226 erfasst sein. Daher verdient im Ergebnis die weiteste Auffassung, die auch innere Organe einbezieht, Zustimmung (ergänzend *Rengier,* ZStW 1999, 17; a. A. *Jäger,* JuS 2000, 37). Somit erfasst der Begriff des Körpergliedes alle Körperteile, die eine besondere Funktion im Gesamtorganismus haben. – Zu **Fall 2** Rn. 29.

b) Ob ein Glied **wichtig** ist, hängt von der Gesamtfunktion des 10 Körperteils im Organismus ab. Wesentliche Körperfunktionen müssen beeinträchtigt sein. Das ist unter Berücksichtigung der eingetretenen Folgen im Wege einer wertenden Gesamtbetrachtung zu ermitteln. Hand und Fuß sind unproblematisch, auch gelten Daumen und Zeigefinger schon als „wichtig", und der große Zeh hat eine vergleichbare Bedeutung. Eine Niere wird erfasst (wenn man innere Organe einbezieht), obwohl man mit der anderen Niere weiterleben kann. – Zu **Fall 1** Rn. 28.

Umstritten ist, welche Faktoren bei der Bestimmung der Wich- 11 tigkeit herangezogen werden dürfen. Nach der engsten Meinung soll es nur auf die generelle Bedeutung für jeden menschlichen Körper ankommen, da das Gesetz vom Verlust eines wichtigen Gliedes „des" Körpers spreche (*Joecks,* § 226 Rn. 14). Demgegenüber berücksichtigt die wohl h. M. zu Recht nicht nur die individuellen körperlichen, sondern insbesondere auch die beruflichen Verhältnisse und erstreckt dadurch den Schutz etwa auf jeden Finger eines Berufspianisten. Eine wachsende differenzierende Ansicht bezieht allein individuelle *körperliche* Eigenschaften wie die Linkshändigkeit oder eine bereits vorhandene dauerhafte Körperbehinderung ein, aber nicht außerhalb des Körpers liegende *soziale* – z. B. berufliche – Funktionen.

Der *BGH* hat in dem Streit insoweit Stellung bezogen, als er die 12 generalisierende erste Meinung „für zu eng und nicht mehr zeitgemäß" hält (BGHSt 51, 252, 255). Im Übrigen hat sich diese Entscheidung jedenfalls der differenzierenden Ansicht angeschlossen, ohne zur auch individuelle Fähigkeiten einbeziehenden h. M. Stellung nehmen zu müssen. Immerhin hat sich der *BGH* bei dem nahe an § 226 heranreichenden Merkmal der (Gefahr einer) schweren Gesundheitsschädigung im Sinne der h. M. für die Berücksichtigung von Auswirkungen auf die Berufsfähigkeit ausgesprochen (§ 10 Rn. 17). In diese Richtung führt auch eine andere

Entscheidung des *BGH*, in der das Tatgericht § 226 I Nr. 2 2. Var. mit der Feststellung bejaht hat, der Geschädigte leide voraussichtlich dauerhaft unter der Taubheit zweier Finger und könne deshalb seinen Beruf als Tischler nicht mehr ausüben; insoweit hält der *BGH* die Bejahung des § 226 bloß für „nicht belegt", aber doch wohl für möglich (*BGH* 3 StR 167/08).

13   Zur generalisierenden engsten Ansicht siehe RGSt 62, 161; 64, 201; *Joecks,* § 226 Rn. 14; NK/*Paeffgen,* § 226 Rn. 27. – Zur wohl h.M. *Lackner/Kühl,* § 226 Rn. 3; Sch/Sch/*Stree,* § 226 Rn. 2; *Küper,* BT, S. 185, 186. – Zur differenzierenden Meinung SK/*Horn/Wolters,* § 226 Rn. 10; LK/*Hirsch,* 11. Aufl., § 226 Rn. 15; *Fischer,* § 226 Rn. 7; MüKo/*Hardtung,* § 226 Rn. 27; *ders.,* JuS 2008, 1062 f.; *Jesse,* NStZ 2008, 605 ff.

14   c) Das Opfer muss das wichtige Glied **verlieren** oder **dauernd nicht mehr gebrauchen** können. Die 2. Var. ist durch das 6. StrRG 1998 neu eingefügt worden. Insoweit weist das Gesetz dem „verlieren" (1. Var.) nunmehr eindeutig den Fall der physischen Lostrennung vom Körper zu. Die frühere Streitfrage, ob das alte „verliert" auch den (jetzt in der 2. Var. geregelten) dauernden bloßen Funktionsverlust insbesondere durch Versteifung des Gliedes erfasst, hat sich erledigt.

15   Im Rahmen der 1. Var. können künstliche Surrogate (Prothesen) den Verlust des Körperteils nicht ausgleichen (SK/*Horn/Wolters,* § 226 Rn. 11; anders in den Entstellungsfällen, Rn. 22).

16   Bei der 2. Var. stellt sich die Frage, ab wann eine dauernde bloße Gebrauchs- oder Funktions*beeinträchtigung* in eine **dauernde Unbrauchbarkeit** (im Sinne von Gebrauchsunfähigkeit oder Funktionsuntüchtigkeit) umschlägt. Dies ist im Wege einer wertenden Gesamtbetrachtung zu ermitteln und der Fall, wenn so viele Funktionen ausgefallen sind, dass das Glied im Lichte seiner eigentlichen Zweckbestimmung(en) weitgehend unbrauchbar („funktionsuntüchtig") geworden ist und von daher die wesentlichen faktischen Wirkungen einem physischen Verlust entsprechen (zust. BGHSt 51, 252, 256). Das steife Bein und steife Kniegelenk, der steife Arm und auch der steife Finger (soweit „wichtig") sind damit erfasst (ebenso *Krey/M. Heinrich,* BT 1, Rn. 256).

17   Das Merkmal **dauernd** umfasst die endgültige wie die chronische Aufhebung der Gebrauchsfähigkeit für einen unbestimmt langwierigen Zeitraum (ergänzend Rn. 22).

Zu **Fall 1** und **Fall 2** in Rn. 28 und 29.

3. Dauernde Entstellung in erheblicher Weise (§ 226 I Nr. 3 1. Var.)

Dieses Qualifikationsmerkmal will die äußere ästhetische Er- **18** scheinung des Menschen in seiner sozialen Umwelt schützen. Eine **Entstellung** liegt vor, wenn die äußere Gesamterscheinung in unästhetischer Weise verunstaltet wird. Diese Verunstaltung muss **erheblich** sein. Die Erheblichkeitskriterien ergeben sich aus einer systematischen Auslegung: Die Verunstaltung muss ein Gewicht haben, das in seiner Bedeutung für den Menschen etwa der schweren Benachteiligung entspricht, die mit den sonstigen Folgen des § 226 verbunden sind (BGH StV 1992, 115; NStZ 2006, 686; 2008, 32).

Darauf, ob die äußere erhebliche Entstellung in der Regel sicht- **19** bar ist, kommt es nicht an (vgl. *LG Saarbrücken* NStZ 1982, 204: Abbrennen der Brustwarzen); denn die Modalität schützt das Erscheinungsbild in allen sozialen Situationen (Familien- und Intimleben, Baden).

Die neuere Rechtsprechung lässt im Zusammenhang mit zu- **20** rückbleibenden **Narben** eine restriktive Tendenz erkennen. Auch wenn Entstellungen namentlich im Gesicht aus ästhetischer Sicht einen höheren Stellenwert als etwa an der Hand haben, reicht eine deutliche Sichtbarkeit der Narbe allein nicht. Die erforderliche Relation zu den sonstigen Folgen des § 226 setzt mehr voraus und kann jedenfalls „durch eine deutliche Verzerrung der Proportionen des Gesichts" erreicht werden (*BGH* NStZ 2008, 32).

Beispiele zu Narbenfällen: Den erforderlichen Schweregrad erreicht weder **21** eine auffällig senkrecht vom rechten Nasenloch bis zur Oberlippe verlaufende, etwa 1 mm breite Narbe (*BGH* 3 StR 126/07) noch eine solche, die bei einer maximalen Breite von 4 mm 12 cm lang vom Ohrläppchen bis zum Unterkiefer verläuft (*BGH* NStZ 2008, 32 f.). Ebenso wenig genügen zahlreiche Narben an den Unterschenkeln und in einer Kniekehle, auch wenn eine Narbe 20 cm lang ist (*BGH* NStZ 2006, 686). Desgleichen reichen bei der Hand zahlreiche Narben und eine starke Rot-blau-Färbung nicht aus (*BGH* StV 1992, 115). Zu **Fall 3 a** Rn. 31.

Außerhalb des Narbenbereichs lassen sich beispielhaft nennen: Einbuße eines Nasenflügels oder eines (halben) Ohres; schlaff herunterhängendes Augenlid; Verschiebung des Unterkiefers; Gehbehinderung durch Verkürzung des Oberschenkels um 3,5 cm (RGSt 39, 419). Zu **Fall 1** Rn. 28.

Dauernd ist jede Entstellung, die das Aussehen endgültig oder **22** für einen unbestimmt langwierigen Zeitraum (d. h. chronisch) beeinträchtigt. Eine dauernde Entstellung liegt nicht mehr vor, soweit die Verunstaltung durch kosmetische Eingriffe oder Zahnbehandlung beseitigt ist (vgl. BGHSt 24, 315: Zahnprothese nach Verlust aller Schneidezähne). Künstliche Surrogate sind bei diesem Merkmal, da es um das äußere Erscheinungsbild geht, grundsätzlich zu berücksichtigen (SK/*Horn/Wolters,* § 226 Rn. 14). Doch ist zu beachten, dass vorübergehend mit dem Körper verbundene Hilfsmittel wie Arm- und Beinprothesen an der Sichtbarkeit der Entstellung in bestimmten sozialen Situationen (vgl. Rn. 20) nichts ändern.

23   Um in solchen Fällen die Strafbarkeit aus § 226 nicht vom Opferverhalten abhängig zu machen, muss auch dort ein Dauerschaden verneint werden, wo das Opfer **medizinische/kosmetische Korrekturmöglichkeiten** nicht in Anspruch nimmt, die allerdings – unter Berücksichtigung der finanziellen Verhältnisse (*LG Berlin* NStZ 1993, 286; a. A. SK/*Horn/Wolters,* § 226 Rn. 4) – **zumutbar** sein müssen.

Erörterung eines „Zahnlücken-Falles" bei *Knauer,* JuS 2002, 55, der entgegen der h. M. Korrekturmöglichkeiten nicht anerkennen will.

4. Verfallen in Siechtum, Lähmung usw. (§ 226 I Nr. 3 2. Var.)

24   Unter **Siechtum** versteht man einen chronischen Krankheitszustand, der den Gesamtorganismus in Mitleidenschaft zieht und allgemeine Hinfälligkeit zur Folge hat.

25   Häufiger spielt das Merkmal der **Lähmung** eine Rolle. Lähmung ist eine solche erhebliche Beeinträchtigung der bestimmungsgemäßen Bewegungsfähigkeit eines Körperteils, die den ganzen Körper in Mitleidenschaft zieht. Bei allen Qualifikationsgründen muss, wie aus dem „Verfallen" folgt, mindestens ein chronischer Zustand entsprechend Rn. 22 eintreten.

Beispiele für Lähmungen (*BGH* NJW 1988, 2622): Versteifung eines Kniegelenks (zu **Fall 2** Rn. 29); Versteifung des Hüftgelenks, die Krückengebrauch notwendig macht; Versteifung eines ganzen Armes; *nicht:* Versteifung des Handgelenks oder einzelner Finger (zu **Fall 1** Rn. 28). – Die Beispiele zeigen, dass es zu Überschneidungen mit § 226 I Nr. 2 2. Var. kommt (vgl. Rn. 17).

26   Bei dem Merkmal **geistige Krankheit oder Behinderung** bezieht sich das „geistige" ebenfalls auf die „Behinderung"; darauf

deutet das „oder" nach der „Lähmung" hin. Die qualifizierende Folge erfasst krankhafte seelische Störungen im Sinne des § 20 („geistige Krankheit") und schwere Beeinträchtigungen der intellektuellen oder emotionalen Fähigkeiten („geistige Behinderung"). Näher *Rengier,* ZStW 1999, 17 f.; *Schroth,* NJW 1998, 2862 f.

III. Zurechnung des qualifizierenden Erfolges

Die Fragen des spezifischen Gefahrverwirklichungszusammenhangs zwischen Grunddelikt und qualifizierendem Erfolg (zum Aufbau Rn. 4) werden in der Regel im Rahmen des § 227 aktuell und daher auch dort erörtert (§ 16 Rn. 4 ff.). Sinngemäß gelten diese Ausführungen genauso für § 226. Um sich das zu verdeutlichen, muss man nur den Fall 1 von § 16 auf die Ebene etwa des § 226 I Nr. 1 verlagern und sich als Folge des Schusses den Verlust eines Augenlichtes vorstellen. **27**

Im **Fall 1** verwirklichen A und B die §§ 223, 224 I Nr. 2, 4 und 5, 25 II. Bezüglich § 226 I empfiehlt es sich, zwischen Zeige- und Mittelfinger zu trennen: Wegen der Versteifung des Zeigefingers ist § 226 I Nr. 2 2. Var. er-füllt. BGHSt 51, 252, 255 f. bejaht die Wichtigkeit des Zeigefingers auch unter Hinweis darauf, dass die durch die Versteifung des Zeigefingers eingetretenen Funktionsverluste nicht einmal teilweise durch den verkürzten Mittelfinger übernommen werden können. Daran ist richtig, dass die Wichtigkeit durchaus im Wege einer Gesamtbewertung beurteilt werden kann. Im konkreten Fall kommt es allerdings auf den Bezug zum Mittelfinger angesichts der selbstständigen und bedeutenden Zeigefingerfunktionen u. a. beim Greifen, Halten und Arbeiten nicht unbedingt an. Was den Mittelfinger betrifft, so ist an die 1. Var. des § 226 I Nr. 2 zu denken. Die Fingerglieder stellen – mit dem Körper durch Gelenke verbundene – Glieder dar, die S infolge der physischen Lostrennung „verloren" hat. Ob die beiden oberen Mittelfingerglieder „wichtig" sind, muss isoliert betrachtet verneint werden (vgl. MüKo/*Hardtung,* § 226 Rn. 26, 28). Die Gesamtbetrachtung ergibt aber, dass bei S ein intakter Mittelfinger wichtige Funktionen des durch die Tat vorgeschädigten Zeigefingers übernehmen könnte. Deshalb haben für seinen Körper die beiden Mittelfingerglieder erhebliche Bedeutung. Von daher lässt sich auch § 226 I Nr. 2 1. Var. annehmen. Hinsichtlich des § 226 I Nr. 3 1. Var. kann man eine dauernde „Entstellung" bejahen, doch wird man ihre „Erheblichkeit" verneinen müssen. Bei der 2. Var. des § 226 I Nr. 3 (Lähmung) fehlt die erforderliche Auswirkung auf den ganzen Körper. Subjektiv handeln A und B absichtlich (§ 226 II). – Kritisch zu BGHSt 51, 252 *Paeffgen/Grosse-Wilde,* HRRS 2007, 363 ff.; Falllösung bei *Rengier/Jesse,* JuS 2008, 45. **28**

Im **Fall 2** muss zuerst kurz § 224 I Nr. 2 bejaht werden. Ferner erfüllt M § 226 I Nr. 2, und zwar sowohl – wegen des Verlustes der Niere – dessen **29**

1. Var. (insoweit entgegen der Rechtsprechung) als auch – wegen der bleibenden Steifheit des Kniegelenkes – die 2. Var. Zudem liegt eine Lähmung vor (§ 226 I Nr. 3 2. Var.). Die Fahrlässigkeit des M ist unproblematisch gegeben (§ 226 I i. V. m. § 18).

IV. Versuch

30   Der Versuch des § 226 kommt vor allem in der Form vor, dass sich der Vorsatz des Täters auf eine schwere Folge erstreckt, deren Eintritt aber ausbleibt (**versuchte Erfolgsqualifizierung**). Ein Versuch des § 226 I kommt bei dolus eventualis bezüglich der Folge in Betracht, ein Versuch des § 226 II im Falle der Absicht oder Wissentlichkeit. Die Verbrechenstatbestände des § 226 I, II sind insoweit, auch im Fallaufbau, als normale (qualifizierte) Vorsatzdelikte wie z. B. § 224 zu behandeln. – Zu Parallelfällen im Rahmen des § 239 III siehe § 22 Rn. 24, im Rahmen des § 251 *Rengier,* BT I, § 9 Rn. 15.

31   Im **Fall 3 a** erfüllt A die §§ 226 I Nr. 1, 22 jedenfalls dadurch, dass er den Verlust der Fortpflanzungsfähigkeit in Kauf genommen hat. Hinsichtlich der Narben im Unterleibsbereich wird man angesichts der restriktiven Tendenzen der Rechtsprechung (Rn. 20 f.) den Vorsatz zu einer *erheblichen* Entstellung eher verneinen müssen. Zwischen den §§ 226 I Nr. 1, 22 und § 224 I Nr. 2, 5 besteht Tateinheit.

Im **Fall 3 b** liegt ein Versuch des § 226 II vor. – Ergänzend siehe *BGH* NJW 2001, 1075, 1076 zu einem Fall der §§ 226 I Nr. 2 2. Var., II, 22 bei einem beabsichtigten Schuss ins Knie.

32   Seltener taucht die Frage des eigentlichen **erfolgsqualifizierten Versuchs** auf, bei dem der Täter das Grunddelikt nicht vollendet, aber den Erfolg wenigstens fahrlässig herbeiführt (entsprechend § 16 Rn. 29 ff.). – Zu den beiden Versuchstypen allgemein *Kühl,* AT, § 17 a Rn. 32 ff.

V. Sonstiges

33   Alle Folgen des § 226 sind durch ein gewisses Dauerelement gekennzeichnet und setzen deshalb für diesen Zeitraum ein **Weiterleben des Opfers** voraus (*BGH* NStZ 1997, 233, 234 zu 224a. F.). Wer etwa sein Opfer durch einen Schuss in ein Auge tötet, erfüllt nicht § 226. Bleibt die Tötungstat im Versuchsstadium stecken

und das Auge blind, so ist § 226 I Nr. 1 1. Var. objektiv erfüllt. Doch muss der Täter das Weiterleben auch subjektiv erfassen. Ob von daher bei einem Täter, der den Tod mit dolus directus 1. oder 2. Grades herbeiführen wollte, der Vorsatz zugleich auf eine qualifizierende Folge des § 226 I gerichtet sein kann, bedarf genauer Prüfung. Ansonsten kommt nur eine fahrlässige Erfolgsherbeiführung in Betracht (hierzu SK/*Horn*/*Wolters*, § 226 Rn. 24; MüKo/ *Hardtung*, § 226 Rn. 46; unklar *BGH* NJW 2001, 980). – Zu Konkurrenzfragen siehe unten § 21.

Mittäterschaft und Teilnahme werden nach den zu § 227 (§ 16 **34** Rn. 32 ff.) und § 251 (*Rengier,* BT I, § 9 Rn. 23 f.) dargelegten Grundsätzen geprüft.

Empfehlungen zur vertiefenden Lektüre:

Rechtsprechung: BGHSt 28, 100 (Verlust einer Niere); BGHSt 51, 252 (Fragen des § 226 I Nr. 2, insbesondere versteifter Zeigefinger); BGH StV 1992, 115 (vernarbte und verfärbte Hand); *BGH* NStZ 2006, 686 (Narben an den Beinen); *BGH* NStZ 2008, 32 (Narbe im Gesicht).

Literatur: *Hardtung*, Die Körperverletzungsdelikte, JuS 2008, 1060 ff.

§ 16. Körperverletzung mit Todesfolge (§ 227)

Fall 1: P versetzt O mit seiner geladenen und entsicherten Dienstpistole einen Schlag auf den Kopf. Beim Zuschlagen löst sich ein Schuss, der O tötet (BGHSt 14, 110). → Rn. 11, 13

Fall 2: Die vierjährige Tochter T der A rührt versehentlich statt Zucker 32 Gramm Kochsalz in einen Becher Pudding. A erkennt die Situation und veranlasst das sich sträubende Kind zu dessen Erziehung und Bestrafung, den „widerwärtig" schmeckenden Pudding vollständig auszulöffeln. Dabei nimmt sie billigend in Kauf, dass der Konsum zu Magenverstimmungen, Bauchschmerzen oder Unwohlsein führt. A kennt die genaue Dosis nicht. Die 15 kg schwere T stirbt infolge einer Kochsalzintoxikation, nachdem sich Übelkeit, Erbrechen und starker Durchfall eingestellt und eine alsbald eingeleitete Notfallbehandlung keinen Erfolg gehabt haben (BGHSt 51, 18). → Rn. 14

Fall 3: Die Täter misshandeln O brutal eine halbe Stunde lang, um Geld zu erpressen. Als der nach Schlägen auf den Kopf sichtbar benommene O „mal Luft schnappen" darf, gerät er in seiner Verzweiflung und aus Angst vor weiteren brutalen Misshandlungen in Panik und sieht in seinem Benommenheitszustand keinen anderen Ausweg, als sich – mit tödlicher Folge – aus dem Fenster des 10. Stockwerks zu stürzen (*BGH* NJW 1992, 1708). → Rn. 17 ff.

Fall 4: A würgt O ohne Tötungsvorsatz, bis O die Besinnung verliert. A hält O für tot und will nun einen Suizid durch Erhängen vortäuschen. A schlingt deshalb einen Gürtel um den Hals des O, zieht ihn zu und tötet erst dadurch O (*BGH* StV 1993, 75). → Rn. 23

I. Grundlagen und Aufbaufragen

1   § 227 ist (wie § 226) ein erfolgsqualifiziertes Delikt (§ 18), das zwischen § 212 und § 222 steht und sich typischerweise aus § 223 (Grunddelikt) und § 222 zusammensetzt (Vorsatz-Fahrlässigkeits-Kombination). Insoweit setzt die Strafbarkeit wegen § 227 die tatbestandsmäßige, rechtswidrige und schuldhafte Erfüllung sowohl des § 223 als auch des § 222 voraus. Zur Bedeutung des § 11 II vgl. unten Rn. 29 ff., 32 ff.

2   In der **Fallbearbeitung** empfiehlt es sich regelmäßig, § 227 getrennt von den §§ 223, 224 zu erörtern (dazu schon § 14 Rn. 2; § 15 Rn. 3). Weiter stellt sich die Frage, ob man die Prüfung des § 222 vor § 223 und § 227 platziert oder erst im Anschluss an § 227 vornimmt. In der Regel ist es geschickter, mit dem schwereren Delikt zu beginnen, nach dessen Bejahung ein kurzer Satz zu § 222 genügt. Jedenfalls darf man nicht die Erörterung von Zurechnungsfragen, die zum § 227 gehören, in den § 222 verlagern. Unabhängig von der Platzierung des § 222 ist es hilfreich, sich klar zu machen, dass die Erfüllung des § 227 die Bejahung des § 222 voraussetzt. Die Besonderheit des erfolgsqualifizierten Delikts liegt im einengenden spezifischen Gefahrverwirklichungszusammenhang zwischen Grunddelikt und qualifizierendem Erfolg. Vereinfacht ausgedrückt kann man die Gleichung aufstellen: § 227 = § 223 + § 222 + spezifischer Gefahrverwirklichungszusammenhang. Die Prüfungsreihenfolge und die Struktur des § 227 verdeutlicht das folgende

3	**Aufbauschema (§ 227)**

I. § 212 (bei fernliegendem Tötungsvorsatz weglassen)
II. § 223 (ggf. i. V. m. § 224)
III. § 227
    1. Verweis auf das strafbare Grunddelikt (§ 223)
    2. Objektiv fahrlässige Tötung
        a) Eintritt und Verursachung des Todeserfolges im Sinne der Bedingungstheorie
        b) Objektive Sorgfaltspflichtverletzung
        c) Objektive Zurechnung

3. Spezifischer Gefahrverwirklichungszusammenhang zwischen Grunddelikt (§ 223) und Todeserfolg (ggf. insbesondere Auseinandersetzung mit der Letalitätslehre)

4. Subjektive Fahrlässigkeit gemäß § 18 hinsichtlich des Todeserfolges und Gefahrverwirklichungszusammenhangs

IV. § 222

In seiner Struktur entspricht § 227 dem Fahrlässigkeitsdelikt. Die Sorgfaltspflichtverletzung folgt aus der Begehung des Grunddelikts (Punkte III.1, 2.b). Zur objektiven Zurechnung gehört auch die objektive Voraussehbarkeit. Die Prüfung des § 222 ergibt sich aus den Punkten III.2 und 4. Im Punkt III.3 findet man das über § 222 hinausgehende spezielle Zurechnungskriterium. Rechtswidrigkeit und Schuld sind bereits im Rahmen des Grunddelikts unter Punkt II geprüft, weshalb bei § 227 eine erneute Prüfung unnötig ist. § 222 erlangt vor allem dann selbstständige Bedeutung, wenn § 227 an dem besonderen Gefahrverwirklichungszusammenhang scheitert. Zum Fall des Tötungsvorsatzes unten Rn. 25 f.

II. Spezifischer Gefahrverwirklichungszusammenhang zwischen Grunddelikt und Todeserfolg

1. Grundlagen

a) Besondere Schwierigkeiten bereiten die Fragen des Zurechnungszusammenhangs zwischen grunddeliktischem Verhalten und Todeseintritt. Erkennen sollte man zunächst, dass § 227 I eine hohe Mindeststrafe und einen Strafrahmen vorsieht, der weit über die Grenzen hinausgeht, die sich bei einem bloßen tateinheitlichen Zusammentreffen von § 223 mit § 222 ergeben würden (siehe § 52 II).

Vor diesem Hintergrund besteht Einigkeit darüber, dass bei § 227 wie auch bei allen anderen erfolgsqualifizierten Delikten ein schlichter Kausalzusammenhang im Sinne der Bedingungstheorie nicht genügt. Einschränkungen ergeben sich zunächst aus der allgemeinen Lehre von der objektiven Zurechnung; genannt seien insbesondere die objektive Voraussehbarkeit und der Gedanke der eigenverantwortlichen Selbstgefährdung. Als darüber hinausgehende Einschränkung wird noch verlangt, dass zwischen dem Grunddelikt und dem qualifizierenden Erfolg ein **spezifischer Gefahrverwirklichungszusammenhang** besteht (oft auch – eher irreführend – als Frage der „Unmittelbarkeit" angesprochen): Im tödlichen Erfolg muss sich gerade die dem Grundtatbestand (hier § 223) anhaftende eigentümliche („tatbestandsspezifische") Gefahr niederschlagen.

Zu anderen erfolgsqualifizierten Delikten siehe ergänzend insbesondere § 22 Rn. 21 f.; § 24 Rn. 36 f.; § 26 a Rn. 14 f.; § 40 Rn. 42 ff.; *Rengier*, BT I, § 9 Rn. 3 ff.

6   Die vorstehende „Formel" zum Gefahrverwirklichungszusammenhang (oder auch: Gefahrzusammenhang) ist bei allen erfolgsqualifizierten Delikten der maßgebliche Ausgangspunkt für die Erörterung der spezifischen Zurechnungsproblematik. Ungeklärt ist, ob sich hinter diesem Prüfungspunkt letztlich nur eine Konkretisierung der Lehre von der objektiven Zurechnung verbirgt, oder ob die Restriktionen darüber hinausreichen, wie es die h. M. grundsätzlich annimmt.

Zur h. M. siehe zusammenfassend Sch/Sch/*Cramer/Sternberg-Lieben*, § 18 Rn. 4. Für die Einordnung in die objektive Zurechnung *Rengier*, Erfolgsqualifizierte Delikte; *Roxin*, AT I, § 10 Rn. 108 ff.; MüKo/*Hardtung*, § 18 Rn. 21 ff., § 227 Rn. 8 ff.; *Bosch*, JA 2008, 547; wohl auch *Kühl*, AT, § 17 a Rn. 14 ff. Zum Ganzen auch *B. Heinrich/Reinbacher*, Jura 2005, 743 ff.

7   Da der Gefahrverwirklichungszusammenhang Bestandteil des objektiven Tatbestandes ist, muss sich auf dieses Merkmal auch in subjektiver Hinsicht die Fahrlässigkeit erstrecken (*Wessels/Beulke*, AT, Rn. 693; *Küpper*, Hirsch-FS, 1999, S. 626). Demgegenüber scheint die Rechtsprechung einen anderen Standpunkt einzunehmen, wenn sie betont, wegen der in der Begehung des Grunddelikts liegenden Sorgfaltspflichtverletzung sei allein die Voraussehbarkeit des Erfolges – und zwar im Ergebnis und nicht in den Einzelheiten des dahin führenden Kausalverlaufs – das Kriterium der Fahrlässigkeit (BGHSt 24, 213, 215; *BGH* NJW 2006, 1822, 1823). Auch wenn in diesen Entscheidungen der Gefahrverwirklichungszusammenhang ausdrücklich nicht ins Blickfeld gerät, so äußert sich eine neuere Entscheidung deutlicher:

8   *BGH* NStZ 2008, 686: T tritt dem am Boden liegenden und erheblich angetrunkenen O kräftig mit der Spitze des beschuhten Fußes gegen den Oberkörper. Der Tritt trifft O unmittelbar unterhalb des Rippenwinkels und löst eine Reaktion des Nervus vagus aus, die zum Herzstillstand führt. Ein solcher Reflextod stellt nach der Aussage des Sachverständigen eine „medizinische Rarität" dar.

T erfüllt § 224 I Nr. 2 und 5. Denn bei einem derartigen Tritt besteht das Risiko lebensgefährlicher Verletzungen durch Leber- oder Milzriss oder Rippenbrüche und Einspießungsverletzungen. Doch hat sich mit Blick auf § 227 dieses (lebens-)gefährliche Risiko im tödlichen Erfolg nicht realisiert. Fraglich ist aber, ob es darauf für die objektive und subjektive Vorhersehbarkeit des Erfolges ankommt. Nach der Ansicht des *BGH* soll es genügen, dass der Tod – hier durch T – im Ergebnis vorausgesehen werden kann. Dabei argumentiert der *BGH* auf der Ebene des Gefahrverwirklichungszusammenhangs und sieht eine tatbestandsspezifische Gefahrrealisierung auch dann, wenn ein grundsätzlich (lebens-)gefährlicher Tritt nur wegen einer „medizinischen Rarität" zum Tode führt.

Dies verdient keine Zustimmung. Eine restriktive Funktion des Gefahrverwirklichungszusammenhangs ist hier nicht mehr erkennbar. Richtigerweise geht es in *BGH* NStZ 2008, 686 um allgemeine Fahrlässigkeits-, nämlich um Voraussehbarkeitsfragen. Da der Kausalverlauf zum objektiven Tatbestand gehört, muss sich die Voraussehbarkeit auch beim Fahrlässigkeitsdelikt – genauso wie beim Vorsatzdelikt – auf die wesentlichen Einzelheiten des Kausalverlaufs erstrecken. Führt ein unvoraussehbarer Kausalfaktor wie eine „medizinische Rarität" zum Tod, so kann nicht die Voraussehbarkeit des Erfolges im Allgemeinen genügen, weil man dann die strafrechtliche Haftung des Täters an einen irrealen anderen voraussehbaren Kausalverlauf anknüpfen und nicht das tatsächlich tödliche Ausgangsrisiko zugrundelegen würde (abl. auch *Dehne-Niemann*, StraFo 2008, 126 ff.; *Hardtung*, StV 2008, 407 ff.; *Jahn*, JuS 2008, 273 f.). **8a**

Will man sich in der **Fallbearbeitung** bei Zurechnungsproblemen bezüglich der Todesfolge Klarheit darüber verschaffen, ob man es mit Fragen der allgemeinen Fahrlässigkeitslehre oder des Gefahrverwirklichungszusammenhangs zu tun hat, so kann es hilfreich sein, zumindest gedanklich die Voraussetzungen des § 222 vorab zu prüfen. Soweit danach eine fahrlässige Tötung zu verneinen ist, kommt es auf den Aspekt des Gefahrverwirklichungszusammenhangs nicht mehr an.

2. Erfordernis des Gefahrverwirklichungszusammenhangs

Was das Kriterium des Gefahrverwirklichungszusammenhangs für § 227 im Einzelnen bedeutet, ist umstritten (vertiefend *Sowada*, Jura 1994, 643 ff.): **9**

10   Eine in der Literatur verbreitete – zu restriktiven Ergebnissen führende – Meinung verlangt, dass sich der tödliche Erfolg gerade aus dem vorsätzlich zugefügten **Körperverletzungserfolg** entwickeln muss. Für diese **Letalitätslehre** werden der Wortlaut und die (von der hohen Strafdrohung herrührende) Notwendigkeit restriktiver Tatbestandsinterpretation angeführt.

> **Beispiele:** Stichverletzung führt zum Tod; Schläge gegen den Kopf verursachen tödliche Gehirnblutung; der vorsätzlich angefahrene Passant stirbt an den dabei vorsätzlich zugefügten inneren Kopfverletzungen. Auch in den Aufprallfällen kann auf dem Boden der Letalitätslehre § 227 oft bejaht werden (Rn. 16).

> Dazu *Lackner/Kühl,* § 227 Rn. 2; *Krey/M. Heinrich,* BT 1, Rn. 266 ff.; *Roxin,* AT I, § 10 Rn. 115 f.

11   Insbesondere der BGH widerspricht dieser Lehre und hält § 227 auch für anwendbar, wenn nur die Körperverletzungshandlung (der körperverletzende Tätigkeitsakt) den tödlichen Erfolg herbeiführt. Diese Ansicht verdient Zustimmung. Nach dem Sprachgebrauch des Gesetzes in § 223 I 1. Var. (körperlich „misshandelt") sowie in § 224 I Nr. 5 (lebensgefährdende „Behandlung") bezeichnet der Begriff der „Körperverletzung" ebenso die Körperverletzungshandlung. Außerdem kann eine solche, wie **Fall 1** zeigt, genauso (lebens-)gefährlich sein.

12   Weiter bestätigt der durch das 6. StrRG 1998 eingefügte Klammerzusatz die *BGH*-Ansicht. Denn der Verweis bezieht auch die §§ 223 II, 224 II, 225 II und insoweit die gesamte Körperverletzungs-Tat ab dem Versuchsstadium ein (zust. BGHSt 48, 34, 38). Ferner folgt aus der Erwähnung des § 225, dass der Gesetzgeber in § 227 I auch den Fall der „Misshandlung von Schutzbefohlenen mit Todesfolge" regelt, ohne die – mit der Letalitätslehre unvereinbare – Konstellation des „seelischen Quälens mit Todesfolge" (vgl. § 17 Rn. 5) auszuklammern.

> Näher zur BGH-Ansicht BGHSt 14, 110; 48, 34, 37 f.; *BGH* NStZ 2008, 278; *Rengier,* Erfolgsqualifizierte Delikte, S. 214 ff.; *ders.,* ZStW 1999, 19 f. m. w. N.; *Wessels/Hettinger,* BT 1, Rn. 298 ff.; *Engländer,* GA 2008, 673 ff. – Gegen das Klammerargument *Küpper,* ZStW 1999, 793; *Wallschläger,* JA 2002, 396.

13   Im **Fall 1** muss danach § 227 bejaht werden. Demgegenüber sind auf dem Boden der Letalitätslehre nur die §§ 224 I Nr. 5, 222, 52 erfüllt; nach dieser Ansicht scheidet § 227 aus, weil der tödliche Verlauf nicht auf die vorsätzlich zugefügte Kopfverletzung zurückgeht.

In entsprechender Weise ist § 227 erfüllt, wenn brutale Körperverletzungshandlungen voraussehbar zum Herzinfarkt der verletzten Person führen (*BGH*
NStZ 1997, 341).

Im **Fall 2** sind die §§ 223 I 2. Var., 224 I Nr. 1, 2 und 5, 25 I 2. Var. objektiv   **14**
erfüllt (vgl. § 13 Rn. 11; § 14 Rn. 5 ff., 9, 21). Was den Vorsatz betrifft, so ist er
bezüglich § 224 I Nr. 5 zu verneinen, bezüglich der Nr. 1 und 2 hängt er vom
Einzelfall ab. Denkbar wäre noch die Prüfung einer rohen Misshandlung im
Sinne des § 225 I, die aber an dem Erfordernis der gefühllosen Gesinnung
scheitert (vgl. § 17 Rn. 6; *Jahn*, JuS 2006, 760). Bezüglich § 227 i. V. m. § 18
geht es nicht um spezifische Probleme des Gefahrverwirklichungszusammenhangs, der grundsätzlich auch auf dem Boden der Letalitätslehre zu bejahen
wäre, sondern um Voraussehbarkeitsfragen. Nimmt man an, dass die Aufnahme von 0,5 bis 1 g Kochsalz pro Kilogramm Körpergewicht in aller Regel zum
Tode führt (so BGHSt 51, 18, 19), dann lässt sich angesichts des völlig normalen Kausalverlaufes nicht schon die objektive Voraussehbarkeit in Frage stellen
(a. A. *Satzger*, JK 9/06, StGB § 224/5; *Bosch*, JA 2006, 745). Doch verneint der
BGH bezüglich A in einleuchtender Weise die individuelle Vorhersehbarkeit
des Todeseintritts: Sie habe in nicht vorwerfbarer Weise keine Kenntnis davon
besessen, dass bereits geringe Mengen an Kochsalz bei einem Kleinkind lebensgefährliche Vergiftungserscheinungen hervorzurufen vermögen; denn das
Wissen hierum sei wenig verbreitet und gehöre keinesfalls zu jener medizinischen Sachkenntnis, welche sich fast jede Mutter über kurz oder lang aneigne.
– Falllösung bei *Pape*, Jura 2008, 148 f.

b) § 227 liegt vom hier vertretenen Standpunkt aus ferner vor,   **15**
wenn infolge der vorsätzlichen Körperverletzung das Opfer voraussehbar durch **andere mitwirkende Faktoren** umkommt.

Beispiele: Tödlicher Aufprall nach einem gezielten, wuchtigen Faustschlag   **16**
ins Gesicht (*LG Gera* NStZ-RR 1996, 37; Falllösung bei *Dannecker*, JuS 2002,
1092); tödlich endender „Flug" in eine laufende Maschine oder tödliches Taumeln in den Abgrund nach einem kräftigen Schlag (Falllösung bei *Hinderer*,
JA 2009, 29); tödliches Prallen gegen eine Wand nach Anspringen aus vollem
Lauf (*BGH* NStZ 2001, 478); Fausthieb, der das Opfer ins Taumeln bringt und
auf die Straße befördert, wo es tödlich angefahren wird (Falllösung bei *Wolter*,
JA 2008, 609 f.).
Die **Letalitätslehre** müsste, um zu § 227 zu kommen, prüfen, ob die infolge
der Ausgangskörperverletzung (z. B. Faustschlag) letal werdende Folgever-
letzung (d. h. die Aufprall-/Sturzverletzung) als unwesentliche Abweichung
vom Kausalverlauf noch vom Körperverletzungsvorsatz umfasst wäre. Dieser
(Um-)Weg führt nicht immer zu befriedigenden Ergebnissen.

3. Insbesondere Opfer- und Drittverhalten als Kausalfaktoren

a) Besondere Schwierigkeiten bereiten Fallkonstellationen, in de-   **17**
nen selbstschädigendes Opferverhalten oder das Verhalten Dritter

den Tod (mit) herbeiführt. Ein Beispiel ist das selbstschädigende Panikverhalten im **Fall 3**. Die Letalitätslehre muss hier § 227 verneinen, weil die vorsätzlich zugefügte Misshandlung als solche nicht tödlich verlaufen ist (*Mitsch*, Jura 1993, 21). Demgegenüber bejaht der *BGH* (NJW 1992, 1708) im **Fall 3** zu Recht § 227, weil die Panikreaktion mangels Eigenverantwortlichkeit den tatbestandsspezifischen Zurechnungszusammenhang nicht unterbrechen kann.

18   Diese Rechtsprechung bestätigt BGHSt 48, 34 (ergänzend unten Rn. 31): Hier kam das von mehreren Tätern verfolgte Opfer dadurch zu Tode, dass es aus berechtigter Furcht vor ihm unmittelbar drohenden Misshandlungen (§§ 224 I Nr. 4, 22) einen gefährlichen Fluchtweg einschlug, nämlich die Glasscheibe einer Haustür eintrat, hindurch stieg und dabei tödliche Blutungen erlitt. In dem Fall wird der spezifische Gefahrverwirklichungszusammenhang durch die von den Tätern in zurechenbarer Weise ausgelöste „unfreie" Panik- oder Kurzschlussreaktion begründet. Dabei entfällt der Zurechnungszusammenhang nicht, wenn das Opfer in seiner Panik gar nicht bemerkt hat, dass die Täter die Verfolgung bereits aufgegeben haben.

19   Mit der Entscheidung BGHSt 48, 34 ist die – begrüßenswerte – Abkehr von dem einflussreichen „Rötzel-Fall" faktisch endgültig vollzogen (unterstreichend *BGH* NStZ 2008, 278).

Im „Rötzel-Fall" (*BGH* NJW 1971, 152; abl. dazu *Rengier*, Jura 1986, 143 ff.) wollte die Hausgehilfin nach vorangegangenen gewalttätigen Angriffen, durch die sie erheblich verletzt worden war (tiefe Oberarmwunde, Nasenbeinbruch), vor den fortdauernden Angriffen des Täters durch das Fenster auf einen Balkon flüchten und stürzte dabei tödlich ab.

20   Der *BGH* bejahte damals nur die §§ 223, 222, 52 und verneinte den Tatbestand des § 227 (= § 226 a. F.) mit der Begründung, letztlich habe erst das Opferverhalten den Tod herbeigeführt; die Verletzungshandlung müsse „unmittelbar" todesursächlich sein. Indes wird man, was die Frage der Eigenverantwortlichkeit anbelangt, zwischen dem Panikverhalten der Opfer in den neueren Entscheidungen (BGHSt 48, 34; *BGH* NJW 1992, 1708; NStZ 2008, 278) und dem der Hausgehilfin keinen plausiblen Unterschied finden. Die notstands- und auch panikbedingte Unfreiheit im „Rötzel-Fall" schließt die Freiverantwortlichkeit genauso aus und stellt eine typische Folge der fortdauernden Misshandlungen/Folterungen dar.

Ebenso *Wessels/Hettinger,* BT 1, Rn. 301; *Eisele,* BT I, Rn. 358. – Zum Wandel der Rechtsprechung ferner *Puppe,* JR 2003, 123; *Heger,* JA 2003, 258; *Sowada,* Jura 2003, 553 f.

Die Ersetzung des fraglichen „Unmittelbarkeitsgedankens"   **21** durch das Eigenverantwortlichkeitskriterium verdient daher Zustimmung. Klarere Leitlinien gewinnt man, wenn man sich die von der h. M. anerkannten objektiven Zurechnungskriterien in Erinnerung ruft, die bei Akten der Selbstverletzung und Selbstgefährdung gelten (§ 8 Rn. 3 ff., 21 ff.): Derartige Handlungen unterbrechen nach der von der h. M. vertretenen Einwilligungslösung den Zurechnungszusammenhang nicht, wenn

(1) der sich selbst Gefährdende oder Schädigende in einem Zustand der Schuldlosigkeit agiert, der seine Verantwortlichkeit nach Maßgabe der §§ 19, 20, 35 StGB, 3 JGG ausschließt, oder

(2) der Entscheidung zur Selbstgefährdung/-schädigung keine „ernstliche" Willensbildung im Sinne des § 216 zugrunde liegt, weil sie z. B. auf einer Täuschung oder einem Drohungsszenario beruht (vgl. § 6 Rn. 6).

Ein Todeserfolg, der auf ein so verstandenes „unfreies" Opferverhalten zurückzuführen ist, muss also objektiv zugerechnet werden. Was den anschließend noch festzustellenden spezifischen Gefahrverwirklichungszusammenhang betrifft, so wird das Opferverhalten in der Regel grunddeliktisch bedingt und folglich der Zusammenhang zu bejahen sein.

Auf der hier vertretenen Linie auch *Wessels/Hettinger,* BT 1, Rn. 301; *Sch/Sch/Stree,* § 227 Rn. 5. Abweichend NK/*Paeffgen,* § 18 Rn. 75; *Laue,* JuS 2003, 747. – Zum Ganzen ferner *Kühl,* AT, § 17 a Rn. 24 ff. Eine Falllösung zur Problematik des panikartigen Opferverhaltens bei *Heintschel-Heinegg/Kudlich,* JA 2001, 129, 131 f.

Unterbrochen wird der Zurechnungszusammenhang z. B. dann,   **22** wenn das Opfer eigenverantwortlich eine lebensrettende ärztliche Heilbehandlung verweigert. Die gegenteilige Entscheidung *BGH* NStZ 1994, 394 ist nur unter der Prämisse haltbar, dass die Alkoholkrankheit des Opfers eigenverantwortliches Handeln ausgeschlossen hat.

Dazu auch *Otto,* JK 95, StGB § 226/6; NK/*Paeffgen,* § 227 Rn. 31 und die Falllösung bei *Brüning,* JuS 2007, 255, 259.

b) Überträgt man die von der allgemeinen Vorsatzlehre her be-   **23** kannten Konstellationen der **„dolus-generalis-Fälle"** (*Roxin,* AT I,

§ 12 Rn. 174 ff.) auf die Ebene des § 227 (**Fall 4**), so unterbricht das todesursächliche Anschlussverhalten den Gefahrverwirklichungszusammenhang, da es nicht aus einer tatbestandsspezifischen Gefahr hervorgeht, die einer vorsätzlichen Körperverletzung anhaftet (*BGH* StV 1993, 75; NStZ-RR 1998, 171; *Otto,* JK 98, StGB § 226 a. F./8).

Für ein vergleichbares Drittverhalten im Interesse des Täters – so wenn im Fall 4 die Freundin des A dem Irrtum unterliegen und die todesverursachende Verdeckungshandlung vornehmen würde – kann nichts anderes gelten (a. A. inkonsequent *BGH* NStZ 1992, 333).

24   Erst recht wird der Zurechnungszusammenhang unterbrochen, wenn ein **Dritter,** an die vorsätzliche Körperverletzung eines anderen anknüpfend, seinerseits durch nachfolgende Vorsatztaten den Tod verursacht. Die Rechtsprechung arbeitet auch hier gerne mit dem Unmittelbarkeitsansatz und verneint im Ergebnis zutreffend die Erfolgsqualifikation, wenn der tödliche Ausgang erst durch das Eingreifen eines Dritten herbeigeführt wird (BGHSt 32, 25, 28; ergänzend die Falllösung bei *Frisch/Murmann,* JuS 1999, 1197 f.).

III. Konkurrenzen mit den Tötungsdelikten

25   Gegenüber § 222 stellt § 227 das speziellere Gesetz dar.
Im Falle des Tötungsvorsatzes (vgl. § 18: „wenigstens") kommen im Ergebnis allein die vorsätzlichen Tötungsdelikte (§§ 211 ff.) zur Anwendung. Fraglich ist die Begründung: Die aus systematischen Gründen an sich überzeugendere Exklusivitätslösung beschränkt den § 227 bereits tatbestandlich auf die fahrlässige Tötung (*Krey/ M. Heinrich,* BT 1, Rn. 263; *Rengier,* Erfolgsqualifizierte Delikte, S. 106). Doch ist nicht zu übersehen, dass sich der Gesetzgeber des 6. StrRG 1998 bei den Todeserfolgsqualifikationen mit dem Leichtfertigkeitserfordernis eindeutig für die Konkurrenzlösung entschieden hat (§§ 176 b, 178, 239 a III, 251, 306 c, 307 III, 316 a III). Im Bereich der von § 18 erfassten Todeserfolgsqualifikationen kann dann nichts anderes gelten (neben § 227 I siehe §§ 221 III, 235 V, 239 IV, 330 II Nr. 2, 330 a II).

26   Demnach tritt § 227 hinter die §§ 211 ff. im Wege der Subsidiarität zurück (ebenso *Wessels/Hettinger,* BT 1, Rn. 308). In der **Fallbearbeitung** erübrigt sich allerdings, soweit eine vorsätzliche Tötung vorliegt, die Prüfung des § 227, weil die Vorschrift in diesem Fall zwangsläufig Bestandteil des Tötungsdelikts

ist. Der Blick auf die §§ 223, 227 kann allerdings dann nützlich sein, wenn Beteiligte mitwirken, deren Vorsatz sich nicht auf die tödliche Folge erstreckt (siehe unten Rn. 32 ff. und oben § 14 Rn. 4; ergänzend § 21 Rn. 3).

Zwischen § 227 und einer anschließenden vollendeten vorsätz- **27** lichen Tötung durch Unterlassen nimmt die h. M. Tateinheit an. Man kann dies damit begründen, dass der Tod die typische „letale" Folge der zugefügten Körperverletzungen gewesen ist.

> **Beispiel:** T fügt O mit Körperverletzungsvorsatz schwere Verletzungen zu. T erkennt den lebensgefährlichen Zustand, unternimmt aber nichts weiter, so dass die mögliche Rettung des O unterbleibt.
> Zur h. M. *BGH* NStZ 2000, 29, 30; MüKo/*Hardtung,* § 227 Rn. 26; *Fischer,* § 227 Rn. 12; a. A. *Rengier,* Erfolgsqualifizierte Delikte, S. 177 f., wonach der Tötungsvorsatz zum Ausschluss des Gefahrverwirklichungszusammenhangs bei § 227 führt. Vgl. ergänzend den Fall in § 4 Rn. 64.

Wandelt man das Beispiel so ab, dass O nicht mehr zu retten gewesen wäre, **28** T dies aber angenommen hätte, stünde § 227 mit den §§ 212, (211), 22, 13 in Tateinheit (vgl. *BGH* NStZ-RR 2006, 10 mit Anm. *Satzger,* JK 4/06, StGB § 227/2).

IV. Versuch

Da § 227 als Vorsatzdelikt behandelt wird (§ 11 II), ist ein Ver- **29** such in der Form der **versuchten Erfolgsqualifizierung** (vgl. § 15 Rn. 30 f.) grundsätzlich denkbar, hat aber keine eigenständige Bedeutung, weil dann die §§ 212, (211), 22 einschlägig sind und geprüft werden müssen. Anders liegt es beim **erfolgsqualifizierten Versuch:** Hier führt der Täter infolge einer nach den §§ 223, 22 oder 224, 22 strafbaren versuchten Körperverletzungshandlung in tatbestandsspezifischer Weise den Todeserfolg fahrlässig herbei. Freilich setzt die Bejahung eines solchen Versuchs voraus, dass man die – deshalb auch an dieser Stelle zu diskutierende – Letalitätslehre ablehnt, nach der sich der Tod aus einer vollendeten Körperverletzung entwickeln muss (Rn. 9 ff.).

> **Beispiele:** (1) Im **Fall 1** löst sich zwar der tödliche Schuss, aber der Schlag **30** trifft wider Erwarten nicht den Kopf (Versuch des § 224 I Nr. 2, 5 und tatbestandsspezifische Todesherbeiführung = §§ 227, 22).
> (2) Das Opfer kann einem gefährlichen Angriff (§§ 224, 22) nur unter Lebensgefährdung ausweichen und verunglückt dabei tödlich (§§ 227, 22; zum unfreien Opferverhalten vgl. Rn. 17 ff., 21; Falllösung bei *Beulke* II, Rn. 199 ff.).

31   (3) BGHSt 48, 34: Mehrere Täter verfolgten ihre Opfer, um sie erheblich körperlich zu misshandeln, und versetzten sie in Angst und Panik, brachen aber die Verfolgung ab, weil sie den Kontakt verloren hatten. Die Opfer wähnten aber die Verfolger noch hinter sich. Eines trat in Todesangst die Glasscheibe einer verschlossenen Haustür ein, stieg hindurch und erlitt dabei tödliche Blutungen. – Im Ausgangspunkt nimmt der BGH bezüglich der §§ 223, 224 I Nr. 4 (Schnittverletzungen) einen vorsatzausschließenden Irrtum über den Kausalverlauf an (dazu näher *Müller,* Jura 2005, 635 f.). Folgt man dem, was nicht zwingend ist, und bejaht anschließend mit dem *BGH* § 22 und damit einen Versuch des § 224 I Nr. 4, so gelangt man auch zu den §§ 227, 22 (vgl. bereits Rn. 17 ff.). Zu dieser Entscheidung *Hardtung,* NStZ 2003, 261 ff.; *Puppe,* JR 2003, 123 ff.; *Kühl,* JZ 2003, 637 ff.; *Heger,* JA 2003, 455 ff.; *Laue,* JuS 2003, 743 ff.; *Sowada,* Jura 2003, 549 ff.; *Norouzi,* JuS 2006, 531 ff.; Falllösungen bei *Safferling,* Jura 2004, 64 ff.; *Müller,* Jura 2005, 635 ff. – Zu den Versuchsfällen ferner *Rengier,* Erfolgsqualifizierte Delikte, S. 245 f.; *Sowada,* Jura 1995, 651 ff.

V. Mittäterschaft und Teilnahme

32   § 227 I gehört zu den klassischen erfolgsqualifizierten Delikten mit der Vorsatz-Fahrlässigkeits-Struktur. § 11 II stuft solche Tatbestände als Vorsatzdelikte ein. Folgerichtig nennt § 18 ausdrücklich auch „den Teilnehmer". Im Einzelnen werden Mittäterschaft und Teilnahme nach den zu § 251 dargelegten Grundsätzen geprüft (*Rengier,* BT I, § 9 Rn. 23 f.). Besondere Aufmerksamkeit verdient die Konstellation, dass der Haupttäter § 212 erfüllt, während der Vorsatz des Teilnehmers nur das Körperverletzungsgeschehen umfasst.

33   **Beispiel:** T sagt dem G, er wolle O mit einem Knüppel verprügeln. G ermuntert den T, nicht zu zahm zu sein, ahnt aber nicht, dass T schließlich unter Einsatz des Knüppels mit Tötungsvorsatz und tödlicher Folge auf O einschlägt. – T verwirklicht § 212. Andere Tatbestände (§ 224 I Nr. 2, 5, § 227) sind bei T eigentlich unwichtig, mit Blick auf G freilich von gewisser Bedeutung. Bei G scheitern zunächst die §§ 212, 27 am Gehilfenvorsatz. Anschließend müssen sowohl die §§ 224 I Nr. 2, 5, 27 als auch die §§ 227, 27 (i. V. m. § 18) erkannt und bejaht werden, wobei die §§ 224, 27 im Wege der Konsumtion zurücktreten.

34   Weiter muss sich der Vorsatz des Täters/Beteiligten auf die für den konkreten tödlichen Verlauf in tatbestandsspezifischer Weise ursächliche Körperverletzungshandlung erstrecken. Soweit das tatsächliche Geschehen von einem vereinbarten Tatplan abweicht, erfasst der Vorsatz entsprechend den allgemeinen Regeln auch unwesentliche Abweichungen im Kausalverlauf, d. h. solche, mit denen nach den Umständen des Falles etwa deshalb gerechnet werden muss, weil die verabredete Tatausführung durch eine in ihrer Schwere und Gefährlichkeit gleichwertige ersetzt wird.

Beispiel: Die Mittäter A und B verabreden, O mit ihren Fäusten zu verprü- **35** geln. Bei der Tatausführung nimmt A ohne Tötungsvorsatz ein Messer zu Hilfe. Ein Messerstich ist tödlich. – A erfüllt § 227 (§ 224 I Nr. 2, 4, 5 wird im Wege der Konsumtion verdrängt). B ist Mittäter nur einer gemeinschaftlichen Körperverletzung (§§ 224 I Nr. 4, 25 II). Die §§ 227, 25 II verwirklicht B nicht; denn auf die tödliche Körperverletzung(shandlung) mit dem Messer erstreckt sich sein Vorsatz weder unmittelbar noch nach den Regeln über unwesentliche Abweichungen im Kausalverlauf.

Zum Ganzen *BGH* MDR/H 1995, 444; NStZ 1997, 82; NStZ-RR 2005, 71, 72; *Rengier,* Erfolgsqualifizierte Delikte, S. 254 ff.; *Kudlich,* JA 2000, 516; *Sowada,* Schroeder-FS, 2006, S. 621 ff. – Damit nicht vereinbar *BGH* NStZ-RR 2007, 76 i.V.m. S. 43 mit abl. Anm. *Geppert,* JK 7/07, StGB § 227/3.

Schließlich gelten die vorstehenden Grundsätze auf der **Unter- 36 lassungsebene** entsprechend. Tötet beispielsweise eine Mutter ihr Kind gemäß § 227, so setzt der gegen den Vater gerichtete Vorwurf, sich an der Körperverletzung mit Todesfolge durch Unterlassen beteiligt zu haben, voraus, dass sich sein Vorsatz auf solche von der Mutter begangene Körperverletzungen erstreckt, denen das Risiko eines tödlichen Ausgangs anhaftet.

Vgl. BGHSt 41, 113, 118 f.; *BGH* NJW 1995, 3194 mit Anm. *Otto,* JK 96, StGB § 226/7 und *Wohlers,* JR 1996, 471 ff.; *Ingelfinger,* GA 1997, 573 ff. Ergänzend *BGH* NStZ 2006, 686.

Empfehlungen zur vertiefenden Lektüre:

Rechtsprechung: BGHSt 48, 34 (erfolgsqualifizierter Versuch des § 227 bei riskanter Flucht); BGHSt 51, 18 (Unvorhersehbarkeit einer tödlichen Kochsalzintoxikation); *BGH* NJW 1992, 1708 und NStZ 2008, 278 (riskante Fluchtversuche in Panik bei Misshandlungen); *BGH* StV 1993, 75 und NStZ-RR 1998, 171 (Todeseintritt erst durch Anschlussverhalten); *BGH* NStZ 1997, 82 (Mittäterschaft); *BGH* NStZ 1997, 341 (Herzinfarkt nach brutalen Körperverletzungshandlungen); BGH NStZ 2008, 686 (Zurechnung des Todeserfolges bei einer „medizinischen Rarität" als konkreter Todesursache).

Literatur: *B. Heinrich/Reinbacher,* Objektive Zurechnung und „spezifischer Gefahrzusammenhang" bei den erfolgsqualifizierten Delikten, Jura 2005, 743 ff.; *Kudlich,* Die Teilnahme am erfolgsqualifizierten Delikt, JA 2000, 511 ff.; *Mitsch,* Sturz aus dem Fenster, Jura 1993, 18 ff.; *Rengier,* Opfer- und Drittverhalten als zurechnungsausschließende Faktoren bei § 226 StGB, Jura 1986, 143 ff.; *Sowada,* Das sog. „Unmittelbarkeits"-Erfordernis als zentrales Problem erfolgsqualifizierter Delikte, Jura 1994, 643 ff.

§ 17. Misshandlung von Schutzbefohlenen (§ 225)

I. Grundlagen und Aufbaufragen

1   § 225 I enthält – abgesehen von der Ausnahme des seelischen Quälens – qualifizierte Körperverletzungsfälle, die an das Bestehen eines bestimmten Schutzverhältnisses anknüpfen. Die Bedeutung der Vorschrift ist eher gering. Von daher besteht eine gewisse Gefahr, die Struktur des § 225 nicht richtig zu erfassen. Diese verdeutlicht das folgende

2

Aufbauschema (§ 225)

  I. Tatbestandsmäßigkeit
    1. Objektiver Tatbestand
      a) Tatobjekt: Eine Person, die
        aa) unter 18 Jahren alt oder wegen Gebrechlichkeit oder Krankheit wehrlos ist, und
        bb) einem der Schutzverhältnisse des Abs. 1 Nr. 1–4 untersteht.
      b) Tathandlungen
        aa) Quälen,
        bb) Roh misshandeln oder
        cc) Schädigung der Gesundheit durch Vernachlässigung der Sorgepflicht
    2. Subjektiver Tatbestand
      a) Vorsatz
      b) Bei der dritten Tathandlung: Böswilligkeit
  II. Rechtswidrigkeit
  III. Schuld
  IV. Qualifikationen (§ 225 III)

II. Schutzverhältnis

3   Der objektive Tatbestand verlangt, dass zwischen dem Täter und der minderjährigen oder wehrlosen Person eines der in Abs. 1 aufgeführten vier Schutzverhältnisse besteht. Dieses Verhältnis

zum „Schutzbefohlenen" muss eine **rechtliche Verpflichtung** beinhalten; ein bloßes Gefälligkeitsverhältnis genügt nicht (*BGH* NJW 1982, 2390).

Für nicht schutzpflichtige Teilnehmer greift § 28 II ein. Eine 4 Ausnahme gilt lediglich für den von § 223 I nicht erfassten, daher strafbarkeitsbegründenden Fall des rein seelischen Quälens (Rn. 5), bei dem § 28 I anzuwenden ist (Sch/Sch/*Stree*, § 225 Rn. 16; *Lackner/Kühl*, § 225 Rn. 3).

III. Tathandlungen

Weiter unterscheidet der Tatbestand des § 225 I drei Hand- 5 lungsmodalitäten:

(1) **Quälen** bedeutet Verursachung länger dauernder oder sich wiederholender erheblicher Schmerzen oder Leiden (auch seelischer Art). Das Tatbestandsmerkmal wird typischerweise durch Vornahme mehrerer Handlungen verwirklicht (*BGH* NStZ-RR 2007, 306). Da bei dieser Modalität die Zufügung rein seelischer Beeinträchtigungen genügen kann, sind Ausnahmefälle denkbar, in denen der Tatbestand des § 225 I ohne die Voraussetzungen des § 223 verwirklicht wird und daher die Strafe begründet.

Beispiel: Versetzen eines Kindes in Todesangst etwa durch Einsperren in dunklen Keller. – Zum „seelischen Quälen mit Todesfolge" als Fall des § 227 I siehe § 16 Rn. 12.

(2) Die **rohe Misshandlung** ist dadurch gekennzeichnet, dass 6 der Täter das körperliche Wohlbefinden des Opfers (über § 223 hinausgehend) erheblich beeinträchtigt und aus einer gefühllosen Gesinnung handelt. Eine solche liegt vor, wenn der Täter das Gefühl für das Leiden des Misshandelten verloren hat. Trotz der subjektiven Komponente handelt es sich – wie bei der strukturell vergleichbaren Grausamkeit (vgl. § 4 Rn. 7 f., 44) – um ein tatbezogenes Merkmal.

Hierzu BGHSt 25, 277; *BGH* NStZ 2004, 94; 2007, 405 mit Anm. *Satzger,* JK 9/07, StGB § 225 I/2; ergänzend *Küper,* BT, S. 232.

(3) Die dritte Tatbestandsmodalität, die **eine Schädigung der** 7 **Gesundheit durch böswillige Vernachlässigung der Sorgepflicht** erfordert, stellt ein Unterlassungsdelikt dar. **Böswillig** handelt, wer die Sorgepflicht aus einem besonders verwerflichen Motiv

(z. B. Bosheit, Sadismus, Hass, Geiz, Eigensucht), nicht aber aus Gleichgültigkeit oder Schwäche verletzt (vgl. BGHSt 3, 20, 22; *BGH* NStZ 1991, 234; *Fischer,* § 225 Rn. 11). Die Böswilligkeit kann man als besonderes subjektives Tatbestandsmerkmal ansehen. Außerdem gehört sie – wie das Verhältnis zum Schutzbefohlenen (Rn. 3) – zu den persönlichen Merkmalen im Sinne des § 28, und zwar zu den strafschärfenden gemäß § 28 II (MüKo/*Hardtung,* § 225 Rn. 28, 32).

8   (4) Bezüglich der Modalitäten des Quälens und der rohen Misshandlung ist noch zu beachten, dass sie auch durch (unechtes) Unterlassen verwirklicht werden können, etwa wenn der Schutzpflichtige notwendige ärztliche Hilfe nicht herbeiholt. Dem steht die dritte Modalität, die besonders normierte Unterlassungsvariante, nicht entgegen; aus ihr darf man einen gegenteiligen Schluss nicht ableiten.

BGHSt 41, 113, 116 f.; *BGH* NStZ 1991, 234; 2004, 94; NJW 2008, 2199, 2200, 2201; LK/*Hirsch,* 11. Aufl., § 225 Rn. 17.

IV. Sonstiges

9   Nach § 225 II ist der **Versuch** strafbar. § 225 III (Verbrechen) enthält **Qualifikationen** in der Form konkreter Gefährdungsdelikte (dazu § 44 Rn. 6), die vorsätzliches Handeln auch bezüglich der Gefährdung voraussetzen (§ 15). Zum Begriff der schweren Gesundheitsschädigung siehe § 10 Rn. 16 f. Zum Konkurrenzverhältnis mit den §§ 224, 226, 227 und §§ 212, 211, (22) siehe § 21 Rn. 1 ff., 8.

§ 18. Beteiligung an einer Schlägerei (§ 231)

Fall 1: A, B und C greifen den D an. Es kommt zu einer Prügelei, aus der sich schließlich B nach einer Verletzung zurückzieht. A, C und D schlagen weiter aufeinander ein, wobei ein Auge des A so getroffen wird, dass es später erblindet. → Rn. 12

I. Grundlagen und Aufbaufragen

1   Bei § 231 handelt es sich um ein abstraktes Gefährdungsdelikt, das schon die bloße – vorwerfbare (§ 231 II) – Beteiligung an einer

Schlägerei oder einem Angriff deshalb bestraft, weil Schlägereien erfahrungsgemäß schwerwiegende Folgen auch für Außenstehende haben können. Von daher schützt der Tatbestand ein Allgemeininteresse und ist nicht einwilligungsfähig. Als gesetzgeberisches Motiv spielen ferner – mit den unübersichtlichen Tatsituationen zusammenhängende – Beweisschwierigkeiten eine Rolle, die es oft unmöglich machen, für Körperverletzungs- und Tötungserfolge einen bestimmten Beteiligten gemäß den §§ 223 ff., 211 ff. strafrechtlich zur Verantwortung zu ziehen. Freilich ist § 231 auch zu prüfen, wenn solche Taten vorliegen (Falllösung bei *Laubenthal*, JA 2004, 39 ff.).

Den Gedanken des abstrakten Gefährdungsdelikts einschränkend hält der Gesetzgeber die Beteiligung als solche nur dann für strafbedürftig, wenn die Schlägerei (der Angriff) eine schwere Folge (Tod oder einen Erfolg im Sinne des § 226 I) verursacht hat (objektive Bedingung der Strafbarkeit).

Im **Aufbau** ist zu beachten, dass die Prüfung der objektiven 2 Bedingung der Strafbarkeit vom objektiven und subjektiven Tatbestand getrennt werden muss und am besten nicht erst nach der Schuld, sondern bereits nach der Tatbestandsmäßigkeit erfolgt. Daraus ergibt sich folgendes

---

Aufbauschema (§ 231)

I. Tatbestandsmäßigkeit
  1. Objektiver Tatbestand
    a) Vorliegen einer Schlägerei (oder: eines von mehreren verübten Angriffs), an der (dem)
    b) der Täter sich beteiligt.
  2. Subjektiver Tatbestand: Vorsatz
II. Tatbestandsannex: Objektive Bedingung der Strafbarkeit
  1. Verursachung einer schweren Folge (Tod oder eine Folge des § 226 I), und zwar
  2. *durch* die Schlägerei (den Angriff) = Realisierung der Gefährlichkeit der Schlägerei (des Angriffs) im schweren Erfolg
III. Rechtswidrigkeit (beachte § 231 II, Rn. 13)
IV. Schuld (beachte § 231 II, Rn. 13)

II. Tatbestand

3   Unter einer **Schlägerei** versteht man eine mit gegenseitigen Körperverletzungen verbundene tätliche Auseinandersetzung, an der mindestens drei Personen aktiv körperlich mitwirken (BGHSt 31, 124, 125; *Küper*, BT, S. 262). Eine rein psychische Mitwirkung genügt nicht. Daher entsteht keine Schlägerei, falls ein Dritter einen tätlichen Zweikampf nur durch Anfeuerungsrufe unterstützt. Umgekehrt entfällt eine Schlägerei und damit die erste Tatbestandsvariante, wenn sich Mitwirkende aus einer laufenden Schlägerei entfernen und dadurch *vor* der erfolgsverursachenden Handlung die Auseinandersetzung auf zwei Personen reduzieren (*OLG Köln* NJW 1962, 1688).

3a   Bei dem Tatbestandsmerkmal „**sich ... beteiligt**" ist auf Folgendes zu achten:

(1) An einer Schlägerei „beteiligt" man sich auch, wenn die eigene (aktiv körperliche) Mitwirkung als dritte Person die Schlägerei erst begründet (*Jäger*, JuS 2000, 38 f.).

(2) Das Merkmal knüpft nicht an den Teilnahmebegriff des Beteiligten (§ 28 II) an, sondern meint Personen, die aktiv an der tätlichen Auseinandersetzung mitwirken. Daher wird z.B. nicht nur erfasst, wer einem Akteur ein Tatwerkzeug reicht, sondern auch, wer in berechtigter Notwehr *aktiv* – also in der Form der Gegenwehr – mitwirkt und sich nicht auf reine Schutzwehr beschränkt.

(3) Nach wohl h.M. soll unter der Voraussetzung, dass eine Schlägerei mit den dafür erforderlichen drei physisch aktiven Personen bereits vorliegt, auch eine bloß psychische Mitwirkung an dem Schlägereigeschehen wie das Anfeuern eine täterschaftliche Beteiligung und nicht nur eine Beihilfe zu § 231 darstellen.

LK/*Hirsch*, 11. Aufl., § 231 Rn. 7 m.w.N.; MüKo/*Hohmann*, § 231 Rn. 14 ff. – A.A. *Stree*, Schmitt-FS, 1992, S. 219 f.; *Lackner/Kühl*, § 231 Rn. 3.

4   Unter einem **von mehreren verübten Angriff** ist die feindselige, unmittelbar auf den Körper eines anderen abzielende Einwirkung von mindestens zwei Personen zu verstehen. Bei den Angreifenden muss Einheitlichkeit des Angriffs, des Angriffsgegenstandes und des Angriffswillens vorliegen. Anders als bei der Schlägerei werden Tätlichkeiten nicht unbedingt vorausgesetzt. Auch müssen die Angreifer nicht notwendig mittäterschaftlich zusammenwirken (BGHSt 31, 124, 126; 33, 100, 102). *Achtung:* Die Angriffsvariante wird infolge des Leitbildes „Schlägerei" leicht übersehen.

Beispiel (*BGH* NStZ-RR 2000, 331 mit Anm. *Geppert,* JK 01, StGB § 231/1): Zehn Personen haben sich bewaffnet, fahren zum Tatort und wollen gleich nach der Ankunft Festgäste überfallen. C steigt als erster aus und versetzt sogleich seinem Opfer H einen möglicherweise bereits tödlichen Messerstich. – Da der Angriff des C schon Teil des gemeinsam gewollten Angriffs war, verwirklicht jeder der zehn Beteiligten die Angriffsvariante unabhängig davon, wie intensiv er mitgewirkt und wer genau den Tod des H verursacht hat.

Es handelt sich um ein Vorsatzdelikt. Der Vorsatz muss das 5 Vorliegen einer Schlägerei bzw. eines Angriffs erfassen.

III. Objektive Bedingung der Strafbarkeit

Die von § 231 I weiter verlangte Verursachung einer schweren 6 Folge durch die Schlägerei (den Angriff) stellt nach der zutreffenden h.M. eine objektive Bedingung der Strafbarkeit dar, auf die sich weder Vorsatz noch Fahrlässigkeit erstrecken müssen. Diese Regelung ist mit dem Schuldgrundsatz vereinbar, weil bereits die Beteiligung an einer Schlägerei strafwürdiges Unrecht darstellt, das der Gesetzgeber strafbarkeitsbegrenzend nur beim Eintritt einer besonderen Folge für strafbedürftig hält.

Zur h.M. siehe BGHSt 33, 100, 103; *Gottwald,* JA 1998, 771 ff.; *Satzger,* Jura 2006, 110 f.; *Geisler,* GA 2000, 176 ff. Die Gegenmeinung verlangt bezüglich der schweren Folge fahrlässiges Handeln (LK/*Hirsch,* 11. Aufl., § 231 Rn. 1, 13, 15; *Roxin,* AT I, § 23 Rn. 12).

Als schwere Folge kommen der Tod oder einer der verschiede- 7 nen Erfolge des § 226 I (§ 15 Rn. 5 ff.) in Betracht. Bei wem (Beteiligter, Polizist, Passant) die Folge eintritt, ist grundsätzlich gleichgültig. Die Verursachung **durch** die Schlägerei oder den Angriff setzt freilich voraus, dass sich nach den Regeln der objektiven Zurechnung im Erfolg die Gefährlichkeit der Schlägerei (des Angriffs) realisiert. Dies ist z.B. beim Herzinfarkt eines bloßen Zuschauers nicht der Fall (dazu Sch/Sch/*Stree,* § 231 Rn. 14; *Lackner/Kühl,* § 231 Rn. 5; *Hardtung,* JuS 2008, 1064 f.).

Problemfälle sind mit dem Gedanken der objektiven Zurech- 8 nung zu lösen. Dass ein Angreifer in Notwehr schwer verletzt/ getötet wird, stellt ein typisches Tatbestandsrisiko dar und reicht daher aus (BGHSt 33, 100; h. M.; a. A. *Günther,* JZ 1985, 587), und zwar auch für die Strafbarkeit des Beteiligten, der durch Tötung in erlaubter Notwehr selbst die objektive Bedingung der Strafbarkeit setzt (BGHSt 39, 305, 307 ff.).

Beispiel: In einer von A, B und C angezettelten Schlägerei kann sich A einem lebensbedrohenden Würgegriff des B nur dadurch entziehen, dass er den B in lebensgefährlicher Weise mit Messerstichen abwehrt. B stirbt. – Bezüglich § 212 ist A gemäß § 32 gerechtfertigt, da innerhalb einer Schlägerei das Notwehrrecht nicht generell verloren geht und die Abwehrhandlung auch dann geboten bleibt, wenn man von einer schuldhaften Herbeiführung der Notwehrlage ausgeht. Dagegen erfüllt A § 231. § 231 II (unten Rn. 13) greift nicht ein; denn A hat sich am Anfang ohne Rechtfertigung oder Entschuldigung, also in vorwerfbarer Weise an der tätlichen Auseinandersetzung beteiligt. C ist ebenfalls nach § 231 strafbar.

9   Nach der wohl h. M. soll der Strafbarkeit des Schlägers bzw. Angreifers ferner nicht im Wege stehen, dass ausschließlich er im Sinne des § 226 schwer verletzt ist und folglich allein seine Verletzung die Strafbarkeit aus § 231 begründet. Diese Ansicht verdient keinen Beifall, weil sie auf eine allgemeinen Zurechnungsgrundsätzen widersprechende Strafbarkeitsbegründung durch Selbstverletzung hinausläuft und ein solcher Täter auch nicht aus den §§ 223 ff. haften könnte.

Wie hier *Günther,* JZ 1985, 586 f.; LK/*Hirsch,* 11. Aufl., § 231 Rn. 10; im Ergebnis auch *Eisele,* BT I, Rn. 400; ergänzend oben § 13 Rn. 3 f. – Zur h. M. BGHSt 33, 100, 104; *Stree,* Schmitt-FS, 1992, S. 224 ff.; MüKo/*Hohmann,* § 231 Rn. 22; *Hardtung,* JuS 2008, 1064.

10   Was den **Zeitpunkt der Beteiligung** anbelangt, so ist es richtig, aus § 231 auch den Täter zu bestrafen, der an der Schlägerei zu dem Zeitpunkt gar nicht mehr beteiligt ist, in dem die für die schwere Folge ursächliche Handlung vorgenommen wird; denn typischerweise hat seine frühere Mitwirkung die Streitfreudigkeit der Beteiligten gesteigert und lebt insoweit in der andauernden gefährlichen Schlägerei fort.

BGHSt 14, 132; *Otto,* BT, § 23 Rn. 6; a. A. *Krey/M. Heinrich,* BT 1, Rn. 297, die eine Beteiligung während der Zeit der Verursachung verlangen.

11   Jedoch überzeugt es nicht, wenn BGHSt 16, 130 auch noch denjenigen gemäß § 231 (= § 227 a. F.) bestrafen will, der erst nach Verursachung der schweren Folge hinzustößt und sich schuldhaft beteiligt. Der Zweck des § 231, Beweisschwierigkeiten entgegen-

zuwirken (Rn. 1), legitimiert es nicht, einen Täter zu erfassen, der zur Realisierung der die Tatgefährlichkeit dokumentierenden objektiven Strafbarkeitsbedingung überhaupt nichts beigetragen hat.

Ebenso Sch/Sch/*Stree*, § 231 Rn. 15; LK/*Hirsch*, 11. Aufl., § 231 Rn. 8; *Kindhäuser*, BT I, § 11 Rn. 19; *Satzger*, Jura 2006, 112. – Dem *BGH* zust. *Wessels/Hettinger*, BT 1, Rn. 359 f.; *Beulke* III, Rn. 41 f.

Im Fall 1 ist A als im Sinne des § 226 I Nr. 1 schwer verletztes Opfer nach **12** der hier vertretenen Ansicht nicht aus § 231 strafbar. – B erfüllt dagegen § 231, da sein „Aussteigen" vor der erfolgsverursachenden Handlung die „Zurechnung" der objektiven Strafbarkeitsbedingung nicht ausschließt; auch bleiben drei aktive Beteiligte (= Schlägerei) übrig, woran ein etwaiges Handeln des D in Notwehr nichts ändern würde (BGHSt 15, 369). – Bei C liegt § 231 unproblematisch vor. – Was die (nach dem Sachverhalt offene) Strafbarkeit des D aus § 231 anbelangt, so beginnt sie (§ 231 II), sobald er sich in vorwerfbarer Weise beteiligt, und das heißt: sobald er sich nicht mehr auf rechtfertigende oder entschuldigende Umstände (etwa §§ 32, 33) berufen kann und trotzdem noch mitmacht.

Eine Falllösung mit verschiedenen Fragen des § 231 bei *Kretschmer*, Jura 1998, 244 ff.

IV. Vorwerfbarkeit der Beteiligung (§ 231 II)

§ 231 II schließt die Strafbarkeit aus, wenn (und solange) der **13** Täter in nicht vorwerfbarer Weise an der Schlägerei oder dem Angriff mitwirkt. Dies ist der Fall, soweit Rechtfertigungs- oder Entschuldigungsgründe eingreifen und die *gesamte* Beteiligung durch solche Gründe gedeckt wird (vertiefend *Eisele*, JR 2001, 270 ff.; Falllösung bei *Laubenthal*, JA 2004, 39, 43 ff.).

V. Konkurrenzen

Angesichts der besonderen Schutzrichtung des Schlägereitatbe- **14** standes (Rn. 1) besteht nach h. M. zwischen § 231 und den §§ 211 ff., 223 ff. grundsätzlich Idealkonkurrenz. Die Gegenmeinung will § 231 als Gefährdungsdelikt generell hinter die §§ 211 ff., 226, 227 zurücktreten lassen.

Zur h. M. BGHSt 33, 100, 104; *Fischer*, § 231 Rn. 11; MüKo/*Hohmann*, § 231 Rn. 31. – Zur Gegenmeinung *Gössel/Dölling*, BT 1, § 15 Rn. 18; *Maurach/Schroeder*, BT 1, § 11 Rn. 5, 12.

15   Richtig ist es, Gesetzeskonkurrenz in Form der Konsumtion lediglich bei mittäterschaftlichen Angriffen anzunehmen, deren Unrecht sich in einem Individualangriff erschöpft.

Sch/Sch/*Stree,* § 231 Rn. 17; LK/*Hirsch,* 11. Aufl., § 231 Rn. 22; a. A. wohl *BGH* NStZ-RR 2007, 76, 77.

Empfehlungen zur vertiefenden Lektüre:

Rechtsprechung: BGHSt 14, 132 (Verursachung der schweren Folge nach „Ausstieg"); BGHSt 16, 130 (Verursachung der schweren Folge vor „Einstieg"); BGHSt 31, 124 (zu diversen Fragen); BGHSt 33, 100 (insbesondere Tötung des Angreifers in Notwehr).

Literatur: *Gottwald,* Die objektive Bedingung der Strafbarkeit, JA 1998, 771 ff.; *Hardtung,* Die Körperverletzungsdelikte, JuS 2008, 1060 ff.; *Henke,* Beteiligung an einer Schlägerei (§ 227 StGB), Jura 1985, 585 ff.; *Satzger,* Die objektive Bedingung der Strafbarkeit, Jura 2006, 108 ff.; *Stree,* Probleme des Schlägereitatbestandes, Schmitt-FS, 1992, S. 215 ff.

§ 19. Fahrlässige Körperverletzung (§ 229)

1   Das Merkmal „Körperverletzung" nimmt auf § 223 Bezug und umfasst sowohl die körperliche Misshandlung als auch die Gesundheitsschädigung (§ 13 Rn. 7 ff., 11 ff.).

2   Da die §§ 226, 227 als Grunddelikt eine vorsätzliche Körperverletzung voraussetzen, kann im Rahmen des § 229 der Eintritt einer schweren Folge im Sinne des § 226 I – unter den Voraussetzungen des § 46 – nur bei der Strafzumessung berücksichtigt werden. Hat die fahrlässige Körperverletzung in voraussehbarer Weise den Tod zur Folge, wird § 222 erfüllt.

3   Beim Tatbestand des § 229 stellen sich in erster Linie Probleme aus der allgemeinen Fahrlässigkeitslehre ein, die hier nicht zu erörtern sind. Weitere Fragen, die (auch) für § 229 Bedeutung haben, werden in anderen Zusammenhängen angesprochen. Insoweit ist zu verweisen auf

(1) § 13 Rn. 2 zur Problematik fahrlässiger pränataler Einwirkungen;

(2) § 13 Rn. 3 ff. und § 20 zur Teilnahme an (freiverantwortlichen) Selbstverletzungen und -gefährdungen bzw. zur Einwilligung in Fremdverletzungen und -gefährdungen.

§ 20. Einwilligung des Verletzten und § 228

Fall 1: Auf seinen Wunsch hin darf sich der erfahrene Skateboardfahrer S an das Kraftrad des A anhängen. Bei einer von S gebilligten Geschwindigkeit zwischen 35 bis 40 km/h verliert S unerwartet die Kontrolle und verunglückt tödlich (*BayObLG* NZV 1989, 80). → Rn. 6

Fall 2: Trotz eindringlicher Warnung vor allen Gefahren bedrängt X den Fährmann F, ihn bei stürmischem Wetter über den Fluss zu setzen. Das Boot kentert. a) X wird schwer verletzt. b) X ertrinkt (so in RGSt 57, 172). → Rn. 6, 9, 11, 13

Fall 3: B lässt sich von E in dessen Pkw nach Hause fahren, obwohl er klar erkennt, dass E alkoholbedingt fahruntüchtig ist. Infolge des Alkoholgenusses verschuldet E einen Unfall, bei dem a) B verletzt, b) B getötet wird. → Rn. 6, 9, 11, 13

Fall 4: Der Fahrer G eines getunten Golfs mit O als Beifahrer und der Fahrer P eines Porsche Carrera mit B als Beifahrer führten auf Autobahnen mehrfach abgesprochene „Beschleunigungsrennen" durch. Das zum Tode des O führende Rennen leiteten die beiden Fahrer dadurch ein, dass sie zunächst durch langsames Nebeneinanderfahren einen künstlichen Stau verursachten, bevor O durch Herunterzählen mit den Fingern das Startzeichen gab. Während O das Rennen filmte, tauchte vor G und P ein mit 116 km/h bei erlaubten 120 km/h äußerst rechts fahrender Opel auf. G und P setzten ihr Rennen dennoch fort, so dass es zu einem „Dreierüberholungsmanöver" kam, bei dem G und P mit rund 240 km/h, beide auf der linken Fahrbahn und nur 30 cm voneinander entfernt, den Opel überholten. Der äußerst links fahrende Golf geriet auf den Grünstreifen und beim zu starken Zurücksteuern so ins Schleudern, dass sich der Pkw mit tödlicher Folge für O überschlug (BGHSt = *BGH* 4 StR 328/08). → Rn. 6, 11, 14

Fall 5: M überredet seine Frau F, auf ihn mit einer angeblich ungeladenen Schusswaffe zu schießen. F übersieht, von M eingeplant, aus Unachtsamkeit die im Lauf befindliche Patrone und tötet durch den Schuss M (*OLG Nürnberg* NJW 2003, 454). → Rn. 6 a

I. Grundlagen

Während die Einwilligung in eine vorsätzliche Tötung durch andere („Fremdtötung") die Strafbarkeit nicht beseitigen kann (zur „Einwilligungssperre" des § 216 vgl. § 6 Rn. 1, § 7 Rn. 1), steht bei den Körperverletzungsdelikten die prinzipielle Dispositionsbefugnis des Verletzten außer Frage. Nur in den Fällen des § 228 nimmt der Gesetzgeber ausnahmsweise der Einwilligung in eine 1

„Fremdverletzung" die nach h.M. rechtfertigende Kraft (zur Einwilligungsdogmatik *Kühl*, AT, § 9 Rn. 20ff.).

2   § 228 stellt darauf ab, ob die hingenommene **Körperverletzungs-Tat** gegen die guten Sitten verstößt. Sofern lediglich die Einwilligung auf sittenwidrigen Motiven beruht, berührt dies die Rechtfertigung der Tat nicht. Der Unrechtsgehalt muss **rechtsgutsbezogen** in der (Schwere der) Körperverletzung liegen. Ob dies der Fall ist, zeigt sich, wenn man den verfolgten Zweck hinwegdenkt.

> **Beispiele:** Bezahlte Blutspenden werden nicht dadurch sittenwidrig, dass der Spender mit den erlangten Geldern etwa Bestechungen finanzieren will. Eine kosmetische Gesichtsoperation verstößt auch dann nicht gegen § 228, wenn mit ihr das Aussehen eines gesuchten Verbrechers verändert werden soll (LK/*Hirsch*, 11. Aufl., § 228 Rn. 9).

2a   Was den **Begriff der guten Sitten** betrifft, so gerät er wegen seiner generalklauselartigen Weite in Konflikt mit dem Bestimmtheitsgebot (Art. 103 II GG). Vor diesem Hintergrund hat sich der *BGH* in überzeugender Weise dafür ausgesprochen, den Begriff auf seinen Kern zu beschränken und einen Verstoß der Körperverletzungstat gegen die guten Sitten nur anzunehmen, wenn sicher festgestellt werden kann, dass die Tat „nach allgemein gültigen moralischen Maßstäben, die vernünftigerweise nicht in Frage gestellt werden können, mit dem eindeutigen Makel der Sittenwidrigkeit behaftet ist". Die übliche Formel vom Verstoß gegen das Anstandsgefühl aller billig und gerecht Denkenden hat keinen anderen Sinn (BGHSt 49, 34, 41; Sch/Sch/*Stree*, § 228 Rn. 6).

2b   Beim Urteil über die Sittenwidrigkeit sind Art, Umfang und (nach h.M.) Zweck der Körperverletzung zu berücksichtigen. Da freilich **die Tat** gegen die guten Sitten verstoßen muss, genügt die Verfolgung verwerflicher (unmoralischer, strafbarer) Zwecke für sich allein nicht. Vielmehr kommt dem **Gewicht des tatbestandlichen Rechtsgutsangriffs** und damit dem **Umfang der (drohenden) Verletzung** eine entscheidende Bedeutung zu. Insoweit sind die Grenzen moralischer Verwerflichkeit grundsätzlich überschritten, wenn der Einwilligende in konkrete Todesgefahr gebracht wird (BGHSt 49, 34, 44; 49, 166, 173; vgl. ferner LK/*Hirsch*, 11. Aufl., § 228 Rn. 9). Entsprechendes muss für einverständliche Körperverletzungen gelten, bei denen die konkrete Gefahr des Eintritts eines schweren Körperverletzungserfolges im

Sinne des § 226 I oder einer vergleichbaren anderen schweren Gesundheitsschädigung (§ 10 Rn. 16 ff.) besteht oder ein solcher schwerer Erfolg herbeigeführt werden soll. Ausnahmen können sich ergeben, wenn billigenswerte Zwecke wie eine lebensrettende Operation oder Organspende verfolgt werden (vgl. LK/*Hirsch*, 11. Aufl., § 228 Rn. 9; *Eisele*, BT I, Rn. 289).

Hinter § 228 und diesen Grundsätzen stecken die Wertung des § 216 und der Gedanke, dass auch bestimmte Verfügungen über die körperliche Integrität mit Gemeinschaftsinteressen in Konflikt geraten können (BGHSt 49, 166, 173 f.; *Jescheck/Weigend*, AT, § 34 III 2; *Roxin*, AT I, § 13 Rn. 44; *Otto*, JR 1999, 124 f.).

Beispiele: Eine **einverständliche Heroininjektion** ist trotz ihrer Strafbarkeit 2c (§ 29 I 1 Nr. 1, 6 b BtMG) grundsätzlich nicht gemäß § 228 rechtswidrig, es sei denn, dass das Rauschgift nach den Umständen eine konkrete Todesgefahr für das Opfer herbeiführt (BGHSt 49, 34, 42 ff.). Entsprechendes gilt für einverständlich vorgenommene **sadomasochistische Praktiken** (BGHSt 49, 166). Körperverletzungen im Zusammenhang mit einem **illegalen Schwangerschaftsabbruch** können auf dem Boden der neuen BGH-Rechtsprechung nicht mehr generell, sondern nur noch bei konkreten Lebens- oder schweren Gesundheitsgefahren für die Schwangere als sittenwidrig eingestuft werden. Auch das einverständliche Verabreichen namentlich von Spritzen zu Zwecken des **Dopings** ist im Lichte dieser Rechtsprechung nur noch in Ausnahmefällen im Sinne des § 228 sittenwidrig. Unwirksam ist die Einwilligung in eine den Grad einer schweren Gesundheitsschädigung erreichende **Verstümmelung,** um eine Rente zu erhalten. *BayObLG* NJW 1999, 372 (als Falllösung bei *Hillenkamp*, JuS 2001, 159 ff.): Die Einwilligung, sich in brutaler und § 224 I Nr. 4 und 5 erfüllender Weise **zusammenschlagen** zu lassen, um in eine Jugend-Gang aufgenommen zu werden, ist sittenwidrig, weil die konkrete Gefahr schwerer Gesundheitsschäden besteht (Kriterium des Umfangs) und der „menschenunwürdigen Unterwerfung" kein positiver (z. B. sportlicher) Zweck innewohnt. Vor diesem Hintergrund lässt das *BayObLG* die schwierige Frage der Einwilligungsfähigkeit des (fast 16-jährigen) Jugendlichen im Ergebnis offen (dazu vertiefend *Amelung*, NStZ 1999, 458 ff.). Ausführlich zum Ganzen *Roxin*, AT I, § 13 Rn. 38 ff. – Siehe ferner Rn. 8 ff.

II. Insbesondere Teilnahme an Selbstgefährdung und einverständliche Fremdgefährdung

1. Teilnahme an Selbstgefährdung und Abgrenzung zur Fremdgefährdung

3   Von vornherein außerhalb des Einwilligungsbereichs und somit auch des § 228 liegen Teilnahmen an einer freiverantwortlichen Selbstverletzung bzw. Selbstgefährdung, die zur Folge haben, dass sich das Körperverletzungsrisiko realisiert. Insoweit gelten die zur straflosen Teilnahme an der Selbsttötung und einer Selbstgefährdung mit tödlichem Ausgang entwickelten Regeln entsprechend (vgl. § 8 Rn. 1 ff., 21 ff.).

4   Demzufolge begeht ein Arzt keine Körperverletzung gemäß §§ 223, 25 I 2. Var. oder § 229, der einem anderen unbegründet Arznei-, Doping- oder Betäubungsmittel verschreibt oder herausgibt, sofern der andere – mit körperverletzenden Folgen – das Mittel selbst einnimmt und eigenverantwortlich handelt (dazu *BayObLG* NJW 1995, 797, 798).

5   Zur Frage der (Sittenwidrigkeit der) Einwilligung kommt man nur in Fällen der Fremdverletzung/Fremdgefährdung. Bei der einverständlichen Fremdgefährdung lässt sich das Opfer im Bewusstsein des Risikos von einem Dritten so gefährden, dass dieser die Tatherrschaft über das gefährdende Geschehen innehat. Mit anderen Worten: Das Opfer liefert sich hier im maßgeblichen Gefahrenmoment einem anderen aus und legt insoweit sein Schicksal letztlich in die Hand eines Dritten (BGHSt = *BGH* 4 StR 328/08 Rn. 22 ff.; *BayObLG* NJW 1990, 131, 132; *Roxin*, NStZ 1984, 411).

6   Dabei ist nicht zu übersehen, dass die Abgrenzung zwischen Selbst- und Fremdverletzung bzw. Selbst- und Fremdgefährdung Schwierigkeiten bereitet. Dazu mehrere

Beispiele: (1) Im **Fall 1** nimmt das *BayObLG* eine für A straflose Beteiligung an der Selbstgefährdung eines anderen an. Dies ist richtig, da sich S als geübter Fahrer bis zum tödlichen Zeitpunkt durch Los- und Ausrollenlassen jederzeit der Gefahr hätte entziehen können.

(2) Ebenso ordnet die h.M. zu Recht den in Kenntnis aller Risiken erfolgenden ungeschützten Geschlechtsverkehr mit einem Aidsinfizierten in die Gruppe der Selbstgefährdung ein (*BayObLG* NJW 1990, 133; *Jahn*, JuS 2007, 773 f.; *Lackner/Kühl*, vor § 211 Rn. 12 a; a. A. *Roxin*, AT I, § 11 Rn. 133, ohne freilich im Ergebnis abzuweichen, vgl. Rn. 13).

(3) Im **Fall 2, Fall 3** und **Fall 4** muss man dagegen jeweils eine Fremdgefähr-dung annehmen, weil sich X, B und O einer Gefahrensituation ausliefern, die F, E und G als Steuermann bzw. Fahrer beherrschen. Nicht anders liegt es beim „Auto-Surfen", wo es darum geht, sich alleine oder mit anderen bei rela-tiv hoher Geschwindigkeit liegend auf dem Dach eines Pkw zu halten (*OLG Düsseldorf* NStZ-RR 1997, 325, 327; *Saal*, NZV 1998, 52 f.; *Trüg*, JA 2002, 218 ff. mit Falllösung; a. A. *Hammer*, JuS 1998, 786 ff., *Geppert*, JK 98, StGB § 315 b/7 und *Roxin*, AT I, § 11 Rn. 134, die eine tatbestandslose bewusste Selbstgefährdung annehmen; *Beulke* III, Rn. 341 für den Fall, dass die Fahrt jederzeit durch Klopfzeichen unterbrochen werden kann; zu § 315 b siehe § 45 Rn. 14). Weiter zu diesen Fällen in Rn. 7 ff.

(4) Im **Fall 5** hat F die Tatherrschaft über den unmittelbar lebensbeendenden **6a** Akt. Dies spricht dafür, den Fall in die Kategorie der Fremdgefährdung einzu-ordnen, materiell von einer fahrlässigen aktiven Sterbehilfe auszugehen und F nach § 222 zu bestrafen (*OLG Nürnberg* NJW 2003, 454). Dagegen wird ein-gewandt, dass M die F als vorsatzlos handelndes Werkzeug missbrauche und insoweit eine eigenverantwortliche Selbsttötung in mittelbarer Täterschaft be-gehe, an der sich F straflos beteilige (*Engländer*, Jura 2004, 234 ff.; *Roxin*, AT I, § 11 Rn. 128 ff.; *Otto*, JK 3/04, StGB § 216/7). Andere Stimmen begründen die Selbsttötung des M mit seiner quasi-mittäterschaftlichen Erfolgsherbeiführung (*Hecker/Witteck*, JuS 2005, 397 ff.; ergänzend § 8 Rn. 10). Richtigerweise ist § 222 zu bejahen, da F die Tatherrschaft hat und nach den §§ 212, 211 zu be-strafen wäre, wenn sie die Täuschung erkannt und trotzdem geschossen hätte (*Herzberg*, NStZ 2004, 2; Jura 2004, 670 ff.; *Küpper*, JuS 2004, 757 ff.; *Eisele*, BT I, Rn. 188 ff.). – Auch *BGH* NJW 2003, 2326 sieht in einem vergleichbaren Fall § 222 zu Recht als erfüllt an (*Küpper*, JuS 2004, 757 ff.; *Hecker/Witteck*, JuS 2005, 401; a. A. *Engländer*, Jura 2004, 234 ff.; *Roxin*, AT I, § 11 Rn. 126 ff.).

2. Einverständliche Fremdgefährdung

Über die Lösung von Fällen „einverständlicher Fremdgefähr- **7** dung" ist noch keine Einigung erzielt worden (zur Diskussion *Roxin*, AT I, § 11 Rn. 121 ff.; *Hammer*, JuS 1998, 786 ff.; Sch/Sch/ *Lenckner*, vor § 32 Rn. 103 f.). Man muss je nach der Gefährdungs-folge zwischen § 229 und § 222 unterscheiden:

(1) **Ebene des § 229.** Die Uneinigkeit betrifft weniger diesen **8** Bereich. Es ist anerkannt, dass neben vorsätzlichen auch fahrläs-sige Körperverletzungen (erst recht) einwilligungsfähig sind. Da man als potentielles Opfer einer Fahrlässigkeitstat kaum jemals gerade in den Körperverletzungserfolg ausdrücklich einwilligen wird, kann es nur darauf ankommen, ob der später Verletzte wirksam in das (sich später realisierende) Gefährdungsrisiko ein-gewilligt hat. Hierbei muss grundsätzlich auch § 228 beachtet werden, doch ist insbesondere bei Fahrlässigkeitstaten eine zu-

rückhaltende Anwendung geboten (Sch/Sch/*Stree*, § 228 Rn. 11). Auf jeden Fall setzt – parallel zu den Vorsatztaten (Rn. 2 b) – die Anwendung des § 228 voraus, dass der sich einverständlich Gefährdende einer jeweils konkreten Lebensgefahr oder Gefahr einer schweren Gesundheitsschädigung ausgesetzt wird.

9   Im **Fall 2 a** und **Fall 3 a** liegen danach wirksame Einwilligungen vor. Im **Fall 3 a** macht auch die fahrlässige Verletzung unter Alkoholeinfluss die Tat nicht sittenwidrig (vgl. *OLG Frankfurt* VRS 29, 457; *OLG Zweibrücken* VRS 30, 284; *BayObLG* JR 1963, 27; 1978, 296, 297); denn der Einwilligende begibt sich nicht in eine ihn konkret gefährdende Situation (vgl. § 44 Rn. 6 f.) und verfolgt zudem einen verständlichen Zweck (Heimfahrt). Hingegen kann dem äußerst riskanten, konkret lebensgefährlichen Spiel beim „Auto-Surfen" kein sinnvoller (eventuell sportlicher) Zweck abgewonnen werden (*OLG Düsseldorf* NStZ-RR 1997, 325, 327; vertiefend *Saal*, NZV 1998, 53 f.).

10   Im Übrigen sind im *Fahrlässigkeits*bereich in der Rechtsprechung vorhandene Tendenzen verfehlt, die Reichweite des § 228 einzuschränken, sofern die *eingetretene* Körperverletzung eine besondere Schwere aufweist, namentlich zu Dauerfolgen führt (vgl. *OLG Hamm* MDR 1971, 67; DAR 1972, 77; *AG Saalfeld* VRS 107, 181, 184). Die Frage der Rechtswidrigkeit muss zum Zeitpunkt der Tat entschieden werden können.

11   (2) **Ebene des § 222.** Ob ähnliche Grundsätze auch für einverständliche Fremdgefährdungen mit tödlichem Ausgang gelten, für Gefährdungen also, bei denen sich die Einwilligung auf ein lebensgefährdendes Risiko bezogen hat **(Fall 2 b, Fall 3 b** und **Fall 4),** ist streitig. Eine verbreitete Meinung, zu der auch die frühere Rechtsprechung gehört, zieht den Gedanken des § 216 (§ 6 Rn. 1) heran und lässt eine solche Einwilligung an der Dispositionsbefugnis scheitern, kommt aber dennoch zum Teil zur Straflosigkeit.

Wie RGSt 57, 172 im **Fall 2 b;** zust. BGHSt 4, 88, 93; 7, 112, 114 f.; *Jescheck/Weigend*, AT, § 56 II 3. – Zur Kritik *Roxin,* AT I, § 11 Rn. 122 f.

12   Eine zweite Auffassung betont demgegenüber, dass es bei Fahrlässigkeitsdelikten wie den §§ 222, 229 allein um die Einwilligung in die (lebens-)gefährdende Handlung und nicht in den tatbestandlichen Erfolg gehen könne; nur Letzteres habe § 216 im Auge. Daher komme eine rechtfertigende Wirkung der Einwilligung z. B. in riskantes Verkehrsverhalten auch bei einem tödlichen Ausgang in Betracht (so nunmehr auch BGHSt = *BGH* 4 StR 328/08 Rn. 29; zuvor etwa Sch/Sch/*Lenckner,* vor § 32 Rn. 104).

Diese Ansicht verdient Zustimmung, weil der mehr oder weniger zufällige Ausgang des Geschehens (Körperverletzung oder Tod) die Wirksamkeit der Einwilligung in die lebensgefährdende Handlung nicht berühren kann.

Im **Fall 2 b** und **Fall 3 b** haben sich demnach F und E nicht nach § 222 strafbar gemacht (im Ergebnis ebenso *Roxin,* AT I, § 11 Rn. 123 ff., der darauf abstellt, ob „die einverständliche Fremdgefährdung einer Selbstgefährdung unter allen relevanten Aspekten gleichsteht"; vgl. auch *OLG Zweibrücken* NZV 1994, 35, 36). Zur Wirksamkeit der Einwilligung des B im **Fall 3** bezüglich § 315 c I Nr. 1 a näher § 44 Rn. 9. **13**

Fall 4 liegt etwas anders. Akzeptiert man die Möglichkeit einer Einwilligung in eine fahrlässige Tötung, so stellen sich zwei weitere Fragen: Erstens müsste O in die lebensgefährliche Handlung, welche die Gefahr des tödlichen Ausgangs geschaffen hat, überhaupt eingewilligt haben. Insoweit hat der während des Rennens filmende O zwar in eine gefährliche Raserei im öffentlichen Straßenverkehr, aber nicht in eine Fortsetzung des Rennens um jeden Preis, also nicht in das konkret lebensgefährliche „Dreierüberholungsmanöver" eingewilligt, das G und P durch Abbremsen hätten vermeiden können. Zweitens: Hätte sich die Einwilligung – egal, ob von Anfang an oder später – auf ein solches Manöver erstreckt, müsste ihre Wirksamkeit an § 228 scheitern (vgl. Rn. 1 ff.), weil die Vorschrift dem bewussten Eingehen einer konkreten Lebensgefahr grundsätzlich im Wege steht (BGHSt = *BGH* 4 StR 328/08 Rn. 30; zum Ganzen bereits *Rengier,* Iurratio II/2008, 8 f.). **14**

Empfehlungen zur vertiefenden Lektüre:

Rechtsprechung: BGHSt 32, 262 (Beteiligung an eigenverantwortlichen Selbstgefährdungen); BGHSt 49, 34 und 166 (Sittenwidrigkeit der Körperverletzungstat); BGHSt = *BGH* 4 StR 328/08 (Unwirksamkeit der Einwilligung in riskantes Verkehrsverhalten bei einem für einen Beifahrer tödlich endenden einverständlichen Autorennen auf der Autobahn); *BayObLG* NZV 1989, 80 (Selbstgefährdung eines Skateboardfahrers durch Anhängen); *OLG Düsseldorf* NStZ-RR 1997, 325 („Auto-Surfen"); *BayObLG* NJW 1999, 372 (Sittenwidrigkeit der Einwilligung in Zusammenschlagen zwecks Aufnahme in Jugend-Gang).

Literatur: *Engländer,* Selbsttötung in „mittelbarer Täterschaft", Jura 2004, 254 ff.; *Hammer,* „Auto-Surfen" – Selbstgefährdung oder Fremdgefährdung? – *OLG Düsseldorf* NStZ-RR 1997, 325, JuS 1998, 785 ff.; *Hecker/Witteck,* Fahrlässige Tötung oder straflose Mitwirkung am Selbstmord bei Vornahme einer vom Suizidenten gesteuerten Tötungshandlung?, JuS 2005, 397 ff.; *Küpper,* Der Täter als „Werkzeug" des Opfers – *BGH,* NJW 2003, 2326, und *OLG Nürnberg,* NJW 2003, 454, JuS 2004, 757 ff.; *Rengier,* Das tödliche einverständliche Wettrennen auf der Autobahn, Iurratio II/2008, 8 f.; *Saal,* Zur strafrechtlichen Bewertung des „Auto-Surfens", NZV 1998, 49 ff.

§ 21. Konkurrenzen

I. Innerhalb der Körperverletzungsdelikte

1   Im Verhältnis der §§ 223 ff. untereinander geht die schwerere Begehungsform der leichteren im Wege der Spezialität oder Konsumtion vor. Die §§ 224, 226, 227 sind Spezialgesetze zu § 223. Eine typische Begleittat, die konsumiert wird, stellt § 224 im Verhältnis zu den §§ 226, 227 und 225 III dar.

2   Ist allerdings die schwerere Begehungsform bloß versucht, die leichtere aber vollendet, muss aus Klarstellungsgründen Idealkonkurrenz angenommen werden (z.B. §§ 224, 226 I, 22; 52). Zwischen den §§ 223 ff. und dem Tatbestand der Schlägerei (§ 231), der als abstraktes Gefährdungsdelikt eine andere Schutzrichtung hat, besteht grundsätzlich ebenfalls Idealkonkurrenz (vgl. BGHSt 33, 100, 104; Sch/Sch/*Stree,* § 231 Rn. 17). Das Gleiche gilt schließlich richtigerweise auch für das Verhältnis von § 225 und § 227 (BGHSt 41, 113, 115f. zu den §§ 223b, 226 a.F.) sowie von § 225 I und § 224.

II. Zwischen Tötungs- und Körperverletzungsdelikten

3   Nach der heute anerkannten Einheitstheorie ist in jeder Tötung als notwendiges Durchgangsstadium eine Körperverletzung und folglich auch in jedem Tötungsvorsatz ein Körperverletzungsvorsatz enthalten (anders die früher verbreitete Gegensatztheorie). Daraus ergibt sich erstens, dass das Körperverletzungsdelikt hinter das vollendete (auch das privilegierte) Tötungsdelikt als subsidiär zurücktritt (BGHSt 16, 122; 21, 265). Dies gilt auch für das Verhältnis der §§ 211, 212 zu den §§ 225, 226 (h.M.; a.A. Sch/Sch/*Eser,* § 212 Rn. 20: Idealkonkurrenz). – Zur **Fallbearbeitung** ergänzend § 14 Rn. 4; § 16 Rn. 26, 33.

4   Bedeutender ist die zweite Konsequenz, die vor allem im Falle eines strafbefreienden Rücktritts von den §§ 212, (211), 22 sichtbar wird: Hier wird der Täter ggf. aus dem vollendeten Körperverletzungstatbestand (z.B. §§ 224, 226) bestraft. Bei den §§ 216, 22, (24) muss freilich darauf geachtet werden, dass die privilegie-

rende Wertung des § 216 (Strafrahmen!) erhalten bleibt (dazu bereits § 6 Rn. 8).

Am häufigsten muss die Frage nach dem Konkurrenzverhältnis 5 zwischen versuchtem Totschlag (Mord) und den vollendeten §§ 223, 224 oder 226 beantwortet werden:

(1) Insbesondere die Rechtsprechung hat lange Zeit den Gedanken der Konsumtion aufgegriffen und angenommen, der Unrechtscharakter der §§ 212, (211), 22 habe ein solches Gewicht, dass daneben Körperverletzungsunrecht im Sinne der §§ 223 und 224 ohne selbstständige Bedeutung sei und daher verdrängt werde (zuletzt *BGH* NStZ 1995, 79, 80; NStZ-RR 1998, 42).

(2) Diese Linie hat der *BGH* sogar für die schwere Körperver- 6 letzung (heute § 226) vertreten (BGHSt 22, 248; *BGH* MDR/H 1981, 99), bevor er sich – entsprechend einer im Schrifttum verbreiteten Kompromisslinie – für die Annahme von Idealkonkurrenz zumindest zwischen den §§ 212, (211), 22 und § 226 ausgesprochen hat (*BGH* MDR/H 1995, 880; NStZ 1995, 589; siehe ferner etwa *Krey/M. Heinrich*, BT 1, Rn. 235ff., 239).

(3) BGHSt 44, 196 bricht mit dieser Rechtsprechung und 7 schließt sich zu Recht der dritten Ansicht an, die durchgehend Idealkonkurrenz bejaht: Das Modell der Konsumtion passt nämlich auch bezüglich der §§ 223, 224 nicht, weil man nicht sagen kann, dass mit jeder versuchten Tötung regelmäßig eine vollendete (gefährliche) Körperverletzung einhergeht.

Beispiele: Der mit Tötungsvorsatz abgegebene Schuss geht knapp vorbei. Das Opfer entdeckt die Bombe oder die Giftfalle rechtzeitig.

Überlebt das Opfer aber, nachdem der Schuss getroffen oder es das Gift eingenommen hat, so würde die Verurteilung nur wegen versuchten Tötungsdelikts den Unrechtsgehalt der Tat nicht erschöpfen, weil das (unter Umständen gravierende) Körperverletzungsunrecht im Schuldspruch unerwähnt bliebe. Es entspricht, wie auch der *BGH* betont, dem Gedanken der Klarstellungsfunktion der Idealkonkurrenz, in allen Konkurrenzfällen der §§ 212, 211, 22 mit den vollendeten §§ 223, 224, 226 Tateinheit anzunehmen, um den Eintritt des Körperverletzungserfolges zu dokumentieren (so z.B. auch *Maatz*, NStZ 1995, 210ff.; Sch/Sch/*Eser*, § 212 Rn. 23; *Wessels/Hettinger*, BT 1, Rn. 320f.; *Satzger*, JR 1999, 203ff.).

Für das Verhältnis der §§ 212, (211), 22 zu § 225 gelten die vor- 8 stehenden Überlegungen natürlich erst recht.

4. Kapitel. Straftaten gegen die persönliche Freiheit

§ 22. Freiheitsberaubung (§ 239)

Fall 1: Um die Alarmierung anderer zu verzögern, fesselt A sein bewusstloses Opfer O. Bevor O wieder zu sich kommt, wird er gefunden und befreit. → Rn. 5

Fall 2: A ergreift die M, um sie für längere Zeit festzuhalten und auf diese Weise gegen ihren Willen zur Prostitution zu zwingen. M gelingt nach kurzem Kampf die Flucht. → Rn. 24

I. Grundlagen

1   Das Grunddelikt (§ 239 I) enthält zwei Varianten und setzt vorsätzliches Handeln voraus (§ 15). In § 239 III, IV finden sich Verbrechenstatbestände in der Form von erfolgsqualifizierten Delikten, die nach dem Vorbild der §§ 226 I, 227 I beim Eintritt bestimmter Folgen die Strafe schärfen und insoweit die wenigstens fahrlässige Erfolgsherbeiführung genügen lassen (§ 18). Die Einstufung des § 239 III Nr. 1 als erfolgsqualifiziertes Delikt ist allerdings umstritten (näher unten Rn. 19).

2   § 239 schützt nach der vorzugswürdigen h. M. nicht nur die *aktuelle,* sondern bereits die **potentielle persönliche Fortbewegungsfreiheit,** d. h. die Möglichkeit des Ortswechsels. Die h. M. lässt sich von dem Gedanken leiten, die Bewegungsfreiheit möglichst umfassend zu sichern. Der Tatbestand setzt danach nicht erst bei der tatsächlichen Verwirklichung des auf eine Ortsveränderung gerichteten Willens an. Tatbestandsmäßig handelt, wer es dem Opfer unmöglich macht, seinen Aufenthaltsort nach eigenem Belieben zu verändern; ob sich der Betroffene überhaupt fortbewegen will, spielt keine Rolle (BGHSt 32, 183, 188 f.; LK/*Träger/ Schluckebier,* 11. Aufl., § 239 Rn. 1; zusammenfassend *Küper,* BT, S. 143 ff.).

3   Die Gegenmeinung sieht nur den **aktuellen Fortbewegungswillen** als geschützt an. Sie wirft der h. M. vor allem vor, den Vollendungszeitpunkt ohne ausreichenden Grund nach vorne zu

verlagern und insoweit Versuchsunrecht zu pönalisieren; dafür gebe es jedenfalls nach der Einführung der Versuchsstrafbarkeit (§ 239 II) durch das 6. StrRG 1998 kein Bedürfnis mehr (*Fischer*, § 239 Rn. 3 ff.; *Arzt/Weber*, BT, § 9 Rn. 12 ff.; *Joecks*, § 239 Rn. 11).

Beispiele: Nach h. M. erfüllt ein Student S, der den forschenden Professor P **4** in dessen Arbeitszimmer vorübergehend für eine Stunde einschließt, unabhängig davon § 239 I, ob P die Tat bemerkt. Nach der Gegenmeinung verwirklicht S § 239 I nur, wenn P innerhalb der Stunde den Raum tatsächlich verlassen will und S dies einkalkuliert; ohne einen aktuellen Fortbewegungswillen des Opfers kommt lediglich ein Versuch in Betracht. Zu § 240 siehe unten § 23 Rn. 54 a.

Unstreitig nicht seiner Freiheit beraubt wird, wer den gegenwärtigen Aufenthaltsort, wenn auch in eine ungewollte Richtung, noch verlassen kann (der Professor wird nicht in den blockierten Hörsaal gelassen; anders aber, wenn ihm der Weg aus dem Hörsaal – ggf. an allen Ausgängen – durch eine geschlossene „Menschenmauer" versperrt wird). Kurz: Tatbestandlich ist die *Einsperrung*, aber nicht die bloße *Aussperrung*.

Als Tatopfer scheidet aus, wer – wie **Säuglinge** – die natürliche **5** Fähigkeit, einen Fortbewegungswillen zu bilden, nicht hat. Streitig ist, inwieweit dies auch für **Schlafende und Bewusstlose** gilt, bei denen der Fortbewegungswille nur vorübergehend fehlt (zum Streitstand *Geppert/Bartl*, Jura 1985, 222 f.; *Mitsch*, JuS 1993, 223). Richtigerweise wird das Opfer in seiner potentiellen Fortbewegungsfreiheit nur betroffen, wenn es einen aktuellen Fortbewegungswillen zumindest bilden könnte. Bei Schlafenden und Bewusstlosen ist aber die Möglichkeit einer solchen Willensbildung während der Dauer ihres Zustandes nicht gegeben; der Tatbestand kann erst mit dem Aufwachen vollendet werden.

Im **Fall 1** hat daher A nach der hier vertretenen Meinung § 239 I noch nicht erfüllt. Es liegt nur ein gemäß § 239 II strafbarer Versuch vor. Vollendet wäre die Tat, wenn O, vom Vorsatz des A umfasst, vor seiner Befreiung erwachen würde. Neben den §§ 239 I, 22 müssen – in Tateinheit (dazu unten Rn. 26) – die §§ 240, 22 bejaht werden (vgl. § 23 Rn. 24, 29, 54 a f.).

II. Tatbestand (§ 239 I)

1. Einsperren

Einsperren – als typisches Beispiel hervorgehoben – heißt, je- **6** manden durch äußere Vorrichtungen am Verlassen eines Raumes zu hindern. Ob man dazu mit der h. M. auch das nicht einverständliche Festhalten in beweglichen Räumen wie in Personenwagen durch Nichtanhalten/Weiterfahren zählt (*Gössel/Dölling*, BT 1, § 19 Rn. 11; *Küper*, BT, S. 128 f. m. w. N.) oder darin eine Freiheitsberaubung „auf andere Weise" sieht (*BGH* NStZ 1992, 33, 34; 2005, 507, 508), ist zweitrangig. Zum Einsperren siehe auch *Park/Schwarz*, Jura 1995, 296.

2. Beraubung „auf andere Weise"

7   Ferner kann die Beraubung der Freiheit auf andere Weise geschehen. Für diese Tatbestandsalternative reicht jedes Mittel aus, das geeignet ist, einem anderen die Fortbewegungsfreiheit zu nehmen. Unproblematische Methoden sind etwa Betäubung, Fesselung, Festhalten und Einkesseln, des weiteren falsche Anzeigen und Aussagen, die – in mittelbarer Täterschaft – einen gerechtfertigten behördlichen Freiheitsentzug bewirken (z. B. durch vorläufige Festnahme, Haftbefehl, Urteil). Schließlich werden noch List und Drohung als Tatmittel grundsätzlich anerkannt.

8   **List** liegt etwa vor, wenn dem Opfer die Unmöglichkeit einer Ortsveränderung – auch durch vorgetäuschten faktischen Zwang (Rn. 10 ff.) – vorgespiegelt und es insoweit gegen seinen Willen festgehalten wird.

Beispiele: Der Täter verheimlicht dem Eingesperrten vorhandene Ausgänge; ein Straftäter lässt sich von einem angeblichen Polizeibeamten festnehmen.

Solche List greift in das Rechtsgut ein, weil sie beim getäuschten Opfer den Irrtum hervorruft, über seine Fortbewegungsfreiheit nicht mehr selbst bestimmen zu können.

9   Anders liegt es grundsätzlich bei nicht rechtsgutsbezogenen Täuschungen. Damit sind Täuschungen gemeint, die das Bewusstsein des – einen Freiheitsverlust hinnehmenden – Opfers unberührt lassen, (noch) Herr über die eigene Fortbewegungsfreiheit zu sein.

Beispiele: Die F lässt sich von M in dessen Pkw heimfahren, ohne zu ahnen, dass M sie in ihrer Wohnung sexuell missbrauchen will. Ein Chefredakteur veranlasst eine ungeliebte Reporterin, in die Rolle einer Gefangenen zu schlüpfen, indem er ihr wahrheitswidrig vorspiegelt, ihre Gefängnisreportage zu veröffentlichen. In beiden Fällen liegt ein tatbestandsausschließendes Einverständnis vor (h. M.). Problematischer ist der Fall, dass ein Täter sein etwa in eine Fesselung einwilligendes Opfer über die beabsichtigte Dauer der Freiheitsentziehung täuscht; da das Einverständnis begrenzt erteilt sein kann, wird man auch hier für die gestattete Phase noch ein tatbestandsausschließendes

Einverständnis annehmen können. Ergänzend Rn. 16 f. – Zur Diskussion der
Relevanz von Willensmängeln beim tatbestandsausschließenden Einverständnis
siehe etwa *Bloy,* ZStW 1984, 713 ff.; *Roxin,* AT I, § 13 Rn. 97 ff.; Sch/Sch/
Lenckner, vor § 32 Rn. 31 f.

3. Freiheitsberaubung durch faktischen Zwang

Unklarheiten bestehen bei der Frage, inwieweit trotz an sich   10
vorhandener Ausweichmöglichkeiten ein **faktischer Zwang** eine
Freiheitsberaubung darstellen kann.

Beispiele für einschlägige Fallkonstellationen: Drohungen mit gegenwärtiger
Gefahr für Leib oder Leben oder mit einem empfindlichen Übel im Sinne des
§ 240 für den Fall, dass ein Ort verlassen wird; fahrender Pkw; Einsperren
über Bodenniveau in einem Raum mit offenem Fenster; Wegnahme der Kleidung eines Nacktbadenden.

Bei **Drohungen** bejaht der *BGH* zu Recht den Tatbestand einer-   11
seits, soweit sie den Grad einer gegenwärtigen Gefahr für Leib oder
Leben erreichen, andererseits aber nicht schon dann, wenn das an
sich mögliche Verlassen eines Ortes ein angedrohtes empfindliches
Übel im Sinne von § 240 nach sich ziehen würde (*BGH* NJW 1993,
1807; NStZ 2001, 420).

Konkret ließ sich im ersten BGH-Fall das sexuell ausgenutzte Opfer in
einem Kellerraum festhalten, weil der Täter drohte, sonst die Zusage eines
Arbeitsplatzes zu widerrufen; ein solcher Zwang reicht für § 239 nicht aus (zur
Nötigungsproblematik des Falles § 23 Rn. 51 f.). Im zweiten, den Tatbestand
erfüllenden, Fall hatte das Opfer begründete Angst vor Schlägen und nutzte
daher die Fluchtmöglichkeit über einen Kellerschacht nicht.

Im Übrigen erscheint es richtig, an die restriktive Linie der zi-   12
tierten BGH-Entscheidungen anzuknüpfen und einen allgemeinen
Lösungsansatz zu entwickeln, der darauf abstellt, ob nach den
konkreten Einzelfallumständen die Überwindung der Barriere für
Leib oder Leben **unzumutbar gefährlich** ist (so auch Sch/Sch/*Eser,*
§ 239 Rn. 6). Dem kann man das Errichten einer unüberwind-
lichen psychischen Schranke gleichstellen (*BGH* NStZ 2001, 420).
In dem normalen Nacktbade-Fall muss demnach der Tatbestand
verneint werden (vgl. auch *BGH* bei *Miebach,* NStZ 1995, 225;
Fischer, § 239 Rn. 9; zu § 240 siehe § 23 Rn. 31).

4. Sonstiges

Eine bestimmte **Dauer** der Freiheitsentziehung setzt § 239 I   13
ausdrücklich nicht voraus. Doch interpretiert man in den Tatbe-

stand, um nur strafwürdiges Unrecht zu erfassen, eine gewisse **Erheblichkeitsschwelle** hinein (zu § 223 vgl. § 13 Rn. 7 ff., 11 f.). Von daher liegen zeitlich unerhebliche (kurzfristige) Beeinträchtigungen der Fortbewegungsfreiheit außerhalb des tatbestandlichen Schutzbereichs.

> **Beispiel** (*BGH* NStZ 2003, 371): Wer sein Opfer zu Boden wirft, dessen Oberkörper und Hände mit seinen Knien fixiert, dreimal den Kopf auf den Boden schlägt und nach einem kurzen Wortwechsel wieder loslässt, erfüllt nicht § 239 I.

14   Als Abgrenzungshilfe wird der Sache nach die – als gedankliche Stütze verwendbare – Formel des Reichsgerichts weitgehend akzeptiert, wonach die Zeit des Gebets eines „Vaterunser", also vielleicht höchstens eine Minute, genügt. Doch kommt es für die Erheblichkeit der Tathandlung nicht allein auf die Dauer, sondern auch auf die Intensität der freiheitsbeschränkenden Einwirkung an (*BGH* NStZ 2005, 507, 508; MüKo/*Wieck-Noodt,* § 239 Rn. 15; *Park/Schwarz,* Jura 1995, 297).

15   Der Ort der Freiheitsberaubung kann eng (Zimmer), weit (Gebäude, Gelände) oder großräumig (Stadt, Landkreis) bestimmt sein (*Fischer,* § 239 Rn. 2). Daher kann auch das Opfer einer (berechtigten oder unberechtigten) Freiheitsberaubung verbliebener „Restfreiheiten" weiter beraubt werden, so wenn ein Eingesperrter/Inhaftierter gefesselt wird (vgl. LK/*Träger/Schluckebier,* 11. Aufl., § 239 Rn. 11).

16   Die Zustimmung des Opfers schließt bereits den Tatbestand aus, weil dieser ein Handeln gegen oder ohne den Willen des Betroffenen voraussetzt (h. M.; sog. **tatbestandsausschließendes Einverständnis**). Dies gilt naturgemäß nicht, soweit List und Drohung als Tatmittel anerkannt sind; im Übrigen wirkt aber auch das erschlichene Einverständnis tatbestandsausschließend (dazu bereits Rn. 7 ff.).

17   Das Einverständnis kann widerrufen werden (etwa im Verlaufe einer Autofahrt oder einverständlichen Fesselung) oder beschränkt erteilt sein (z. B. für den Heimweg oder eine bestimmte Dauer). Dann erfüllen ungenehmigte Fahrtänderungen, Weiterfahrten oder Verlängerungen den Tatbestand (*BGH* NStZ 1992, 33, 34; 2005, 507, 508; *OLG Koblenz* VRS 49, 347, 350).

18   § 239 I setzt **vorsätzliches** Handeln voraus (§ 15). Der **Versuch** ist strafbar (§ 239 II).

III. Erfolgsqualifikationen (§ 239 III und IV)

Es entspricht der allgemeinen Meinung, dass § 239 III Nr. 2 und **19** IV erfolgsqualifizierte Delikte enthalten. Umstritten ist der Fall des § 239 III Nr. 1, dessen Wortlaut sich mit dem 6. StrRG 1998 geändert hat. Für die Annahme eines normalen Qualifikationstatbestandes (§ 15) wird vor allem der „aktivische" Wortlaut („wenn der Täter ... beraubt") ins Feld geführt. Vorzugswürdig ist jedoch die Einstufung als erfolgsqualifiziertes Delikt. Dafür sprechen die Gesetzesbegründung (BT-Drs. 13/8587, S. 84), die Einstufung bereits des früheren Tatbestandes („wenn die Freiheitsentziehung über eine Woche gedauert hat") als erfolgsqualifiziertes Delikt (BGHSt 10, 306, 307 f.) und die Gesetzessystematik.

Übereinstimmend LK/*Träger/Schluckebier*, 11. Aufl., § 239 Rn. 33; *Krey/M. Heinrich*, BT 1, Rn. 321; *Lackner/Kühl*, § 239 Rn. 9; a.A. Sch/Sch/*Eser*, § 239 Rn. 12; *Fischer*, § 239 Rn. 15; *Wessels/Hettinger*, BT 1, Rn. 377.

In allen Fällen tritt also die Haftung für die schwere Folge schon **20** bei Fahrlässigkeit, im Übrigen ebenso bei vorsätzlicher Erfolgsherbeiführung ein (siehe § 18: „wenigstens" fahrlässig). Dabei kann der strafschärfende Erfolg eine Folge der Freiheitsentziehung („durch die Tat") oder einer eigenständigen „während der Tat begangenen Handlung" sein.

Was den bei jedem erfolgsqualifizierten Delikt erforderli- **21** chen spezifischen Gefahrverwirklichungszusammenhang zwischen Grunddelikt (§ 239 I) und qualifizierender Folge anbelangt, so muss sich in dem Erfolg gerade die dem Grundtatbestand anhaftende eigentümliche („tatbestandsspezifische") Gefahr niederschlagen. Im gleichen Sinne wird auch von der Notwendigkeit eines „unmittelbaren inneren Zusammenhangs" gesprochen (BGHSt 28, 18; *Fischer*, § 239 Rn. 16; vgl. schon § 16 Rn. 4 ff.). Grunddeliktstypisch ist z.B. die Hilflosigkeit des seiner Freiheit beraubten Opfers.

Beispiele zu § 239 III Nr. 2: Der Täter fügt dem von ihm gefesselten Opfer **22** Schnittverletzungen im Gesicht mit entstellenden Narben zu (zur schweren Gesundheitsschädigung § 10 Rn. 16 ff.).
Zu § 239 IV: Tötung eines gegen seinen Willen weiter transportierten Mitfahrers durch alkoholbedingten Unfall (*BGH* NStZ 2005, 507, 508); tödliche

Hitzeeinwirkung infolge Einklemmens neben einem Heizkörper (*Küpper,* JuS 2000, 227); Tötung des zuvor gefesselten Opfers (*BGH* NStZ-RR 2002, 139). Ferner: Todeseintritt infolge „unfreien" Opferverhaltens (entsprechend § 16 Rn. 6 ff.), z. B. durch eine Selbsttötung in unberechtigter Haft, um weiteren schweren Misshandlungen zu entgehen, oder als Folge eines gefährlichen Fluchtversuchs etwa aus einem fahrenden Pkw, um sich vor drohenden Folterungen oder Vergewaltigungen zu retten (dazu auch BGHSt 19, 382, 386 f.; Sch/Sch/*Eser,* § 239 Rn. 12; *Rengier,* Erfolgsqualifizierte Delikte, S. 191 ff., 198). Erfasst wird weiter die versehentliche Tötung einer als Schutzschild festgehaltenen Person durch den Kontrahenten im Rahmen einer bewaffneten Auseinandersetzung (vgl. die Falllösung bei *Morgenstern,* JuS 2006, 256).

23   Führt der Täter die erschwerende Folge vorsätzlich herbei, so besteht zwischen § 239 III Nr. 2 und den §§ 223–226 Tateinheit. Ebenfalls Tateinheit ist im Verhältnis von § 239 IV zu den §§ 212, 211 anzunehmen, wenn der Täter sein Opfer während der Freiheitsberaubung vorsätzlich tötet (*BGH* NStZ-RR 2002, 139).

24   Da § 239 III einen Verbrechenstatbestand normiert, ergibt sich – wie bei § 221 (§ 10 Rn. 13) und § 226 (§ 15 Rn. 30 f.) – aus den §§ 12 I, 23 I zwangsläufig die Möglichkeit eines **Versuchs** in der Form, dass der Täter die Herbeiführung einer Folge gemäß § 239 III Nr. 1 oder 2 in seinen Vorsatz aufnimmt. Die (frühere) Ablehnung dieser **versuchten Erfolgsqualifizierung** durch eine Mindermeinung, die sich auf die fehlende Versuchsstrafbarkeit des Grunddelikts stützte, ist mit der Einfügung des § 239 II durch das 6. StRG 1998 überholt und nur noch im Rahmen des § 221 relevant (§ 10 Rn. 13).

Im **Fall 2** wollte A die M über eine Woche einsperren, so dass die §§ 239 III Nr. 1, 22 vorliegen. § 239 I ist angesichts der tatbestandlichen Erheblichkeitsschwelle (Rn. 8) eher fraglich. Ferner liegen die §§ 239 b I 1. Var., 22 im Zwei-Personen-Verhältnis vor (vgl. § 24 Rn. 16 ff., 31).

Falllösung zu einem **erfolgsqualifizierten Versuch** der §§ 239 IV, 22 bei *Kühl,* JuS 2007, 749 ff.: Das Opfer, das in eine Dachkammer gezerrt und dort eingesperrt werden soll, wehrt sich in Panik und stürzt mit tödlicher Folge die Treppe hinunter.

25   **Mittäterschaft und Teilnahme** werden entsprechend den in § 16 Rn. 32 ff. – sowie in *Rengier,* BT I, § 9 Rn. 23 f. – dargelegten Grundsätzen geprüft.

IV. Konkurrenzen

§ 239 verdrängt § 240 im Wege der Spezialität, wenn sich der **26** Zweck der Freiheitsberaubung darin erschöpft, dem Opfer die Möglichkeit des Ortswechsels zu nehmen.

Dient die Tat dagegen über die bloße Duldung der Freiheitsentziehung hinaus noch anderen Nötigungszwecken, stehen § 239 und § 240 in Tateinheit, so wenn eine z. b. in einer Wohnung festgehaltene Frau Einzelheiten ihrer neuen Beziehung preisgeben oder ihre Teilnahme am Scheidungstermin verhindert werden soll (*BGH* NStZ 2006, 340).

Soweit die Freiheitsberaubung als typische Begleiterscheinung **27** anderer Tatbestandsverwirklichungen (z. B. §§ 177, 223, 239 a/b, 249) keine Eigenbedeutung hat, also als bloßes tatbestandsmäßiges Mittel nicht über das hinausgeht, was zur Begehung des anderen Tatbestandes notwendig ist, tritt § 239 im Wege der Konsumtion zurück (vgl. *BGH* NStZ 1999, 83; NStZ-RR 2003, 45, 46 und 168). Daher kann auch § 240 den § 239 verdrängen, wenn der Freiheitsentzug notwendige Begleiterscheinung des abgenötigten Verhaltens ist (*BGH* NStZ-RR 2003, 168; Sch/Sch/*Eser,* § 240 Rn. 41: Opfer wird gezwungen, einen Garten umzugraben).

Empfehlungen zur vertiefenden Lektüre:

Rechtsprechung: BGHSt 32, 183, 187 ff. (Schutzgut); *BGH* NStZ 2005, 507 (Freiheitsentziehung im fahrenden Pkw mit Todesfolge); *OLG Hamm* JMBlNW 1964, 31 (Freiheitsentziehung für kurze Zeit).

Literatur: *Bloy,* Freiheitsberaubung ohne Verletzung fremder Autonomie?, ZStW 1984, 703 ff.; *Geppert/Bartl,* Probleme der Freiheitsberaubung, insbesondere zum Schutzgut des § 239 StGB, Jura 1985, 221 ff.; *Otto,* Das Verhältnis der Nötigung zur Freiheitsberaubung, Jura 1989, 497 f.; *Park/Schwarz,* Die Freiheitsberaubung (§ 239 StGB), Jura 1995, 294 ff.

§ 23. Nötigung (§ 240)

Fall 1: Um die Öffentlichkeit auf die Gefahren der Kernkraft aufmerksam zu machen, führen einige Kernkraftgegner eine „gewaltfreie", etwa halbstündige Sitzblockade auf der öffentlichen Zufahrtsstraße zu einem Kernkraftwerk durch. Zahlreiche Verkehrsteilnehmer müssen daher, wie bezweckt, warten und verstopfen die Straße (vgl. *OLG Stuttgart* NJW 1992, 2713; *BayObLG* NJW 1993, 212). → Rn. 10, 14, 69

Fall 2: Ehefrau E stellt sich auf einen freien Parkplatz, um ihn für das Fahrzeug ihres Mannes M zu reservieren. Vor M erreicht allerdings X mit seinem Fahrzeug die Parklücke und möchte sie besetzen. E jedoch blockiert die Spur und weicht trotz entsprechender Aufforderungen nicht von der Stelle, um X zum Weiterfahren zu bewegen. Nachdem X die E nochmals vergeblich zur Freigabe des Platzes aufgefordert hat, fährt er schließlich langsam in kleinen Etappen auf die E zu. Sie weicht erst von der Stelle, nachdem X sie mit dem Fahrzeug (ohne weitere Folgen) leicht angefahren hat. → Rn. 22, 58, 63 a

Fall 3: Abteilungsleiter A sucht Leute für eine Blockadeaktion. Er täuscht seiner anders gesinnten Untergebenen B vor, a) ihr Arbeitszeugnis werde „schon entsprechend ausfallen", falls sie nicht mitmache; b) er habe vom Chef, der sich auch beteilige, gehört, sie solle im Falle ihrer Weigerung entlassen werden. B nimmt jeweils an der Aktion teil. → Rn. 42, 55

Fall 4: Gegen ein junges Mädchen, das als Ladendiebin ertappt wurde und daher diverse Nachteile befürchtet, wird vom Geschädigten eine Strafanzeige gefertigt. Später wendet sich ein Ladendetektiv an die Täterin und erklärt, er könne ihr helfen und die Anzeige aus der Welt schaffen, falls sie mit ihm schlafe, was sie auch tut (vgl. BGHSt 31, 195). → Rn. 48, 50, 55

I. Grundlagen und Aufbaufragen

1   Der Tatbestand schützt die – durch Art. 2 I GG verfassungsrechtlich gewährleistete – Freiheit der Willensentschließung und Willensbetätigung. Der objektive Tatbestand (§ 240 I) setzt voraus, dass der Täter durch den Einsatz eines **Nötigungsmittels** („Gewalt" oder „Drohung mit einem empfindlichen Übel") einem Menschen ein bestimmtes Verhalten („Handlung, Duldung oder Unterlassung") in zurechenbarer Weise abzwingt (= **Nötigungserfolg**). Auf der Rechtswidrigkeitsebene sind wie gewohnt zunächst etwaige Rechtfertigungsgründe zu prüfen. Fehlen solche, muss gemäß der Verwerflichkeitsklausel des § 240 II die Rechtswidrigkeit der Tat besonders überprüft und positiv festgestellt werden.

1a   Demnach empfiehlt sich für die **Fallbearbeitung** das folgende

Aufbauschema (§ 240)

I. Tatbestandsmäßigkeit
  1. Objektiver Tatbestand
    a) Nötigungsmittel
      aa) Gewalt (Rn. 2 ff.) oder

II. Nötigungsmittel „Gewalt"

1. Begriff der Gewalt

a) Der **klassische Gewaltbegriff** ist dadurch gekennzeichnet, 2
dass der Täter (1) durch körperliche Kraftentfaltung (2) Zwang
ausübt, indem er auf den Körper eines anderen einwirkt, (3) um
geleisteten oder erwarteten Widerstand zu überwinden.

Der Gewaltbegriff wird im Folgenden verhältnismäßig ausführlich darge-
stellt, weil seine Erfassung erfahrungsgemäß erhebliche Schwierigkeiten bereitet und ein fundiertes Hintergrundwissen den Zugang erleichtert. Auf das für
den Studierenden im Ergebnis Wichtigste sei hingewiesen: Die heute übliche
Gewaltdefinition findet sich in Rn. 23. Daran schließt sich eine zusammenfas-
sende Darstellung einschlägiger Fallgruppen an (Rn. 24–31). Die fallrelevanten
Aspekte zum zentralen und schwierigen Gewaltelement des „körperlich wirkenden Zwanges" werden in Rn. 17–22 erörtert.

Man unterscheidet zwei **Gewaltformen:** Bei der **vis absoluta** 3
macht der Täter dem Opfer jede Willensbildung oder Realisierung
eines vorhandenen Willens absolut unmöglich. Dagegen erzeugt
der Täter bei der **vis compulsiva** – durch Einwirkungen auf den
Körper des Opfers – einen psychischen Druck, der dem Genötigten noch Handlungsspielräume offen lässt.

Beispiele: Gewaltsames Beibringen von betäubenden Mitteln, um die Wohnung durchsuchen zu können (vis absoluta); Wegstoßen des Hausberechtigten,

um gegen dessen Willen in seine Räumlichkeiten zu gelangen (vis absoluta); Verprügeln, um die Unterschrift unter ein Dokument zu erzwingen (vis compulsiva); vorsichtiges Anfahren eines Fußgängers, um ihn zu veranlassen, den Weg freizugeben (vis compulsiva).

4   Der klassische Gewaltbegriff ist die anerkannte Basis aller Definitionsversuche. In der weiteren Entwicklung hat er „Aufweichungen" erfahren, die in unterschiedlicher Weise kontrovers diskutiert werden (dazu zusammenfassend *Zöller*, GA 2004, 147 ff.; *Geppert*, Jura 2006, 33 ff.).

5   b) **Aufweichungen auf der Stufe der körperlichen Kraftentfaltung.** Die Entwicklung des Gewaltbegriffs insbesondere in der Rechtsprechung ist zunächst dadurch gekennzeichnet, dass das Merkmal der körperlichen „Kraft"-entfaltung weitgehend aufgegeben und auf die Ausübung einer körperlichen Tätigkeit reduziert wird. Zwar hat das *BVerfG* im Zusammenhang mit Sitzdemonstrationen den Verzicht auf ein nennenswertes Maß an Kraftaufwendung zunächst kritisch beleuchtet (vgl. BVerfGE 92, 1, 15, 17), ist davon aber später wieder stillschweigend abgerückt, da es im Anketten von Demonstranten und im Abstellen von (Blockade-)Fahrzeugen eine ausreichende Kraftentfaltung sieht (BVerfGE 104, 92, 102). In der Tat sollte nicht ernsthaft erwogen werden, das Rad zurückzudrehen und dem Kraftelement wieder mehr Bedeutung beizumessen. Richtigerweise muss auch ein geringer körperlicher Aufwand genügen (dazu BGHSt 41, 182, 185; *Amelung*, NJW 1995, 2589 f.; *Schroeder*, JuS 1995, 877 f.; *Lesch*, JA 1995, 922; *Zöller*, GA 2004, 152 f.).

6   **Beispiele:** Es kann nicht darauf ankommen, ob eine Explosion durch Knopfdruck oder erhebliche körperliche Arbeit ausgelöst wird. Nötigungen mit Kraftfahrzeugen erfordern in der Regel kein besonderes Maß an Kraft, müssen aber erfasst bleiben; dies räumt inzwischen auch das *BVerfG* ein (NJW 2007, 1669, 1670). Ob das Einsperren „leicht" mittels eines Schlüssels oder „schwer" durch Errichten von Barrikaden erfolgt, ist unerheblich. Desgleichen darf nicht entscheidend sein, ob Betäubungsmittel gegen aktiven Widerstand oder nur heimlich beigebracht werden (richtig BGHSt 1, 145 gegen RGSt 58, 98, 99; 72, 349, 351).

7   c) **Aufweichungen auf der Stufe der körperlichen Zwangswirkung.** Die nächste Entwicklungsphase (dazu etwa BVerfGE 73, 206, 239 f.; *Arzt/Weber*, BT, § 9 Rn. 63 f.) hat zu Auflockerungen auf der Ebene der körperlichen Zwangswirkung geführt. Der entscheidende Grund hierfür lag darin, dass sich der Blick vom Täter

auf die beim Opfer (dessen Willensfreiheit § 240 schützt) ausgelöste Zwangswirkung wendete.

Schon BGHSt 1, 145 ff. hat diese Entwicklung eingeleitet, freilich immer **8** noch vorausgesetzt, dass der Widerstand des Angegriffenen durch ein „unmittelbar auf dessen Körper einwirkendes Mittel" gebrochen oder verhindert wird. Als konkrete Mittel werden „ein betäubender Schlag", „eine mechanische Körperverletzung" und eben auch Betäubungsmittel genannt. Die Beispiele zeigen ebenso wie die Urteilsgründe, dass die frühe BGH-Entscheidung die Zwangswirkung noch eng im Sinne einer durch das Mittel bewirkten unmittelbaren „körperlichen Überwältigung" verstand.

Nun lag es von der Opfersicht her nahe, auch weitere Einwir- **9** kungen zu erfassen, mit denen derselbe Nötigungseffekt erzielt werden konnte, ohne dass ein mehr oder weniger unmittelbarer Zugriff auf den Körper erfolgte. Dies war die Geburtsstunde des sog. **vergeistigten (oder erweiterten) Gewaltbegriffs.** Er hält im Ausgangspunkt am Erfordernis physisch vermittelten Zwangs fest, lässt aber auch psychisch vermittelten Zwang genügen, sofern er als körperlicher Zwang empfunden wird. Dabei wird als körperlich ein Zwang empfunden, wenn das Opfer ihm gar nicht, nur mit erheblicher Kraftentfaltung oder in unzumutbarer Weise begegnen kann.

Auf dem Boden des erweiterten Gewaltbegriffs werden insbe- **10** sondere **Blockaden** jeder Art – namentlich Sitzstreiks und Sitzdemonstrationen wie im **Fall 1** – erfasst, die auf eine Behinderung der Bewegungs- und Handlungsfreiheit anderer angelegt sind. In der grundlegenden Laepple-Entscheidung von 1969 (BGHSt 23, 46, 53 f.) ging es um Demonstranten, die sich auf Straßenbahnschienen setzten, um gegen Fahrpreiserhöhungen zu protestieren. Der fünfte Leitsatz des Urteils lautet: „Mit Gewalt nötigt, wer psychischen Zwang ausübt, indem er auf den Gleiskörper einer Schienenbahn tritt und dadurch den Wagenführer zum Anhalten veranlasst."

Die weitere Entwicklung in der Rechtsprechung hat BGHSt 37, **11** 350, 353 anlässlich einer Sitzblockade wie folgt zusammengefasst:

„Mit … dem Setzen auf die Fahrbahn ist zwar nur ein geringer körperlicher Kraftaufwand verbunden …; doch werden dadurch zumindest auch psychische Barrieren errichtet, die eine vergleichbare Wirkung wie physisch unüberwindbare Hindernisse erreichen. Die Wirkung, die von dem Verhalten der auf der Fahrbahn Sitzenden ausgeht, steht einer körperlichen Einwirkung gleich. Von der Person, gegen die sie gerichtet ist, wird sie nicht nur als seelischer, sondern auch als körperlicher Zwang empfunden". – Siehe ferner etwa *OLG Düsseldorf* NJW 1986, 942, 943; *OLG Köln* NJW 1979, 2056; StV 1990, 266; *BayObLG* NJW 1993, 212.

12   Mitte der 1980er Jahre geriet der Nötigungstatbestand mitsamt dem weiten Gewaltverständnis ins Kreuzfeuer der Kritik und schließlich vor das *BVerfG,* nachdem zahlreiche Teilnehmer, die im Rahmen von Abrüstungsdemonstrationen bei sog. „gewaltfreien symbolischen Blockaden" mitgewirkt hatten, dafür nach § 240 verurteilt worden waren. Vor dem *BVerfG* stand unter dem Aspekt des Analogieverbotes (Art. 103 II GG) insbesondere die Vereinbarkeit des erweiterten oder vergeistigten Gewaltbegriffs mit dem Gesetzeswortlaut („Gewalt") zur Debatte (BVerfGE 73, 206, 233 ff., 239 ff.). Im Ergebnis konnte das *BVerfG* (bei Stimmengleichheit) einen Verfassungsverstoß nicht feststellen, so dass sich die Strafgerichte zu keiner Änderung ihrer Rechtsprechung veranlasst sahen.

13   Kritiker haben die Ausdehnung des Gewaltbegriffs auf psychisch bedingte (gleichwohl physisch wirkende) Barrieren abgelehnt und unmittelbare körperliche Einwirkungen verlangt. Sie haben Wortlautargumente ins Feld geführt (Gewalt selbst durch passives, „gewaltfreies" Verhalten?), die Verwischung der Grenze zur Drohung bemängelt und eine Ausuferung des Nötigungstatbestandes befürchtet (näher BVerfGE 73, 206, 244 ff.; *Wolter,* NStZ 1985, 193 ff., 246 f.). – Solche Kritik hat ihre Bedeutung nicht verloren (vgl. etwa *Arzt/ Weber,* BT, § 9 Rn. 55 ff., 67 f.).

14   **d) Rückbesinnung auf das Element der spezifisch körperlichen Zwangswirkung.** Anfang 1995 hat das *BVerfG* in aufsehenerregender Weise eine erneute Diskussion ausgelöst, als es im Zusammenhang mit vergleichbaren Fällen entschied (jetzt mit 5:3 Stimmen), dass die erweiternde Auslegung des Gewaltbegriffs in § 240 I StGB im Zusammenhang mit Sitzdemonstrationen gegen Art. 103 II GG verstößt (BVerfGE 92, 1).

Ähnlich wie im **Fall 1** ging es um eine friedliche Blockadeaktion, deren Beweggrund die Besorgnis über die Gefahren einer atomaren Bewaffnung war. Sitzende Demonstranten blockierten die Zufahrt zu einem Sondermunitionslager der Bundeswehr. Deshalb hielten Militärfahrzeuge an und fuhren erst ein oder aus, nachdem die Polizei die Demonstranten weggetragen hatte.

15   Diese zweite Sitzblockaden-Entscheidung des *BVerfG* hat berechtigte Kritik erfahren (Minderheitsvotum in BVerfGE 92, 1, 20 ff.; *Krey,* JR 1995, 265 ff.; *Amelung,* NJW 1995, 2584 ff.; *Scholz,*

NStZ 1995, 417 ff.). Insbesondere ist der Vorwurf des *BVerfG* unberechtigt, die Auslegung des Gewaltmerkmals durch die Fachgerichte sei nicht mehr berechenbar gewesen (BVerfGE 92, 1, 18 f.). Im Gegenteil: Seit BGHSt 23, 46 haben die Strafgerichte im Sinne einer gefestigten Rechtsprechung das Gewaltmerkmal grundsätzlich auch im Zusammenhang mit Sitzdemonstrationen bejaht (Nachweise schon in Rn. 10 f.).

Andererseits muss eingeräumt werden, dass die Strafgerichte die **16** zweite Stellungnahme des *BVerfG* in gewisser Weise herausgefordert haben, weil sie es zum Teil selbst versäumt haben, in den Demonstrationsfällen zumindest mit Hilfe einer flexibleren Handhabung des § 240 II engere Strafbarkeitsgrenzen zu ziehen (vgl. *Amelung*, NJW 1995, 2589; ergänzend Rn. 64 ff.). Auf jeden Fall zwingt die Entscheidung BVerfGE 92, 1 die Fachgerichte dazu, erneut über die Grenzen des Gewaltbegriffs nachzudenken und ggf. Korrekturen vorzunehmen.

Insoweit stellt die Rechtsprechung zu Recht stärker als bisher **17** das Element der gerade **körperlichen** Zwangswirkung heraus. Im Zusammenhang mit Blockaden bejaht der *BGH* eine solche Zwangswirkung (weiterhin), wenn die beabsichtigte Fortbewegung durch tatsächlich nicht überwindbare Hindernisse unterbunden wird (BGHSt 41, 182, 185). Die physische Natur der beim Opfer hervorgerufenen Zwangswirkung lässt sich hier darin sehen, dass der Genötigte die Sperre mit seinen Kräften überhaupt nicht oder nur unter Verletzung/Gefährdung der eigenen physischen Integrität überwinden kann (*Hoyer*, JuS 1996, 202).

In der jüngsten Blockaden-Entscheidung von 2001 billigt das *BVerfG* diese Interpretation des Gewaltbegriffs, also die Bejahung von Gewalt in solchen Fällen, in denen die Teilnehmer von Blockadeaktionen eine „physische Barriere" errichten (BVerfGE 104, 92, 101 ff.). – Dazu aus der Rechtsprechung einige einschlägige

Beispiele: (1) (Mittäterschaftliche) Gewalt wendet an, wer eine geschlossene **18** Straßenbarriere aus Fahrzeugen herstellt und dadurch den Verkehr zum Stillstand bringt (BVerfGE 104, 92, 98 f., 101 ff.; *OLG Karlsruhe* NJW 1996, 1551).

(2) Das *BVerfG* hat ferner die Annahme von Gewalt bei neun Demonstranten gebilligt, die sich, untereinander mit um die Hüften geschlungenen Metallketten verbunden, mit Schlössern an Torpfosten angekettet und so eine Zufahrt blockiert haben (BVerfGE 104, 92 ff., 101 ff.; zust. *Mittelsdorf,* JuS 2002, 1063 f.; a. A. *Sinn*, NJW 2002, 1024 f.; kritisch *Wessels/Hettinger*, BT 1, Rn. 392 a).

(3) Die gleiche körperliche Wirkung wie von Fahrzeugbarrieren geht von einem auf Gleisen fest montierten Stahlkörper (BGHSt 44, 34, 39 f.) oder von Demonstranten aus, die zusammen mit mehreren hundert Leuten eine Kreuzung blockieren (*BGH* NStZ 1995, 593).

(4) Die geschlossene „Mauer" kann auch mittelbar dadurch hergestellt werden, dass sich Personen mit dem Ziel auf die Straße begeben, einen unüberwindbaren Stau herbeizuführen (BGHSt 41, 182 mit Besprechung *Hoyer*, JuS 1996, 200 ff.; *Geppert*, JK 96, StGB § 240/17; a. A. *Zöller*, GA 2004, 155 f.).

(5) Körperlich wirkenden Zwang durch Schaffung eines Hindernisses übt weiter aus, wer im fließenden Straßenverkehr einen anderen Verkehrsteilnehmer z. B. durch überraschende Manöver zum Abbremsen zwingt (*BGH* NJW 1995, 3131, 3133; *OLG Stuttgart* NJW 1995, 2647; *OLG Köln* NZV 2000, 99; *BayObLG* NJW 2002, 628).

(6) Beim „Drängeln" im Straßenverkehr durch dichtes Auffahren und Betätigen der Lichthupe kommt es darauf an, ob die Einwirkungen auf das Nervensystem des Vorausfahrenden physisch spürbare Angstreaktionen zur Folge haben (*BVerfG* NJW 2007, 1669 f.; *OLG Köln* NZV 1995, 405; 2006, 386).

(7) Körperlich wirkender Zwang kann grundsätzlich auch von einer Einzelperson ausgehen, die einer anderen Person den Weg völlig – und nicht nur teilweise – versperrt (dazu *OLG Karlsruhe* NJW 2003, 1263; *Erb*, NStZ 2000, 200 gegen *OLG Düsseldorf* NJW 1999, 2912).

19   Die Entscheidung BVerfGE 92, 1 betrifft eine andere Problematik, nämlich die Wirkung, die von auf der Fahrbahn sitzenden oder stehenden Personen in solchen Fällen ausgeht, in denen die „lebenden Hindernisse" faktisch – z. B. von Lkw- oder gar Panzerfahrern – durchbrochen werden können. Das *BVerfG* sieht hier bloß psychische Zwangswirkungen und lehnt – namentlich entgegen der davor liegenden Rechtsprechung – eine Nötigung „mit Gewalt" ab, weil es den vergeistigten Gewaltbegriff (Rn. 9 ff.) als zu konturenlos verwirft.

20   Auch wenn man insoweit die Entscheidung kritisieren kann (Rn. 15), wird sie zu respektieren sein. Dem *BVerfG* wird nicht gerecht, wer einerseits die Verwerfung des vergeistigten Gewaltbegriffs nachdrücklich begrüßt, andererseits die Errichtung eines überwindbaren lebenden physischen Hindernisses mit der Entstehung einer physischen Zwangswirkung beim Opfer gleichsetzt (so *Krey/M. Heinrich*, BT 1, Rn. 340 e ff., 350 ff.; offen gelassen von *BGH* NJW 1995, 2862).

21   Dass es hier um seelische Zwangslagen geht, zeigen vor allem Fälle mit extremen Gegensätzen in den Kräfteverhältnissen, so wenn einzelne Demonstranten einem Panzer den Weg versperren, jemand sich auf Schienen legt (*BayObLG* NJW 1995, 269) oder ein

Fußgänger die Einfahrt in eine Parklücke blockiert (*OLG Köln* NJW 1979, 2056; *OLG Hamm* VRS 59, 426; *BayObLG* NJW 1995, 2646). Diese Entscheidungen, in denen die Gerichte eine Gewaltanwendung bejaht haben, sind durch BVerfGE 92, 1 überholt und können nicht mehr unter § 240 subsumiert werden. Denn die auf diese Weise zum Anhalten veranlassten Fahrer erleiden keine körperliche Gewalt.

Ganz auf dieser Linie verneint nunmehr auch der *BGH* unter   **22** Berufung auf das *BVerfG* zutreffend nötigende Gewalt in einem Fall, in dem der Täter einem Pkw-Fahrer durch das Versperren der Fahrbahn mit ausgebreiteten Armen die Möglichkeit zur Weiterfahrt genommen hat (*BGH* NStZ-RR 2002, 236; a.A. *Krey/ M. Heinrich,* BT 1, Rn. 348 ff., 358 ff.). Anders beurteilt dieselbe Entscheidung zu Recht den Fall, dass sich der Täter auf die Motorhaube legt; denn um dieses Hindernis zu überwinden, müsste sich der Fahrer im fließenden Verkehr selbst körperlich gefährden. – Zur Drohungsalternative Rn. 40.

Im **Fall 2** wendet folglich die den Parkplatz reservierende Fußgängerin E keine Gewalt an (ebenso *Wessels/Hettinger,* BT 1, Rn. 396; Sch/Sch/*Lenckner/ Perron,* § 32 Rn. 9; *Fischer,* § 240 Rn. 49). Insoweit scheidet eine (versuchte) Nötigung aus. – Dementsprechend handeln auch drei Dachbesetzer ohne Gewalt, die Abbrucharbeiten verhindern wollen (a.A. früher *OLG Köln* NJW 1985, 2434).

e) **Zusammenfassung.** Die vorstehenden Überlegungen führen   **23** zu der folgenden **Gewaltdefinition:** Gewalt ist jede körperliche Tätigkeit, durch die körperlich wirkender Zwang ausgeübt wird, um geleisteten oder erwarteten Widerstand zu überwinden.

Was die **bisher diskutierten Fälle** anbelangt, so ist vor der Er-   **24** örterung weiterer Fallgruppen Folgendes festzuhalten:

(1) Die **Zufügung körperlicher Qualen,** um ein bestimmtes Verhalten zu erzwingen, stellt unproblematisch nötigende Gewalt dar (vgl. Rn. 2 f.). Entsprechendes gilt für das Fesseln und Festhalten.

(2) Der Gewaltbegriff erfasst ferner sowohl das (auch heim-   **25** liche) **Beibringen von Rausch- und Betäubungsmitteln** (z.B. Alkohol, Schlaftabletten) als auch Narkose und Hypnose (vgl. BGHSt 1, 145; 14, 82) etwa zu dem Zweck, das Opfer zur Duldung von Straftaten zu zwingen. Dabei braucht die Gewalt nicht als solche empfunden zu werden (ergänzend Rn. 29). Ebenso we-

nig kommt es auf eine erhebliche Kraftentfaltung beim Täter an (vgl. Rn. 5 f.). Das Werfen von – körperlich wirkenden – Stinkbomben, um den Abbruch einer Veranstaltung zu erreichen, gehört ebenfalls in diesen Rahmen.

26   (3) Bei der Schaffung menschlicher oder gegenständlicher **Hindernisse/Barrieren** liegt eine körperliche Zwangswirkung vor, wenn das Hindernis unüberwindbar ist oder nur unter Gefährdung der eigenen physischen Integrität durchbrochen werden kann. Von einem *ohne* eigene Gefährdung überwindbaren, auch lebenden, Hindernis geht *keine* solche Zwangswirkung aus (dazu Rn. 12 ff.).

Im Fall des „schlichten" **Einsperrens** etwa durch Abschließen einer Tür ist die Frage der körperlichen Zwangswirkung in entsprechender Weise zu beurteilen und demzufolge zu bejahen, wenn es keinen Ausweg gibt. Daher übt auch ein Straßenbahnfahrer Gewalt aus, der durch Knopfdruck die Straßenbahntür schließt und damit die schon eingestiegene Mutter von ihrem Kind trennt (*AG Stuttgart-Bad Cannstatt* NZV 1998, 477).

2. Weitere Fallgruppen

27   (1) Akustische Störungen wie Geschrei, Pfeifen und Absingen von Liedern, um den **Abbruch einer Vorlesung/Veranstaltung** zu erzwingen, erfüllen nach *BGH* NStZ 1982, 158, 159 f. das Gewaltmerkmal. Dies bedarf nach BVerfGE 92, 1 der Überprüfung. Dass es dem Dozenten unmöglich gemacht oder zumindest erheblich erschwert wird, die Veranstaltung in sinnvoller Weise abzuhalten, genügt nicht (*Amelung*, NJW 1995, 2590; a. A. *Krey/M. Heinrich*, BT 1, Rn. 351 f.). Von einer körperlichen Zwangswirkung kann nur dann gesprochen werden, wenn Beeinträchtigungen der physischen Integrität den Abbruch herbeiführen (z. B. im wahrsten Sinne des Wortes ohrenbetäubender Lärm). – Eine Falllösung dazu bei *Karitzky*, Jura 2000, 368 f.

28   (2) Auf dem Boden des erweiterten Gewaltbegriffs hat die Rechtsprechung auch das **Bedrohen mit einer Schusswaffe** und die **Abgabe von Schreckschüssen** als „Gewalt" angesehen (BGHSt 23, 126; 39, 133, 136; *BGH* GA 1962, 145 zu § 252; *BayObLG* NJW 1993, 211). Dies ist haltbar, sofern eine körperlich wirkende Schreckreaktion erfolgt. Im Übrigen aber ist diese schon immer fragliche Ansicht mit BVerfGE 92, 1 nicht mehr vereinbar (abl. auch *Krey/M. Heinrich*, BT 1, Rn. 337, 345 f.; *Hillenkamp*, JuS

1994, 771 mit Fn. 21). Unabhängig davon lohnt es sich nicht, den Punkt in der Fallbearbeitung zu diskutieren, wenn das Drohungsmerkmal – auf das man dann gleich zusteuern kann – unproblematisch vorliegt.

(3) Der Gewaltbegriff hat nicht zur Voraussetzung, dass der Betroffene die Gewalt als solche empfindet. Daher kann Gewalt auch gegenüber **Schlafenden, Bewusstlosen und Betrunkenen** angewendet werden, indem (künftig) erwarteter Widerstand von vornherein unmöglich gemacht wird (vgl. BGHSt 4, 210, 212; 25, 237, 238). Fälle solcher Art spielen hauptsächlich im Rahmen des § 249 eine Rolle (*Rengier,* BT I, § 7 Rn. 11). Auf der Ebene des § 240 ist zu beachten, dass ein Täter, der etwa einen Schlafenden betäubt oder einen Besinnungslosen einsperrt, zur Vollendung der Tat auch noch Zwang auf den Willen des Opfers ausüben muss (näher unten Rn. 54 ff.). **29**

(4) **Gewalt gegen Sachen** genügt nur dann, wenn dadurch ein körperlich wirkender Zwang ausgeübt wird. Als Beispiele kann man Schikanen wie das Aushängen von Fenstern oder das Abdrehen der Heizung nennen, um einen Mieter mittels körperlich spürbarer Folgen aus der Wohnung zu treiben (vgl. *OLG Hamm* NJW 1983, 1505, 1506). **30**

Hingegen überzeugt es auf dem Boden der verfassungsrechtlichen Vorgaben von BVerfGE 92, 1 nicht, das eigenmächtige Ausräumen einer Wohnung in Abwesenheit der Mieter noch als Gewalt einzustufen (so *OLG Köln* NJW 1996, 472 wie schon vorher *BGH* JR 1988, 75 zum Ausräumen eines Geschäfts).

Generell wirkt BVerfGE 92, 1 in klärender Weise fraglichen Tendenzen entgegen, Sachentziehungen, Sachbeschädigungen und ähnliche Einwirkungen nach § 240 zu bestrafen, die mit dem Ziel vorgenommen werden, einen anderen zu einem bestimmten Verhalten zu zwingen. Denn die dadurch bedingten Verhaltensweisen werden nicht auf Grund einer *körperlichen* Einwirkung erzwungen, sondern ergeben sich nur aus den faktischen Gegebenheiten. **31**

Beispiele: (1) Verstecken von Autoschlüsseln oder Beschädigung von Autokabeln, um die Ankunft eines Konkurrenten zumindest zu verzögern oder um einen Autobesitzer zur Benutzung öffentlicher Verkehrsmittel oder des Fahrrads zu zwingen; Entwenden von Ausweispapieren, um eine Reise zu verhindern (jeweils *keine* Gewalt). Ebenso wenig übt Gewalt aus, wer mit Erfolg zum massenhaften Zugriff auf eine Firmenhomepage aufruft, um die Website des Unternehmens zu blockieren (*OLG Frankfurt* StV 2007, 244 mit Anm. *Jahn,* JuS 2006, 943).

(2) Im Nacktbade-Fall kommt es auf die Ziele des Täters an: Nimmt er die Kleidung weg, um den Badenden zum Bleiben zwecks heimlicher Beobachtung zu zwingen, entfällt Gewalt. Will er dagegen über äußere Kälteeinwirkungen das Opfer zu einem entwürdigenden Heimweg zwingen, so muss Gewalt bejaht werden (zu § 239 siehe § 22 Rn. 10ff.).

Im Ganzen übereinstimmend Sch/Sch/*Eser,* vor § 234 Rn. 13; *Krey/M. Heinrich,* BT 1, Rn. 354; *Küpper,* BT 1, I § 3 Rn. 46; *Eisele,* BT I, Rn. 437ff.; *Geppert,* Jura 2006, 35f.; abweichend SK/*Horn/Wolters,* § 240 Rn. 11b; vgl. ferner *BGH* JR 1988, 75; *OLG Köln* StV 1990, 266.

32   **Fazit:** Der von BVerfGE 92, 1 geforderte Verzicht auf den vergeistigten Gewaltbegriff und die Rückbesinnung auf das Element der *körperlichen* Zwangswirkung schränken zwar die Reichweite des Nötigungstatbestandes ein, lassen aber seine Konturen deutlicher hervortreten. Bevor man von Strafbarkeitslücken spricht, sollte man erstens prüfen, inwieweit die Drohungsalternative bejaht werden kann (sehr weit *Herzberg,* GA 1996, 557ff.; gegen ihn *Hoyer,* GA 1997, 451ff. mit Replik *Herzberg,* GA 1998, 211ff.; ergänzend Rn. 40). Zweitens greifen in den fraglichen Fällen möglicherweise andere Strafvorschriften (wie §§ 123, 303, 315b I) oder auch Bußgeldtatbestände (insbesondere des Verkehrs- und Versammlungsrechts) ein. Drittens schließlich muss man sich mit der Strafwürdigkeit beschäftigen.

3. Sonstiges

33   Die **subjektive Komponente** des Gewaltbegriffs (vgl. Rn. 2, 23: „um ... Widerstand zu überwinden") setzt die Absicht zur Willensbeugung voraus (Nötigungsintention). Wer eine Ausfahrt zuparkt, ohne die Blockade betroffener Fahrzeugführer (mit) zu bezwecken, übt keine Gewalt aus (*Arzt/Weber,* BT, § 9 Rn. 56). Ebenso scheidet Gewalt bei Demonstrationen aus, die Verkehrsbehinderungen als unvermeidliche Nebenfolge herbeiführen.

34   Das Gewaltmerkmal erfordert notwendig ein Handeln ohne oder gegen den Willen des Betroffenen. Sein Einverständnis schließt daher bereits den Tatbestand aus; dies gilt auch, wenn es erschlichen ist (vgl. BGHSt 14, 81, 82).

35   Die **Gewalt** kann sich auch – als „Dreiecksnötigung" – **gegen Dritte**, d.h. gegen andere Personen als den Nötigungsadressaten richten. Die Konstellation ist unproblematisch, wenn solche Gewalt auch beim Adressaten als körperlicher Zwang wirkt.

Beispiel: Ein Blinder wird durch Gewalt gegen seinen Blindenführer zum Stehenbleiben veranlasst.

Nach einer umstrittenen, indes vorzugswürdigen Ansicht genügt es auch, dass die körperliche Einwirkung auf den Dritten nur geeignet ist, den Willen des Adressaten – in gleicher Weise wie in den Drohungsfällen im Dreiecksverhältnis (Rn. 43) – zu beugen.

Beispiele: Quälen des Sohnes, um dessen Vater zu einer Aussage zu veranlassen; körperliche Gewaltanwendung gegen einen schutzbereiten Dritten, um das Opfer zur Duldung der Wegnahme oder anderer Handlungen zu zwingen (vgl. RGSt 17, 82; BGHSt 42, 378; Sch/Sch/*Eser,* vor § 234 Rn. 19; ergänzend *Rengier,* BT I, § 7 Rn. 17). Nach der Gegenmeinung kommt hier nur eine Drohung in Betracht (LK/*Träger/Altvater,* 11. Aufl., § 240 Rn. 46; MüKo/ *Gropp/Sinn,* § 240 Rn. 64; zusammenfassend *Geppert,* Jura 2006, 32).

Gewalt kann auch durch ein **Unterlassen** in Garantenstellung **36** (§ 13) ausgeübt werden (h. M.; *Fischer,* § 240 Rn. 22; Sch/Sch/*Eser,* vor § 234 Rn. 20).

Beispiel: Der Garant hält eine ohne Nötigungswillen – etwa durch versehentliches Einsperren – herbeigeführte körperliche Zwangswirkung pflichtwidrig aufrecht, um (jetzt) ein bestimmtes Verhalten abzunötigen. – Zur Gewalt durch Unterlassen bei § 249 *Rengier,* BT I, § 7 Rn. 31 ff.

4. Andere Gewaltbegriffe

Soweit andere Tatbestände ebenfalls ein Handeln mit Gewalt **37** voraussetzen, können sich aus der Besonderheit des jeweiligen Straftatbestandes unterschiedliche Grenzen des Gewaltbegriffs ergeben. Zu § 113 I siehe § 53 Rn. 8 ff., zu § 177 Sch/Sch/*Lenckner/ Perron/Eisele,* § 177 Rn. 5 f., zu § 249 *Rengier,* BT I, § 7 Rn. 8 ff.

Beim Begriff der **Gewalttätigkeit** (§§ 113 II 2 Nr. 2, 121 III 2 **38** Nr. 3, 124, 125 I Nr. 1) erlangt das Element der körperlichen „Kraft"-entfaltung größere Bedeutung (vgl. Rn. 2, 5 f.). Gewalttätigkeit verlangt den Einsatz oder zumindest das In-Bewegung-Setzen physischer Kraft durch aggressives aktives Tun, welches sich gegen einen Menschen oder eine Sache richtet (*BGH* NJW 1995, 2643, 2644; *OLG Düsseldorf* NJW 1993, 869; Sch/Sch/ *Lenckner,* § 125 Rn. 5 f.).

III. Nötigungsmittel „Drohung mit einem empfindlichen Übel"

1. Begriff der Drohung

39   Drohung ist das (auch konkludente) Inaussichtstellen eines Übels, auf das der Drohende Einfluss hat oder zu haben vorgibt. Auf die Ernstlichkeit der Drohung aus der Sicht des Täters kommt es nicht an; entscheidend ist, dass das Opfer die Drohung ernst nehmen soll und nimmt (Opfersicht).

> Ob das Erfordernis der tatsächlichen Ernstnahme zum Drohungsbegriff gehört, ist nicht unbestritten (vgl. *Küper*, BT, S. 105 ff.; *Rengier*, BT I, § 7 Rn. 18). Die Frage hat aber im Rahmen des § 240 I keine praktische Bedeutung, weil ein Opfer, das die fehlende Ernsthaftigkeit durchschaut, jedenfalls nicht drohungsbedingt „genötigt" werden kann.

40   Zu Recht wird weiter auf ein seltener artikuliertes (Bedingungs-) Element der Drohung im Sinne einer Wenn-dann-Verknüpfung hingewiesen: Der Nötigende muss das Übel so zur Disposition stellen, dass seine Zufügung entfällt, wenn sich der Bedrohte dem Willen des Täters beugt (*Schroeder*, NJW 1996, 2629; *Hoyer*, GA 1997, 451 ff.; a. A. *Herzberg*, GA 1996, 557 ff.; GA 1998, 211 ff.). Demnach kann in den typischen **Blockadefällen** (Rn. 21) die Drohungsalternative (Drohung mit dem Übel, sich überrollen zu lassen und dadurch für den Adressaten Strafbarkeitsrisiken zu schaffen?) erstens deshalb nicht bejaht werden, weil die Demonstranten nicht in Aussicht stellen, ihren Platz für den Fall zu räumen, dass sich der Betroffene fügt. Zweitens lässt sich einwenden, dass die Blockierer gar keinen Einfluss auf die Zufügung der Übel haben, weil die Tatherrschaft darüber beim Opfer liegt (*Rheinländer*, Bemmann-FS, 1997, S. 407 f.; MüKo/*Gropp/Sinn*, § 240 Rn. 90 ff.; *Zöller*, GA 2004, 158; vgl. auch BGHSt 31, 195, 201). Zur Diskussion ergänzend *Schroeder*, Meurer-GS, 2002, S. 237 ff.

41   Die Drohung bezieht sich nur auf künftige Übel, während gegenwärtige Übelszufügungen allein unter das Gewaltmerkmal fallen können. Im Begriff der Drohung liegt ein maßgeblicher Grund für weite – indes problematische (Rn. 7 ff.) – Gewaltbegriffe; denn man kann darin Wertungswidersprüche sehen, dass Verhaltensweisen, die im Falle ihrer Androhung den Tatbestand des § 240 erfüllen, im Falle des „Sofortvollzugs" straflos bleiben (vgl. *BGH*

JR 1988, 75; SK/*Horn/Wolters,* § 240 Rn. 11 a; Sch/Sch/*Eser,* vor § 234 Rn. 17 a; *Otto,* JK 95, StGB § 240/15; gegen dieses Argument *Küpper,* BT 1, I § 3 Rn. 43).

Beispiele: Stellt der Täter die in Rn. 31 genannten Sachentziehungen und Sachbeschädigungen in Aussicht, um sein Ziel zu erreichen, so erfüllt er die Drohungsvariante.

Von der Drohung muss die bloße **Warnung** unterschieden werden. Bei der Warnung weist der Täter nur auf einen Nachteil hin, der **unabhängig von seinem Einfluss** eintreten soll (vgl. *BGH* NStZ 1996, 435; NStZ-RR 2007, 16; ergänzend *Rengier,* BT I, § 11 Rn. 8). **42**

Im **Fall 3 a** spielt es für die Drohung keine Rolle, dass A in Wirklichkeit nicht an eine Realisierung des angekündigten Übels dachte (Rn. 39). Im **Fall 3 b** liegt nur eine (straflose) Warnung vor.

Die Drohung mit Übeln, die (auch nicht nahestehende) **Dritte** treffen sollen, genügt, wenn der Nötigungsadressat das einem anderen zugedachte Übel gleichermaßen für sich selbst als Übel empfindet und dadurch im Sinne des Täterverlangens motiviert – d. h. zu einem bestimmten Verhalten gezwungen – wird. **43**

Hierzu BGHSt 38, 83, 86: Bedrohung eines Zellengenossen; *BGH* NStZ 1987, 222: Bedrohung von Bankkunden. – Zur „Dreiecksnötigung" in Gewaltfällen Rn. 35.

2. Empfindliches Übel

Inhalt der Drohung muss ein „Übel", also ein Nachteil sein. Jeder Nachteil genügt, auch ein solcher, der von Rechts wegen hingenommen werden muss. „Empfindlich" ist das angedrohte Übel, wenn der in Aussicht gestellte Nachteil von solcher Erheblichkeit ist, dass seine Ankündigung geeignet erscheint, den Bedrohten im Sinne des Täterverlangens zu motivieren. Dies entfällt, wenn von dem Bedrohten in seiner Lage erwartet werden kann, dass er der Drohung in besonnener Selbstbehauptung standhält (BGHSt 31, 195, 201; *Otto,* JK 97, StGB § 240 II/4). Wohl kaum etwas anderes ist gemeint, wenn zum Teil auf die Haltung eines „besonnenen Durchschnittsmenschen" abgestellt wird (*OLG Karlsruhe* NStZ-RR 1996, 296). **44**

Beispiele: (1) *BGH* NStZ 1982, 286 verneint die „Empfindlichkeit" in einem Fall, in dem die Freundin des Angeklagten seiner Aufforderung, mit einem **45**

anderen Mann geschlechtlich zu verkehren, erst nachgab, als der Angeklagte drohte, sonst die Freundschaft zu beenden.

(2) In *BGH* NStZ 1992, 278 drohte der Angeklagte in einem Schreiben an den Regierenden Bürgermeister von Berlin pauschal mit der Aufdeckung strafrechtlicher Verfehlungen von Parteigenossen, falls er nicht eine bestimmte Genehmigung erhalte; auch hier geht der *BGH* von der Notwendigkeit besonnener Selbstbehauptung aus.

(3) Die Androhung eines Zivilprozesses kann ein empfindliches Übel darstellen (a. A. *OLG Karlsruhe* NStZ-RR 1996, 296), ist aber bei strittiger Rechtslage nicht verwerflich (*Otto,* JK 97, StGB § 240 II/4). Eher wird bei der Androhung, die Angelegenheit einem Rechtsanwalt zu übergeben, bereits das empfindliche Übel zu verneinen sein (*OLG Karlsruhe* JZ 2004, 101, 102).

3. Drohung mit einem Unterlassen

46 Schwierigkeiten bereitet die Beurteilung von Fällen, in denen (aktiv!) mit der Ankündigung eines Unterlassens gedroht wird (zum Meinungsstand *Küper,* BT, S. 110 ff.). Die Nötigungsmacht des Täters beruht hier insbesondere darauf, dass er dem sich fügenden Opfer in Aussicht stellt, zu dessen Gunsten in einen laufenden nachteiligen Kausalprozess einzugreifen. Anders formuliert: Der Täter gibt zumindest vor, das Geschehen noch entscheidend beeinflussen zu können, und droht mit seiner Passivität, weil sein Nichtstun den Eintritt des empfindlichen Übels automatisch zur Folge hat. Es empfiehlt sich, wie folgt zu unterscheiden:

47 (1) Bei der Ankündigung, ein rechtlich gebotenes Handeln zu unterlassen (**rechtswidrige Unterlassung**) ist die Bejahung einer tatbestandlichen Drohung unproblematisch. Denn hier trifft den Täter eine Rechtspflicht zur Vornahme der übelsabwehrenden Handlung, hier hat das Opfer gleichsam einen „Anspruch" auf Abwendung des empfindlichen Übels.

> **Beispiele:** Ein Polizist droht, eine inhaftierte Frau trotz Fristablaufs erst nach Gewährung von sexuellen Handlungen freizulassen. A stellt dem verunglückten Nachbarn N seine nach § 323 c gebotene Hilfe nur in Aussicht, falls N ein bestimmtes Geheimnis verrate. S macht die Erfüllung einer für seine Gläubigerin G sehr wichtigen Verpflichtung davon abhängig, dass G mit ihm ausgeht. – Zur Ebene des § 253 siehe Rn. 53.

48 (2) Nach BGHSt 31, 195 kann aber auch in der Ankündigung, ein rechtlich nicht gebotenes Handeln zu unterlassen (**rechtmäßige Unterlassung**), die Drohung mit einem empfindlichen Übel liegen (kritisch *Wessels/Hettinger,* BT 1, Rn. 407 ff.).

In einer Konstellation wie im **Fall 4** hat der *BGH* § 240 bejaht. Zu Recht: Für die Auffassung des *BGH* spricht nicht zuletzt die Überlegung, dass im **Fall 4** die Drohung mit einem (rechtmäßigen) aktiven Tun (z. B. Absendung der Anzeige) unproblematisch den Tatbestand erfüllen würde. Dem steht im konkreten Fall die Ankündigung, die Absendung durch einen anderen nicht zu hindern, gleich. Im Grenzbereich sind Drohungen mit einem Tun bzw. Unterlassen kaum voneinander zu unterscheiden.

Das angedrohte Unterlassen muss stets eine rechtlich erlaubte Handlung zum Gegenstand haben (z. B. Nichtrücknahme einer Strafanzeige wie im **Fall 4**). Dagegen ist die Ankündigung, eine **rechtswidrige Handlung** nicht zu begehen oder – mit anderen Worten – einen verbotenen Vorteil nicht zu verschaffen, ein Druckmittel, gegen das kein Schutz gewährt wird, weil ihm das Opfer von Rechts wegen in besonnener Selbstbehauptung standhalten muss (vgl. NK/*Kindhäuser,* § 253 Rn. 12; *Herzberg,* JuS 1972, 572; *Eisele,* BT I, Rn. 457).

Beispiele: Ein Zeuge „droht" einer Angeklagten damit, zu einer Falschaussage vor Gericht nur bei sexuellen Gegenleistungen bereit zu sein. Ein Strafverfolgungsbeamter stellt unter entsprechenden Bedingungen das Verschwindenlassen der Strafakte in Aussicht. – Siehe ergänzend (zu § 253) *Rengier,* BT I, § 11 Rn. 10 Beispiel (3).

Für die Fälle rechtmäßigen Unterlassens ist charakteristisch, **49** dass sich der Täter ein auf die bedrohte Person zukommendes (den status quo verschlechterndes) Übel zunutze macht und dem Sinn nach die Botschaft verkündet, die Übelszufügung hänge von seinem Willen ab und werde von ihm – mit legalen Mitteln – gestoppt, wenn das Opfer willfährig sei (vgl. *Roxin,* JR 1983, 336).

In der **Fallbearbeitung** besteht die Schwierigkeit darin, bei einem laufenden **50** Kausalprozess die Unterlassungskomponente als Drohungsbestandteil überhaupt zu erkennen und dann herauszuarbeiten. Im **Fall 4** ist dies die Ankündigung, dem Geschehen seinen Lauf zu lassen, d. h. dem Übel nicht abzuhelfen (rechtmäßiges Unterlassen), falls das Opfer die Erfüllung der Forderung ablehne. Auf einer vergleichbaren Ebene liegt die zu Nötigungszwecken ausgesprochene Drohung, eine Beziehung zu beenden (vgl. Beispiel 1 in Rn. 45) oder langjährige Geschäftsbeziehungen abzubrechen, d. h. rechtmäßig nicht fortzusetzen (Falllösung bei *Hillenkamp,* JuS 1997, 822 f.). – Zur Ebene des § 253 siehe Rn. 53.
Beachte: Bei der Drohung mit einem rechtmäßigen Unterlassen bedarf die Frage der Verwerflichkeit (§ 240 II) besonderer Aufmerksamkeit (Rn. 59 ff.).

(3) Ein strafwürdiger Angriff auf die durch § 240 geschützte Wil- **51** lensautonomie entfällt allerdings dann, wenn der Täter als Druck-

mittel, gemessen am status quo, nicht eine Verschlechterung der Opfersituation einsetzt, also keine Einbuße an vorhandenen Werten in Aussicht stellt, sondern nur ankündigt, dem Adressaten der Erklärung werde „höchstens etwas entgehen, aber nichts geschehen, wenn er sich dem Ansinnen verweigert" (*Roxin*, JR 1983, 336; ferner etwa *Küpper*, BT 1, I § 3 Rn. 54; *Eisele*, BT I, Rn. 453).

> **Beispiele:** Ein Autofahrer erklärt einer müden Anhalterin, er nehme sie zu ihrem Wunschziel nur mit, falls sie mit ihm geschlechtlich verkehre. Ein Arbeitgeber kündigt einer Bewerberin an, sie nur einzustellen, wenn sie ein Schmiergeld zahle oder ihm sexuelle Wünsche erfülle.

52   In solchen Fällen kann man sagen, dass der Handlungsspielraum des Opfers nur erweitert wird; da der Autofahrer/Arbeitgeber nicht verpflichtet ist, die Anhalterin mitzunehmen bzw. der Bewerberin die Stelle zu geben, steht diese im Verweigerungsfalle nicht schlechter als vorher da. Man wird insoweit schon das Drohen mit einem (den status quo verschlechternden) Übel verneinen oder auch argumentieren können, die Drohung mit dem Stehenlassen/Nichteinstellen stelle kein „empfindliches" Übel dar, weil von der Adressatin bei wertender Betrachtung eine besonnene Selbstbehauptung erwartet werde.

> In *BGH* NJW 1993, 1807 hatte der Täter seinem Opfer schon eine Einstellungszusage gegeben, so dass die Bejahung des § 240, als der Täter nun die Einstellung von geschlechtlichen Leistungen abhängig machte, zutreffend ist.

53   Zu beachten ist, dass tatbestandsrelevante Drohungen mit einem Unterlassen zum spezielleren Tatbestand der Erpressung (§ 253) führen, wenn die Nötigung einen Vermögensnachteil zur Folge hat (dazu *Rengier*, BT I, § 11 Rn. 9f.).

IV. Nötigungserfolg

54   § 240 ist ein Erfolgsdelikt. In der Fallbearbeitung wird die Prüfung und genaue Feststellung des tatbestandlichen Erfolges leicht übersehen. Der Täter muss gerade mit dem eingesetzten Nötigungsmittel das angestrebte Opferverhalten, das in (irgend) einer „Handlung, Duldung oder Unterlassung" bestehen kann, in kausaler und objektiv zurechenbarer Weise herbeigeführt haben. Diesbezüglich spricht man auch von einem nötigungsspezifischen

Zusammenhang zwischen Nötigungsmittel und Nötigungserfolg (*Geppert,* Jura 2006, 38; Sch/Sch/*Eser,* § 240 Rn. 14).

Mit der „Handlung" ist ein positives Tun gemeint. Was die „Duldung" und „Unterlassung" betrifft, so wird zwischen ihnen oft nicht genau unterschieden. Aus dem Blickwinkel der Fallbearbeitung kommt es darauf auch nicht unbedingt an. Exakterweise sollte man unter dem Begriff der „Unterlassung" die Nichtvornahme einer möglichen Handlung verstehen. Von daher setzt die Unterlassung genauso wie die Handlung ein willensgetragenes Verhalten voraus. Deshalb kommt insoweit als Gewaltform nur vis compulsiva (Rn. 3) in Betracht.

Dagegen erfasst die „Duldung" auch und gerade die Gewaltan- 54a wendung in der Form von vis absoluta (h. M.; *BGH* NStZ 1987, 70, 71; SK/*Horn/Wolters,* § 240 Rn. 23 ff.; NK/*Kindhäuser,* vor § 249 Rn. 21; *Kindhäuser,* BT I, § 13 Rn. 30; *Küper,* BT, S. 243). Bei der Duldung wird das Opfer gezwungen, ohne eigene Entschließung die Einwirkung des Täters über sich ergehen lassen zu müssen. Dabei ist zu beachten: Aus der Struktur des Nötigungstatbestandes ergibt sich, dass der erduldete Nötigungserfolg nicht mit der Erduldung der Gewalt gleichgesetzt werden darf (BVerfGE 92, 1, 17; *Fischer,* § 240 Rn. 6). Ferner setzt eine Nötigung immer die Ausübung von Zwang auf den Willen des Opfers voraus.

Beispiele: In einem verletzenden Faustschlag (Gewalt) liegt keine Nötigung zur Duldung des Körperverletzungserfolges. Ein Täter aber, der sein Opfer fesselt oder in den Zustand der Bewusstlosigkeit versetzt, damit er ungestört private Dokumente lesen kann, wirkt mittels absoluter Gewalt auf die Willensbildung ein und vollendet die Tat mit dem Lektürebeginn (Nötigungserfolg: Duldung des Lesens). Richtet sich die Tat gegen einen Schlafenden oder Besinnungslosen, so kann darin allein ein nötigender Angriff auf den Willen nicht gesehen werden. Erst wenn das Opfer erwacht und nun willensbeugende oder willensausschließende Gewalt erleiden muss, kommt eine vollendete Nötigung in Betracht (ebenso SK/*Horn/Wolters,* § 240 Rn. 23 ff.; LK/*Träger/ Altvater,* 11. Aufl., § 240 Rn. 67; *Geppert,* Jura 2006, 32; siehe ergänzend § 22 Rn. 5 zu Fall 1). Auch in dem Fall des forschenden Professors P (§ 22 Rn. 4) wirkt das bloße heimliche Einsperren noch nicht auf den Willen des P ein.

Vollendet ist das Delikt, sobald der Genötigte unter der Einwir- 55 kung des Nötigungsmittels die verlangte Handlung vorgenommen oder mit ihrer Ausführung im Sinne eines bezweckten Teilerfolges begonnen hat (*BGH* NStZ 2004, 442; NStZ-RR 2006, 77). In Duldungsfällen mit absolutem Zwang muss man darauf abstellen, ob der Täter die zu erduldende Handlung vorgenommen oder mit ihr angefangen hat. Ist danach ein Nötigungserfolg nicht festzustellen, so kann nur eine versuchte Nötigung vorliegen, die nach § 240 III strafbar ist.

Beispiele für bloßen **Versuch:** Im **Fall 3 a** nimmt B an der Blockadeaktion nicht teil; im **Fall 4** geht das Mädchen auf das sexuelle Ansinnen nicht ein.

Wer einen anderen durch Drohungen zur Abgabe einer mündlichen Erklärung gegenüber einer Person zwingen will, die sich in einem anderen Raum aufhält, begeht nur eine versuchte Nötigung, wenn das Opfer die Person bloß aufsucht, ohne die verlangte Erklärung abzugeben; das vorbereitende Aufsuchen kann nicht als selbstständiger Teilerfolg gewertet werden (*BGH* NStZ 2004, 442, 443).

56   Nach BGHSt 37, 350 soll es für den Zusammenhang zwischen Nötigungshandlung (Hindernisbereiten durch Blockade) und Nötigungserfolg (Anhalten der Kraftfahrer) genügen, wenn die Polizei in einem unmittelbaren örtlich-zeitlichen Zusammenhang die Kraftfahrer, gegen die sich die Blockade richtet, anhält (im konkreten Fall: 200 bis 300 m vorher). Jedenfalls seit BVerfGE 92, 1 überzeugt dies nicht mehr (vgl. Rn. 14 ff.; *Altvater,* NStZ 1995, 281 f.; zuvor schon abl. *BayObLG* NStZ 1990, 281; *Eschenbach,* Jura 1995, 14 ff.). Denn hier hat nicht gerade körperlich wirkende Gewalt der Blockierer, sondern der unter polizeilicher Eigenverantwortung erlassene – bußgeldbewehrte – Anhaltebefehl die Weiterfahrt unterbunden. Daher kommt ggf. nur eine versuchte Nötigung in Betracht.

V. Verwerflichkeit gemäß § 240 II (Mittel-Zweck-Relation)

1. Grundlagen

57   Während normalerweise mit der Tatbestandserfüllung und dem Fehlen von Rechtfertigungsgründen (schuldhaftes Handeln vorausgesetzt) die Strafbarkeit der Tat feststeht, hat der Gesetzgeber bei der Nötigung angesichts der weiten Fassung des § 240 I mit der Verwerflichkeitsklausel (§ 240 II) ein zusätzliches Korrektiv geschaffen, das notwendig ist, um nur strafwürdiges Nötigungsunrecht als tatbestandsmäßig-rechtswidriges Verhalten zu erfassen (BGHSt 35, 270, 275 f.).

Aus dieser Ergänzungsfunktion des § 240 II folgt für die **Fallbearbeitung:** **58** Nach der Bejahung des § 240 I sind zunächst etwaige in Betracht kommende Rechtfertigungsgründe zu prüfen; eine gerechtfertigte Tat kann nämlich nicht verwerflich sein. Anschließend muss, sofern kein Rechtfertigungsgrund eingreift, das besondere Verwerflichkeitsmerkmal erörtert werden. Dieser Aufbau (vorgeführt in BGHSt 39, 133, 136 ff. und unten in Rn. 63 a zu **Fall 2**) ist unabhängig davon geboten, ob man § 240 II als Rechtswidrigkeitselement (h. M.), als Ergänzung des Tatbestandes (so Sch/Sch/*Eser,* § 240 Rn. 16, 33) oder als gesamttatbewertendes Merkmal begreift (so etwa MüKo/*Gropp/Sinn,* § 240 Rn. 116 ff. m. w. N.).

2. Feststellung der Verwerflichkeit

a) Im Rahmen der Verwerflichkeitsprüfung muss gemäß § 240 II **59** das konkrete Nötigungsmittel (d. h. „die Anwendung der Gewalt" oder „die Androhung des Übels") zu „dem angestrebten Zweck" (d. h. in erster Linie: zu der – in der Regel als Nahziel – gewollten „Handlung, Duldung oder Unterlassung" im Sinne des § 240 I) in Beziehung gesetzt werden (zu anderen Zwecken, namentlich den sog. Fernzielen Rn. 65 ff.).

Maßstab für die Bewertung der **Mittel-Zweck-Relation** ist der **60** Begriff der Verwerflichkeit. Hierbei geht es um die objektive Feststellung, ob die Verhaltensweise im Rahmen einer Gesamtabwägung **sozial unerträglich** ist und daher **strafwürdiges Unrecht** darstellt (vgl. BGHSt 35, 270, 276 ff.; *OLG Düsseldorf* NJW 1986, 942, 943; *Lackner/Kühl,* § 240 Rn. 18). Konkretisierend lassen sich folgende Orientierungslinien festlegen:

Die Verwerflichkeit kann sich aus der **rechtlichen Missbilligung** **61** entweder des Nötigungsmittels oder des Nötigungszwecks ergeben. Die Bejahung eines strafwürdigen Missverhältnisses liegt umso näher, je massiver und intensiver das Nötigungsmittel ist und je stärker das abgenötigte Verhalten in die Freiheit des Opfers eingreift; umgekehrt wird die Verwerflichkeit bei belangloseren Mitteln und geringfügigeren Eingriffen in die Willensfreiheit eher zu verneinen sein (*OLG Stuttgart* NJW 1991, 994).

Auch bei einem jeweils **rechtlich gebilligten** Mittel und Nö- **62** tigungszweck kann sich aus dem Missverhältnis von Mittel und Zweck die Verwerflichkeit ergeben. In dem wichtigen Fall der Drohung mit einer (rechtmäßigen) **Strafanzeige** kommt es darauf an, ob das bezweckte Verhalten mit der Straftat in einem **inneren Zusammenhang** steht.

Beispiele: Der innere Zusammenhang liegt vor, wenn eine Entschuldigung, Wiedergutmachung oder ein angemessenes Schmerzensgeld verlangt wird. Er besteht nicht, wenn der Täter etwa mit einer Anzeige wegen Steuerhinterziehung droht, um die Erfüllung eines zivilrechtlichen Anspruchs zu erzwingen.

63   Die Anwendung von Zwang, um (berechtigte) Ansprüche wie einen Räumungs- oder Herausgabeanspruch durchzusetzen, ist verwerflich, soweit die Grenzen erlaubter Selbsthilfe oder anderer Rechtfertigungsgründe überschritten werden; denn die Rechtsordnung erkennt Selbstjustiz in dieser Form nicht an (Vorrang staatlicher Zwangsmittel; vgl. dazu auch BGHSt 39, 133, 137 f.).

§ 240 II ist daher erfüllt, wenn ein Gläubiger seinem ausländischen Schuldner ankündigt, im Falle der Nichtzahlung den Sachverhalt der Ausländerbehörde vor dem Hintergrund einer Abschiebung zu melden; darüber hinaus fehlt hier der innere Zusammenhang zwischen dem verfolgten (rechtmäßigen) Zweck der Zahlung und dem eingesetzten Mittel der Meldung, das als solches auch nicht rechtlich missbilligt ist (*OLG Düsseldorf* NStZ-RR 1996, 5, 6).

63a   Im **Fall 2** erfüllt X den Tatbestand des § 240 I, da er Gewalt anwendet und E zur Freigabe des Platzes zwingt. Fraglich ist, ob die Tat durch Notwehr (§ 32) gerechtfertigt ist. E begeht zwar keine (versuchte) Nötigung (Rn. 22), verletzt aber immerhin das Parkvorrecht des X (§ 12 V StVO) und handelt insoweit ordnungswidrig gemäß §§ 49 I Nr. 1 i. V. m. 1 II StVO. Das auf diese Weise von E beeinträchtigte Recht auf Gemeingebrauch stellt als subjektives öffentliches Recht ein notwehrfähiges Rechtsgut dar (zutreffend *BayObLG* NJW 1995, 2646; *Roxin*, AT I, § 15 Rn. 31; *M. Heinrich*, JuS 1994, 18 f.; a. A. *Wessels/ Hettinger*, BT 1, Rn. 434; *Krahl*, JuS 2003, 1188, 1189). Doch könnte die Gebotenheit der Notwehr wegen eines krassen Missverhältnisses entfallen. Ein solches liegt jedenfalls bei einer Verletzung oder zumindest erheblichen Gefährdung der körperlichen Unversehrtheit des Fußgängers vor. Wenn jemand mit einem Pkw auf eine Person zufährt und diese dabei berührt, kann man wegen der letztlich unbeherrschbaren Risiken regelmäßig von einer derartigen Gefährdung ausgehen (a. A. *OLG Naumburg* NZV 1998, 163 f.). Also scheitert § 32 an der Gebotenheit der Verteidigungshandlung. An diese Überschreitung der Notwehrgrenzen anknüpfend ist abschließend auch die Verwerflichkeit gemäß § 240 II und damit die Strafbarkeit des X wegen Nötigung zu bejahen. – Kaum ein anderes Ergebnis dürfte sich ergeben, wenn man den Gemeingebrauch für nicht notwehrfähig hält, weil auch dann wegen der notwehrähnlichen Situation die Wertungen der Gebotenheit in das Verwerflichkeitsurteil einfließen. – Ergänzende Literatur zu den Parklückenfällen: *Kühl*, AT, § 7 Rn. 35, 175; Sch/Sch/*Lenckner/Perron*, § 32 Rn. 9; KK/OWiG/*Rengier*, § 15 Rn. 3, 35 ff.; NK/*Toepel*, § 240 Rn. 187.

b) Schwierigkeiten bereitet die Feststellung der Verwerflichkeit **64** vor allem bei **(Sitz-)Blockaden.** Unter dem Einfluss des *BVerfG* (BVerfGE 73, 206, 254 ff.; 76, 211, 217 ff.) ist die Rechtsprechung anlässlich von Demonstrations-Fällen von dem Standpunkt abgerückt, dass die Anwendung von Gewalt in der Regel die Verwerflichkeit der Tat indiziere, und betont die Notwendigkeit einer Einzelabwägung.

Bei dieser Abwägung sind als maßgebliche Tatumstände, die den Bagatellcharakter der Tat erweisen können, insbesondere der zu erwartende Dienstbetrieb, die Dauer und Intensität der Aktionen, deren vorherige Bekanntmachung, Ausweichmöglichkeiten und der Sachbezug der betroffenen Personen zum Protestgegenstand zu berücksichtigen (*OLG Stuttgart* NJW 1992, 2714; *BayObLG* NJW 1993, 212, 213; 1995, 269, 270; *Otto*, NStZ 1992, 572).

Inwieweit neben diesen Faktoren, die für die Beurteilung des **65** **Nahziels** – d. h. der Blockade zur Erregung öffentlicher Aufmerksamkeit – wesentlich sind, auch die sog. (politischen) **Fernziele** – wie Abrüstung, Friedenssicherung, Umweltschutz, Erhaltung von Arbeitsplätzen – als „angestrebter Zweck" schon im Rahmen des § 240 II (so z. B. *Sch/Sch/Eser,* § 240 Rn. 29) oder nur bei der Strafzumessung (so z. B. BGHSt 35, 270; *BayObLG* NJW 1993, 212; *Wessels/Hettinger,* BT 1, Rn. 423) berücksichtigt werden dürfen, ist streitig (zusammenfassend *Küpper/Bode,* Jura 1993, 191 f. m. w. N.).

Anders gefragt: Gehören zu dem angestrebten Zweck im Sinne **66** des § 240 II auch die Fernziele des Täters oder allein seine Nahziele? Für die engere zweite Meinung spricht u. a. das Anliegen, sowohl Eingriffen in die Freiheitsrechte unbetroffener anderer entgegenzuwirken als auch das Urteil über die Strafbarkeit von politischen Einflüssen und persönlichen Einstellungen (auch des Richters) möglichst freizuhalten (BGHSt 35, 270, 280 ff.).

Allerdings zögert außerhalb der Demonstrations-Fälle auch die **67** Rechtsprechung nicht, vom „Nahziel" unterscheidbare, rechtlich missbilligte subjektive Zwecksetzungen im Rahmen des § 240 II zu berücksichtigen.

Beispiel (*BGH* NStZ 1997, 494 mit Anm. *Otto,* JK 98, StGB § 240/19): Die Doktorandin D bleibt ihrem Arbeitsplatz im Labor fern, weil ihr Betreuer Professor P sexuelle Kontakte sucht. Darauf ruft P bei D an und erklärt ihr, um die körperliche Nähe wiederherzustellen, sie müsse wieder ins Labor kommen, sonst gebe es keine Doktorarbeit. Auf Grund des Anrufs kehrt sie einige Tage später zurück. – Ginge es dem P nur darum, der D etwaige Konsequenzen im Falle weiteren Fernbleibens vor Augen zu führen, so wäre die Tat nicht im Sinne des § 240 II zu missbilligen. Der unsittliche Zweck macht aber die Nötigung unabhängig davon verwerflich.

Siehe auch die Falllösung bei *Karitzky,* Jura 2000, 368 f. (erzwungener Abbruch einer Vorlesung wegen frauenfeindlicher Äußerungen).

68 Immerhin sollen in den Demonstrations-Fällen die Fernziele bei der Strafzumessung zu berücksichtigen sein. Man fragt sich, warum insoweit bei der Verwerflichkeitsprüfung das Prinzip der Gesamtabwägung eingeschränkt wird. Zudem sind gewisse Schwierigkeiten, die Fernziele aus den für § 240 maßgeblichen Zwecken/Tatumständen vollständig auszublenden, nicht zu übersehen. So will das *OLG Stuttgart* (NJW 1992, 2714, 2715 und 2716) die Ernsthaftigkeit der Handlungsmotive – Sorgen, echte Gewissensnot – einbeziehen. Insgesamt verdient die Meinung den Vorzug, die grundsätzlich alle Zwecksetzungen in das Verwerflichkeitsurteil einfließen lässt (ebenso *Lackner/Kühl,* § 240 Rn. 18 a; *Geppert,* Jura 2006, 39 f.).

Auf dieser Linie betont auch das *BVerfG,* dass es verfassungsrechtlichen Anforderungen entspricht, wenn im Rahmen des § 240 II „alle für die Mittel-Zweck-Relation wesentlichen Umstände und Beziehungen erfasst werden und eine Abwägung der auf dem Spiel stehenden Rechte, Güter und Interessen nach ihrem Gewicht in der sie betreffenden Situation erfolgt". In diese Abwägung sei auch das Gewicht des verfolgten kommunikativen Anliegens einzubeziehen (hier: Protest gegen die Nutzung der Kernkraft). Der Strafverfolgungsbehörde stehe aber keine Bewertung zu, ob es das Anliegen als nützlich und wertvoll einschätze oder es missbillige (BVerfGE 104, 92, 109 ff.).

69 Im **Fall 1** wenden die Kernkraftgegner auch im Lichte von BVerfGE 92, 1 Gewalt an (Rn. 17 f.). Die abgenötigte, bezweckte Handlung liegt im Anhalten. Zählt man im Rahmen des § 240 II das Fernziel (Warnung vor Kernkraft) nicht zu den berücksichtigungsfähigen angestrebten Zwecken, so hängt die Frage der Verwerflichkeit insbesondere von einer näheren Feststellung und Bewertung der in Rn. 64 genannten maßgeblichen Tatumstände ab. Ergibt sich bei dieser Prüfung eine günstige Tendenz, so hat die Rechtsprechung zum Teil auch Blockaden bis zu einer halben Stunde Dauer als nicht verwerflich eingestuft (vgl. *OLG Zweibrücken* NJW 1991, 53, 55; *OLG Stuttgart* NJW 1992, 2713). Berücksichtigt man das Fernziel, so spielen insbesondere das Gewicht des verfolgten Anliegens und die Ernsthaftigkeit der Handlungsmotive eine zusätzliche Rolle.

VI. Subjektiver Tatbestand, Irrtum

Der subjektive Tatbestand setzt **Vorsatz** voraus (§ 15). Bezüg- 70
lich der angewendeten Nötigungsmittel genügt auf jeden Fall dolus
eventualis. Umstritten ist aber, inwieweit die Vorsatzanforderungen hinsichtlich des Nötigungserfolges zu verschärfen sind (zusammenfassend *Fischer*, § 240 Rn. 53):

Die engste Meinung, die sich vor allem auf § 240 II beruft ("zu
dem angestrebten Zweck"), fordert generell, dass das abgenötigte
Verhalten im Sinne zielgerichteten Handelns beabsichtigt gewesen
sein muss (Sch/Sch/*Eser*, § 240 Rn. 34; SK/*Horn/Wolters*, § 240
Rn. 7; MüKo/*Gropp/Sinn*, § 240 Rn. 103). Nach der weitesten Ansicht soll durchgehend dolus eventualis ausreichen (vgl. BGHSt 5,
245, 246; LK/*Träger/Altvater*, 11. Aufl., § 240 Rn. 115; *Otto*, BT,
§ 27 Rn. 25 ff.). Diese Ansicht berücksichtigt allerdings zu wenig
die Finalstruktur der Gewalt: Da das Gewaltmerkmal als subjektive Komponente die Absicht zur Willensbeugung enthält (Rn. 2 f.,
23, 33), reicht jedenfalls bei der Gewaltvariante bezüglich des abgenötigten Verhaltens dolus eventualis nicht aus (vgl. *Arzt/Weber*,
BT, § 9 Rn. 56, 89; *Küper*, BT, S. 173; im Ergebnis richtig *Bay-
ObLG* NJW 1989, 1621, 1622, allerdings auf der Ebene des § 240 II
argumentierend).

In den meisten Nötigungsfällen wird die Streitfrage keine Rolle
spielen, weil der Täter den Nötigungserfolg im Sinne der engsten
Meinung erstrebt.

Was den **Irrtum über die Verwerflichkeit** der Tat anbelangt, so 71
wirkt sich der Streit, ob die Verwerflichkeitsklausel zum Tatbestand oder zur Rechtswidrigkeit gehört (Rn. 58), im Ergebnis nicht
aus. Denn nach der ersten (Minder-)Meinung erfordert der Vorsatz
lediglich die Kenntnis der tatsächlichen Umstände, die das Verwerflichkeitsurteil begründen; folglich liegt ein Tatbestandsirrtum
(§ 16 I 1) nur vor, wenn die falsche Wertung auf der Verkennung
von Tatsachen beruht (Sch/Sch/*Eser*, § 240 Rn. 35). Die Einordnung bei der Rechtswidrigkeit führt zu einem Erlaubnistatbestandsirrtum; dieser wiederum schließt nach ganz h. M. die Bestrafung aus dem Vorsatzdelikt ebenfalls aus. Reine Fehlwertungen im
rechtlichen Bereich werden von beiden Meinungen als Verbotsirrtum (§ 17) behandelt.

VII. Besonders schwere Fälle, Konkurrenzen

72   § 240 IV enthält Strafzumessungsregeln für **besonders schwere Fälle** in der Form der Regelbeispielstechnik (vgl. *Rengier,* BT I, § 3 Rn. 1 ff. zu § 243). Zur entsprechenden Anwendung des § 28 II im Rahmen des § 240 IV 2 Nr. 3 siehe den Fall in § 59 Rn. 5.

73   **Konkurrenzen:** Soweit § 240 zwingend in anderen Tatbeständen wie den §§ 177, 249, 253 enthalten ist, bedarf die Nötigung keiner besonderen Prüfung. Das Gleiche gilt bei Gewaltdelikten (Tötung, Körperverletzung), falls sich der Nötigungsaspekt als typische Begleiterscheinung in der erzwungenen Duldung der Gewalt erschöpft.

74   Nur wenn die Nötigung über das zur Verwirklichung der Vergewaltigung, des Raubes (usw.) Erforderliche hinausgeht oder der Täter weitergehende Zwecke verfolgt, kommt der Nötigung ein eigenständiger Unrechtsgehalt zu, und es besteht mit dem Verletzungsdelikt Tateinheit (vgl. *BGH* NStZ-RR 1996, 227 f.).

Beispiele: Anfahren mit Pkw (§ 224 I Nr. 2), um jemanden zum Verlassen eines Platzes zu bewegen (§ 240); Misshandlungen (§ 223), um eine Unterschrift zu erzwingen oder eine Aussage zu verhindern (§ 240). – Zur Konkurrenz mit § 239 siehe schon § 22 Rn. 26 f.

Empfehlungen zur vertiefenden Lektüre:

Rechtsprechung: BVerfGE 92, 1 (Verfassungswidrigkeit des erweiterten Gewaltbegriffs bei Sitzdemonstrationen); BGHSt 37, 350 gegen *BayObLG* NStZ 1990, 281 (Zusammenhang zwischen Blockade und Nötigungserfolg); BGHSt 41, 182 (Gewaltanwendung durch Straßenblockade); *BGH* NStZ 1992, 278 (Empfindlichkeit des angedrohten Übels).

Literatur: *Amelung,* Sitzblockaden, Gewalt und Kraftentfaltung, NJW 1995, 2584 ff.; *Geppert,* Die Nötigung (§ 240 StGB), Jura 2006, 31 ff.; *Jahn,* Zur strafrechtlichen Bewertung von Sitzblockaden als Nötigung – *BGH* NJW 1988, 1739 (= BGHSt 35, 270), JuS 1988, 946 ff.; *Küpper/Bode,* Neuere Entwicklungen zur Nötigung durch Sitzblockaden, Jura 1993, 187 ff.

§ 24. Erpresserischer Menschenraub (§ 239 a) und Geiselnahme (§ 239 b)

Fall 1: a) A stürmt in eine Bank, richtet seine Schusswaffe auf einen anwesenden Kunden („Keine Bewegung!") und droht, den Kunden zu erschießen, wenn ihm nicht der durch Panzerglas geschützte Kassierer K schleunigst alles

Geld herausgebe. K übergibt 10.000 €, woraufhin A das Weite sucht. b) *Variante:* A merkt, dass K einen Alarmknopf gedrückt hat. Deshalb veranlasst er K zusätzlich, bei der Polizei anzurufen und diese eindringlich davor zu warnen, angesichts der Bedrohung des Kunden zu schnell zu kommen. A kann mit den 10.000 € fliehen (vgl. BGHSt 25, 386). → Rn. 25, 40, 42

Fall 2: Die Eltern V und M haben eine fünf Monate alte Tochter T. Als Kriminalbeamte den V auf Grund eines Haftbefehls in der gemeinsamen Wohnung festnehmen wollen, ergreift V, eine spontane Anregung der M aufnehmend, die T, richtet ein Brotmesser auf das Kind und droht, es umzubringen, falls die Beamten ihr Vorhaben nicht aufgäben, was diese nach zweistündigen Verhandlungen schließlich tun (vgl. BGHSt 26, 70). → Rn. 43

Fall 3: a) Die Täter entführen den wohlhabenden X in der Absicht, ihn solange festzuhalten und in Todesangst zu versetzen, bis sie von ihm ein Lösegeld erhalten haben. b) *1. Variante:* Die Täter sperren den X in derselben Absicht ein. c) *2. Variante:* Dem entführten/eingesperrten X wird unter Drohungen und Schlägen klargemacht, was er zu erwarten habe, wenn er weiterhin „fällige Schutzgelder" nicht bezahle. → Rn. 10, 15, 22, 23

I. Grundlagen

Die §§ 239 a, 239 b schützen hauptsächlich die Freiheit sowohl 1 des Opfers der Tathandlung als auch des Nötigungsadressaten. Beide Tatbestände sind weitgehend parallel konstruiert. Insbesondere enthalten sie im jeweiligen Abs. 1 zwei Tatbestandsvarianten, nämlich

(1) die 1. Var. mit den übereinstimmenden Tathandlungen des Entführens und Sich-Bemächtigens (**Entführungs- und Bemächtigungstatbestand**) sowie

(2) die 2. Var. mit dem Ausnutzen einer durch eine solche Handlung geschaffenen Lage (**Ausnutzungstatbestand**).

Die Unterschiede der jeweiligen 1. Var. liegen im subjektiven Tatbestand bei der Absicht (wobei dann hinsichtlich der Erfassung des Zwei- und Drei-Personen-Verhältnisses wieder Übereinstimmung besteht).

II. Fallbearbeitung und Aufbaufragen

1. Vorprüfungen

In der **Fallbearbeitung** empfiehlt es sich, um Inzidentprüfun- 2 gen zu vermeiden, *vor* der Erörterung des § 239 a I die etwaigen

– ggf. auch bloß versuchten – Erpressungstaten (§§ 253, 255, 250) selbstständig zu prüfen. Dabei bleibt zu beachten, dass trotz insoweit zu verneinender Strafbarkeit der Tatbestand des § 239a I *1. Var.* immer noch vorliegen kann, weil es dort *nur* auf die (Erpressungs-)*Absicht* ankommt.

Eine entsprechende Vorgehensweise empfiehlt sich im Rahmen des § 239b I. Hier wird eine „Vorprüfung" sinnvoll sein, wenn der Täter objektiv mit einem qualifizierten Übel (Tod, schwere Körperverletzung oder über eine Woche Freiheitsentziehung) gedroht und möglicherweise diese Drohung auch realisiert hat. In Betracht kommen dann neben den §§ 255, 249, (22) vor allem die §§ 211 ff., 223 ff., 239 I, III Nr. 1, 240, (22). Wiederum darf man nicht übersehen, dass eine Verneinung dieser Tatbestände einer Strafbarkeit nach § 239b I *1. Var.* nicht entgegensteht, weil es auch hier nur auf die entsprechende Drohungs*absicht* ankommt.

2. Aufbauschema für §§ 239 a/b I 1. Var.

3   Nach den „Vorprüfungen" wendet man sich der in der Regel einschlägigen 1. Var. des § 239a I bzw. § 239 b I zu. Die vergleichende Gegenüberstellung der folgenden **Aufbauvorschläge** soll die parallelen Strukturen und die Unterschiede deutlich machen:

§ 239 a I 1. Var.	§ 239 b I 1. Var.

I. Tatbestandsmäßigkeit
  1. Objektiver Tatbestand
  Entführen *oder* Sich-Bemächtigen (eines anderen Menschen)
  2. Subjektiver Tatbestand
  a) Vorsatz
  b) Absicht zu einer Erpressung
    aa) Nötigungsmittel: die der §§ 240, 253 genügen
    bb) Erstrebter Nötigungserfolg: Vermögensverfügung
	I. Tatbestandsmäßigkeit
	  1. Objektiver Tatbestand
	  Entführen *oder* Sich-Bemächtigen (eines anderen Menschen)
	  2. Subjektiver Tatbestand
	  a) Vorsatz
	  b) Absicht zu einer Nötigung
	    aa) Nötigungsmittel: qualifiziert durch Drohung mit Tod usw.
	    bb) Erstrebter Nötigungserfolg: beliebig

<table>
<tr>
<td>

bzw. nach a. A. auch
Duldung der Ver-
mögensschädigung
cc) Im Rahmen eines
Zwei- oder Drei-
Personen-
Verhältnisses

II. Rechtswidrigkeit
III. Schuld

</td>
<td>

cc) Im Rahmen eines
Zwei- oder Drei-
Personen-
Verhältnisses

II. Rechtswidrigkeit
III. Schuld

</td>
</tr>
</table>

Anschließend sind ggf. Fragen der Todeserfolgsqualifikation (§§ 239 a III, 239 b II) und tätigen Reue (§§ 239 a IV, 239 b II) zu erörtern.

3. Aufbauschema für § 239 a I 2. Var.

Die strukturellen Besonderheiten der 2. Var. des § 239 a I ver- **4** steht man wohl am besten, wenn man diese Variante mit der 1. Var. des § 239 a I vergleicht:

§ 239 a I 1. Var.	§ 239 a I 2. Var.

I. Tatbestandsmäßigkeit
  1. Objektiver Tatbestand
    Entführen *oder* Sich-
    Bemächtigen (eines ande-
    ren Menschen)
	I. Tatbestandsmäßigkeit
	  1. Objektiver Tatbestand
	    a) Entführen *oder* Sich-
	       Bemächtigen (eines an-
	       deren Menschen) *ohne*
	       Erpressungsabsicht
	    b) Begehung einer zumin-
	       dest versuchten (str.)
	       Erpressung unter
	       Ausnutzung der durch
	       oben a) geschaffenen
	       Lage

2. Subjektiver Tatbestand
    a) Vorsatz
    b) Erpressungsabsicht
       (näher in Rn. 3)
II. Rechtswidrigkeit
III. Schuld
	2. Subjektiver Tatbestand
	    Vorsatz
	
	II. Rechtswidrigkeit
	III. Schuld

Die Gegenüberstellung macht deutlich, dass man zu dem Ausnutzungstatbestand des § 239a I 2. Var. gelangt, wenn bezüglich der 1. Var. die
Erpressungsabsicht fehlt, diese aber später gefasst und tatsächlich umge-
setzt wird. Was die insoweit erforderliche objektive Begehung der (versuchten) Erpressung betrifft, so verweist man in Punkt I.1.b auf die „Vorprüfung".

4. Aufbauschema für § 239b I 2. Var.

4a   In entsprechender Weise sind die beiden Varianten des § 239b I
gegenüberzustellen:

§ 239b I 1. Var.	§ 239b I 2. Var.

I. Tatbestandsmäßigkeit
  1. Objektiver Tatbestand
 	
  Entführen *oder* Sich-
  Bemächtigen (eines
  anderen Menschen)
	I. Tatbestandsmäßigkeit
	  1. Objektiver Tatbestand
	
	  a) Entführen oder Sich-
	    Bemächtigen (eines
	    anderen Menschen)
	    ohne qualifizierte
	    Nötigungsabsicht
	  b) Begehung einer zumin-
	    dest versuchten (str.)
	    Nötigung durch Dro-
	    hung mit einem qualifi-
	    zierten Übel unter
	    Ausnutzung der durch
	    oben a) geschaffenen
	    Lage

2. Subjektiver Tatbestand
    a) Vorsatz
    b) Qualifizierte
      Nötigungsabsicht
      (näher in Rn. 3)
	2. Subjektiver Tatbestand
	    Vorsatz

II. Rechtswidrigkeit III. Schuld	II. Rechtswidrigkeit III. Schuld

Bei § 239b I 2. Var. schafft der Täter die Entführungs- oder Bemächtigungslage ohne qualifizierte Nötigungsabsicht, fasst diese aber später
und setzt sie auch objektiv um (insoweit in Punkt I.1.b wieder Verweis auf
die „Vorprüfung").

III. Entführungs- und Bemächtigungstatbestand des § 239a I 1. Var.

1. Objektiver Tatbestand

a) **Entführen.** Für den objektiven Tatbestand des § 239a I 1. Var. 5 genügt es einmal, dass der Täter einen Menschen entführt. Das Entführen setzt erstens eine Ortsveränderung voraus, die – zweitens – zu einer hilflosen Lage des Opfers führt. Hilflos ist die Lage, wenn sich das Opfer in der konkreten Situation dem ungehemmten Einfluss des Täters preisgegeben sieht.

Zum Begriff des Entführens gehört weiter, dass die Ortsverände- 6 rung gegen oder ohne den Willen des Opfers bewirkt wird. Als Tatmittel kommen Gewalt (§ 23 Rn. 2ff.), Drohung (§ 23 Rn. 39ff.) und List in Betracht (*BGH* NStZ 1996, 276, 277). Die **List** umschreibt ein Verhalten, das darauf abzielt, unter geflissentlichem und geschicktem Verbergen der wahren Zwecke oder Mittel die Ziele des Täters durchzusetzen. Ein tatbestandsausschließendes Einverständnis setzt voraus, dass das Opfer in die Ortsveränderung einwilligt *und* über ihren Zweck nicht im Unklaren gelassen wird (*BGH* NStZ 1996, 276, 277; MüKo/*Renzikowski*, § 239a Rn. 32).

b) **Sich-Bemächtigen.** Die zweite Tatmodalität erfordert keine 7 Ortsveränderung. Üblicherweise versteht man unter dem Sich-Bemächtigen die Begründung physischer Herrschaft über das Opfer, wobei nicht unbedingt § 239 I erfüllt sein muss (*BGH* NStZ 2002, 31, 32; 2006, 448, 449). Mit anderen Worten: Gemeint ist die Erlangung der Verfügungsgewalt über den Körper eines anderen, der dadurch an einer freien Bestimmung über sich selbst gehindert wird.

Beispiele: Bankkunden/Bankangestellte werden festgehalten und bedroht, um die Herausgabe von Banknoten durch den Kassierer zu erzwingen. Ein Unternehmer wird in seiner Privatwohnung gefesselt und eingesperrt, bis das erpresste Lösegeld eingetroffen ist. Das In-Schach-Halten mit einer auch scheinbar geladenen Schusswaffe genügt (**Fall 1;** *BGH* NStZ 1986, 186; 2002, 31, 32; *Rengier,* GA 1985, 314ff.). Auch in der „Begleitung" eines Erpressungsopfers etwa zu einem Geldautomaten durch einen physisch überlegenen bewaffneten Bewacher liegt eine Bemächtigung (*BGH* NStZ 2006, 448, 449; NStZ-RR 2007, 77).

Das Sich-Bemächtigen entfällt nicht dadurch, dass sich eine sog. 8 „Ersatzgeisel" (mehr oder weniger) „freiwillig" in die Hände des

Täters begibt; typisch dafür ist der Austausch eines Polizisten gegen als Geiseln genommene Frauen/Kinder (vgl. BGHSt 26, 70, 72). Etwas anderes gilt bei bloßen „Scheingeiseln"; denn hier wirken Täter und (angebliches) Opfer kollusiv zusammen und täuschen daher das Sich-Bemächtigen in Wirklichkeit nur vor (*Krey/Hellmann*, BT 2, Rn. 325; offengelassen von BGHSt 26, 70, 72). Siehe ferner **Fall 2 Rn. 43.**

2. Subjektiver Tatbestand

9   a) **Grundlagen.** Der nach dem Vorsatz zu prüfende besondere subjektive Absichtstatbestand erfasst zwei unterschiedliche Konstellationen: Der Täter muss die Absicht haben (im Sinne zielgerichteten Wollens), entweder „die Sorge des Opfers um sein Wohl" (Zwei-Personen-Verhältnis) oder „die Sorge eines Dritten um das Wohl des Opfers" (Drei-Personen-Verhältnis) „zu einer Erpressung (§ 253) auszunutzen".

10   Den erpresserischen Menschenraub im **Zwei-Personen-Verhältnis** hat der Gesetzgeber 1989 nachträglich eingeführt. Danach können das Opfer der Tathandlung und der zu Erpressende **identisch** sein. Man muss sich diesen Anwendungsfall des § 239a im Zwei-Personen-Verhältnis besonders einschärfen, weil das klassische Tatbild durch die Dreiecksstruktur geprägt ist. Beispiele enthalten die **Fälle 3 a und 3 b.**

11   In dem klassischen Fall mit dem **Drei-Personen-Verhältnis** fallen das Opfer der Tathandlung und der zu Erpressende auseinander.

Beispiele: Kindesentführung, um von Eltern Lösegeld zu erpressen; Bedrohung von Bankkunden entsprechend Rn. 7, um Geldherausgabe zu erzwingen.

12   b) **Erpressungsabsicht.** *Zugleich* mit dem Entführen oder Sich-Bemächtigen muss der Täter die Absicht haben, unter Ausnutzung der Sorge des Opfers bzw. eines Dritten eine Erpressung zu begehen. Ob die Erpressung (später) auch tatsächlich in strafbarer Weise zumindest versucht wird, spielt für die Tatvollendung keine Rolle. Entscheidend ist, dass die Tätervorstellung sämtliche Voraussetzungen des § 253 – die im Falle des § 255 natürlich auch vorliegen – erfassen (zum Aufbau Rn. 2, 3).

Beispiel: Wenn der Täter etwa mit einer Entführung nur einen fälligen Anspruch befriedigen will, entfällt bezüglich § 253 die Rechtswidrigkeit der erstrebten Bereicherung (*Rengier*, BT I, § 11 Rn. 33) und damit dann auch der subjektive Tatbestand des § 239 a I 1. Var. (dies schließt, sofern die Absicht zur Drohung mit qualifizierten Nötigungsmitteln vorliegt, eine Bestrafung aus § 239 b I 1. Var. – dazu Rn. 28 – nicht aus; richtig Sch/Sch/*Eser*, § 239 b Rn. 8).

In entsprechender Weise muss § 239 a I 1. Var. verneint werden, **13** sofern man allein *Raub*absichten feststellen kann (zur Abgrenzung mit § 255 siehe *Rengier*, BT I, § 11 Rn. 33 ff.). Doch darf die anschließende Prüfung des § 239 b I 1. Var. auch hier nicht übersehen werden (ergänzend Rn. 32).

Weiter ist zu beachten: Zwar grenzt der *BGH* zwischen § 249 und § 255 nach dem äußeren Erscheinungsbild ab (dazu *Rengier*, BT I, § 11 Rn. 15, 39), sieht aber doch den Raub als Spezialfall der Erpressung an mit der Konsequenz, dass aus dem Blickwinkel der Rechtsprechung Raubabsichten immer auch Erpressungsabsichten einschließen und insoweit die Absicht zu einem Raub stets von § 239 a I 1. Var. miterfasst wird (*BGH* NStZ 2003, 604 f.; 2006, 448, 449).

c) **Zeitlicher Zusammenhang.** Zwischen der Bemächtigungs- **14** lage und der beabsichtigten Erpressung muss ein zeitlicher Zusammenhang derart bestehen, dass der Täter das Opfer oder einen Dritten **während der Dauer der Zwangslage** erpressen will. Diese angesichts der hohen Mindeststrafe gebotene restriktive Auslegung bringt die besondere Gefährlichkeit der Tat insoweit zum Ausdruck, als der Täter seine Drohung in der Bemächtigungssituation jederzeit realisieren kann. Das Kriterium des zeitlichen Zusammenhangs lässt sich aus dem Wortlaut ableiten: Die Absicht des Täters bezieht sich nur dann auf ein „Ausnutzen", wenn der Erpressungsadressat den Forderungen in Kenntnis und gerade auf Grund einer bestehenden Zwangslage nachkommen soll. Daher ist der Tatbestand zu verneinen, wenn die erstrebte Vermögensverfügung nicht während, sondern erst *nach* Beendigung der Entführungs-/Bemächtigungslage erfolgen soll. Im Wortlaut besonders deutlich ist insoweit die 2. Var. des § 239 a I, welche ein „Ausnutzen der Lage" verlangt und die Auslegung der 1. Var. insoweit mit prägt, als das Ausnutzen im Sinne der 2. Var. bei der 1. Var. ins Subjektive vorverlagert ist (ergänzend Rn. 18).

Dazu insbesondere *BGH* NStZ 1996, 227; 2006, 36, 37; NStZ-RR 1997, 100; StV 2007, 354. Der *BGH* spricht hier allerdings – ohne erkennbaren sachlichen Unterschied – von einem „funktionalen und zeitlichen" Zusammenhang. Einschlägige Konstellationen werden meist im Rahmen von Zwei-Personen-Verhältnissen aktuell (*BGH* NStZ 1996, 277; 2005, 508; StV 1997, 302 f.; NJW 1997, 1082). Für das Drei-Personen-Verhältnis gilt aber nichts anderes (*BGH* NStZ 1996, 227; NStZ-RR 1997, 100; MüKo/*Renzikowski,* § 239 a Rn. 49; *Küper,* BT, S. 274).

15   **Beispiele:** Im **Fall 3 c** geht es um eine Zwei-Personen-Konstellation, bei der der notwendige zeitliche Zusammenhang fehlt und § 239 a I 1. Var. deshalb entfällt. X soll sich offenbar in „Freiheit" und nicht unter dem direkten Druck der tatbestandlichen Zwangslage um das Geld kümmern. Demgegenüber ist in den **Fällen 3 a und 3 b** der Zusammenhang von Zwangslage und beabsichtigter schädigender Erpressung gegeben.

Als Dreieckskonstellation ohne zeitlichen Zusammenhang, die § 239 a I 1. Var. nicht erfasst, kann man sich den Fall vorstellen, dass die Eltern das Lösegeld für ihre entführte Tochter erst nach deren Freilassung zahlen sollen und dies danach auch tun, weil der Täter für den Fall der Nichtzahlung mit einer erneuten Entführung gedroht hat.

16   d) **Restriktive Auslegung im Zwei-Personen-Verhältnis.** Die Erstreckung des Tatbestandes auf Zwei-Personen-Verhältnisse hat die zweifelhafte Konsequenz, dass § 239 a mit seiner hohen (Regel-)Mindeststrafe vom Wortlaut her nun auch einen großen Teil typischer räuberischer Erpressungen erfasst, da derartige Taten vielfach mit einem Sich-Bemächtigen einhergehen.

Beispiele: Die Täter passen nach Geschäftsschluss den Filialleiter einer Bank ab und zwingen ihn mit vorgehaltenen Waffen, den Tresor zu öffnen und das vorhandene Geld herauszugeben (vgl. *BGH* NStZ 1996, 277 f.; StV 1996, 266). Ein Autofahrer oder Passant wird von hinten angefallen und mit einer Schnur gewürgt, um die Aushändigung der Geldbörse abzunötigen. Generell: Überfälle, bei denen das Opfer insbesondere mit – auch ungeladenen – Schusswaffen in Schach gehalten und zur Herausgabe von Vermögenswerten gezwungen wird.

17   Vor dem Hintergrund solcher Fälle und der hohen Strafdrohung plädiert die h. M. zu Recht für eine **einschränkende Auslegung** des § 239 a (und des § 239 b) **in der Zweierkonstellation** (beachte ergänzend Rn. 25). Als Gründe werden vor allem angeführt (vgl. BGHSt 39, 36, 41 f.; 39, 330, 332, 334):

(1) Klassische Erpressungsfälle dürfen nicht hinter § 239 a gleichsam in die „zweite Reihe" gerückt werden.

(2) Die Anwendung des § 239 a führt zu vom Gesetzgeber nicht bedachten Erhöhungen der Mindeststrafe zu Lasten der Täter.

(3) Bei Anwendung des § 239 a (frühe Vollendung!) drohen im Stadium der §§ 255, 22 Rücktritte ins Leere zu laufen (beachte jedoch § 239 a IV).

Freilich hat die bisherige Diskussion über die Notwendigkeit 18
und die Art der einschränkenden Kriterien noch kein abschlie-
ßendes Ergebnis erbracht. Immerhin kann nach BGHSt 40, 350
(Großer Senat) die Frage jedenfalls innerhalb der Rechtsprechung
als geklärt gelten (*BGH* StV 1996, 266; NJW 1997, 1082; NStZ
1996, 277 und 277f.; 2006, 448, 449). Die Rechtsprechung knüpft
daran an, dass die 2. Var. des § 239a/b I ein zweiaktiges Delikt
enthält, dessen zweiter Teil bei der 1. Var. des § 239a/b I ins Subjektive vorverlagert ist. Daher muss bei der jeweiligen 1. Var., die
ein sog. unvollkommenes zweiaktiges Delikt darstellt,

„zwischen dem ersten, objektiv verwirklichten Teilakt des Entführens oder des
Sich-Bemächtigens und dem zweiten, in die Vorstellung des Täters verlagerten
Teilakt der angestrebten weitergehenden Nötigung ein funktionaler Zusam-
menhang bestehen. Der Täter muß beabsichtigen, die durch die Entführung
oder das Sich-Bemächtigen für das Opfer geschaffene Lage zur qualifizierten
Drohung auszunutzen und durch sie zu nötigen" (BGHSt 40, 350, 355; ferner
BGH NStZ 2003, 604; 2006, 448, 449).

Mit anderen Worten: Aus der zweiaktigen Struktur folgt, dass
der Täterwille dahin gehen muss, die durch den (ersten) Entfüh-
rungs-/Bemächtigungsakt geschaffene Zwangslage für einen (zweiten) Nötigungsakt auszunutzen (Sch/Sch/*Eser*, § 239a Rn. 13a).

Danach entfällt der Tatbestand vor allem dort, wo die Bemächti- 19
gung **keine eigenständige Bedeutung** hat, weil der Bemächtigungsakt und die abgenötigte Handlung **in einem Akt** zusammenfallen, d. h. auf *einer* einheitlichen – gewissermaßen „identischen" –
Nötigung beruhen (z. B. Vorhalten einer Schusswaffe). Diese „Identität" besteht, solange das Nötigungsmittel, das die Bemächtigung
begründet, zugleich dazu dient, das Opfer **in unmittelbarem Zusammenhang** zu weiteren Handlungen zu nötigen.

Bedeutung hat diese teleologische Reduktion des § 239a/b im Zwei-Per- 20
sonen-Verhältnis insbesondere für die vielen Fälle des Sich-Bemächtigens, die
letztlich durch ein kurzes Tatgeschehen gekennzeichnet sind. So ist auf dem
Boden von BGHSt 40, 350 in allen in Rn. 16 genannten Beispielen der Tatbestand des § 239a I 1. Var. zu verneinen (ebenso des § 239b I 1. Var.; vgl. Rn. 31,
40).

Dies ändert sich erst, wenn die Bemächtigungssituation eine 21
gewisse Stabilisierung erreicht hat und diese „stabile (Zwischen-)-
Lage als Basis für weitere Nötigungen" dient bzw. dienen soll;
dann kommt der Bemächtigungslage eigenständige Bedeutung zu

(dazu BGHSt 40, 350, 359; *BGH* NStZ 1996, 277, 278; 2006, 448, 449).

In der **Fallbearbeitung** ist die Zwei-Personen-Problematik im subjektiven Tatbestand im Anschluss an die Feststellung anzusprechen, dass die Absicht, „die Sorge des Opfers um sein Wohl zu einer Erpressung (§ 253) auszunutzen", dem Wortlaut nach vorliegt. Was die stabile Zwischenlage betrifft, so ist als **Faustformel** die Kontrollfrage hilfreich, ob die Bemächtigungslage bestehen bleibt, wenn man sich den (angestrebten) Erpressungsakt hinwegdenkt. Ist dies zu bejahen, fallen das Sich-Bemächtigen und die beabsichtigte erpresserische Nötigung in zwei Akte auseinander (*Küper,* BT, S. 274 f.; *Kindhäuser,* BT 1, § 16 Rn. 35; *Elsner,* JuS 2006, 786).

22   Im Fall 3 b liegt eine derartige Konstellation eindeutig vor. Das Einsperren schafft eine selbstständige „stabile" Lage, auf der die Erpressung aufbaut. § 239 a I 1. Var. ist daher zu bejahen.

BGH NStZ-RR 2004, 333, 334 nimmt eine ausreichende Stabilisierung auch in dem Fall an, dass zwei Täter ihr Opfer in dessen Wohnung mit einem Messer bedrohen und zwischen sich setzen (= erster Nötigungsakt durch Sich-Bemächtigen) und anschließend Gewalt anwenden, um Geld zu erlangen (= zweiter Nötigungsakt).

23   Mit den eine „stabile Zwischenlage" aufweisenden Bemächtigungs-Konstellationen sind die **Entführungsfälle** vergleichbar (**Fall 3 a**). Bei diesen wird die herbeigeführte Zwangslage in der Regel eigenständige Bedeutung haben.

24   **Fazit:** Es ist nicht zu übersehen, dass in den Bemächtigungsfällen die Frage der „Stabilisierung" Abgrenzungsschwierigkeiten bereitet. Doch dürften diese lösbar sein, wenn man sich verdeutlicht, dass es dabei in erster Linie um die Erfassung von Bemächtigungslagen mit einem gewissen Dauerelement geht. Insgesamt hat der Große Senat einen brauchbaren Weg zu einer sinnvollen Restriktion der §§ 239 a, 239 b im Zwei-Personen-Verhältnis gewiesen, der gegenüber anderen – engeren wie weiteren – Vorschlägen den Vorzug verdient und auch dem Studierenden mit dem Kriterium der „stabilen Zwischenlage" verhältnismäßig klare Leitlinien liefert.

Zur Diskussion um BGHSt 40, 350 siehe *Müller-Dietz,* JuS 1996, 110 ff.; *Geppert,* JK 95, StGB § 239 a/6 a und b; Sch/Sch/*Eser,* § 239 a Rn. 13 a; MüKo/ *Renzikowski,* § 239 a Rn. 21 ff., 54 ff.; *Küper,* BT, S. 271 ff.; *Zöller,* JA 2000, 480 f.; *Satzger,* Jura 2007, 118 f.

25   **e) Stabile Zwischenlage im Drei-Personen-Verhältnis.** Inzwischen zeichnen sich in der Rechtsprechung Tendenzen ab, die für

das Zwei-Personen-Verhältnis entwickelten restriktiven Kriterien zur „stabilen Zwischenlage" auf die Drei-Personen-Konstellation zu übertragen. Freilich betont der *BGH* zugleich, dass bei Drei-Personen-Verhältnissen die Bemächtigungssituation „regelmäßig ... eine eigenständige Bedeutung als Grundlage für die ... Nötigung" Dritter habe, und sieht von daher keinen Anlass, in den typischen Banküberfällen mit der Bedrohung von Kunden (**Fall 1a**) eine „stabile Zwischenlage" und damit § 239a I 1. Var. zu verneinen (*BGH* NStZ 2002, 31, 32; NStZ-RR 2002, 213, 214). Folgt man dem, so werden sich in der Praxis und Fallbearbeitung kaum Änderungen ergeben. Vgl. dazu auch *Renzikowski*, StV 1999, 648f.; *Immel*, NStZ 2001, 67ff.; *B. Heinrich*, JR 2002, 161f.

IV. Ausnutzungstatbestand des § 239a I 2. Var.

Die 2. Var. des § 239a I (zum Aufbau Rn. 2, 4) setzt – so ist das **26** Merkmal „durch eine solche Handlung geschaffene Lage" zu verstehen – eine Tathandlung der 1. Var. voraus, nämlich dass der Täter einen Menschen entführt oder sich eines Menschen bemächtigt. Der Unterschied besteht darin, dass der Täter im Augenblick dieser Tathandlung die Erpressungsabsicht (noch) nicht gehabt, sondern andere Zwecke verfolgt hat.

Beispiele: Der Täter beschließt, nachdem er eine Frau mit sexueller Intention entführt hat, ihre Lage zu einer Lösegelderpressung auszunutzen. Die Täter rauben zu Fluchtzwecken das Fahrzeug der E und zwingen sie mitzufahren, damit sie nicht alsbald Anzeige erstatten kann; unterwegs fassen sie einen neuen Tatentschluss und erpressen von E Geld zum Tanken (*BGH* NStZ-RR 2003, 45).

Zu beachten ist, dass der Täter im Rahmen der 2. Var. die von **27** ihm geschaffene Lage zu einer Erpressung *tatsächlich* ausnutzen muss. Das Merkmal der Erpressung stellt also in der 2. Var. ein *objektives* Tatbestandsmerkmal dar, das die gesamte Erpressungs-Tat meint. Nach h.M. genügt für diese Tat – und insoweit für die Vollendung des § 239a I 2. Var. – ein strafbarer Versuch. Demgegenüber verlangt eine wachsende Gegenmeinung mit Blick auf den Gesetzeswortlaut eine vollendete Erpressung.

Zur h.M. *BGH* NStZ 2007, 32, 33; *Satzger*, Jura 2007, 117; Sch/Sch/*Eser*, § 239a Rn. 24; LK/*Träger/Schluckebier*, 11. Aufl., § 239a Rn. 20. – Zur Gegenmeinung MüKo/*Renzikowski*, § 239 a Rn. 68; SK/*Horn*/*Wolters*, § 239 a Rn. 15; *Elsner*, JuS 2006, 787 f. – Vgl. ferner *Fischer*, § 239 a Rn. 14.

Die Zwangslage, die beim Ansetzen zur Erpressung noch vorhanden sein muss, besteht nicht mehr, wenn das Opfer tot oder wieder frei ist (vgl. Rn. 14 f.).

V. Entführungs- und Bemächtigungstatbestand des § 239 b I 1. Var.

28   Der Unterschied zwischen § 239 b I 1. Var. und § 239 a I 1. Var. liegt allein im subjektiven Tatbestand. Bei § 239 b genügt einerseits das Streben nach jedem beliebigen Nötigungserfolg, andererseits muss – insoweit restriktiv – der Einsatz eines qualifizierten Drohungsmittels („mit dem Tod oder …" usw.) gewollt sein. Entsprechend dem allgemeinen Drohungsbegriff (§ 23 Rn. 39) sind auch nur als ernsthaft vorgespiegelte Drohungen erfasst (BGHSt 26, 309; *BGH* NStZ 1985, 455; *LG Mainz* MDR 1984, 687).

Beispiele für als Nötigungserfolg erstrebte Handlungen, Duldungen oder Unterlassungen: Freilassung von Gefangenen, Verlesen von Manifesten, Rücktritt eines Ministers, Rückkehr der Ehefrau, Durchsetzung von unberechtigten wie berechtigten Ansprüchen, Ermöglichung der Flucht, Duldung der Wegnahme, Unterlassen der Festnahme oder einer Vollstreckungsmaßnahme.

29   Wie § 239 a I erfasst auch § 239 b I seit 1989 neben der klassischen Dreieckskonstellation Zwei-Personen-Verhältnisse („um ihn" … zu nötigen). Wegen der parallelen Strukturen der §§ 239 a/b kann weitgehend auf die Ausführungen zu § 239 a I verwiesen werden. Dies gilt erstens für die Fragen des zeitlichen Zusammenhangs (Rn. 14 f.), die typischerweise im Rahmen von Zweierkonstellationen aktuell werden, aber auch im Dreiecksverhältnis auftauchen können.

Beispiele: Täter, die einen Zeugen entführen, einschüchtern und mit dem Tode bedrohen, damit er in Zukunft schweige oder eine belastende Aussage bei der Polizei widerrufe, verwirklichen nicht § 239 b I 1. Var., weil die erstrebte Handlung zeitlich erst nach Beendigung der Zwangslage erfolgen soll (*BGH* StV 1997, 303; NStZ 2006, 36, 37; 2008, 279, 280). Entsprechendes gilt für ein genauso behandeltes Opfer, das dazu bewegt werden soll, in der Zukunft außereheliche Beziehungen zur Schwester des Täters zu unterlassen und diese zu heiraten (*BGH* StV 2008, 249).

Zu beachten bleibt in solchen Fällen, dass der Täter als Zwi- 30
schenzweck einen Nötigungs(teil)erfolg erstreben kann, bezüglich
dessen der zeitliche Zusammenhang gegeben ist. Das Streben nach
einem derartigen **Zwischenerfolg** genügt aber nur, wenn er aus der
Sicht des Täters gegenüber dem erstrebten Endzweck **selbststän-**
dige Bedeutung hat (*BGH* NJW 1997, 1082; NStZ 2006, 36, 37;
StV 2008, 249). Diese Einschränkung ist notwendig, um das Kriterium des zeitlichen Zusammenhangs nicht zu entwerten (*Elsner,*
JuS 2006, 787).

In den Beispielsfällen der Rn. 29 werden die Opfer unter dem Druck und
während der Zwangssituation erzwungenermaßen meist das Versprechen abgeben, die Forderungen der Täter zu erfüllen. Handelt es sich dabei um eine
schriftliche Erklärung, so wird dieser Zwischenerfolg in der Regel selbstständige Bedeutung haben. Ob insoweit auch die Abnötigung einer entsprechenden verbindlichen mündlichen Erklärung ausreicht, ist zweifelhaft (wohl bejahend *BGH* NStZ 2006, 36, 37 f.; verneinend *Elsner,* JuS 2006, 787).

Zweitens muss § 239 b im Zwei-Personen-Verhältnis in gleicher 31
Weise wie § 239 a einschränkend ausgelegt werden (entsprechend
Rn. 16 ff.). Zur Erläuterung die folgenden

Beispiele: (1) Nicht gemäß § 239 b I 1. Var. tatbestandsmäßig sind dem üblichen Tatbild entsprechende sexuelle Nötigungen und Vergewaltigungen, bei
denen der Täter sein Opfer „nur" mit (Schuss-)Waffen bedroht, festhält, würgt
usw. und missbraucht; hier hat der Bemächtigungsakt keine eigenständige Bedeutung. Anders liegt es bei *Entführungen* zu sexuellen Zwecken im Sinne des
§ 177.

(2) Wenn die Täter ihr Opfer ergreifen und über eine längere Zeit quälen
und/oder einsperren, um es durch Drohungen mit dem Tode (usw.) zur Preisgabe von Informationen/Geheimnissen, zur Abgabe von Erklärungen oder zu
irgendeinem anderen Verhalten (z. B. mit sexuellem Bezug) zu zwingen, erfüllen sie § 239 b I 1. Var. (vgl. BGHSt 40, 90; 40, 350, 358; BGH NJW 1997,
1082; § 22 Fall 2).

(3) Die Problematik der Anwendung des § 239 b in der Zweierkonstellation 32
stellt sich schließlich in Raubfällen, in denen der Täter speziell „mit dem Tod
oder …" (usw.) drohen will. In der Fallbearbeitung wird man es nicht selten
mit Fällen im Grenzbereich zwischen § 255 und § 249 zu tun haben, ein
Grenzbereich, zu dem zum Teil die Beispiele in Rn. 16 gezählt werden (vgl.
Rengier, BT I, § 11 Rn. 33 ff. und die Falllösung bei *Tag,* JuS 1996, 904, 909 ff.).
Hier muss man erkennen, dass nach einer etwaigen Verneinung des § 239 a wegen fehlender Erpressung(szwecke) bei vorhandenen Raub(absichten) nach
Ansicht der Rechtsprechung § 239 a immer noch in Betracht kommt (Rn. 13)
und im Übrigen § 239 b unter dem Aspekt der Duldung der Wegnahme ein-
greifen kann.

VI. Ausnutzungstatbestand des § 239 b I 2. Var.

33   Bezüglich § 239 b I 2. Var. (zum Aufbau Rn. 2, 4 a) sind die
Ausführungen zur 2. Var. des § 239 a I entsprechend heranzuziehen (Rn. 26 f.). Der strafbaren (nach h. M. zumindest versuchten)
Erpressung dort entspricht hier („zu einer solchen Nötigung")
eine strafbare – nach h. M. zumindest versuchte, nach der Gegenmeinung vollendete – Nötigung unter Anwendung von Drohungen mit einem qualifizierten Übel (d. h. „mit dem Tod oder ..."
usw.). Zu einer solchen Tat siehe *BGH* NStZ 2002, 317.

VII. Erfolgsqualifikationen der §§ 239 a III, 239 b II

34   Die §§ 239 a III, 239 b II enthalten erfolgsqualifizierte Delikte,
die die Strafe erheblich schärfen, wenn der Täter durch die Tat, d. h.
durch die Begehung des Grunddelikts (§ 239 a I bzw. § 239 b I),
wenigstens leichtfertig den Tod des Opfers verursacht. Die Tatbestände gehören zur Gruppe der todeserfolgsqualifizierten Delikte
mit Vorsatz-Leichtfertigkeits-Struktur. Das bekannteste Delikt
dieser Gruppe ist § 251. Braucht man für den deliktischen Aufbau
der §§ 239 a III, 239 b II eine Orientierung, so kann man das Aufbauschema zu § 251 (*Rengier*, BT I, § 9 Rn. 2) ohne weiteres übertragen.

35   Im Verhältnis zu den §§ 212, 211 hat sich mit der Einfügung des
Wortes „wenigstens" vor dem Wort „leichtfertig" durch das
6. StrRG 1998 die Konkurrenzlösung (seit BGHSt 39, 100 h. M.)
endgültig gegen die Exklusivitätslösung durchgesetzt (vgl. schon
§ 16 Rn. 25). Demnach können die §§ 212, 211 und §§ 239 a III,
239 b II ideal miteinander konkurrieren.

36   Wie bei allen erfolgsqualifizierten Delikten muss zwischen der
Tat und dem qualifizierenden Todeserfolg ein qualifikationsspe-
zifischer **Gefahrverwirklichungszusammenhang** bestehen (vgl.
vor allem § 16 Rn. 4 ff.; *Rengier*, BT I, § 9 Rn. 3 ff.). Im Todeserfolg
muss sich gerade die („tatbestandsspezifische") Gefahr realisieren,
vor der das Grunddelikt schützen will.

37   Zu den typischen grunddeliktischen Risiken der §§ 239 a, 239 b
gehört es auch, wenn der Tod der Geisel infolge einer **Befreiungsaktion** eintritt, die von der Geisel selbst, dem Erpressungsopfer

oder Dritten, namentlich der Polizei, unternommen wird, um die Geiselnahme zu beenden; denn die Befreiungsaktion ist tatbestandsspezifische Folge der vom Täter geschaffenen Zwangslage (h. M.; BGHSt 33, 322, 324 f.; *Laubenthal,* Jura 1989, 102; *Roxin,* AT I, § 10 Rn. 118; zum Teil einschränkend *Rengier,* Erfolgsqualifizierte Delikte, S. 186 ff.).

Wenn freilich die Polizeibeamten von der Geiselnahme und der dadurch ausgelösten Zwangslage nichts wissen und nur die Vorstellung haben, Straftäter zu verfolgen, kann von einer tatbestandsspezifischen „Befreiungsaktion" keine Rede sein (richtig BGHSt 33, 322, 325; a. A. MüKo/*Renzikowski,* § 239 a Rn. 77 ff.; dazu auch *Sowada,* Jura 1994, 650 f. m. w. N.).

Leichtfertigkeit bedeutet grobe Fahrlässigkeit, stellt also eine **38** qualifizierte Form der normalen Fahrlässigkeit dar (näher *Rengier,* BT I, § 9 Rn. 10 f.). **Mittäterschaft und Teilnahme** werden nach den in § 16 Rn. 32 ff. zu § 227 – sowie in *Rengier,* BT I, § 9 Rn. 23 f. zu § 251 – dargelegten Grundsätzen geprüft.

VIII. Tätige Reue nach §§ 239 a IV, 239 b II

Die frühe Vollendung des Tatbestandes der §§ 239 a, 239 b und **39** die besondere Gefährdung der Opfer haben den Gesetzgeber veranlasst, eine spezielle Vorschrift über die tätige Reue zu schaffen, die bewusst *kein* freiwilliges Handeln voraussetzt. Auch in der ausweglosesten Situation soll trotz Vollendung der Tat noch ein Anreiz für einen – die Strafe allerdings nur mildernden – „Rücktritt" bestehen, um die Rettungschancen für das Opfer zu erhöhen und die Tat vielleicht ohne eine riskante polizeiliche Befreiungsaktion beenden zu können (*BGH* NStZ 2003, 605). Mit dem Verzicht auf die erstrebte „Leistung" ist die Abkehr von der Erpressungs- bzw. Nötigungsabsicht (ggf. in Verbindung mit der Rückgabe erlangter Leistungen) gemeint. Mit anderen Worten: Der Täter muss von der Weiterverfolgung seines Erpressungs- oder Nötigungszieles Abstand nehmen. In seinen Lebenskreis zurückgelassen ist das Opfer, wenn ihm der Täter ermöglicht, den Aufenthaltsort wieder frei und ungehindert zu bestimmen.

Beispiele: Bankräuber, die sich mit Geiseln verschanzt haben und von der Polizei umstellt sind, lassen die Geiseln frei und geben ihre Erpressungsabsicht auf. Der Täter, der sein Opfer mit einem Messer bedroht und festgehalten hat, um das Erscheinen seiner früheren Freundin zu erzwingen, gibt es frei und flüchtet, nachdem ihr Vater einen Schwächeanfall erlitten hat und die Polizei erschienen ist (vgl. *BGH* NJW 2001, 2895 mit Anm. *B. Heinrich*, JR 2002, 161).

IX. Konkurrenzen

40   Für das Verhältnis von § 239a zu § 239b gilt: In den typischen Fällen des § 239a bedroht der Täter sein Opfer meist mit dem Tode, weshalb hier auch der Tatbestand des § 239b erfüllt ist. Wenn eine solche Geiselnahme allein erpresserischen Zwecken dient, tritt § 239b im Wege der Subsidiarität hinter § 239a zurück. Dient die Geiselnahme allerdings nicht nur erpresserischen Zwecken, sondern werden mit ihr noch darüber hinausgehende Ziele verfolgt, so besteht Tateinheit (hierzu BGHSt 25, 386; *BGH* NStZ 2002, 31, 32; **Fall 1** Rn. 42).

41   Zwischen § 239a I 1. Var. und der wirklich erfolgten (versuchten) Erpressung besteht Idealkonkurrenz (*BGH* NStZ 1993, 39). Entsprechendes gilt für das Verhältnis zwischen § 239b I 1. Var. und der die Handlung, Duldung oder Unterlassung abnötigenden Tat. Zum Verhältnis mit § 239 siehe § 22 Rn. 27.

X. Falllösungen

42   Im **Fall 1a** erfüllt A die §§ 255, 250 I Nr. 1a. Bezüglich § 239a I 1. Var. stellt das Bedrohen mit der Schusswaffe ein Sich-Bemächtigen im Rahmen eines Drei-Personen-Verhältnisses dar; auch dessen subjektiver Tatbestand ist gegeben. Ebenso verwirklicht A durch die Drohung mit dem Tode § 239b I 1. Var.; dieses Delikt tritt aber zurück, weil die Geiselnahme allein erpresserischen Zwecken dient. Zwischen § 239a und §§ 255, 250 I Nr. 1a besteht Idealkonkurrenz.

Demgegenüber muss im **Fall 1b**, was das Verhältnis von § 239a zu § 239b betrifft, Idealkonkurrenz angenommen werden; denn hier wird der Kassierer zusätzlich (durch Drohung mit dem Tode des K) zum Anruf bei der Polizei genötigt. Dieser vollendete § 240 sowie die §§ 255, 250 I Nr. 1a stehen mit den §§ 239a/b ebenfalls in Tateinheit. – Ein vergleichbarer Fall liegt vor, wenn ein Geiselnehmer neben einem Fluchtgeld seinen freien Abzug erzwingt.

43   Im **Fall 2** kommt nur § 239b in Betracht. An sich hat V eine typische Bemächtigungshandlung vorgenommen. Gegen ein Sich-Bemächtigen könnte allerdings sprechen, dass die Eltern schon vorher die physische Gewalt über den Säugling gehabt haben. BGHSt 26, 70, 72 scheint den Bemächtigungsakt in dem offensichtlichen

Missbrauch der elterlichen Gewalt zu sehen. Präziser ist es, auf die Begründung eines andersartigen Gewaltverhältnisses abzustellen, weil der Täter (hier V) eine Verminderung oder sogar Aufhebung der Geborgenheit herbeigeführt hat (vgl. *Krey/Hellmann*, BT 2, Rn. 334; *Wessels/Hettinger*, BT 1, Rn. 457). Zu Recht betont BGH-St 26, 70, 72 ferner, dass durch § 239 b das willensunfähige Kleinkind auch vor den eigenen Eltern geschützt wird und daher ihr Einverständnis (oder das der/des Erziehungsberechtigten) unerheblich ist. Ein etwaiger innerer Vorbehalt des V, die Drohung niemals wahrzumachen, wäre unbeachtlich. Somit hat sich V nach § 239 b I 1. Var. – in Tateinheit mit § 240 (Nötigung der Beamten zur Aufgabe) – strafbar gemacht. M haftet zumindest als Anstifterin.

Zu **Fall 3** siehe bereits Rn. 13, 16 f.

Empfehlungen zur vertiefenden Lektüre:

Rechtsprechung: BGHSt 25, 386 (Konkurrenz zwischen § 239 a und § 239 b); BGHSt 26, 70 (Geiselnahme des eigenen willensunfähigen Kleinkindes); BGHSt 33, 322 (Geiselnahme mit Todesfolge bei Befreiungsaktionen); BGHSt 40, 350, *BGH* StV 1996, 266, NJW 1997, 1082 und NStZ 2006, 448 (einschränkende Auslegung der §§ 239 a/b im Zwei-Personen-Verhältnis); *BGH* NStZ 2002, 31 (diverse Fragen); *LG Mainz* MDR 1984, 687 (Geiselnahme eines Kindes mit „Rücktritt" im familiären Bereich).

Literatur: *Elsner*, §§ 239 a, 239 b StGB in der Fallbearbeitung – Deliktsaufbau und (bekannte und weniger bekannte) Einzelprobleme, JuS 2006, 784 ff.; *Müller-Dietz*, Der Tatbestand der Geiselnahme in der Diskussion – *BGH* NJW 1995, 471 (= BGHSt 40, 350), JuS 1996, 110 ff.; *Satzger*, Erpresserischer Menschenraub (§ 239 a StGB) und Geiselnahme (§ 239 b StGB) im Zweipersonenverhältnis, Jura 2007, 114 ff.; *Zöller*, Erpresserischer Menschenraub, Geiselnahme und das Zwei-Personen-Verhältnis in der Fallbearbeitung, JA 2000, 476 ff.

§ 25. Menschenraub (§ 234)

Tatobjekt des Verbrechenstatbestandes (§ 12 I) kann jeder **1** Mensch, auch das willenlose Kleinkind sein. Zu den Merkmalen **Gewalt** und **Drohung** mit einem empfindlichen Übel siehe § 23 Rn. 2 ff., 39 ff. Der Begriff der **List** umschreibt ein Verhalten, das darauf abzielt, unter geflissentlichem und geschicktem Verbergen der wahren Zwecke oder Mittel die Ziele des Täters durchzusetzen (BGHSt 32, 267, 269; 44, 355, 360).

Der subjektive Tatbestand verlangt neben dem Vorsatz (§ 15) **2** eine bestimmte Absicht (dolus directus 1. Grades), deren Umsetzung für die Vollendung unerheblich ist. Mit der Absicht, das Opfer „in hilfloser Lage auszusetzen", wird auf die Merkmale der bis zum 6. StrRG 1998 geltenden Fassung des § 221 I verwiesen. Dem Täter muss es darauf ankommen, das Opfer durch eine Ortsveränderung in eine hilflose Lage zu bringen (dazu § 10 Rn. 5 ff.) und dadurch an Leib oder Leben konkret zu gefährden (*BGH* NStZ 2001, 247 mit Anm. *Heger,* JA 2001, 631 ff.). Die Absicht, einen anderen in Sklaverei oder Leibeigenschaft zu bringen, muss darauf gerichtet sein, das Opfer einer ausländischen Rechtsordnung zu unterwerfen, in der Sklaverei oder Leibeigenschaft rechtlich oder faktisch noch bestehen (BGHSt 39, 212).

§ 26. Entziehung Minderjähriger (§ 235)

1   § 235 ist durch das 6. StrRG 1998 reformiert und erweitert worden. Nach dem Willen des Gesetzgebers schützt die Neufassung neben dem elterlichen oder sonstigen familienrechtlichen Personensorgerecht auch die betroffene Person (Kind oder Jugendlicher) unmittelbar (vgl. § 235 IV Nr. 1; BT-Drs. 13/8587, S. 38; BGHSt 44, 355, 357). Ob Eltern(teile), Vormund oder Pfleger (noch) sorgeberechtigt sind, richtet sich nach den familienrechtlichen Bestimmungen (vgl. §§ 1626 ff., 1684 ff., 1754, 1773 ff., 1909 ff. BGB). Daher können Pflege- und Stiefeltern nur betroffen sein, wenn ihnen das Personensorgerecht übertragen worden ist (vgl. *OLG Düsseldorf* JR 1981, 386).

2   § 235 I Nr. 1 setzt insbesondere bei Taten gegen Jugendliche die Anwendung von Gewalt, Drohung oder List voraus (vgl. § 25 Rn. 1). Das Tatmittel kann sich gegen den Jugendlichen wie einen schutzbereiten Dritten richten. Bei Taten gegen Kinder (vgl. §§ 19, 176 I: Personen unter 14 Jahren) kommt es gemäß § 235 I Nr. 2, II auf die Anwendung eines bestimmten Tatmittels nicht an.

3   Das Personensorgerecht (zum Inhalt §§ 1631 ff. BGB) **entzieht,** wer seine Ausübung durch räumliche Trennung für eine gewisse Dauer wesentlich beeinträchtigt. Ob dies der Fall ist, hängt von den Umständen des Einzelfalles wie Fürsorgebedürftigkeit, Alter, Krankheit und Entführungszweck ab. **Vorenthalten** bedeutet in Anlehnung an § 1632 I BGB, die Herausgabe des Jugendlichen/ Kindes an den Berechtigten entweder zu verweigern oder z.B. durch Verheimlichen des Aufenthaltsortes, anderweitige Unter-

bringung oder Beeinflussung des Minderjährigen zu erschweren (BT-Drs. 13/8587, S. 38; *Lackner/Kühl,* § 235 Rn. 3).

Täter des § 235 I Nr. 1, II können beliebige Dritte, auch leibli- 4 che Eltern oder Elternteile sein, sofern nur einem anderen das Sorgerecht entzogen oder vorenthalten wird. Insbesondere kann demnach die Tat von einem Elternteil gegenüber dem anderen (zumindest auch sorgeberechtigten) Elternteil begangen werden. Nach h. M. soll insoweit ebenfalls der nur zum persönlichen Umgang berechtigte Elternteil (vgl. § 1684 BGB) in den Schutzbereich des Tatbestandes einbezogen und daher z. B. die listige Vereitelung seines Besuchsrechts strafbar sein (BGHSt 10, 376; 44, 355; a. A. *Geppert,* H.-Kaufmann-GS, 1986, S. 775 ff.).

Als **Täter des § 235 I Nr. 2** kommen nur außenstehende Dritte 5 (nicht Angehörige im Sinne des § 11 I Nr. 1) in Betracht.

Zum Ganzen einige

Beispiele: (1) Gewalt, Drohung oder List vorausgesetzt, erfasst § 235 I Nr. 1 6 insbesondere den „Diebstahl" oder „Raub" eines Kindes/Säuglings.

(2) Den in einem unbeobachteten Moment erfolgenden „schlichten Diebstahl" eines willens- und widerstandsunfähigen Säuglings durch außenstehende Dritte erfasst seit 1998 § 235 I Nr. 2. Demgegenüber greifen § 239 (vgl. § 22 Rn. 5) und § 240, der die Möglichkeit zum Widerstand voraussetzt (vgl. § 23 Rn. 2, 23), nicht ein (Falllösung zu § 235 a. F. bei *Bohnert,* JuS 1977, 746 f.).

(3) Ein ausländischer Vater bringt mit Gewalt, Drohung oder List seine minderjährige Tochter wegen zu liberaler Erziehung durch die deutsche Mutter in seine Heimat (§ 235 I Nr. 1). *Ohne* Anwendung von Gewalt usw. erfüllt ein solcher Vater bei *Kindern* § 235 II Nr. 1.

(4) Ein ausländischer Vater führt nach einer ohne List zustande gekommenen einverständlichen Auslandsreise das Kind nicht nach Hause zu der auch sorgeberechtigten Mutter zurück (§ 235 II Nr. 2).

(5) Ein 15-jähriges Mädchen wird mit Gewalt aus dem Elternhaus entführt, um es mit einem bestimmten Mann zu verheiraten (§ 235 I Nr. 1).

(6) Der Täter erlangt durch List das Einverständnis der Eltern zu einer Reise mit der 16-jährigen Tochter (§ 235 I Nr. 1).

(7) Bei kleineren Kindern lässt die Rechtsprechung (vgl. BGHSt 16, 58, 61 f.) 8 sogar kurzfristige Entziehungen genügen, so wenn der Täter ein 6-jähriges Kind durch Erwecken falscher Vorstellungen für eine halbe Stunde in ein hohes Kornfeld lockt (bei List § 235 I Nr. 1, sonst Nr. 2).

(8) Der allein sorgeberechtigte ausländische Vater vereitelt das Umgangsrecht der Mutter dadurch, dass er mehrfach wahrheitswidrig vorspiegelt, das 11-jährige Kind nicht ins Ausland zu verbringen (BGHSt 44, 355). Hier liegt § 235 I Nr. 1 vor (List), ferner § 235 II Nr. 1, der allerdings im Wege der Gesetzeskonkurrenz zurücktritt (vgl. auch *Baier,* JA 1999, 837; a. A. wohl LK/ *Gribbohm,* 11. Aufl., § 235 Rn. 132).

(9) Die Mutter vereitelt das Umgangsrecht des Vaters, indem sie zum Abhol-
zeitpunkt durch kluges und geschicktes Vorgehen mit dem Kind an einem unbekannten Ort verschwindet (nach BGHSt 10, 376, 378 f. „List" und daher nach
§ 235 I Nr. 1 strafbar).

9   Nach § 235 III ist in bestimmten Fällen der Versuch strafbar.
§ 235 IV (Verbrechen) enthält Qualifikationstatbestände (zu Nr. 1
– konkretes Gefährdungsdelikt – vgl. *BGH* NStZ 2006, 447;
§ 44 Rn. 6; § 10 Rn. 16 ff.). In § 235 V findet man ein todeserfolgs-
qualifiziertes Delikt (§ 18) nach dem Vorbild der §§ 221 III, 227.

10   Ist der erforderliche **Strafantrag** (§ 235 VII) nicht gestellt, so
taucht die Frage auf, inwieweit dies einer Bestrafung aus den ggf.
mit verwirklichten §§ 239, 240 im Wege steht, wenn nicht von
Amts wegen eingeschritten wird. Da die Neufassung den Jugendlichen und das Kind in ihren Schutzbereich einbezieht (Rn. 1), liegt
es nahe, ein Verfolgungshindernis auch dann anzunehmen, wenn
die §§ 239, 240 gegenüber dem Jugendlichen/Kind erfüllt sind
(zu § 235 a.F. a.A. BGHSt 39, 239, 241 ff.; *Bottke*, NStZ 1994,
82 f.).

11   § 236 betrifft den **Kinderhandel.** Insoweit kann auf die Lektüre
des Gesetzestextes verwiesen werden.

§ 26 a. Nachstellung (§ 238)

I. Grundlagen und Aufbaufragen

1   § 238 ist durch das 40. StrÄndG vom 22. 3. 2007 (BGBl. I S. 354)
neu eingefügt worden. Die unter dem englischen Begriff „Stalking" diskutierte Verhaltensweise ist dadurch gekennzeichnet,
dass jemand einer anderen Person fortwährend nachstellt, auf-
lauert oder auf andere Weise mit hoher Intensität Kontakt zu ihr
sucht bzw. in ihren individuellen Lebensbereich eingreift. Kurz:
Es geht um die fortgesetzte Verfolgung, Belästigung und/ oder
Bedrohung einer anderen Person gegen deren Willen.

2   Der Tatbestand schützt die Entschließungs- und Handlungsfreiheit und ist deshalb vor § 239 platziert worden, weil eine
schwere Beeinträchtigung der Freiheitssphäre des Opfers zu den
typischen Folgen von Stalking-Handlungen gehört. Betroffen sind
überwiegend Frauen in Trennungssituationen, aber auch andere
ehemalige Partner. Zu den Opferkreisen zählen ferner etwa pro-

minente Personen des öffentlichen Lebens sowie Ärzte und Rechtsanwälte, die Racheakten enttäuschter Patienten und Mandanten ausgesetzt werden.

Siehe hierzu und zum Folgenden die Gesetzesmaterialien (BT-Drs. 16/575; 16/1030; 16/3641) und die einführenden Beiträge von *Kinzig/Zander*, JA 2007, 481 ff.; *Mitsch*, NJW 2007, 1237 ff.; *Neubacher/Seher*, JZ 2007, 1029 ff.; *Valerius*, JuS 2007, 319 ff. – Vertiefend *Mitsch*, Jura 2007, 401 ff.; *Krüger*, in: *Krüger* (Hrsg.), Stalking als Straftatbestand, 2007, S. 81 ff.; *Gazeas*, JR 2007, 497 ff.; *Rackow*, GA 2008, 552 ff. – Falllösungen bei *Esser/Krickl*, JA 2008, 792 ff.; *von Schenck*, Jura 2008, 553 ff.

§ 238 I normiert ein zweiteiliges Delikt, das im ersten Hand- **2a** lungsteil fünf Varianten enthält, die jeweils ein unbefugtes und beharrliches Nachstellen verlangen. Die Struktur verdeutlicht das folgende

---

Aufbauschema (§ 238)

I. Tatbestandsmäßigkeit
  1. Objektiver Tatbestand
    a) Unbefugtes Nachstellen durch eine der Tathandlungen gemäß Nr. 1–5
    b) Beharrliches Handeln
    c) Taterfolg: Schwerwiegende Beeinträchtigung der Lebensgestaltung des Opfers
II. Rechtswidrigkeit
III. Schuld
IV. Qualifikationen (§ 238 II, III)

II. Tatbestände des § 238 I

Der Begriff des **Nachstellens** (vgl. auch § 292 I) umfasst u. a. **3** das Auflauern, Aufsuchen und Verfolgen. Allgemein umschreibt er alle Handlungen, die darauf ausgerichtet sind, durch unmittelbare oder mittelbare Annäherungen an das Opfer in dessen persönlichen Lebensbereich einzugreifen und dadurch seine Handlungs- und Entschließungsfreiheit zu beeinträchtigen.

Das **beharrlich** (vgl. auch § 184 d) umschreibt ein objektives Tat- **4** bestandsmerkmal mit subjektiven Komponenten. Für das Merkmal ist eine wiederholte Begehung immer Voraussetzung, aber für sich allein nicht genügend. Vielmehr bezeichnet der Begriff eine sich in der Tatbegehung zeigende besondere Hartnäckigkeit und eine gesteigerte Gleichgültigkeit des Täters gegenüber dem gesetzlichen Verbot und den Wünschen des Opfers. Diese Gleichgültigkeit kommt auch in dem Willen zum Ausdruck, sich immer wieder entsprechend zu verhalten. Letztlich ergibt sich die Beharrlichkeit aus einer Gesamtwürdigung der verschiedenen Handlungen.

5   Bei dem Merkmal **unbefugt** handelt es sich um ein Tatbestandsmerkmal. Es stellt zum einen klar, dass der Täter gegen den Willen des Opfers handeln muss. Zum anderen können damit sozialadäquate Verhaltensweisen und solche Fälle ausgeschieden werden, in denen der Täter sich auf eine amtliche oder sonstige Befugnis oder Erlaubnis berufen kann (Beispiele: polizeiliche Verfolgung von Straftätern; Tätigkeit des Gerichtsvollziehers). Nicht tatbestandsmäßig sind auch sich im Rahmen der Pressefreiheit bewegende journalistische Recherchen, sofern sie überhaupt als beharrlich eingestuft werden können.

6   Die **Nr. 1** soll physische Annäherungen wie das Auflauern, Verfolgen, Vor-dem-Haus-Stehen und sonstige häufige Präsenz in der Nähe der Wohnung oder Arbeitsstelle des Opfers erfassen. Dabei ist ein gezieltes Aufsuchen der räumlichen Nähe zum Opfer erforderlich.

7   Die **Nr. 2** regelt beharrliche Nachstellungen etwa durch unerwünschte Anrufe und E-Mails. Unter diese Variante können also nächtliche Störanrufe fallen, die nur das seelische Wohlbefinden berühren (vgl. § 13 Rn. 10).

8   Die **Nr. 3** kann u. a. Kontaktanzeigen erfassen, die ein Dritter unter dem Namen des Opfers aufgibt (zu den §§ 185 ff. vgl. § 29 Rn. 8).

9   Die **Nr. 4** weist gewisse Parallelen mit dem Bedrohungstatbestand des § 241 I auf (vgl. § 27 Rn. 2).

10   Mit der **Nr. 5** hat der Gesetzgeber nach dem Vorbild der §§ 315 I Nr. 4, 315b I Nr. 3 einen Auffangtatbestand geschaffen, um Strafbarkeitslücken für solche Verhaltensweisen und Erscheinungsformen zu vermeiden, die sich nicht unter die Nr. 1–4 subsumieren lassen und bisher noch unbekannt sind. Die Handlungen müssen qualitativ eine vergleichbare Schwere aufweisen. Man denke etwa an das ständige Beobachten mit einem Fernglas (SK/*Wolters*, § 238 Rn. 14; *Eisele*, BT I, Rn. 498). Bei beharrlichen Handlungen

gegen das Eigentum dürfte die Vergleichbarkeit eher, freilich nicht zwingend zu verneinen sein.

Ein zu § 238 I Nr. 5 führendes Beispiel mit permanentem „Sachbeschädigungsterror" bei *Eisele,* BT I, Rn. 498; zur Vielzahl denkbarer „vergleichbarer" Handlungen *Fischer,* § 238 Rn. 17 a. – Mit Blick auf den Bestimmtheitsgrundsatz (Art. 103 II GG) werden teilweise erhebliche Zweifel an der Verfassungsmäßigkeit der Vorschrift geäußert (*Fischer,* § 238 Rn. 6 ff., 17 ff.; zur Diskussion ferner *Krüger,* wie Rn. 2, S. 149 ff.; *Lackner/Kühl,* § 238 Rn. 5; *Neubacher/Seher,* JZ 2007, 1033 f.; *Mosbacher,* NStZ 2007, 668 f.; *Gazeas,* JR 2007, 501 f.).

Im zweiten Teil des Tatbestandes muss der Täter als Folge einer **11** der vorstehenden Tathandlungen eine **schwerwiegende Beeinträchtigung der Lebensgestaltung** des Opfers herbeiführen. Der Erfolg muss kausal und objektiv zurechenbar („und dadurch") auf das beharrliche Nachstellen zurückzuführen sein. Mit der „schwerwiegenden" Beeinträchtigung sollen gravierende und ernst zu nehmende Beeinträchtigungen erfasst werden, die über durchschnittliche, regelmäßig hinzunehmende und zumutbare Beeinträchtigungen erheblich und objektivierbar hinausgehen (BT-Drs. 16/3641, S. 14).

Beispiele: Nicht gewichtig genug sind vom Opfer veranlasste Maßnahmen wie die Benutzung eines Anrufbeantworters, die Einrichtung einer Fangschaltung zum Zwecke der Beweissicherung oder die Änderung der Telefonnummer oder E-Mail-Adresse. Dagegen reicht es aus, wenn das Opfer die Wohnung nur noch unter Schutzvorkehrungen wie in Begleitung Dritter erheblich seltener als zuvor verlässt, die Fenster verdunkelt oder gar den Arbeitsplatz wechselt oder umzieht (vgl. BT-Drs. 16/575, S. 8; *AG Lübeck* bei *Jahn,* JuS 2008, 553; SK/*Wolters,* § 238 Rn. 6). Auch kann sich die „schwerwiegende" Beeinträchtigung kumulativ aus mehreren Reaktionen ergeben, die einzeln betrachtet nicht schwer genug wiegen (*AG Löbau* StV 2008, 646, 647; *Valerius,* JuS 2007, 323; *Fischer,* § 238 Rn. 24).

Es handelt sich um ein Vorsatzdelikt (§ 15). Das „beharrlich" **12** stellt ein besonderes persönliches Merkmal dar, das die Strafbarkeit im Sinne des § 28 I begründet.

III. Qualifikationen (§ 238 II und III)

§ 238 II normiert ein konkretes Gefährdungsdelikt. Zum Be- **13** griff der konkreten Gefahr siehe § 44 Rn. 6, zum Begriff der schweren Gesundheitsschädigung § 10 Rn. 16 ff. Der Vorsatz muss sich auch auf den konkreten Gefahrerfolg erstrecken. Die Restriktionen machen die Vorschrift praktisch bedeutungslos.

14   **§ 238 III** normiert ein erfolgsqualifiziertes Delikt. Bezüglich der Todesfolge genügt also Fahrlässigkeit (§ 18). Zum Gefahrverwirklichungszusammenhang vgl. insbesondere § 16 Rn. 4 ff., 17 ff. Der Gesetzgeber hat Konstellationen vor Augen, in denen das Opfer in den Selbstmord getrieben wird oder auf der Flucht vor dem nachstellenden Täter zu Tode kommt (BT-Drs. 16/3641, S. 14). Indes wird die Zurechnung solcher Erfolge im Lichte des Eigenverantwortlichkeitskriteriums (§ 16 Rn. 17 ff.) teilweise Schwierigkeiten bereiten (näher *Neubacher/Seher*, JZ 2007, 1035; SK/*Wolters*, § 238 Rn. 20; *Rackow*, GA 2008, 566 f.).

15   Die Ausdehnung des Schutzbereichs beider Qualifikationstatbestände auf Angehörige und andere nahestehende Personen beruht auf der Erkenntnis, dass der Täter oftmals das soziale Umfeld des Opfers einbezieht. Stets muss sich auch im Tod von Angehörigen (usw.) bzw. in ihrer konkreten Gefährdung im Sinne des Gefahrverwirklichungszusammenhangs eine spezifische Gefahr der grunddeliktischen Tathandlung realisieren („durch die Tat"). Insoweit wird man nicht zuletzt im Interesse der Rechtssicherheit verlangen müssen, dass der Angehörige usw. selbst zuvor Opfer einer Nachstellungshandlung des ersten Handlungsteils gewesen ist (ebenso *Eisele*, BT I, Rn. 507).

Empfehlungen zur vertiefenden Lektüre:

Literatur: *Valerius*, Stalking: Der neue Straftatbestand der Nachstellung in § 238 StGB, JuS 2007, 319 ff.

§ 27. Bedrohung (§ 241)

1   Die Vorschrift des § 241, die den individuellen Rechtsfrieden schützt, enthält zwei sich *nicht* überschneidende Tatbestände.

2   Der **Bedrohungstatbestand (§ 241 I)** setzt eine Drohung voraus. Insoweit gilt grundsätzlich der allgemeine Drohungsbegriff (§ 23 Rn. 39). Allerdings soll nach allgemeiner Ansicht eine „Bedrohung" auch vorliegen, wenn das Opfer die fehlende Ernsthaftigkeit erkennt (*Küper*, BT, S. 107 f.; *Fischer*, § 241 Rn. 3; LK/*Träger/Schluckebier*, 11. Aufl., § 241 Rn. 6). Erfasst wird nur die Bedrohung mit einem **Verbrechen,** wofür die Ankündigung einer rechtswidrigen (schuldlosen) Tat genügt (vgl. § 12 I). Die Dro-

hung, auf jemanden einzustechen, beinhaltet zwar sicher eine Tat nach § 224 I Nr. 2 (Vergehen), aber nicht ohne weiteres nach § 226 oder § 212 (jeweils Verbrechen). Auch bei Redensarten wie „Ich bringe dich noch um!" oder „Dir wird bald das Hören und Sehen vergehen!" kommt es auf den nach dem Willen des Täters als ernstlich aufzufassenden Kern an (vgl. auch *AG Saalfeld* NStZ-RR 2004, 264). In der (gerade stattfindenden) tatbestandlichen Ausführung (§ 22) eines bestimmten Verbrechens (z.B. § 249) kann nicht zugleich dessen (künftige) Androhung liegen, wohl aber die Bedrohung mit einem weiteren Verbrechen (z.B. § 212) enthalten sein (*BGH* NStZ 1984, 454). Die „nahestehende Person" ist wie in § 35 I 1 zu verstehen und muss tatsächlich existieren (*BVerfG* NJW 1995, 2776).

Der **Vortäuschungstatbestand (§ 241 II)** erfasst „falsche Warnungen", d.h. Fälle, bei denen der täuschende Täter *nicht* droht, weil er nicht vorgibt, auf die Verwirklichung (noch) Einfluss zu haben (vgl. § 23 Rn. 42). Der subjektive Tatbestand verlangt einschränkend ein Handeln „wider besseres Wissen", scheidet also den dolus eventualis aus. **3**

Hinter die (versuchte) Verwirklichung des angedrohten Verbrechens tritt § 241 im Wege der Subsidiarität – nach *BGH* NJW 2005, 1203, 1205: Konsumtion – zurück. Gleiches gilt für das Verhältnis zu (versuchten) Nötigungen aller Art (z.B. §§ 113, 240, 253). **4**

Siehe für das Verhältnis zwischen § 241 und den §§ 240, 22 klarstellend *BGH* NStZ 2006, 342 mit Anm. *Satzger,* JK 5/06, StGB, § 52/12; *Jäger,* JR 2003, 478ff.; für Tateinheit *BayObLG* NJW 2003, 911, 912.

5. Kapitel. Straftaten gegen die Ehre

§ 28. Allgemeine Fragen

Fall 1: Nach einem als übermäßig hart empfundenen erstinstanzlichen Urteil beklagt sich der Verurteilte V vor der Berufungsverhandlung im Gerichtsflur bei seinem Verteidiger über den Richter und sagt: „Der Richter gehört dem Volksgerichtshof zugeordnet". Die Sitzungsvertreterin S der Staatsanwaltschaft hört dies, von V ungewollt, zufällig mit (*OLG Hamburg* NJW 1990, 1246). → Rn. 29

Fall 2: Kaufmann K diktiert seiner Sekretärin einen Brief an einen Kollegen, in dem er diesen vor dem italienischen Händler H warnt, der wie alle Italiener durch üble Tricks und miese Ware auffalle und andere nur hereinlegen wolle; dies gelte auch für den Sohn S des H, der ja aus derselben „hinterhältigen Gaunerfamilie" stamme. Beim Abendessen erzählt K, im gleichen Ton schimpfend, Frau und Kindern von dem Brief. Nach der abendlichen Diskussion vernichtet K am anderen Tag den noch nicht unterschriebenen Brief. Alle Vorwürfe des K bleiben unbeweisbar. → Rn. 21, 30

I. Zum Rechtsgut

1   Die §§ 185 ff. schützen die Ehre. Treffend formuliert BGHSt 36, 145, 148: „Ein Angriff auf die Ehre wird geführt, wenn der Täter einem anderen zu Unrecht Mängel nachsagt, die, wenn sie vorlägen, den Geltungswert des Betroffenen mindern würden. Nur durch eine solche ‚Nachrede' (die ein herabsetzendes Werturteil oder eine ehrenrührige Tatsachenbehauptung sein kann), wird der aus der Ehre fließende verdiente Achtungsanspruch verletzt. Sie stellt die Kundgabe der Missachtung, Geringschätzung oder Nichtachtung dar, die den Tatbestand verwirklicht".

2   Nach der früheren h.M. liegt den §§ 185 ff. ein **dualistischer – oder normativ-faktischer – Ehrbegriff** zugrunde (BGHSt 11, 67, 70 f.; offen gelassen von BGHSt 36, 145, 148; zusammenfassend *Geppert,* Jura 1983, 531 ff.; *Küpper,* JA 1985, 453 f.). Danach umfasst die Ehre als Rechtsgut sowohl den aus der Personenwürde abgeleiteten personalen Geltungswert des Menschen („innere Ehre") als auch seinen sozialen Geltungswert (den guten Ruf; „äußere

Ehre"). Dabei weist man § 185 den Schutz der inneren Ehre und den §§ 186, 187 denjenigen der äußeren Ehre zu.

Nach dem inzwischen überwiegend vertretenen **normativen Ehrbegriff** wird das Schutzgut einheitlich bestimmt und in dem aus der Personenwürde abgeleiteten Geltungswert gesehen. Allerdings werden unterschiedliche Akzente gesetzt, was die Einbeziehung des „personalen" und „sozialen" Geltungswerts betrifft (vgl. Sch/Sch/*Lenckner,* vor § 185 Rn. 1; *Küper,* BT, S. 118ff.; *Wessels/Hettinger,* BT 1, Rn. 464; *Lackner/Kühl,* vor § 185 Rn. 1).

Die Auswirkungen der Kontroverse um diese und andere Ehr- **3** begriffe sind nicht immer leicht auszumachen (vgl. Rn. 12; § 29 Rn. 49ff.). Jedenfalls scheint weitgehend Einigkeit darüber zu bestehen, dass es „ein einheitliches Niveau von Ehre" nicht gibt, dass vielmehr der dem Menschen zukommende Achtungsanspruch von seiner Person und sozialen Rolle abhängt (*Maurach/Maiwald,* BT 1, § 24 Rn. 7ff.; MüKo/*Regge,* vor § 185 Rn. 41f.). In diesem Sinne ist nur die Verletzung des **verdienten Achtungsanspruchs,** d.h. mit anderen Worten: die „unverdiente" Herabsetzung tatbestandsmäßig (zu den Auswirkungen unten Rn. 6; § 29 Rn. 22, 29, 30).

II. Systematik

§ 186 erfasst ehrverletzende Tatsachenbehauptungen gegenüber **4** Dritten, die nicht erweislich wahr sind. § 187 bestraft ebenfalls ehrverletzende Tatsachenbehauptungen gegenüber Dritten und qualifiziert – abgesehen von dem Sonderfall der Kreditgefährdung – den Tatbestand des § 186; qualifizierende Merkmale des § 187 sind im objektiven Tatbestand die Unwahrheit der Tatsache und im subjektiven Tatbestand die Wissentlichkeit bezüglich der Unwahrheit. Somit bleiben für § 185, der insoweit als Auffangtatbestand angesehen werden kann: (1) ehrverletzende *Tatsachen*behauptungen dem Betroffenen gegenüber (zur etwaigen Konkurrenz mit § 186 siehe § 29 Rn. 50); (2) ehrverletzende *Wert*urteile gegenüber dem Betroffenen *oder* gegenüber Dritten.

In der **Fallbearbeitung** empfiehlt es sich, in dieser Reihenfolge (§§ 186 und **5** 187 vor § 185) immer dann aufzubauen, wenn eine ehrverletzende *Tatsachen*behauptung in Betracht kommt. Ferner ist es wichtig, bei verschiedenen Beleidigungen oder verschiedenen Beleidigten sorgfältig nach den Äußerungen und betroffenen Ehrträgern zu trennen. Vertiefende Aufbauhinweise unten § 29 Rn. 1, 17 a, 24.

III. Passive Beleidigungsfähigkeit (Ehrträger)

1. Lebende Menschen

6   Beleidigungsfähig sind alle lebenden Menschen, also auch Kinder und Geisteskranke. Aus den erwähnten Ehrbegriffen folgt (Rn. 2 f.), dass die gleiche Äußerung, abhängig vom personalen/ sozialen Geltungswert, für den einen Adressaten bereits eine Ehrverletzung bedeuten kann, für einen anderen aber noch nicht.

7   Nach der h. M. haben **Verstorbene** keine Ehre mehr und sind daher nicht beleidigungsfähig (Sch/Sch/*Lenckner,* vor § 185 Rn. 2 m. w. N.; a. A. LK/*Hilgendorf,* 11. Aufl., § 189 Rn. 2). Für die h. M. spricht nicht nur der eigenständige Tatbestand des § 189 (§ 29 Rn. 35), sondern insbesondere, dass nur Lebenden der personale und soziale Geltungsanspruch zukommt, wie ihn die Beleidigungsdelikte schützen. Gewisse Strafbarkeitslücken bei Irrtümern über den Tod des Betroffenen müssen hingenommen werden.

8   **Beispiele:** (1) In dem Irrtum, M sei schon verstorben, spricht T gegenüber M's Ehefrau sehr schwere Kränkungen bezüglich M aus. – Hier liegt mangels eines Verstorbenen § 189 objektiv nicht vor; der an sich gegebene Versuch ist straflos (§§ 23 I, 12 II). Bezüglich des objektiv erfüllten Beleidigungsdelikts (§ 185, bei ehrkränkenden Tatsachen §§ 186, 187) entfällt nach h. M. der Vorsatz, weil T keinen lebenden Menschen in seiner Ehre verletzen wollte. Dagegen ist nach der Mindermeinung der Irrtum unwesentlich; denn nach ihr besteht die Ehre des M auch nach seinem Tode fort, so dass T von daher die Ehre eines anderen angreift.
(2) *Variante:* T meint, M lebe noch, während M in Wirklichkeit schon tot ist. – Hier entfällt bei § 189 erst der Vorsatz, einen „Verstorbenen" zu verunglimpfen. Auf dem Boden der h. M. bleibt die lediglich gegebene versuchte Beleidigung straflos, während die Mindermeinung – die „Ehre" des Toten einbeziehend – aus § 185 (§ 186, § 187) bestraft.

2. Personengemeinschaften als solche

9   Im Ausgangspunkt folgt aus § 194 III 2 und 3, IV mittelbar, dass der Gesetzgeber jedenfalls die Beleidigungsfähigkeit der dort erwähnten Behörden, Stellen der öffentlichen Verwaltung, kirchlichen Einrichtungen und politischen Körperschaften ausdrücklich

anerkannt hat. Diese Verbände besitzen also eine *eigene* „Verbandsehre" (ungenau zum Teil auch „Kollektivehre" genannt). Ein solcher Verband als mit eigenem „Ansehen" ausgestatteter Ehrträger muss rechtlich und prüfungstechnisch scharf von der etwaigen Beleidigung einzelner Mitglieder des Verbandes unterschieden werden (dazu Rn. 13 ff.).

Über § 194 III, IV hinausgehend erkennt die h. M. zu Recht auch 10 die unmittelbare Beleidigungsfähigkeit von anderen Personengemeinschaften an, und zwar unter zwei einschränkenden Voraussetzungen (BGHSt 6, 186, 191; *BayObLG* NJW 1990, 1742; Sch/Sch/*Lenckner,* vor § 185 Rn. 3 f.; *Tenckhoff,* JuS 1988, 457 ff.; *Geppert,* Jura 2005, 244 f.):

(1) Die Personengemeinschaft muss eine rechtlich anerkannte (auch wirtschaftliche) gesellschaftliche Funktion erfüllen („soziale Funktion") und

(2) einen einheitlichen Willen bilden können.

Beispiele: Bundeswehr (BGHSt 36, 83, 88); Arbeitgeber-, Arbeitnehmer- 11 und Wohlfahrtsverbände (Gewerkschaften, Deutsches Rotes Kreuz); Parteien und deren Ortsverbände; Wirtschaftsunternehmen in der Form von Personen- und Kapitalgesellschaften, z. B. eine Bank (*OLG Köln* NJW 1979, 1723) oder eine GmbH als Verlegerin einer Tageszeitung (BGHSt 6, 186, 191).

Nicht beleidigungsfähig sind: Die Studenten; die deutschen Juristen oder Anwälte, Richter; Stammtischrunden; Freizeitgruppen wie Kegelclubs; nach h. M. auch nicht die **Familie,** weil sie im sozialen Leben nicht als fester Verbund, der einen einheitlichen Willen bildet, in Erscheinung tritt (vgl. *Geppert,* Jura 2005, 245; *Maurach/Maiwald,* BT 1, § 24 Rn. 20; Sch/Sch/*Lenckner,* vor § 185 Rn. 4; a. A. *Otto,* BT, § 31 Rn. 18).

Was die **Polizei** betrifft, so sind die „Mannheimer Polizei" oder die Polizei-(beamten) eines genau bezeichneten Einsatzes beleidigungsfähig (vgl. *OLG Frankfurt* NJW 1977, 1353; *BayObLG* NJW 1990, 921, 922), aber nicht die Polizei oder die bayerische Polizei als Ganzes (vgl. *BayObLG* NJW 1990, 1742).

Vereine wie z. B. Sportvereine werden oft erfasst sein, soweit in ihnen nicht nur private Interessen und Hobbies gepflegt werden (vgl. Sch/Sch/*Lenckner,* vor § 185 Rn. 3 a; *Jäger,* BT, Rn. 151).

Im Schrifttum lehnt man zum Teil einen über den Rahmen des 12 § 194 III, IV hinausgehenden Ehrschutz von Personengemeinschaften ab (SK/*Rudolphi/Rogall,* vor § 185 Rn. 36; *Kett-Straub,* ZStW 2008, 759 ff., 769 ff.). Diese Auffassung beruht insbesondere darauf, dass sie einerseits den Ehrbegriff auf den personalen Geltungswert reduziert (vgl. Rn. 2), andererseits angesichts des Instituts der Kollektivbeleidigung (Rn. 13 ff.) Strafbarkeitslücken kaum befürchtet. Indes stimmt letzteres nicht, wenn man an größere Organisationen wie etwa Gewerkschaften und Parteien denkt; ihr soziales Wirken bedarf aber ebenso eines Ehrschutzes wie die Tätigkeit z.B. der Kirchen (vgl. hierzu Sch/Sch/*Lenckner,* vor § 185 Rn. 3).

3. Beleidigung unter einer Kollektivbezeichnung

13   Unabhängig davon, wie weit man den Kreis der beleidigungsfähigen Gemeinschaften zieht, muss man stets sehr genau prüfen, inwieweit sich hinter einem (scheinbaren) Angriff auf ein Kollektiv in Wirklichkeit (nur oder zumindest auch) ein Angriff auf die Ehre mehrerer einzelner verbirgt. Die verbreitete Charakterisierung solcher Ehrverletzungen als **„Kollektivbeleidigung"** (oder „Sammelbeleidigung") lässt nicht präzise erkennen, dass es hier typischerweise um mehrere *Einzel*beleidigungen geht, die gleichsam „getarnt" lediglich unter einer Kollektivbezeichnung erfolgen (zum Ganzen auch *Geppert,* Jura 2005, 245 ff.).

14   Von solchen Einzelbeleidigungen kann freilich nur gesprochen werden, wenn es um mehr als bloße allgemeine Werturteile geht, wenn also die kollektive Herabsetzung sich nicht in der Vielzahl der denkbar Betroffenen verliert und insofern den Einzelnen nicht mehr erreicht, sondern eindeutig **ganz bestimmten Adressaten** – d.h. bei einem erwähnten Kollektiv jedem einzelnen Mitglied – zugeordnet werden kann. Daraus ergeben sich die beiden folgenden **Strafbarkeitsvoraussetzungen** (vgl. BGHSt 36, 83, 85 ff.):

(1) Klare Umgrenzung und Überschaubarkeit des betroffenen Personenkreises;

(2) Bezug auf bestimmte, individualisierbare Personen, die deutlich aus der Allgemeinheit hervortreten, insbesondere nicht bloß allgemeine Werturteile.

15   **Beispiele** für **allgemeine Werturteile:** „Die Katholiken (die Protestanten, die Arbeitgeber, die Frauen, usw.) sind alle falsch und Lügner"; „Alle deutschen Ärzte sind Kurpfuscher"; „Alle Anwälte lügen"; Autoaufkleber „Bullen sind Schweine" und aufgenähte Buchstaben mit der Botschaft „All cops are bastards" (vgl. *BayObLG* NJW 1990, 1742; *LG Stuttgart* NStZ 2008, 633). Zur Abgrenzung ergänzend Rn. 19.

16   **Beispiele** für **kollektive Beleidigungen** (Rn. 16–18): (1) „Alle Berufssoldaten sind Folterknechte und Henker". BGHSt 36, 83

betont bezüglich dieses Beispiels zu Recht, dass auch ein großer Kreis klar abgrenzbar und insoweit überschaubar sein kann; der fragliche Satz könne nur so verstanden werden, dass ohne Einschränkung alle Soldaten angegriffen werden sollten. Weil daher nicht offenbleibt, wer überhaupt gemeint ist, wird jeder einzelne Berufssoldat beleidigt, und zwar in gleichartiger Idealkonkurrenz (§ 52 I 2. Var.).

Zum vieldiskutierten Zitat „Soldaten sind (potentielle) Mörder" siehe BVerfGE 93, 266 ff. mit abweichender Meinung *Haas* (S. 313 ff.); *Otto,* NStZ 1996, 127 f.; *Gounalakis,* NJW 1996, 481 ff.; *Küper,* BT, S. 81 f.; *Fischer,* § 193 Rn. 22, 26 m. w. N.; ergänzend § 29 Rn. 26.

(2) Hinter einem Ehrangriff auf „die Polizei" eines genau bezeichneten Einsatzes stecken neben der Beleidigung der Personengemeinschaft (Rn. 9 ff.) typischerweise Einzelbeleidigungen gegenüber jedem mitwirkenden Polizeibeamten.   17

(3) „Zwei Mitglieder der X-Fraktion unterstützen eine terroristische Vereinigung" (nach BGHSt 14, 48). Ein solcher falscher Satz muss auf sämtliche Mitglieder der X-Fraktion bezogen werden; ist dies dem Täter bewusst, verwirklicht er gegenüber jedem Mitglied § 186 oder § 187.

(4) „Ein bayerischer Staatsminister hat zu den Kunden eines Call-Girl-Rings gehört" (BGHSt 19, 235). In diesem Fall kommt jeder Minister als Opfer der üblen Nachrede in Betracht.

(5) „Die Müllers sind Gauner und Diebe". Da die h. M. eine eigens geschützte „Familienehre" nicht anerkennt (Rn. 11), scheidet eine Beleidigung der Familie als Personengemeinschaft aus. Indes beleidigt der Satz jedes Familienmitglied.

(6) Der *BGH* hat zwar nicht „die Juden", aber die „als Juden vom Nationalsozialismus verfolgten Menschen, die jetzt in Deutschland leben", als beleidigungsfähigen Personenkreis anerkannt (vgl. BGHSt 11, 207, 208; 16, 49, 57; 40, 97, 103). Diese (weitreichende) Rechtsprechung ist aus historischen Gründen verständlich und auch nachvollziehbar, wenn man in dem gemeinsamen historischen Schicksal die besondere Gruppenbegrenzung sieht. Es besteht aber kein Anlass, in entsprechender Weise – unter Umgehung des § 130 (vgl. BGHSt 40, 97, 99 ff.) – andere pauschale Beschimpfungen von Bevölkerungsgruppen (Ausländer, Asylanten, Gastarbeiter, Türken) als lauter Einzelbeleidigungen zu bestrafen (ebenso Sch/Sch/*Lenckner,* vor § 185 Rn. 7 b; Falllösung bei *Reinbacher,* Jura 2007, 382 f.; zum Teil anders *Krey/M. Heinrich,* BT 1, Rn. 397).   18

Besonderheiten in den Umständen des Einzelfalles dürfen nicht übersehen werden. So kann selbstverständlich hinter einer in die   19

Form eines allgemeinen Werturteils gekleideten Äußerung (vgl. Rn. 15) in der konkreten Tatsituation in Wirklichkeit ein unmittelbarer Angriff auf die Ehre einzelner stecken.

Beispiele: Der Spruch: „Alle deutschen Ärzte sind Kurpfuscher", erkennbar bezogen auf eine bestimmte Operation, beleidigt jeden beteiligten Arzt. Der Ausruf: „Bullen sind Schweine" ist ehrverletzend, wenn er sich nach dem Gesamtzusammenhang auf einen einzelnen oder bestimmte Polizeibeamte bezieht.

IV. Kundgabe und Kundgabeerfolg

1. Grundlagen

20   Allen Beleidigungstatbeständen ist gemeinsam, dass sie als **Kundgabe- oder Äußerungsdelikte** eine Kundgabe verlangen. Zur **Kundgabe** gehört eine zur Kenntnisnahme durch einen anderen bestimmte ehrverletzende Äußerung **(Kundgabehandlung),** die vom Adressaten (Beleidigter, Dritter) wahrgenommen werden muss **(Kundgabeerfolg).**

Der subjektive Tatbestand setzt einen entsprechenden **Kundgabe-Vorsatz** voraus. Daraus folgt insbesondere:

21   (1) Kränkende Tagebuchaufzeichnungen und Selbstgespräche sind nicht tatbestandsmäßig; werden sie von anderen heimlich gelesen bzw. zufällig mitgehört, fehlt der Kundgabe-Vorsatz.

(2) Die Vollendung der §§ 185 ff. erfordert die Kenntnisnahme der Ehrverletzung durch einen anderen. Dabei genügt z.B. die Kenntnisnahme über das Medium einer Videokamera (*BayObLG* NJW 2000, 1584) oder durch die Sekretärin beim Diktieren eines beleidigenden Briefes (näher **Fall 2** Rn. 30).

22   (3) Richtigerweise muss der andere darüber hinaus den ehrenrührigen Sinn erfassen (BGHSt 9, 17, 19; SK/*Rudolphi/Rogall*, § 185 Rn. 18; MüKo/*Regge*, § 185 Rn. 28; h. M.). Die Gegenmeinung, die man gleichfalls in der Rechtsprechung findet, verweist auf den Schutz von Kindern und Geisteskranken (vgl. BGHSt 1, 288, 291; 7, 129, 132; Sch/Sch/*Lenckner*, § 185 Rn. 16). Indes wird bei einem „unverstandenen" Ehrangriff unter „vier Augen" das Kind bzw. der Geisteskranke (ebenso wenig wie der Ausländer, der das Schimpfwort nicht versteht) in seinem Achtungsanspruch nicht verletzt, weil der Betroffene den Angriff als solchen gar nicht

wahrnimmt. Bei weiteren (Mit-)Adressaten greifen die §§ 185 ff. ohne weiteres ein.

2. Äußerungen im engsten Familienkreis und andere beleidigungsfreie Sphären

a) Im Ergebnis besteht weitgehend Einigkeit darüber, dass **23** **vertrauliche beleidigende Äußerungen** über (nicht anwesende) Dritte **im engsten Familienkreis** straflos sind, soweit es um die §§ 185, 186 geht. Verleumdungen im Sinne des § 187 sind nicht erfasst (ganz h. M.; a. A. *Hillenkamp*, JuS 1997, 826). Das Problem wird in der Regel im Zusammenhang mit dem Kundgabecharakter der Beleidigung erörtert. Die Begründungen fallen unterschiedlich aus (Parallele zum Selbstgespräch, fehlende Kundgabe, keine Gefährdung des sozialen Geltungsanspruchs). Letztlich läuft alles auf eine teleologische Reduktion des Tatbestandes hinaus.

Der tiefere Grund liegt darin, dass dem Einzelnen als Folge der **24** Meinungsfreiheit (Art. 5 I 1 GG) und des Schutzes der Privatsphäre (Art. 2 I i. V. m. Art. 1 I GG) ein Bereich vertraulicher Kommunikation verbleiben muss, in dem er sich ungezwungen mitteilen, aussprechen und abreagieren kann, ohne deswegen eine Bestrafung befürchten zu müssen (BVerfGE 90, 255, 260 f.; *BVerfG* NJW 2007, 1194, 1195).

Zur Diskussion *Geppert*, Jura 1983, 533 ff.; Sch/Sch/*Lenckner*, vor § 185 Rn. 9 ff.; *Wessels/Hettinger*, BT 1, Rn. 481 ff.; *Maurach/Maiwald*, BT 1, § 24 Rn. 30 ff.

Wo freilich der **Vertraulichkeitscharakter fehlt** oder Familien- **25** angehörige sich **untereinander** beleidigen, besteht für einen besonderen Schutz kein Anlass (vgl. dazu *BayObLG* MDR 1976, 1036, 1037; *Geppert*, Jura 1983, 534; *Tenckhoff*, JuS 1988, 788 f.).

Beispiel: Im Rahmen einer Auseinandersetzung um die Beziehung ihrer Tochter T zu ihrem Freund F bemerkt die Mutter M abfällig, sie (T) benehme sich wie eine Hure, und ihr F sei von zu Hause weggelaufen, weil er seine Eltern geschlagen habe. – M erfüllt hier nicht nur § 185 gegenüber T, sondern auch (ohne Wahrheitsbeweis) § 186 gegenüber F. Der besondere „Familienschutz" entfällt, wenn der Täter selber die Vertraulichkeit aufhebt. Hier rechnet M nicht damit, dass ihre beleidigende (Tatsachen-)Äußerung in der Familie bleibt (vgl. BVerfGE 90, 255, 262).

b) Fraglich ist, inwieweit die vorstehenden Grundsätze auf **an-** **26** **dere Bereiche** übertragen werden können:

(1) Das *BVerfG* hat den geschilderten Schutz der beleidigungsfreien Familiensphäre zu Recht auch für die vertrauliche Kommunikation zwischen Untersuchungs- wie Strafgefangenen und
ihren Familienmitgliedern anerkannt und betont, dass die staatliche Überwachung namentlich des Briefverkehrs dem nicht entgegensteht (BVerfGE 90, 255, 262; *BVerfG* NJW 2007, 1194,
1195).

27   (2) Desgleichen verdient es Zustimmung, wenn das *BVerfG* den
Schutzbereich über die Familienbeziehungen hinaus auch auf ähnliche enge Vertrauensverhältnisse erstreckt. Einer Ehe, eines Ver-
wandtschafts- oder Liebesverhältnisses mit der Vertrauensperson
bedarf es nicht. Der besondere Schutz steht auch anderen vergleichbar engen Nähebeziehungen zu. Insgesamt kann man sich
bezüglich des erfassten Personenkreises an den nahestehenden
Personen im Sinne von § 35 I 1 orientieren.

Vgl. BVerfGE 90, 255, 262; *BVerfG* NJW 1995, 1477 für Verlobte; NJW
1997, 185, 186 für eheähnliche Beziehungen; NJW 2007, 1194 für eine enge
Freundschaft mit einem Mitgefangenen. – Ebenso LK/*Hilgendorf,* 11. Aufl.,
§ 185 Rn. 13; *Wessels/Hettinger,* BT 1, Rn. 485 f.; *Eisele,* BT I, Rn. 562.

28   (3) Diskutiert werden weiter Vertrauensverhältnisse zu gemäß
§ 203 schweigepflichtigen Berufsangehörigen. Da solche Beziehungen oft fehlende sonstige Vertrauensverhältnisse ersetzen, ist
auch hier, beschränkt auf den Hilfesuchenden, richtigerweise die
beleidigungsfreie Sphäre anzuerkennen.

Ebenso *Wolff-Reske,* Jura 1996, 189 m.w.N.; *Küpper,* BT 1, I § 4 Rn. 11;
Lackner/Kühl, § 185 Rn. 9; *Eisele,* BT I, Rn. 562; a.A. *OLG Hamburg* NJW
1990, 1246; SK/*Rudolphi/Rogall,* vor § 185 Rn. 51.

29   Dazu **Fall 1:** Hier muss man zunächst sehen, dass es um ein ehrverletzendes
Werturteil geht; die Einordnung in den Volksgerichtshof soll nicht etwa die
Tatsache ausdrücken, der Richter habe bewusst das Recht gebeugt. Somit
kommt nur § 185 in Betracht, der jedenfalls nicht damit bejaht werden kann, S
habe die Beleidigung wahrgenommen; denn insoweit fehlt der Kundgabe-
Vorsatz. Demnach bleibt allein die Kenntnisnahme durch den Verteidiger. Das
OLG Hamburg (NJW 1990, 1246) erkennt insoweit – zu Unrecht – einen besonderen beleidigungsfreien Raum generell nicht an. Eine effektive Rechtsbe-
ratung verlange vielmehr Sachlichkeit. Verfolge der Mandant berechtigte Interessen, so werde er durch § 193 ausreichend geschützt (so etwa auch *Tenckhoff,* JuS 1988, 789; SK/*Rudolphi/Rogall,* vor § 185 Rn. 51; *Geppert,* Jura 1983,
535). Vom hier vertretenen Standpunkt aus lässt sich allenfalls der Vertraulichkeitscharakter der Unterredung in Frage stellen.

Im **Fall 2** ergibt sich – unter Vorgriff auf § 29 – die folgende Lösungsskizze: **30**
I. **Das Diktat:** (1) § 186 zu Lasten des H. Der Brief enthält ehrenrührige Tatsachen über H (betrügerische Lieferungen schlechter Ware). Die erforderliche Kundgabe an einen Dritten erfolgt durch das Diktat gegenüber der Sekretärin. Es überzeugt nicht, eine solche Beziehung als etwas Internes den beleidigungsfreien Sphären zuzuordnen (richtig *LG Hannover* NdsRpfl 1966, 23; *Lackner/Kühl,* § 185 Rn. 8; a. A. *OLG Koblenz* OLGSt StGB § 185 Nr. 2; NK/*Zaczyk,* vor § 185 Rn. 19). – (2) § 187 zu Lasten des H. Kann nach dem Sachverhalt nicht festgestellt werden. – (3) § 186 zu Lasten des S. Gegeben wie bei H. – (4) § 185 zu Lasten von H und S. Ein selbstständiges herabsetzendes Werturteil, das nicht aus den behaupteten Tatsachen abgeleitet wird, ist nicht erkennbar. – (5) § 185 zu Lasten „der Italiener" als Personengemeinschaft. Entfällt, weil die Gruppe keinen einheitlichen Willen bilden kann. – (6) § 185 zu Lasten jedes einzelnen Italieners. Entfällt ebenfalls, nur Pauschalurteil. – (7) § 185 zu Lasten der Familie H als Personengemeinschaft. Entfällt nach h. M., da eine „Familienehre" nicht geschützt wird. – (8) § 185 zu Lasten von jedem Mitglied der Familie H. Die Bezeichnung „hinterhältige Gaunerfamilie" lässt sich bezüglich H und S noch aus den behaupteten ehrenrührigen Tatsachen ableiten, so dass insoweit § 185 jedenfalls keine selbstständige Bedeutung hat. Bezüglich anderer Familienmitglieder liegt dagegen ein selbstständiges ehrverletzendes Werturteil (und keine Tatsachenbehauptung in dem Sinne: „Ihr betrügt auch") und damit § 185 vor.
II. **Das Abendessen:** Da es sich um vertrauliche Äußerungen im engsten Familienkreis handelt, erfassen die §§ 185 und 186 alle beleidigenden Äußerungen des K nicht. Diese teleologische Reduktion würde sich allerdings nicht auf etwaige – bei eindeutigem Sachverhalt denkbare – Verleumdungen im Sinne des § 187 erstrecken.
Eine Beleidigungsklausur bei *Kaspar,* JuS 2005, 526 ff.

§ 29. Die Tatbestände im Einzelnen

Fall 1: a) A hat seinen Lehrling X im Verdacht, Geld aus der Kasse zu stehlen. Von dessen Täterschaft überzeugt, sagt er ihm ins Gesicht: „Höre endlich damit auf, Geld aus der Kasse zu klauen!" Mitlehrling Y hat zufällig mitgehört. Der Sachverhalt kann nicht mehr aufgeklärt werden. b) *Variante:* Die Behauptung stellt sich als haltlos heraus. → Rn. 32

Fall 2: a) T erzählt am Stammtisch, er habe gehört, dass O bei Betrügereien insbesondere gegenüber älteren Frauen gut Kasse gemacht habe; so ein elender, vor nichts zurückschreckender Schuft und Schwindler müsse scharf bestraft werden. Die Vorwürfe sind objektiv haltlos. b) *1. Variante:* T fügt weiter hinzu, bei dem „verklemmten Frauenhasser" wundere er sich so oder so über nichts. c) *2. Variante:* In der Variante a) sitzt O an einem Nebentisch und bekommt, von T gewollt, alle Äußerungen mit. → Rn. 48–51

I. Üble Nachrede (§ 186)

1. Grundlagen und Aufbaufragen

1   Soweit ehrenrührige Tatsachenbehauptungen und damit die §§ 186, 187 zur Debatte stehen (zur Systematik schon § 28 Rn. 4 f.), ist es hier besser, die Prüfung von Grunddelikt (§ 186) und Qualifikation (§ 187) zu trennen, weil § 186 mit dem Tatbestandsannex eine besondere Struktur aufweist. Üblicherweise beginnt man mit dem Grunddelikt. Man kann sich aber auch für die umgekehrte Reihenfolge entscheiden, die sich vor allem dann anbietet, wenn § 187 unproblematisch vorliegt. Nach dessen Bejahung genügt bezüglich § 186 ein kurzer Hinweis auf die Spezialität des § 187.

Was den deliktischen Aufbau des § 186 betrifft, so orientiert man sich an dem folgenden

---

Aufbauschema (§ 186)

I. Tatbestandsmäßigkeit
  1. Objektiver Tatbestand
     a) Ehrenrührige Tatsache
     b) In Beziehung auf einen (beleidigungsfähigen) anderen
     c) Kundgabe durch Behaupten oder Verbreiten gegenüber einem Dritten
  2. Subjektiver Tatbestand: Vorsatz
II. Tatbestandsannex: Objektive Bedingung der Strafbarkeit (Nichterweislichkeit der Tatsache)
III. Rechtswidrigkeit
IV. Schuld
V. Qualifikationen (§§ 186 2. Var., 188 I)

Zum Vergleich mit § 187 siehe unten in Rn. 17 a.

---

2. Objektiver Tatbestand

2   a) Der objektive Tatbestand verlangt zunächst das Behaupten oder Verbreiten einer **Tatsache**. Die Abgrenzung zum (nur von

§ 185 erfassten) Werturteil kann schwierig sein. Eine *Tatsachen*behauptung liegt vor, wenn die Äußerung in ihrem Gehalt einer objektiven Klärung offensteht und daher als etwas real Geschehenes oder Bestehendes **dem Beweis zugänglich** ist. Darunter können auch innere Tatsachen fallen (wie z. B. die Absicht, eine Straftat zu begehen).

Ein **Werturteil** ist hingegen anzunehmen, wenn die Äußerung **3** durch Elemente der subjektiven Stellungnahme, des Dafürhaltens oder Meinens geprägt ist, wenn die Richtigkeit oder Unrichtigkeit der Behauptung eine Sache der persönlichen Überzeugung bleibt (*OLG Köln* NJW 1993, 1486, 1487). Die Grenzen sind fließend. Ggf. muss im Einzelfall durch Ermittlung des der Äußerung objektiv innewohnenden Sinngehalts ein etwaiger Tatsachenkern festgestellt werden. Tatsachenbehauptungen können auch in versteckter Form, in ausgeklügelten Wendungen, in Verdächtigungen oder in Frageform vorgebracht sein. Enthält eine Äußerung sowohl Tatsachen als auch Wertungen, so kommt es darauf an, welches Element nach dem gesamten Sinn überwiegt.

Beispiele: (1) Nicht näher substantiierte Pauschalurteile wie „Esel", „Schuft", **4** „Verbrecher", „Dieb" und „Betrüger" stellen normalerweise Werturteile dar, können sich aber auch als Tatsachenbehauptungen erweisen, wenn Bezüge zu bestimmten (dem Beweise zugänglichen) Geschehnissen hergestellt werden (siehe nur SK/*Rudolphi/Rogall*, § 186 Rn. 8).

(2) Bezeichnet M gegenüber dem Nachbarn N seine Frau F als „schamlose Hure", weil F mit X ausgegangen ist, so stellt dies eine Tatsachenbehauptung dar, wenn dem Gesamtzusammenhang nach F des Ehebruchs bezichtigt wird.

(3) Betritt K nach einem ihn ärgernden Kauf das Geschäft wieder und bezeichnet laut alle als „Betrüger", liegt nur ein (zu § 185 führendes) Werturteil vor, sofern K sinngemäß auf die zu hohen Preise Bezug nimmt, dagegen eine (zu § 186 führende) Tatsachenbehauptung, falls K bewusste Täuschungen z. B. über vorhandene Mängel in den Raum stellt.

(4) Die im Zusammenhang mit der Wiederaufrüstung in den 50er Jahren aufgestellte Behauptung: „Bundeskanzler und Bundesregierung bereiten einen Krieg vor und wollen die deutsche Jugend als Kanonenfutter missbrauchen" ist überwiegend wertender Art und daher nicht als für § 186 ausreichende Behauptung einer inneren Tatsache (Absicht zum Krieg) zu verstehen (BGHSt 6, 357).

b) Die Tatsache selbst muss weiter **ehrenrührig** sein, d. h. ehr- **5** verletzenden Charakter haben (= Inhalt des umständlichen Halbsatzes „welche denselben … geeignet ist"). Mit anderen Worten:

Die Tatsache muss eine Missachtung, Geringschätzung oder Nichtachtung ausdrücken (vgl. § 28 Rn. 1).

6   c) Die Kundgabe (dazu § 28 Rn. 20ff.) der ehrenrührigen Tatsache erfolgt durch Behaupten oder Verbreiten. **Behaupten** heißt eine Tatsache als nach eigener Überzeugung wahr hinstellen, unabhängig davon, ob die Tatsache als Produkt eigener oder fremder Wahrnehmung erscheint.

Ein **Verbreiten** liegt vor, wenn der Täter eine Tatsache als Gegenstand fremden Wissens (z. B. ein Gerücht als Gerücht) weitergibt, ohne sich diese Tatsache zu eigen zu machen. Distanzierungen („Ich glaube das aber nicht"; „Dieses Gerücht kann nicht stimmen") ändern am Verbreiten nichts (BGHSt 18, 182, 183). Wer allerdings dabei der fraglichen Behauptung ernsthaft entgegentritt, soll nach einer Ansicht schon nicht tatbestandsmäßig handeln, während er nach einer anderen Meinung nur im Wege des § 193 oder der mutmaßlichen Einwilligung gerechtfertigt sein kann.

Für Tatbestandsausschluss SK/*Rudolphi/Rogall,* § 186 Rn. 15; NK/*Zaczyk,* § 186 Rn. 10; *Eisele,* BT I, Rn. 574 f. – Für Rechtfertigung Sch/Sch/*Lenckner,* § 186 Rn. 8; LK/*Hilgendorf,* 11. Aufl., § 186 Rn. 8.

7   d) Für das Verständnis des § 186 besonders wichtig ist der erforderliche **Drittbezug** (vgl. „in Beziehung" auf einen anderen). Tatbestandsmäßig sind nur Äußerungen, die gegenüber einem anderen als dem Beleidigten erfolgen. Ob der Beleidigte zugegen ist oder irgendwann etwas von dem Ehrangriff erfährt, hat keine Bedeutung. Entscheidend ist die gegenüber einem Dritten erfolgende Kundgabe (die dessen Kenntnisnahme beinhaltet).

Beispiele: (1) S flüstert in der Vorlesung von Professor X seinem Nachbarn zu: „Beim X soll man übrigens Übungsscheine kaufen können". – (2) Ein von T an die Eheleute X gerichteter Brief enthält eine ehrenrührige Tatsachenbehauptung zu Lasten von Frau X. Sobald Herr X den (auch an ihn gerichteten) Brief liest, ist der Tatbestand vollendet.

8   Der erforderliche Drittbezug fehlt, wenn der Täter lediglich eine kompromittierende Sachlage schafft, die nach außen nicht erkennen lässt, dass hinter der Äußerung ein anderer als der Betroffene als Urheber steht. Eine solche scheinbare „Selbstmissachtung" erfassen nach h.M. § 186 und § 187 nicht (*BGH* NStZ 1984, 216; Sch/Sch/*Lenckner,* § 186 Rn. 7f. m.w.N.; a.A. *Streng,* GA 1985, 214ff.; *Otto,* BT, § 32 Rn. 18).

Beispiel: Um sich an seiner getrennt lebenden Ehefrau F zu rächen, gibt M die folgende Annonce mit der Telefonnummer der F auf: „Modell-Hostess Jutta für private schöne Stunden. Rufen Sie doch mal an!". – In diesem Fall kann nach h. M. nur § 185 bejaht werden (Begründung: Gleichstellung mit einer Prostituierten), und zwar entweder infolge einer gewollten Lektüre der Anzeige durch F, oder im Wege mittelbarer Täterschaft, weil die Freier, als vorsatzlos handelnde Werkzeuge missbraucht, zu objektiv beleidigenden Anrufen veranlasst werden (hierzu *BGH* NStZ 1984, 216; *Tenckhoff*, JuS 1988, 788). – Zu § 238 I Nr. 3 vgl. § 26 a Rn. 3 ff.

3. Nichterweislichkeit der Tatsache

Der Halbsatz: „wenn nicht diese Tatsache erweislich wahr ist"   9
umschreibt *kein* objektives Tatbestandsmerkmal, enthält vielmehr nach der vorzugswürdigen h. M. eine sog. objektive Strafbarkeitsbedingung, auf die sich weder Vorsatz noch Fahrlässigkeit zu erstrecken brauchen.

Zur Vereinbarkeit mit dem Schuldgrundsatz vgl. § 18 Rn. 6. Zur h. M. siehe BGHSt 11, 273, 274; *Lackner/Kühl*, § 186 Rn. 7; *Geppert*, Jura 1983, 582 f.; 2002, 822; *Satzger*, Jura 2006, 110 f. Eine verbreitete Gegenmeinung verlangt bezüglich der Unwahrheit wenigstens sorgfaltswidriges Handeln: *Hirsch*, Wolff-FS, 1998, S. 145 ff.; *Wessels/Hettinger*, BT 1, Rn. 501; MüKo/*Regge*, § 186 Rn. 24 ff.; *Roxin*, AT I, § 23 Rn. 18 f.; *Eppner/Hahn*, JA 2006, 862 f.

Inhaltlich lassen sich auf dem Boden der h. M. die folgenden   10
Aussagen ableiten:

(1) Die Unwahrheit der Tatsache gehört nicht zum objektiven Tatbestand mit der wichtigen Konsequenz, dass z. B. auch der Glaube an die Wahrheit den Tatbestandsvorsatz *nicht* berührt.

(2) Umgekehrt geht nach § 186 (und § 187) straffrei aus, wer eine erweislich wahre ehrenrührige Tatsache kundgibt (zu § 185 unten Rn. 15).

(3) Das Gericht muss sich bemühen, die Wahrheit oder Unwahrheit der Tatsachenbehauptung zu klären. Gelingt dies – egal aus welchen Gründen – nicht, so geht die Unaufklärbarkeit zu Lasten des Täters, die Tatsache bleibt „nicht erweislich wahr" und die Tat ist nach § 186 strafbar. Insoweit gilt *nicht* zugunsten des Äußernden der prozessuale Grundsatz in dubio pro reo; vielmehr trägt er das volle Risiko, dass der strafbefreiende Wahrheitsbeweis nicht gelingt.

§ 186 enthält also ein abstraktes Gefährdungsdelikt, das wegen   11
der potentiellen Breitenwirkung grundsätzlich schon das bloße

Behaupten/Verbreiten von ehrenrührigen Tatsachen über Dritte bestraft. Diese Tatbestandskonstruktion macht den Ehrschutz verkürzende (Schutz-)Behauptungen, man habe die Aussage für wahr gehalten, wirkungslos.

12   Der Wahrheitsbeweis ist erbracht, wenn sich die Tatsachen in ihrem Kern, d. h. in ihren wesentlichen Punkten als wahr erweisen (dazu BGHSt 18, 182; *OLG Hamm* JMBlNW 1958, 112; Sch/Sch/ *Lenckner,* § 186 Rn. 15).

13   In den **Fällen des § 190** bindet die rechtskräftige Entscheidung und verbietet erneute Feststellungen zur Wahrheit, um im Rahmen der §§ 185 ff. das Wiederaufrollen des früheren Verfahrens zu vermeiden.

> **Beispiel:** A bezeichnet X als „Betrüger". Ist X wegen des Betrugsvorwurfs rechtskräftig verurteilt bzw. freigesprochen worden, schließt § 190 im Verfahren gegen A wegen § 186 oder § 187 eine erneute Beweisaufnahme über die ehrverletzende Tatsache aus. Im Falle der Verurteilung des X steht § 190 Satz 1 einer Bestrafung des A zwingend entgegen, während im Falle des Freispruchs die Unwahrheit der Behauptung gemäß § 190 Satz 2 feststeht und A daher jedenfalls nach § 186 bestraft werden kann.

4. Sonstiges

14   Der subjektive Tatbestand verlangt **Vorsatz** (§ 15) und muss sich wie üblich auf die objektiven Tatbestandsmerkmale (Rn. 2–8) beziehen. Dazu gehört – nochmals – nicht die Unwahrheit der Tatsache. Wer z. B. ein Gerücht (Lehrer X hat ein Verhältnis mit einer 14-jährigen Schülerin) als Gerücht („… wie man hört, soll X …") in dem Glauben, dass es stimmt, weitergibt, macht sich nach § 186 strafbar, wenn das Verhältnis unbeweisbar bleibt.

15   Der Wahrheitsbeweis schließt eine Bestrafung nach § 185 wegen einer sog. **Formalbeleidigung** nicht aus. Dies stellt § 192, der an die Äußerung einer wahren Tatsache anknüpft, klar.

> **Beispiele:** Öffentliche Bekanntmachung ertappter Ladendiebe im Eingangsbereich eines Supermarktes; Hochzeitsrede wird mit wahren Begebenheiten aus dem intimen Vorleben des Bräutigams geschmückt.

16   § 186 2. Var. („und, wenn die Tat öffentlich …") qualifiziert die Tat, wenn sie öffentlich oder durch Verbreiten von Schriften begangen wird. **Öffentlich** heißt, dass die Äußerung von einem größeren, individuell unbestimmten Personenkreis tatsächlich wahrgenommen werden kann. Geschlossene Gesellschaften, Reden vor

kaum besetzten Bänken oder auf einsamem Marktplatz fallen nicht darunter, wohl aber Ehrverletzungen im vollen Gerichtssaal oder vor einem größeren Publikum in einer allgemein zugänglichen Veranstaltung.

Eine andere Qualifikation enthält § 188 I.

II. Verleumdung (§ 187)

1. Grundlagen und Aufbaufragen

§ 187 1. Var. (Behaupten oder Verbreiten einer unwahren ehrenrührigen Tatsache) stellt eine Qualifikation zur entsprechenden 1. Var. des § 186 dar und unterscheidet sich von § 186 in drei Punkten: **17**

(1) Als qualifizierendes objektives Tatbestandsmerkmal tritt die (erwiesene) Unwahrheit der Tatsache hinzu.

(2) Im subjektiven Tatbestand sind die Vorsatzanforderungen (nur!) bezüglich der Unwahrheit auf „wider besseres Wissen" verschärft. Das bedeutet: Der Täter muss die Unwahrheit sicher (positiv) kennen (= Wissentlichkeit); diesbezügliche Zweifel oder ein bloßer dolus eventualis lassen den subjektiven Tatbestand entfallen.

(3) Die objektive Bedingung der Strafbarkeit entfällt.

Zum Standort des § 187 in der **Fallbearbeitung** siehe bereits oben Rn. 1 und § 28 Rn. 4f. Es ergibt sich folgendes **17a**

Aufbauschema (§ 187)

I. Tatbestandsmäßigkeit
  1. Objektiver Tatbestand
    a) Unwahre ehrenrührige Tatsache
    b) In Beziehung auf einen (beleidigungsfähigen) anderen
    c) Kundgabe durch Behaupten oder Verbreiten gegenüber einem Dritten
  2. Subjektiver Tatbestand: Vorsatz
    a) Wissentlichkeit bezüglich der Unwahrheit
    b) Im Übrigen genügt dolus eventualis

II. Rechtswidrigkeit
III. Schuld
IV. Qualifikationen (§§ 187 2. Var., 188 II i. V. m. I)

Zum Vergleich mit § 186 siehe oben in Rn. 1.

2. Sonstiges

18   Etwas versteckt stößt man innerhalb der 1. Var. des § 187 noch auf den Tatbestand der **Kreditgefährdung** („oder dessen Kredit zu gefährden geeignet ist"). Dabei handelt es sich nicht um ein Ehr-, sondern um ein Vermögensdelikt (daher besteht ggf. mit einem Beleidigungsdelikt Idealkonkurrenz). Kredit ist das Vertrauen, das jemand hinsichtlich der Erfüllung seiner vermögensrechtlichen Verbindlichkeiten genießt.

19   Die Qualifikation des § 187 2. Var. („und, wenn die Tat öffentlich, …") bezieht – anders als die entsprechende 2. Var. des § 186 – Versammlungen ein, erfasst also auch größere geschlossene Veranstaltungen.

Eine weitere Qualifikation findet sich in § 188 II i. V. m. I.

III. Beleidigung (§ 185)

1. Grundlagen und Aufbaufragen

20   Die „Beleidigung" wird in einer üblichen Kurzformel als **Kundgabe eigener Missachtung, Geringschätzung oder Nichtachtung** definiert. Charakteristisch für die Ehrverletzung – im Rahmen des § 185 wie der §§ 186, 187 – ist, dass der Täter durch herabsetzende Äußerungen den personalen und/oder sozialen Geltungswert des Betroffenen mindert und dadurch den (personalen/sozialen) verdienten Achtungsanspruch verletzt (vgl. BGHSt 36, 145, 148; *BayObLG* NJW 2005, 1291).

21   Im Unterschied zu den §§ 186, 187 ist § 185 kein Verbreitungsdelikt, sondern verlangt eine *eigene* Missachtung. Deshalb fällt die Wieder- oder Weitergabe von ehrkränkenden Äußerungen ohne jede persönliche Identifikation mit dem beleidigenden Inhalt nicht unter § 185 (vgl. *OLG Köln* NJW 1993, 1486, 1487; Sch/Sch/*Lenckner,* § 185 Rn. 1).

Ferner muss beachtet werden, dass nach dem Ehrbegriff nur der 22
verdiente Achtungsanspruch geschützt wird. Das soll heißen: Im
Normbereich liegt allein die „unverdiente" Missachtung und nicht
die Kundgabe existierender, eben „verdienter" Ehrminderungen
(dazu bereits § 28 Rn. 3).

Die Beleidigung kann durch eine ehrenrührige Tatsachenbe- 23
hauptung oder durch ein ehrverletzendes Werturteil erfolgen. Da
die §§ 186, 187 ehrenrührige Tatsachenbehauptungen gegenüber
Dritten erfassen, verbleiben für den **Anwendungsbereich des
§ 185**
(1) ehrenrührige Tatsachenbehauptungen allein oder zumindest
auch dem Betroffenen gegenüber;
(2) alle ehrverletzenden Werturteile (gegenüber dem Beleidigten
wie gegenüber Dritten).

Zum Standort des § 185 in der **Fallbearbeitung** siehe bereits 24
oben § 28 Rn. 4 f. Für den Aufbau empfiehlt sich folgendes

Aufbauschema (§ 185)

  I. Tatbestandsmäßigkeit
    1. Objektiver Tatbestand: Kundgabe eigener Missachtung,
       Geringschätzung oder Nichtachtung (= Beleidigung)
       durch
       a) eine – unwahre (str.) – ehrenrührige Tatsachen-
          behauptung dem Betroffenen gegenüber oder
       b) ein ehrverletzendes Werturteil
    2. Subjektiver Tatbestand: Vorsatz
 II. Rechtswidrigkeit
III. Schuld
IV. Qualifikation (§ 185 2. Var.)

---

2. Tatbestandsfragen

Zu den ehrenrührigen Tatsachen und ihrer Abgrenzung mit 25
bloßen Werturteilen ist zunächst auf frühere Ausführungen zu
verweisen (Rn. 2 ff.). Im Übrigen bleibt zu ergänzen:
Ob die Kundgabe (dazu § 28 Rn. 20 ff.) die Ehre verletzt, ist nicht
nach dem subjektiven Empfinden des Täters oder Beleidigungsop-
fers zu bestimmen, sondern danach, wie der objektive Sinngehalt

der Äußerung aus der Sicht eines unbefangenen Erklärungsempfängers zu verstehen ist (BVerfGE 93, 266, 295; *OLG Düsseldorf* NJW 1989, 3030). Maßgebend sind dabei die konkreten Umstände des Einzelfalles, z. B. der sprachliche Kontext, die Anschauungen der beteiligten Kreise sowie der Umgangston in dem örtlichen und sozialen Umfeld. Bei Meinungsäußerungen müssen – regelmäßig erst im Rahmen des § 193 – die Wertungen des Art. 5 I 1 GG berücksichtigt werden (*BVerfG* NJW 2003, 3760; näher Rn. 43 ff.). Die Ehrverletzung kann in vielfältigen Formen geschehen. Bloße Unhöflichkeiten, Taktlosigkeiten und Scherze stellen keine Beleidigung dar.

26   **Beispiele:** (1) **Beschimpfungen, Diffamierungen und Kraftausdrücke** gehören zu den typischen Beleidigungshandlungen: „Du Sau", „Du Idiot", „Lügner", „bedenkenloser Berufslügner", „Ehebrecher", Bezeichnung als „Schwein", „Scheißbulle", die „so genannten Rechtsanwälte" in der Kanzlei X, usw. (vgl. die Kasuistik bei *Fischer,* § 185 Rn. 9 f.). Zur Diffamierung eines uniformierten Polizeibeamten durch die Bezeichnung „Clown" näher *KG* NJW 2005, 2872.

(2) In der Bezeichnung eines **Soldaten als Mörder** liegt grundsätzlich eine schwere Kränkung (BVerfGE 93, 266, 297). Im Einzelfall kann sich das Zitat „Soldaten sind (potentielle) Mörder" durchaus nur gegen das Soldatentum und Kriegshandwerk schlechthin richten (großzügig BVerfGE 93, 266, 297 ff.; ergänzend § 28 Rn. 16).

27   (3) Natürlich macht auch „der Ton die Musik" (vgl. *Geppert,* Jura 1983, 589), und die konkreten Einzelfallumstände bleiben zu beachten. So soll nach einer fragwürdigen Entscheidung der auf Polizisten gemünzte Ausdruck „Bulle" nicht unbedingt die Ehre verletzen, weil das Wort nicht nur blinde Gewaltanwendung und Angriffslust symbolisiere, sondern auch als Sinnbild für Stärke, Kraft und Ausdauer in Betracht komme (dazu *KG* JR 1984, 165). In der Bezeichnung einer verdeckt durchgeführten Geschwindigkeitskontrolle als „Wegelagerei" liegt keine Individualbeleidigung des kontrollierenden Beamten (*OLG Düsseldorf* NStZ-RR 2003, 295, 296). Die Bezeichnung als „Wegelagerer" kann anders zu verstehen, aber entsprechend Rn. 43 f. gerechtfertigt sein (*BayObLG* NJW 2005, 1291). Der einem bei einer Verkehrskontrolle eingesetzen Polizeibeamten geltende Zuruf: „Herr Oberförster, zum Wald geht es da lang!" hat keinen ehrverletzenden Inhalt (*AG Berlin-Tiergarten* NJW 2008, 3233). Die Äußerung „Sie können mich mal …" wird zwar eher ehrenrührigen Charakter, kann aber auch den Bedeutungsinhalt „Lass mich zufrieden" haben (*OLG Karlsruhe* NStZ 2005, 158).

(4) Das **Tippen** des Zeigefingers **an die Stirn** kann eine symbolische Ehrverletzung bedeuten. Ähnliches gilt für das bewusst „auffällige", mit herabsetzenden Gesten einhergehende Nichtbegrüßen speziell eines Anwesenden, das deutlich über unhöfliches Verhalten hinausgeht.

(5) Bei der **Anrede mit „Du"** spielt die sprachliche und gesellschaftliche Ebene eine besondere Rolle. Im Übrigen muss das Duzen nach den konkreten

Begleitumständen über eine Taktlosigkeit hinausgehen und eine ehrkränkende Herabsetzung ausdrücken (vgl. *OLG Düsseldorf* JR 1990, 345). – Zu der sog. Formalbeleidigung vgl. bereits Rn. 15.

3. Speziell: Angriffe auf die sexuelle Selbstbestimmung

Bei Angriffen auf die sexuelle Selbstbestimmung muss darauf **28** geachtet werden, dass entgegen manchen Tendenzen vor allem in der älteren Rechtsprechung die Vorschrift des § 185 nicht als „Lückenbüßer" missbraucht wird (z.B. bei einem strafbefreienden Rücktritt von den §§ 177, 22). Ein bloßer Angriff auf die Geschlechtsehre durch die sexuelle Handlung als solche genügt nicht. Vielmehr greift der Beleidigungstatbestand nur ein, wenn nach den gesamten Umständen in dem Verhalten des Täters, über eine Schamverletzung hinausgehend, eine selbstständige – vom Vorsatz umfasste – herabsetzende Bewertung des Opfers oder Dritter zu sehen ist. Insbesondere beinhaltet der sexuelle Missbrauch von Kindern und Jugendlichen ohne Hinzutreten *besonderer Umstände* keine Beleidigung der Erziehungsberechtigten. Auch das bloße Anschauen einer urinierenden Frau in einer Damentoilette, um sich sexuell zu erregen, erfüllt nicht § 185.

Vgl. hierzu BGHSt 36, 145 ff., 150; *BGH* NStZ 2007, 218; BayObLGSt 1986, 91; *BayObLG* NJW 1999, 72, 73; *OLG Hamm* NStZ-RR 2008, 108; *LG Darmstadt* NStZ-RR 2005, 140; *Lackner/Kühl*, § 185 Rn. 6; *Fischer*, § 185 Rn. 11 f.

Demgegenüber liegen besondere Umstände vor, wenn der Täter **29** grundlos zum Ausdruck bringt, er traue seinem Opfer – auf einer Stufe etwa mit einem „leichten Mädchen" – eine bestimmte unsittliche Handlung ohne weiteres zu (*BGH* NStZ 1995, 129).

Beispiele: (1) Der Täter gibt in einem Zug einer sich gegen körperliche Annäherungen wehrenden Frau seine Telefonnummer und fordert sie auf, ihn anzurufen, wenn sie „Lust auf Telefonsex" habe (*LG Freiburg* NJW 2002, 3645).
(2) Der Täter (T) spricht ein jugendliches Mädchen (M) an: „Hier hast Du 10 €; lass Dich mal (sexuell) anfassen" (vgl. auch *BGH* NStZ 1992, 33, 34).
(3) Abwandlung von (2): M ist wirklich ein „leichtes Mädchen", was T aber nicht erkennt. Hier liegt objektiv keine ehrmindernde Äußerung vor, weil der verdiente Achtungsanspruch nicht verletzt ist (vgl. § 28 Rn. 3). Der gegebene Versuch des § 185 ist straflos.
(4) Wer insbesondere in der Öffentlichkeit weiblichen Opfern überraschend an Geschlechtsteile oder zwischen die Beine greift, setzt deren Persönlichkeit in entwürdigender Weise herab und erfüllt daher den Tatbestand der – tätli-

chen – Beleidigung (*OLG Karlsruhe* NJW 2003, 1263, 1264; *OLG Bamberg* NStZ 2007, 96).

4. Die Unwahrheit der Tatsache als Tatbestandsmerkmal

30   Bei den unter § 185 fallenden ehrenrührigen Tatsachenbehauptungen gegenüber dem Betroffenen stellt sich die Frage, welche Stellung die (Un-)Wahrheit der Tatsache im Deliktsaufbau hat. Unstreitig ist, dass sich der Täter durch das bloße Vorhalten der ehrenrührigen Wahrheit aus § 185 so wenig wie aus den §§ 186, 187 strafbar machen kann, weil der Betroffene einen solchen Vorhalt auch „verdient" (vgl. § 28 Rn. 3; zur unabhängig davon möglichen Formalbeleidigung Rn. 15).

31   Streitig ist aber die Begründung, die bei Zweifeln und Irrtümern über die Unwahrheit erhebliche Bedeutung erlangt: Während eine Mindermeinung die Beweislastregel des § 186 (Rn. 9 ff.) in den § 185 hineininterpretiert (*Tenckhoff,* JuS 1989, 36 f.), sieht die h. M. zu Recht in der Unwahrheit der Tatsache wie bei § 187 ein echtes Tatbestandsmerkmal. Für die Mindermeinung mag zwar der weitergehende Ehrschutz sprechen. Doch muss man in der Beweislastverteilung des § 186 eher eine systemwidrige Regelung sehen, deren analoge Anwendung Bedenken erweckt; auch besteht bei Tatsachenbehauptungen unter vier Augen nicht die typische Gefahr des Weitertragens nach außen.

Zur h. M. siehe *OLG Köln* NJW 1964, 2121, 2122; *OLG Koblenz* MDR 1977, 864; LK/*Hilgendorf,* 11. Aufl., § 185 Rn. 35; *Küper,* BT, S. 76, 78 f.; *Eisele,* BT I, Rn. 536 f.; Sch/Sch/*Lenckner,* § 185 Rn. 6 m. w. N.

32   Im **Fall 1 a** ist zunächst festzustellen, dass A, da Y als Dritter mitgehört hat, den objektiven Tatbestand des § 186 erfüllt und auch der Wahrheitsbeweis nicht gelingt. A unterliegt aber einem Tatbestandsirrtum (§ 16 I 1), weil sich sein Vorsatz nicht auf die Kenntnisnahme durch einen Dritten erstreckt. Bezüglich § 187 entfällt schon der objektive Tatbestand, da die geäußerte Tatsache nicht zweifelsfrei unwahr ist. Was den § 185 gegenüber X anbelangt, so bestraft die Mindermeinung den A aus § 185, da ihm die Zweifel über die Wahrheit entsprechend § 186 nicht zugute kommen, während die h. M. ihn freispricht, weil die Unwahrheit der ehrenrührigen Tatsache nicht sicher feststeht.

Im **Fall 1 b** ändern sich nicht die Ergebnisse, aber folgende Begründungen: Bezüglich § 187 ist jetzt der objektive Tatbestand erfüllt, aber der subjektive Tatbestand, der wissentliches Handeln voraussetzt, entfällt. Auch § 185 liegt nun vom Standpunkt der h. M. aus objektiv vor; doch kommt man, da A die

Unwahrheit seiner Behauptung nicht vorsätzlich erfasst, zu einem Tatbestandsirrtum (§ 16 I 1).

5. Sonstiges

Zum **subjektiven Tatbestand** (Vorsatz) gehört neben dem Er-   33
fassen des ehrkränkenden Charakters der Äußerung der Kundgabe-Vorsatz (vgl. dazu § 28 Rn. 20 ff.). Zum Vorsatz bei unwahren
Äußerungen **Fall 1 b** Rn. 32.

§ 185 2. Var. enthält eine Qualifikation bei **tätlichen** Beleidi-   34
gungen. Die Tätlichkeit verlangt einen körperlichen Bezug, wie er
z. B. bei ehrkränkenden Ohrfeigen (Grenzfall bei *Bohnert*, Jura
1999, 535 f.) oder beleidigendem Anspucken (*OLG Zweibrücken*
NJW 1991, 241) gegeben ist.

IV. Verunglimpfung des Andenkens Verstorbener (§ 189)

§ 189 ist kein Ehrdelikt (siehe schon § 28 Rn. 6 ff.), sondern   35
schützt nach h. M. in erster Linie das Pietätsempfinden der Angehörigen (vgl. § 194 II). Das **Verunglimpfen** erfasst jede ehrverletzende Handlung im Sinne der §§ 185, 186, 187, doch muss es sich
um eine **besonders schwere Kränkung** handeln. Auch § 189 ist
ein Kundgabedelikt, so dass die Kenntnisnahme der Verunglimp-
fung durch einen Lebenden zur Tatvollendung gehört.

V. Wahrnehmung berechtigter Interessen (§ 193)

Die Rechtswidrigkeit einer Beleidigung kann durch allgemeine   36
Rechtfertigungsgründe – z. B. Notwehr, rechtfertigender Notstand, (mutmaßliche) Einwilligung – entfallen, die ggf. zuerst zu
prüfen sind. Ferner kommt § 193 in Betracht. Nach h. M. handelt
es sich bei § 193 um einen auf die Beleidigungsdelikte beschränkten **Rechtfertigungsgrund,** der nicht (z. B. hinsichtlich der
§§ 123, 201, 203) analogiefähig ist (*OLG Stuttgart* NStZ 1987,
121, 122 m. w. N.).

§ 193 beruht auf dem Prinzip der Güter- und Interessenabwä-   37
gung. Im Kernbereich des schlecht gefassten Rechtfertigungsgrundes geht es darum, ob der Beleidiger durch von ihm verfolgte berechtigte Interessen gerechtfertigt werden kann, weil seine Zwecke

und Ziele die Verletzung der Ehre des Beleidigten mindestens aufwiegen. Im Einzelnen ergeben sich **drei Prüfungspunkte:**

1. Verfolgung „berechtigter" Interessen

38   a) Die „berechtigten" Interessen sind zum Teil durch gesetzliche Beispiele näher konkretisiert. Dabei spielen die breit aufgelisteten (tadelnden und anderen) **Urteile, Vorhaltungen und Rügen** keine nennenswerte Rolle, weil sachliche Kritik schon gar nicht tatbestandsmäßig ist und darüber hinausgehende ehrverletzende (Wert-)Urteile vielfach die Grenzen zur Formalbeleidigung überschreiten dürften (vgl. § 193 letzter Halbsatz).

39   b) Zu den Äußerungen, welche **zur Ausführung oder Verteidigung von Rechten** gemacht werden, gehören alle Handlungen, die der Geltendmachung eines Rechts oder der Abwehr eines Rechtsangriffs dienen (auch durch Prozessbevollmächtigte und Verteidiger). Insoweit erlangt § 193 vor allem im Bereich des § 186 zentrale Bedeutung, da andernfalls angesichts der in § 186 getroffenen Beweislastverteilung die Rechtsverfolgung unzumutbar eingeschränkt wäre.

Beispiele: In einem Strafprozess wirft der Verteidiger einem Zeugen vor, die Unwahrheit gesagt zu haben, ohne dies „beweisen" zu können. Ein Strafverteidiger behauptet, dass es sich bei der Nebenklägerin um eine hochgradig abnorme Persönlichkeit handle, und beantragt, darüber Beweis zu erheben (*LG Düsseldorf* JA 2003, 452 ff. mit Besprechung *Fahl*). In einem Zivilprozess tragen Kläger und Anwalt bestimmte ehrenrührige Tatsachen vor (deren abschließende Würdigung in erster Linie Aufgabe des Gerichts ist). Ein Angeklagter stellt im Rahmen seiner Verteidigung einen Zeugen als unglaubwürdig hin, ohne ihn zu verleumden (*BGH* NStZ 1995, 78; Falllösung bei *Dreher,* JuS 2007, 462 f.).

40   c) Als (sonstige) **„berechtigte" Interessen** kommen alle von der Rechtsordnung als schutzwürdig anerkannten Interessen in Betracht. Konkretisierend können dies sein:

(1) Eigene private (auch ideelle und vermögensrechtliche) Interessen;

(2) fremde private Interessen, wenn sie den Äußernden (z.B. als Anwalt oder Angehörigen) etwas angehen, so dass er sich nach vernünftigem Ermessen zu ihrem Verfechter aufwerfen darf;

(3) Allgemeininteressen, die nach unserem heutigen Verfassungsverständnis (vgl. Art. 5 GG) jeden etwas angehen.

Beispiele: Nicht wissentlich unwahre oder leichtfertige Strafanzeigen bei begründetem Verdacht (*OLG Köln* NJW 1997, 1247; dazu auch *Koch,* NJW 2005, 944 f.); Meldung von Dienstverfehlungen an Dienstherrn; Leserbrief mit (zu?) scharfer Kritik („Gestapo-Methoden") an Abschiebemaßnahmen (*BVerfG* NJW 1992, 2815); Beteiligung an einer öffentlichen politischen Auseinandersetzung; Presseberichterstattung z.B. über Korruptionsvorwürfe gegenüber Politikern und Verwaltungsangehörigen (wobei reine Sensationsgier und Skandallust der Annahme eines „berechtigten" Interesses im Wege stehen).

2. Interessenabwägung

Die Abwägung zwischen den wahrgenommenen Interessen und **41** den Achtungsinteressen des Beleidigten muss ergeben, dass zwischen beiden ein vertretbares Verhältnis besteht (vgl. zum Ganzen *OLG Frankfurt* NJW 1989, 1367, 1368; *Lackner/Kühl,* § 193 Rn. 10 ff.; *Geppert,* Jura 1985, 29 f.; SK/*Rudolphi/Rogall,* § 193 Rn. 21 ff.). Dies ist der Fall, wenn die Beleidigung zur Interessenwahrnehmung

(1) **geeignet** und

(2) **erforderlich** ist (Grundsatz des relativ mildesten Mittels) sowie

(3) ein **angemessenes** Mittel darstellt.

Der beleidigende Zusatz „bedenkenloser Berufslügner" bezüg- **42** lich eines als Zeugen vernommenen Polizeibeamten ist kein **geeignetes** Mittel, um weitere Beweiserhebungen zu veranlassen (*OLG Hamburg* NStZ-RR 1997, 103).

Unter dem Aspekt der **Erforderlichkeit** scheidet eine Rechtfertigung insbesondere aus, sofern der Täter unnötigerweise die „Flucht in die Öffentlichkeit" antritt oder ohne sachliche Notwendigkeit Namen konkret nennt.

Ein **angemessenes** Mittel stellt die ehrverletzende Äußerung **43** nur dar, wenn bei Abwägung aller konkreten Einzelfallumstände die Interessen des Beleidigers mit denen des Beleidigten mindestens gleichwertig sind.

So *OLG Frankfurt* NJW 1989, 1367, 1368; 1991, 2032, 2034; *Lackner/Kühl,* § 193 Rn. 10. – Für ein Überwiegen etwa Sch/Sch/*Lenckner,* § 193 Rn. 12 m.w.N.; *Eisele,* BT I, Rn. 611.

Dabei müssen im Rahmen der Abwägung ggf. die verfassungsrechtlichen Ausstrahlungen des Art. 5 I GG (Meinungs- und Pressefreiheit) sowie des Art. 5 III 1 GG (Kunstfreiheit) berücksichtigt werden.

Vgl. BVerfGE 93, 266, 292 ff.; *BVerfG* NJW 1992, 2815; 2003, 3760; *OLG Düsseldorf* NJW 1992, 1336; 1998, 3214, 3215; *KG* StV 1997, 485; *BayObLG* NStZ-RR 2002, 40; NStZ 2005, 215, 216; NJW 2005, 1291, 1292 f.; *OLG Hamm* NStZ-RR 2006, 7; *OLG Oldenburg* NStZ-RR 2008, 201; *Otto,* Jura 1997, 139 ff.

44   **Missbräuchliches Vorbringen** schützt § 193 nicht. Dazu zählen ehrverletzende Äußerungen, die in keinem inneren Zusammenhang zur Ausführung oder Verteidigung der geltend gemachten Rechte stehen oder deren Unhaltbarkeit ohne weiteres auf der Hand liegt. Diffamierungen, gehässige Schmähkritik, bloße Polemik und Wertungsexzesse können schwerlich gerechtfertigt sein.

Solche Grundsätze schließen im Einzelfall – in erster Linie im Bereich der politischen Auseinandersetzung und öffentlichen Meinungsbildung – eine Rechtfertigung auch von scharfer Kritik in überspitzter und polemischer Form nicht aus. So muss sich im politischen Meinungskampf (insbesondere in Wahlkampfzeiten) scharfe und übersteigerte (Gegen-)Reaktionen gefallen lassen, wer selbst seinen Kontrahenten in entsprechender Weise angegriffen hat (vgl. *BayObLG* NStZ 1983, 265; *OLG Frankfurt* JR 1996, 250 mit Anm. *Foth*). Im Lichte des Art. 5 I 1 GG kann die Bezeichnung eines bei einer Versammlung in Zivil eingesetzten Polizisten als „Spitzel" – im Sinne eines Rechts auf Gegenschlag – gerechtfertigt sein, nachdem der Beamte den Täter provoziert hat (*BayObLG* NStZ 2005, 215, 216).

Kritiker werfen der einflussreichen Rechtsprechung des BVerfG zur Meinungsäußerungsfreiheit vor, den strafrechtlichen Ehrenschutz zu weit einzuschränken (vgl. *BayObLG* NJW 2005, 1291; *Otto,* NJW 2006, 575; *Fischer,* § 193 Rn. 24 ff. m. w. N.).

45   Bevor der Täter ehrenrührige Tatsachen in die Welt setzen darf, trifft ihn grundsätzlich eine **Informationspflicht,** deren Ausmaß von den gegebenen Möglichkeiten, der Zumutbarkeit und sonstigen Einzelfallumständen abhängig ist. In der Regel setzt die Rechtfertigung voraus, dass der Beleidiger die Wahrheit der geäußerten Tatsachen zuvor gewissenhaft geprüft hat. Unter Umständen bestehen Erkundigungspflichten. Für Presseveröffentlichungen gelten strengere Maßstäbe als etwa für Strafanzeigen.

46   Bei leichtfertig oder wissentlich aufgestellten unrichtigen Behauptungen und haltlosen Vermutungen entfällt der Schutz des § 193 (*OLG Hamburg* MDR 1980, 953; *KG* JR 1988, 522, 523;

OLG Celle NJW 1988, 353, 354). Das Gleiche gilt erst recht in der Regel für Verleumdungen im Sinne des § 187.

Eine Ausnahme ist für den Fall anzuerkennen, dass ein Angeklagter im Rahmen prozessual zulässigen Verteidigungsverhaltens durch bloßes Leugnen – und nicht durch angriffsweises Vorbringen – hinsichtlich eines Belastungszeugen einen Vorwurf gemäß den §§ 153, 154 in die Welt setzt (dazu BGHSt 14, 48, 51; *BGH* NStZ 1995, 78; *Krey/M. Heinrich,* BT 1, Rn. 402; LK/*Hilgendorf,* 11. Aufl., § 187 Rn. 5). Bei Äußerungen von Rechtsanwälten im Rahmen ihrer Berufsausübung darf im Lichte des Art. 5 I GG das Kriterium der „Leichtfertigkeit" nicht über Gebühr ausgedehnt werden (*BVerfG* NJW 2000, 199 mit Anm. *Otto,* JK 00, StGB § 193/5).

3. Subjektives Rechtfertigungselement

Die genauen Anforderungen sind umstritten. Viele verlangen **47** im Sinne des dolus directus 1. Grades die – neben anderen Motiven zumindest auch gegebene – *Absicht* zur Wahrnehmung berechtigter Interessen (vgl. das „zur"). Demgegenüber lässt eine verbreitete Gegenmeinung hier wie bei allen anderen Rechtfertigungsgründen das Handeln in Kenntnis der Rechtfertigungslage genügen.

Für Absicht *OLG Düsseldorf* VRS 60, 115; *OLG Hamm* DB 1980, 1215; SK/*Rudolphi/Rogall,* § 193 Rn. 32; LK/*Hilgendorf,* 11. Aufl., § 193 Rn. 30; *Eisele,* BT I, Rn. 615. – Zur Gegenmeinung etwa Sch/Sch/*Lenckner,* § 193 Rn. 23; *Roxin,* AT I, § 18 Rn. 48.

VI. Konkurrenzen

Die meisten Schwierigkeiten bereitet die Beurteilung des Kon- **48** kurrenzverhältnisses zwischen § 186 (bzw. § 187) und § 185. Die folgenden Konstellationen lassen sich unterscheiden (Sch/Sch/ *Lenckner,* § 186 Rn. 21):

(1) Bei einer nur Dritten gegenüber erfolgenden ehrenrührigen Tatsachenbehauptung geht unstreitig § 186 (§ 187) dem § 185 auch dann vor, wenn die Äußerung zusätzlich mit ausschließlich aus dieser Tatsachenbehauptung abgeleiteten negativen Werturteilen verknüpft wird.

So liegt es im **Fall 2 a.** T wird nur nach § 186 (ggf. § 187) bestraft.

(2) Etwas anderes, nämlich Tateinheit, gilt, wenn neben § 186 **49** (§ 187) ehrverletzende Werturteile ausgesprochen werden, die nicht oder nicht ausschließlich aus der ehrenrührigen Tatsachenbehaup-

tung ableitbar sind, also eine davon verschiedene (Formal-)Beleidigung enthalten (BGHSt 12, 287, 292; *BayObLG* NJW 1962, 1120).

So liegt es im **Fall 2 b**, weil mit der Bezeichnung „verklemmter Frauenhasser" ein Angriff auf die innere Ehre stattfindet, der mit den Betrügereien, welche die äußere Ehre betreffen, in keinerlei Zusammenhang steht. Daher erfüllt T – jedenfalls auf dem Boden des dualistischen Ehrbegriffs (§ 28 Rn. 2) – die §§ 186, (187), 185, 52.

50   (3) Nach dem dualistischen Ehrbegriff ist auch Idealkonkurrenz anzunehmen, sobald die ehrverletzenden Tatsachen gleichzeitig einem Dritten *und* dem Betroffenen (bei dessen Anwesenheit etwa) kundgegeben werden (BGHSt 12, 287, 292; *BayObLG* NJW 1962, 1120).

Im **Fall 2 c** kommt man so zur Tateinheit von § 186 (§ 187) und § 185.

51   Im Lager des einheitlichen normativen Ehrbegriffs (§ 28 Rn. 2) ist die Behandlung der Konkurrenzfragen unklarer. Jedenfalls nach der Ansicht einiger Autoren findet in den **Fällen 2 b und 2 c** letztlich nur *ein* Angriff auf den Geltungswert statt. Sie kommen von daher zur Gesetzeskonkurrenz mit Vorrang des schwereren § 186 bzw. § 187 (SK/*Rudolphi/Rogall,* vor § 185 Rn. 53; *Lackner/Kühl,* § 186 Rn. 11; *Tenckhoff,* JuS 1988, 792).

52   Mehrere Beleidigungen durch eine Handlung gegenüber verschiedenen Ehrträgern konkurrieren ideal.

Empfehlungen zur vertiefenden Lektüre (zu §§ 27, 28):

Rechtsprechung: *BVerfG* NJW 1997, 185 und NJW 2007, 1194 (beleidigungsfreie Sphäre beim Briefwechsel von und mit Gefangenen); BGHSt 36, 83 (Beleidigung von Soldaten und der Bundeswehr); *OLG Hamm* JMBlNW 1958, 112 (Wahrheitsbeweis trotz Übertreibungen in Einzelheiten); *BayObLG* StV 1982, 576 (Fragen der §§ 185, 186, 193 bei polemischen Presseberichten); *KG* JR 1984, 165 (Bezeichnung „Bulle" für Polizeibeamte); *OLG Hamburg* NJW 1990, 1246 (beleidigungsfreie Sphäre im Rechtsanwalt-Mandanten-Verhältnis); *BayObLG* NJW 1990, 1742 (Beleidigung der Polizei durch Autoaufkleber); *OLG Köln* NJW 1997, 1247 (§§ 186, 193 bei Stellung einer Strafanzeige); *OLG Karlsruhe* NStZ 2005, 158 (Auslegung der Äußerung „Sie können mich mal…"); *OLG Hamm* NStZ 2008, 108 (Beleidigung durch sexuelle Handlungen).

Literatur: *Eppner/Hahn,* Allgemeine Fragen der Beleidigungsdelikte, JA 2006, 702 ff.; *Eppner/Hahn,* Die Tatbestände der Beleidigungsdelikte, JA 2006, 860 ff.; *Geppert,* Straftaten gegen die Ehre (§§ 185 ff. StGB), Jura 1983, 530 ff., 580 ff.; *Geppert,* Wahrnehmung berechtigter Interessen (§ 193 StGB), Jura

1985, 25 ff.; *Geppert,* Zur Systematik der Beleidigungsdelikte und zur Bedeutung des Wahrheitsbeweises im Rahmen der §§ 185 ff. StGB, Jura 2002, 820 ff.; *Geppert,* Zur passiven Beleidigungsfähigkeit von Personengemeinschaften und von Einzelpersonen unter einer Kollektivbezeichnung, Jura 2005, 244 ff.; *Küpper,* Grundprobleme der Beleidigungsdelikte, §§ 185 ff. StGB, JA 1985, 453 ff.; *Tenckhoff,* Grundfälle zum Beleidigungsrecht, JuS 1988, 199 ff., 457 ff., 618 ff., 787 ff.; 1989, 35 ff., 198 ff.; *Wolff-Reske,* Die Korrespondenz zwischen Gefangenen und ihnen nahestehenden Personen als „beleidigungsfreier Raum", Jura 1996, 184 ff.

6. Kapitel. Hausfriedensbruch, Straftaten gegen den persönlichen Lebens- und Geheimbereich

§ 30. Hausfriedensbruch (§ 123)

Fall 1: E lässt den T, der sich fälschlich als Mann der Stadtwerke ausgibt, zum Ablesen von Zählern in seine Wohnung. In einem unbeobachteten Augenblick nimmt T, wie von Anfang an geplant, Wertgegenstände an sich. → Rn. 9, 10

Fall 2: a) Die Täter betreten zu Protestzwecken zur Zeit des normalen Publikumsverkehrs das Stadtplanungsamt. Vor dem Zimmer des Amtsleiters werfen sie mehrere Stinkbomben. b) *Variante:* Die Täter tragen mit Bauschutt gefüllte Badewannen, die sie vor dem Zimmer des Amtsleiters auskippen (*OLG Düsseldorf* NJW 1982, 2678). → Rn. 9, 12

Fall 3: In Diebstahlsabsicht betritt D ein großes Kaufhaus gegen 19.30 Uhr und hält sich verborgen, um nach Geschäftsschluss (20.00 Uhr) eingesperrt in Ruhe die Tat durchzuführen, was ihm auch gelingt. → Rn. 12, 13, 17, 31

I. Grundlagen

1   Entgegen seiner systematischen Stellung im StGB ist § 123 ein Delikt gegen die Person, das nach h.M. das Hausrecht schützt, nämlich die Befugnis des Hausrechtsinhabers zu bestimmen, wer sich innerhalb des geschützten Ortes aufhalten darf. Der Tatbestand des § 123 I unterscheidet zwei Varianten, und zwar erstens das aktive Eindringen in bestimmte (genau: fünf) Schutzbereiche, zweitens das passive Verweilen darin trotz gegenteiliger Aufforderung (*echtes* Unterlassungsdelikt). Die Merkmale „widerrechtlich" und „ohne Befugnis" kennzeichnen nur das allgemeine Rechtswidrigkeitsmerkmal und sind daher ohne selbstständige Bedeutung. § 123 stellt *kein* eigenhändiges Delikt dar; mittelbare Täterschaft und Mittäterschaft sind also auch ohne eigenes Eindringen denkbar.

II. Geschützte Orte

1. Wohnung

Wohnungen sind Räumlichkeiten, die bestimmungsgemäß (auch **2** nur vorübergehend) zur Unterkunft von Menschen dienen. Auch bewegliche Sachen wie Wohnwagen, Wohnmobile und Zelte können eine Unterkunft sein (nicht: der normal genutzte Pkw). Nebenräume wie Flure, Toiletten, Keller und Speicher sind als Teile der Wohnung mitgeschützt. Garagen lassen sich zum Teil den Nebenräumen in diesem Sinn zuordnen; ansonsten fallen sie unter das befriedete Besitztum (Rn. 4). Zur fraglichen Einordnung „offener Zubehörflächen" (z. B. Haus-/Vorgärten, Terrassen, Park-/Abstellplätze, Hofräume) näher Rn. 5. Zum restriktiveren Begriff der Wohnung in § 244 I Nr. 3 siehe *Rengier*, BT I, § 4 Rn. 84 f.

2. Geschäftsräume

Geschäftsräume sind Räumlichkeiten, die dem Betreiben gewerb- **3** licher, wissenschaftlicher, künstlerischer oder ähnlicher Tätigkeiten dienen (z. B. Ladenlokale, Büroräume, Praxen, Lagerhallen). Zur auch hier zweifelhaften Einordnung von „offenen Zubehörflächen" (z. B. Kaufhauspassagen, Lagerplätze) näher Rn. 5.

3. Befriedetes Besitztum

Gemeint sind **Grundstücke** (also nur unbewegliche Sachen!), **4** die in äußerlich erkennbarer Weise mittels zusammenhängender (nicht notwendig lückenloser) Schutzwehren gegen das beliebige Betreten durch andere gesichert, daher (in gewisser Weise) „eingefriedet", „eingehegt" sind (z. B. durch Hecken, Mauern, Zäune oder Absperrketten). Bloße Verbotstafeln, Markierungen oder eine andere rein optische Abtrennung – etwa eines Parkplatzes – genügen nicht, es sei denn, es handelt sich um eine „offene Zubehörfläche" (Rn. 5).

Zu Recht bezieht die h. M. auch leer stehende und zum Abbruch bestimmte – daher als „Wohnung" ausscheidende – Häuser ein, solange eine bestehende Einfriedung einen entgegenstehenden Willen des Berechtigten dokumentiert (*OLG Köln* NJW 1982, 2674; *AG Wiesbaden* NJW 1991, 188; *Eisele*, BT I, Rn. 628). Unterirdische Fußgängerpassagen gehören nicht dazu (*OLG Frankfurt a. M.* NJW 2006, 1746).

5   Fraglich ist die Einordnung der schon erwähnten „**offenen Zubehörflächen**", d. h. von Grundstücksflächen, die selbst *nicht* eingefriedet, aber an Wohnungen/Geschäftsräume räumlich und
funktional eng angebunden sind. Eine Mindermeinung sieht solche
Grundstücke weder als Wohnung/Geschäftsraum noch als ein ausreichend „befriedetes" (= „eingehegtes") Besitztum an (*Amelung,*
JZ 1986, 247 ff.; *ders.,* NJW 1986, 2079 f.). Demgegenüber fallen
nach h. M. die „offenen Zubehörflächen" zu Recht in den tatbestandlichen Schutzbereich. Umstritten ist lediglich, ob die Subsumtion unter die Begriffe Wohnung/Geschäftsraum oder unter
das „befriedete" Besitztum erfolgen soll. Da letzteres mit der üblichen Auslegung des „befriedet" schwer vereinbar ist, verdient die
erste Ansicht den Vorzug.

> Wie hier *BayObLG* NJW 1995, 269, 271; *Bloy,* JR 1986, 80 f.; *Kindhäuser,*
> LPK-StGB, § 123 Rn. 6 f.; *Gössel/Dölling,* BT 1, § 38 Rn. 7, 15. – Für befrie-
> detes Besitztum *Müller-Christmann,* JuS 1987, 21 f.; Sch/Sch/*Lenckner/Stern-
> berg-Lieben,* § 123 Rn. 4, 6; *Krey/M. Heinrich,* BT 1, Rn. 432 a; *Joecks,* § 123
> Rn. 14 ff. – Offengelassen von *OLG Oldenburg* NJW 1985, 1352.

4. Abgeschlossene Räume zum öffentlichen Dienst

6   Bei den abgeschlossenen (d. h. baulich abgegrenzten) Räumen,
welche zum öffentlichen *Dienst* bestimmt sind, handelt es sich
um Räume, in denen Tätigkeiten auf Grund öffentlich-rechtlicher
Vorschriften ausgeübt werden (Behörden-, Gerichts- und Schulge-
bäude, Universitäten, einschließlich der jeweiligen Zimmer/Säle).

> **Beispiel:** Eindringen in Gerichtssaal, nachdem der Vorsitzende im Wege der
> Sitzungspolizei die Zulassung weiterer Zuhörer wegen Überfüllung abgelehnt
> hat (BGHSt 30, 350).

Für die „offenen Zubehörflächen" gelten die Ausführungen in
Rn. 5 entsprechend (Sch/Sch/*Lenckner/Sternberg-Lieben,* § 123
Rn. 7; a. A. *OLG Oldenburg* JR 1981, 166).

5. Abgeschlossene Räume zum öffentlichen Verkehr

7   Die Räume, welche zum öffentlichen *Verkehr* bestimmt sind,
schützen den öffentlichen (d. h. hier: den allgemein zugänglichen,
insoweit also auch den „privat" betriebenen) Personen- und
Gütertransportverkehr, und zwar insbesondere die beweglichen
Transportmittel selbst (Bus, Straßenbahn, Zug, Flugzeug), ferner

dazugehörende Gebäude (Wartesäle, Bahnhofshallen). – Zum Schwarzfahren Rn. 12.

III. Tathandlungen

1. Eindringen (§ 123 I 1. Var.)

Eindringen im Sinne des § 123 ist nur **körperliches** Eindringen, **8** unter dem zutreffend das **Betreten gegen den Willen des Berechtigten** verstanden wird. Der Täter muss zumindest mit einem Teil seines Körpers in den geschützten Ort gelangen. Dafür genügt der in die Tür gestellte Fuß, aber nicht das bloße Hineingreifen ohne „Betreten", etwa um die Sicherungskette zu lösen.

Joecks, § 123 Rn. 19; NK/*Ostendorf,* § 123 Rn. 26; *Fischer,* § 123 Rn. 15. – A. A. RGSt 39, 440; SK/*Rudolphi/Stein,* § 123 Rn. 12a.

Das Merkmal „gegen den Willen" ist notwendiges Element des **9** Eindringens. Wird daher der Raum mit dem Willen des Berechtigten betreten, so entfällt schon der objektive Tatbestand (sog. **tatbestandsausschließendes Einverständnis;** vgl. auch § 22 Rn. 16, § 23 Rn. 34). Der maßgebliche Wille kann ausdrücklich – wie bei einem individuell erteilten Hausverbot – oder konkludent erklärt sein.

Wo eine solche Erklärung nicht vorliegt, kann sich die Frage **9a** stellen, ob auch ein bloßer **mutmaßlicher Wille** bereits ein tatbestandsmäßiges Eindringen ausschließt (so LK/*Lilie,* 11. Aufl., § 123 Rn. 45 ff.; Voraufl.). Angesichts der faktischen Natur des tatbestandsauschließenden Einverständnisses sprechen die besseren Gründe für eine Rechtfertigung, also z.B. dafür, denjenigen Täter wegen mutmaßlicher Einwilligung oder nach § 32 zu rechtfertigen, der in eine fremde Wohnung einbricht, um einen Brand zu löschen bzw. einen angegriffenen Bewohner als Nothelfer zu verteidigen (*Marlie,* JA 2007, 112 ff.; *Eisele,* BT I, Rn. 640 f.).

Die Lehre vom tatbestandsausschließenden Einverständnis **10** wirkt sich in zwei verwandten Fallgruppen aus, für die **Fall 1** und **Fall 2** charakteristisch sind:

(1) **Betreten von Räumen mit erschlichenem Einverständnis:** Im hierfür typischen **Fall 1** schließt nach h.M. die erschlichene Zustimmung des E ein Eindringen aus; die Täuschung berührt die

faktische Wirksamkeit der (freiwilligen) Verfügung über das geschützte Hausrecht nicht.

Daher liegt im **Fall 1** nach h. M. nur § 242 vor. – Zur h. M. siehe nur Sch/Sch/ *Lenckner/Sternberg-Lieben*, § 123 Rn. 22; *Wessels/Hettinger*, BT 1, Rn. 586 ff.; LK/*Lilie*, 11. Aufl., § 123 Rn. 50 m. w. N. (a. A. *Kindhäuser*, BT I, § 33 Rn. 23).

Ein **abgenötigtes** (daher unfreiwilliges) Einverständnis sieht auch die h. M. als unbeachtlich an.

11   (2) **Betreten von Räumen mit genereller Zutrittserlaubnis zu widerrechtlichen oder unerwünschten Zwecken:** Hat der Berechtigte bestimmte Räume wie Geschäfte, Banken, Gaststätten oder Behörden generell für den allgemeinen Publikumsverkehr geöffnet, so deckt diese Erlaubnis nach zutreffender h. M. auch das Betreten zu widerrechtlichen oder unerwünschten Zwecken. Auf einen etwaigen entgegenstehenden mutmaßlichen Willen darf auch hier nicht abgestellt werden; denn der Berechtigte würde, als faktischer Beobachter hinzugedacht, dem Eintreten auch nicht widersprechen.

Mit dieser h. M. ist die von *BGH* NStZ-RR 1997, 97 f. vertretene Ansicht, das Betreten eines Lokales zum Zwecke der Schutzgelderpressung erfülle § 123, nicht ohne weiteres vereinbar.

12   Abstrakte Einschränkungen etwa durch Hinweisschilder („Keine Diebe und Betrüger", „Nicht zum Aufwärmen", „Keine Testkäufer", „Nur mit gültiger Eintritts- oder Fahrkarte") sind unbeachtlich; vielmehr muss sich der Berechtigte an seiner gegenüber der Allgemeinheit abgegebenen generellen Erlaubnis festhalten lassen. Wer bloß vortäuscht, zu dem berechtigten Personenkreis zu gehören, erfüllt den Tatbestand nicht. Hausfriedensbruch kann danach nur vorliegen, wenn der Betretende – wie z. B. ein maskierter Bankräuber – in seinem äußeren Erscheinungsbild von dem durch die allgemeine Zutrittserlaubnis oder durch konkretisierende Hinweise gesteckten Rahmen abweicht und deshalb vom (hypothetisch) am Eingang stehenden Berechtigten zurückgewiesen würde (SK/*Rudolphi/Stein*, § 123 Rn. 27 b; *Eisele*, BT I, Rn. 636). Ferner wird die generelle Zutrittserlaubnis natürlich im Falle eines individuell ausgesprochenen Hausverbots außer Kraft gesetzt.

Nach allem machen sich beispielsweise Schwarzfahrer nicht nach § 123 strafbar. Auch im **Fall 2 a** verhalten sich die Täter nach außen hin wie normale Behördengänger, so dass sie – gedeckt von der generellen Zutrittserlaubnis – in das Amtsgebäude nicht „eindringen". Anders liegt es im **Fall 2 b**, weil hier der widerrechtliche Zweck beim Betreten äußerlich erkennbar ist. Zum **Fall 3** Rn. 31.

2. Verweilen (§ 123 I 2. Var.)

Es handelt sich um ein – gegenüber der 1. Var. subsidiäres –   **13** echtes Unterlassungsdelikt. Selbstständig erfasst wird insbesondere das weitere (nach der Aufforderung: unbefugte) Verweilen im Anschluss an ein zunächst befugtes (z. B. infolge einer Einladung) oder aus sonstigen Gründen (z. B. infolge eines Tatbestandsirrtums) nicht strafbares Betreten. Die Aufforderung kann auch schlüssig erfolgen, z. B. durch Klingelzeichen oder – gleichsam als vorab erklärte Aufforderung – durch Hinweise auf bestimmte Öffnungszeiten (*Geppert*, Jura 1989, 382). – Zum **Fall 3** Rn. 31.

3. Eindringen durch Unterlassen

Inwieweit § 123 I 1. Var. auch durch unechtes Unterlassen (§ 13)   **14** verwirklicht werden kann, ist fraglich (ausführlich *Kareklas,* Lenckner-FS, 1998, S. 459 ff.). Drei Konstellationen werden diskutiert:

(1) Ein Überwachungsgarant (z. B. Vater) hindert die zu überwachende Person (z. B. 13-jähriger Sohn) nicht am aktiven Eindringen. – Diese (seltene) Konstellation wird allgemein anerkannt.

(2) Jemand dringt gegen den Willen des Berechtigten – aber zu-   **15** nächst unvorsätzlich, gerechtfertigt oder entschuldigt – in den geschützten Bereich ein und verlässt diesen dann nicht.

(3) Der Täter überschreitet eine zeitlich begrenzte Zutrittserlaubnis und entfernt sich nicht rechtzeitig aus dem Schutzbereich.

Die Fallgruppen (2) und (3) sind umstritten. Eine Meinung be-   **16** jaht hier ein Eindringen durch unechtes Unterlassen (Sch/Sch/ *Lenckner/Sternberg-Lieben*, § 123 Rn. 13; *Kindhäuser,* BT I, § 33 Rn. 31 f.). Diese (wohl herrschende) Ansicht, die sich nur schwer erschließt, beruht auf folgendem Gedankengang: Man geht von dem Dauerdeliktscharakter des § 123 aus, leitet eine Garantenstellung aus dem Vorverhalten bzw. dem Aufrechterhalten des Dauerzustandes ab und sieht schließlich in dem unbefugten Verweilen entgegen einer Rückkehrpflicht das widerrechtliche Eindringen in den geschützten Raum.

17   Der Auffassung muss widersprochen werden. Gegen sie spricht erstens der Wortlaut, der mit dem „Eindringen in ..." auf ein ausschließlich tätigkeitsgebundenes Verhalten hindeutet. Zweitens umgeht sie die 2. Var., indem sie ein typisches Verweilen in ein Eindringen durch Unterlassen umdeutet und damit das Aufforderungsmerkmal völlig außer Kraft setzt.

> Wie hier SK/*Rudolphi/Stein*, § 123 Rn. 19 f.; LK/*Lilie*, 11. Aufl., § 123 Rn. 58; *Seier*, JA 1978, 624 f.; *Geppert*, Jura 1989, 382. – Zum **Fall 3** Rn. 31.

4. Zum Kreis der „Berechtigten"

18   Berechtigter im Sinne des § 123 I 1. Var., gegen dessen Willen das Betreten erfolgen muss, ist der Inhaber des Hausrechts (der die Ausübung seines Rechts auch delegieren kann). Minderjährigen Kindern wird man ein eigenes Hausrecht in Abhängigkeit von Alter und Reife einräumen müssen. Der Mieter hat das Hausrecht gegenüber dem Vermieter, und zwar auch nach Beendigung des Vertrags, solange der Mieter den unmittelbaren Besitz behält und ihn noch aus dem Vertragsverhältnis ableitet (*OLG Hamburg* NJW 2006, 2131). Bei einer Hausbesetzung durch den bisherigen Mieter kann davon nicht mehr die Rede sein (*OLG Düsseldorf* JR 1992, 165 mit Anm. *Dölling*).

19   Bei **mehreren Berechtigten** (z.B. Eheleute, gemeinsame Mieter, Hauptmieter/Untermieter) ist grundsätzlich jeder Berechtigte befugt, die Zutrittserlaubnis zu erteilen, doch kann ein anderer Berechtigter im Falle der Unzumutbarkeit widersprechen (vgl. Sch/Sch/*Lenckner/Sternberg-Lieben*, § 123 Rn. 18).

20   Im Rahmen des § 123 I 2. Var. zieht man den Kreis der aufforderungsbefugten Personen weiter. Hier kommen auch tatsächliche Vertreter wie Angehörige, minderjährige Kinder und Hausangestellte in Betracht (vgl. BGHSt 21, 224, 226 f.).

5. Hausverbote durch Verwaltungsakt

21   Besondere Fragen aus dem Bereich der – insbesondere im Umweltstrafrecht zentralen (§ 47 Rn. 12 ff.) – Verwaltungsakzessorietät des Strafrechts ergeben sich, wenn ein öffentlich-rechtliches Hausverbot durch Verwaltungsakt ausgesprochen wird (z.B. durch den Rektor einer Universität gegenüber einem Studenten).

22   **Unbeachtlich** sind unter dem Aspekt des § 123: (1) Das nichtige Hausverbot (§ 43 III VwVfG); (2) das Hausverbot, das mit auf-

schiebender Wirkung angefochten ist (§ 80 I VwGO); (3) richtigerweise auch das Hausverbot, das mit aufschiebender Wirkung noch angefochten werden kann (vgl. BGHSt 23, 86, 91 f.), weil es auf den Tag der Anfechtungserklärung nicht ankommen darf.

Beachtlich ist das **unanfechtbare Hausverbot,** auch im Falle seiner materiellen Rechtswidrigkeit (Bindungswirkung des Verwaltungsakts).

Fraglich ist die Einordnung der gemäß § 80 II Nr. 4 VwGO für   23 sofort vollziehbar erklärten Verbote. Die h.M. (dazu BGHSt 23, 86, 91 ff.; *BGH* NStZ 1982, 158, 159; *OLG Karlsruhe* NJW 1978, 116; LK/*Lilie,* 11. Aufl., § 123 Rn. 57; *Krey/M. Heinrich,* BT 1, Rn. 453) bestraft deren Missachtung völlig unabhängig von der materiellen Rechtmäßigkeit des Verwaltungsakts und dem späteren Ausgang der ergriffenen Rechtsbehelfe (Antrag nach § 80 V VwGO, Widerspruch, Anfechtungsklage). Dieser Standpunkt schafft Rechtsklarheit und kommt praktischen Bedürfnissen entgegen, für ihn mögen ferner kriminalpolitische Gründe sprechen.

Doch überwiegen die rechtsstaatlichen Bedenken (zur Kritik   24 *Dingeldey,* NStZ 1982, 160 f.; *Schroth,* BT, S. 139). Es ist schwer erträglich, jemanden selbst dann noch (letztlich nur) wegen Verstoßes gegen einen rechtswidrigen belastenden Verwaltungsakt zu bestrafen, wenn das Verwaltungsverfahren zu seinen Gunsten ausgeht, ob nun die aufschiebende Wirkung wiederhergestellt oder sogar das Hausverbot aufgehoben wird. In solchen Fällen scheidet eine Bestrafung nach § 123 aus.

Diese Auffassung kann sich nicht zuletzt auf noch zu wenig beachtete Tendenzen in der Rechtsprechung des *BVerfG* stützen, das in vergleichbaren Fällen die Verhängung strafrechtlicher Sanktionen nur anerkennt, falls der Gesetzgeber zuvor die Strafbewehrung klar angeordnet hat (vgl. BVerfGE 87, 399, 406 ff.; 92, 191, 200 ff.; ergänzend § 47 Rn. 17).

Strafverfahren wegen Missachtung behördlicher Hausverbote   25 sollten bis zur Bestandskraft des Verwaltungsakts ausgesetzt werden (analog § 262 StPO). Gegebenenfalls muss eine sich nach späterer Aufhebung des Hausverbots als ungerechtfertigt herausstellende Bestrafung im Wege der Wiederaufnahme beseitigt werden (§ 359 Nr. 5 StPO).

Abweichend davon stellt eine Mindermeinung stets auf die materielle   26 Rechtslage ab; diese Ansicht löst sich völlig von verwaltungsrechtlichen Bindungen und räumt den Strafverfolgungsorganen eine eigene Überprüfungskompetenz ein (*Bernsmann,* Jura 1981, 469 ff.).

IV. Konkurrenzen

27   **Beispiel:** T bricht die Tür zur Wohnung der E auf und dringt ein, um sie zu schlagen. Nach dieser Tat nimmt er spontan noch Bargeld mit.

T hat neben § 123 I 1. Var. die §§ 303, 223 und 242 verwirklicht. Was das Konkurrenzverhältnis mit § 123 anbelangt, so muss wie folgt unterschieden werden (zusammenfassend *Seier,* JA 1978, 622 f.; *Geppert,* Jura 1989, 382 f.; Sch/Sch/*Lenckner/Sternberg-Lieben,* § 123 Rn. 36; ferner *Lackner/Kühl,* § 52 Rn. 7):

28   (1) Tateinheit besteht, soweit die anderen Straftaten entweder der **Begründung** des Hausfriedensbruchs dienen (wie im Beispiel § 303) oder seiner **Aufrechterhaltung** (wenn z. B. T die E gemäß § 239 I einsperren würde, um nicht hinausgewiesen zu werden). Zur Tateinheit gelangt man ferner, wenn sich der Hausfriedensbruch mit der Ausführung der geplanten Tat, also mit deren Versuch überschneidet, wie es bei einem beabsichtigten Diebstahl in der Regel der Fall ist.

29   (2) **Streitig** ist das Konkurrenzverhältnis mit Straftaten, die durch den Hausfriedensbruch **ermöglicht** werden sollen, ohne bereits das Versuchsstadium erreicht zu haben (im Beispiel § 223). Die h. M., die für Realkonkurrenz eintritt, lässt sich von dem Gedanken leiten, dass in einem solchen Fall die Tatbestände hintereinander verwirklicht werden, ohne sich im Ausführungsstadium zu überschneiden. Überzeugender ist indes die Ansicht, die unter Hinweis auf den Dauerdeliktscharakter des § 123 Idealkonkurrenz annimmt. Bei dem Dauerdelikt des § 239 zögert man auch nicht, in vergleichbaren Fällen Tateinheit zu bejahen (vgl. *Fischer,* § 239 Rn. 18; Sch/Sch/*Eser,* § 239 Rn. 14).

Wie hier Sch/Sch/*Lenckner/Sternberg-Lieben,* § 123 Rn. 36; *Eisele,* BT I, Rn. 650. – Für Realkonkurrenz BGHSt 18, 29, 32 f.; *Geppert,* Jura 1989, 383; *Roxin,* AT II, § 33 Rn. 95.

30   (3) Mit Straftaten schließlich, die **nur gelegentlich** des Hausfriedensbruchs begangen werden, besteht Realkonkurrenz (im Beispiel § 242).

31   Abschließend zum **Fall 3:** D macht sich nach h. M. beim Betreten des Kaufhauses trotz seiner Diebstahlsabsicht noch nicht nach § 123 I 1. Var. strafbar,

weil er sich äußerlich im Rahmen der generellen Zutrittserlaubnis hält. – Streitig ist, ob D durch das pflichtwidrige Verweilen nach Geschäftsschluss die §§ 123 I 1. Var., 13 im Wege des Eindringens durch Unterlassen erfüllt. Richtigerweise muss diese Konstruktion abgelehnt werden (Rn. 15 ff.). – Es bleibt § 123 I 2. Var. zu erörtern. Dabei kann man, wenn Ansagen oder Klingelzeichen fehlen, die Aufforderung in dem vorweg erfolgten Hinweis auf den Geschäftsschluss sehen. – Schließlich stellt sich, sofern man davon ausgeht, dass der ausgeführte Diebstahl zum Zeitpunkt des Hausfriedensbruchs das Stadium des § 22 noch nicht erreicht hat, die streitige Konkurrenzfrage nach Tateinheit oder Tatmehrheit zwischen § 123 und § 242.

Empfehlungen zur vertiefenden Lektüre:

Rechtsprechung: *OLG Köln* NJW 1982, 2674 (Besetzung eines leer stehenden Hauses); *OLG Düsseldorf* NJW 1982, 2678 (Abladen von Bauschutt in Behörde); *OLG Oldenburg* NJW 1985, 1352 (Kaufhauspassage als Geschäftsraum oder befriedetes Besitztum).

Literatur: *Bernsmann,* Tatbestandsprobleme des Hausfriedensbruchs, Jura 1981, 337 ff., 403 ff., 465 ff.; *Geppert,* Zu einigen immer wiederkehrenden Streitfragen im Rahmen des Hausfriedensbruches (§ 123 StGB), Jura 1989, 378 ff.; *Müller-Christmann,* Warenhauspassage als Geschäftsraum oder befriedetes Besitztum? – OLG Oldenburg, NJW 1985, 1352, JuS 1987, 19 ff.; *Seier,* Problemfälle des § 123 StGB, JA 1978, 622 ff.

§ 31. Straftaten gegen den persönlichen Lebens- und Geheimbereich

I. Verletzung der Vertraulichkeit des Wortes (§ 201)

Der Tatbestand schützt das Vertrauen in die Flüchtigkeit des gesprochenen Wortes und will damit auch die Unbefangenheit der menschlichen Kommunikation erleichtern.   1

1. Tatbestände des § 201 I

a) **Nr. 1:** Geschützt wird das „nichtöffentlich gesprochene Wort". Mit dem „gesprochenen Wort" sind **mündliche Äußerungen in Worten** gemeint, wozu man auch noch den Gesang (Sch/Sch/*Lenckner,* § 201 Rn. 5; *Wessels/Hettinger,* BT 1, Rn. 526; a. A. LK/*Schünemann,* 11. Aufl., § 201 Rn. 6), aber nicht mehr z. B. Stöhnen, Seufzen und Schluchzen zählen kann. **Nichtöffentlich** ist das an einen individuell begrenzten, „geschlossenen" Personen-   2 kreis gerichtete Wort (vgl. schon § 29 Rn. 16). Zu den Tonträgern gehören Tonbänder, Kassetten und CDs.

3   **Beispiele:** Aufnahme von fernmündlichen Verhandlungen mit einem Beamten (OLG *Karlsruhe* NJW 1979, 1513); heimliche Aufzeichnung einer polizeilichen Vernehmung (OLG *Frankfurt* NJW 1977, 1547); ungenehmigte Mitschnitte in nichtöffentlichen Sitzungen aller Art. Dabei wird nicht nur die heimliche, sondern auch die „offen" mit Wissen des Sprechenden erfolgende Aufnahme erfasst, sofern dies ohne dessen (konkludente) Einwilligung geschieht (*OLG Thüringen* NStZ 1995, 502; h.M.). *Nicht* tatbestandsmäßig sind z.B. Aufnahmen in öffentlicher Hauptverhandlung, auch wenn Zuhörer fehlen.

4   b) **Nr. 2:** Fraglich ist, ob sich das Merkmal „so hergestellte Aufnahme" nur auf den Text der Nr. 1 oder auch auf das „unbefugt" bezieht (so zu Recht die h.M.; *Lackner/Kühl,* § 201 Rn. 9a; *Wessels/ Hettinger,* BT 1, Rn. 535 ff.; differenzierend und nur die mit Einwilligung erfolgende Aufnahme einbeziehend Sch/Sch/*Lenckner,* § 201 Rn. 16 m.w.N.).

   Beispiel: Mit Einverständnis aller Beteiligten wird eine Geschäftsbesprechung auf Tonband aufgezeichnet. Ein Teilnehmer (T) verkauft das Tonband, ein Wortlautprotokoll oder eine Kopie für teures Geld an die Konkurrenz.

   Nach der h.M. erfüllt T nicht den Tatbestand des § 201 I Nr. 2, weil die Aufnahme befugt und insoweit ohne rechtswidrigen Eingriff in das Persönlichkeitsrecht hergestellt worden ist. Die bloß missbräuchliche Weiterverwendung einer solchen Aufnahme wird vom Schutzzweck der Vorschrift nicht mehr erfasst (a.A. *Wölfl,* Jura 2003, 742 ff.).

   ## 2. Tatbestände des § 201 II 1

5   a) **Nr. 1:** Abhörgeräte sind technische Mittel wie Mikrofonanlagen, Kleinstsender und Vorrichtungen zum Anzapfen von Telefonleitungen, nicht jedoch verkehrsübliche Mithöreinrichtungen (Zweithörer, Zweitgerät, eingebauter Lautsprecher) in privaten oder geschäftlichen Telefonanlagen (h.M.; BGHSt 39, 335, 343; *OLG Hamm* NStZ 1988, 515; *Gössel/Dölling,* BT 1, § 37 Rn. 43; bezüglich der Mithöreinrichtungen a.A. Sch/Sch/*Lenckner,* § 201 Rn. 19).

6   b) **Nr. 2:** Die Vorschrift bestraft (nur) die **öffentliche** Mitteilung des unbefugt aufgenommenen bzw. abgehörten Wortes. Zu beachten sind freilich die Einschränkungen durch die Sätze 2 und 3.

3. Unbefugtes Handeln

Nach der zutreffenden h. M. verweist das Merkmal „unbefugt" **7** bloß deklaratorisch auf die Ebene der Rechtswidrigkeit. Als rechtfertigende Befugnisse kommen vor allem die Einwilligung und die mutmaßliche Einwilligung in Betracht.

Eisele, BT I, Rn. 665; *Wessels/Hettinger,* BT 1, Rn. 532 f. Teilweise wird speziell der ausdrücklichen Einwilligung tatbestandsausschließender Charakter beigemessen (*Lackner/Kühl,* § 201 Rn. 9; *Roxin,* AT I, § 13 Rn. 12 ff.).

Im Übrigen ist insbesondere bei der Abwehr von rechtswidrigen **8** Angriffen oder in Fällen von Beweisnot an eine Rechtfertigung nach den §§ 32, 34 zu denken (vgl. hierzu *KG* JR 1981, 254 mit Anm. *Tenckhoff;* Sch/Sch/*Lenckner,* § 201 Rn. 31 ff.). Für Strafverfolgungsorgane (vgl. § 201 III) treffen aber die §§ 100 a, 100 b, 100 c I Nr. 2, II, 100 d I StPO in ihrem Regelungsbereich eine abschließende Regelung, die einen Rückgriff auf Rechtfertigungsgründe wie § 34 verbietet (so grundsätzlich auch BGHSt 31, 304, 306 f.; 34, 39, 51 f.).

II. Verletzung des höchstpersönlichen Lebensbereichs durch Bildaufnahmen (§ 201 a)

1. Grundlagen

Die Vorschrift ist durch das 36. StrÄndG vom 30. 7. 2004 **9** (BGBl. I S. 2012) eingefügt worden. Sie schützt den höchstpersönlichen Lebensbereich vor Bildaufnahmen in bestimmten Rückzugsbereichen. Insoweit bieten die §§ 33 i. V. m. 22, 23 KUG, die nur das Verbreiten oder öffentliche Zur-Schau-Stellen von Bildnissen bestrafen, keinen ausreichenden Schutz. Der Gesetzgeber wollte die gegenüber dem Schutz der Vertraulichkeit des Wortes bestehende Ungleichbehandlung nicht mehr länger hinnehmen. Ein anschauliches Beispiel lieferte der Fall eines Frauenarztes, der heimlich Untersuchungen seiner Patientinnen filmte und nur bestraft werden konnte, weil auch die Tonaufzeichnung mitlief (*Werwigk-Hertweck,* ZRP 2003, 293). Die fortschreitende Digitalisierung und Miniaturisierung der Aufnahmegeräte – z. B. Videokamerasysteme, Handys mit Kamerafunktion, Web- und Spy-Cams – verstärkte den Handlungsbedarf (BT-Drs. 15/1891, S. 6).

Zum Vergleich des § 201a mit dem Bildnisschutz durch die §§ 33 i. V. m. 22, 23 KUG siehe *Koch,* GA 2005, 592ff. Zu § 201a gibt es eine Fülle von Stellungnahmen: *Borgmann,* NJW 2004, 2133ff.; *Kühl,* AfP 2004, 190ff.; *Eisele,* JR 2005, 6ff.; *Bosch,* JZ 2005, 377ff.; *Koch,* GA 2005, 589ff. m. w. N. in Fn. 2; *Heuchemer/Paul,* JA 2006, 616ff.

2. § 201a I

10   Tatobjekt muss eine **andere Person** sein. Bildaufnahmen von (gerade) Verstorbenen sind demnach nicht tatbestandsmäßig (*Lackner/ Kühl,* § 201a Rn. 3).

11   Der Schutz beschränkt sich auf bestimmte Rückzugsbereiche: Was den Begriff der **Wohnung** betrifft, so sollte man sich nicht an § 244 I Nr. 3, sondern – unter Ausschluss etwaiger offener Zubehörflächen – an dem weiteren Wohnungsbegriff des § 123 orientieren (vgl. § 30 Rn. 2, 5). Gäste- und Hotelzimmer sind eingeschlossen.

Wie hier *Koch,* GA 2005, 599 m. w. N.; *Sch/Sch/Lenckner,* § 201a Rn. 5; *Eisele,* BT I, Rn. 671; a. A. *Lackner/Kühl,* § 201a Rn. 2; SK/*Hoyer,* § 201a Rn. 14.

12   Mit dem **gegen Einblick besonders geschützten Raum** werden z. B. Toiletten, Umkleidekabinen und ärztliche Behandlungszimmer erfasst. Dabei kommt es bei solchen Räumlichkeiten, in denen typischerweise die Intimsphäre bloßgelegt wird, nicht darauf an, ob sie öffentlich zugänglich sind und/oder von mehreren Personen gleichzeitig benutzt werden. Einbezogen sind also auch Saunen in öffentlichen Schwimmbädern sowie Gemeinschaftsduschen und -umkleidekabinen in Sporthallen (vgl. auch *Heuchemer/ Paul,* JA 2006, 618).

Geschützt sind demnach nur besonders abgeschirmte Bereiche. Dazu gehören auch Gärten, wenn Hecken, Zäune oder Mauern Sichtschutz gewähren. Etwas anderes gilt für Räumlichkeiten, die als Geschäfts- oder Diensträume von außen einsehbar oder einer (beschränkten) Öffentlichkeit zugänglich sind. Ebenso wenig erstreckt sich der Schutz des § 201a auf Bildaufnahmen, die im öffentlichen Lebensraum z. B. von Nacktbadenden, Liebespaaren, Trauernden oder Schwerverletzten gemacht werden.

13   Zu den Tathandlungen: Unter das **Herstellen** fallen Handlungen, mit denen das Bild auf einem Bild- oder Datenträger abgespeichert wird. Das **Übertragen** soll Echtzeitübertragungen z. B.

mittels Web- oder SpyCams ohne Speicherung der Bilder erfassen (BT-Drs. 15/2466, S. 5). Der Standort des Täters – außerhalb oder innerhalb der Räumlichkeit – spielt keine Rolle. Ebenso unerheblich ist es, ob etwa ein eingeladener Gast seinen Gastgeber oder umgekehrt dieser den Gast abbildet (SK/*Hoyer,* § 201 a Rn. 17).

Mangels Bildaufnahme straflos ist das bloße heimliche Beobachten intimer Situationen, der sog. „freche Blick", auch wenn Ferngläser, Sichtgeräte oder andere technische Hilfsmittel eingesetzt werden. – Zum insoweit in der Regel auch nicht einschlägigen § 185 vgl. § 29 Rn. 28.

Der tatbestandsmäßige Erfolg liegt in einer Verletzung des **14** **höchstpersönlichen Lebensbereichs** durch das aufgenommene Bild. Der Begriff ist enger als der des persönlichen Lebensbereichs (vgl. §§ 68 a I StPO, 171 b I GVG, 203) und orientiert sich am Begriff der Intimsphäre, wie er in der Rechtsprechung des *BVerfG* verwendet wird und in der zivilrechtlichen Judikatur zu den §§ 22, 23 KUG näher ausgeformt worden ist. Der Terminus wurde gewählt, um einengenden Assoziationen auf die Bereiche Nacktheit und Sexualität entgegenzuwirken. Neben diesen Bereichen können stichwortartig noch die Bereiche Krankheit und Tod hervorgehoben werden (zum Ganzen BT-Drs. 15/1891, S. 7; 15/ 2466, S. 4, 5).

Beispiele: Zur Intimsphäre und damit zum höchstpersönlichen Lebens- **15** bereich gehören auch die gynäkologische Untersuchung einer Frau, die Benutzung von Toiletten, Saunen, Solarien und Umkleidekabinen (BT-Drs. 15/2466, S. 5). Durch den Bereich Tod erfasst sind Aufnahmen von Trauerfeierlichkeiten in geschützten Räumlichkeiten (*Eisele,* JR 2005, 9; *Wessels/Hettinger,* BT 1, Rn. 545 a; a. A. *Koch,* GA 2005, 597). Auch bei Aufnahmen in **Wohnungen** muss der *höchst*persönliche Bereich betroffen sein, was bei Alltagshandlungen wie Essen, Schreibtischarbeit und Fernsehen nicht der Fall ist. Ob unabhängig von einem sexuellen Bezug allein das bildliche Festhalten der bloßen Anwesenheit einer Geliebten in der Wohnung eines Politikers genügt, ist zweifelhaft (bejahend *Eisele,* JR 2005, 10). Eine gewisse Orientierung mag die Überlegung bieten, ob es sich um eine Peinlichkeit handelt, die beim Betrachten der Aufnahme das soziale Ansehen beeinträchtigt (vgl. SK/*Hoyer,* § 201 a Rn. 20; *Fischer,* § 201 a Rn. 14).

Die Annahme eines höchstpersönlichen Eingriffs hängt nicht **16** unbedingt von der **Erkennbarkeit der Person** ab (*Fischer,* § 201 a Rn. 5; *Kargl,* ZStW 2005, 340; *Koch,* GA 2005, 595; a. A. *Lackner/ Kühl,* § 201 a Rn. 5). Wohl aber kann in der fehlenden Erkennbarkeit – etwa bei Aufnahmen von Trauerfeierlichkeiten – ein Grund liegen, der für die Verneinung des höchstpersönlichen (intimen) Charakters der Bildaufnahme spricht.

3. Sonstiges

17   Der Regelung des **Abs. 2** liegt die Überlegung zugrunde, dass die unbefugte Nutzung insbesondere seitens Dritter (z.B. durch Speichern oder Kopieren) ebenso strafwürdig ist wie die Herstellung (BT-Drs. 15/2466, S. 5). Allerdings darf, um nicht Wertungswidersprüche mit dem straflosen unmittelbaren Beobachten (Rn. 13) hervorzurufen, das bloße Betrachten durch Dritte nicht unter das Gebrauchen subsumiert werden (*Bosch*, JZ 2005, 380; *Koch*, GA 2005, 600f.; *Wessels/Hettinger*, BT 1, Rn. 545c).

18   In **Abs. 3** geht es um die Weitergabe von einverständlich, also befugt hergestelltem Bildmaterial. Man denke an häusliche Aktaufnahmen unter Partnern. Wer solche Aufnahmen – z.B. aus Rache nach der Trennung (*Eisele*, JR 2005, 10) – einem Dritten zugänglich macht, ist strafbar, wenn er sicher weiß („wissentlich"), dass dies dem Willen des Betroffenen nicht (mehr) entspricht.

19   Das Merkmal **unbefugt** ist in Abs. 1 und 2 Rechtfertigungsmerkmal. In Abs. 3 soll es Tatbestandsmerkmal sein, weil der Tatbestand nur mit fehlender Einwilligung typisches Unrecht beschreibe (*Lackner/Kühl*, § 201a Rn. 8; a.A. SK/*Hoyer*, § 201a Rn. 34ff.).

III. Verletzung des Briefgeheimnisses (§ 202)

1. Geschützte Objekte

20   Der Tatbestand schützt nicht nur schriftliche Mitteilungen von Person zu Person (Briefe), sondern auch andere Schriftstücke (Tagebücher, Zeugnisse), denen Abbildungen gleichstehen (Abs. 3). Die geschützten Objekte müssen nicht Geheimnisse enthalten, wohl aber, wie sich aus dem Schutzzweck ergibt, irgendeinen Bezug zum „persönlichen Lebens- und Geheimbereich" erkennen lassen. Bei Druckwerken mit allgemeinem Inhalt (z.B. bei Reklame- oder Geldsendungen, Gebrauchsanleitungen) wird dieser Bezug in der Regel, aber keinesfalls immer fehlen (z.B. nicht bei Zeitschriften pornographischen Inhalts).

2. Tatbestände

a) **§ 202 I Nr. 1:** Zur Tatbestandserfüllung reicht das bloße Öff- **21**
nen aus, d. h. die Aufhebung des (vorhandenen) Verschlusses, bis
eine Kenntnisnahme des Inhalts möglich wird. Eine durch die
Öffnung verwirklichte Sachbeschädigung tritt im Wege der Konsumtion zurück (Falllösung bei *B. Heinrich*, Jura 1999, 592).

b) **§ 202 I Nr. 2:** Im Gegensatz zur Nr. 1 setzt dieser Tatbestand **22**
„Kenntnisverschaffung", und zwar vom „Inhalt" voraus. Dafür
genügt die bloße visuelle Wahrnehmung nicht (so aber *Wessels/
Hettinger*, BT 1, Rn. 554), vielmehr muss auch der Sinngehalt (z. B.
des in fremder Sprache abgefassten Briefes) zumindest teilweise
verstanden worden sein (Sch/Sch/*Lenckner*, § 202 Rn. 10/11). Im
Übrigen verlangt die weiter erforderliche „Anwendung technischer Mittel" mehr als das Ausnutzen günstiger natürlicher Bedingungen (Sonnenlicht) oder als das Halten gegen normales Lampen-
licht.

c) **§ 202 II:** Der Tatbestand erfasst die inhaltliche Kenntnisnah- **23**
me von offenen Schriftstücken, die gleichsam ersatzweise durch
ein verschlossenes Behältnis besonders gesichert sind (entsprechend § 243 I 2 Nr. 2; siehe *Rengier*, BT I, § 3 Rn. 21 ff.). Dabei
muss der Täter das Behältnis in der Absicht der Kenntnisverschaffung (= „dazu") – und nicht etwa nur in Diebstahlsabsicht –
öffnen.

IV. Ausspähen von Daten (§ 202 a)

Die Vorschrift ist durch das der Umsetzung europarechtlicher **24**
Vorgaben dienende 41. StrÄndG vom 7. 8. 2007 (BGBl. I S. 1786)
geändert worden. Die beiden Änderungen – „Zugang zu Daten
verschafft" statt „Daten verschafft" und Einfügung der Worte
„unter Überwindung der Zugangssicherung" – haben im Wesentlichen Klarstellungsfunktion. § 202 a regelt Fälle der Computer-
und sonstigen Datenspionage. Der Tatbestand setzt nicht eine Verletzung des persönlichen Lebens- und Geheimbereichs voraus und
schützt nach h. M. ein formalisiertes, durch „besondere Sicherungen" dokumentiertes Geheimhaltungsinteresse des über die Daten
Verfügungsberechtigten. Das Wesen der Tat liegt im Verschaffen
besonders gesicherter Daten gegen den Willen des Berechtigten

(LK/*Schünemann*, 11. Aufl., § 202 a Rn. 2). Berechtigter in diesem Sinne muss nicht unbedingt derjenige sein, der die Daten gespeichert hat.

25   Den Begriff der **Daten** definiert § 202 a nicht. § 202 a II beschränkt den Schutz auf „nicht unmittelbar wahrnehmbare" Daten, d. h. Daten, die erst mit technischen Hilfsmitteln für die menschlichen Sinne erfassbar werden (*Schmitz*, JA 1995, 479 f.; h. M.). Zu beachten ist, dass dazu neben den in Computern gespeicherten Daten auch Daten auf digitalen und anderen Datenträgern gehören.

> **Beispiele:** Taugliche Datenträger sind etwa Speicherkarten, Memory-Sticks, MP3-Player, DVDs, CDs, Tonbänder, Schallplatten und Mikrofilme. Manuell erstellte Datensammlungen, auch Passwörter auf Zetteln, sind nicht erfasst (MüKo/*Graf*, § 202 a Rn. 11).

26   Für den Täter **nicht bestimmt** sind Daten, die nach dem Willen des Verfügungsberechtigten nicht oder nicht mehr in den Herrschaftsbereich des Täters gelangen sollen. Der Berechtigte kann z. B. den Datenzugriff an Bedingungen knüpfen (Entgelt) und/oder auf gewisse Zeiten bzw. Personen beschränken.

> Ein Polizeibeamter, der ihm während der Dienstzeit generell zugängliche Daten im Dienst lediglich ohne dienstlichen Anlass abruft, erfüllt nicht den Tatbestand. Denn die Daten sind „für ihn bestimmt", weil der Verfügungsberechtigte den Zugriff gestattet hat (*BayObLG* NJW 1999, 1727 f.; StV 1999, 214 mit zust. Anm. *Kühn*).

27   Gegen unberechtigten Zugang **besonders gesichert** sind Daten, wenn Vorkehrungen getroffen sind, die (zumindest auch) gerade dem speziellen Zweck dienen, den Zugriff durch Unberechtigte zu verhindern oder zumindest nicht unerheblich zu erschweren. Neben verschlossenen Räumen oder Behältnissen und neben mechanischen Sicherungseinrichtungen kommen hier insbesondere systemimmanente Sicherungen wie Passwörter, Kennnummern, Magnetkarten u. ä. in Betracht (*Lackner/Kühl*, § 202 a Rn. 4). Der spezielle Zweck der Datensicherung fehlt etwa, wenn der Verschluss (bei Gebäuden/Räumen) hauptsächlich den Charakter einer allgemeinen Zutrittssicherung hat (vgl. *Hilgendorf*, JuS 1996, 703). Nicht erfasst wird ferner die Umgehung eines Kopierschutzes, der nur die maschinelle Vervielfältigung verhindern soll (ergänzend Rn. 32).

Die Gefahr einer gewissen Überkriminalisierung ist nicht zu übersehen, wenn man an die unbefugte Ingebrauchnahme von zugangsgesicherten elektronischen Geräten aller Art denkt, z. B. an ein passwortgeschütztes Fernsehgerät oder an einen vor den Ohren der Eltern weggeschlossenen MP3-Player (vgl. BT-Drs. 16/3656, S. 16).

Der Täter muss weiter sich oder einem anderen **Zugang zu den**   **28** **Daten verschaffen.** Die Daten verschafft sich, wer eigene Verfügungsgewalt über sie herstellt (wobei die Verfügungsgewalt des Berechtigten unverändert bestehen bleiben kann). Die Verfügungsgewalt wird insbesondere durch Anfertigen einer Kopie oder Erlangen des Datenträgers selbst begründet. Die neue Gesetzesfassung (sich „Zugang" verschaffen) stellt zudem klar, dass auch die bloße Kenntnisnahme auf dem Bildschirm ausreicht. Verschlüsselte Daten sind erst mit dem Entschlüsseln oder zumindest mit dem Erlangen des Schlüssels verschafft (Sch/Sch/*Lenckner*, § 202a Rn. 10; MüKo/*Graf*, § 202a Rn. 46).

In der **Überwindung der Zugangssicherung** manifestiert sich   **29** die strafwürdige kriminelle Energie. Erforderlich ist, dass die Überwindung einen nicht unerheblichen zeitlichen oder technischen Aufwand erfordert (BT-Drs. 16/3656, S. 10; LK/*Schünemann*, 11. Aufl., § 202a Rn. 7, 14).

Zum Ganzen einige **Beispiele:** (1) Im Zusammenhang mit dem   **30** **Leerspielen von Glücksspielautomaten** (dazu vor allem *Rengier*, BT I, § 14 Rn. 10, 31 ff.) sind die Programmdaten verschafft, wenn der Täter den besonders gesicherten Mikrochip mit dem gespeicherten Spielprogramm ausbaut und an sich bringt oder z. B. kopiert. Sie sind aber nicht unter Überwindung der Zugangssicherung verschafft, sofern der Täter das Programm durch Beobachten, Experimentieren und Berechnungen entschlüsselt (Sch/Sch/*Lenckner*, § 202a Rn. 10; *Neumann*, JuS 1990, 539). Erhält der Täter von dritter Seite einen Datenausdruck mit dem Spielprogramm, so liegen schon keine Daten im Sinne des § 202a II vor (*OLG Celle* wistra 1989, 354).

Streitig ist, ob ein tatbestandliches Verschaffen der Daten auch   **31** dann vorliegen kann, wenn der Täter den Datenspeicher befugt besitzt, also etwa den Speicher aus einem ihm gehörenden Automaten ausbaut. Die h. M. in der Literatur unterscheidet zu Recht zwischen den Eigentumsverhältnissen am Datenträger und der Verfügungsbefugnis über die Daten; nach dieser Ansicht kann der Berechtigte nur die *Nutzung* des Programms gestatten, ohne zugleich den Zugriff auf die zugrundeliegenden Daten zu ermöglichen (vgl. Sch/Sch/*Lenckner*, § 202a Rn. 6, 10; *Lackner/Kühl*, § 202a Rn. 3; *Meier*, JZ 1992, 661 f.; *Hilgendorf*, JuS 1996, 512).

Nach der Gegenmeinung soll mit der Überlassung des Nutzungsrechts zugleich der Zugang zu den Daten eröffnet sein; insoweit seien die Daten für den Täter bestimmt bzw. er könne sich nicht mehr tatbestandsmäßig verschaffen (vgl. *LG Duisburg* wistra 1988, 278, 279; LK/*Schünemann*, 11. Aufl., § 202a Rn. 9 f.). Strafrechtlichen Schutz gewähren danach in erster Linie die §§ 106 UrhG, 17 UWG.

32   (2) Die soeben angesprochene Streitfrage kann auch für die strafrechtliche Beurteilung der sog. **Softwarepiraterie** von Bedeutung sein (dazu *Meier*, JZ 1992, 657 ff.). Im Regelfall wird aber die Herstellung und Weitergabe typischer Raubkopien (von erworbenen Computerspielen, Textverarbeitungsprogrammen usw.) den Tatbestand selbst dann nicht erfüllen, wenn ein Kopierschutz umgangen wird. Denn dieser hat normalerweise einen urheberrechtlichen Zweck, soll aber nicht den Zugang zu den Daten ausschließen. Die Erfüllung des § 202a I kommt lediglich in Betracht, sofern man sich den Zugang zu den – für die normale Arbeit mit dem Software-Programm nicht benötigten – Programmdaten selbst verschafft, und zwar unter Überwindung der ihren Schutz zumindest mit bezweckenden Kopierschutzvorrichtung. Auf jeden Fall wird das Raubkopieren regelmäßig von den §§ 106 i.V.m. 69a ff. UrhG erfasst.

Vgl. *Meier*, JZ 1992, 662 f.; Sch/Sch/*Lenckner*, § 202a Rn. 6; MüKo/*Graf*, § 202a Rn. 25; *Lackner/Kühl*, § 303a Rn. 4. Speziell zum Urheberstrafrecht *Beermann*, Jura 1995, 610 ff.

33   (3) Nach dem erklärten Ziel des Gesetzgebers von 2007 soll § 202a I jetzt auch das rechtswidrige Eindringen in ein Computer- und Informationssystem (sog. „**Computerhacking**") erfassen und die neue Formulierung „sich Zugang verschaffen" dies verdeutlichen (BT-Drs. 16/3656, S. 7, 9). Damit rückt der Gesetzgeber von einer früheren gegenteiligen Stellungnahme ab, wonach das Hacking, um eine Überkriminalisierung zu vermeiden, nicht tatbestandsmäßig sein sollte, solange es beim bloßen Ansehen der Daten bleibt (BT-Drs. 10/5058, S. 28 f.).

V. Abfangen von Daten (§ 202b)

Die Vorschrift ist durch das 41. StrÄndG (Rn. 24) neu eingefügt   **34**
worden. Sie ergänzt insbesondere die §§ 201, 202a und ist diesen
gegenüber kraft Gesetzes subsidiär. Geschützt wird das formelle
Geheimhaltungsinteresse an der Nichtöffentlichkeit der Kommunikation mit elektronischen Mitteln.

§ 202b stellt das elektronische Pendant zum Abhören und Auf-   **35**
zeichnen von Telefongesprächen dar. Erfasst werden alle Formen der elektronischen Datenübermittlung. Hierzu gehören u.a.
E-Mail, Fax und Telefon. Tatobjekt sind nur Daten, die sich zur
Zeit der Tat in einem Übertragungsvorgang befinden (zum Ganzen BT-Drs. 16/3656, S. 11).

Die Norm erstreckt sich auf die kabelgebundene wie drahtlose   **36**
Datenübermittlung. Darauf, ob die – nichtöffentlichen (Rn. 2) –
Daten besonders gesichert sind, kommt es nicht an. Für das Verschaffen reicht die bloße Kenntnisnahme aus. Die Anwendung
technischer Mittel vorausgesetzt genügen z.B. das bloße Mithö-
ren bei Telefongesprächen und die Kenntnisnahme abgefangener
E-Mails (vgl. BT-Drs. 16/3665, S. 11; *Ernst*, NJW 2007, 2662).

VI. Vorbereiten des Ausspähens und Abfangens von Daten (§ 202c)

Diese Vorschrift beruht ebenfalls auf dem 41. StrÄndG (Rn. 24).   **37**
Sie bestraft Vorbereitungshandlungen zu den §§ 202a, 202b und
i.V.m. den §§ 303a III, 303b V auch zu den §§ 303a, 303b.

§ 202c I Nr. 1 erfasst alle Formen des Herstellens, Verschaffens   **38**
und Zugänglichmachens von Sicherungscodes, wenn die Tathandlung mit dem Vorsatz erfolgt, eine Straftat – auch dritter Personen – nach den §§ 202a, 202b bzw. §§ 303a, 303b vorzubereiten.
Die Verwendung des Plurals hat nur sprachliche Gründe (vgl. § 39
Rn. 27). Die Vorschrift tritt als mitbestrafte Vortat im Wege der
Subsidiarität zurück, falls der Täter die Straftat tatsächlich begeht
oder sich an ihr beteiligt.

Fraglich ist, ob das sog. **Phishing** (= „Password-Fishing") unter   **39**
die Nr. 1 fällt. Im klassischen Fall erlangt der Täter durch Täu-
schungstricks per E-Mail Zugangsdaten und Passwörter nament-

lich zu Bankkonten, um anschließend vom Konto eines Opfers Überweisungen vorzunehmen. Den insoweit relativ unproblematischen § 263a I 3. Var. nennt § 202a I Nr. 1 nicht. Ob das (geplante) unbefugte Online-Banking den in § 202c I Nr. 1 genannten § 202a I erfüllt, ist umstritten. Dabei bestreitet zunächst niemand, dass das Erlangen des Sicherungscodes durch die E-Mail nicht unter Überwindung einer Zugangssicherung erfolgt. Sieht man damit den Schutz der Kontodaten als faktisch aufgehoben an, so kann man auch bezüglich des Zugriffs auf das Konto das Überwinden einer Sicherung verneinen (so etwa *Graf*, NStZ 2007, 131). Eine andere Meinung argumentiert, dass die Kontendaten objektiv durch Zugangscodes geschützt sind und in der Verwendung der durch Täuschung erlangten Codes eine Überwindung der Zugangssicherung liegt (*Stuckenberg*, ZStW 2006, 906; *Gercke*, CR 2005, 611). Zustimmung verdient die zweite Ansicht, weil sonst § 202c I Nr. 1 i. V. m. § 202a I leerlaufen würde.

Zur Strafbarkeit des Phishings ausführlich *Graf,* NStZ 2007, 129 ff.; *Stuckenberg,* ZStW 2006, 878 ff.; *Gercke,* CR 2005, 606 ff.; *Goeckenjan,* wistra 2008, 128 ff. – Zu § 263a I 3. Var. siehe *Rengier,* BT I, § 14 Rn. 30, zu § 269 unten § 35 Rn. 4.

40   § 202c I Nr. 2 soll sog. Hacker-Tools erfassen, also Softwareprogramme, mit deren Hilfe man Sicherungscodes knacken kann und die darauf angelegt sind, illegalen Zwecken zu dienen. Das Problem liegt im „Dual-Use-Charakter" solcher Programme (dazu BT-Drs. 16/3656, S. 19; *Ernst*, NJW 2007, 2663 f.). Systemadministratoren und Sicherheitsunternehmen verwenden Hacker-Tools auch zu Testzwecken, um realitätsnah Angriffe zu simulieren. Daher sollen nach dem Willen des Gesetzgebers nur solche Computerprogramme betroffen sein, die „in erster Linie" zur Begehung von Straftaten dienen (BT-Drs. 16/5449, S. 4). Außerdem verlangt die Vorschrift immer noch den Vorsatz, eine Straftat der genannten Art vorzubereiten. Schließlich entfällt die Strafbarkeit im Falle einer Einwilligung.

VII. Verletzung und Verwertung von Privatgeheimnissen (§§ 203, 204)

41   § 203 ist ein **Sonderdelikt.** Täter können nur die Berufspersonen des Abs. 1, die Amtsträger des Abs. 2 und die Gehilfen des Abs. 3 sein. Der Geheimnisschutz besteht über den Tod des Geschützten

hinaus (§ 203 III 2, IV). Für nicht schweigepflichtige Teilnehmer gilt § 28 I. Zu § 203 V, der § 271 III entspricht, siehe § 37 Rn. 27.

1. Tatbestand des § 203

Die **fremden Geheimnisse** umfassen Tatsachen, die nur einem **42** beschränkten Personenkreis bekannt sind und an deren Geheimhaltung der Geschützte ein sachlich begründetes („verständliches") Interesse hat. Der Begriff des Geheimnisses enthält also drei Elemente: das Geheimsein, den Geheimhaltungswillen und das objektive Geheimhaltungsinteresse (*OLG Hamm* NJW 2001, 1957, 1958).

Zu den Geheimnissen kann schon der bloße Name oder die Tat- **43** sache zählen, dass man eine bestimmte Hilfe in Anspruch genommen hat. Auch kann das Geheimnis einen Dritten betreffen; man denke etwa an Familienanamnesen insbesondere bei seelischen Erkrankungen.

Allgemein bekannte oder jedermann ohne weiteres zugängliche **44** sowie etwa in öffentlicher Verhandlung vor Gericht erörterte Tatsachen sind nicht mehr geheim (*OLG Frankfurt* NStZ-RR 2005, 235; MüKo/*Cierniak*, § 203 Rn. 16).

Das Geheimnis muss dem Berufsangehörigen **als Arzt, Rechts- 45 anwalt usw. anvertraut worden oder sonst bekannt geworden** sein. „Als" bedeutet: Zwischen der Kenntniserlangung und der beruflichen/amtlichen Tätigkeit muss ein innerer Zusammenhang bestehen; entscheidend ist die Inanspruchnahme in der beruflichen Eigenschaft und nicht etwa als Privatperson.

Geschützt sind neben den „anvertrauten" (d. h. mitgeteilten) Ge- **46** heimnissen auch – z. B. auf Grund von Untersuchungen, Beobachtungen oder Akteneinsicht (*OLG Köln* NJW 2000, 3656) – „sonst bekannt gewordene" Geheimnisse. Dazu gehören auch Beobachtungen im Zusammenhang mit der Anbahnung von Beratungs- und Behandlungsverhältnissen, beispielsweise durch eine Nachtschwester (vgl. § 203 I Nr. 1, III 1) bei der Einlieferung in ein Krankenhaus (zu eng *OLG Karlsruhe* NJW 1984, 676; richtig *OLG Bremen* MedR 1984, 112; ebenso BGHSt 33, 148 zu § 53 StPO).

Offenbaren ist jede Mitteilung über die geheimzuhaltende Tat- **47** sache an einen Dritten (auch an einen nach § 203 Schweigepflichtigen), der das Geheimnis noch nicht (sicher) kennt.

2. Unbefugtes Handeln

48   Offenbarungsbefugnisse ergeben sich aus vielerlei Gründen: So ist zunächst die (ausdrückliche, konkludente oder mutmaßliche) Einwilligung zu nennen (z. B. bei Konsultationen eines Fachkollegen oder Mitteilungen an Angehörige). Gesetzliche Offenbarungspflichten ergeben sich etwa aus den §§ 138, 139 und ärztlichen Meldepflichten. Auch die prozessuale Zeugnispflicht – ggf. nach Entbindung von der Schweigepflicht (z. B. § 53 II StPO) – stellt einen Rechtfertigungsgrund dar.

49   Soweit freilich die Personen des § 203 ein Zeugnisverweigerungsrecht haben (vgl. §§ 53, 53 a StPO, 383 ZPO) und damit keiner Zeugnispflicht unterliegen, kann die bloße Stellung als Zeuge die Aussage *nicht* rechtfertigen. Das Strafverfolgungsinteresse als solches rechtfertigt den zeugnisverweigerungsberechtigten Zeugen richtigerweise auch nicht nach § 34 (vgl. Sch/Sch/*Lenckner,* § 203 Rn. 32); anders kann es liegen, wenn der Bruch der Schweigepflicht jedenfalls auch präventiven Zwecken dient (z. B. bei Sexualdelikten, Kindesmisshandlungen).

50   Ansonsten liegen typische Fälle, bei denen § 34 erfüllt sein kann, in der Warnung anderer z. B. vor ansteckenden oder allgemeingefährlichen Krankheiten, natürlich nur unter der Voraussetzung („nicht anders abwendbar"), dass der Patient selbst keine Gewähr für zuverlässige Aufklärung bietet.

3. Tatbestand des § 204

51   Das **Verwerten** im Sinne des § 204 erfordert ein wirtschaftliches Ausnutzen des Geheimnisses zur Gewinnerzielung für sich oder einen Dritten. Dies muss auf andere Weise als durch Offenbaren geschehen; denn den Fall des auf wirtschaftliche Nutzung abzielenden Offenbarens erfasst ausschließlich § 203 V.

Beispiel: Ein Patentanwalt, der mit der Erfindung seines Mandanten eine eigene Produktion betreibt, erfüllt § 204. Verkauft er die Erfindung, so liegt § 203 I Nr. 3, V vor.

Empfehlungen zur vertiefenden Lektüre:

Literatur: *Heuchemer/Paul,* Die Strafbarkeit unbefugter Bildaufnahmen – Tatbestandliche Probleme des § 201 a StGB, JA 2006, 616 ff.; *Hilgendorf,* Grundfälle zum Computerstrafrecht, JuS 1996, 511 f., 702 ff. (zu § 202 a); *Koch,* Strafrechtlicher Schutz vor unbefugten Bildaufnahmen, GA 2005, 589 ff.; *Schmitz,* Verletzung der Vertraulichkeit des Wortes, § 201 StGB, JA 1995, 118 ff.; *Schmitz,* Verletzung des Briefgeheimnisses, § 202 StGB, JA 1995, 297 ff.; *Schmitz,* Ausspähen von Daten, § 202 a StGB, JA 1995, 478 ff.

2. Teil. Straftaten gegen die Allgemeinheit

7. Kapitel. Urkundenstraftaten

§ 32. Begriff der Urkunde

I. Grundlagen

Die ganz h. M. vertritt zu Recht den folgenden dreigliedrigen **1** Urkundenbegriff: Urkunde ist jede verkörperte menschliche Gedankenerklärung („Perpetuierungsfunktion"), die zum Beweis im Rechtsverkehr geeignet und bestimmt ist („Beweisfunktion") und ihren Aussteller erkennen lässt („Garantiefunktion").

Klassische **Beispiele** sind Schriftstücke wie Zeugnisse, Verträge, ausgestellte Schecks, ärztliche Rezepte, Prüfungsarbeiten und Ausweise.

1. Zur Perpetuierungsfunktion

Eine Urkunde setzt zunächst eine – allgemein oder für Einge- **2** weihte verständliche – menschliche **Gedankenerklärung** voraus. An einer solchen Gedankenerklärung fehlt es erstens bei bloßen Augenscheinsobjekten, die zwar auch sachliche Beweismittel sind, aber auf Grund ihrer Existenz und Beschaffenheit lediglich beweiserhebliche Schlussfolgerungen zulassen (z. B. Fingerabdrücke, Spuren sonstiger Art, Leichnam). Zweitens enthalten vor allem technische Aufzeichnungen keine menschliche Gedankenerklärung (näher § 34 Rn. 1 f.).

Die Gedankenerklärung muss ferner **verkörpert** sein, d. h. sie **3** muss eine **hinreichend feste Verbindung** mit einem körperlichen Gegenstand aufweisen und nach h. M. auch **visuell erfassbar** sein. Die bloße Einsehbarkeit etwa über einen Bildschirm genügt für dieses Perpetuierungserfordernis nicht. An die hinreichend feste Verbindung dürfen keine zu hohen Anforderungen gestellt werden; für sie genügt eine gewisse Dauerhaftigkeit.

Beispiele: Keine Urkundenqualität besitzen demnach mündliche Äußerungen, Schriftzeichen im Sand und Schnee sowie Ton-/Magnetbänder, gespeicherte EDV-Daten und Schallplatten. Bei mit Bleistift geschriebenen Erklärungen und Stempeln auf der Haut, die Eintrittskarten ersetzen, lässt sich eine hinreichend feste Verbindung bejahen. Entsprechendes kann man wohl auch

für ein als Mietnachweis dienendes Kreidezeichen an einem Strandkorb annehmen, wenn es eine gewisse Witterungsbeständigkeit aufweist (vgl. die Falllösung bei *Dreher*, JuS 2007, 463).
Vgl. ergänzend LK/*Gribbohm*, 11. Aufl., § 267 Rn. 10 f.; ferner § 34 Rn. 4, 6
zu § 268 und § 35 zu § 269.

2. Zur Beweisfunktion

4   Die Urkunde muss erstens **zum Beweis** einer rechtlich erheblichen Tatsache – objektiv – **geeignet** sein. Dies ist weit zu verstehen. Es reicht aus, wenn die Urkunde zum Beweis der Tatsache
etwas beitragen kann. Den vollen Beweis muss die Urkunde keinesfalls erbringen. So können z. B. Liebesbriefe, die ehewidrige
Beziehungen belegen, in Familiensachen (§ 23b GVG) oder bei
Eifersuchtstaten Bedeutung erlangen (vgl. BGHSt 13, 235, 238).
Prüfungsarbeiten sind geeignet, einen bestimmten Leistungsstand
nachzuweisen (*BayObLG* NJW 1981, 772, 773). Der Namenszug
des Künstlers auf einem Bild soll den Beweis dafür liefern, dass es
sich um ein Werk des Künstlers handelt; dagegen fehlt einem bloßen Autogramm jede Beweiseignung (*Fischer*, § 267 Rn. 10).
       Die Beweiseignung fehlt ferner, wenn ein Schriftstück im
Rechtsverkehr überhaupt nicht den Anschein einer echten Urkunde hervorrufen kann, weil es „zu offensichtlich unecht" ist (*Bay-
ObLG* NJW 1992, 3311, 3312) bzw. der Betrachter es „sofort als
offensichtliches Falsifikat" erkennt (*Keller*, JR 1993, 301).

> **Beispiele:** Danach hat eine zusammengestückelte und mit Tesafilm zusam-
> mengeklebte Kopiervorlage keine Beweiseignung (ergänzend unten Rn. 7).
> Demgegenüber soll ein „nicht auf den ersten Blick" als Fälschung erkennbarer
> „Personalausweis Deutsches Reich" Urkundenqualität haben (*OLG Celle*
> NStZ-RR 2008, 76). – Falllösung bei *Eisele*, Jura 2002, 62.

5   Die zweitens erforderliche **Beweisbestimmung** geschieht durch
subjektiven Willensakt. Dieser Wille kann zum einen wie bei
Zeugnissen und Ausweisen von Anfang an bestehen; hier spricht
man von **Absichtsurkunden** oder **originären** Urkunden. Zum
anderen kann der Wille auch erst später – durch den Aussteller
wie durch einen Dritten (!) – geäußert werden (sog. **Zufallsur-
kunden** oder **nachträgliche** Urkunden).

> **Beispiel:** Eine Prozesspartei entdeckt einen privaten Brief oder einen Merk-
> zettel als Beweismittel und trifft für den Rechtsverkehr erkennbar – etwa in
> einem prozessualen Schriftsatz – die Beweisbestimmung (vgl. BGHSt 3, 82; 13,

235, 238; LK/*Gribbohm*, 11. Aufl., § 267 Rn. 70; *Krey/M. Heinrich*, BT 1, Rn. 700).

Für den Willensakt der Beweisbestimmung genügt das Bewusst- 6 sein, dass ein anderer durch die Erklärung zu einem rechtserheblichen Verhalten (z.B. Strafantrag, Verfügung) veranlasst werden kann. Daher gehören auch die von einem erkennbaren Aussteller herrührenden sog. **Deliktsurkunden** zu den (Absichts-)Urkunden im strafrechtlichen Sinn; man denke an nicht anonyme (dazu Rn. 10) beleidigende, betrügerische oder erpresserische Schreiben (*Wessels/Hettinger*, BT 1, Rn. 798f.; Sch/Sch/*Cramer/Heine*, § 267 Rn. 14; nach *Krey/M. Heinrich*, BT 1, Rn. 702 eine „fragwürdige" Ansicht).

Die Beweisbestimmung fehlt (noch) bei bloßen **Entwürfen,** bei 7 nicht (vollständig) ausgefüllten **Formularen** und **Vordrucken** sowie bei **Blanketten** (soweit hier überhaupt schon eine Gedankenerklärung vorliegt; ergänzend § 33 Rn. 19). Entwürfen stehen reine Kopiervorlagen (Collagen) gleich, die nicht selbst in den Rechtsverkehr gelangen sollen (*BGH* NStZ 2003, 543, 544; *BayObLG* NJW 1992, 3311, 3312; *OLG Düsseldorf* NJW 2001, 167; *Radtke*, JuS 1995, 236; ergänzend § 33 Rn. 34).

Die Beweisbestimmung kann auch nachträglich wegfallen mit der Folge, dass die Urkundeneigenschaft aufgehoben wird (wie bei zur Vernichtung bestimmten Ausweisen, Schriftstücken usw.).

3. Zur Garantiefunktion

Die verkörperte sowie zum Beweis geeignete und bestimmte 8 Gedankenerklärung muss schließlich, um zur Urkunde zu werden, einen Aussteller erkennen lassen (der bei „unechten" Urkunden erfunden sein kann). Aus der Urkunde selbst muss sich eine (auch fiktive) natürliche oder juristische Person ergeben, die als (scheinbarer) „Garant" hinter der Erklärung steht. Dabei kann sich der Aussteller nicht nur unmittelbar aus der Unterschrift oder z.B. aus dem Briefkopf ergeben, sondern es genügt auch, wenn er nach den konkreten Umständen für die Beteiligten individualisierbar ist.

Insbesondere bestimmt sich nach der weitgehend anerkannten 9 sog. **Geistigkeitstheorie** die Ausstellereigenschaft nicht in entscheidender Weise nach demjenigen, der die Urkunde körperlich hergestellt hat, sondern nach der Person, die sich nach außen hin als Urheber zu der Erklärung bekennt und diese sich geistig zurech-

nen lässt bzw. zurechnen lassen muss (BGHSt 13, 382, 385; *Freund,*
JuS 1993, 1020 f. = Urkundenstraftaten, Rn. 113 ff.; *Lackner/Kühl,*
§ 267 Rn. 14). – Zur Garantiefunktion die folgenden

10   **Beispiele:** (1) Hinter – offen oder versteckt – **anonymen Erklärungen** steht kein individualisierbarer Garant. Wenn jemand als
„N.N.", als „X", als „Phantom", als „Julius Cäsar" oder eventuell
auch mit einem Allerweltsnamen wie „Meier" beleidigende Briefe
unterschreibt, Strafanzeigen erstattet usw. und nach den Umständen erkennbar ist, dass in Wirklichkeit niemand für die Erklärung
einstehen will und soll, handelt es sich nicht um Urkunden. Sofern aber nach dem Gesamtzusammenhang der Eindruck erweckt
wird, dass die Gedankenerklärung von einer konkreten Einzelperson herrührt, etwa von jemandem mit dem häufigen Namen
„Meier" oder mit dem (Spitz-)Namen „Cäsar", dann liegt eine
Urkunde unabhängig davon vor, ob die Person „Meier" oder
„Cäsar" wirklich existiert oder nicht (ausführlich *Seier,* JA 1979,
134 ff.).

(2) **Unleserliche Unterschriften** können ein Zeichen für ver-
steckte Anonymität sein oder der Erkennbarkeit des Ausstellers
im Wege stehen, müssen dies aber nicht. Wer unter Verheimli-
chung seiner Person eine Strafanzeige mit Dr. und einem unleserlichen Schriftzug unterschreibt, weist auf eine (erdichtete) Person
mit Doktortitel als Aussteller hin und erfüllt daher § 267 I 1. Var.
(vgl. RGSt 41, 425). In gleicher Weise macht sich strafbar, wer eine
auf eine andere Person ausgestellte (vorgedruckte) Empfangsbe-
stätigung mit einem unleserlichen Kürzel unterschreibt (Falllösung bei *B. Heinrich,* Jura 1999, 590).

11   (3) Der **„geistige" Aussteller** eines Schul- oder Firmenzeugnis-
ses ist die Schule bzw. die Firma und nicht der einzelne Lehrer
bzw. Angestellte. Entsprechendes gilt für urkundliche Erklärungen (z.B. Rechnungen) von Behörden und juristischen Personen
(vgl. *OLG Düsseldorf* wistra 1999, 233, 234; ergänzend § 37 Rn. 5).
Der Aussteller von Fahrkarten ergibt sich in der Regel aus dem
Kontext, auch wenn auf der Fahrkarte selbst kein Erklärungsga-
rant (z.B. die „Stadtwerke X") vermerkt ist. Stets muss die aus-
stellende Institution oder Person individualisierbar sein (entsprechend Rn. 10). Bei einer nachgemachten Stempelplakette, die
entgegen § 10 III 2 FZV nicht den Namen der Zulassungsbehörde,
sondern als „Aussteller" nur das „Landratsamt" nennt, fehlt die
Individualisierbarkeit (*OLG Stuttgart* NStZ-RR 2001, 370).

Bei den Strichen auf dem Bierdeckel wird die Erklärung dem Wirt als „geistigem" Aussteller zugerechnet, unabhängig davon, ob die Striche selbst eine Bedienung aufgebracht hat. In gleicher Weise rühren Preisauszeichnungen vom Geschäftsinhaber als Urheber her (ergänzend Rn. 14).

(4) Wer sich fremde geistige Leistungen, die nur Urkundenent-   **12** würfe darstellen, durch mehr oder weniger „blindes" Unterschreiben zu eigen macht und sich dazu nach außen hin sichtbar bekennt, ist Aussteller der Urkunde, so wenn jemand im Staatsexamen die von einer anderen Person gefertigte Lösung mit seiner Platznummer „120" versieht und als seine Arbeit abgibt (*BayObLG* NJW 1981, 772; ergänzend § 33 Rn. 7).

II. Beweiszeichen und Kennzeichen

Nach der zutreffenden h. M. erfasst der Urkundenbegriff nicht   **13** nur Schriftstücke, sondern auch solche beweiserhebliche menschliche Gedankenerklärungen, die durch Zeichen und Symbole verkörpert werden (BGHSt 9, 235 ff.; *BayObLG* NJW 1980, 1057; *Wessels/Hettinger,* BT 1, Rn. 804 ff.; a. A. *Otto,* JuS 1987, 762 f.). Von diesem Standpunkt aus stellt sich dann allerdings das mitunter schwierige Problem, insbesondere mit den Kriterien der Beweiseignung und Beweisbestimmung die **Beweiszeichen** (= Urkunden) und die bloßen – nicht zu den Urkunden gehörenden – **Kennzeichen** (oder Unterscheidungszeichen) voneinander abzugrenzen. Beweiszeichen vermitteln über ihr Dasein hinaus eine Gedankenerklärung mit Beweisfunktion, während reine Kennzeichen lediglich Ordnungs- oder Unterscheidungsaufgaben erfüllen sowie der Sicherung oder dem Verschluss von Sachen dienen.

Übliche **Beispiele** für **Beweiszeichen** (oft in der Form der zusammengesetz-   **14** ten Urkunde; dazu Rn. 17 f.): Künstlerzeichen auf einem Kunstwerk; TÜV-Plakette, auch deren Jahresfarbe (*AG Waldbröl* NJW 2005, 2870 mit Anm. *Kudlich,* JA 2006, 173); nicht nur Nummernschilder, sondern auch Fahrgestell- und Motornummern (BGHSt 9, 235; 16, 94; 18, 66, 70; bezüglich Letzterer a. A. MüKo/*Erb,* § 267 Rn. 79); Striche auf dem Bierdeckel (ergänzend unten Rn. 20; § 33 Rn. 30); mit der Ware hinreichend fest verbundene Preisauszeichnungen; die gestempelte Endziffer des jeweiligen Jahres auf einem Ausweis, die den Erhalt einer bestimmten Vergünstigung dokumentiert, die nur einmal im Jahr in Anspruch genommen werden darf (*BayObLG* NJW 1980, 1057). Ferner sind Verschlussplomben zu nennen, die nicht nur der Sicherung dienen, sondern darüber hinaus – wie im Zusammenhang mit geeichten Zählern oder verzollter Ware – eine beweiserhebliche Aussage enthalten; diese kann sich etwa darauf beziehen, dass der verplombte Zähler für den angezeigten Verbrauch maßgebend sein soll, oder dass die Zollbehörde die Ware kontrolliert, verschlossen und für die Ein-, Aus- oder Durchfuhr freigegeben hat (MüKo/ *Erb*, § 267 Rn. 83).

Übliche **Beispiele** für bloße **Kennzeichen:** Eigentümerzeichen wie ein Bibliotheksstempel in Büchern (*Koch/Exner,* JuS 2007, 43 mit Falllösung); Namenszeichen auf Tieren; Wäschemonogramme; Garderobenmarken.

15   Im Einzelfall können sich erhebliche Abgrenzungsschwierigkeiten ergeben. So kann man in Verschlussplomben generell nur ein Augenscheinsobjekt sehen, das zeigen soll, ob das Behältnis, der Zähler usw. geöffnet wurde oder nicht (so Sch/Sch/*Cramer/Heine,* § 267 Rn. 26 a). Andererseits gibt es gute Gründe dafür, etwa die Eigentümerzeichen einschließlich der Namenszeichen auf Tieren bei den Beweiszeichen einzuordnen (*Freund,* JuS 1993, 1019f.).

Auch **Wertzeichen** wie Beitrags-, Steuer- und Rabattmarken kann man – mit Blick auf den Urkundencharakter des Geldes (§ 39 Rn. 2) – gut zu den Beweiszeichen zählen (*Puppe,* JZ 1986, 939; *Otto,* JuS 1987, 763; MüKo/*Erb,* § 267 Rn. 84; a. A. *BayObLG* NJW 1980, 196; *Fischer,* § 267 Rn. 6; zu den **amtlichen Wertzeichen** siehe ergänzend § 39 Rn. 25).

16   Es wäre aber nicht richtig, angesichts solcher Einordnungsprobleme nur Schriftstücke als Urkunden anzuerkennen. Gegen diese Ansicht spricht, dass man auch über den „Schrift"-Charakter von Erklärungen streiten kann. Vor allem werden nach den Gepflogenheiten des Rechtsverkehrs beweiserhebliche Tatsachen vielfach genauso gut in nichtschriftlicher Form ausgedrückt. Vor diesem Hintergrund bringt der Rechtsverkehr den Beweiszeichen grundsätzlich das gleiche Vertrauen entgegen wie Schriftstücken.

III. Zusammengesetzte Urkunde

17   Von einer zusammengesetzten Urkunde spricht man, sofern eine verkörperte Gedankenerklärung mit einem Bezugsobjekt räumlich fest (wenn auch möglicherweise trennbar) zu einer Beweiseinheit verbunden ist. Diese Urkundenart tritt meistens in der Form auf, dass Teile, die je für sich betrachtet keinen Urkundencharakter haben, so verbunden werden (Perpetuierungsfunktion!), dass erst dadurch eine (zusammengesetzte) Urkunde entsteht. Es kann aber auch ein Teil schon Urkundenqualität haben und durch das Hin-

zufügen eines Bezugsobjekts, das keine Urkundenqualität hat, ein weiterer Erklärungs- und Beweisinhalt entstehen.

Beispiele: Ausweise mit Lichtbild; Beglaubigungsvermerk auf einer Fotoko- **18** pie; Fahrgestell- und Motornummern; gestempelte amtliche Nummernschilder an Kraftfahrzeugen (BGHSt 45, 197, 200; vgl. § 10 V FZV); ein sog. „rotes" Kennzeichen allerdings höchstens dann, wenn es, was § 16 V 2 FZV nicht vorschreibt, mit dem Kraftfahrzeug fest verbunden ist (generell verneinend BGHSt 34, 375, 376 f.); Preisauszeichnungen, die mit der Ware hinreichend fest verbunden sind (*OLG Köln* NJW 1979, 729). – Bedeutung hat die zusammengesetzte Urkunde vor allem im Rahmen des § 267 I 2. Var. (näher § 33 Rn. 26 ff.).

Einen neuen Gedanken spricht das *OLG Köln* aus, wenn es **18a** eine „räumliche Überschaubarkeit" des Bezugsobjekts verlangt und mit dieser Begründung einem Verkehrszeichen mit dem zugeordneten Straßenraum die Urkundenqualität abspricht (*OLG Köln* NJW 1999, 1042, 1043). Der Gedanke überzeugt nicht. Auch das vom *OLG Köln* bemühte abschreckende Bild einer „zwei Kilometer langen Urkunde" in Form einer durchgezogenen weißen Mittellinie hat keine Überzeugungskraft. Der Beweisinhalt von Verkehrszeichen ist bestimmt und muss es auch aus verwaltungs- und ordnungswidrigkeitenrechtlichen Gründen sein (vgl. § 37 VwVfG, § 3 OWiG, § 49 StVO). Richtigerweise sind alle Merkmale einer zusammengesetzten Urkunde erfüllt.

Entgegen dem *OLG Köln* erfüllt also das Überkleben eines Geschwindigkeitsschildes mit einer Folie, um eine höhere Grenze vorzutäuschen und einen wegen Geschwindigkeitsüberschreitung drohenden Bußgeldbescheid zu verhindern, § 267 I 2. Var. (so auch *Geppert,* JK 99, StGB § 267/27; *Dedy,* NZV 1999, 136 ff.; *Böse,* NStZ 2005, 371; a. A. LK/*Gribbohm,* 11. Aufl., § 267 Rn. 158; *Lackner/Kühl,* § 267 Rn. 8; *Baier,* JuS 2004, 58 f.).

Weiter zu bejahen sind die §§ 303, 304 (vgl. *Rengier,* BT I, § 24 Rn. 22, § 25 Rn. 3). § 303 tritt allerdings hinter § 267 I 2. Var. zurück. Bezüglich des § 274 I Nr. 1, der in solchen Fällen grundsätzlich ebenfalls verdrängt wird (§ 33 Rn. 23), fehlt hier bereits die Nachteilszufügungsabsicht (§ 36 Rn. 8). Weiter zu bejahen ist § 132 2. Var. (§ 55 Rn. 5). § 145 II Nr. 1 tritt kraft gesetzlicher Subsidiarität zurück. *Ergebnis:* §§ 267 I 2. Var., 304, 132 2. Var.; 52. – Falllösung bei *Baier,* JuS 2004, 58 ff.

IV. Gesamturkunde

Von der zusammengesetzten Urkunde ist die Gesamturkunde **19** zu unterscheiden, bei der **mehrere Urkunden zusammengefügt** werden. Herstellung und Führung der Gesamturkunde müssen auf Gesetz, Geschäftsgebrauch oder Vereinbarung beruhen. Dabei muss jedem Beteiligten das Recht zustehen, die Gesamturkunde zu Beweiszwecken zu benutzen. Unter diesen Voraussetzungen liegt eine Gesamturkunde vor, wenn mehrere (mindestens zwei) selbstständige Einzelurkunden in dauerhafter Form so zu einem einheitlichen Ganzen verbunden werden, dass gerade durch die Verbindung ein übergeordneter, d. h. ein über den Inhalt der Einzelurkunden hinausgehender, neuer selbstständiger Erklärungs- und Beweisinhalt entsteht. Dabei sind hier die Anforderungen an die „dauerhafte Form" – man denke an die Personalakte in einem Büroordner – gegenüber der „räumlich festen" Verbindung bei der zusammengesetzten Urkunde offenbar etwas herabgesetzt.

> Zur Gesamturkunde siehe BGHSt 4, 60, 61; *OLG Düsseldorf* NStZ 1981, 25, 26; *BayObLG* NJW 1990, 264, 265; *OLG Hamm* NStZ-RR 1998, 331; *Geppert,* Jura 1988, 162; LK/*Gribbohm,* 11. Aufl., § 267 Rn. 96 ff.

20   Die **zusätzliche übergeordnete Beweisfunktion** ergibt sich aus einer besonderen Abgeschlossenheits- oder Vollständigkeitserklärung. Gesamturkunden sollen ein erschöpfendes und vollständiges Bild über das Zustandekommen wie Nichtzustandekommen bestimmter Rechtsvorgänge vermitteln (BGHSt 4, 60, 61).

> **Beispiele:** Sparkassenbuch (BGHSt 19, 20, 21); Handelsbuch eines Kaufmanns; Personalakte (*OLG Düsseldorf* NStZ 1981, 25, 26); Bierdeckel mit Strichen als Abrechnungsgrundlage (*Krey/M. Heinrich,* BT 1, Rn. 686 f.). *Nicht:* Reisepass mit Visa und Ein- und Ausreisestempeln, weil der Pass nicht die Funktion hat, Reisen vollständig zu dokumentieren (*OLG Hamm* NStZ-RR 1998, 331). – Die Bedeutung der Gesamturkunde zeigt sich wieder insbesondere im Rahmen des § 267 I 2. Var. (näher § 33 Rn. 30).

V. Ausfertigungen, Durchschriften, Abschriften, Fotokopien, Telefax

21   Als **Leitlinie** für die Beurteilung der Urkundenqualität von Vervielfältigungsstücken kann man sich an der Frage orientieren, inwieweit nach dem Willen des Ausstellers und nach der Verkehrssitte das Mehrfachexemplar dazu geeignet und bestimmt ist, im Rechtsverkehr neben oder an die Stelle der Originalurkunde zu treten und dieselbe Beweisfunktionen zu erfüllen.

Mehrfachfertigungen haben Urkundenqualität, wenn sie sich 22
als Mehrzahl gleichwertiger Verkörperungen derselben Erklärung
des Ausstellers darstellen, wie es etwa bei der Herstellung von beliebig vielen Urkunden durch Computerausdrucke der Fall ist;
hier wirkt jede Vervielfältigung als Original (z. B. Speisekarten;
vgl. ferner *LG Paderborn* NJW 1989, 178, 179; *Lackner/Kühl*,
§ 267 Rn. 15).

In entsprechender Weise kommt **Ausfertigungen** z. B. von no- 23
tariellen Kaufverträgen oder Zweitausfertigungen von Zeugnissen
Urkundenqualität zu. Dasselbe gilt für **Durchschriften** (z. B. mittels Kohlepapier), weil sie der Aussteller herstellt, damit neben der
Urschrift ein weiteres Exemplar als Beweismittel vorhanden ist
(vgl. *KG* wistra 1984, 233).

Unproblematisch *keine* Urkunden sind die von Dritten gefer- 24
tigten *einfachen* **Abschriften,** die den Inhalt der Originalurkunde
nur wiedergeben und an der Garantie- und Beweisfunktion der
Urschrift nicht teilhaben. Demgegenüber ist die Urkundeneigenschaft der *beglaubigten* Abschrift anerkannt. Bei dieser Abschrift
stellt aus dogmatischer Sicht allerdings nicht das Duplikat die Urkunde dar, sondern der Beglaubigungsvermerk, der die Abschrift
bzw. (häufiger) die Fotokopie des Originals zum Bezugsobjekt
hat (zusammengesetzte Urkunde mit dem Beglaubigenden als Aussteller).

Fotokopien werden von der Rechtsprechung und h. M. zu 25
Recht grundsätzlich wie Abschriften, also als Nicht-Urkunden
behandelt. Denn der Aussteller eines Originals bekennt sich nicht
auch zum Inhalt beliebiger Vervielfältigungen. Schlichte Kopien
weisen nur auf das Vorhandensein eines Originals (bzw. einer
Vorlage) hin, ohne dass sie einen Aussteller speziell dieser Erklärung erkennen lassen. Vor allem kommt einer – unbeglaubigten –
Fotokopie angesichts ihrer leichten Fälschbarkeit nicht die Beweiskraft einer Urschrift zu.

Demgegenüber verweist eine Mindermeinung auf den üblichen 26
Gebrauch von einfachen Fotokopien im Rechts- und Geschäftsverkehr. Auch unbeglaubigte Kopien würden vielfach faktisch wie
Urschriften ersetzende Duplikate behandelt; jedenfalls bei solchen
Ersatzfunktionen müsse ihnen, um Strafbarkeitslücken zu vermeiden, die Urkundenqualität zugesprochen werden.

Für die h. M. siehe BGHSt 24, 140; *BayObLG* NJW 1990, 3221; 1992, 3311;
OLG Düsseldorf NJW 2001, 167; *Geppert,* Jura 1990, 273 f.; *Lackner/Kühl,*

§ 267 Rn. 16; *Wohlers*, JR 2001, 83 f.; zusammenfassend *Beckemper*, JuS 2000, 124 f.; *Dedy*, Jura 2002, 138 (Falllösung); zur Mindermeinung siehe *Freund*, JuS 1991, 723 ff. und StV 2001, 234 ff.; *Mitsch*, NStZ 1994, 89.

27   Richtigerweise ist von dem Grundsatz, dass schlichte Fotokopien keine Urkundeneigenschaft haben, nur die folgende Ausnahme anzuerkennen: Eine Reproduktion erlangt dann Urkundenqualität, wenn mit einer – bei durchschnittlicher Aufmerksamkeit
nicht erkennbaren (*Zaczyk*, NJW 1989, 2515 ff.) – Manipulation
gezielt der Anschein einer Originalurkunde (Urschrift) erweckt
wird. Hier erfüllt die Herstellung der scheinbaren „Originalurkunde" unter der Voraussetzung § 267 I 1. Var., dass der Hersteller
nicht als Aussteller erscheint.

BGH NStZ 2003, 543, 544; *BayObLG* NJW 1989, 2553; 1990, 3221; *OLG
Stuttgart* NStZ 2007, 158; Sch/Sch/*Cramer/Heine*, § 267 Rn. 42 b; a.A. *Keller*,
JR 1993, 300 f. – Eine Falllösung dazu bei *Park*, JuS 1999, 888: Herstellen einer
gelungenen Farbkopie von einer Original-Stehplatzkarte, um damit ins Sta-
dion zu kommen.

Vertiefende Erörterungen zum Komplex Fotokopien erfolgen noch unten in
§ 33 Rn. 32 ff. Auf jeden Fall sind Fotokopien keine technischen Aufzeichnungen (siehe § 34 Rn. 6).

28   Ferner stellt sich die Frage nach der Urkundenqualität von
per **Telefax** übermittelten Schriftstücken. Es wird – entsprechend
der Leitlinie von Rn. 21 und der Behandlung von Fotokopien
(Rn. 25 ff.) – wie folgt zu differenzieren sein (übereinstimmend
Beckemper, JuS 2000, 123 ff.):

(1) Soweit das Telefax nach dem Willen des Ausstellers und nach
der Verkehrssitte dazu geeignet und bestimmt ist, neben oder an
die Stelle der Originalurkunde zu treten, liegt eine (Zweit-)Ur-
kunde vor.

Beispiele: Verträge werden „per Fax" geschlossen. Rechnungen werden nur
„per Fax" verschickt, eventuell unmittelbar von einem Computer aus, so dass
kein Original existiert. Hier sind die Duplikate/Papiere (mit dem Angebot, der
Annahme, dem Rechnungsbetrag usw.), die das Faxgerät des Empfängers aus-
druckt, Urkunden. Demnach stellt eine unechte Urkunde her, wer ein solches
Telefax-Schriftstück produziert und dabei über die Identität des Ausstellers
täuscht (Falllösung bei *Hellmann/Beckemper*, JA 2004, 895 f.).

(2) Wenn mit einem Faxgerät lediglich *andere* Urkunden (z.B.
Dokumente, Zeugnisse) übermittelt werden, steht das empfangene
Schriftstück einer Fotokopie gleich (richtig daher *OLG Zweibrü-
cken* NJW 1998, 2918).

Zur Diskussion vgl. Sch/Sch/*Cramer/Heine*, § 267 Rn. 43 f.; SK/*Hoyer*, § 267 Rn. 21 f.; *Lackner/Kühl*, § 267 Rn. 16; *Krey/M. Heinrich*, BT 1, Rn. 717 a; *Küper*, BT, S. 323 f.; *Geppert*, JK 98, StGB § 267/23; *Beck*, JA 2007, 424 f.

Empfehlungen zur vertiefenden Lektüre:

Rechtsprechung: BGHSt 16, 94 (Nummernschilder, Fahrgestell- und Motornummern als zusammengesetzte Urkunden); BGHSt 24, 140 (Urkundenqualität von Fotokopien); *BayObLG* NJW 1990, 3221 und NJW 1992, 3311 (Urkundenqualität von Fotokopien); *OLG Köln* NJW 1999, 1042 (Urkundenqualität von Verkehrszeichen); *OLG Celle* NStZ-RR 2008, 76 („Personalausweis Deutsches Reich").

Literatur: *Beck*, Kopien und Telefaxe im Urkundenstrafrecht, JA 2007, 423 ff.; *Beckemper*, Die Urkundenqualität von Telefaxen – *OLG Zweibrücken*, NJW 1998, 2918, JuS 2000, 123 ff.; *Freund*, Grundfälle zu den Urkundendelikten, JuS 1993, 1016 ff. = Urkundenstraftaten, Rn. 63 ff.; *Geppert*, Zur Urkundsqualität von Durchschriften, Abschriften und insbesondere Fotokopien, Jura 1990, 271 ff.; *Puppe*, Die neue Rechtsprechung zu den Fälschungsdelikten, JZ 1991, 447 f.; *Seier*, Der Gebrauch falscher Namen und unzutreffender Zusatzbezeichnungen, JA 1979, 133 ff.

§ 33. Urkundenfälschung (§ 267)

Fall 1: A hat bei seiner Steuererklärung Rechnungsdurchschriften vorzulegen. Um Steuern zu sparen, verhindert er durch geeignete Maßnahmen beim Schreiben der Rechnung, dass auf der Durchschrift die Beträge erscheinen. Anschließend setzt er auf der Durchschrift niedrigere Beträge ein. → Rn. 25

Fall 2: a) Um eine Flasche Champagner billiger zu erwerben, entfernt A in einem Geschäft von einer Flasche Sekt das aufgeklebte Preisetikett über 4,98 € und klebt dieses nahezu deckungsgleich auf ein über 19,98 € lautendes Preisetikett einer Flasche Champagner (*OLG Düsseldorf* NJW 1982, 2268). b) *Variante:* Champagner- und Sektflasche werden in Einzelkartons präsentiert, auf denen die Preisetiketten aufgeklebt sind. A öffnet die nur eingesteckten Laschen des Kartons und tauscht die Flaschen aus (vgl. *OLG Köln* NJW 1979, 729). → Rn. 27

Fall 3: a) A stellt sich im Jahre 2002 auf einem Briefbogen seines früheren Arbeitgebers ein gutes Arbeitszeugnis aus und unterschreibt es mit dem Namen des Arbeitgebers, um dieses Papier bei Bewerbungen vorzulegen, gebraucht es aber nicht. b) *Variante:* Erst im Jahre 2008 legt A bei einer Bewerbung eine als Kopie erkennbare unbeglaubigte Kopie des von ihm hergestellten Zeugnisses vor. – Kann A 2009 bestraft werden? → Rn. 33, 39

Fall 4: a) A überklebt ein Schreiben seines früheren Arbeitgebers in der Mitte zwischen Briefkopf und Unterschrift mit einem von ihm gefertigten

Zeugnistext. Davon fertigt er planmäßig eine – als Vervielfältigung erkennbare – Kopie an, die er bei einer Bewerbung vorlegt. b) *Variante:* A löscht im Zeugnis des Arbeitgebers einen Satz in der Absicht, danach eine Kopie anzufertigen und bei einer Bewerbung vorzulegen, was er auch tut. → Rn. 34, 35

I. Grundlagen und Aufbaufragen

1   Der Tatbestand schützt die Sicherheit und Zuverlässigkeit des Beweisverkehrs mit Urkunden. Der Schutzbereich des § 267 beschränkt sich freilich darauf, Angriffe auf die Echtheit oder Unverfälschtheit der Urkunde unter Strafe zu stellen. Insbesondere erfasst die Vorschrift ein darüber hinausgehendes Interesse an der inhaltlichen Wahrheit der Erklärung grundsätzlich nicht. Sog. schriftliche Lügen liegen also regelmäßig außerhalb des Schutzbereichs der Norm (näher Rn. 6 f., 24).

2   § 267 I enthält drei Tatbestandsmodalitäten. In der **Fallbearbeitung** muss man im Sinne einer Vorüberlegung zunächst Klarheit darüber gewinnen, ob überhaupt eine Urkunde Tatgegenstand ist. Dann sollte man überlegen, ob sich der Täter als Manipulationsobjekt eine vorhandene echte Urkunde ausgesucht hat. Ist dies der Fall, so empfiehlt es sich, aufbaumäßig mit § 267 I 2. Var. zu beginnen. In allen anderen Fällen kommt von vornherein nur § 267 I 1. Var. in Betracht. Anschließend muss oft auch § 267 I 3. Var. geprüft werden (zu Konkurrenzfragen Rn. 23, 36 ff.). – Eine Orientierung ermöglicht das folgende

---

Aufbauschema (§ 267)

I. Tatbestandsmäßigkeit
  1. Objektiver Tatbestand
    a) § 267 I 2. Var.
      aa) Vorliegen einer echten Urkunde als Tatobjekt
      bb) Verfälschen
    b) § 267 I 1. Var.
      Herstellen einer unechten Urkunde
    c) § 267 I 3. Var.
      aa) Gebrauchen einer unechten Urkunde
      bb) Gebrauchen einer verfälschten Urkunde

2. Subjektiver Tatbestand
   a) Vorsatz
   b) Absicht der Täuschung im Rechtsverkehr
      (dolus directus 2. Grades genügt)
II. Rechtswidrigkeit
III. Schuld
IV. Strafzumessung: Besonders schwere Fälle (§ 267 III)
V. Qualifikation (§ 267 IV)

Weiter ist zu beachten, dass ein Dokument mehrere Einzelur-   3
kunden enthalten kann.

Beispiele: Reisevisa und Zurückweisungsvermerke in Reisepässen (*Bay-
ObLG* NJW 1990, 264; *OLG Hamm* NStZ-RR 1998, 331); Erklärungen ver-
schiedener Partner in Verträgen.

In solchen Fällen kommt jede Einzelurkunde als eigenes Tatobjekt einer Urkundenstraftat in Betracht. Unter Umständen ist zusätzlich der Aspekt der Gesamturkunde zu beachten (Rn. 30).

II. Herstellen einer unechten Urkunde
(§ 267 I 1. Var.)

1. Grundlagen

Der objektive Tatbestand des § 267 I 1. Var. verlangt das Her-   4
stellen einer unechten Urkunde. Die Art und Weise der Herstellung ist unerheblich. Selbstverständlich werden auch mit einem
Computer durchgeführte Manipulationen erfasst (*BGH* NStZ
1999, 620).

Eine Urkunde ist **unecht,** wenn sie nicht von demjenigen her-   5
rührt, der sich aus ihr als Aussteller der verkörperten Erklärung
ergibt (dazu § 32 Rn. 8 ff.). Das entscheidende Kriterium für die
Unechtheit ist die **Identitätstäuschung:** Über die Person des
wirklichen Ausstellers wird ein falscher Eindruck erweckt. Der
rechtsgeschäftliche Verkehr wird auf einen Aussteller hingewiesen, der in Wirklichkeit nicht hinter der in der Urkunde verkörperten Erklärung steht (BGHSt 33, 159, 160). § 267 I 1. Var.
schützt also allein das Vertrauen in die „Echtheit" (Identität) des
Ausstellers, aber *nicht* in das, *was* der Aussteller erklärt.

6 Die Herstellung von **schriftlichen Lügen** durch den „echten" Aussteller fällt demnach, wie immer wieder übersehen wird, nicht unter § 267 I 1. Var. Denn ein solches Dokument mit unwahren Erklärungen ist eine echte Urkunde, weil es von demjenigen stammt, der aus ihm als Aussteller hervorgeht.

7 **Beispiele:** (1) In dem Platznummer-Fall *BayObLG* NJW 1981, 772 (§ 32 Rn. 12) stellt der täuschende Kandidat durch Hinzufügen seiner Platznummer „120" eine echte Urkunde her; insoweit bleiben der Kandidat (K) und der Hersteller der Lösung (H) straflos. Anders läge es, wenn H seine Lösung auch noch mit K's Platznummer „120" versehen würde; jetzt wäre H gemäß § 267 I 1. Var. und K nach § 267 I 3. Var. strafbar.

(2) Von § 267 I 1. Var. nicht erfasste schriftliche Lügen in der Form echter Urkunden liegen weiter vor, wenn Sachverständige inhaltlich falsche Gutachten erstellen, ein Professor zu Unrecht gute Noten bescheinigt oder Eltern ihre schulpflichtigen Kinder schriftlich mit erfundenen Entschuldigungen vom Unterricht befreien lassen.

8 Generell muss man sich in allen Fällen des § 267 I 1. Var. zunächst Klarheit darüber verschaffen, wer nach den in § 32 Rn. 8 ff. erörterten Kriterien als Aussteller erscheint. Steht dieser Aussteller in Wirklichkeit nicht hinter der verkörperten Erklärung, und sei es auch nur, weil seine Existenz vorgetäuscht wird, so gelangt man zu einer Identitätstäuschung über den Aussteller.

9 **Beachte** ferner: Was das Element der Beweisfunktion (§ 32 Rn. 4 ff.) von unechten Urkunden anbelangt, so muss diese Frage natürlich unter der gedachten Voraussetzung ihrer Echtheit beantwortet werden (*Wessels/Hettinger,* BT 1, Rn. 796).

2. Identitätstäuschung und bloße Namenstäuschung

10 a) Eine **Identitätstäuschung** über den Aussteller kann auch dann vorliegen, wenn jemand zwar mit dem eigenen Namen unterzeichnet, in Wirklichkeit aber den Umständen nach auf einen Aussteller hingewiesen wird, der nicht hinter der in der Urkunde verkörperten Erklärung steht. Das kommt namentlich dann in Betracht, wenn infolge bestimmter **Zusätze** (Briefbogen/Stempel einer Behörde oder Firma, i.V., i.A.) nach außen hin ein anderer als maßgeblicher Aussteller erscheint.

Beispiel: M ist Monteur im Autohaus A und für Büroarbeiten nicht zuständig. Auf einem Briefbogen des Autohauses fertigt M für einen Bekannten zu Betrugszwecken eine fingierte Reparaturrechnung aus, die er mit „M" unterschreibt. – Hier erscheint aus der Sicht des Rechtsverkehrs das Autohaus A als

Aussteller, so dass der unzuständige M § 267 I 1. Var. erfüllt (zum Fall der Zuständigkeit Rn. 18).

Doch können solche Fälle erhebliche Abgrenzungsschwierigkeiten aufwerfen. Nach einer Mindermeinung kann nur eine natürliche Person und nicht auch eine Behörde, Firma oder juristische Person Aussteller einer Urkunde sein (*Otto,* JK 94, StGB § 267/19; *Samson,* JA 1979, 659 f.). So betrachtet handelt es sich in dem Beispielsfall um eine Konstellation der schriftlichen Lüge in Form der wahrheitswidrigen Behauptung einer Vertretungsbefugnis durch M.

Von einer solchen Konstellation geht auch *BGH* NJW 1993, **11** 2759 aus, soweit eine *natürliche* Person offen „i. V." vertreten wird. Nach dieser Entscheidung soll bei der offenen Stellvertretung einer natürlichen Person die Urkunde nach ihrem Inhalt und Erscheinungsbild als ihren Aussteller grundsätzlich nicht den Vertretenen, sondern den Erklärenden ausweisen (ebenso *Lackner/Kühl,* § 267 Rn. 19; SK/*Hoyer,* § 267 Rn. 44; *Joecks,* § 267 Rn. 61; h. M.). Ob insoweit aber der Rechtsverkehr wirklich zwischen dem Handeln im Namen einer Behörde, Firma oder juristischen Person einerseits und im Namen einer natürlichen Person andererseits differenziert, ist zumindest zweifelhaft (vgl. *Jung,* JuS 1994, 174; *Maurach/Schroeder,* BT 2, § 65 Rn. 53; *Zielinski,* wistra 1994, 1 ff.).

Bei der Frage, ob eine Identitätstäuschung vorliegt, kann auch **12** der Verwendungszweck der Urkunde, ihre Beweisrichtung und der Kreis der Beteiligten eine Rolle spielen. Daher erfüllt § 267 I 1. Var., wer im Versandhandel, um Bonitätskontrollen zu unterlaufen und weiter beliefert zu werden, bei Bestellungen zwar den richtigen Namen verwendet, dabei aber solche persönlichen Daten (wie Vorname, Geburtsdatum oder Anschrift) ändert, die in der konkreten Verkehrssituation für die Identifizierung und Unterscheidung wesentlich sind (BGHSt 40, 203; *Lackner/Kühl,* § 267 Rn. 19; a. A. *Puppe,* JZ 1997, 491).

b) Anders als die Identitätstäuschung ist nach h. M. die **bloße** **13** **Namenstäuschung** (oder auch Namenslüge) nicht tatbestandsmäßig (dazu BGHSt 33, 159, 160 f.; *Seier,* JA 1979, 136 f.; *Otto,* JuS 1987, 767 f.). Eine Täuschung allein über den Namen liegt vor, wenn allgemein oder in einer bestimmten Beweissituation der Urheber der Urkunde so gekennzeichnet ist, dass über seine Person kein Zweifel bestehen kann (Leben unter einem falschen Namen; Verwenden eines Deck-, Künstler- oder Spitznamens).

Beispiel: Der Ausländer A gibt sich als S aus und erhält Papiere, die auf S ausgestellt werden. Wird so der falsche Name zum Identitätsmerkmal, sind Urkunden, die A mit S unterzeichnet, echt (*BGH* StV 1997, 635, 636).

14 Eine reine Namenstäuschung kommt ferner in Betracht, wenn die Identität, d. h. die Wahrheit der Namensangabe, in der jeweiligen Beweissituation für die beteiligten Kreise ohne jede Bedeutung ist.

Beispiele: Prominente oder Liebende, die unerkannt bleiben wollen, quartieren sich im Hotel unter anderen Namen ein. Die F, die mit M in „wilder Ehe" zusammenlebt, unterzeichnet einen Mietvertrag als Ehefrau mit dem Nachnamen des M.

15 Die Straflosigkeit gemäß § 267 I 1. Var. hängt in solchen Fällen typischerweise von den Intentionen des Täters ab. Will er nur seinen richtigen Namen ungenannt und sich im Übrigen an seiner abgegebenen Erklärung festhalten lassen, besteht also insoweit nicht die Gefahr, dass die Vertragspartner ins Leere greifen, so scheidet § 267 I 1. Var. aus.

Streitig ist die Begründung. Richtigerweise entfällt bei der bloßen Namenstäuschung bereits der objektive Tatbestand, da hier der Aussteller als Person feststeht und sich zu dieser Person bekennt, folglich nicht über seine Identität mit dem Aussteller täuscht, sondern eben nur seinen Namen verbirgt (übereinstimmend *Krey/M. Heinrich,* BT 1, Rn. 703 ff.; *Otto,* BT, § 70 Rn. 43 ff.). Andere Stimmen verneinen – zumindest ergänzend (BGHSt 33, 159, 160 f.; *OLG Celle* NJW 1986, 2772, 2773) – erst die Absicht zur Täuschung im Rechtsverkehr (*Seier,* JA 1979, 137). Abl. bzw. kritisch zur h. M. Sch/Sch/*Cramer/Heine,* § 267 Rn. 48 ff.; NK/*Puppe,* § 267 Rn. 70; *Wessels/Hettinger,* BT 1, Rn. 828.

3. Stellvertretung bei der Unterzeichnung

16 Auf dem Boden der Geistigkeitstheorie (§ 32 Rn. 9, 11) kann jemand trotz Unterzeichnung mit fremdem Namen eine echte Urkunde herstellen. Denn Aussteller der Urkunde ist auch, wer sich als Namensträger bei der Herstellung der Urkunde durch eine andere Person (den Unterzeichnenden) wirksam vertreten lässt. Eine **wirksame Vertretung** in diesem Sinne setzt voraus, dass der Vertreter (der Unterzeichnende) erstens zur rechtlichen Vertretung des Namensträgers befugt ist, zweitens den Namensträger vertreten will und drittens auch der Namensträger vertreten werden will

(siehe etwa BGHSt 33, 159, 161 f.; *BayObLG* NJW 1988, 1401;
OLG Düsseldorf NJW 1993, 1872, 1873).

Beispiele (für zulässiges, § 267 I 1. Var. nicht erfüllendes, Zeichnen unter
fremdem Namen): Ehemann M bevollmächtigt nach einem Schlaganfall seine
Ehefrau F, Überweisungen von seinem Konto zu tätigen und mit seinem Namenszug „M" zu unterschreiben (*BayObLG* StV 1999, 320). Eine Sekretärin
unterzeichnet auf Anweisung ihres Chefs C ein Zeugnis, eine Bestellung usw.
mit „C". Die Geliebte G unterschreibt einen Scheck des L mit dessen Einverständnis mit „L".

Demgegenüber ist eine rechtsgeschäftliche Vertretung insbe- **17**
sondere **unzulässig,** wenn der Rechtsverkehr eine höchstpersönliche Unterzeichnung vorschreibt oder voraussetzt.

Beispiele: Testament (§ 2247 I BGB); Prüfungsarbeit; eidesstattliche Versicherung (RGSt 69, 117; vgl. unten § 49 Rn. 28). In solchen Fällen erfüllt das
Zeichnen unter fremdem Namen § 267 I 1. Var.

Die Unwahrheit der Erklärung als solche schließt aber eine **18**
wirksame Vertretung nicht aus. Schriftliche Lügen des Vertreters,
die dem Vertretenen zugerechnet werden, stehen eigenen unwahren Erklärungen des Vertretenen gleich, stellen also (unwahre)
echte Urkunden dar (vgl. Rn. 6). Auch bei einem Missbrauch der
Vertretungsbefugnis werden die Erklärungen dem Vertretenen
grundsätzlich zugerechnet, da er das Vertretungsrisiko gesetzt hat
und aus der Sicht des Rechtsverkehrs (eines potentiellen Erklärungsempfängers) als Aussteller erscheint. Nur wenn der Vertreter mit einem Dritten bewusst zum Nachteil des Vertretenen zu-
sammenwirkt und insoweit ein Fall der sittenwidrigen Kollusion
vorliegt (§ 138 I BGB), entfällt die Zurechnung (vgl. MüKo-BGB/
Schramm, § 164 Rn. 106 ff.; *Medicus,* Allgemeiner Teil des BGB,
9. Aufl. 2006, Rn. 965 ff.). – Zur Vertiefung die folgenden

Beispiele: (1) *OLG Stuttgart* NJW 1981, 1223: V ist im Autohaus A für das
Ausstellen von Rechnungen verantwortlich. Zu Betrugszwecken fertigt V für
einen Bekannten eine fingierte Reparaturrechnung des Autohauses aus, die er
mit seinem Namenskürzel versieht. – Die unwahre Erklärung des V ist aus der
Sicht des Rechtsverkehrs wie eine unwahre Erklärung des vertretenen Firmen-
inhabers zu behandeln. Ein Ausnahmefall der gegen die Firma gerichteten
Kollusion liegt nicht vor. Daher stellt V eine (unwahre) echte Urkunde her
(ebenso *BGH* wistra 1986, 109; *Lackner/Kühl,* § 267 Rn. 19; h.M.; a.A.
MüKo/*Erb,* § 267 Rn. 133; vgl. ergänzend Rn. 10).

(2) In entsprechender Weise unter dem Aspekt des § 267 I 1. Var. straflos ist,
wer, vielleicht nachdem er bestochen worden ist, in seinem Zuständigkeitsbe-

reich im Namen einer Behörde oder Firma ein falsches Zeugnis ausstellt (h. M.; a. A. *Zieschang,* JA 2008, 196 f. mit Falllösung).

(3) *BGH* StV 1993, 307: Als Verkaufsleiter hat V in den Geschäftsräumen der Firma Kunden Küchen verkauft und von diesen unter Vortäuschung eigener Inkassoberechtigung Anzahlungen kassiert und deren Empfang mit Firmenstempel und der Unterschrift „V" quittiert. – Da die Firma nach § 56 HGB die Zahlungen gegen sich gelten lassen muss und von daher eine Vertretungsbefugnis vorliegt, ist die Firma auch als Ausstellerin der Urkunde anzusehen. V stellt eine echte Urkunde her (ebenso *Lackner/Kühl,* § 267 Rn. 19; *Puppe,* JZ 1997, 492; a. A. *Otto,* BT, § 70 Rn. 12, 15).

(4) Zu einem Fall der Kollusion siehe unten § 34 Rn. 14.

4. Sonstiges

19 Ein bloßes **Blankett,** z. B. ein nur unterschriebenes Kaufvertragsformular oder ein unterschriebener Scheck ohne Betrag, ist jedenfalls mangels Beweisfunktion keine Urkunde. Daher stellt eine unechte Urkunde gemäß § 267 I 1. Var. her, wer ein solches Blankett entgegen dem Willen des Unterzeichnenden abredewidrig zu einer Urkunde vervollständigt, indem er etwa nicht gewollte Kaufobjekte oder einen nicht geschuldeten Geldbetrag einsetzt.

20 Die Garantiefunktion der Urkunde erfasst grundsätzlich auch verkörperte Gedankenerklärungen, die durch **Täuschung, Zwang oder Drohung** beeinflusst worden sind. Nur wenn infolge der Täuschung oder bei vis absoluta (§ 23 Rn. 3) jegliches Erklärungsbewusstsein fehlt, verwirklicht der Täuschende bzw. Nötigende § 267 I 1. Var. in mittelbarer Täterschaft. Ansonsten stellt der Getäuschte bzw. Genötigte eine echte Urkunde her; denn § 267 I 1. Var. schützt nicht das Vertrauen in die Richtigkeit und Mangelfreiheit einer urkundlichen Erklärung.

Beispiele für §§ 267 I 1. Var., 25 I 2. Var.: T bittet um ein Autogramm und lässt sich eine vertragliche Verpflichtung unterschreiben. T führt dem Unterzeichnenden gewaltsam die Hand (jeweils kein Erklärungsbewusstsein).

Wenn dagegen T sein Opfer O zur Ausstellung eines Schecks nötigt, indem er etwa dem O oder Angehörigen lebensgefährliche Handlungen androht, stellt O mit Erklärungsbewusstsein eine echte Urkunde her. – Vgl. dazu Sch/Sch/*Cramer/Heine,* § 267 Rn. 55, 98; *Krey/M. Heinrich,* BT 1, Rn. 713; unten § 37 Rn. 7.

III. Verfälschen einer echten Urkunde (§ 267 I 2. Var.)

1. Grundlagen

Tatobjekt der 2. Variante kann nur eine **vorhandene echte** Ur- 21
kunde sein (zum Aufbau siehe schon Rn. 2). Unter **Verfälschen**
wird jede nachträgliche Veränderung des gedanklichen Inhalts
einer echten Urkunde verstanden, durch die der Anschein erweckt
wird, als habe der Aussteller – der unverändert bleiben muss – die
Erklärung in der Form abgegeben, wie sie nach der Veränderung
vorliegt (*OLG Köln* NJW 1983, 769; KG wistra 1984, 233; *Lackner/
Kühl*, § 267 Rn. 20). Zwei Punkte sind besonders zu beachten:

(1) Erfasst wird die **Veränderung des** ursprünglichen **Beweis-** 22
inhalts. Bloße Manipulationen am Aussteller lassen den Inhalt
unberührt und genügen nicht, so wenn X in einer Urkunde den
Aussteller „Becker" in „Beck" ändert und damit nur die §§ 267 I
1. Var., 274 I Nr. 1 erfüllen kann. Ebensowenig wird die Beseitigung des Beweisinhalts erfasst. § 267 I 2. Var. setzt also voraus,
dass das Tatobjekt nach der Manipulation seine Urkundenqualität
nicht verloren hat. Verliert die echte Urkunde ihre Urkundeneigenschaft, so kommt nur § 274 in Betracht. Ein solcher Fall liegt
auch vor, wenn der Täter T den Aussteller löscht (= § 274 I Nr. 1,
weil die Urkundeneigenschaft beseitigt wird) und durch seinen
Namen ersetzt (weder § 267 I 2. Var. noch § 267 I 1. Var., weil T
Aussteller einer neuen Urkunde ist).

(2) Typische Folge der Verfälschungshandlung ist die Herstel- 23
lung einer unechten Urkunde (weil die Erklärung mit der neuen
Beweisrichtung in Wirklichkeit nicht mehr vom Aussteller stammt,
dieser aber unverändert nach außen hin als „Garant" erscheint). Insoweit hat die 1. Variante gegenüber der 2. Variante keine selbstständige Bedeutung und tritt zurück.

Beispiel: Auf einem ärztlichen Kassenrezept radiert S eine „1" aus und ersetzt sie durch eine „2", um die doppelte Menge des verschriebenen Suchtmit-
tels zu erhalten. – Der zuerst zu prüfende § 267 I 2. Var. ist erfüllt. Zugleich
stellt S eine unechte Urkunde her, da der unverändert als Aussteller erschei-
nende Arzt hinter der neuen Erklärung nicht mehr steckt; indes tritt § 267 I
1. Var. zurück (Konsumtion). Die ebenfalls erfüllten § 274 I Nr. 1 und § 303
(Fremdheit angenommen) sind typische Begleittaten, die von § 267 I 2. Var.
gleichermaßen konsumiert werden. – Näher speziell zu Problemen rund um
die Rezeptfälschung *Fortun*, wistra 1989, 176 ff.; *Emde*, wistra 1995, 328 ff.

2. Verfälschen durch den Aussteller

24   **Beispiel:** Studentin S hat in einer strafrechtlichen Übung unter ihrer Matrikelnummer eine Klausur geschrieben. Nach der Abgabe fällt ihr ein, dass sie etwas Wichtiges vergessen hat. Da sie am Lehrstuhl des Übungsleiters als wissenschaftliche Hilfskraft tätig ist, gelingt es ihr, an ihre Klausur zu kommen und die Ergänzung einzufügen.

Fraglich ist, ob auch der Aussteller selbst den Tatbestand des § 267 I 2. Var. erfüllen kann (Falllösungen bei *Küper,* Jura 1996, 208; *Zieschang,* JA 2008, 194 f.). Die h.M. bejaht dies zu Recht, wenn der Aussteller die freie und ausschließliche Dispositionsbefugnis über die Urkunde deshalb verloren hat, weil inzwischen ein anderer ein berechtigtes Beweisinteresse an der Unversehrtheit der Urkunde erlangt hat (BGHSt 13, 382, 385 f.; *KG* wistra 1984, 233, 234; *OLG Koblenz* NJW 1995, 1624, 1625; *Geppert,* Jura 1990, 271 f.). Die Gegenmeinung betont, dass § 267 das Vertrauen in die Wahrheit von Ausstellererklärungen generell nicht schütze und daher in allen Begehungsformen eine Identitätstäuschung voraussetze; ein ausreichender strafrechtlicher Schutz werde durch § 274 gewährt (*Otto,* JuS 1987, 768 f.; *Freund,* JuS 1994, 34 = Urkundenstraftaten, Rn. 184 ff.; zu § 274 siehe § 36). Für die h.M. spricht nicht zuletzt, dass vom Standpunkt der Gegenmeinung aus § 267 I 2. Var. überhaupt keinen eigenständigen Anwendungsbereich hat (demnach überflüssig wäre), weil im Verfälschen durch Dritte immer auch die Herstellung einer unechten Urkunde liegt.

In dem **Beispiel** erfüllt S nach h.M. § 267 I 2. Var., obwohl die Urkunde eine echte (unwahre) Urkunde bleibt; S hat ihre Dispositionsbefugnis mit der Abgabe der Klausur verloren. Ein Parallelfall liegt z.B. vor, wenn der Aussteller eine Durchschrift (§ 32 Rn. 23) ändert, um nach dem Verlust des Originals die Rechtslage zu seinen Gunsten zu beeinflussen.

25   Im **Fall 1** ist freilich zu beachten, dass die Durchschrift infolge der bewusst herbeigeführten „weißen Flecken" keine Beweisfunktion und damit keinen Urkundencharakter hat. Folglich scheidet § 267 I 2. Var. aus. Aber auch § 267 I 1. Var. erfüllt A nicht; denn mit der nachträglichen Ergänzung stellt er eine echte (unwahre) Urkunde her (vergleichbar *OLG Hamm* NJW 1973, 1809 mit Besprechung *Geppert,* Jura 1990, 272 f.).

3. Verfälschen von zusammengesetzten Urkunden und Gesamturkunden

26   a) Da bei der **zusammengesetzten Urkunde** (§ 32 Rn. 17 f.) Bezugsobjekt und Gedankenerklärung eine Beweiseinheit bilden,

gelangt man zu einer Verfälschung, wenn dieser Beweiseinheit durch den Austausch des Bezugsobjekts oder durch Manipulationen an ihm eine andere Beweisrichtung gegeben wird. Dabei darf die zusammengesetzte Urkunde nicht aufhören zu existieren, insbesondere muss also die feste Verbindung aufrechterhalten bleiben.

Beispiele: (1) Im **Fall 2 a** sind Preisetikett und Flasche hinreichend fest verbunden und bilden eine zusammengesetzte Urkunde. A erfüllt § 267 I 2. Var., indem er die Erklärung des Geschäftsinhabers: „Champagner kostet 19,98 €" durch Aufkleben eines anderen Preisetiketts inhaltlich ändert. Da auch die neue Verbindung fest ist, hat die zusammengesetzte Urkunde nicht aufgehört zu existieren (*Geppert,* Jura 1988, 161). Das Ergebnis ist eine unechte Urkunde. § 267 I 1 Var. und die §§ 274, 303 treten im Wege der Konsumtion zurück (entsprechend dem Beispiel in Rn. 23). 27

(2) Im Fall 2 a wäre § 267 I 2. Var. auch dann zu bejahen, wenn A auf Grund eines einheitlichen Tatentschlusses die Preisetiketten ganz austauschen, insoweit also die „19,98 €" nicht bloß überkleben würde. Obwohl hier konstruktiv das Ablösen der „4,98 €" als Tat nach § 274 I Nr. 1 und das Anbringen der „19,98 €" als Herstellen einer unechten Urkunde (§ 267 I 1. Var.) gewürdigt werden könnten, führt eine einheitliche Betrachtungsweise zu der Bewertung, dass die zusammengesetzte Urkunde zu existieren „letztlich nie aufgehört hat" (so *Geppert,* Jura 1988, 161 zur h. M.; vgl. ferner *Wessels/Hettinger,* BT 1, Rn. 845).

(3) Im **Fall 2 b** fehlt die feste Verbindung zum Bezugsobjekt Flasche. Von daher liegt keine zusammengesetzte Urkunde vor. Urkundenstraftaten scheiden folglich aus.

(4) Ein dem Fall 2 a entsprechendes Beispiel stellt das **Austauschen von** gestempelten amtlichen **Kennzeichen** an Kraftfahrzeugen dar. Wenn der Täter aber das Kennzeichen nur abmontiert, so beseitigt er die feste Verbindung; dann existiert die zusammengesetzte Urkunde nicht mehr, so dass allein eine Urkundenvernichtung gemäß § 274 I Nr. 1 vorliegt (dazu *Geppert,* Jura 1988, 161). 28

(5) Das Überkleben eines amtlichen Kfz-Kennzeichens mit einer durchsichtigen „Antiblitzfolie" oder anderen durchsichtigen reflektierenden Mitteln, um bei bestimmten Verkehrsverstößen nicht identifiziert zu werden, erfasst § 267 I 2. Var. nicht, weil der beweisrelevante Erklärungsinhalt – nämlich die Erklärung der Zulassungsstelle, dass das Fahrzeug unter diesem Kennzeichen für einen bestimmten Halter zum öffentlichen Verkehr zugelassen worden ist – unverändert bleibt (BGHSt 45, 197). Ob § 274 I Nr. 1 vorliegt, ist sehr zweifelhaft (zusammenfassend *Krack,* NStZ 2000, 423 f.). Bejaht man insbe-

sondere ein Beschädigen (dazu § 36 Rn. 6), so muss der Tatbestand in der Regel jedenfalls dann verneint werden, wenn man mit der h. M. die Vereitelung des staatlichen Straf- oder Bußgeldanspruchs für nicht tatbestandsmäßig hält (§ 36 Rn. 8). Anders läge es nur, wenn sich die Absicht des Täters ausnahmsweise (auch) darauf beziehen würde, beweisrelevante Blitzlichtaufnahmen von Privatpersonen zu verhindern (vgl. *Krack*, NStZ 1997, 603). Entfällt § 274 I Nr. 1, so greift allein § 22 I Nr. 3 StVG ein. – Falllösungen bei *Baier*, JuS 2004, 56 ff.; *Walter/Uhl*, JA 2009, 31 ff.

29   (6) Ein beliebter Fall ist schließlich der **Austausch von Blutproben** (vgl. BGHSt 5, 75, 79 f.) oder **Urinproben** (*Jung*, JuS 1992, 133 f.). Hier verweisen im Regelfall Entnahmeprotokolle auf die gekennzeichneten Proben, ohne dass aber Protokolle und Proben zu einer festen Beweiseinheit zusammengefügt sind. Ohne eine solche feste Verbindung kann durch den Austausch § 267 I 2. Var. nicht verwirklicht werden.

30   b) Wenn **Gesamturkunden** (§ 32 Rn. 19 f.) Tatobjekte sind, kann man zunächst die Urkundenstraftaten bezüglich der Einzelurkunden erörtern; insoweit gelten keine Besonderheiten. Zusätzlich ist aber zu beachten, dass Manipulationen mit Einzelurkunden in der Regel die übergeordnete Beweisfunktion der Gesamturkunde verändern und dann diese im Sinne des § 267 I 2. Var. verfälschen.

> **Beispiele:** Beamter B entnimmt unbefugt bei Einsicht in seine Personalakte ein ungünstiges Zeugnis. – Bezüglich des Zeugnisses liegt § 274 I Nr. 1 vor. Bezüglich der Gesamturkunde Personalakte erfüllt B § 267 I 2. Var., weil nach außen hin der Eindruck erweckt wird, als vermittle die Akte ein dem Willen des Ausstellers entsprechendes vollständiges Bild. Konkurrenzrechtlich tritt hier, obwohl verschiedene Urkunden Tatgegenstand sind, § 274 I Nr. 1 im Wege der Konsumtion zurück, weil die Vernichtung/Unterdrückung der Einzelurkunde nur das typische Mittel zur Verfälschung des Aussagegehalts der Gesamturkunde ist (*Lackner/Kühl*, § 274 Rn. 8; für Idealkonkurrenz aber *Geppert*, Jura 1988, 162).
> Zum parallel liegenden Beseitigen von Strichen auf dem Bierdeckel siehe die Falllösungen bei *Krey/M. Heinrich*, BT 1, Rn. 679 ff.; *Ellbogen/Richter*, JuS 2002, 1192 ff.

IV. Gebrauchen einer unechten oder verfälschten Urkunde (§ 267 I 3. Var.)

31   Eine (unechte oder verfälschte) Urkunde gebraucht, wer sie demjenigen, der durch sie getäuscht werden soll, so zugänglich macht, dass dieser die Möglichkeit hat, die Urkunde wahrzuneh-

men (BGHSt 36, 64, 65). Diese *Möglichkeit* (die keine tatsächliche Kenntnisnahme voraussetzt) besteht beispielsweise, wenn jemand ein Kraftfahrzeug mit einem falschen Kennzeichen fährt (BGHSt 18, 66, 70 f.). Dagegen liegt im bloßen Beisichführen eines gefälschten Führerscheins noch kein Gebrauchen (*BGH* StV 1989, 304). Ebenso wenig gebraucht die Urkunde, wer sich nur auf eine in seinem oder in notariellem Besitz befindliche Urkunde beruft, ohne dem zu Täuschenden ihre sinnliche Wahrnehmung zu ermöglichen (BGHSt 36, 64, 65 f.).

Streitig ist, ob das Gebrauchen die Möglichkeit zur *unmittel-* **32** *baren* sinnlichen Wahrnehmung gerade des Urkundenoriginals voraussetzt oder ob dafür auch die *mittelbare Wahrnehmung* der unechten/verfälschten Urkunde **durch Verwendung einer Foto-kopie** genügt. Insbesondere die Rechtsprechung sieht in der Vorlage der Kopie einer unechten/verfälschten Urkunde ein Gebrauchen des falschen Originals selbst.

BGHSt 24, 140, 142; *BGH* wistra 1993, 341, 342; StV 2001, 624 f.; *Bay-ObLG* NJW 1990, 3221; *OLG Düsseldorf* JR 2001, 82; a. A. *Otto,* JuS 1987, 769 f.; *Wohlers,* JR 2001, 83 m. w. N.

Im **Fall 3 a** hat A im Jahre 2002 objektiv und subjektiv § 267 I 1. Var. erfüllt **33** (ergänzend Rn. 39). Doch ist diese Tat 2009 verjährt (§ 78 III Nr. 4).

Im **Fall 3 b** verwirklicht A allerdings 2008 vom Standpunkt der Rechtsprechung aus § 267 I 3. Var., indem er eine Kopie der unechten Urkunde vorlegt. Nach der Gegenansicht, die für das Gebrauchen die Möglichkeit zur unmittelbaren sinnlichen Wahrnehmung gerade des Falsifikats voraussetzt, hätte sich A 2008 nicht gemäß § 267 I 3. Var. strafbar gemacht und könnte damit 2009 strafrechtlich nicht (mehr) verfolgt werden.

Im **Fall 4 a** ist – anders als im **Fall 3 b** – die Fotokopiervorlage mangels Be- **34** weisfunktion keine Urkunde (§ 32 Rn. 4, 7). Der „Trick" (so *Geppert,* Jura 1990, 273), in der Vorlage einer Fotokopie zumindest ein Gebrauchen des (unechten oder verfälschten) Urkundenoriginals zu sehen, funktioniert hier nicht, weil die Urschrift keine Urkundenqualität besitzt. Der in § 32 Rn. 27 erörterte Ausnahmefall – Vorlage einer Reproduktion als Originalurkunde – liegt offenbar nicht vor. Demnach erfüllt A auch nach der Rechtsprechung keine Modalität des § 267 (*BGH* wistra 1993, 225 und 341; *BayObLG* NJW 1992, 3311; Falllösung bei *Radtke,* JuS 1995, 236 f.).

Fall 4 b liegt wieder anders. Hier erfüllt A zunächst den objektiven Tatbestand des § 267 I 2. Var., weil er den Inhalt einer vorhandenen echten Urkunde verändert. Da er insoweit allerdings bei der Verfälschungshandlung nicht den Willen hat, das Falsifikat selbst in den Rechtsverkehr zu bringen, kann der Täuschungswille nur bejaht werden, wenn man dafür – parallel zur Rechtspre-

chung bezüglich der Verwendung von Fotokopien im Rahmen des § 267 I
3. Var. – den Willen ausreichen lässt, mit Hilfe einer Kopie des verfälschten
Originals auf den Rechtsverkehr einzuwirken (in diesem Sinne *BayObLG*
NJW 1991, 2163). Daneben ist, folgt man der Rechtsprechung, § 267 I 3. Var.
erfüllt (Gebrauchen einer verfälschten Urkunde durch Vorlage einer Kopie).

35   Würde man entgegen der h.M. in Fotokopien als solchen Urkunden erblicken, könnte namentlich im **Fall 4a** unproblematisch
§ 267 I 1. und 3. Var. bejaht werden. Lehnt man dies richtigerweise ab (§ 32 Rn. 25 ff.), so verdient im Streit um das Erfordernis der
mittelbaren oder unmittelbaren Wahrnehmung des Falsifikats die
Rechtsprechung Zustimmung, weil sie dem Strafbedürfnis, gewisse Manipulationen mit Fotokopien immerhin zum Teil als Urkundenstraftaten zu erfassen, Rechnung trägt.

36   Zum **Konkurrenzverhältnis** der 3. Variante mit der 1. bzw.
2. Variante ist folgendes anzumerken:
      (1) **Realkonkurrenz** ist dann anzunehmen, wenn der Täter
beim Herstellen bzw. Verfälschen den späteren Gebrauch der Urkunde noch *nicht* in bestimmter Weise ins Auge gefasst hat.

37   (2) Typischerweise liegt die umgekehrte Situation vor. Der Täter
hat bei der Fälschungshandlung sich nicht nur in allgemeinen Umrissen Gedanken über die spätere Verwendung der unechten/ver-
fälschten Urkunde gemacht, sondern den späteren – einmaligen –
Gebrauch bereits in bestimmter Weise geplant. In solchen Fällen ist
von **einer** Urkundenfälschung im Rechtssinne auszugehen, wobei
man in der Begründung insbesondere auf den Gedanken der **deliktischen Einheit** abstellen oder auch sagen kann, die erste (Gefähr-
dungs-)Stufe trete als **mitbestrafte Vortat** hinter die zweite (Ver-
letzungs-)Stufe zurück (zusammenfassend *Geppert,* Jura 1988,
162 f.; *Freund,* JuS 1994, 128 f. = Urkundenstraftaten, Rn. 228 ff.).

Im **Fall 3a** läge eine solche einheitliche (spätestens 1998 dann nach § 78 III
Nr. 4 verjährte) Tat vor, wenn A das Zeugnis auch tatsächlich 1991/1992 verwendet hätte. Ein weiteres Beispiel in § 37 Rn. 7.

38   (3) **Mehrere Fälle des Gebrauchens,** auch wenn sie schon bei
der Tat gemäß § 267 I 1. oder 2. Var. geplant waren, führen zu real
konkurrierenden Delikten der Urkundenfälschung, nachdem die
Rechtsfigur der fortgesetzten Tat weitgehend verabschiedet worden ist (dazu BGHSt 40, 138; *Lackner/Kühl,* vor § 52 Rn. 12 ff.;
Geppert, JK 99, StGB § 267/24).

V. Subjektiver Tatbestand

Neben dem Vorsatz (dolus eventualis genügt) erfordern alle **39** Modalitäten des § 267 I im subjektiven Tatbestand den Willen „zur Täuschung im Rechtsverkehr". Nach h. M. genügt insoweit wissentliches Handeln (dolus directus 2. Grades); absichtliches Handeln im Sinne zielgerichteten Wollens (dolus directus 1. Grades) wird also nicht vorausgesetzt (*BGH* NStZ 1999, 619; *BayObLG* NJW 1998, 2917; ergänzend Rn. 41; Sch/Sch/*Cramer/Heine*, § 267 Rn. 91; *Lackner/Kühl*, § 267 Rn. 25).

Es handelt sich um ein besonderes subjektives Tatbestandsmerkmal, bei dem es auf die tatsächliche Umsetzung des Täuschungswillens nicht ankommt. Im **Fall 3 a** hat A folglich im Jahre 2000 eine vollendete (2007 verjährte) Tat gemäß § 267 I 1. Var. begangen.

Zur Täuschung im Rechtsverkehr handelt, wer erreichen will, **40** dass ein anderer die Urkunde für echt hält und durch diese irrige Annahme zu einem rechtlich erheblichen Verhalten (Tun oder Unterlassen) bestimmt wird, wer also mit der falschen Urkunde, und zwar mit dem verfälschten Teil, irgendwie auf das Rechtsleben einwirken will (BGHSt 33, 105, 109 f.).

Beispiele: Irreführung der Polizei; Täuschungen, um unberechtigt Gelder zu **41** erlangen; Erschleichen von Einstellungen; Vorlage eines falschen Ausweises, um Zutritt zu einer bestimmten Einrichtung zu erreichen (vgl. *BayObLG* NStZ-RR 2002, 305).
Wer Kfz-Kennzeichen austauscht (dazu Rn. 28), nur um als Eigentümer des Fahrzeuges zu erscheinen und damit zu imponieren, hat Täuschungswillen in der Form des dolus directus 2. Grades; denn er weiß, dass sein Verhalten das allgemeine Interesse des Rechtsverkehrs an zuverlässigen Identifizierungsmöglichkeiten beeinträchtigt (in diesem Sinne auch *BayObLG* NJW 1998, 2917; *Geppert*, JK 99, StGB § 267/25).
Mit BGHSt 33, 105 handelt in Täuschungsabsicht auch, wer bei einer Verkehrskontrolle einen gefälschten – z. B. auf die Fahrerlaubnisklasse „1" oder „A" erweiterten – Führerschein vorlegt, obwohl er am Steuer eines Fahrzeugs angetroffen wird, für das er die Fahrerlaubnis – z. B. Klasse „3" oder „B" – hat (zust. auch *Otto*, JuS 1987, 770; a. A. Sch/Sch/*Cramer/Heine*, § 267 Rn. 88).
Keinen Willen zur Täuschung im *Rechts*verkehr besitzt, wer im Rahmen von zwischenmenschlichen Beziehungen beispielsweise gegenüber dem Liebhaber nur jünger erscheinen, ein Mädchen bloß zum Bleiben über Nacht bestimmen oder lediglich Angehörige beruhigen will (siehe die Beispiele bei *Fischer*, § 267 Rn. 30).

42   Die **Gleichstellungsklausel des § 270,** die für alle Tatbestände mit dem Merkmal „Täuschung im Rechtsverkehr" gilt (§§ 152a, 267, 268, 269, 271, 273, 281), gewährleistet, dass auch solche Fälle von § 267 I erfasst werden, in denen unechte/verfälschte Urkunden nicht Menschen vorgelegt, sondern maschinell in einen Computer eingelesen werden (sollen).

VI. Sonstiges

43   Der **Versuch** ist strafbar (§ 267 II).

Strafschärfungen: Der durch das 6. StrRG 1998 neu gefasste § 267 III greift die Regelbeispielsmethode auf (vgl. *Rengier,* BT I, § 3 Rn. 1 ff. zu § 243) und nennt vier Regelbeispiele für besonders schwere Fälle. Der ebenfalls neue § 267 IV sieht dagegen eine echte Qualifikation vor.

Speziell zu den Voraussetzungen des § 267 III 2 Nr. 1 und IV vgl. *Rengier,* BT I, § 3 Rn. 34 (Gewerbsmäßigkeit), § 4 Rn. 89 ff. (Bandendiebstahl) und § 22 Rn. 44 (Bandenhehlerei).

Empfehlungen zur vertiefenden Lektüre:

Rechtsprechung: BGHSt 33, 105 (Gebrauchen eines Führerscheins mit verfälschter Fahrerlaubnisklasse); BGHSt 40, 203 (maßgebende Identifizierungsmerkmale für eine Identitätstäuschung im Versandhandel); *BGH* NJW 1993, 2759 (Unterzeichnung einer Urkunde in offener Stellvertretung für eine natürliche Person ohne Vertretungsbefugnis); *BGH* wistra 1993, 341 (Benutzung manipulierter Fotokopien); *OLG Köln* NJW 1979, 729 (Manipulationen bei Preisauszeichnungen); *BayObLG* NJW 1981, 772 (Abgabe einer von einem Dritten geschriebenen Prüfungsarbeit unter eigener Platznummer); *OLG Stuttgart* NJW 1981, 1223 (keine Identitätstäuschung beim bloßen Missbrauch einer Vertretungsbefugnis); *OLG Celle* NJW 1986, 2772 (Verwenden eines falschen Namens als bloße Namenstäuschung); *BayObLG* NJW 1990, 264 (Überkleben eines Zurückweisungsvermerks im Reisepass); *OLG Hamm* NStZ-RR 1998, 331 (Reisepass mit Visa keine Gesamturkunde).

Literatur: *Freund* (wie zu § 32), JuS 1994, 30 ff., 125 ff. = Urkundenstraftaten, Rn. 134 ff., 206 ff.; *Geppert,* Zum Verhältnis der Urkundendelikte untereinander, insbesondere zur Abgrenzung von Urkundenfälschung und Urkundenunterdrückung (§§ 267 und 274 I Nr. 1 StGB), Jura 1988, 158 ff.; *Otto,* Die Probleme der Urkundenfälschung (§ 267 StGB) in der neueren Rechtsprechung und Lehre, JuS 1987, 761 ff.; *Puppe* (wie zu § 32), JZ 1991, 447 ff., 550 ff.; *Seier* (wie zu § 32).

§ 34. Fälschung technischer Aufzeichnungen (§ 268)

Fall 1: K kauft in der Fleischabteilung eines Supermarktes, wo seine Freundin F als Verkäuferin bedient, diverse Fleischwaren für 54,32 €. Bezahlt wird an der Kasse mittels des Abrechnungszettels, der in der Fleischabteilung an die Verpackung geheftet wird und die einzelnen Posten mit der Endsumme auflistet. Auf dem Weg zur Kasse ändert K spontan, um Geld zu sparen, die „5" in eine „3". Die Kassiererin berechnet demzufolge für die Fleischwaren nur 34,32 €. → Rn. 13

Fall 2: Im Fall 1 klemmt die F auf Anregung des K ein Hindernis so in die Waage, dass im Ergebnis ca. 30 Prozent zu wenig angezeigt, auf dem Abrechnungszettel ausgedruckt und an der Kasse berechnet werden. → Rn. 14

I. Begriff der technischen Aufzeichnung

§ 268 soll eine Lücke schließen, die das Erfordernis der *mensch-* **1** *lichen* Gedankenerklärung im Rahmen des § 267 hinterlässt. § 268 ist dem § 267 nachgebildet und schützt die Sicherheit und Zuverlässigkeit des Beweisverkehrs mit technischen Aufzeichnungen. Die Vorschrift dient der Sicherheit der Informationsgewinnung durch technische Geräte und dem Schutz des Vertrauens darauf, dass ein Gegenstand, der im Rechtsverkehr als technische Aufzeichnung präsentiert wird, in dieser Form ohne Manipulationen entstanden ist und deshalb als Ergebnis eines automatisierten Vorgangs die Vermutung inhaltlicher Richtigkeit für sich hat (BGHSt 40, 26, 30; *OLG Karlsruhe* NStZ 2002, 652; *BayObLG* wistra 1995, 316, 317).

Technische Aufzeichnungen unterscheiden sich von Urkunden **2** dadurch, dass die technische Aufzeichnung keine menschliche Gedankenerklärung enthält und keinen Aussteller erkennen lässt. Diese Verschiedenheit schließt es keineswegs aus, dass jemand den Inhalt aufgezeichneter Daten zu seiner eigenen Erklärung macht und dann in einem Dokument sowohl eine Urkunde als auch eine technische Aufzeichnung verkörpert sind (näher Rn. 13 f.).

Geschützte Tatobjekte sind von technischen Geräten automa- **3** tisch hergestellte beweisrelevante Aufzeichnungen. Von zentraler Bedeutung ist der Begriff der technischen Aufzeichnung, der in § 268 II definiert wird. Zunächst einige darunter fallende

Beispiele: Fahrtenschreiberdiagramm (Tachographenscheibe); Kassenbelege, soweit sie Rechenvorgänge dokumentieren (dazu auch Rn. 13); Computer-(ab)rechnungen; EDV-Kontoauszüge; Parkschein (*Hecker,* JuS 2002, 225 f.); automatische Aufnahmen im Zusammenhang mit bestimmten Maßnahmen zur Verkehrsüberwachung (Radargeschwindigkeitskontrollen, Aufzeichnung von Rotlichtverstößen; ergänzend Rn. 6).

4   Was die **Legaldefinition** des § 268 II im Einzelnen betrifft, so sind vor allem zwei Punkte hervorzuheben:

(1) Aus dem Begriff der **Darstellung** wie auch dem der „Aufzeichnung" folgt, dass der technischen Aufzeichnung – genauso wie die Urkunde (§ 32 Rn. 2 f.) – eine Perpetuierungsfunktion zukommt, die eine gewisse **Dauerhaftigkeit der Verkörperung** voraussetzt. Nach h. M. müssen insoweit die Informationen in einem selbstständig verkörperten, vom Gerät abtrennbaren Stück enthalten sein (Diagrammscheibe, Zettel), was aber keine visuelle Wahrnehmbarkeit der Informationen erfordert (Magnetstreifen). Unstreitig nicht erfasst sind **schlichte Anzeigegeräte,** die nach der optischen Wiedergabe des Messergebnisses wieder in ihre Ursprungsstellung zurückgehen (Tachometer, einfache Waage).

5   Streit besteht bezüglich solcher Anzeigegeräte, bei denen eine kontinuierliche Addition der Messwerte erfolgt und jeder Messwert in den folgenden eingeht (namentlich **Kilometerzähler** bei Fahrzeugen, ferner z. B. **Gas-, Strom- und Wasserzähler**). Nach einer Mindermeinung soll es hier für die Perpetuierung genügen, dass der Messwert nicht gelöscht wird, sondern auf Dauer in die (sich laufend verändernde) jeweilige Endsumme einfließt. Nach der vorzugswürdigen h. M. fehlt dagegen in solchen Fällen die notwendige Verkörperung in Form einer vom Anzeigegerät abtrennbaren Unterlage.

Zur h. M. BGHSt 29, 204; *Wessels/Hettinger,* BT 1, Rn. 862 ff.; *Lackner/Kühl,* § 268 Rn. 3. Zur Mindermeinung *OLG Frankfurt* NJW 1979, 118; *Freund,* JuS 1994, 207 f. = Urkundenstraftaten, Rn. 245 ff. Ergänzend *Hecker,* JA 2004, 763 f. zur Telefonkarte.

6   (2) Ferner verlangt § 268 II eine mindestens zum Teil **selbsttätige Bewirkung** der Darstellung. Das Gerät muss – z. B. in Form von Rechenoperationen – gewissermaßen eine eigene selbstständige Leistung erbringen, also *neue* Informationen hervorbringen und nicht nur vorhandene (eingegebene) reproduzieren. Folglich stellen schlichte Fotokopien, Fotografien, Ton-, Film- und Videoaufnah-

men keine technischen Aufzeichnungen dar (h.M.; *Fischer,* § 268
Rn. 7; LK/*Gribbohm,* 11. Aufl., § 268 Rn. 15ff.; Sch/Sch/*Cramer/
Heine,* § 268 Rn. 16).

Bei den erwähnten Aufnahmen zur Verkehrsüberwachung (Rn. 3) liegt die
– sich von der bloßen bildlichen Wiedergabe unterscheidende – selbsttätige
Bewirkung in der Einbeziehung bestimmter Messwerte wie „Geschwindigkeit", „Uhrzeit", „Datum" und „Umschalten auf Rot" (vgl. auch *Rahmlow,*
JR 2000, 388ff.).

II. Die Tatmodalitäten im Einzelnen

§ 268 I Nr. 1 1. Var. ist dem § 267 I 1. Var. zwar nachgebildet, 7
verwendet den Begriff der Unechtheit aber in einem anderen Sinn.
Eine technische Aufzeichnung ist unecht, wenn sie den falschen
Eindruck erweckt, das Ergebnis eines von Störungshandlungen
unbeeinflussten selbsttätigen Aufzeichnungsvorganges zu sein.
Danach stellt eine unechte technische Aufzeichnung erstens her,
wer eine **Imitation** schafft, die überhaupt nicht oder nur teilweise
von einem derartigen Aufzeichnungsvorgang herrührt, zweitens
derjenige, der durch störende **Einwirkung gerade auf den Aufzeichnungsvorgang** das Ergebnis der Aufzeichnung beeinflusst
(siehe auch § 268 III, der insoweit nur klarstellende Bedeutung
hat).

Beispiele: Der Täter manipuliert den selbsttätig-fehlerfreien Funktionsab- 8
lauf eines Fahrtenschreibergeräts, indem er z.B. den Schreibstift verbiegt
(*BayObLG* wistra 1995, 316). Desgleichen liegt eine strafbare Manipulation
vor, wenn der Täter eine falsche, für Geräte mit anderen Geschwindigkeitsbe-
reichen bestimmte Tachographenscheibe verwendet, da zum ordnungsgemäßen
mäßen Arbeitsablauf – im Sinne einer technischen Einheit – die Benutzung ge-
rätegerechter Diagrammscheiben gehört (BGHSt 40, 26 m.w.N. pro und contra; *Geppert,* JK 94, StGB § 268/4).

Nichts mit § 268 – jedoch ggf. mit § 267 – hat der Fall zu tun, 9
dass auf dem Schaublatt des Fahrtenschreibers ein falscher Name
eingetragen wird oder Schaublätter ausgetauscht werden.

OLG Stuttgart NJW 1978, 715; NZV 2000, 96; *BayObLG* NJW 1981, 774;
OLG Karlsruhe NStZ 2002, 652; *Puppe,* JZ 1997, 492f.

Ebenso wenig tatbestandsmäßig sind Manipulationen etwa beim
Selbstabwiegen in Geschäften (durch Anheben der Ware oder Drü-
cken einer falschen Taste) oder beim Beschicken eines Computers;

hier werden nur falsche Daten eingegeben, die das Gerät technisch korrekt aufzeichnet. Auch die Einwirkung auf eine polizeiliche Verkehrsüberwachungs-Blitzanlage durch eine Gegenblitzanlage, Reflektoren oder auch Beschmieren beeinflusst nicht den technisch ordnungsgemäßen Arbeitsablauf der Datengewinnung, da die so herbeigeführte Unbrauchbarkeit des Beweisfotos Folge eines korrekt ablaufenden Aufzeichnungsvorganges ist und somit nicht das Rechtsgut (Rn. 1) berührt.

Vgl. hierzu *OLG München* NJW 2006, 2132f. mit Anm. *Kudlich,* JA 2007, 72; *LG Flensburg* NJW 2000, 1664; *Geppert,* JK 00, StGB § 268/5; MüKo/*Erb,* § 268 Rn. 36ff.; *Lackner/Kühl,* § 268 Rn. 9.

10　　Vornehmlich aus der Fassung des § 268 III („wenn der Täter durch störende Einwirkung auf ...") ergibt sich, dass – außerhalb der Imitationsfälle – ein **menschlicher Eingriff** in den vorbestimmten funktionellen Ablauf unverzichtbarer Bestandteil des Tatgeschehens sein muss. Daher erfüllt nicht den Tatbestand, wer lediglich rein technische Defekte (sog. Eigendefekte) ausnutzt, ob er nun ein entsprechendes defektes Gerät weiterlaufen lässt oder es in Gang setzt. Aus dem gleichen Grund erfasst der Tatbestand auch nicht das Unterlassen eines Garanten, der eine ohne menschliche Einwirkung entstandene Störung nicht behebt.

Wer demgegenüber vorsätzlich ein von Menschenhand manipuliertes Aufzeichnungsgerät (z.B. einen Fahrtenschreiber) in Betrieb setzt, stellt durch aktives Tun eine unechte technische Aufzeichnung her. In den Bereich des strafbaren unechten Unterlassens gelangt man, wenn der Täter als Garant pflichtwidrig gegen Störungen durch Dritte nicht einschreitet oder die Inbetriebnahme eines Geräts duldet, auf das zuvor ein Dritter oder – unvorsätzlich – er selbst in störender Weise eingewirkt hat (vgl. zum Ganzen BGHSt 28, 300, 304ff.; *Wessels/Hettinger,* BT 1, Rn. 877ff.; *Lackner/Kühl,* § 268 Rn. 9).

11　　**§ 268 I Nr. 1 2. Var.** ist dem § 267 I 2. Var. nachgebildet. Als Tatobjekt kommt nur eine vorhandene technische Aufzeichnung in Betracht. Eine technische Aufzeichnung wird verfälscht, wenn die vom Gerät automatisch hergestellten Zeichen durch nachträgliche Veränderung einen anderen Erklärungswert erhalten. Der Beweisinhalt wird so geändert, dass der Anschein entsteht, als habe die technische Aufzeichnung in der veränderten Gestalt nach ordnungsgemäßem Herstellungsvorgang das Gerät verlassen (*Fischer,*

§ 268 Rn. 12; *Lackner/Kühl*, § 268 Rn. 10). Als typische Folge der Verfälschungshandlung entsteht eine unechte technische Aufzeichnung (vgl. Rn. 7 und § 33 Rn. 23).

§ 268 I Nr. 2 entspricht § 267 I 3. Var. Insoweit und auch im 12 Übrigen, namentlich bezüglich des subjektiven Unrechtselements „zur Täuschung im Rechtsverkehr", kann auf § 267 verwiesen werden (§ 33 Rn. 31 ff., 39 ff.).

III. Falllösungen

Im **Fall 1** darf man zunächst nicht übersehen, dass technische 13 Aufzeichnungen vielfach von einem Aussteller als Gedankenerklärung übernommen werden und dadurch eine Urkunde entsteht, die zugleich eine technische Aufzeichnung enthält. Man denke nur an Wasser-, Strom- und Telefonabrechnungen sowie Steuerbescheide. Beziehen sich in solchen Fällen die Tathandlungen sowohl auf die Urkunde wie die technische Aufzeichnung, so ist zwischen § 267 und § 268 richtigerweise Idealkonkurrenz anzunehmen (LK/ *Gribbohm*, 11. Aufl., § 268 Rn. 58; Sch/Sch/*Cramer/Heine*, § 268 Rn. 68; *Lackner/Kühl*, § 268 Rn. 12; NK/*Puppe*, § 267 Rn. 111; *Hecker*, JuS 2002, 226).

Im **Fall 1** steht hinter dem Abrechnungsbeleg als Aussteller der Inhaber des Supermarktes bzw. je nach interner Organisation möglicherweise auch der Leiter der Fleischabteilung. Den Abrechnungsbeleg (= Urkunde) hat K gemäß § 267 I 2. Var. verfälscht (Lösung entsprechend dem Rezept-Fall von § 33 Rn. 23).

Darüber hinaus stellen in dem Abrechnungsbeleg die aufgelisteten Posten mit der Endsumme über 54,32 € eine technische Aufzeichnung dar. Diese wurde nicht durch einen störenden Eingriff in den Aufzeichnungsvorgang gewonnen, so dass *insoweit* § 268 I Nr. 1 1. Var. entfällt. K hat aber einen automatisch aufgezeichneten Rechenwert verfälscht und daher § 268 I Nr. 1 2. Var. erfüllt. Mit dieser *manuellen* Manipulation an einer vorhandenen Aufzeichnung geht notwendigerweise (als Imitation im Sinne von Rn. 7) die Herstellung einer unechten technischen Aufzeichnung gemäß § 268 I Nr. 1 1. Var. einher; diese Tatmodalität tritt zurück, so wie auch die ebenfalls erfüllten §§ 274 I Nr. 1, 303 als typische Begleittaten keine selbstständige Bedeutung haben. Das Gebrauchen an der Kasse (§ 268 I Nr. 2) bildet mit dem Verfälschen gemäß § 268 I Nr. 1 2. Var. *eine* einheitliche Tat (entsprechend § 33 Rn. 37). Im *Ergebnis* gelangt man, den Betrug an der Kasse einbezogen, zu den §§ 267, 268, 263; 52.

Im **Fall 2** verwirklicht die F zunächst § 267 I 1. Var., da wegen 14 ihres kollusiven Zusammenwirkens mit K die Erklärung dem Su-

permarkt nicht zugerechnet wird (näher § 33 Rn. 18). Damit in
Tateinheit erfüllt F § 268 I Nr. 1 1. Var., indem sie den selbsttätigen
technischen Aufzeichnungsvorgang stört (was *nicht* der Fall wäre,
wenn sie die Packung nur leicht anheben würde; siehe Rn. 9). Der
K gebraucht sowohl eine unechte Urkunde wie eine unechte technische Aufzeichnung und wird somit im Ergebnis nach den
§§ 267 I 3. Var., 268 I Nr. 2, 263, 52 bestraft (seine Anstiftungs-
handlungen sind subsidiär). Für F kommen in Tateinheit noch die
§§ 263, 27 hinzu.

Empfehlungen zur vertiefenden Lektüre:

Rechtsprechung: BGHSt 29, 204 (Anzeige des Kilometerstandes keine
technische Aufzeichnung); BGHSt 40, 26 (Verwenden einer gerätefremden
Tachographenscheibe); *BayObLG* NJW 1981, 774 (Herstellen einer unechten
Urkunde durch Beschriftung des Fahrtenschreiberschaublattes mit falschem
Namen).

Literatur: *Freund* (wie zu § 32), JuS 1994, 207 ff. = Urkundenstraftaten,
Rn. 235 ff.; *Hecker,* Der manipulierte Parkschein hinter der Windschutzscheibe
– ein (versuchter) Betrug? – *OLG Köln* NJW 2002, 527, JuS 2002, 224 ff.

§ 35. Fälschung beweiserheblicher Daten (§ 269)

Fall 1: Der Steuerschuldner A hat einen korrekten Steuerbescheid mit einer
Steuerschuld über 1.000 € erhalten. Als A bei dem zuständigen Finanzbeamten
F vorspricht und wegen der hohen Schuld jammert, bekommt F Mitleid und
sagt, er wolle sehen, was sich machen lasse; jedenfalls solle A vor weiteren Mah-
nungen nicht bezahlen. *Zwei Varianten:* a) Nachdem A gegangen ist, gibt F in
den Computer den Befehl „bezahlt" ein, so dass die ansonsten automatisch erfolgende Mahnung unterbleibt. b) F manipuliert mit Computerbefehlen die gespeicherten Daten so, dass nur eine Steuerschuld von 500 € ausgewiesen wird
und demzufolge die automatische Mahnung in dieser Höhe erfolgt. → Rn. 7

Fall 2: Im Fall 1 tippt der Steuerschuldner A, als F vorübergehend sein
Dienstzimmer verlässt, a) den Befehl „bezahlt", b) die mindernden Manipulationen in den Computer ein. → Rn. 8

1   § 269 lehnt sich sehr stark an § 267 an. Die Vorschrift will die
Lücke schließen, die § 267 dadurch schafft, dass die Perpetuierungsfunktion der Urkunde eine visuelle Wahrnehmbarkeit der
Erklärung voraussetzt (§ 32 Rn. 3). **Daten** sind alle codierten und
codierbaren Informationen, die entweder bereits elektronisch,
magnetisch oder sonst nicht unmittelbar wahrnehmbar gespeichert sind oder in entsprechender Weise gespeichert werden sollen

(diesbezüglich weiter als § 202 a II; vgl. § 31 Rn. 25). Erfasst sind auch E-Mails. § 269 bezieht sich nur auf visuell nicht unmittelbar wahrnehmbare Daten. Abgesehen davon entspricht die Vorschrift dem Tatbestand des § 267. Bei der Subsumtion unter § 269 müssen im Rahmen eines hypothetischen Vergleichs („… vorliegen würde") bis auf die visuelle Wahrnehmbarkeit alle anderen Tatbestandsvoraussetzungen im Sinne des § 267 festgestellt werden.

In der **Fallbearbeitung** stellt man sich am besten vor, dass die fraglichen Daten ausgedruckt und damit visuell wahrnehmbar verkörpert wären. Wenn für diesen unterstellten Fall eine Modalität des § 267 I zu bejahen wäre, ist auch eine entsprechende Modalität des § 269 I erfüllt.

Im Einzelnen entspricht **§ 269 I 1. Var.** („Daten so speichert, 2 dass bei ihrer Wahrnehmung eine unechte Urkunde vorliegen würde") dem Herstellen einer unechten Urkunde gemäß § 267 I 1. Var.; man kann somit vom Herstellen einer unechten „Datenurkunde" sprechen.

Beispiele: Übertragen von gesammelten und gespeicherten Kontendaten auf Codekarten-Blankette (vgl. *Meier*, JuS 1992, 1017 f.; *Freund*, JuS 1994, 209 f. = Urkundenstraftaten, Rn. 267 ff.); Herstellung von optisch neutralen Kundenkarten, die z. B. bargeldloses Tanken ermöglichen (*Mürbe*, JA 1998, 420).

Einen verhältnismäßig häufigen Fall des § 269 I 1. Var. stellt das 3 **unbefugte Abheben von Geld am Bankautomaten** mit einer fremden oder gefälschten Codekarte dar. In diesen Fällen ersetzt die Eingabe der Geheimzahl die klassische Legitimation durch die Unterschrift. Da das Kreditinstitut nach dem Girovertrag Geldauszahlungen nur auf Grund einer Weisung des berechtigten Karteninhabers leisten darf, sieht der Rechtsverkehr den Inhaber auch als Urheber der – von ihm in Wirklichkeit nicht herrührenden – gespeicherten Kontobewegung an. Folglich wird über den Aussteller getäuscht.

NK/*Puppe*, § 269 Rn. 33; SK/*Hoyer*, § 269 Rn. 16; MüKo/*Erb*, § 269 Rn. 33; *Eisele/Fad*, Jura 2002, 307. Aus zivilrechtlicher Sicht ergänzend *Taupitz*, NJW 1996, 223.

Beim typischen **Phishing** (§ 31 Rn. 39) muss man zwischen der 4 Phishing-E-Mail und dem Online-Banking mit dem Überweisungsvorgang differenzieren. Bezüglich der E-Mail lässt sich die Beweiserheblichkeit (vgl. § 32 Rn. 4 ff.) damit begründen, dass der Anschein eines Handelns im Rahmen einer vertraglichen Beziehung erweckt wird. Bei der Garantiefunktion ist zu unterscheiden: Da sie einen individualisierbaren Aussteller voraussetzt, genügt dafür eine letztlich anonyme Absenderangabe wie etwa „sparkasse.de" nicht, wohl aber die konkrete Angabe „sparkasse-stadtx.de". Also kann nur im zweiten Fall § 269 I 1. Var. erfüllt werden (*Graf*, NStZ 2007, 131 f.; *Goeckenjan*, wistra 2008, 129 f.). Hinsichtlich des Online-Bankings bezieht die überweisende Bank ihre Legitimation zur Überweisung aus der – die übliche schriftliche Abwicklung ersetzenden – Verwendung der Zugangsdaten des Kontoinhabers. Demzufolge erscheint der Kontoinhaber als Auftraggeber und überweisende Person (§ 676a I 1 BGB). Da dies nicht stimmt, ist eine Identitätstäuschung und somit § 269 I 1. Var. zu bejahen (*Stuckenberg*, ZStW 2006, 906).

5 Den Fall des Verfälschens einer echten „Datenurkunde" enthält § 269 I 2. Var. („Daten so verändert, dass bei ihrer Wahrnehmung eine verfälschte Urkunde vorliegen würde"); die Parallele findet sich in § 267 I 2. Var. (Verfälschen einer echten Urkunde).

> **Beispiele:** Wiederaufladen einer abtelefonierten Telefonkarte (*BGH* NStZ-RR 2003, 265, 266; *Hecker*, JA 2004, 764); Ändern der Kontonummer auf Magnetstreifen einer gültigen ec- bzw. Maestro-Karte (dazu *Rengier*, BT I, § 26 Rn. 9); Ändern der Kontodaten durch Datenaustausch oder durch Eingabe einer unberechtigten Gutschrift in den Computer (Falllösungen bei *Fad*, Jura 2002, 632, 633 f. und *Meier*, Jura 1991, 142, 145).

6 Schließlich erfasst § 269 I 3. Var. („derart gespeicherte oder veränderte Daten gebraucht") nach dem Vorbild des § 267 I 3. Var. auch das Gebrauchen der unechten/verfälschten „Datenurkunde".

7 Im **Fall 1a** kommt § 269 I 1. Var. in Betracht. Fraglich ist, ob eine Identitätstäuschung über den Aussteller (Finanzamt) vorliegt. Da F zuständig ist und insoweit das Finanzamt vertritt, gilt seine falsche Eingabe als Erklärung des Finanzamts (h.M.; *Radtke*, ZStW 2003, 49; vgl. § 33 Rn. 18; a.A. MüKo/*Erb*, § 269 Rn. 31). Es liegt ein Parallelfall zur schriftlichen Lüge vor, so dass § 269 I 1. Var. entfällt. F erfüllt nur § 263a I 2. Var. (dazu *Rengier*, BT I, § 14 Rn. 8 f.).

Im **Fall 1b** gelangt man zu § 269 I 2. Var. und der Frage, ob auch der Aussteller verfälschen kann. Nach den Ausführungen in § 33 Rn. 24 muss dies bejaht werden, da das Finanzamt, vertreten durch F, mit der Bekanntgabe des Bescheids die Dispositionsbefugnis verloren hat. F macht sich nach § 269 I 2. Var. strafbar. Mit § 263a I 2. Var. besteht Tateinheit, während die §§ 274 I Nr. 2, 303a I in Parallele zu § 33 Rn. 23 richtigerweise zurücktreten (so wohl auch *Lackner/Kühl*, § 274 Rn. 8).

8 Im **Fall 2a** täuscht A bezüglich des beweiserheblichen Datums „bezahlt" über die Identität des Ausstellers; daher würde im Falle der visuellen Verkör-

perung der manipulierten Daten eine unechte Urkunde vorliegen. A erfüllt somit § 269 I 1. Var. (in Tateinheit mit § 263 a I 2. Var.).

Im **Fall 2 b** gibt A den beweiserheblichen Daten eine andere Beweisrichtung und verwirklicht so § 269 I 2. Var.; hinsichtlich der §§ 263 a, 274, 303 a entspricht die strafrechtliche Behandlung des A der des F im Fall 1 b.

Zur Täuschungsabsicht ist in allen Fällen ergänzend § 270 her- 9 anzuziehen, der klarstellt, dass nicht unbedingt eine Person der Täuschungsadressat sein muss (dazu schon § 33 Rn. 42).

Empfehlungen zur vertiefenden Lektüre:

Rechtsprechung: *BGH* NStZ-RR 2003, 265 (Wiederaufladen einer abtelefonierten Telefonkarte).

Literatur: *Freund* (wie zu § 32), JuS 1994, 209 f. = Urkundenstraftaten, Rn. 266 ff.

§ 36. Urkundenunterdrückung (§ 274)

Fall 1: A hat einen Fahrschein der Stadtwerke X mit einer Klarsichtfolie überklebt, den er bei Fahrtantritt entwertet. Nach der Fahrt wischt er den Entwerterstempel ab, um die Fahrkarte erneut in entsprechender Weise nutzen zu können. → Rn. 10

Fall 2: Bei einer Lkw-Verkehrskontrolle lässt sich der Polizist P vom Fahrer F das Schaublatt des Fahrtenschreibers vorlegen. Dabei stellt P vernehmbar einen Verstoß gegen die vorgeschriebenen Lenk- und Ruhezeiten fest. Um das fällige Bußgeld zu vermeiden, vernichtet F jetzt das Schaublatt. → Rn. 11

I. § 274 I Nr. 1

1. Objektiver Tatbestand

a) Den Hauptanwendungsfall des § 274 enthält Abs. 1 Nr. 1. 1 Als **Tatobjekt** kommt – wie bei § 267 I 2. Var. bzw. § 268 I Nr. 1 2. Var. – nur eine vorhandene *echte* Urkunde bzw. technische Aufzeichnung in Betracht. Diese Urkunde/technische Aufzeichnung darf dem Täter nicht oder nicht ausschließlich **„gehören"**. Was damit gemeint ist, ergibt sich aus dem Schutzzweck der Vorschrift, die – innerhalb der §§ 267 ff. ausnahmsweise – ein Individualrechtsgut zum Gegenstand hat (Einwilligung möglich!).

Allerdings bezweckt der Tatbestand *nicht* den Schutz des 2 Eigentums als solches. Vielmehr wird das Recht geschützt, mit der

Urkunde bzw. technischen Aufzeichnung Beweis zu erbringen (BGHSt 29, 192, 194). Demzufolge darf das Merkmal „gehören" auf keinen Fall mit den dinglichen Eigentumsverhältnissen identifiziert werden, sondern es geht um das davon unbedingt zu unterscheidende **Beweisführungsrecht** (dazu näher *Reichert,* StV 1998, 51 ff.).

3   Wichtige Konsequenz: Als Täter des § 274 I Nr. 1 kommt auch der Eigentümer der Urkunde/technischen Aufzeichnung in Betracht, wenn ein anderer das Recht hat, mit ihr Beweis zu erbringen, wenn also die Rechtsordnung – z. B. nach §§ 810 BGB, 421 ff. ZPO – dem Eigentümer die Verpflichtung auferlegt hat, die Urkunde/technische Aufzeichnung für die Beweisführung eines anderen herauszugeben oder zur Einsichtnahme bereitzuhalten (BGHSt 29, 192; *BayObLG* NJW 1980, 1057, 1058; *OLG Düsseldorf* NJW 1985, 1231, 1232).

> **Beispiele:** Gemeinschaftliches Testament; Durchschriften, insbesondere wenn das Original verloren gegangen ist.

4   **Amtliche Ausweise** (Führerscheine, Personalausweise, Reisepässe; ergänzend § 38 Rn. 4) „gehören" ausschließlich dem Inhaber. Insbesondere hat die Polizei kein Beweisführungsrecht. Etwaige öffentlich-rechtliche Vorlegungspflichten dienen in diesem Bereich allein staatlichen Überwachungsaufgaben (*BayObLG* NJW 1997, 1592 mit Besprechung *Reichert,* StV 1998, 51 ff.). Die Urkunden unterstehen der Gebrauchsbefugnis allein des Inhabers, der lediglich *sein* Beweisinteresse beeinträchtigt, wenn er seine Fahrerlaubnis oder Identität nicht nachweisen kann (vgl. LK/ *Gribbohm,* 11. Aufl., § 274 Rn. 10).

> Wer z. B. in seinem Führerschein *jede* Klassenangabe entfernt, um bei Kontrollen die Befähigung für eine bestimmte Klasse wahrheitswidrig zu behaupten, verwirklicht nicht § 274 I Nr. 1 und wegen der Beseitigung des Beweisinhalts auch nicht § 267 I 2. Var. (*OLG Braunschweig* NJW 1960, 1120; ergänzend § 33 Rn. 22). Das Entfernen von Visa aus einem Reisepass fällt nicht unter § 274 I Nr. 1 (*OLG Hamm* NStZ-RR 1998, 331; ergänzend § 32 Rn. 19f.). – Der Schließung etwaiger Strafbarkeitslücken dient § 273 (§ 38 Rn. 1).

5   **b) Zu den Tathandlungen:** Eine Urkunde/technische Aufzeichnung wird **vernichtet,** wenn sie so zerstört wird, dass anschließend das ursprüngliche Beweismittel nicht mehr existiert (das Ausradieren der Unterschrift kann genügen, wenn infolgedessen der Aussteller nicht mehr erkennbar ist).

Beschädigen bedeutet, dass die Urkunde/technische Aufzeich- 6
nung in ihrem Beweiswert zwar beeinträchtigt wird, im Übrigen
aber als solche mit Beweisqualität fortbesteht (*OLG Düsseldorf*
NJW 1983, 2341, 2342). Unter das Beschädigen fällt auch die Änderung des Erklärungsinhalts, d. h. die Verfälschung einer Urkun-
de/technischen Aufzeichnung gemäß § 267 I 2. Var. bzw. § 268 I
Nr. 1 2. Var. (*Lackner/Kühl*, § 274 Rn. 2; h. M.; a. A. *Geppert*, Jura
1988, 159 f.). In solchen Fällen tritt § 274 I Nr. 1 im Wege der
Konsumtion zurück (vgl. § 33 Rn. 23, § 34 Rn. 13).

Ein **Unterdrücken** liegt vor, wenn die Benutzung der Urkunde/ 7
technische Aufzeichnung als Beweismittel dem Beweisführungs-
berechtigten (auch vorübergehend) vorenthalten wird. Eine etwaige
Zueignungsabsicht schließt dieses Merkmal nicht aus (*Buttel/
Rotsch*, JuS 1996, 715 f.; h. M.).

2. Subjektiver Tatbestand

Im subjektiven Tatbestand verlangt § 274 I Nr. 1 neben dem üb- 8
lichen Vorsatz (§ 15) die „Absicht, einem anderen Nachteil zuzu-
fügen". Für den Absichtsbegriff lässt die h. M. wie bei der Täuschungsabsicht des § 267 (§ 33 Rn. 39) wissentliches Handeln
genügen, also das sichere Bewusstsein des Täters, die Tat werde
einen bestimmten Nachteil zur Folge haben (*Küper*, BT, S. 241 f.
m. w. N.). Für diesen **Nachteil** reicht ein Beweisnachteil aus, d. h. es
genügt jede Beeinträchtigung eines fremden Beweisführungsrechts
(BGHSt 29, 192, 196). Der Nachteil kann ebenso in einem Vermögensnachteil liegen, doch muss auch dann angesichts des geschützten Beweisführungsrechts (Rn. 2) ein Zusammenhang mit einem
Beweisführungsnachteil bestehen (Rn. 9).

In der **Vereitelung des staatlichen Straf- oder Bußgeldanspruchs** sieht die h. M. *keinen* Nachteil, den ein anderer erleidet.
Dahinter steckt offenbar der Gedanke, diese Form der Selbstbegünstigung nicht zu pönalisieren. Beispiele dazu finden sich im
Fall 2 (näher unten Rn. 11) und oben in § 33 Rn. 28 unter (5).

Zur h. M. vgl. *OLG Zweibrücken* GA 1978, 316; *BayObLG* NZV 1989, 81;
1999, 213, 214; *Lackner/Kühl*, § 274 Rn. 7; *Wessels/Hettinger*, BT 1, Rn. 895. –
Zur Gegenmeinung NK/*Puppe*, § 274 Rn. 14; *Schneider*, NStZ 1993, 18 f.;
Krack, NStZ 2000, 423 f. – Ergänzend *Rengier*, BT I, § 13 Rn. 54 b.

Stets muss sich das Täterbewusstsein darauf beziehen, dass der 9
Beweisführungsberechtigte in einer aktuellen Beweissituation den

Erklärungsinhalt der Urkunde/technischen Aufzeichnung nicht
benutzen kann und daraus der Nachteil resultiert. Mit anderen
Worten: Der Täter muss dem Berechtigten die Urkunde usw. **als
Beweismittel vorenthalten** wollen (vgl. neben *BGH* wistra 1995,
23, 28; *OLG Düsseldorf* NStZ 1981, 25, 26 insbesondere SK/
Hoyer, § 274 Rn. 16 und *Küper,* BT, S. 241 f.; Falllösung bei
I. Sternberg-Lieben, Jura 1996, 545).

§ 274 I Nr. 1, 2 erfasst somit nicht ohne weiteres den Fall, dass ein nichtbe-
rechtigter Karteninhaber mit Hilfe einer vorübergehend unterdrückten fremden Codekarte – die als Urkunde zu qualifizieren ist und beweiserhebliche
Daten enthält – unbefugt Geld abhebt. Die Vorschrift kann nur erfüllt sein,
wenn der Täter beispielsweise sicher annimmt, infolge seiner Unterdrückungs-
handlung könne sich der Karteninhaber am Geldautomaten nicht als Kontoinhaber ausweisen (vgl. *Hilgendorf,* JuS 1997, 133; *Beulke* III, Rn. 362; zu den
anderen einschlägigen Tatbeständen *Rengier,* BT I, § 14 Rn. 17).

10   Im **Fall 1** (dazu *OLG Düsseldorf* NJW 1983, 2341; *Otto,* JuS 1987, 768;
Ranft, Jura 1993, 84 ff.; *Martin,* JuS 2001, 364 ff.) stellt die nicht entwertete
Fahrkarte eine Urkunde dar. Zunächst ist bezüglich des Überklebens § 267 I
2. Var. zu prüfen und zu verneinen (gedanklicher Inhalt bleibt unverändert).
Auch § 267 I 1. Var. entfällt, da sowohl nach dem Aufbringen der Folie als
auch nach der Entwertung die Stadtwerke X als Aussteller erkennbar bleiben.
§ 274 I Nr. 1 (durch das Überkleben) muss verneint werden, weil die Stadtwerke hinsichtlich der *ungestempelten* Karte kein Beweisführungsrecht besitzen (*Ranft,* Jura 1993, 85); zudem ist das Beschädigen fraglich (abl. *Martin,*
JuS 2001, 365). Nur durch das Wegwischen verwirklicht A § 274 I Nr. 1, weil
er eine Urkunde – keine technische Aufzeichnung (vgl. § 34 Rn. 6; *Ranft,* Jura
1993, 86) – vernichtet. Doch kann man selbst § 274 I Nr. 1 in Frage stellen und
darüber diskutieren, ob der abwischbare Entwerterstempel und die Fahrkarte
eine hinreichend feste verkörperte Verbindung und somit eine zusammengesetzte Urkunde bilden. Richtigerweise muss dies bejaht werden (*Puppe,* JR
1983, 429; *Schroeder,* JuS 1991, 303; a. A. *Ranft,* Jura 1993, 85; *Martin,* JuS
2001, 367). Bezüglich der *gestempelten* Karte haben die Stadtwerke auch ein
Recht, mit ihr das Erbringen der geschuldeten Leistung zu beweisen. Ferner
ist § 265 a I 3. Var. erfüllt, der mit § 274 wegen dessen anderer Schutzrichtung
ideal konkurriert (dazu *Rengier,* BT I, § 16 Rn. 1, 6).

11   Im **Fall 2** könnte F gemäß § 274 I Nr. 1 eine technische Aufzeichnung
(Schaublatt) vernichtet haben. Fahrtenschreiberdiagramme haben die Aufgabe,
die Überwachung von Lenk- und Ruhezeiten zu ermöglichen. Öffentlich-
rechtliche Vorlegungspflichten, die allein staatlichen Überwachungszwecken
dienen, genügen nicht, um staatliche Beweisinteressen und damit den Schutz
durch § 274 zu begründen (vgl. schon Rn. 4). Daher bestehen Zweifel, ob man
ein spezielles polizeiliches Beweisführungsinteresse bejahen kann, gerade mit
Hilfe des Schaublattes bußgeldbewehrte Verstöße gegen die Vorschriften über
die Lenk- und Ruhezeiten nachzuweisen. Im Ergebnis jedenfalls lehnt die

h. M. § 274 I Nr. 1 zu Recht ab, wobei in der Begründung vor allem darauf abgestellt wird, dass die Vereitelung des staatlichen Straf- bzw. Bußgeldanspruchs nicht genügt (dazu Rn. 8; gegen die h. M. ausführlich *Schneider*, NStZ 1993, 16 ff.).

Ein weiterer für § 274 I Nr. 1 lehrreicher – und oft tatbestandsmäßiger – Fall betrifft typischerweise die Entfernung von Visitenkarten/Zetteln, die unter den Scheibenwischer des beschädigten Fahrzeugs geklemmt werden und Aufschluss über den Schädiger geben (*BayObLG* NJW 1968, 1896; *AG Karlsruhe* NJW 2000, 87).

II. Sonstiges

§ 274 I Nr. 2 ergänzt – parallel zu den §§ 267, 274 I Nr. 1 – den   **12** § 269, wobei der Schutz auf Daten im Sinne des § 202 a II beschränkt wird (vgl. § 31 Rn. 25). § 274 I Nr. 3 schützt ohne Rücksicht auf die Eigentumsverhältnisse bestimmte Grenz- und Wasserstandszeichen.

Empfehlungen zur vertiefenden Lektüre:

Rechtsprechung: BGHSt 29, 192 (Urkundenunterdrückung durch den Eigentümer einer Urkunde).

Literatur: *Geppert* (wie zu § 33), Jura 1988, 158 ff.; *Martin*, Der praktische Fall – Strafrecht: Die „Mehrweg"-Fahrkarte, JuS 2001, 364 ff.; *Ranft*, Strafrechtliche Probleme der Beförderungserschleichung, Jura 1993, 84 ff.

§ 37. Falschbeurkundung; Falschbeurkundung im Amt (§§ 271, 348)

Fall 1: Eitel (E) stellt eine Promotionsurkunde her, die wahrheitswidrig bescheinigt, dass ihm die Universität Konstanz den Titel eines „Dr. jur." verliehen habe. Das Dokument legt er planmäßig vor, als er die Ausstellung eines Personalausweises beantragt. Demzufolge stellt der zuständige und gutgläubige Amtsträger A den Personalausweis mit dem Doktortitel aus. → Rn. 6, 7

Fall 2: a) Im Fall 1 ist A bösgläubig, weil ihm E für die Hilfe 1.000 € bezahlt. b) *1. Variante:* Im Fall 1 erkennt A wider Erwarten die Fälschung, nimmt den Doktortitel aber dennoch auf, weil er den E mag. c) *2. Variante:* Im Fall 1 geht E davon aus, dass A die Fälschung erkennen, aber trotzdem den Titel aufnehmen wird; in Wirklichkeit bleibt A gutgläubig. → Rn. 5, 9, 10

I. Grundlagen

1   Die §§ 271, 348 müssen im Zusammenhang gesehen werden.
Die Vorschriften schützen den Rechtsverkehr (ausnahmsweise) vor
inhaltlich unwahren Urkunden, allerdings nur, soweit es sich um
öffentliche Urkunden (dazu zählen auch die besonders erwähnten
Register und Bücher) oder öffentliche Dateien handelt (ergänzend
Rn. 23). Aus der Sicht des § 267 regeln die §§ 271, 348 bestimmte
Fälle der schriftlichen Lüge, die dadurch gekennzeichnet sind, dass
der behördliche Aussteller falsche Erklärungen abgibt, ohne über
seine Identität zu täuschen und damit ohne § 267 I 1. Var. zu erfüllen (§ 33 Rn. 5 ff.). Von daher schließen sich bezüglich der Erstellung ein und derselben Urkunde § 267 und §§ 271, 348 aus.

2   Nur wenn etwa für die Irreführung eine unechte/verfälschte Urkunde verwendet wird und insoweit ein weiteres Objekt Tatgegenstand ist, kommt Tateinheit in Betracht (siehe **Fall 1** in Rn. 7).

3   § 271 I ist missglückt formuliert. Die Vorschrift lässt sich besser
verstehen, wenn man von § 348 ausgeht. Dies gilt auch für die Fallbearbeitung, da § 271 I der Sache nach hauptsächlich die mittelbare
Täterschaft bei § 348 erfassen soll. § 348 regelt den Fall, dass der
Amtsträger vorsätzlich (bösgläubig) innerhalb seiner Zuständigkeit etwas in einer öffentlichen Urkunde falsch beurkundet oder in
eine öffentliche Datei falsch eingibt. Es handelt sich um ein echtes
Amtsdelikt.

4   Tauglicher Täter kann folglich nur der Amtsträger (§ 11 I Nr. 2)
sein. Nicht-Amtsträger scheiden mangels Täterqualität als Mittäter
oder mittelbare Täter des § 348 von vornherein aus und kommen
nur als Gehilfen oder Anstifter unter der Voraussetzung in Betracht, dass sie bezüglich der Haupttat den erforderlichen Teilnah-
mevorsatz haben. Soweit die §§ 348 I, 26 oder 27 zu bejahen sind,
kommt den Nicht-Amtsträgern § 28 I zugute (vertiefend § 59
Rn. 1 ff.). § 348 ist eben ein selbstständiger Tatbestand, der in keiner Weise § 267 oder § 271 qualifiziert.

5   Dazu **Fall 2 a:** Bei A entfällt zunächst § 267 I 1. Var. (schriftliche Lüge). Dagegen erfüllt A § 348 I, weil er in einer öffentlichen Urkunde (Personalausweis) eine vom öffentlichen Glauben der Urkunde erfasste Tatsache (Doktortitel) vorsätzlich falsch beurkundet (näher Rn. 17). Mit § 348 I konkurriert
§ 332 I ideal. E ist gemäß den §§ 348 I, 26, 28 I (in Tateinheit mit § 334 I) zu
bestrafen. Zum Verhältnis zu § 271 siehe unten Rn. 11.

Im bezüglich der §§ 267, 348 parallel liegenden Fall *OLG Düsseldorf* wistra 1999, 233 hat der zuständige Amtsträger einem Nichtdeutschen einen deutschen Reisepass ausgestellt und mit einem Phantasienamen unterzeichnet. Unabhängig von dem verwendeten Phantasienamen liegt, was § 267 I 1. Var. betrifft, nur eine schriftliche Lüge vor, weil nach außen die Passbehörde als „geistiger" Aussteller erscheint (§ 32 Rn. 11). Gegeben ist § 348 I.

Vielfach allerdings verwirklicht der Amtsträger den objektiven **6** Tatbestand des § 348 I nicht vorsätzlich, und nur der Außenstehende weiß um die Falschheit der beurkundeten Tatsache. Im entsprechenden **Fall 1** erfüllt A objektiv den § 348 I, doch fehlt ihm der notwendige Vorsatz. Bei E scheiden mangels Haupttat die §§ 348 I, 26 aus. Der Sache nach agiert E als mittelbarer Täter des § 348 I (mit A als unvorsätzlich handelndem Werkzeug), besitzt aber nicht die dafür erforderliche Täterqualität (Sonderdelikt). Genau in diese Lücke stößt der Tatbestand der mittelbaren Falschbeurkundung (§ 271 I), den E erfüllt.

Beachte: Keinesfalls darf man im **Fall 1** den E bezüglich des Personalaus- **7** weises als mittelbaren Täter des § 267 I 1. Var. ansehen; denn die Täuschung durch E berührt das Erklärungsbewusstsein des A – der die Behörde vertritt – nicht, weshalb die Behörde Ausstellerin der Urkunde bleibt (siehe schon § 33 Rn. 20). Davon unabhängig sind die Herstellung und der Gebrauch der Promotionsurkunde zu beurteilen (§ 267 I 1. und 3. Var.); mit *dieser* einheitlichen (§ 33 Rn. 37) Urkundenfälschung konkurriert § 271 ideal.

Fraglich ist, ob der Tatbestand der „mittelbaren" Falschbeur- **8** kundung stets ein solches Handeln in mittelbarer Täterschaft voraussetzt oder für das Merkmal „Bewirken" auch jede sonstige Handlung genügt, die dafür ursächlich wird, dass der beurkundende Amtsträger den objektiven Tatbestand des § 348 I verwirklicht. Diese Frage spielt bei Irrtümern über die Gut- oder Bösgläubigkeit des Amtsträgers eine Rolle:

(1) Im **Fall 2 b** (Falllösung bei *Zieschang,* JA 2008, 196 ff.) erfüllt A § 348 I. **9** Die §§ 348 I, 26 durch E scheitern am Anstiftervorsatz (A sollte die Haupttat nicht *vorsätzlich* begehen). Die Überlegung, den fehlenden Anstiftervorsatz als minus gegenüber dem vorhandenen Willen zur mittelbaren Täterschaft zu begreifen (vgl. § 49 Rn. 58) und von daher zu den §§ 348 I, 26 zu kommen, trägt nicht, weil das Gesetz den Täter des § 271 I günstiger stellt. Doch bestraft die h.M. den E zu Recht gemäß § 271 I: Dabei interpretiert man das Merkmal „bewirkt" weit, so dass es jede Form der Urheberschaft einer Falschbeurkundung erfasst, und verzichtet auf die Parallele zur mittelbaren Täterschaft (*Otto,* BT, § 71 Rn. 10 ff.; LK/*Gribbohm,* 11. Aufl., § 271 Rn. 86 f.; *Lackner/Kühl,* § 271 Rn. 6; a. A. *Maurach/Schroeder,* BT 2, § 66 Rn. 21; NK/

Puppe, § 271 Rn. 40 f.: nur §§ 271, 22). – Zu vergleichbaren Konstellationen im Rahmen des § 160 und des Allgemeinen Teils siehe § 49 Rn. 56 ff.

10   (2) Im **Fall 2 c** ist A mangels Vorsatzes gemäß § 348 I straflos. Die §§ 348 I, 26 durch E scheitern am Erfordernis der vorsätzlichen Haupttat. Die sachlich gegebene versuchte Anstiftung zu § 348 I ist straflos, da es sich um ein Vergehen handelt (§ 30 I). Nach der vom Wortlaut her möglichen und vorzugswürdigen weiten Auslegung des „Bewirkens" verwirklicht E auch in diesem Fall § 271 I (h. M.). Andere halten hingegen den Willen zur mittelbaren Täterschaft für unverzichtbar und kommen von daher zur Straflosigkeit des E (Sch/ Sch/*Cramer/Heine*, § 271 Rn. 30; *Arzt/Weber*, BT, § 33 Rn. 21; im Ergebnis auch NK/*Puppe*, § 271 Rn. 42). – Zu vergleichbaren Konstellationen im Rahmen des § 160 und des Allgemeinen Teils siehe § 49 Rn. 59 f.

Zusammenfassend zu den einschlägigen AT- und BT-Fragen *Kretschmer*, Jura 2003, 535 ff.

11   Im *Ergebnis* kann man also den unklar formulierten § 271 vom Standpunkt der h. M. aus so verdeutlichen: Den Tatbestand erfüllt, wer vorsätzlich verursacht, dass der Amtsträger den objektiven Tatbestand des § 348 I verwirklicht. Ist das Verhalten allerdings als Beteiligung an § 348 I strafbar, so kommen insbesondere die §§ 348, 26 allein zur Anwendung, wobei es auf dem Boden der weiten Auslegung des „Bewirkens" zutrifft, § 271 nicht schon tatbestandlich, sondern erst auf dem Konkurrenzwege auszuscheiden. – Eine in ihrer Struktur mit § 271 vergleichbare Vorschrift stellt § 160 dar (§ 49 Rn. 54 ff.).

II. Begriff der öffentlichen Urkunde, insbesondere ihr „öffentlicher Glaube"

12   Der strafrechtliche Begriff der öffentlichen Urkunde knüpft zunächst an **§ 415 I ZPO** an. Danach muss es sich um eine Urkunde handeln, die von einer öffentlichen Behörde oder von einer mit öffentlichem Glauben versehenen Person (z. B. Notar, Gerichtsvollzieher) innerhalb ihres örtlichen und sachlichen Zuständigkeitsbereichs in der vorgeschriebenen Form aufgenommen worden ist.

13   Doch greift der durch die §§ 271, 348 intendierte strafrechtliche Wahrheitsschutz keineswegs immer schon dann ein, wenn einer öffentlichen Urkunde im Sinne des § 415 I ZPO ein falscher Inhalt gegeben wird. Vielmehr erfassen die Tatbestände nur solche falschen **Beurkundungen,** auf die sich der **öffentliche Glaube** der Urkunde erstreckt. Dies bedeutet: Zu den Kriterien des § 415 I

ZPO muss hinzukommen, dass die öffentliche Urkunde für den Verkehr nach außen bestimmt und mit einer besonderen erhöhten Beweiskraft versehen ist („**Beweiswirkung für und gegen jedermann**"). Dabei wiederum ist wichtig, dass gerade die in der Urkunde angeführte falsche Tatsache an der erhöhten Beweiskraft teilhat.

Bei diesem Punkt, der eine umfangreiche Kasuistik hervorgerufen hat, liegt in der Regel das Problem. In der **Fallbearbeitung** kommt es vor allem darauf an, die Frage der speziellen Beweiskraft überhaupt zu erkennen und zu diskutieren.

Auf welche Angaben sich im einzelnen Falle die **erhöhte Be-** **14** **weiskraft** erstreckt, kann sich unmittelbar aus dem Gesetz ergeben (§§ 892, 2365, 2366 BGB; § 274 StPO; §§ 60, 66 PStG). Wo ausdrückliche Vorschriften fehlen, muss man die Reichweite des öffentlichen Glaubens mittelbar aus den gesetzlichen Vorschriften ableiten,

„die für Errichtung und Zweck der Urkunde maßgeblich sind. Dabei ist auch die Anschauung des Rechtsverkehrs zu beachten. Bei der Prüfung, ob es hiernach gerechtfertigt ist, die erhöhte Beweiskraft der öffentlichen Urkunde auf eine darin angeführte Tatsache zu beziehen, muß ein strenger Maßstab angelegt werden. Eine Beweiswirkung für und gegen jedermann kann nur dann angenommen werden, wenn kein Zweifel besteht, daß dies unter Berücksichtigung der Verkehrsanschauung dem Sinn und Zweck des Gesetzes entspricht" (BGHSt 42, 131 f.; ebenso BGHSt 44, 186, 188).

Was der zuständige Amtsträger nicht wahrnehmen oder über- **15** prüfen kann bzw. muss, kann er in der Regel auch nicht zu öffentlichem Glauben beurkunden (vgl. § 418 I, III ZPO). Die gesetzliche Verpflichtung, eine Person zu identifizieren, soweit dies möglich ist, reicht aber aus, um den Personalangaben öffentlichen Glauben zuzusprechen.

Siehe zu § 63 AsylVfG BGHSt 42, 131, 133 ff. mit zust. Anm. *Puppe,* JR 1996, 425 ff. und *Geppert,* JK 96, StGB § 271/1; abl. *Müller-Tuckfeld,* StV 1997, 354 f. – Wenn die Ausländerbehörde aber gemäß § 63 V i.V.m. § 78 VI Nr. 10 AsylVfG den Hinweis aufnimmt, dass die Personalangaben auf den eigenen Angaben des Ausländers beruhen, beurkundet sie die Personalangaben nicht zu öffentlichem Glauben (vgl. *OLG Naumburg* StV 2007, 134).

Öffentliche Urkunden, die eine amtliche Anordnung, Verfügung **16** oder Entscheidung (Verwaltungsakt, Urteil) enthalten, beweisen entgegen dem missverständlichen Wortlaut des § 417 ZPO zu öf-

fentlichem Glauben in der Regel nur den Erlass der amtlichen Anordnung usw., aber nicht, dass die rechtlichen Voraussetzungen für
ihren Erlass vorgelegen haben, es sei denn, die Beurkundung einer
rechtlichen Voraussetzung ist ausnahmsweise vorgeschrieben.

Hierzu BGHSt 25, 95, 96; 37, 207, 209; *OLG Köln* JR 1979, 255; *OLG Hamm*
NStZ 1988, 26; NK/*Puppe*, § 271 Rn. 13, § 348 Rn. 5 ff. – Zum Ganzen die folgenden

17   **Beispiele:** (1) Bei **Reisepässen** und **Personalausweisen** bezieht
sich der öffentliche Glaube auf alle Identifizierungsmerkmale und
das Recht, einen angegebenen akademischen Grad (Dr.) zu führen.
Entsprechendes gilt für die Personalangaben in der Bescheinigung
über die Aufenthaltsgestattung nach § 63 AsylVfG (BGHSt 42,
131; ergänzend Rn. 15).

18   (2) Der **Führerschein** genießt öffentlichen Glauben nicht nur
bezüglich der erteilten Fahrerlaubnisklassen, sondern auch hinsichtlich des Nachweises, dass der augenblickliche Besitzer mit der
im Führerschein bezeichneten Person identisch ist (BGHSt 34,
299, 301). Dabei gehört auch das Geburtsdatum zu den vom öffentlichen Glauben erfassten Identifizierungsmerkmalen (BGHSt
34, 299; h. M.; a. A. *Freund,* JuS 1994, 307, 308 f. = Urkundenstraftaten, Rn. 315, 329 ff.), aber nicht der Doktortitel (*BGH* NJW 1955,
839, 840). Im Übrigen erfasst der öffentliche Glaube des Führerscheins nur noch den Umstand, dass die Verwaltungsbehörde dem
genannten Inhaber die Erlaubnis erteilt hat, erstreckt sich aber
nicht darauf, dass dieser auch die gesetzlichen Voraussetzungen
für die Erteilung der Fahrerlaubnis erfüllt hat und ihm der Führerschein zu Recht ausgestellt worden ist (*OLG Hamm* NStZ
1988, 26; *OLG Düsseldorf* NZV 2000, 177).

19   (3) Der **Kraftfahrzeugschein** beweist zu öffentlichem Glauben,
dass das darin beschriebene Fahrzeug unter Zuteilung eines bestimmten amtlichen Kennzeichens zum öffentlichen Verkehr zugelassen worden ist (BGHSt 20, 186, 188; *OLG Hamburg* NJW
1966, 1827). Hingegen beweist der Schein weder, dass die Angaben zur Person des Zulassungsinhabers richtig sind (BGHSt 22,
201), noch die Richtigkeit der Fahrgestell- und Motornummer
(BGHSt 20, 186). Der TÜV-Vermerk im Fahrzeugschein wie die
TÜV-Prüfplakette am Kfz beurkunden nach der Rechtsprechung
und h. M. nur den Termin der nächsten Hauptuntersuchung und
nicht die Vorschriftsmäßigkeit der Prüfung (BGHSt 26, 9, 11 f.;

BayObLG NStZ 1999, 575, 576 m. w. N.); der Wortlaut des § 29 III 2 StVZO („... wird bescheinigt, dass das Fahrzeug ... vorschriftsmäßig ... ist") soll auf die Reichweite des öffentlichen Glaubens keinen Einfluss haben (a. A. *Puppe*, NStZ 1999, 576 f.). – Der Kraftfahrzeug*brief* ist keine öffentliche Urkunde im strafrechtlichen Sinn (*BGH* VRS 5, 135; NJW 1957, 1888, 1889).

(4) **Sparbücher öffentlicher Sparkassen** gelten als öffentliche Urkunden; von ihrer besonderen Beweiskraft sind Ein- und Auszahlungen mit dem jeweiligen Datum erfasst, aber nicht der Name oder die Verfügungsberechtigung einer angegebenen Person (dazu BGHSt 19, 19, 21 f.; *BayObLG* NJW 1993, 2947 f.). – Die Ungleichbehandlung im Verhältnis zu den Sparbüchern privater Banken bedarf der Überprüfung (*Puppe*, JZ 1997, 497). **20**

(5) Die erhöhte Beweiskraft eines **notariell beurkundeten Kaufvertrags** erstreckt sich auf die Identität und Anwesenheit der erschienenen Parteien sowie auf die Abgabe der beurkundeten Erklärungen, aber nicht auf deren inhaltliche Richtigkeit (*BGH* NStZ 1986, 550), den Beurkundungsort (BGHSt 44, 186), die Beherrschung der deutschen Sprache (BGHSt 47, 39) oder den Vermerk „vorgelesen und genehmigt" (*OLG Zweibrücken* NStZ 2004, 334; vgl. § 13 BeurkG).

(6) Die Beweiskraft vor allem des **Hauptverhandlungsprotokolls** (§ 274 StPO) bezieht sich nur auf die wesentlichen vorgeschriebenen Förmlichkeiten des Verfahrens; es beweist nicht die Identität der erschienenen Personen, sondern nur, dass entsprechende Angaben erfolgt und das Gericht keine Personenidentität angenommen hat (vgl. *Fischer*, § 271 Rn. 10 d; Sch/Sch/*Cramer/Heine*, § 271 Rn. 23; a. A. *Maurach/Schroeder*, BT 2, § 66 Rn. 14). Entsprechendes gilt für Namensangaben z. B. in **Strafurteilen.** Keine öffentlichen Urkunden im Sinne der §§ 271, 348 sind **polizeiliche Protokolle** (*OLG Düsseldorf* NJW 1988, 217, 218). **21**

(7) Schul-, Universitäts-, Examens- und andere **staatliche Zeugnisse** beweisen zu öffentlichem Glauben, dass der genannte Zeugnisinhaber an der Prüfung teilgenommen hat, die im Einzelnen aufgeführten Arbeiten vorgelegen haben und die angegebenen Noten erteilt worden sind; die Zeugnisse beweisen nicht die ordnungsgemäße Erbringung und Bewertung der Leistungen (dazu die einen Übungsschein betreffende Falllösung bei *Bürsch,* JuS 1975, 721 f., 724 f.). **22**

(8) Die Beweiskraft der Anmeldebestätigung des Einwohnermeldeamts erstreckt sich nicht darauf, dass der Angemeldete tatsächlich in dem angegebenen Ort wohnt (*OLG München* NStZ 2006, 575 mit Anm. *Satzger,* JK 4/07, StGB § 271/2).

(9) Weitere Kasuistik bei *Lackner/Kühl*, § 271 Rn. 2 f.

Die in den §§ 271 I, 348 mit erwähnten **Bücher** (z. B. Grundbücher, Personenstandsbücher gemäß § 60 I PStG) und **Register** (z. B. Vereins-, Handelsregister) sind Unterfälle der öffentlichen Urkunden. Die öffentlichen Dateien hat der Gesetzgeber aufge- **23**

nommen, um Strafbarkeitslücken zu vermeiden, wenn Datenur-
kunden im Sinne des § 269 (dazu oben § 35) gespeichert werden,
die inhaltlich öffentlichen Urkunden entsprechen (z.B. elektronische Grundbücher).

24 Generell *keine* öffentlichen Urkunden sind sog. schlichte amtliche Urkunden, die nicht für den Verkehr nach außen bestimmt
sind, die also geschäftsinternen Charakter haben und insbesondere der Prüfung, Ordnung und Überwachung des inneren
Dienstbetriebes dienen (z.B. innerdienstliche Register und Akten-
vermerke).

III. Sonstiges

25 Der **Versuch** ist jeweils strafbar (§§ 271 IV, 348 II). Für die Erfüllung des § 348 I wird einschränkend noch verlangt, dass der Täter die Urkunde dem Rechtsverkehr zugänglich macht (so *OLG
Zweibrücken* NStZ 2000, 201; *Lackner/Kühl*, § 348 Rn. 9) oder
zumindest, parallel zur Absicht des § 267 (siehe § 33 Rn. 39ff.), die
Falschbeurkundung in dem Bewusstsein vornimmt, die Urkunde
in den Beweisverkehr zu bringen (so *Otto*, BT, § 71 Rn. 9; *Arzt/
Weber*, BT, § 33 Rn. 15).

26 § 271 II erfasst jeden Gebrauch einer im Ergebnis falschen öffentlichen Urkunde, und zwar unabhängig von der Strafbarkeit
ihrer Herstellung.

27 § 271 III qualifiziert die Taten des § 271 I, II. Den Begriff des
Entgeltes definiert § 11 I Nr. 9. Die **Bereicherungsabsicht** ver-
langt das Streben nach einem Vermögensvorteil, wozu z.B. auch
die Absicht gehört, Unkosten zu ersparen (BGHSt 34, 299, 302f.).
Der erstrebte Vermögensvorteil muss **rechtswidrig** sein, so dass die
Absicht entfällt, wenn auf den Vorteil ein fälliger und einredefreier
Anspruch besteht (*BayObLG* StV 1995, 29; NK/*Puppe*, § 271
Rn. 61; *Lackner/Kühl*, § 271 Rn. 11; zu § 263 siehe *Rengier*, BT I,
§ 13 Rn. 110ff.).

Der Begriff des **Schädigens** erfasst nicht nur Vermögensnach-
teile, sondern auch andere Nachteile; so genügt etwa die Absicht,
einen anderen an Freiheit oder Ehre zu schädigen (*Fischer*, § 271
Rn. 18c). – Siehe auch § 203 V und dazu Sch/Sch/*Lenckner*, § 203
Rn. 74f.; NK/*Kargl*, § 203 Rn. 82ff., 87.

Empfehlungen zur vertiefenden Lektüre:

Rechtsprechung: BGHSt 34, 299 (Falschbeurkundung durch Angabe eines falschen Geburtsdatums im Führerschein); *BGH* NJW 1998, 3790 (Falschbeurkundung durch Notar); *BayObLG* NStZ-RR 1999, 79 (Beweiswirkung der TÜV-Plakette).

Literatur: *Freund* (wie zu § 32), JuS 1994, 305 ff. = Urkundenstraftaten, Rn. 299 ff.; *Puppe* (wie zu § 32), JZ 1991, 609 ff.

§ 38. Sonstige Urkundenstraftaten
(§§ 273, 275–281)

I. §§ 273, 275–279

§ 273 soll vor allem Strafbarkeitslücken schließen, welche § 274   **1** bei amtlichen Ausweisen (dazu Rn. 4) infolge der üblichen Auslegung des Merkmals „gehören" hinterlässt (vgl. § 36 Rn. 4; BT-Drs. 13/8587, S. 66).

Die **§§ 275–276 a** betreffen ebenfalls hauptsächlich amtliche Ausweise und bestrafen namentlich bestimmte Vorbereitungshandlungen.

§ 277 ist ein zweiaktiges Delikt. Im ersten Handlungsteil sind   **2** drei Varianten zu unterscheiden: **§ 277 1. Var.** (Ausstellen eines Gesundheitszeugnisses unter richtigem Namen als Nicht-Medizinalperson) ahndet einen von § 267 I 1. Var. mangels Identitätstäuschung über den Aussteller nicht erfassten Fall der schriftlichen Lüge über den Beruf. **§ 277 2. Var.** (unberechtigtes Ausstellen eines Gesundheitszeugnisses unter dem Namen einer Medizinalperson) ist ein Spezialfall des § 267 I 1. Var. Bei **§ 277 3. Var.** (Verfälschen eines echten Gesundheitszeugnisses) handelt es sich um einen Spezialfall des § 267 I 2. Var. Die Privilegierungen der 2. und 3. Var. sind schwer nachvollziehbar (*Fischer,* § 277 Rn. 1). – Im zweiten Handlungsteil setzen alle Varianten ein Gebrauchen voraus.

§ 278 betrifft einen weiteren Sonderfall einer schriftlichen Lüge   **3** (Falllösung bei *Seier,* JuS 2000, L 85 ff.).

§ 279 knüpft an § 277 und § 278 an und bestraft das Gebrauchen unrichtiger Gesundheitszeugnisse.

II. Missbrauch von Ausweispapieren (§ 281)

4   § 281 I enthält zwei Tatvarianten und pönalisiert den Missbrauch von **echten** (ungeschriebenes Tatbestandsmerkmal) Ausweispapieren. Ausweispapiere sind – wie in den §§ 273, 275,
276 – **amtliche Ausweise,** also Urkunden, die dem Nachweis der
Identität oder der persönlichen Verhältnisse dienen und von einer
Behörde oder einer sonstigen Stelle, die Aufgaben der öffentlichen
Verwaltung wahrnimmt, ausgestellt wurden (*Hecker,* GA 1997,
526 ff.; *Fischer,* § 281 Rn. 2 i. V. m. § 273 Rn. 2).

> **Beispiele:** Pässe, Personalausweise, amtliche Schüler-, Studenten-, Mitarbei-
> ter- und Dienstausweise, Führerscheine und Aufenthaltserlaubnisse.

5   Die Gleichstellungsklausel des **§ 281 II** erfasst nach h. M. solche
amtliche Dokumente, die zwar primär nicht zum Nachweis der
Personenidentität bestimmt sind, denen aber nach der Anschauung des Rechtsverkehrs eine ausweisgleiche Funktion zukommen
kann. Voraussetzung ist, dass ein solches Papier „als Ausweis"
verwendet wird.

> **Beispiele** für solche Dokumente: Kfz-Schein, Kfz-Brief, Lohnsteuerkarte,
> Reisegewerbekarte, Meldebescheinigung, polizeiliches Führungszeugnis, Ge-
> burtsurkunde, Abschlusszeugnisse staatlicher Schulen und Universitäten,
> Diplome, Promotionsurkunden, Dienstzeugnisse, Ernennungsurkunden von
> Beamten und Richtern. Enger MüKo/*Erb,* § 281 Rn. 4 f., der nur solche Do-
> kumente einbezieht, die Identifizierungsmerkmale enthalten (Lichtbild, Unter-
> schrift).

6   Umstritten ist, ob auch **Privaturkunden** unter die Regelung des
§ 281 II fallen. Dagegen spricht, dass § 281 das Vertrauen des
Rechtsverkehrs in die besondere Autorität gerade des staatlichen Urhebers schützen will. Keine tauglichen Tatobjekte sind daher – ob mit oder ohne Lichtbild – private Werks- und Dienstaus-
weise, Arbeitszeugnisse, Zertifikate privater Studienkreise sowie
vor allem Kreditkarten, Codekarten und andere Karten wie Bahn-
Cards.

> So auch *Hecker,* GA 1997, 529 ff.; *Otto,* BT, § 73 Rn. 3; Sch/Sch/*Heine,*
> § 281 Rn. 4; a. A. SK/*Hoyer,* § 281 Rn. 3; MüKo/*Erb,* § 281 Rn. 5; *Lackner/*
> *Kühl,* § 281 Rn. 2.

Zur Täuschung im Rechtsverkehr handelt nur, wer das Papier 7
speziell zur Identitätsvorspiegelung verwenden und nicht etwa
bloß ein Handeln im Einvernehmen mit dem Ausweisinhaber
vortäuschen will (*BGH* MDR/D 1969, 360; MDR/H 1982, 280;
ergänzend zum Täuschungswillen § 33 Rn. 39 ff.).

8. Kapitel. Geld- und Wertzeichenfälschung

§ 39. Geldfälschung (§ 146), Inverkehrbringen von Falschgeld (§ 147) und §§ 148, 152 a/b

Fall 1: Druckereibesitzer G bittet den A, der mehrere Bankschließfächer besitzt, ein Paket mit falschen US-Dollarnoten für ihn zu verwahren. A entspricht der Bitte und deponiert das Falschgeld, das er später zurückgeben will, in einem seiner Schließfächer. Nach drei Jahren wird ihm die Sache etwas „mulmig" und er trennt sich von dem Falschgeldpaket, indem er es auf dem Gelände einer Autobahnraststätte in einen Abfalleimer wirft (BGHSt 35, 21). Strafbarkeit des A? → Rn. 19

Fall 2: Als K vom Einkaufen heimkehrt, bemerkt er, dass er irgendwo einen falschen 50-Euro-Schein erhalten hat. *Drei Varianten:* a) Bei seinem nächsten Einkauf bezahlt K erfolgreich mit dem Falschgeld. b) K berät sich mit seiner Freundin F, was zu tun sei; im Ergebnis schenkt K der F den Schein, die ihn bei ihrem nächsten Einkauf loswerden will. c) Wie Variante b, doch handelt es sich bei der F um eine unerkannte Polizeiagentin, die den falschen Schein nur sicherstellen will. → Rn. 20, 23

Fall 3: A hat 100-Euro-Banknoten hergestellt, mit denen er Antiquitäten kaufen will. K verkauft, begleitet von H, dem A für 10.000 € eine Ikone, die A mit dem falschen Geld bezahlt. Am Abend erkennen K und H, dass es sich um „Blüten" handelt. H bittet nun den K, ihm die Hälfte des Geldes zu überlassen, um damit einen Antiquitätenhandel beginnen zu können. K kommt dem Wunsch nach. Strafbarkeit der Beteiligten? → Rn. 21, 23

I. Grundlagen und Tatobjekte

1   Die §§ 146 ff. schützen das Allgemeininteresse an der Sicherheit und Zuverlässigkeit namentlich des Geldverkehrs (§§ 146, 147). Man kann die Intentionen der §§ 146, 147 auch wie folgt umschreiben: „Falsches Geld soll, sobald es als solches erkannt ist, nicht länger in Verkehr bleiben, auf welche Art auch immer es in die Verfügungsgewalt des derzeitigen Gewahrsamsinhabers gelangte; dessen Gewahrsam soll es – außer zum Zweck der behördlichen Sicherstellung – nicht mehr verlassen" (*BGH* NJW 1995, 1845, 1846).

2   Die Geldfälschungsdelikte stellen **Spezialfälle der Urkundenfälschung** dar. Von daher folgt für die Begriffe des falschen und

echten Geldes (dazu BGHSt 23, 229, 231f.; 27, 255, 258f.; *Wessels/Hettinger*, BT 1, Rn. 922ff.):

(1) **Geld** im Sinne der §§ 146f. ist jedes vom Staat oder von einer durch ihn dazu ermächtigten Stelle als Wertträger beglaubigte und zum Umlauf im öffentlichen Verkehr bestimmte Zahlungsmittel (BGHSt 23, 229, 231; 32, 198).

(2) Um **echtes** Geld handelt es sich, wenn seine Herstellung als gesetzliches Zahlungsmittel durch einen Auftrag des Staates, der Träger des Geldmonopols ist, gedeckt wird.

(3) **Falsches** (= unechtes) Geld liegt vor, sofern es in der vorliegenden Form nicht vom Inhaber des Monopols stammt, obwohl es diesen Eindruck erweckt. Demnach handelt es sich auch um Falschgeld, wenn gültige Münzen in einer staatlichen Münzstätte ohne Prägeauftrag nachgeprägt werden (BGHSt 27, 255).

Für die Reichweite der zentralen §§ 146, 147, die unmittelbar 3 nur Geld erfassen, ist zu beachten, dass die Tatbestände durch § 151 auf Wertpapiere und durch § 152 auf Geld, Wertzeichen und Wertpapiere eines fremden Währungsgebiets erweitert werden.

II. Geldfälschung (§ 146)

1. § 146 I Nr. 1 1. Var.

§ 146 I Nr. 1 1. Var. betrifft das Herstellen von falschem (= un- 4 echtem) Geld. Geld ist nachgemacht und damit falsch, wenn es den Anschein echten (gültigen) Geldes erweckt und insoweit im gewöhnlichen Zahlungsverkehr den Arglosen täuschen kann. An die zur Täuschung geeignete Ähnlichkeit mit echtem Geld sind keine allzu hohen Anforderungen zu stellen. Entscheidend ist die sich nach dem Gesamtbild des nachgemachten Geldes ergebende Verwechslungsgefahr (BGH NJW 1995, 1844f.; NStZ 2003, 368).

Beispiele: Erfasst sind sog. Systemnoten, bei denen durch geschicktes Zer- 5 stückeln und Zusammenfügen zusätzliche Geldscheine gewonnen werden (BGHSt 23, 229). Selbst Phantasieprodukte ohne echtes Vorbild können falsches Geld sein (BGHSt 30, 71). Bei unaufgeschnittenen Druckbogen mit jeweils 12 Stück nachgemachter 100-Euro-Banknoten besteht jedoch keine Verwechslungsgefahr mit echtem Geld (vgl. *BGH* NStZ 1994, 124, wo nur § 149 I Nr. 2 erfüllt ist). Desgleichen kann ein auffälliger Werbeaufdruck die Verwechslungsgefahr ausschließen, auch wenn übliche Banderolen den Aufdruck verdecken (*BGH* NJW 1995, 1844; NStZ 2003, 368).

Der **subjektive Tatbestand** verlangt neben dem Vorsatz (§ 15) 6 die Absicht, das Geld als echt in Verkehr zu bringen oder ein solches Inverkehrbringen zu ermöglichen. Unter Absicht ist hier das zielgerichtete Wollen zu verstehen (dolus directus 1. Grades). Das Inverkehrbringen muss nicht der Endzweck sein. Es genügt auch der Wille, das Inverkehrbringen einem anderen zu ermöglichen. Zum Begriff des Inverkehrbringens siehe näher unten Rn. 11.

7   Im Übrigen lässt die Fassung des § 146 I Nr. 1 keine Zweifel aufkommen, dass das Absichtsmerkmal nicht nur den Willen zur Weitergabe an gutgläubige Abnehmer (als typisches Inverkehrbringen „als echt") erfasst, sondern auch den Willen zur Weitergabe an eingeweihte Abnehmer, von denen aus das Falschgeld an Gutgläubige weitergeleitet werden soll (als Ermöglichen eines solchen Inverkehrbringens „als echt"). Im Rahmen des § 146 I Nr. 3 und § 147 I ist Letzteres streitig (näher Rn. 13, 18, 22 ff.).

2. § 146 I Nr. 1 2. Var.

8   § 146 I Nr. 1 2. Var. erfasst das Verfälschen von echtem Geld mit dem Ergebnis, dass es sich ebenfalls um falsches (= unechtes) Geld handelt. Für den Anschein, der hervorgerufen werden muss, gilt Rn. 4 entsprechend. – Im subjektiven Tatbestand stimmt die 2. Var. mit der 1. Var. überein.

3. § 146 I Nr. 2 1. Var.

9   § 146 I Nr. 2 1. Var. verlangt das **Sichverschaffen** von falschem Geld. Für den Begriff des Sichverschaffens kann im Prinzip auf das entsprechende Tatbestandsmerkmal des § 259 verwiesen werden (*Rengier,* BT I, § 22 Rn. 23 ff.). Allerdings ist zu beachten, dass das Erfordernis des einverständlichen Zusammenwirkens wegfällt (h. M.; a. A. *Puppe,* NStZ 1998, 461); denn Falschgeld soll dem Verkehr generell entzogen werden (Rn. 1).

10   Demzufolge setzt das Sichverschaffen über eine tatsächliche Verfügungsgewalt hinaus voraus, dass der Täter das Falschgeld mit dem Willen zur eigenständigen Verfügung an sich bringt. Mit anderen Worten: Er muss mit diesem Willen – auch durch Diebstahl, Unterschlagung oder Raub – eine eigene (selbstständige) tatsächliche (Mit-)Verfügungsgewalt begründen. Die bloße Verwahrung für einen anderen als Fremdbesitzer genügt nicht. Das Gleiche gilt für reine Verteilungs-, Übermittlungs-, Empfangs- und

Botentätigkeiten, die der unselbstständigen Weiterleitung des Falschgeldes an andere dienen.

Hierzu BGHSt 44, 62; *BGH* StV 2003, 331; NStZ 2005, 689; 2008, 149; Sch/Sch/*Stree/Sternberg-Lieben,* § 146 Rn. 15; *Wessels/Hettinger,* BT 1, Rn. 929; ergänzend **Fall 1** in Rn. 19.

Entfällt danach für den Verwahrer, Verteilungsgehilfen, Boten usw. § 146 I Nr. 2 1. Var., so kann er doch wegen Beihilfe zur Tat nach § 146 oder gemäß § 147 strafbar sein (ergänzend Beispiel 4 in Rn. 16).

Im **subjektiven Tatbestand** verweist die Vorschrift bezüglich der besonderen Absicht auf § 146 I Nr. 1.

4. § 146 I Nr. 2 2. Var.

Bei dieser durch das 35. StRÄndG vom 22. 12. 2003 in die Vor-   **10a** schrift gekommenen Variante muss der Täter falsches Geld **feilhalten**. Darunter ist das äußerlich erkennbare Bereitstellen zum Zwecke des Verkaufs zu verstehen. Der subjektive Tatbestand setzt vorsätzliches Handeln voraus (§ 15).

5. § 146 I Nr. 3

§ 146 I Nr. 3 regelt einen ähnlichen Fall wie § 267 I 3. Var.   **11** Voraussetzung ist, dass der Täter einen der drei Tatbestände des § 146 I Nr. 1 oder Nr. 2 1. Var. *vollständig verwirklicht* hat, d. h. insbesondere einschließlich der jeweils erforderlichen Absicht. Im Übrigen muss der Täter das falsche Geld **als echt in Verkehr bringen**. Darunter ist jeder Vorgang zu verstehen, durch den der Täter das Falschgeld in der Weise aus seinem Gewahrsam entlässt, dass ein anderer tatsächlich in die Lage versetzt wird, sich des falschen Geldes zu bemächtigen und mit ihm nach seinem Belieben umzugehen, insbesondere es weiterzugeben (BGHSt 35, 21, 23; 42, 162, 167 f.). Damit unbestritten erfasst wird die Überlassung von Falschgeld unter Vorspiegelung seiner Echtheit.

Beispiele: Einkäufe und andere Zahlungen mit Falschgeld; Einwurf von Falschgeld in einen Warenautomaten oder Opferstock (BGHSt 35, 21, 24); Weitergabe von falschen seltenen Münzen, die echt ein gültiges Zahlungsmittel wären, als echtes Geld an Sammler, auch wenn das begehrte Sammelobjekt zu einem über dem Nennwert liegenden Preis verkauft wird (BGHSt 27, 255). Bei der Weitergabe an einen verdeckten Ermittler der Polizei liegt jedenfalls deshalb nur ein Versuch des § 146 I Nr. 3 vor, weil das Falschgeld unmittelbar in amtlichen Gewahrsam gelangt und damit dem Verkehr entzogen wird (BGHSt 34, 108, 109; *BGH* NStZ 2000, 530; NStZ-RR 2002, 302). – Zum Wegwerfen in einen Abfalleimer (**Fall 1**) siehe Rn. 19.

12   Umstritten ist, ob der Tatbestand nur die Weitergabe an gutgläubige oder auch an eingeweihte Abnehmer erfasst. Denn im Gegensatz zu § 146 I Nr. 1 erwähnt § 146 I Nr. 3 lediglich das Inverkehrbringen als echt, aber nicht das Ermöglichen eines solchen Inverkehrbringens. Vor diesem Hintergrund bestehen in der Tat Zweifel, ob § 146 I Nr. 3 – sowie der insoweit übereinstimmende Tatbestand des § 147 I – auch dann zur Anwendung kommen kann, wenn das Falschgeld ohne Täuschung über die Echtheit Eingeweihten zur freien Verfügung überlassen wird, die erst beabsichtigen, das Geld als vermeintlich echt in den Verkehr einzuschleusen. Richtigerweise ist dies mit der h. M. zu bejahen.

> Näher unten Rn. 22 ff. – Für die h. M.: BGHSt 29, 311; 42, 162, 168; *BGH* NStZ 2002, 593; *Lackner/Kühl,* § 146 Rn. 8, § 147 Rn. 2; Sch/Sch/*Stree/ Sternberg-Lieben,* § 146 Rn. 22, § 147 Rn. 5. – Für die Gegenmeinung: *OLG Stuttgart* NJW 1980, 2089; SK/*Rudolphi/Stein,* § 146 Rn. 12 f., § 147 Rn. 5; *Wessels/Hettinger,* BT 1, Rn. 932 ff., 941; *Prittwitz,* NStZ 1989, 9 f.; *Bartholme,* JA 1993, 199 f.).

12a   Unabhängig von dieser Streitfrage ist ein Inverkehrbringen zu verneinen, soweit sich die Überlassung auf eine „interne" Weitergabe an Mittäter oder an Personen wie Boten und Mittler beschränkt, die keine eigenständige Verfügungsmacht erlangen (BGHSt 42, 162, 168 f.; *BGH* NStZ-RR 2002, 302, 303).

13   Zu beachten ist, dass im Rahmen des § 146 I Nr. 3 das Inverkehrbringen als echt ein objektives Tatbestandsmerkmal darstellt. Auf dieses Merkmal muss sich der **Vorsatz** erstrecken, wobei dolus eventualis genügt. Wer „Blüten" einem Eingeweihten überlässt, der sie abredewidrig nicht für sich behält, sondern weitergibt, hat nicht den Vorsatz zum Inverkehrbringen „als echt" (*OLG Düsseldorf* NJW 1998, 2067).

14   Die eigenständige Bedeutung des § 146 I Nr. 3 ist nicht groß. Sie zeigt sich erstens, wenn die Vortat gemäß § 146 I Nr. 1 oder 2 rechtskräftig abgeurteilt worden oder verjährt ist, zweitens dann, wenn der Täter die Absicht des Inverkehrbringens zwischenzeitlich aufgegeben hat und deshalb Realkonkurrenz zwischen § 146 I Nr. 3 und § 146 I Nr. 1 bzw. 2 besteht (BGHSt 35, 21, 27). An-

sonsten aber bilden das Inverkehrbringen und die Vortat eine einheitliche Tat (BGHSt 35, 21, 27; entsprechend § 33 Rn. 37).

6. § 146 II

Es handelt sich um eine Qualifikation. Zu den Tatbestands- 15
merkmalen vgl. *Rengier,* BT I, § 3 Rn. 34 (Gewerbsmäßigkeit), § 4
Rn. 89 ff. (Bandendiebstahl) und § 22 Rn. 44 (Bandenhehlerei).

III. Inverkehrbringen von Falschgeld (§ 147)

§ 147 (Vergehen) soll alle Fälle des Inverkehrbringens von Falsch- 16
geld erfassen, die nicht unter § 146 I Nr. 3 (Verbrechen) fallen.

Beispiele: (1) Der Täter erlangt, gleichgültig auf welche Weise (ob beim Einkaufen, Verkaufen, Geldwechseln oder durch Straftaten), gutgläubig falsches Geld, dessen Unechtheit er nachher erkennt, und bringt es nun in Verkehr.

(2) Ein Kassierer/Ladenangestellter sieht zufällig, dass sich ein falscher Geldschein in der Kasse befindet, und gibt ihn einem nichts ahnenden Kunden als Wechselgeld heraus.

(3) Der Täter bringt Falschgeld in Verkehr, das er zunächst ohne die Absicht des Inverkehrbringens, etwa zu Übungszwecken oder für Familienspiele, hergestellt hat.

(4) Ein Verteilungsgehilfe bringt im Auftrag eines anderen falsches Geld in Verkehr (ergänzend Rn. 10).

§ 147 will vor allem Täter besser stellen, die Falschgeld als echt 17
empfangen haben und dann durch erneutes Inverkehrbringen ihren
erlittenen Schaden wieder beseitigen wollen. In solchen Fällen darf
die privilegierende Wirkung des § 147 nicht dadurch unterlaufen
werden, dass das täterschaftliche Inverkehrbringen als Teilnahme
am Verbrechen des § 146 I Nr. 2 bestraft wird (*BGH* MDR/H
1982, 101, 102; *Lackner/Kühl,* § 147 Rn. 3).

Die wichtige und schon angesprochene Streitfrage (Rn. 13), ob auch die 18
Weitergabe an Eingeweihte, die erst das Falschgeld als echt in den Verkehr einschleusen wollen, unter das Inverkehrbringen „als echt" fällt, erlangt insbesondere im Zusammenhang mit § 147 Bedeutung. Die Frage spielt in den folgenden Lösungen zu den Fällen 1, 2 b, 2 c und 3 eine Rolle und wird am Ende zusammenfassend diskutiert (Rn. 22 ff.).

IV. Falllösungen

19   Im **Fall 1** kommt bei A § 146 I Nr. 2 1. Var. in Betracht. Insoweit muss schon, ohne dass es noch auf die fragliche Absicht ankommt, das Sichverschaffen verneint werden, weil A als Fremdbesitzer keine eigene Verfügungsgewalt begründen will (BGHSt 44, 62 m.w.N. unter Aufgabe von BGHSt 35, 21, 22, wo allein auf die faktische Verfügungsgewalt abgestellt wird; *BGH* NStZ 2000, 530).

> Würde man zu Unrecht § 146 I Nr. 2 1. Var. bejahen, so wäre weiter § 146 I Nr. 3 bezüglich der Entsorgung zu prüfen. Nach BGHSt 35, 21, 23 ff. soll insoweit objektiv ein Inverkehrbringen als echt vorliegen, weil beliebige Dritte das Falschgeld finden, aus dem Abfalleimer an sich nehmen und weiterverwenden könnten (a.A. *Bartholme,* JA 1993, 200); allein der entsprechende (zumindest bedingte) Tatvorsatz soll fraglich sein. Schließlich hinge, da die potentiellen Finder kaum gutgläubig sein dürften, die Anwendbarkeit des § 146 I Nr. 3 noch davon ab, dass man (mit der h.M.) die Weitergabe an Eingeweihte für das Inverkehrbringen „als echt" ausreichen lässt.

20   Im **Fall 2a** erfüllt K § 147 I. Mit § 263 gegenüber dem Verkäufer besteht Tateinheit (BGHSt 31, 380, 381 f.; h.M.; a.A. SK/*Rudolphi/ Stein,* § 146 Rn. 19).

Im **Fall 2b** verwirklicht F § 146 I Nr. 2 1. Var. K macht sich nach h.M. gemäß § 147 I strafbar, während die Gegenmeinung angesichts der Weitergabe an die eingeweihte F ein Inverkehrbringen „als echt" für ausgeschlossen hält. Nach der Gegenmeinung erfüllt K die §§ 146 I Nr. 2 1. Var., 27. Auf dem Boden der h.M. dürfen dagegen die §§ 146 I Nr. 2 1. Var., 27, um Wertungswidersprüche zu vermeiden, neben dem „privilegierenden" § 147 nicht angewendet werden.

Im **Fall 2c** gelangt man bei K vom Standpunkt der h.M. aus zu den §§ 147, 22, da K ein Inverkehrbringen als echt über einen eingeweihten Abnehmer angestrebt hat, die Vollendung aber wegen der tatsächlichen Übergabe an eine Polizeiagentin ausgeschlossen ist. Auf dem Boden der Gegenmeinung bleibt K straflos, erstens, weil er ein Inverkehrbringen als echt nur ermöglichen und damit § 147 I nicht verwirklichen wollte, zweitens, weil im Übrigen bei F eine teilnahmefähige Haupttat fehlt.

21   Im **Fall 3** erfüllt A zuerst § 146 I Nr. 1 1. Var. und dann § 146 I Nr. 3; dabei handelt es sich um *eine* Tat. Mit § 263 gegenüber K besteht Tateinheit (h.M.).

H macht sich gemäß § 146 I Nr. 2 1. Var. strafbar. Bei K gelangt man wieder zu der Streitfrage um das Inverkehrbringen als echt bei der Weitergabe an eingeweihte Abnehmer, die bereit sind, das Falschgeld in den Verkehr einzuschleusen. Nach h.M. verwirklicht K durch die Weitergabe an H § 147 I, während die Gegenmeinung den K aus den §§ 146 I Nr. 2 1. Var., 27 (schwerer) bestraft.

Zur Diskussion der in den Fällen 1, 2b, 2c und 3 einschlägigen **22** Streitfrage hinsichtlich **des Inverkehrbringens** ist Folgendes zu bemerken: Die (hier abgelehnte) Gegenmeinung stützt sich auf den Wortlaut und die Gesetzessystematik und führt an, der Verzicht auf die Ermöglichungsvariante in den §§ 146 I Nr. 3, 147 I führe zu dem Umkehrschluss, dass das in diesen Tatbeständen allein erwähnte Inverkehrbringen als echt ausschließlich die Weitergabe an gutgläubige Dritte erfassen solle. Demgegenüber spricht für die h.M. nicht nur der Wille des historischen Gesetzgebers; insbesondere wird sie dem Gesetzeszweck gerechter und vermeidet namentlich drohende Wertungswidersprüche.

So wird nach der Gegenmeinung K im **Fall 2b** wegen Beihilfe zu einem **23** Verbrechen strenger bestraft als im **Fall 2a**, obwohl die kriminelle Energie eher geringer ist, während die h.M. sachgerecht jeweils § 147 I anwenden kann. Ähnlich liegt **Fall 3**. Ferner hat die Gegenmeinung im **Fall 2c** die Straflosigkeit des K zur Folge; auch hier gelangt man auf den Boden der h.M. mit den §§ 147 I, 22 zu einem sachgerechteren Ergebnis.

Da der Wortlaut der §§ 146 I Nr. 3, 147 I die h.M. noch trägt **24** (von einem Inverkehrbringen als echt kann auch dann gesprochen werden, wenn das Geld über einen eingeweihten Mittelsmann als echt in den Verkehr eingeschleust werden soll), gebührt ihr nach allem der Vorzug (zur Diskussion siehe neben den Nachweisen in Rn. 13 noch die Falllösung bei *Hefendehl*, Jura 1992, 378 f.).

V. Wertzeichenfälschung (§ 148)

§ 148 schützt amtliche Wertzeichen. Amtliche Wertzeichen sind **25** vom Staat, von einer anderen Gebietskörperschaft, sonstigen Körperschaft oder Anstalt des öffentlichen Rechts ausgegebene Marken oder ähnliche Zeichen, die Zahlungen gleicher Art (wie von Gebühren, Steuern, Abgaben, Beiträgen und dergleichen) vereinfachen oder sicherstellen und nachweisen sollen (BGHSt 32, 68, 75 f.).

Beispiele: Gerichtskostenmarken; Versicherungsmarken; Gebührenmarken. Zur seit der Privatisierung der Post fraglichen Einordnung der Briefmarken vgl. Art. 87 f II GG, § 43 I 1 PostG; abl. etwa *Bohnert*, NJW 1998, 2879 ff.; Sch/Sch/*Stree/Sternberg-Lieben*, § 148 Rn. 2 m. w. N. – Zur Frage des Urkundencharakters der Wertzeichen § 32 Rn. 15.

26   Die Tathandlungen des § 148 I entsprechen weitgehend denen der §§ 146, 147. Darüber hinaus bestraft § 148 II das Wiederverwenden entwerteter amtlicher Wertzeichen.

VI. Fälschung von Zahlungskarten u. ä. (§§ 152 a/b)

27   Die §§ 152 a/b haben durch das 35. StrÄndG vom 22. 12. 2003 ein verändertes Gesicht erhalten. Die wichtigste Änderung bringt der neue § 152 a, der den strafrechtlichen Schutzbereich auf Zahlungskarten ohne Garantiefunktion (Legaldefinition in Abs. 4), Schecks und Wechsel ausdehnt. „Zahlungskarten" sind nur solche Karten, die den Inhaber oder Benutzer in die Lage versetzen, Geld oder einen monetären Wert zu übertragen (BT-Drs. 15/1720, S. 9). Damit nicht erfasst werden etwa Telefonkarten. Auch Kundenkreditkarten im „Zwei-Partner-System", die z. B. ein bargeldloses Einkaufen bei einer Warenhauskette ermöglichen (*Rengier*, BT I, § 19 Rn. 5), fallen – wegen Abs. 4 Nr. 1 – nicht unter die Vorschrift, sofern das Warenhaus selbst die Karte herausgibt. Beauftragt es damit aber ein Institut im Sinne des Abs. 4 Nr. 1, hat man es mit Zahlungskarten zu tun (MüKo/*Erb*, § 152 a Rn. 4).
Die Verwendung des Plurals im Gesetzestext („Zahlungskarten") schließt es nach dem Sprachgebrauch (vgl. nur § 306 I) nicht aus, den Tatbestand auch und bereits dann zu bejahen, wenn sich die Tathandlung nur auf *eine* Zahlungskarte bezieht (BGHSt 46, 146, 150 ff.; *BGH* NJW 2000, 3580).

28   § 152 b, der weitgehend § 152 a a. F. entspricht, normiert ein Verbrechen und betrifft hauptsächlich Zahlungskarten mit Garantiefunktion (Legaldefinition in Abs. 4). Dazu gehören einmal die Kreditkarten im „Drei-" oder „Vier-Partner-System" (American-Express-Karte usw.; vgl. *Rengier*, BT I, § 19 Rn. 6, 9 ff.). Erfasst sind weiter – und zwar als „sonstige Karten" – die von Kreditinstituten ausgegebenen ec-/Maestro-Karten, deren Garantiefunktion eingreift, wenn man mit ihnen im sog. electronic-cash-Zahlungsverfahren bezahlt (vgl. *Rengier*, BT I, § 19 Rn. 22 f.). Für § 152 b

kommt es freilich nur auf die allgemein vorhandene Garantiefunktion und nicht darauf an, ob der Täter die Karte gerade im Rahmen des Garantieversprechens einsetzen will (BGHSt 46, 146, 148 ff.; BT-Drs. 15/1720, S. 9; *Husemann*, NJW 2004, 105 f.).

Die Erwähnung der Euroscheckvordrucke und Euroscheckkarten in § 152 b hat nur noch für nicht verjährte Altfälle Bedeutung (vgl. §§ 78 I Nr. 3, 78 c III). Da der garantierte Euroscheckverkehr zum 1. 1. 2002 abgeschafft wurde, ist der Begriff Euroscheckkarte überholt. Das Zeichen „ec" steht heute nicht mehr für „eurocheque", sondern für „electronic cash" (ergänzend *Rengier*, BT I, § 13 Rn. 19 a, § 19 Rn. 2).

§ 152 b qualifiziert § 152 a, soweit Zahlungskarten Tatgegenstand **29** sind, die ein Kredit- oder Finanzdienstleistungsinstitut herausgegeben hat. Gegenüber den §§ 267, 269 gehen die §§ 152 a/b im Wege der Spezialität vor (*BGH* NStZ 2005, 329; MüKo/*Erb*, § 152 a Rn. 16, § 152 b Rn. 15; NK/*Puppe*, § 152 b Rn. 26).

§§ 152 a/b V erweitern jeweils den Tatbestand auf die Vorberei- **30** tungshandlungen des § 149.

Empfehlungen zur vertiefenden Lektüre:

Rechtsprechung: BGHSt 29, 311 (Inverkehrbringen als echt bei Weitergabe an einen Eingeweihten); BGHSt 35, 21 (Fragen des § 146 I Nr. 2 und 3); *BGH* NJW 1995, 1844 (kein Herstellen von Falschgeld bei auffälligem Werbeaufdruck); *BGH* wistra 2008, 19 (Fragen des § 146).

Literatur: *Bartholme*, Geld-, Wertzeichenfälschung und verwandte Delikte, JA 1993, 197 ff.; *Otto*, Anmerkung zu *LG Kempten* NJW 1979, 225, NJW 1979, 226; *Puppe* (wie zu § 32), JZ 1991, 611 ff.

9. Kapitel. Gemeingefährliche Straftaten

§ 40. Brandstiftung (§§ 306–306f)

Fall 1: Ehemann M setzt das von ihm und seiner Familie bewohnte Wohnhaus in Brand, das seiner Schwiegermutter S allein gehört. Mit dem Gebäude wird das Inventar vernichtet, das im Alleineigentum seiner Ehefrau F steht. M handelt in der Absicht, S Leistungen aus der Gebäudeversicherung und F Leistungen aus der Hausratversicherung zu verschaffen. Die nicht eingeweihten S und F melden die Schäden ihren Versicherungen. Während S bereits 300.000 Euro erhalten hat, sind Leistungen aus der Hausratversicherung noch nicht erfolgt (vgl. BGHSt 51, 236). → Rn. 51, 54 a

Fall 2: a) A will die Wohnung des B in Brand setzen. Mit Schwung gießt A, obwohl er sieht, dass B anwesend ist, brennendes Benzin in ein Zimmer und trifft dabei – ohne Tötungsvorsatz – unmittelbar den B, der an den Brandwunden stirbt. Anschließend erfasst das brennende Benzin die Wohnung. b) *Variante:* Die Wohnung gerät nicht in Brand und wird auch nicht infolge der Brandlegung (teilweise) zerstört. → Rn. 45, 58

Fall 3: B zündet mit Einwilligung des Landwirts L dessen Hof an, den L ganz alleine bewohnt. Der Hof liegt 20 m neben einer Scheune des Bauern A, in der Stroh gelagert wird. → Rn. 21, 63

I. Grundlagen

1   Unter der Bezeichnung Brandstiftungsdelikte werden die §§ 306–306f erfasst, die der Gesetzgeber im Rahmen des 6. StrRG 1998 in grundlegender Weise reformiert hat.

Bei § 306 handelt es sich allerdings nicht um eine gemeingefährliche Straftat, sondern um ein spezielles Sachbeschädigungsdelikt (ergänzend Rn. 3), das nach § 306d I auch fahrlässig begehbar ist. Keinesfalls bildet § 306 den Grundtatbestand zu § 306a. Grundsätzlich sollte man in Brandstiftungsfällen darauf achten, dass die Sachbeschädigungsdelikte und die gemeingefährlichen Delikte getrennt werden. Sachbeschädigungsdelikte sind die §§ 303, 305 und 306. Bei diesen Tatbeständen – also auch bei § 306 – kommt eine rechtfertigende Einwilligung in Betracht. Die anderen Brandstiftungsdelikte (§§ 306a ff.) enthalten gemeingefährliche Straftaten.

Doch bleibt bezüglich § 306a II die Einwilligungsmöglichkeit der gefährdeten Person zu beachten (Rn. 38).

Drei Grunddelikte sind zu unterscheiden, deren Prüfung sich 2 in der folgenden Reihenfolge anbietet: Zuerst wendet man sich dem Sachbeschädigungsdelikt des **§ 306** zu und schließt im bejahenden Fall kurze Bemerkungen zu den im Wege der Spezialität verdrängten §§ 303, 305 an. Dann gelangt man zum abstrakten Gefährdungsdelikt des **§ 306a I**, bevor ggf. das konkrete Gefährdungsdelikt des **§ 306a II** geprüft wird. Alle Grunddelikte können durch die Erfolgsqualifikationen der §§ 306b I und 306c qualifiziert sein. Für die beiden Tatbestände des § 306a I, II kommt darüber hinaus § 306b II als Qualifikationstatbestand in Betracht. Ist bei einem Grunddelikt vorsätzliches Handeln zu verneinen, so bleibt zu beachten, dass die §§ 306, 306a I, II gleichfalls fahrlässig verwirklicht werden können (§ 306d I, II).

§ 306e („Tätige Reue") regelt bestimmte Konstellationen des „Rücktritts" vom vollendeten Delikt. § 306f ist im Vorfeld der §§ 306, 306a angesiedelt.

Falllösungen zu den Brandstiftungsdelikten bei *Bindzus/Ludwig,* JuS 1998, 1123 ff.; *Hecker,* Jura 1999, 197 ff.; *Fisch/Sternberg-Lieben,* JA 2000, 124 ff.; *Murmann,* Jura 2001, 258 ff.; *Schenkewitz,* JA 2001, 40 ff.; *Weißer/Kreß,* JA 2003, 857 ff.; *Kreß/Weißer,* Jura 2006, 115 ff.; *Noak/Collin,* Jura 2006, 544 ff.; *Kudlich,* JA 2008, 703 ff.

II. Brandstiftung (§ 306)

1. Grundlagen und Aufbaufragen

Wie bereits erwähnt, handelt es sich bei § 306 um ein (die §§ 303, 3 305 qualifizierendes) Sachbeschädigungsdelikt, weil der Tatbestand ebenfalls ein *fremdes* Objekt voraussetzt. Die Tat (Verbrechen!) ist also einwilligungsfähig (*BGH* NJW 2003, 1824).

Die Einstufung des § 306 als Eigentumsdelikt begegnet angesichts des Standorts der Vorschrift und der mit § 306a übereinstimmenden hohen Mindeststrafe durchaus Zweifeln. Von daher gibt es Stimmen, die in § 306 ein Kombinationsdelikt aus Eigentums- und Gemeingefährlichkeitsdelikt sehen (MüKo/*Radtke,* § 306 Rn. 8 ff.; abl. SK/*Wolters/Horn,* § 306 Rn. 1). Doch wollen in der Regel auch solche Stimmen die Einwilligungsmöglichkeit nicht in Frage stellen (a.A. aber *Duttge,* Jura 2006, 15 ff.). Bedeutender sind die Auswirkungen bei den Konkurrenzfragen (Rn. 33 a, 39 a).

4   Bei der Reform hat der Gesetzgeber den Katalog der tauglichen Tatobjekte modernisiert und als neue Handlungsmodalität den Fall der Brandlegung eingefügt. Die fahrlässige Begehung erfasst § 306 d I 1. Var. (unten Rn. 59). – Es empfiehlt sich folgendes

---

Aufbauschema (§ 306 I)

I. Tatbestandsmäßigkeit
   1. Objektiver Tatbestand
      a) Tatobjekte: ein *fremdes* Objekt der Nr. 1–6
      b) Tathandlungen
         aa) Inbrandsetzen oder
         bb) durch eine Brandlegung ganz oder teilweise Zerstören
   2. Subjektiver Tatbestand
      Vorsatz (wenn nein: § 306 d I 1. Var.)
II. Rechtswidrigkeit
    Einwilligung möglich
III. Schuld
IV. Tätige Reue (§ 306 e)

Den etwaigen Qualifikationen der §§ 306 b I, 306 c wendet man sich erst zu, nachdem man, soweit einschlägig, noch § 306 a I, II geprüft hat.

---

2. Tatobjekte

5   Der Wortlaut des § 306 I geht zum Teil sehr weit und könnte automatische Garagen- und Gartentore (Nr. 2), Mofas, Gleitschirme, Schlauch- und Paddelboote (Nr. 4) sowie das Anzünden einer Kiste mit Feldfrüchten und das Verfeuern fremder Holzscheite (Nr. 6) erfassen (vgl. *Stein,* in: *Dencker u. a.,* S. 95 ff.; *Schroeder,* GA 1998, 571; *Wolters,* JR 1998, 271; *Fischer,* § 306 Rn. 3 ff.).

6   Vor diesem Hintergrund ist angesichts der hohen Strafdrohung (Verbrechen!) eine **restriktive Interpretation** unausweichlich. Die Diskussion dazu hat noch keine klaren Ergebnisse erbracht. Soweit man das Element der Gemeingefährlichkeit in die Vorschrift hineinliest, kann man die Strafbarkeit verneinen, wenn von

der Tat keine generellen Gefahren für andere Rechtsgüter ausgegangen sind (MüKo/*Radtke*, § 306 Rn. 17 ff.; vgl. ferner Sch/Sch/
Heine, § 306 Rn. 3; abl. *Stein*, in: *Dencker u. a.*, S. 93 f.). Die h. M.
versucht, mit Quantitäts- und Wertaspekten die Reichweite einzuschränken und nur solche Objekte in den Schutzbereich einzubeziehen, die eine größere Menge oder einen nicht unerheblichen
Wert verkörpern. Bezüglich des Wertes bietet es sich an, an den
bedeutenden Wert im Sinne des § 315 c, also an etwa 1.000 €, anzuknüpfen (§ 44 Rn. 10) und einen solchen Wert auch für die größere Menge zu verlangen.

Zur h. M. vgl. Sch/Sch/*Heine*, § 306 Rn. 3; *Lackner/Kühl*, § 306 Rn. 2; SK/
Wolters/Horn, § 306 Rn. 5, 6; *Kindhäuser*, LPK-StGB, § 306 Rn. 3; *Krey/
M. Heinrich*, BT 1, Rn. 757; *Eisele*, BT I, Rn. 725; *Stein*, in: *Dencker u. a.*,
S. 95 ff. – In der **Fallbearbeitung** kommt es vor allem darauf an, ein gewisses
Problembewusstsein zu zeigen (ausführlich *Sinn*, Jura 2001, 803 ff.).

3. Tathandlung „in Brand setzt"

Von zentraler Bedeutung – auch für § 306 a – ist der in der ers-   7
ten Handlungsvariante verwendete Begriff des Inbrandsetzens
(insbesondere eines Gebäudes). Ein Gebäude (bzw. ein anderes
geschütztes Objekt) ist in Brand gesetzt, wenn zumindest Teile,
die für dessen bestimmungsgemäßen Gebrauch wesentlich sind,
so vom Feuer erfasst werden, dass das Feuer aus eigener Kraft,
d. h. ohne Fortwirken des Zündstoffs weiterbrennt.

Beispiele: Bei **Gebäuden** sind für deren bestimmungsgemäßen Gebrauch
wesentlich: Wohnungstür, Fensterrahmen, Zimmerwand, Flurtreppe, Zimmer-
fußboden. *Nicht* wesentlich sind: Einrichtungsgegenstände wie Mobiliar, Gar-
dinen, Wandtapeten, Regale; Fußbodensockelleisten; Holzwände, die einzelne
Kellerabteile abtrennen; insbesondere auch nicht Einbauschränke/-küchen
oder eine eingebaute Theke. Anders läge es bei einer fest in den Boden ver-
mauerten Theke, weil dann das Bauwerk selbst betroffen wäre. – Zum Ganzen
vgl. BGHSt 48, 14, 18 f.; *BGH* NStZ 1984, 74; 1994, 130; 2001, 252; 2003, 266;
NStE Nr. 3 zu § 306 StGB; *Fischer*, § 306 Rn. 14 f.

Nach in der Rechtsprechung teilweise gebrauchten Formulie-   8
rungen soll es für ein vollendetes Inbrandsetzen auch genügen,
dass das Feuer auf wesentliche Gebäudeteile bloß hätte übergrei-
fen können (BGHSt 48, 14, 18 f., 21; *BGH* NStZ 2003, 266). Diese
mit dem Wortlaut schwer vereinbare Ausdehnung verdient keine
Zustimmung (*Ingelfinger*, JR 1999, 212; SK/*Wolters/Horn*, § 306
Rn. 11; *Wessels/Hettinger*, BT 1, Rn. 957).

9   Ein **schon brennendes Tatobjekt** kann nochmals an anderer Stelle „in Brand gesetzt" werden. Das bloße Verstärken eines Brandes – ohne Schaffung eines neuen Brandherdes – genügt aber für das Inbrandsetzen (Wortlaut!) nicht und kann allenfalls als Beihilfe erfasst werden (*OLG Hamm* JZ 1961, 94; *Geppert*, Jura 1998, 601; Sch/Sch/*Heine*, § 306 Rn. 14; *Wrage*, JuS 2003, 985; a. A. *Lackner/Kühl*, § 306 Rn. 3).

10   Ein **Inbrandsetzen durch Unterlassen** setzt eine Garantenstellung (§ 13) voraus und kommt erstens dann in Betracht, solange das Objekt noch nicht „in Brand gesetzt" ist.

> **Beispiel:** Jemand entzündet fahrlässig Inventar oder Altpapier. Sieht er danach dem Übergreifen der Flammen auf ein geschütztes fremdes Objekt tatenlos zu, verwirklicht er die §§ 306 I 1. Var., 13.

11   Brennt dagegen das Gebäude zum Unterlassungszeitpunkt schon, so kann zweitens ein täterschaftliches Inbrandsetzen wegen passiven Verhaltens nur vorliegen, wenn der Täter das Entstehen eines *neuen* Brandherdes nicht verhindert. Das bloße Weiterbrennenlassen, das Nichtlöschen als solches stellt richtigerweise noch keine täterschaftliche Inbrand*setzung* durch Unterlassen dar (*Geppert*, Jura 1989, 422f. und wohl auch Jura 1998, 601; *Sinn*, Jura 2001, 808; Sch/Sch/*Heine*, § 306 Rn. 18 m.w.N.).

4. Tathandlung „durch eine Brandlegung ganz oder teilweise zerstört"

12   Die zweite Handlungsmodalität des § 306 I – wie des § 306 a I – entspricht im Ausgangspunkt § 305 I (*Rengier*, BT I, § 25 Rn. 5f.). Das Tatobjekt ist **zerstört**, wenn es vernichtet wird oder seine bestimmungsgemäße Brauchbarkeit völlig verliert. Von einem **teilweisen Zerstören** könnte man in Anlehnung an § 305 I sprechen, wenn Teile des Tatobjekts, die für seinen bestimmungsgemäßen Gebrauch – im Sinne der Rn. 7 – wesentlich sind, unbrauchbar geworden sind.

13   Demgegenüber tritt der *BGH* angesichts der hohen Strafdrohungen der §§ 306, 306 a zu Recht für eine restriktivere Interpretation ein und verlangt ein teilweises Zerstören **von Gewicht.** Für Wohngebäude ergibt sich daraus mit Blick auf die geschützte Funktion, dass zumindest eine Wohneinheit für eine beträchtliche Zeit – d.h. nicht nur für Stunden oder einen Tag, sondern zumin-

dest für mehrere Tage – nicht mehr benutzbar ist, und zwar wegen erforderlicher Renovierungsarbeiten an durch die Brandlegung geschädigten Gebäudeteilen.

BGHSt 48, 14, 19 ff.; *BGH* NStZ 2007, 270, 271; 2008, 519; *Radtke*, NStZ 2003, 432 f.; Sch/Sch/*Heine*, § 306 Rn. 16.

Mit dem Begriff der „Brandlegung" trägt der Gesetzgeber insbe- **14** sondere dem Umstand Rechnung, dass bei gefährlichen Brandstiftungen infolge der zunehmenden Verwendung von feuerbeständigen Baustoffen und Bauteilen wesentliche Gebäudebestandteile möglicherweise gar nicht (mehr) in Brand geraten, aber die von dem gelegten Feuer ausgehende Ruß-, Gas-, Rauch- und/oder Hitzeentwicklung vergleichbare Folgen haben kann. Ferner sollen auch solche Fälle erfasst werden, in denen – vom Täter nicht gewollt – der Zündstoff, statt zu brennen, explodiert.

Im *Ergebnis* kann man definieren: Brandlegung ist jede Hand- **15** lung, die sich auf das Verursachen eines Brandes richtet (MüKo/ *Radtke*, § 306 Rn. 53; *Lackner/Kühl*, § 306 Rn. 4). Oder: (Teilweise) Zerstörung durch eine Brandlegung heißt (teilweise) Zerstörung durch einen Brand wie durch ein versuchtes Inbrandsetzen, bei dem das Brandmittel den Zerstörungserfolg herbeiführt. Dies schließt die mittelbare Herbeiführung des tatbestandlichen Erfolges durch Brandwirkungen und Explosion ein (BT-Drs. 13/8587, S. 26, 69; ausführlich *Stein*, in: *Dencker u. a.*, S. 85 ff.).

Nach den Kriterien der objektiven Zurechnung sind auch noch **16** auf Löschtätigkeiten und automatische Löschanlagen zurückzuführende Zerstörungserfolge zu den Wirkungen des Brandes zu zählen.

So auch Sch/Sch/*Heine*, § 306 Rn. 17; SK/*Wolters/Horn*, § 306 Rn. 16 a; *Cantzler*, JA 1999, 476; *Müller/Hönig*, JA 2001, 518 f.; *Wrage*, JuS 2003, 985 f.; a. A. *Maurach/Schroeder*, BT 2, § 51 Rn. 7; *Radtke*, NStZ 2003, 433.

Umstritten ist, ob das Merkmal „Brandlegung" auch Fälle er- **17** fasst, in denen sich der Vorsatz des Täters zwar auf die Entzündung eines Feuers, aber nicht auf das Inbrandsetzen eines geschützten Tatobjekts erstreckt (zu Recht verneinend SK/*Wolters/Horn*, § 306 Rn. 16 a; Sch/Sch/*Heine*, § 306 Rn. 17; bejahend *Fischer*, § 306 Rn. 15 f.).

Beispiel: Der Täter will z. B. Maschinen durch Auslösung der Sprinkleranlage mittels eines Papierfeuers zerstören, ohne einen Erfolg im Sinne des § 306 zu intendieren.

III. Schwere Brandstiftung (§ 306 a I)

1. Grundlagen und Aufbaufragen

18   § 306 a I entspricht weitgehend dem früheren § 306. Neu ist vor allem die Handlungsmodalität der Brandlegung. Die Tathandlungen entsprechen denen des § 306 I (Rn. 7 ff.). Den Fahrlässigkeitsfall erfasst § 306 d I 2. Var. (unten Rn. 59).

Geschützt werden bestimmte Räumlichkeiten, in denen sich typischerweise Menschen aufhalten können. Es handelt sich um ein klassisches abstraktes Gefährdungsdelikt, das dem Schutz der Allgemeinheit vor den von den Tathandlungen ausgehenden unberechenbaren (Lebens-)Gefahren dient (ergänzend Rn. 29 ff. und § 43 Rn. 1). Daher spielen die Eigentumsverhältnisse und eine etwaige Einwilligung des Eigentümers keine Rolle. – Man gelangt zu folgendem

---

Aufbauschema (§ 306 a I)

I. Tatbestandsmäßigkeit
  1. Objektiver Tatbestand
    a) Tatobjekte (Eigentumsverhältnisse unerheblich)
      aa) Nr. 1: insbesondere ein Gebäude, das der
          Wohnung von Menschen dient,
      bb) Nr. 2: insbesondere eine Kirche oder
      cc) Nr. 3: eine zeitweise dem Aufenthalt von
          Menschen dienende Räumlichkeit zur typischen
          Aufenthaltszeit
    b) Tathandlungen
      aa) Inbrandsetzen oder
      bb) durch eine Brandlegung ganz oder teilweise
          Zerstören
  2. Subjektiver Tatbestand
    Vorsatz (wenn nein: § 306 d I 2. Var.)
II. Rechtswidrigkeit
  Einwilligung des Eigentümers unbeachtlich
III. Schuld
IV. Tätige Reue (§ 306 e)

> In der Fallbearbeitung sind am Ende des objektiven Tatbestandes
> verhältnismäßig oft noch Fragen der teleologischen Reduktion zu erörtern
> (dazu Rn. 29 ff.). Kommt neben § 306 a I der Tatbestand des § 306 a II in
> Betracht, so prüft man diese Vorschrift, bevor man sich den qualifizieren-
> den Tatbeständen der §§ 306 b I, II und 306 c zuwendet.

2. Tatobjekte

a) **Nr. 1:** Die Vorschrift bezieht Gebäude, Schiffe, Hütten und **19**
„andere Räumlichkeiten" unter der Voraussetzung ein, dass sie als
Wohnung dienen. Grundsätzlich kommen insoweit z. B. in Betracht:

Ausrangierte Eisenbahnwaggons/Omnibusse; Wohnwagen und Wohnmobile; zumindest größere Zelte; Schlafkojen in Lastkraftwagen (BT-Drs. 13/8587,
S. 68; a. A. *Geppert,* Weber-FS, 2004, S. 438 ff.; ergänzend MüKo/*Radtke,* § 306 a
Rn. 7). – Zum Gebäude siehe Rn. 7. Bei einem Gebäude, das Wohnzwecken
dient, ist ein nur als Lagerraum genutzter Keller für das Wohnen nicht wesentlich (*BGH* NJW 1999, 299 mit zust. Anm. *Ingelfinger,* JR 1999, 211 f.).

Die Räumlichkeit „dient der Wohnung von Menschen", wenn **20**
sie ihrer konkreten Verwendung nach zumindest vorübergehend
zur Unterkunft von Menschen vorgesehen ist, d. h. zum Mittel-
punkt des Aufenthalts gemacht wird. Beispielsweise genügen
Ferienwohnungen oder Hütten, in denen (vorübergehend) Eigentümer, Gäste bzw. Obdachlose leben. Entscheidend ist der rein
tatsächliche Wohnzweck, die reale Widmung zum Wohnen. Eine
solche Widmung fehlt (noch) bei nicht bezogenen Neubauten.

In der Fallbearbeitung spielt vor allem die Aufhebung der **21**
Wohnungseigenschaft durch (konkludente) **Entwidmung** eine
Rolle. Diese Entwidmung kann sowohl durch den Tod des einzi-
gen Wohnungsinhabers – selbst im Falle seiner Ermordung – ein-
treten als auch durch konkludentes Handeln erfolgen. Ein solcher
Entwidmungs(real)akt liegt etwa vor, wenn *jeder* tatsächliche Be-
wohner – auch der Mieter als Fremdbesitzer – das (bis dahin)
selbst bewohnte Gebäude eigenhändig in Brand setzt oder seinen
Aufgabewillen in anderer Weise, insbesondere durch Zustim-
mung, kundtut. Genauso erfolgt eine Entwidmung durch den
Obdachlosen, der die von ihm allein vorübergehend bewohnte
Hütte verlässt und weiterzieht.

Dazu BGHSt 23, 114; 26, 121, 122 f.; *BGH* NJW 1988, 1276; NStZ 1999, 32,
34; 2008, 99 mit Anm. *Radtke;* StV 2001, 576 und 577; NStZ-RR 2004, 235,
236; 2005, 76; *LG Düsseldorf* NStZ 1981, 224. – Zum **Fall 3** unten Rn. 63.

22　**b) Nr. 2:** Ein Gebäude dient – wie die Kirche – der Religions-
ausübung, wenn es seinem Zweck nach zu religiösen Versammlungen bestimmt ist. Nicht erfasst werden Gebäude, die bloß der
Verwaltung oder dem Unterricht dienen (*Stein*, in: *Dencker u. a.*,
S. 81 f.).

Es fällt auf, dass Kirchenräume zeitlich absolut und nicht im Sinne der Nr. 3
eingeschränkt auf Öffnungszeiten geschützt werden. Kritiker halten das für
schwer legitimierbar und plädieren daher zum Teil dafür, die Tatzeitklausel der
Nr. 3 entsprechend anzuwenden (MüKo/*Radtke*, § 306 a Rn. 22; a. A. SK/
Wolters/Horn, § 306 a Rn. 10; ergänzend *Fischer*, § 306 a Rn. 6).

23　**c) Nr. 3:** Der Tatbestand setzt für die Vollendung voraus, dass
die Räumlichkeit zu einer Zeit brennt bzw. (teilweise) zerstört
wird, in der sich dort Menschen aufzuhalten pflegen (BGHSt 36,
221). Eine von Landstreichern regelmäßig zum Übernachten benutzte Scheune wird erfasst, da es auf den tatsächlichen Zustand
ankommt (BGHSt 23, 60); dabei ist zu beachten, dass die Grenze
zur Nr. 1 überschritten wird, sobald ein bestimmter Landstreicher
die Scheune zu seinem (vorübergehenden) Aufenthaltsmittelpunkt
macht. Ein Pkw stellt mangels „gewisser Bewegungsmöglichkei-
ten" keine Räumlichkeit dar (BGHSt 10, 208, 213 f.; h. M.).

24　Zu einem **Tatbestandsirrtum** (§ 16 I 1) das folgende

Beispiel: Der Täter will ein Bürogebäude außerhalb der Bürozeit gegen
22 Uhr mittels einer zeitgesteuerten Bombe in Brand setzen; die Bombe explodiert aber zu früh noch während der Arbeitszeit und zerstört dabei das
Gebäude teilweise. – Bezüglich § 306 und der verdrängten §§ 303, 305 ist der
Tatzeitpunkt in objektiver wie subjektiver Hinsicht unwesentlich. § 306 a I
Nr. 3 liegt objektiv zwar vor, doch entfällt der Vorsatz (§ 16 I 1). Bejaht man
fahrlässiges Handeln, so gelangt man noch zu § 306 d I 2. Var. i. V. m. § 306 a I
Nr. 3. Diese Fahrlässigkeitstat steht mit § 306 I in Idealkonkurrenz. Nimmt
man an, dass der Täter objektiv einen Menschen in eine konkrete Gesund-
heitsgefahr gebracht und insoweit § 306 a II erfüllt hat, so muss bezüglich der
konkreten Gefährdung wieder ein Tatbestandsirrtum bejaht werden (§ 16 I 1).
Im Fahrlässigkeitsfall liegt dann § 306 d I 3. Var. i. V. m. § 306 a II vor.

3. Inbrandsetzen von gemischt genutzten Gebäuden

25　Die Tatbestände des § 306 a I Nr. 1 und 3 können nach h. M.
auch vollendet sein, wenn bei gemischt genutzten Gebäuden ein
Gebäudeteil in Brand gesetzt wird, der nicht zur Wohnung von
Menschen bzw. nicht zeitweise als Räumlichkeit zum Aufenthalt
von Menschen dient. Die Entscheidung hängt davon ab, ob der in

Brand gesetzte – meist gewerblich genutzte – Gebäudeteil mit dem Gebäudeteil im Sinne von Nr. 1 bzw. 3 ein einheitliches Gebäude bildet. Ausschlaggebend hierfür ist die bauliche Beschaffenheit. Dabei sprechen ein gemeinsames Treppenhaus oder sonstige Verbindungen für eine Einheit, Brandmauern sowie andere Brandschutzvorkehrungen zwischen den Gebäudeteilen dagegen.

Beispiele: (1) Der Täter setzt außerhalb der Betriebszeit ein im Erdgeschoss **26** gelegenes Lokal in Brand, das in einem überwiegend gewerblich genutzten fünfstöckigen Gebäude liegt, in dem sich nur im 5. Obergeschoss eine Wohnung befindet (BGHSt 34, 115).

(2) Die Täter setzen um vier Uhr morgens eine Gaststätte in Brand, die an ein von der Polizei genutztes Bürohaus mit einer – nachts besetzten – Polizeiwache angebaut ist; über der Gaststätte befindet sich ein Schulungsraum der Polizei, der mit dem Polizeigebäude durch einen gemeinsamen Korridor verbunden ist (BGHSt 35, 283, 286 f.).

Abgesehen von § 306 I Nr. 1 (zu den Konkurrenzen Rn. 2) ist im ersten Beispiel § 306 a I Nr. 1, im zweiten § 306 a I Nr. 3 bezüglich der Polizeiwache (nicht des Schulungsraumes) erfüllt (so auch BGHSt 34, 115, 118 f.; 35, 283, 285 f.; h. M.; a. A. Sch/Sch/*Heine,* § 306 a Rn. 11). **Beachte:** Der Vorsatz muss natürlich die Einheitlichkeit des Gebäudes sowie die tatsächliche Nutzung als Wohnung (im 5. Obergeschoss) bzw. Aufenthaltsort (Polizeiwache) erfassen. Andernfalls kommt nur eine Fahrlässigkeitstat gemäß § 306 d I 2. Var. i. V. m. § 306 a I in Betracht (vgl. bereits Rn. 24).

(3) Weitere Beispiele: *BGH* NStZ 1991, 433 (Inbrandsetzen eines Ladenge- **27** schäfts, das an ein Gebäude mit sechs Wohnungen angebaut ist) und *BGH* StV 2001, 576 mit Anm. *Geppert,* JK 02, StGB § 306 a/2 (Inbrandsetzen einer „entwidmeten" Doppelhaushälfte).

Die Grundsätze zum Inbrandsetzen von gemischt genutzten **28** Gebäuden sind für den Tatbestand des § 306 a I Nr. 2 bisher noch nicht aktuell geworden, dürften insoweit aber übertragbar sein.

4. Fragen der teleologischen Reduktion

§ 306 a I ist ein abstraktes (Lebens-)Gefährdungsdelikt. Die **29** Vorschrift stellt ein Verhalten unter Strafe, das typischerweise das Leben von Menschen gefährdet, die sich in den betreffenden Räumlichkeiten aufhalten könnten. Darauf, ob im Einzelfall tatsächlich Leben (konkret) gefährdet wird, kommt es nicht an. Diese Strenge kann zu fragwüdigen Ergebnissen führen.

30   Daher gibt es Stimmen, die im Prinzip bei allen abstrakten Gefährdungsdelikten, insbesondere aber bei § 306a I vor dem Hintergrund der hohen Mindeststrafe (Verbrechen) und des Schuld-
prinzips eine teleologische Reduktion des Tatbestandes für solche
Fälle befürworten, in denen nach Sachlage feststeht, dass eine Realisierung der (Lebens-)Gefahr ausgeschlossen ist. Andere wollen
einen Gegenbeweis der Ungefährlichkeit zulassen. Wieder andere
Stimmen stellen darauf ab, ob der Täter sich so gewissenhaft und
sorgfältig verhalten hat, dass bezüglich eines etwaigen Todeserfolges keine Fahrlässigkeit vorläge.

31   BGHSt 26, 121, 123ff. hat die Frage im Zusammenhang mit
§ 306 Nr. 2 a.F. (= § 306a I Nr. 1 n.F.) ebenfalls aufgegriffen, ohne
allerdings zu einer abschließenden Stellungnahme zu gelangen.
Nach Ansicht des *BGH* wäre Voraussetzung für die Nichtanwen-
dung,

> „dass eine Gefährdung von Menschenleben nach der tatsächlichen Lage abso-
> lut ausgeschlossen ist ... Der Täter muss sich also durch absolut zuverlässige
> lückenlose Maßnahmen vergewissert haben, dass die durch § 306 Nr. 2 StGB
> verbotene Gefährdung mit Sicherheit nicht eintreten kann. Das ist aber nur bei
> kleinen, insbesondere bei einräumigen Hütten oder Häuschen möglich, bei
> denen auf einen Blick übersehbar ist, dass sich Menschen dort nicht aufhalten
> können" (BGHSt 26, 121, 124 f.).

Der Gesetzgeber des 6. StrRG 1998 hat diesen nicht weitrei-
chenden restriktiven Ansatz aufgegriffen und ihn – freilich verfehlt von einer anerkannten Rechtsprechung ausgehend – gebilligt (BT-Drs. 13/8587, S. 47; zust. daher *Wessels/Hettinger,* BT 1,
Rn. 968; Sch/Sch/*Heine*, § 306a Rn. 2).

32   Im Ergebnis führen alle restriktiven Ansätze zu einer (mehr
oder weniger starken) Annäherung der abstrakten Gefährdungsdelikte an die konkreten Gefährdungsdelikte. Ferner hat der
Hinweis auf die hohe Mindeststrafe mit der Einfügung des § 306a
III durch das 6. StrRG 1998 an Gewicht verloren. Schließlich entspricht dem Sinn des abstrakten Gefährdungsdelikts allein die Linie, die dogmatisch konsequent jede teleologische Reduktion ablehnt (so auch *Bohnert,* JuS 1984, 182 ff.; *Krey/M. Heinrich,* BT 1,
Rn. 759 ff.; MüKo/*Radtke*, § 306a Rn. 39 ff.; *Geppert*, Weber-FS,
2004, S. 427 ff.). – Zur Problematik folgendes

33   **Beispiel:** A zündet an einem Wochenende sein Haus an, in dem er eine Bar
betreibt. Am Wochenende ruht der Barbetrieb. Im Obergeschoss übernachtet

regelmäßig außer an den Wochenenden die Bardame S. Bevor A das Haus in Brand steckt, hat er sich mit Hilfe einer Taschenlampe davon überzeugt, dass sich im Haus kein Mensch aufhält (ähnlich *BGH* NJW 1982, 2329).

Da A die Wohnungseigenschaft nicht aufheben kann (Rn. 21), erfüllt er nach der hier vertretenen Ansicht und auch vom Standpunkt des *BGH* aus § 306a I Nr. 1 (a. A. vertretbar, wenn man sich einer weiter einschränkenden Interpretation anschließt). – Siehe ferner *BGH* NStZ 1985, 408.

5. Konkurrenzen

Das Konkurrenzverhältnis zwischen § 306a I und § 306 ist um- **33a**
stritten. Zum Teil wird wegen der unterschiedlichen Schutzrichtungen – Gemeingefährlichkeit einerseits, Eigentum andererseits – Tateinheit angenommen. Nach der wohl h. M. soll § 306a I den § 306 I verdrängen (Konsumtion). Begründet wird dies damit, dass § 306a fremde Gebäude einschließe und solche oft betroffen seien und außerdem auch dem § 306 ein Element der Gemeingefährlichkeit innewohne (vgl. Rn. 3).

So *BGH* NJW 2001, 765; StV 2001, 232; *Kreß,* JR 2001, 315 ff.; *Wrage,* JuS 2003, 986 f.; MüKo/*Radtke,* § 306 Rn. 69; *Börner,* Ein Vorschlag zum Brandstrafrecht, 2006, S. 2 ff., 11 ff. Für Tateinheit Sch/Sch/*Heine,* § 306 Rn. 24; SK/ *Wolters/Horn,* § 306 Rn. 21; *Duttge,* Jura 2006, 15 ff.

IV. Schwere Brandstiftung (§ 306a II)

Auch bei diesem Verbrechenstatbestand kommt es nach der zu- **34**
treffenden h. M. auf die Eigentumsverhältnisse an der „Sache" *nicht* an, weil § 306a II nur auf die in § 306 I „bezeichnete Sache", aber nicht auf das „fremde" verweist. Erfasst sind also sowohl fremde als auch tätereigene, herrenlose und mit Einwilligung des Eigentümers angezündete Objekte (dazu *BGH* NStZ 1999, 32, 33; NStZ-RR 2000, 209; SK/*Wolters/Horn,* § 306a Rn. 23 ff.; *Fischer,* § 306a Rn. 10a). Eine Einwilligung des Eigentümers ist hier demnach ohne jede strafrechtliche Bedeutung.

Es handelt sich um ein Gefährdungsdelikt, bei dem der einge- **35**
tretene konkrete Gefahrerfolg dazu dienen soll, die Gemeingefährlichkeit zum Ausdruck zu bringen. In seiner Struktur entspricht § 306a II einem konkreten Gefährdungsdelikt mit zwei

Teilen nach dem Vorbild des § 315 c I (vgl. § 44 Rn. 1; *Geppert,* Jura 1998, 602 f.). – Die Struktur des Tatbestandes verdeutlicht das folgende

---

Aufbauschema (§ 306 a II)

I. Tatbestandsmäßigkeit
   1. Objektiver Tatbestand
      a) Tatobjekte (Eigentumsverhältnisse unerheblich)
         aa) Eines der Objekte des § 306 I Nr. 1–6, das
         bb) *nicht* fremd sein muss
      b) Tathandlungen
         aa) Inbrandsetzen oder
         bb) durch eine Brandlegung ganz oder teilweise Zerstören
      c) Taterfolg: konkrete Gefahr einer Gesundheitsschädigung eines anderen Menschen
      d) Gefahrverwirklichungszusammenhang („und dadurch") zwischen b und c
   2. Subjektiver Tatbestand
      a) Vorsatz
      b) Wenn nein: § 306 d I 3. Var. oder § 306 d II
II. Rechtswidrigkeit
    Einwilligung des Eigentümers unbeachtlich
    Einwilligung des konkret Gefährdeten möglich
III. Schuld
IV. Tätige Reue (§ 306 e)

Anschließend sind ggf. die Qualifikationen der §§ 306 b I, II und 306 c zu erörtern.

---

36   Der erste Handlungsteil (im Schema Punkt I.1.a und b) setzt eine gegen ein Objekt des § 306 I gerichtete Tathandlung (Rn. 7 ff.) voraus. Dadurch muss der Täter im zweiten Gefährdungsteil (im Schema Punkt I.1.c und d)
– einen anderen Menschen
– in die konkrete Gefahr (dazu *BGH* NStZ 1999, 32, 33; § 44 Rn. 6)
– einer Gesundheitsschädigung (§ 13 Rn. 11 f.)

bringen. Für den spezifischen Gefahrverwirklichungszusammenhang („und dadurch") gelten die Ausführungen unten in Rn. 42 ff.
entsprechend.

Umstritten ist, ob als gefährdeter „anderer" Mensch auch ein **37**
Tatbeteiligter in den Schutzbereich der Vorschrift fällt. Grundsätzlich ist dies entsprechend § 44 Rn. 8 zu bejahen. Dabei steht der
Wortlaut der Einbeziehung des Mittäters nicht entgegen, da dieser,
obwohl er Täter ist, aus der Perspektive des weiteren Mittäters ein
„anderer" Mensch bleibt (*Wirsch,* JuS 2006, 401 f.; SK/*Wolters/
Horn,* vor § 306 Rn. 9; a. A. MüKo/*Radtke,* § 306 a Rn. 50).

Von dem Aspekt des Schutzbereichs ist die Frage zu unter- **38**
scheiden, ob die Strafbarkeit des Täters, der einen Mittäter, Anstifter oder Gehilfen konkret gefährdet, aus anderen Gründen entfällt (zusammenfassend *Wirsch,* JuS 2006, 402 ff.): So könnte zum
einen unter dem Aspekt der eigenverantwortlichen Selbstgefährdung (§ 20 Rn. 3 ff.) der Gefahrverwirklichungszusammenhang
zu verneinen sein. Zum anderen kommt eine einverständliche
Fremdgefährdung in Betracht (§ 20 Rn. 7 ff.; § 44 Rn. 9). Willigt
der Beteiligte in eine solche Fremdgefährdung wirksam ein, so
entfällt das Unrecht des eine individuelle Schutzrichtung aufweisenden Gefährdungsteils und damit eine Strafbarkeit gemäß
§ 306 a II.

Zust. *Fischer,* § 306 a Rn. 11; *Lackner/Kühl,* § 306 a Rn. 7; hier – anders als
im Fall des § 315 c – ganz h. M. (a. A. *Duttge,* Jura 2006, 17 f.). – Falllösungen
bei *Murmann,* Jura 2001, 259 f.; *Müller/Hönig,* JA 2001, 520 f.

Was die **subjektive Tatseite** betrifft, so muss sich bei § 306 a II **39**
der Vorsatz auf beide Teile, insbesondere also auch auf den konkreten Gefahrerfolg erstrecken (§ 15). Für die Reichweite des Tatbestandes wichtig ist, dass § 306 d I 3. Var. das fahrlässige Handeln
hinsichtlich des Gefährdungsteils einbezieht und § 306 d II sogar
fahrlässiges Handeln bezüglich beider Teile ausreichen lässt (ergänzend unten Rn. 60).

Konkurrenzen: Da die Strafbarkeit gemäß § 306 a II von einer **39a**
konkreten Individualgefährdung abhängt, hat der Tatbestand eine
eigenständige Schutzrichtung. Deshalb besteht nicht nur mit dem
abstrakten Gefährdungsdelikt des § 306 a I, sondern ebenfalls mit
dem Sachbeschädigungsdelikt des § 306 I Tateinheit. § 306 I tritt
auch dann nicht hinter § 306 a II zurück, wenn der Täter ein fremdes Objekt mit Gesundheitsgefährdung in Brand setzt, da er sonst

insbesondere im Falle der Vorsatz-Fahrlässigkeits-Kombination des § 306 d I 3. Var. (Rn. 60) trotz zusätzlichen Gefährdungsunrechts milder bestraft werden müsste.

Vgl. dazu *BGH* NStZ-RR 2000, 209; Sch/Sch/*Heine*, § 306 d Rn. 1; MüKo/*Radtke*, § 306 d Rn. 4 ff.; SK/*Wolters/Horn*, § 306 a Rn. 23 ff.; *Börner* (Rn. 33 a), S. 11 ff., 21 f.

V. Besonders schwere Brandstiftung (§ 306 b)

1. § 306 b I

40   a) **Erfolgsqualifiziertes Delikt.** Es handelt sich um eine Qualifikation in der Form eines erfolgsqualifizierten Delikts (h. M.; BGHSt 44, 175, 177; *Fischer*, § 306 b Rn. 2 m. w. N.). Dafür sprechen der bei dieser Deliktsgruppe übliche Sprachgebrauch („verursacht"), der Strafrahmen und der Vergleich mit § 221 II Nr. 2 (§ 10 Rn. 20), § 239 III Nr. 2 (§ 22 Rn. 19) und den §§ 308 II, 309 III, 312 III, 315 III Nr. 2. Bezüglich der Erfolgsherbeiführung genügt „wenigstens" Fahrlässigkeit (§ 18).

41   Taterschwerende Erfolge sind die Verursachung
– entweder einer schweren Gesundheitsschädigung (§ 10 Rn. 16 f.) bei einem einzelnen „anderen" Menschen (Rn. 37 f.) oder
– einer einfachen Gesundheitsschädigung (§ 13 Rn. 11 f.) bei einer „großen" Personenzahl, die jedenfalls bei 14 betroffenen Personen gegeben ist (BGHSt 44, 175, 178); die Untergrenze dürfte dann bei der kleinsten zweistelligen Zahl 10 liegen (vgl. *Geppert*, Jura 1998, 603; *Ingelfinger*, JR 1999, 213; für 20 als Untergrenze MüKo/*Radtke*, § 306 b Rn. 8 f.).

42   b) **Gefahrverwirklichungszusammenhang.** Entsprechend dem bei allen erfolgsqualifizierten Delikten erforderlichen spezifischen Gefahrverwirklichungszusammenhang (beispielhaft § 16 Rn. 4 ff.) muss sich in dem strafschärfenden Erfolg ein im Sinne der §§ 306, 306 a tatbestandstypisches Brandstiftungsrisiko realisieren. Den gleichen Gefahrverwirklichungszusammenhang verlangen § 306 c bezüglich des Todeserfolges und die §§ 306 a II, 306 b II Nr. 1 bezüglich des konkreten Gefahrerfolges (ausführlich *Stein*, in: *Dencker u. a.*, S. 108 ff.).

Beispiele: (1) Erfasst wird der Erfolgseintritt infolge Rauchvergiftung, herabstürzender Gegenstände oder eines rettenden gefährlichen Sprungs aus dem Fenster.

(2) Typische grunddeliktisch (da jedenfalls durch Brandlegung) bedingte Folgen sind ferner Verletzungen (bzw. je nach Tatbestand Tötungen/konkrete Gefährdungen) durch den brennenden oder explodierenden Zündstoff (ebenso *Geppert*, Jura 1998, 602; *Krey/M. Heinrich*, BT 1, Rn. 753 a).

c) **Retter und Helfer als Opfer.** Umstritten ist die Zurechnung 43
von qualifizierenden Erfolgen, die bei Rettern und Helfern eintreten. Nochmals: Die Problematik stellt sich nicht nur in den Fällen einer (schweren) Gesundheitsschädigung (§ 306 b I), sondern genauso für den Todeserfolg in § 306 c und die konkreten Gefahrerfolge in den §§ 306 a II, 306 b II Nr. 1. Die „Retterfälle" sind erst seit dem 6. StrRG 1998 in der Diskussion. Denn zuvor setzte der einzige einschlägige Qualifikationstatbestand – die Brandstiftung mit Todesfolge des § 307 Nr. 1 a. F. – die Anwesenheit des Opfers in der Räumlichkeit „zur Zeit der Tat" voraus.

Diese Restriktion gibt es nicht mehr. Also muss auf die allge- 44
meinen Grundsätze zurückgegriffen werden. Der erforderliche Gefahrverwirklichungszusammenhang setzt auf jeden Fall die objektive Zurechnung des qualifizierenden Erfolges voraus (zu § 227 siehe § 16 Rn. 4 ff.). Unterbrochen wird der Zurechnungszusammenhang, wenn der Erfolg auf eine freiverantwortliche Selbstgefährdung des Opfers zurückzuführen ist. Daran schließt sich die ungeklärte Frage an, wie bei Rettern freies und unfreies Eingriffsverhalten abgegrenzt werden muss. Folgendes lässt sich festhalten:

Soweit für den Retter/Helfer eine Rettungspflicht besteht, han- 44a
delt er unfrei, weil er keine Möglichkeit hat, eine autonome Entscheidung zu treffen, sondern eingreifen muss. Solche Rettungspflichten können sich aus § 323 c, aus einer Garantenstellung und aus außerstrafrechtlichen beruflichen Pflichten ergeben. In derartigen Konstellationen haftet nach h.M. der Erstverursacher für Folgen, die ein handlungspflichtiger Retter bei der Vornahme von Hilfsmaßnahmen erleidet.

Davon sind Retter zu unterscheiden, denen in der konkreten 44b
Hilfssituation mangels Zumutbarkeit des Handelns keine rechtliche Handlungspflicht obliegt, die aber trotzdem helfen und sich dadurch gefährden. Man denke an Angehörige oder berufsmäßige Helfer, die sich bei einer Rettungsaktion einer Lebens- oder erheblichen Leibesgefahr aussetzen. Hier liegt es nahe, auf den Gedanken des § 35 zurückzugreifen und jedenfalls dann von einem unfreien Retterverhalten auszugehen, wenn der Helfer gehandelt

hat, um eine gegenwärtige Gefahr für Leben, Leib oder Freiheit eines Angehörigen oder einer anderen ihm nahestehenden Person abzuwenden. Steckt man in diesem Sinne den Bereich der objektiven Zurechnung ab, so gibt es auch mit Blick auf den spezifischen Gefahrverwirklichungszusammenhang keine Zweifel, dass der Retter gerade wegen des brandstiftungsspezifischen Risikos eingreift und von daher der Brandstifter die Erfolgsqualifikation erfüllt, falls ein entsprechender Erfolg eintritt.

> *Bernsmann/Zieschang*, JuS 1995, 775 ff.; *Radtke/Hoffmann*, GA 2007, 201 ff.; MüKo/*Radtke*, § 306 c Rn. 16 ff.; ähnlich Sch/Sch/*Heine*, § 306 c Rn. 6 f. – Vgl. bereits oben § 16 Rn. 17 ff., 21 zu § 227.

44c Darüber hinausgehend plädieren zahlreiche Stimmen dafür, das Unfreiwilligkeitskriterium nicht so eng auf § 35 beschränkt zu verstehen (vgl. auch § 16 Rn. 21 zu § 227): Sie bejahen die objektive Zurechnung und auch den Gefahrverwirklichungszusammenhang, wenn die durch die Tat hervorgerufene brandstiftungsbedingte, nötigungsähnliche Drucksituation ein einsichtiges Motiv für gefährliche Rettungsmaßnahmen geschaffen und der Retter sich nicht unvernünftig riskant verhalten hat (vgl. BGHSt 39, 322, 324 ff., freilich zu § 222; *OLG Stuttgart* NJW 2008, 1971, 1972; SK/*Wolters/Horn*, § 306 c Rn. 4; *Eisele*, BT I, Rn. 791 f.; *Murmann*, Jura 2001, 260). Nach dieser Ansicht sind in der Regel insbesondere auch die professionellen Retter in den Schutzbereich der Qualifikationen einbezogen. Dagegen wird teilweise eingewandt, dass namentlich die Erfolgsqualifikationen der §§ 306 b II Nr. 1 und 306 c mit ihren hohen Mindeststrafen restriktiv ausgelegt werden sollten und die Realisierung typischer, bewusst eingegangener Berufsrisiken die Strafschärfung nicht legitimieren könne (vgl. Sch/Sch/*Heine*, § 306 c Rn. 7; *Fischer*, § 306 c Rn. 4).

44d Nicht durchgesetzt hat sich der Vorschlag, die Zurechnung von Retterverhalten mit der Begründung generell zu verneinen, dass das Eingriffsrisiko allgemein – d.h. grundsätzlich bei allen Unglücken und Straftaten – bestehe und daher keine gerade den §§ 306, 306 a anhaftende „tatbestandsspezifische" Besonderheit darstelle (*Rengier*, JuS 1998, 400; Kritik bei *Stein*, in: *Dencker u. a.*, S. 117 f.; *Murmann*, Jura 2001, 260).

Falllösungen zu „Retterfällen" bei *Murmann*, Jura 2001, 260; *Kreß/Weißer*, JA 2006, 119 ff.; *Noak/Collin*, Jura 2006, 546 f.

45 Der **Versuch** des § 306 b I – und der §§ 306 a II, 306 b II Nr. 1, 306 c – kommt nicht nur in Form der **versuchten Erfolgsqualifi-**

zierung, also in der Form in Betracht, dass sich der Vorsatz auf den qualifizierenden Erfolg erstreckt (entsprechend § 15 Rn. 30 f.; *Rengier*, BT I, § 9 Rn. 15).

Er ist auch als **erfolgsqualifizierter Versuch** denkbar, wenn das Grunddelikt mangels Inbrandsetzung bzw. (teilweiser) Zerstörung im Versuchsstadium steckenbleibt, aber etwa der brennende oder explodierende Zündstoff eine qualifizierende Folge verursacht (entsprechend § 16 Rn. 29 ff.). Denn mit dem Merkmal der Brandstiftung verweisen die §§ 306 b I, 306 c auch auf die grunddeliktische „Brandlegung" und beziehen insoweit in – gegenüber § 307 Nr. 1 a.F. – klärender Weise die auf die Herbeiführung eines Brandes gerichtete Handlung in den Gefahrverwirklichungszusammenhang ein.

Rengier, JuS 1998, 400 mit Fn. 30; *Fischer*, § 306 c Rn. 5; MüKo/*Radtke*, § 306 c Rn. 29; Falllösung bei *Kreß/Weisser*, JA 2006, 116 f. – Ergänzend **Fall 2 b** unten Rn. 58 und *Rengier*, BT I, § 9 Rn. 14.

2. § 306 b II

a) **Nr. 1.** Es handelt sich um einen normalen Qualifikationstat- **46** bestand, auf dessen Merkmale sich der Vorsatz erstrecken muss (§ 15). Dies gilt insbesondere auch für den Eintritt einer *konkreten* Todesgefahr (zum Begriff § 44 Rn. 6). § 306 b II Nr. 1 enthält also kein durch den Todesgefahrerfolg qualifiziertes Delikt im Sinne des § 18 (*BGH* NJW 1999, 3131). Eine bekanntere Vorschrift mit vergleichbarer Struktur findet man in § 250 II Nr. 3 b.

b) **Nr. 2.** Die durch das 6. StrRG 1998 neu gefasste Vorschrift **47** löst den § 307 Nr. 2 a.F. ab, der eine Freiheitsstrafe von nicht unter zehn Jahren vorsah, wenn der Täter in der Absicht handelte, die Tat zur Begehung bestimmter Straftaten (§§ 211, 249, 250, 252, 255) auszunutzen. § 306 b II Nr. 2 nimmt die Mordmerkmale der Ermöglichungs- und Verdeckungsabsicht auf (§ 4 Rn. 48 ff.) und scheint damit – bei gesenkter Mindeststrafe – eine unproblematische Parallele zu ziehen. Indes ist die Reichweite der **Ermöglichungsvariante** sehr umstritten:

Der Streit dreht sich vor allem um die Konstellation, dass der **48** Täter ein geschütztes Objekt in Brand setzt, um die Versicherung zu betrügen (zu § 265 und § 263 III 2 Nr. 5 siehe *Rengier*, BT I, § 15). Während diese Fälle bis zum 6. StrRG 1998 durch die §§ 265 a.F., 306 a.F. lediglich mit einer Mindeststrafe von einem

Jahr bedroht waren, erwartet den Täter jetzt nach dem Wortlaut eine fünfjährige Mindeststrafe.

49   BGHSt 45, 211 hat den Betrug gegenüber der Versicherung als andere – real konkurrierende (*BGH* NStZ-RR 2004, 366) – Straftat einbezogen und sich in der Tat u. a. auf den Wortlaut gestützt. Die erhöhte Verwerflichkeit begründet der *BGH* mit dem gesteigerten Intentionsunwert, der in der Bereitschaft gesehen wird, Unrecht mit weiterem Unrecht zu verknüpfen. Präzisierend sieht BGHSt 51, 236, 239 ff. die Unrechtssteigerung darin, dass der Täter die Brandstiftungshandlung vornimmt, um daran anschließend durch eine *weitere* Handlung die Begehung einer anderen Straftat zu ermöglichen.

> Diesem Gedanken zust. SK/*Wolters/Horn*, § 306 b Rn. 11 b, c; *Radtke*, NStZ 2007, 642 f.; *Fischer*, § 306 b Rn. 10. – Im Übrigen wie BGHSt 45, 211 für die Einbeziehung des § 263: BGHSt 51, 236, 238; *BGH* NStZ 2000, 197, 198; 2008, 571; NJW 2000, 3581; *Rönnau*, JuS 2001, 328 ff.; MüKo/*Radtke*, § 306 b Rn. 18 ff. – Die Gegenmeinung, die im Folgenden befürwortet wird, vertreten: *Rengier*, BGH-FG IV, 2000, S. 476 f.; *Schlothauer*, StV 2000, 138 ff.; Sch/Sch/ *Heine*, § 306 b Rn. 13; *Lackner/Kühl*, § 306 b Rn. 4; *Fischer*, § 306 b Rn. 9 ff.; SK/*Wolters/Horn*, § 306 b Rn. 11 c, 12; *Weißer/Kreß*, JA 2003, 862; *Eisele*, BT I, Rn. 784.

50   Die Einbeziehung des § 263 in den § 306 b II Nr. 2 ist aus mehreren Gründen verfehlt: So überzeugt die Würdigung der Gesetzgebungsgeschichte durch BGHSt 45, 211, 217 ff. nicht (ebenso SK/*Wolters/Horn*, § 306 b Rn. 11 c, 12). Wie die Durchsicht der Gesetzesmaterialien ergibt, hat der Gesetzgeber diese Kombination und die Verfünffachung der Mindeststrafe niemals im Blickfeld gehabt (vgl. BT-Drs. 13/8587, S. 49, 70, 88; 13/9064, S. 18 ff., 22). Und dass er einen so gravierenden „stillen" Gesetzesbeschluss fasst, kann man sich kaum vorstellen. Schaut man auf die Absenkung der Strafrahmen in den §§ 263 III 2 Nr. 5, 265 gegenüber § 265 a. F. (Verbrechen), so spricht dies eher gegen den Willen des Gesetzgebers, die Betrugsfälle schärfer zu bestrafen. Schließlich stellt in den Tatsituationen des § 306 a speziell die betrügerische Absicht eine typische Begleiterscheinung dar, die den Strafrahmensprung schwerlich legitimiert.

51   Kritiker befürchteten eine weitere Verschärfung durch die Einbeziehung auch des § 265. Dem ist jedoch BGHSt 51, 236 zutreffend mit der Begründung entgegengetreten, dass für die Absicht, eine *„andere* Straftat" zu ermöglichen, Straftaten nicht genügen,

die mit der Brandstiftungshandlung zusammenfallen. Vielmehr muss der Täter beim Brandstiftungsakt beabsichtigen, die Begehung der anderen Straftat durch einen weiteren Handlungsakt zu ermöglichen.

BGHSt 51, 236, 239 ff.; zust. *Radtke*, NStZ 2007, 642 f.; *Geppert*, JK 11/07, StGB § 306 b/3; *Fischer*, § 306 b Rn. 10; *Dehne-Niemann*, Jura 2008, 530 ff. – Im **Fall 1** (näher noch unten Rn. 54a) erfüllt M mit dem Inbrandsetzen zugleich die §§ 265, 303, so dass die Anwendung des § 306 b II Nr. 2 ausscheidet.

BGHSt 51, 236, 242 f. lässt offen, ob § 306 b II Nr. 2 auch entfällt, wenn **51a** die Brandstiftungshandlung zugleich eine vorsätzliche Tötungshandlung darstellt. Konsequenterweise muss dies angenommen werden (SK/*Wolters/Horn*, § 306 b Rn. 11 b; *Radtke*, NStZ 2007, 643; *Fischer*, § 306 b Rn. 10; a.A. etwa *Hecker*, GA 1999, 340 f.; Sch/Sch/*Heine*, § 306 b Rn. 11).

Auch wenn die restriktiven Tendenzen von BGHSt 51, 236 Zu- **52** stimmung verdienen, so befriedigt die Entscheidung doch nicht, weil sie die Einbeziehung des § 263 unberührt lässt. Daher muss § 306 b II Nr. 2 weiter einschränkend ausgelegt werden. Die Vorschrift greift nur ein, falls der Täter das **Brandereignis mit seinen spezifischen Gefahren** als Mittel zur Begehung der anderen Straftat einsetzt (was in dem Betrugsfall nicht gegeben ist).

Insoweit ist also BGHSt 45, 211 mit der verbreiteten Gegen- **53** meinung zu widersprechen (Nachweise in Rn. 49). Nach dieser liegt der spezifische Zusammenhang auf jeden Fall dann vor, wenn der Täter gerade die durch die Brandstiftung herbeigeführte gemeingefährliche Situation mit den ihr eigentümlichen Besonderheiten (Flucht, Panik, Verwirrung) zur Begehung einer weiteren Tathandlung ausnutzen will. § 306 b II Nr. 2 erfasst aber richtigerweise auch noch – nicht zuletzt wegen der gegenüber § 307 Nr. 2 a. F. abgesenkten Mindeststrafe (Rn. 47) – die beabsichtigte Funktionalisierung des Brandes als Mittel zur Aufrechterhaltung bereits ausgesprochener oder zur Vorbereitung geplanter erpresserischer Drohungen (*Hecker*, GA 1999, 338 ff.; Sch/Sch/ *Heine*, § 306 b Rn. 13; a.A. *Geppert*, Jura 1998, 604; *Eisele*, BT I, Rn. 784).

In der **Fallbearbeitung** kann die richtige Platzierung des § 306 b II Nr. 2 **54** namentlich in solchen Betrugsfällen Schwierigkeiten bereiten, bei denen das – ein Inbrandsetzen (usw.) voraussetzende – Regelbeispiel des § 263 III 2 Nr. 5 einschlägig ist. Wenn man an der Aufbauregel festhalten will, Inzidentprüfungen und Verweisungen nach unten zu vermeiden, sollte die beabsichtigte „andere Straftat", jedenfalls wenn sie zumindest versucht worden ist, möglichst

vorher geprüft sein. Im Falle des § 263 III 2 Nr. 5 führt dies zu der Empfeh-
lung, § 306 b II Nr. 2 nicht gemeinsam mit den anderen Brandstiftungsdelikten, sondern erst später im Anschluss insbesondere an die §§ 263, 265 zu erörtern.

54a Im **Fall 1** erfüllt M § 306 I Nr. 1 (der die §§ 303, 305 im Wege der Spezialität
verdrängt) und § 306 a I Nr. 1, der nach h. M. § 306 I konsumiert (Rn. 33 a).
Jetzt muss § 306 b II Nr. 2 ins Blickfeld geraten, doch sollte man vor seiner
Erörterung die Straftaten prüfen, die als andere Straftaten in Betracht kommen: Die §§ 263, 25 I 2. Var. gegenüber der Gebäudeversicherung (mit S als
gutgläubigem Werkzeug) scheiden aus, weil die nicht eingeweihte S einen Anspruch auf die Versicherungssumme hat und folglich der von M zu ihren
Gunsten erstrebte Vermögensvorteil nicht rechtswidrig ist. Entsprechendes
gilt für die §§ 263, 22, 25 I 2. Var. gegenüber der Hausratversicherung. Auch F
hat einen Anspruch auf die Versicherungssumme; insbesondere begründet die
bloße Mitobhut des M über die gemeinsame Wohnung und den Hausrat nicht
eine Repräsentantenstellung, die den Anspruch der F ausschließen würde
(BGHSt 51, 236, 239; näher *Rengier*, BT I, § 15 Rn. 6, 9). M erfüllt nur § 265
(dazu *Rengier*, BT I, § 15) und § 303. Nunmehr kann § 306 b II Nr. 2 geprüft
werden: Da M keinen Betrug begehen wollte, spielt die Streitfrage, ob § 306 b
II Nr. 2 den § 263 erfasst, keine Rolle. Die §§ 265, 303 werden zwar mit dolus
directus 1. Grades erfüllt, scheiden aber als andere Straftaten aus, weil M sie
gleichzeitig mit der Brandstiftungshandlung begeht.

55 In Beteiligungsfällen ist zu beachten, dass es sich bei den qualifizierenden Absichten des § 306 b II Nr. 2 um strafschärfende besondere persönliche Merkmale im Sinne des § 28 II handelt (*BGH*
NJW 2000, 3581, 3582).

56 c) **Nr. 3.** Wie bei der Nr. 1 handelt es sich wieder um eine normale Qualifikation, deren objektive Tatbestandsmerkmale vom
Vorsatz umfasst sein müssen (§ 15).

VI. Brandstiftung mit Todesfolge (§ 306 c)

57 Die Vorschrift knüpft an die Begehung einer Tat gemäß den
§§ 306 I, 306 a I, II, 306 b I, II an und normiert ein weiteres (durch
den Tod) erfolgsqualifiziertes Delikt mit Vorsatz-Leichtfertigkeits-Struktur nach dem Muster der §§ 239 a III, 239 b II und des
§ 251. Insoweit kann zum einen auf oben § 24 Rn. 34 ff. (ergänzend § 16 Rn. 25) und zum anderen für den deliktischen Aufbau,
den Begriff der Leichtfertigkeit und das (Ideal-)Konkurrenzver-
hältnis zu den vorsätzlichen Tötungsdelikten auf die Ausführungen zu § 251 verwiesen werden (*Rengier,* BT I, § 9 Rn. 2, 10 f., 12).
Im Übrigen gelten die obigen Erläuterungen zur Einbeziehung

von Tatbeteiligten (Rn. 37 f.) und zu § 306 b I, auch bezüglich des Versuchs, entsprechend (Rn. 42 ff.); insbesondere denke man auch im Rahmen des § 306 c an die Retterfälle (Rn. 43 ff.).

An dieser Stelle kann **Fall 2 a** gelöst werden: § 306 I Nr. 1 (Sachbeschädi- **58** gungsdelikt) verdrängt im Wege der Spezialität die §§ 303, 305. § 306 a I Nr. 1 liegt unproblematisch vor. Da der Tod als Vorstufe den Eintritt einer Gesundheits- wie Todesgefahr einschließt, sind auch § 306 a II und § 306 b II Nr. 1 objektiv erfüllt; doch wird man den erforderlichen Gefährdungsvorsatz nur bezüglich § 306 a II feststellen können. Für § 306 c und den spezifischen Gefahrverwirklichungszusammenhang genügt die Todesverursachung durch den Brandlegungsakt; daher muss, da A den Tod auch leichtfertig verursacht hat, § 306 c bejaht werden. Dahinter treten die §§ 306 I Nr. 1 und 306 a I Nr. 1 im Wege der Gesetzeskonkurrenz zurück (*BGH* NStZ-RR 2000, 209). Entsprechendes gilt für § 306 a II (ggf. auch § 306 b II Nr. 1) sowie § 222.

Im **Fall 2 b** gelangt man jeweils zum Versuch (Verbrechen) der §§ 306 I Nr. 1, 306 a I Nr. 1, II und (lebensnah) zu einer vollendeten einfachen Sachbeschädigung (§ 303). Weiter liegen – als erfolgsqualifizierter Versuch (Rn. 45) – die §§ 306 c, 22 vor, von denen die anderen Delikte bis auf § 303 (insoweit Tateinheit) verdrängt werden.

VII. Fahrlässige Brandstiftung (§ 306 d)

§ 306 d I 1. und 2. Var. ordnet an, dass die §§ 306 I, 306 a I auch **59** fahrlässig verwirklicht werden können. Fahrlässiges Handeln kommt zunächst bei Tatbestandsirrtümern etwa über die Wohnungseigenschaft im Sinne des § 306 a I Nr. 1 in Betracht (vgl. ferner Rn. 24, 26). Typischer sind ungewollte Inbrandsetzungsakte beim nachlässigen Umgang mit feuergefährlichen Mitteln (Knallkörper, Streichhölzer, brennende Kerzen, glühende Zigaretten).

Im Übrigen normiert § 306 d noch die Bestrafung wegen fahr- **60** lässiger Verwirklichung des § 306 a II. Da es sich bei § 306 a II um ein aus einem Handlungs- und Gefährdungsteil zusammengesetztes Delikt handelt, regelt § 306 d I 3. Var. den diesbezüglichen Vorsatz-Fahrlässigkeits-Fall und § 306 d II die Fahrlässigkeits-Fahrlässigkeits-Kombination (vgl. § 44 Rn. 1, 3 zu § 315 c).

VIII. Herbeiführen einer Brandgefahr (§ 306 f)

§ 306 f I bestraft denjenigen, der ein bestimmtes fremdes Objekt **61** vorsätzlich in – konkrete (§ 44 Rn. 6) – Brandgefahr bringt. Es

handelt sich um ein einwilligungsfähiges Eigentumsgefährdungs-
delikt, das ggf. hinter den Verletzungstatbestand des § 306 I im
Wege der Subsidiarität zurücktritt.

62   Bei § 306 f II spielt dagegen die Eigentumslage keine Rolle (entsprechend Rn. 34 zu § 306 a II). Hier muss der Täter neben der
konkreten Brandgefahr eine zusätzliche konkrete Individualge-
fahr schaffen. Die diesbezügliche Gefährdungsformel ist vor allem
von § 315 c I her bekannt (§ 44 Rn. 8 ff.; zur Einwilligungsfrage
bereits Rn. 38). Gegenüber § 306 a II ist § 306 f II subsidiär. § 306 f
III regelt für Abs. 1 die Fahrlässigkeitsstrafbarkeit und für Abs. 2
die Vorsatz-Fahrlässigkeits-Kombination.

63   Im **Fall 3** entfallen bei B die §§ 303, 305, 306 I Nr. 1 infolge der Einwilligung
des L. § 306 a I Nr. 1 scheidet aus, weil die Einwilligung des L zu einer Entwidmung des Hofes als Wohnung geführt hat. Für § 306 a II gibt es keine Anhaltspunkte im Sachverhalt. In Betracht kommt nur § 306 f I Nr. 2 (Scheune
des A), wozu L ggf. angestiftet haben könnte.

IX. Tätige Reue (§ 306 e)

64   Angesichts der verhältnismäßig frühen Vollendung der §§ 306 ff.
sieht § 306 e (der an die Stelle des früheren § 310 tritt) für bestimmte Tatbestände die Möglichkeit einer strafmildernden bzw.
strafbefreienden „tätigen Reue" vor.

65   Anders als § 310 a. F. nimmt § 306 e das Freiwilligkeitskriterium
auf und lehnt sich damit eindeutig an die zum Rücktritt vom Versuch entwickelten Grundsätze an (*BGH* NStZ 2003, 265 f.). Dabei
nimmt § 306 e III auch die Fälle des § 24 I 2 auf. Ferner hat der
Reformgesetzgeber die tätige Reue ausdrücklich auf die Fälle der
§§ 306, 306 a, 306 b und 306 d beschränkt. Deshalb kommt, auch
wenn die gesetzliche Regelung Widerspruch verdient, eine analoge Anwendung des § 306 e auf das den §§ 306, 306 a eventuell
vorgelagerte konkrete Gefährdungsdelikt des § 306 f nicht in Betracht.

So auch *Wolters,* JR 1998, 275; MüKo/*Radtke,* § 306 e Rn. 5; Sch/Sch/*Heine,*
§ 306 e Rn. 16; a. A. *Geppert,* Jura 1998, 605 f.; auch *Stein,* in: *Dencker u. a.,*
S. 124 f. hält den Streit für nicht entschieden. – Zur Diskussion um die §§ 310,
310 a a. F. siehe nur BGHSt 39, 128 mit Anm. *Geppert,* JR 1994, 72 ff.

66   Um den Anwendungsbereich des § 306 e nicht zu stark zu reduzieren, ist als **erheblicher** Schaden anzusehen

(1) der Eintritt einer Körperverletzung mit erheblicher Verletzungsgefahr im Sinne des § 224 I Nr. 2 (vgl. § 14 Rn. 9ff.; zust. Sch/Sch/*Heine*, § 306e Rn. 7; *Lackner/Kühl*, § 306e Rn. 2; enger LK/*Steindorf*, 11. Aufl., § 330b Rn. 5, der eine einfache Körperverletzung genügen lässt);

(2) ein Sachschaden (an den geschützten Tatobjekten) mit einer 67 beträchtlichen Schadenshöhe. Dieser Schaden muss mindestens einen bedeutenden Wert im Sinne der Formel der §§ 306f II, 315c I erreichen (vgl. § 44 Rn. 10). Für Wohngebäude soll die Erheblichkeitsschwelle bei 2.500 € liegen (BGHSt 48, 14, 23). Unabhängig davon kann im Einzelfall der eingetretene Sachschaden auch einen höheren Wert haben, wenn dieser Schaden im Vergleich zum verhinderten Schaden eine unbedeutende, so betrachtet unerhebliche, Größe darstellt (ähnlich LK/*Steindorf*, 11. Aufl., § 330b Rn. 6; *Eisele*, BT I, Rn. 742; vgl. ferner Sch/Sch/*Heine*, § 306e Rn. 5, 8f.).

Zu einem Fall des § 306e III (i.V.m. § 306a I Nr. 1) siehe *BGH* StV 1999, 211 mit Anm. *Otto*, JK 99, StGB § 306e n.F./1.

Empfehlungen zur vertiefenden Lektüre:

Rechtsprechung: BGHSt 26, 121 (Fragen der Entwidmung und teleologischen Reduktion bei § 306 Nr. 2 a.F. – jetzt § 306a I Nr. 1); BGHSt 35, 283 (schwere Brandstiftung gemäß § 306 Nr. 3 a.F. – jetzt § 306a I Nr. 3 – bei gemischt genutztem Gebäude); BGHSt 45, 211 (Betrug als andere Straftat in § 306b II Nr. 2); BGHSt 51, 236 (keine andere Straftat beim Zusammenfallen von Brandstiftungs- und Straftathandlung); *BGH* NStZ 1994, 130 (Fragen der Entwidmung und des Inbrandsetzens bei den §§ 306 Nr. 2, 308 I a.F. – jetzt §§ 306 I, 306a I Nr. 1); *BGH* NStZ 2008, 99 (Fragen der Entwidmung).

Literatur: *Dehne-Niemann*, Fremdnütziger Warmabriss, versicherungsrechtliche Repräsentantenhaftung und Ermöglichungsabsicht (§ 306b II Nr. 2, Var. 1 StGB) – *BGH*, Beschluss vom 15. 3. 2007 (= BGHSt 51, 236), Jura 2008, 530 ff.; *Geppert*, Die Brandstiftungsdelikte (§§ 306 bis 306f StGB) nach dem Sechsten Strafrechtsreformgesetz, Jura 1998, 597ff.; *Müller/Hönig*, Examensrelevante Probleme der Brandstiftungsdelikte, JA 2001, 517ff.; *Rönnau*, Das Verhältnis der besonders schweren Brandstiftung gem. § 306b II Nr. 2 StGB zum (versuchten) Betrug – BGHSt 45, 211, JuS 2001, 328ff.; *Sinn*, Der neue Brandstiftungstatbestand (§ 306 StGB) – eine missglückte Regelung des Gesetzgebers?, Jura 2001, 803ff.; *Wirsch*, Tatbeteiligte als Tatopfer, JuS 2006, 400ff.; *Wrage*, Typische Probleme einer Brandstiftungsklausur, JuS 2003, 985ff.

§ 41. Vollrausch (§ 323a)

Fall 1: A hat nach einer Party mit einem Blutalkoholgehalt von 2,8 Promille eine fremde Lederjacke in Zueignungsabsicht mitgenommen. Das Gericht kann für diesen Zeitpunkt nur den Zustand des § 21 sicher feststellen, hält freilich zugleich den Zustand des § 20 für möglich. Auch nüchtern geworden behält A die Jacke und benutzt sie weiter. → Rn. 19, 20, 28

Fall 2: A hat mit einem Blutalkoholgehalt von mindestens 1,3 und höchstens 3,0 Promille einen Diebstahl begangen. Angesichts des möglichen Höchstwertes und anderer Umstände unterstellt das Gericht zugunsten des A dessen Schuldunfähigkeit. Auf der anderen Seite kann das Gericht wegen des verhältnismäßig niedrigen möglichen Mindestwertes auch ein voll schuldfähiges Handeln nicht ausschließen. → Rn. 21–23

I. Grundlagen und Aufbaufragen

1. Grundgedanke und Fallbearbeitung

1   a) **Grundgedanke.** § 323a enthält einen Straftatbestand mit Auffangfunktion, der das Sichversetzen in bestimmte Intoxikationszustände erfassen soll, sofern in einem solchen Zustand eine Straftat begangen wird, die ansonsten nicht strafbar wäre, weil der Täter schuldunfähig ist (§ 20) oder dies – nach dem Grundsatz in dubio pro reo – nicht ausgeschlossen werden kann.

Die Aussage des Vollrauschtatbestandes lautet: Das schuldhafte totale Sichbetrinken/Sichberauschen hat als solches noch keine strafrechtliche Relevanz. Wenn aber der Berauschte im Zustand der (möglichen) Schuldunfähigkeit eine – wegen eben dieser (möglichen) Schuldunfähigkeit nicht ahndbare – „rechtswidrige Tat" begeht (objektive Bedingung der Strafbarkeit), ist er nach § 323a strafbar.

2   b) **Fallbearbeitung.** Die Funktion des § 323a sowie die gedanklichen Schritte und Aufbaustufen, die in der Fallbearbeitung zu durchlaufen sind, sollen anhand des Beispiels verdeutlicht werden, dass A viel Alkohol trinkt und später im alkoholisierten Zustand den O bewusst zusammenschlägt:

(1) Prüfung des § 223: A wird nach § 223 bestraft, wenn er trotz des Alkoholkonsums schuldfähig bleibt oder nur vermindert

schuldfähig im Sinne des § 21 ist. – Mit § 323a hätte der Fall erst dann etwas zu tun, wenn möglicherweise Schuldunfähigkeit vorliegt.

(2) Soweit (1) nicht gegeben ist, Prüfung des § 223 nach den Grundsätzen der *vorsätzlichen* actio libera in causa: Ist A (möglicherweise) schuldunfähig, so können unter Umständen die Regeln der vorsätzlichen actio libera in causa dazu führen, dass dem A die vorsätzliche Körperverletzung dennoch als schuldhaft begangene Tat zugerechnet wird. Allerdings setzt diese Zurechnung sowohl ein vorsätzliches Sichbetrinken als auch dabei den Vorsatz voraus, später im Zustand des § 20 eine Körperverletzung zu begehen. Nur dann ist A nach § 223 strafbar (h. M.); § 323a spielt wieder keine Rolle.

(3) Soweit (2) nicht gegeben ist, Prüfung eines vorhandenen 3 Fahrlässigkeitsdelikts (hier § 229) nach den – bei Erfolgsdelikten nach h. M. „überflüssigen" – Grundsätzen der *fahrlässigen* actio libera in causa: Wenn A sich schuldhaft in den (möglichen) Zustand des § 20 versetzt und dabei auf Grund bestimmter Erfahrungen voraussehen kann, dass er als Schuldunfähiger gewalttätig ist, wird er nach § 229 bestraft, ohne sich auf § 20 berufen zu können. Hinzu tritt in Tateinheit § 323a i. V. m. § 223, da eine Bestrafung allein aus § 229 nicht zum Ausdruck brächte, dass A als Rauschtat eine vorsätzliche Körperverletzung begangen hat.

(4) Prüfung des § 323a.

Zu den umstrittenen Fragen der actio libera in causa näher BGHSt 42, 235; *BGH* NStZ 1997, 230; NStZ 2002, 28; *Geppert,* JK 97, StGB § 20/2; *Ambos,* NJW 1997, 2296 ff.; *Otto,* Jura 1986, 426 ff.; *Rönnau,* JA 1997, 599 ff., 707 ff. und JuS 2000, L 28 ff. (Falllösung); *Streng,* JZ 2000, 20 ff.; MüKo/*Streng,* § 20 Rn. 114 ff.; *Roxin,* AT I, § 20 Rn. 56 ff.; *Kühl,* AT, § 11 Rn. 6 ff.

c) In der konkreten Fallbearbeitung fasst man ggf. die Punk- 4 te (1) und (2) zusammen und kann sich dann an dem folgenden **Aufbauschema** orientieren (wobei der Tatbestand des § 223 stellvertretend für jedes Vorsatzdelikt steht, das im Rausch begangen sein könnte):

Aufbauschema (Rauschtat)

A. § 223
  I. Tatbestandsmäßigkeit
  II. Rechtswidrigkeit
  III. Schuld
    1. (Nicht ausschließbare) Schuldunfähigkeit gemäß § 20
    2. Schuldhaftes Handeln nach den Regeln der vorsätzlichen alic?
      a) Voraussetzungen
      b) Zulässigkeit der vorsätzlichen alic
B. (Ggf.) § 229
C. § 323a
  I. Objektiver Tatbestand
    1. Rausch
    2. Sichversetzen in den Rausch und Kausalität des berauschenden Mittels für den Rausch
  II. Subjektiver Tatbestand
    Vorsatz oder Fahrlässigkeit bezüglich I
  III. Rechtswidrigkeit
  IV. Schuld
  V. Objektive Bedingung der Strafbarkeit
    1. Die im Zustand der (nicht auszuschließenden) Schuldunfähigkeit begangene „rechtswidrige Tat" (Rauschtat)
    2. Schuldbeziehung zur Rauschtat?

Wenn im Rahmen des § 323a vom subjektiven Tatbestand gesprochen wird, so ist das mit Blick auf den Fahrlässigkeitsfall nicht ganz genau, weil das Fahrlässigkeitsdelikt nach h.M. keinen subjektiven Tatbestand kennt. An sich gehört die subjektive Fahrlässigkeit zur Schuld und kann natürlich auch dort eingeordnet werden.

2. Deliktsnatur

5   Über die Deliktsnatur des § 323a und seine Vereinbarkeit mit dem Schuldprinzip ist viel diskutiert worden. Dahinter steht die Frage nach dem strafwürdigen Tatunrecht, die sich aufdrängt, wenn man sich etwa den Fall vorstellt, dass ein „bisher unbestrafter, gut beleumundeter" Täter in bester Laune eine Flasche Schnaps

leert und im Rauschzustand (§ 20) unvorhersehbar eine (schwere) Straftat begeht (vgl. BGHSt 1, 124).

Zur Diskussion *Ranft,* JA 1983, 194 f.; *Streng,* JZ 1984, 115 ff.; *Otto,* Jura 1986, 478 ff.; *Geppert,* Jura 2009, 40 ff.

Teile der Rechtsprechung und Literatur (h. M.) sehen in § 323 a **6** ein abstraktes Gefährdungsdelikt, dessen strafwürdiges Unrecht schon in dem selbst verschuldeten Rauschzustand als solchem liege. Dieser Ansatz geht davon aus, dass sich die Wirkungen des Rausches niemals mit Gewissheit vorausberechnen ließen und eben deshalb die Allgemeinheit des Schutzes vor den von berauschten Personen ausgehenden unberechenbaren Gefahren bedürfe. Wenn das Gesetz dennoch den verschuldeten Vollrausch als solchen nicht mit Strafe bedrohe, sondern als objektive Bedingung der Strafbarkeit zusätzlich noch die Begehung einer rechtswidrigen Tat voraussetze, so übe es Zurückhaltung und begrenze im Sinne fehlender Strafbedürftigkeit die Strafbarkeit.

Dazu BGHSt 16, 124, 125 f.; *BayObLG* NJW 1974, 1520, 1521; *OLG Hamburg* JR 1982, 345; *Krey/M. Heinrich,* BT 1, Rn. 797 f.; *Lackner/Kühl,* § 323 a Rn. 1; *Satzger,* Jura 2006, 110 f.

Die Vereinbarkeit dieser Position mit dem Schuldprinzip lässt **7** sich mit der Begründung anzweifeln, dass ein (jedenfalls Alkohol-)Rausch für sich betrachtet nichts Strafwürdiges sei, weil große Teile der Bevölkerung den Rausch als sozial übliche und weithin tolerierte Erscheinung ansehen. Außerdem wird gegen die h. M. eingewandt, sie könne weder die Strafrahmenbindung des § 323 a II noch überzeugend erklären, weshalb dann, wenn man allein im Sichberauschen das Unrecht sehe, die Schwere der Rauschtat bei der Strafzumessung eine Rolle spiele (siehe *BGH* JR 1993, 33, 34; NStZ-RR 1997, 300) und weshalb die Art der Rauschtat – wie § 122 OWiG zeigt – die Herunterstufung zur Ordnungswidrigkeit zur Folge habe.

Zur Kritik MüKo/*Streng,* § 20 Rn. 152; *ders.,* JR 1993, 35 ff.; MüKo/*Geisler,* § 323 a Rn. 4 f.; *Otto,* Jura 1986, 479; NK/*Paeffgen,* § 323 a Rn. 9.

Deshalb gibt es verschiedene Stimmen, die der Meinung sind, die **8** Übereinstimmung mit dem Schuldprinzip sei nur dann gesichert, wenn man eine bestimmte Schuldbeziehung zu der Rauschtat verlange. Freilich besteht überhaupt keine Einigkeit darüber, wie diese Beziehung beschaffen sein soll. Ausgangspunkt ist der Gedanke, dass der Rausch mit Blick auf die Rauschtat eine zum Unrecht gehörende und deshalb auch für die Schuld relevante konkrete Gefährlichkeit aufweisen muss:

(1) Die engste Lehre fordert Fahrlässigkeit bezüglich der im Rausch begangenen Tat, also z.B. die Vorhersehbarkeit einer im Zustand des § 20 begangenen Sachbeschädigung (*Roxin*, AT I, § 23 Rn. 7ff.; MüKo/*Geisler*, § 323a Rn. 9f., 57ff.).

(2) Eine andere Ansicht lässt es ausreichen, dass sich die Vorhersehbarkeit auf eine zumindest vergleichbare Straftat bezieht (Sch/Sch/*Cramer/Sternberg-Lieben*, § 323a Rn. 1; *Geppert*, Jura 2009, 41).

(3) Nach einer dritten Meinung, für die sich auch Stimmen in der – insoweit nicht einheitlichen – Rechtsprechung finden, muss sich das Verschulden zwar nicht auf die (vergleichbare) Rauschtat, aber auf die durch den Vollrausch begründete Gefahr beziehen, in diesem Zustand irgendetwas Strafbares zu tun. Allerdings, so wird hinzugefügt, verstehe sich die Voraussehbarkeit einer solchen Möglichkeit in der Regel von selbst, so dass nur in Ausnahmefällen entsprechende Feststellungen getroffen werden müssten (BGHSt 10, 247; *BGH* JR 1958, 28; VRS 17, 340; *BayObLG* NJW 1990, 2334, 2335; ergänzend MüKo/*Geisler*, § 323a Rn. 55f.).

9   Gegen die von den ersten beiden Ansichten vorgeschlagene Ausformung des konkreten Gefährlichkeitsgedankens spricht, dass dadurch der Tatbestand nicht nur erheblich eingeschränkt, sondern auch die Abgrenzung zur actio libera in causa problematisch wird (vgl. dazu *Ranft*, JA 1983, 194ff.; *Streng*, JZ 1984, 118; LK/*Spendel*, 11. Aufl., § 323a Rn. 53, 58f.). Vor dem Hintergrund, dass alle Deutungen Widersprüche erzeugen (*Lackner/Kühl*, § 323a Rn. 1), verdient im Ergebnis die h.M. Zustimmung. Angesichts der gravierenden Rechtsverletzungen, die gerade alkoholisierte Rauschtäter nach der Lebenserfahrung anrichten, stellt es eine vertretbare Wertung des Gesetzgebers dar, rauschbedingte Auswüchse mit dem Instrument des Strafrechts zu bekämpfen und mit § 323a der Vorstellung entgegenzuwirken, das Sichversetzen in einen Zustand des (nicht ausschließbaren) totalen (!) Rausches sei eben doch etwas mehr oder weniger Harmloses.

II. Objektiver Tatbestand

Der Täter muss sich durch alkoholische Getränke oder andere 10 berauschende Mittel in einen Rausch versetzen. Dabei handelt es sich um einen Zustand, der die Schuldfähigkeit ausschließt (*BGH* NStZ-RR 2000, 80, 81) oder jedenfalls nach § 21 erheblich vermindert (*BGH* NStZ-RR 1999, 172; *OLG Düsseldorf* NZV 1992, 328; h. M.).

Was den zentralen **Begriff des Rausches** anbelangt, so muss es sich bei dem Rausch um einen Zustand handeln, der nach seinem ganzen Erscheinungsbild als durch den Genuss von Rauschmitteln hervorgerufen anzusehen ist (BGHSt 26, 363). Einen die Schuldfähigkeit ausschließenden Alkoholrausch nimmt die Rechtsprechung in der Tendenz ab einem Promillewert von 3,0 an, betont freilich zunehmend die Notwendigkeit einer Gesamtabwägung im Einzelfall. Dabei wird bezüglich § 20 – mit fließenden Übergängen zur „tiefgreifenden Bewusstseinsstörung" – unter die „krankhafte seelische Störung" subsumiert (vgl. hierzu BGHSt 34, 29, 31; *BGH* NStZ 1997, 591; 1998, 457; *Lackner/Kühl*, § 20 Rn. 4, 18; MüKo/*Streng*, § 20 Rn. 32, 36, 68 ff.).

In **Übungsarbeiten** wird in der Regel auf die (mögliche) Schuldunfähigkeit deutlich hingewiesen („volltrunken", „total berauscht", „Zustand des § 20"). Allein die Tatsache, dass im Sachverhalt von Alkoholkonsum die Rede ist, gibt keinen Anlass, schuldhaftes Handeln in Frage zu stellen, geschweige denn § 20 zu bejahen und dann § 323 a anzuwenden.

Als **andere berauschende Mittel** kommen neben (illegalen) Dro- 11 gen auch Medikamente in Betracht (*BayObLG* NJW 1990, 2334). Anerkannt ist ferner, dass neben dem Rauschmittel andere Faktoren – man denke an Alkoholunverträglichkeiten, körperliche und psychische Beschwerden, Gehirnerschütterungen, Affektzustände – für den Zustand der Schuldunfähigkeit mit ursächlich sein können (BGHSt 26, 363; *BGH* NStZ-RR 2000, 80; *OLG Hamburg* JR 1982, 345). Besonderer Aufmerksamkeit bedarf dann nur die Frage, ob wegen der anderen mitwirkenden Ursachen der Vorsatz bzw. die Fahrlässigkeit bezüglich des Rauschzustandes entfällt.

Zudem muss sich in der Rauschtat immer die Wirkung des 12 Rauschmittels, d.h. die Intoxikationswirkung deutlich abzeichnen (*Forster/Rengier*, NJW 1986, 2872). Im Übrigen ist der Rauschbegriff recht streitig. Der Streit spielt aber im Wesentlichen nur dort eine Rolle, wo es darum geht, ob auch Rauschzustände *unterhalb* der Grenze des § 21 denkbar sind (dazu unten Rn. 21 f.).

Anders betrachtet: Auf dem Boden der zutreffenden h. M. liegt ein „Rausch" auf jeden Fall dann vor, wenn der Zustand erwiesenermaßen mindestens die Schwere des § 21 erreicht hat.

III. Subjektiver Tatbestand

12a   Der Täter muss sich vorsätzlich oder fahrlässig durch ein berauschendes Mittel in einen Rausch versetzen, d. h. in den rauschbedingten Zustand mindestens der erheblich verminderten Schuldfähigkeit (vgl. *BGH* NStZ-RR 2001, 15). Vorsatz und Fahrlässigkeit müssen sich insbesondere auf die persönlichkeitsbeeinträchtigenden Wirkungen und den etwaigen Einfluss anderer Faktoren erstrecken (vgl. *BGH* NStZ-RR 2000, 80 und bereits Rn. 11).

Der Nachweis vorsätzlichen Handelns ist u. a. eine Voraussetzung dafür, um zu den Fragen der vorsätzlichen actio libera in causa zu gelangen.

IV. Objektive Bedingung der Strafbarkeit: Die „rechtswidrige Tat" (Rauschtat)

13   Die rechtswidrige Tat (objektive Bedingung der Strafbarkeit) muss zunächst eine (Straf-)Tat im Sinne des § 11 I Nr. 5, d. h. tatbestandsmäßig und rechtswidrig begangen und kann eine Vorsatz- wie strafbewehrte Fahrlässigkeitstat sein. Im Einzelnen gehören dazu: Handlung und Handlungsfähigkeit, objektiver und subjektiver Tatbestand, Rechtswidrigkeit. In den folgenden Fällen liegt demnach *keine* rechtswidrige Tat vor (näher *Geppert,* Jura 2009, 43 ff.):

14   (1) Der Rauschtäter verursacht durch plötzliches Erbrechen oder durch Umfallen in sinnloser Trunkenheit eine Körperverletzung oder Sachbeschädigung (fehlende Handlung).

(2) Der Rauschtäter irrt sich im Sinne des § 16 I 1 über ein objektives Tatbestandsmerkmal oder handelt nicht mit der erforderlichen besonderen subjektiven Unrechtstendenz, z. B. ohne Zueignungs- oder Bereicherungsabsicht (vgl. BGHSt 18, 235, 237; *BayObLG* NJW 1992, 2040).

Beispiele: Wer etwa im Zustand der Volltrunkenheit einen fremden Mantel im Glauben, es sei der eigene, mitnimmt, verwirklicht auch im Rausch kein Diebstahlsunrecht (behält er später den Mantel, kommt § 246 in Betracht). Wer in einer Gaststätte Speisen und Getränke im Zustand des § 20 (weiter) bestellt, ohne daran zu denken, dass alle Geldmittel längst verbraucht sind, begeht keine rechtswidrige Tat nach § 263, weil Täuschung(swille) und Bereicherungsabsicht fehlen.

Beachte also: Namentlich *Tatbestands*irrtümer (auch rauschbedingte) sind für das Vorliegen der Rauschtat beachtlich.

(3) Weiter scheidet eine „rechtswidrige" Tat aus, wenn der **15** Rauschtäter bezüglich der Rauschtat gerechtfertigt handelt.

(4) Schließlich ist zu beachten, dass eine „rechtswidrige Tat" **16** auch bei Strafbarkeitsdefiziten entfallen kann, die nicht auf den Stufen der Tatbestandsmäßigkeit und Rechtswidrigkeit liegen. Denn dem § 323 a kommt allein die Funktion zu, die fehlende Schuldfähigkeit zu „ersetzen"; abgesehen davon muss die „rechtswidrige Tat" volldeliktisch verwirklicht sein. Man kann sich diese Aussage verdeutlichen, indem man vor die Worte „nicht bestraft werden kann" den Zusatz „nur deshalb" hineinliest (*Otto,* BT, § 81 Rn. 16).

Beispiele: Wenn man bei einem Irrtum über die tatsächlichen Voraussetzungen eines Rechtfertigungsgrundes, dem sog. Erlaubnistatbestandsirrtum, mit der ganz h.M. im Ergebnis eine Bestrafung aus dem Vorsatzdelikt ablehnt, so beseitigt ein solcher Irrtum unabhängig davon die „rechtswidrige Tat", ob man ihn wie einen Tatbestandsirrtum behandelt oder den Schuldvorsatz ausschließt. Ebenso entfällt § 323 a, wenn die Rauschtat nach § 35 entschuldigt ist. Weiter erkennt die h.M. die Möglichkeit an, von einer bloß versuchten Rauschtat – die grundsätzlich genügt – entsprechend § 24 zurückzutreten (*BGH* StV 1994, 304 f.; NStZ-RR 2001, 15; *Fahl,* JuS 2005, 1079).

Lediglich **rauschbedingte Irrtümer** und Erkenntnisdefizite **17** auf der **Schuldebene** bleiben grundsätzlich unbeachtlich. Dabei geht es hauptsächlich um rauschbedingte *Verbots*irrtümer und Wissensmängel im Bereich der subjektiven Fahrlässigkeit. Ausnahmsweise beachtlich sind solche rauschbedingten Fehlvorstellungen im Schuldbereich nur, wenn sich der Täter auch im nüchternen Zustand in unvermeidbarer Weise geirrt hätte (vgl. „infolge des Rausches").

Als Rauschtat kommt auch die Begehung eines unechten **Unter- 18 lassungsdelikts** in Betracht, und zwar unter der Voraussetzung, dass der schuldunfähige Garant (§ 13) handlungsfähig (Rn. 13) ist. Gleiches gilt für das echte Unterlassungsdelikt, namentlich § 323 c.

> Zutreffend *BayObLG* NJW 1974, 1520, 1522 f.; Sch/Sch/*Cramer/Sternberg-Lieben,* § 323 a Rn. 14 m. w. N.; *Otto,* Jura 1986, 483 f.; a. A. *Ranft,* JA 1983, 240 f.

18a Bezüglich der festgestellten Rauschtat selbst muss der sich berauschende Täter, da es sich um eine objektive Strafbarkeitsbedingung handelt, in keiner wie auch immer gearteten Weise schuldhaft handeln. Von dieser h. M. abweichende Ansichten können mit guten Gründen vertreten werden (Rn. 5 ff.).

> Soweit solche die Deliktsnatur und das Schuldprinzip berührende Diskussionen entscheidungsrelevant sind, lassen sie sich in der **Fallbearbeitung** bei der Frage der (etwaigen) Schuldbeziehung zur Rauschtat gut integrieren (im Aufbauschema oben Rn. 4 unter Punkt C. V.2). Soweit es um andere Probleme speziell der Rauschtat geht, die – wie vielleicht § 35 oder § 24 – im Schema unter Punkt A noch nicht angesprochen worden sind, müssen die Fragen unter Punkt C. V.1 aufgegriffen werden.

V. Sonderfall: Die nicht auszuschließende Schuldunfähigkeit

19 Wenn die Schuldunfähigkeit (§ 20) des Rauschtäters feststeht, greift § 323 a eindeutig ein. Umgekehrt entfällt § 323 a ebenso eindeutig, sofern der Zustand der Schuldunfähigkeit ausgeschlossen werden kann. Schwierigkeiten ergeben sich unter Umständen in Fällen, in denen die Schuldunfähigkeit bloß „nicht auszuschließen ist" (d. h. möglicherweise vorliegt).

> Im **Fall 1** scheidet eine Strafbarkeit des A gemäß § 242 aus, da nach dem Grundsatz in dubio pro reo zu seinen Gunsten die Voraussetzungen des § 20 unterstellt werden müssen. Doch könnte § 323 a erfüllt sein, der auch die Konstellation regelt, dass infolge des „Rausches" die Schuldunfähigkeit „nicht auszuschließen ist".

20 Was diese Klausel betrifft, so greift § 323 a nach der h. M. dann ein, wenn (1) der Zustand des § 20 nicht auszuschließen ist, und wenn (2) der Rausch den Grad des § 21 mit Gewissheit erreicht hat. Mit anderen Worten: Soweit sich das Schulddefizit zwischen dem möglichen § 20 und dem sicher gegebenen § 21 bewegt, gelangt man relativ unproblematisch zu § 323 a.

Dabei zieht die Rechtsprechung den Grenzwert, ab dem die Bejahung des § 21 nahe liegt, mit mehr oder weniger starker Indizwirkung bei 2,0 Promille (vgl. BGHSt 35, 308, 312 f.; 36, 286, 288; 43, 66, 68 ff.; *BGH* StV 1997, 73; NStZ 1997, 592; NStZ 2000, 193). Im **Fall 1** erfüllt A daher § 323 a i. V. m. § 242 (zu § 246 unten Rn. 28).

Streitig ist, ob man § 323 a auch dann noch anwenden kann,   **21** wenn das Schuldspektrum von der möglichen Schuldunfähigkeit über die mögliche verminderte Schuldfähigkeit bis hin zur vollen Schuldfähigkeit reicht (zu den Gründen für ein solches Spektrum siehe § 43 Rn. 13).

Im **Fall 2,** in dem es um eine entsprechende Konstellation geht, entfällt bei A wegen seiner potentiellen Schuldunfähigkeit zunächst eine Strafbarkeit nach § 242. Da es für eine vorsätzliche actio libera in causa keine Anhaltspunkte gibt, kommt man zu § 323 a. Diese Vorschrift scheint vom Wortlaut her durchaus auch solche Fälle erfassen zu können, in denen der Rauschzustand die Ebene des § 21 nicht sicher erreicht hat, sofern nur die Schuldunfähigkeit nicht auszuschließen ist.

Allerdings verlangt der **Tatbestand** immer noch das **Vorlie-**   **22** **gen eines Rausches.** Insoweit stellt sich die Frage, ob es einen „Rausch" auch unterhalb eines für § 21 ausreichenden Intoxikationsgrades gibt. Man kann sich dies wohl vorstellen. Doch bleibt dann das Problem, wie die für einen derartigen Rauschbegriff erforderliche Mindestschwere ohne den § 21 als feste Untergrenze hinreichend bestimmt (Art. 103 II GG) definiert werden könnte. Überzeugende Vorschläge dazu existieren nicht. Zudem passt der Fall, dass der Täter möglicherweise voll schuldfähig gehandelt hat, nicht in das Tatbild des Vollrauschtatbestandes. Daher muss § 323 a ausscheiden, wenn der Rausch nicht zumindest die Schwere des § 21 sicher erreicht hat.

So auch *OLG Köln* VRS 68, 38; *OLG Karlsruhe* NJW 2004, 3356; *Lackner/ Kühl,* § 323 a Rn. 4; *Rengier/Forster,* NJW 1986, 2871; *Küper,* BT, S. 251 ff.; *Eisele,* BT I, Rn. 945; *Ranft,* JA 1983, 196 f., 238 und Jura 1988, 136 ff. – A. A. *Fischer,* § 323 a Rn. 11; *Otto,* Jura 1986, 482 f.; *Geppert,* Jura 2009, 48 f.; *Saal,* Jura 1994, 157 mit Falllösung.

Für **Fall 2** folgt daraus: A kann auch nicht nach § 323 a (i. V. m. § 242) bestraft   **23** werden. Am Ende bleibt noch, da A entweder § 242 oder § 323 a verwirklicht hat, eine echte **Wahlfeststellung** zwischen beiden Delikten zu erwägen; indes muss diese mangels rechtsethischer und psychologischer Vergleichbarkeit zwischen einer im Zustand voller Schuldfähigkeit begangenen Tat und § 323 a bzw. nach anderer Ansicht mangels Identität des Unrechtskerns abgelehnt werden (*OLG Köln* VRS 68, 38, 41; *OLG Karlsruhe* NJW 2004, 3356 f.; h. M.). –

Vertiefend zu den Fragen der Wahlfeststellung *Jescheck/Weigend*, AT, § 16; *Stuckenberg*, JA 2001, 221 ff.; ergänzend § 52 Rn. 10 und *Rengier*, BT I, § 22 Rn. 43 a.

VI. Sonstiges

24 Was die **Schuld** bezüglich des Sichberauschens betrifft, so ist es in seltenen Fällen, insbesondere bei extremer Drogenabhängigkeit, denkbar, dass der Täter den Rauschzustand schuldlos im Sinne des § 20 herbeiführt. In der Fallbearbeitung wird der Studierende damit kaum konfrontiert sein.

25 Für Fragen der **Täterschaft und Teilnahme** ist zunächst von Bedeutung, dass nach h.M. § 323 a ein eigenhändiges Delikt darstellt, das nur der Berauschte selbst begehen kann. Danach scheidet bezüglich § 323 a – aber *nicht* bezüglich der Rauschtat! – eine mittelbare Täterschaft aus (teilweise abweichend Sch/Sch/*Cramer/ Sternberg-Lieben*, § 323 a Rn. 24 m.w.N.).

26 Ein Teil der Literatur lehnt auch die Möglichkeit einer Anstiftung oder Beihilfe zu § 323 a ab, um insbesondere Gastwirte und Gastgeber vor unangemessenen strafrechtlichen Risiken zu schützen. Jedoch besteht kein Anlass, eine Teilnahme an § 323 a generell auszuschließen (so im Ergebnis auch BGHSt 10, 247, 248, 251 f.; *Maurach/Schroeder*, BT 2, § 96 Rn. 23; Sch/Sch/*Cramer/ Sternberg-Lieben*, § 323 a Rn. 25 m.w.N.; a.A. *Ranft*, JA 1983, 244). Ausreichende Restriktionen ergeben sich erstens aus den allgemeinen Regeln der objektiven Zurechnung, wonach der Teilnehmer ein *unerlaubtes* Risiko setzen muss, zweitens aus den §§ 26, 27, die bei allen Beteiligten vorsätzliches Handeln voraussetzen.

27 Von der Teilnahme an § 323 a ist die Teilnahme an der Rauschtat zu unterscheiden; hier gelten unstreitig die allgemeinen Grundsätze, insbesondere die Akzessorietätsregeln der §§ 26, 27.

28 Im **Fall 1** (dazu schon Rn. 19 f.) stellt sich noch die Frage, wie § 323 a i.V.m. § 242 und die spätere Unterschlagung – die wegen der nicht *strafbaren* früheren Zueignung auch auf dem Boden der Tatbestandslösung zu bejahen ist (*Rengier*, BT I, § 5 Rn. 22 f.) – miteinander konkurrieren. Die Auffangfunktion des § 323 a spricht dafür, den Vollrausch als mitbestrafte Vortat zurücktreten zu lassen (Sch/Sch/*Cramer/Sternberg-Lieben*, § 323 a Rn. 32; *Wessels/Hettinger*, BT 1, Rn. 1040; a.A. *Ranft*, JA 1983, 244 f.: Realkonkurrenz).

Zur Anwendbarkeit des § 142 II Nr. 2 bei der Verwirklichung des § 142 I im Vollrausch siehe § 46 Rn. 32.

Empfehlungen zur vertiefenden Lektüre:

Rechtsprechung: BGHSt 10, 247 (Deliktsnatur und Tatunrecht – zu § 330 a a. F.); BGHSt 16, 124 (Deliktsnatur und Tatunrecht – zu § 330 a a. F.); *BGH* StV 1994, 304 (Rücktritt vom Versuch der Rauschtat); *OLG Hamburg* JR 1982, 345 (Vollrausch durch Kombination von Alkohol und Medikament); *BayObLG* NJW 1990, 2334 (Vollrausch nach Einnahme von Medikamenten in Selbsttötungsabsicht).

Literatur: *Fahl,* Der strafbare Vollrausch (§ 323 a StGB), JuS 2005, 1076 ff.; *Geppert,* Die Volltrunkenheit (§ 323 a StGB), Jura 2009, 40 ff.; *Otto,* Der Vollrauschtatbestand (§ 323 a StGB), Jura 1986, 478 ff.; *Ranft,* Grundprobleme des Vollrauschtatbestandes (§ 323 a StGB), JA 1983, 193 ff., 239 ff.; *Ranft,* Die rauschmittelbedingte Verkehrsdelinquenz, Jura 1988, 133, 135 ff.

§ 42. Unterlassene Hilfeleistung (§ 323 c)

Fall 1: Zwei Polizisten werden gegen 22.10 Uhr darauf hingewiesen, dass in der Nähe ein Mann bewusstlos in seinem Pkw zusammengebrochen sei. Die Polizisten erklären sich für nicht zuständig und setzen ihren Streifendienst fort. Es stellt sich heraus, dass der Mann möglicherweise bereits um 22.05 Uhr tot war (*AG Tiergarten* NStZ 1991, 236). → Rn. 6

Fall 2: Wie Fall 1, doch handelt es sich, was den Polizisten mitgeteilt wird, bei dem Mann um einen Radfahrer, der mitten auf der Straße zusammenbricht (vgl. BGHSt 1, 266). → Rn. 7

I. Grundlagen und Aufbaufragen

Die Vorschrift knüpft an den Gedanken der mitmenschlichen 1 Solidarität in akuten Notlagen an. Geschützt werden die Individualrechtsgüter desjenigen, der plötzlich in Not geraten ist (*Lackner/ Kühl,* § 323 c Rn. 1); daher kann der Geschützte grundsätzlich auf die Hilfe verzichten (Rn. 17). Der Tatbestand normiert eine allgemeine Hilfeleistungspflicht in der Form eines echten Unterlassungsdelikts, das von jedermann – und nicht nur von Garanten (§ 13) – begangen werden kann.

Besteht eine Hilfspflicht nach § 323 c, so darf allein aus dieser Pflicht im Hinblick auf ein etwaiges unechtes Unterlassungsdelikt keinesfalls eine Garantenstellung abgeleitet werden.

In der **Fallbearbeitung** ist darauf zu achten, dass § 323 c in vie- 2 len Fällen im Wege der Gesetzeskonkurrenz zurücktritt (näher Rn. 19 f.) und deshalb erst nach den vorrangigen Tatbeständen geprüft werden sollte. Das tatbestandsmäßige Verhalten liegt in der Nichtleistung einer erforderlichen, möglichen und zumutbaren Hilfe. Es empfiehlt sich folgendes

---

Aufbauschema (§ 323 c)

I. Tatbestandsmäßigkeit
   1. Objektiver Tatbestand
      a) Unglücksfall (oder: gemeine Gefahr oder gemeine Not)
      b) Unterlassen einer Hilfeleistung, die
         aa) erforderlich,
         bb) dem Täter möglich und
         cc) ihm zumutbar ist.
   2. Subjektiver Tatbestand: Vorsatz
II. Rechtswidrigkeit
III. Schuld

Zwischen der (meistens unproblematischen) Möglichkeit des Handelns und der Erforderlichkeit der Hilfeleistung können sich Überschneidungen ergeben, die im Aufbau eine gewisse Flexibilität gestatten.

II. Objektiver Tatbestand

1. Unglücksfall

3   Ein Unglücksfall ist ein plötzlich eintretendes Ereignis, das erhebliche Gefahren für Personen oder bedeutende Sachwerte mit sich bringt.

Vgl. BGHSt 6, 147, 152; *OLG Düsseldorf* NJW 1991, 2979; SK/*Rudolphi/ Stein*, § 323 c Rn. 5 und Rn. 6 a speziell zur Einbeziehung von Sachwerten; weitgehend gegen die Einbeziehung von Sachwerten Sch/Sch/*Cramer/Sternberg-Lieben*, § 323 c Rn. 9; *Seelmann*, JuS 1995, 284.

4   Die Prüfung, ob ein Unglücksfall vorliegt, erfolgt auf der Basis einer **ex-post-Beurteilung**, also nach den objektiven Gegebenheiten unter Einbeziehung auch erst nachträglich bekannt gewordener Tatsachen (h. M.; *Küper*, BT, S. 310, 312 m. w. N.; *Kindhäuser*, BT I, § 72 Rn. 9 f.; SK/*Rudolphi/Stein*, § 323 c Rn. 5 a). Wo der Schaden endgültig eingetreten und die Gefahrenlage beendet ist,

wo demzufolge die Gefahr *weiterer* Schäden für ein geschütztes Rechtsgut (z.B. Leben, Leib, Freiheit, Eigentum) objektiv nicht besteht, entfällt bereits das Merkmal Unglücksfall. Man denke etwa an den Eintritt bloßer (bedeutender) Sachschäden ohne Gefahrenpotential. Man denke ferner an einen bereits toten Verunglückten (richtig *AG Tiergarten* NStZ 1991, 236, 237; *Seelmann,* JuS 1995, 284; Sch/Sch/*Cramer/Sternberg-Lieben,* § 323c Rn. 9); zum Teil wird insoweit allerdings oft erst die Erforderlichkeit verneint (vgl. Rn. 10).

Solange freilich der Verunglückte noch lebt, scheidet ein Unglücksfall nicht deshalb aus, weil sich aus der Rückschau die befürchtete Folge des Unglücks als von Anfang an unabwendbar erweist (*BGH* NStZ 1985, 501; ergänzend unten Rn. 9).

Beispiele: (1) Als Unglücksfälle kommen vor allem **(Verkehrs-)Unfälle** jeder Art in Frage.

(2) Erfasst sind ferner Ereignisse im Zusammenhang mit fahrlässigen oder vorsätzlichen **Straftaten** (Tötungs- und Verletzungshandlungen, Vergewaltigungen). Bei vorsätzlichen Straftaten liegt insoweit zumindest aus der Sicht des Opfers ein „Unglück" vor. Auch wer in berechtigter Notwehr den Angreifer verletzt, führt einen Unglücksfall herbei (BGHSt 23, 327, 328; *BGH* NStZ 1985, 501). – Zum Konkurrenzverhältnis mit eigenen Straftaten unten Rn. 20.

(3) Desgleichen kann eine **Erkrankung** einen Unglücksfall darstellen. Da freilich ein „plötzliches" Ereignis vorausgesetzt wird, kommt eine Krankheit nur dann als Unglücksfall in Betracht, wenn ihr Verlauf eine plötzliche und sich rasch verschlimmernde Wendung nimmt (*BGH* MDR/H 1985, 285; *OLG Düsseldorf* NJW 1991, 2979; 1995, 799; SK/*Rudolphi/Stein,* § 323c Rn. 5b, c m.w.N.). Man denke etwa an jeweils plötzlich eintretende starke Schmerzen, schwere Blutungen oder Bewusstlosigkeit. Demgegenüber ist im Schrifttum auch eine Ansicht verbreitet, die das Plötzlichkeitskriterium in Frage stellt und auf die Notwendigkeit sofortigen Eingreifens abstellt (*Geppert,* Jura 2005, 43; MüKo/*Freund,* § 323c Rn. 23; *Maurach/Schroeder,* BT 2, § 55 Rn. 14).

Im **Fall 1** ist an den Zusammenbruch als Unglücksfall zu denken, doch muss zugunsten der Polizisten unterstellt werden, dass der Mann um 22.05 Uhr bereits tot war; von daher scheidet die Annahme eines Unglücksfalles aus. Der Sache nach liegt im **Fall 1** ein Versuch des § 323c vor, der aber nicht strafbar ist (§ 23 I).

(4) Zum **Selbsttötungsversuch** als Unglücksfall siehe § 8 Rn. 18f.

2. Gemeine Gefahr und gemeine Not

Bei diesen Notsituationen kommt es auf den plötzlichen Eintritt des Ereignisses nicht an. **Gemeine Gefahr** ist ein Zustand, bei dem die Möglichkeit eines erheblichen Schadens für unbestimmt viele Personen (an Leib oder Leben oder an bedeutenden Sachwerten) nahe liegt.

> **Beispiele:** Brand, gelockerte Schienen, angesägter Strommast, Naturkatastrophe. Auch ein auf der Straße liegendes Hindernis kann eine gemeine Gefahr hervorrufen (BGHSt 1, 266, 269: toter Radfahrer).

Die **gemeine Not** überschneidet sich mit dem Begriff der gemeinen Gefahr und wird üblicherweise als eine die Allgemeinheit betreffende Notlage umschrieben.

> Der **Fall 2** unterscheidet sich von Fall 1 insoweit, als § 323 c noch unter dem Aspekt der „gemeinen Gefahr" in Betracht kommt. Grundsätzlich wird man eine solche Gefahr bei größeren Hindernissen wie einem verunglückten Radfahrer auf der Fahrbahn, vor allem nach Eintritt der Dunkelheit, bejahen können (vgl. BGHSt 1, 266, 269). Von daher sind die Polizisten, da sie den Sachverhalt kennen, nach § 323 c zu bestrafen.

3. Das tatbestandsmäßige Verhalten

8   a) **Grundlagen.** Adressat der allgemeinen Hilfeleistungspflicht ist jedermann. Aus dem Wort „bei" Unglücksfällen ergibt sich *keine* örtliche Beschränkung auf Personen, die sich zumindest in der Nähe des Unglücksortes aufhalten (BGHSt 21, 50, 52 f.; ganz h. M.; kritisch *Arzt/Weber*, BT, § 39 Rn. 20 f.). Man denke etwa an telefonisch um Hilfe gerufene Ärzte oder Polizisten. Das Tatverhalten besteht in der Nichtleistung der erforderlichen Hilfe. Dabei muss dem Täter wie bei allen Unterlassungsdelikten, also auch bei dem echten des § 323 c, die Hilfeleistung überhaupt möglich sein. Schließlich bleibt die Zumutbarkeit zu prüfen.

9   b) **Erforderlichkeit.** § 323 c will den Täter bestrafen, der die Gelegenheit versäumt, den drohenden Schaden abzuwenden, zu begrenzen oder abzumildern. Vor dem Hintergrund der sanktionierten allgemeinen Hilfspflicht richtet sich die Beurteilung der Erforderlichkeit aus der Sicht der Notsituation nach dem **ex-ante-Urteil** eines verständigen Beobachters in dem Augenblick, in dem sich die Notwendigkeit, zu helfen, herausstellt. Dabei spielt es keine Rolle, ob die aus der ex-ante-Perspektive notwendige Hilfe schließlich vergeblich bleibt und sich aus der Rückschau der Eintritt der befürchteten Folge als unvermeidbar erweist (hierzu BGHSt 14, 213, 215 ff.; 17, 166, 169; 32, 367, 381; *BGH* NStZ 1985, 501; Falllösung bei *Frisch/Murmann*, JuS 1999, 1200 f.).

Nicht erforderlich ist die Hilfe, wenn z. B.   10
- das betroffene Opfer sich (noch) selbst helfen kann;
- die notwendige Hilfe schon von einer anderen Person geleistet wird bzw. die sichere Gewähr für sofortige anderweitige Hilfe besteht, es sei denn, der Täter könnte – wenn auch nur vorläufig – wirksamer und/oder rascher helfen als ein anderer (BGHSt 2, 296; *BGH* NStZ 1997, 127);
- der Tod eines vergifteten Bewusstlosen unabwendbar ist (BGHSt 46, 279, 283, 290);
- bereits der Tod des Verunglückten eingetreten ist (so BGHSt 17, 166, 168f.; 32, 367, 381; *BGH* NStZ 2000, 414, 415; SK/ *Rudolphi/Stein*, § 323c Rn. 5d; richtigerweise liegt hier schon kein Unglücksfall vor, siehe oben Rn. 4).

Inhalt und Umfang der Hilfspflicht richten sich maßgeblich 11 nach den Fähigkeiten und Möglichkeiten des Hilfspflichtigen. Jedermann hat im Rahmen des ihm Möglichen die wirksamste (zumutbare) Hilfe zu leisten und ggf. seine besondere Sachkunde sowie ihm zur Verfügung stehende besondere Hilfsmittel einzusetzen (Auto, Telefon, Werkzeug usw.). Die Einschaltung dritter Personen kann genügen (Arzt, Polizei, Rettungsdienst). Die Möglichkeit, Schmerzen zu lindern, reicht aus.

c) **Möglichkeit des Handelns.** Die Handlungsmöglichkeit des 12 Täters in der konkreten Tatsituation – oder auch: seine individuelle Handlungsfähigkeit – stellt ein notwendiges Begriffsmerkmal eines jeden tatbestandsmäßigen Unterlassens dar. Wem die gebotene Handlung physisch unmöglich ist, der kann strafrechtlich nichts unterlassen. So können etwa eine räumliche Distanz, fehlende Fähigkeiten, ungenügende fachliche Kenntnisse oder nicht vorhandene technische Hilfsmittel die Handlungsmöglichkeit beseitigen. Stets bleibt aber zu beachten, dass die erforderliche Hilfe mehrere sinnvolle Handlungsmöglichkeiten umfassen kann (hierzu *Jescheck/Weigend*, AT, § 59 II 2; *Roxin*, AT II, § 31 Rn. 8ff.; *Baumann/Weber/Mitsch*, AT, § 15 Rn. 15ff.; *Wessels/Beulke*, AT, Rn. 708).

Beispiele: Während ein Schwimmer einen Ertrinkenden unter Umständen aus dem Wasser holen und dadurch sofort retten kann, ist dieser Weg für einen Nichtschwimmer oder Gelähmten von vornherein unmöglich. Für Letztere können aber sinnvolle andere Handlungsmöglichkeiten existieren, die dann als erforderliche Hilfe ergriffen werden müssen (Zuwerfen eines Rettungsrings, Benachrichtigung Dritter). Daran anknüpfend kann man verallgemeinernd sagen, dass die Handlungsmöglichkeit entfällt, wenn die Vornahme der erforderlichen Rettungshandlung durch den Hilfspflichtigen offenkundig nutzlos/sinnlos wäre (Sch/Sch/*Stree,* vor § 13 Rn. 142).

13   **d) Zumutbarkeit.** Nach der zutreffenden h. M. stellt die – im Gesetz ausdrücklich erwähnte – Zumutbarkeit der Hilfeleistung ein Tatbestands- und nicht etwa ein Schuldmerkmal dar. Der Tatbestand nennt konkretisierend („insbesondere …") zwei Beispiele, in denen die Zumutbarkeit entfallen kann. Letztlich kommt es auf eine Güter- und Interessenabwägung an. Dabei muss der Adressat eigene Belange um so eher zurückstellen, je näher er zum Unfallgeschehen steht und je größer die Gefährdung des Verunglückten ist (BGHSt 11, 135, 136 f.). Zur Zumutbarkeit in Selbsttötungsfällen siehe § 8 Rn. 20.

14   Für die immer wieder auftauchende Frage, inwieweit **Strafverfolgungsgefahren** die Zumutbarkeit der Hilfeleistung beeinflussen, lassen sich folgende Leitlinien aufstellen:

(1) Wer den Unglücksfall (auch schuldlos) verursacht hat, kann sich trotz einer ihm drohenden Verfolgungsgefahr nicht auf Unzumutbarkeit berufen, solange Straftaten betroffen sind, die mit seiner Verstrickung in das Unfallgeschehen im Zusammenhang stehen. Dies lässt sich im Wesentlichen schon aus dem Rechtsgedanken des § 35 I 2 ableiten (vgl. BGHSt 11, 353, 355 f.; 39, 164, 166; *BGH* GA 1956, 120, 121; *Geppert,* Jura 2005, 45).

> **Beispiel:** Ein betrunkener Fahrer, der einen Unfall mit Personenschaden herbeigeführt hat, muss die erforderliche Hilfe leisten, auch wenn dies die Gefahr erhöht, wegen der §§ 229, 315 c verfolgt zu werden. Zu beachten bleibt außerdem, dass ein solcher Fahrer auf Grund seines schuldhaften Vorverhaltens auch wegen unechter Unterlassungsdelikte strafbar sein kann (ergänzend Rn. 19).

15   (2) Anders liegt es grundsätzlich, wenn die Verfolgungsgefahr mit Straftaten zusammenhängt, die mit dem Unglücksfall nichts zu tun haben (Sch/Sch/*Cramer/Sternberg-Lieben,* § 323 c Rn. 23; a. A. SK/*Rudolphi/Stein,* § 323 c Rn. 21). Hier hat der Grundsatz der Selbstbelastungsfreiheit (vgl. § 136 I 2 StPO) mehr Gewicht.

> **Beispiel:** Ein Bankräuber, der nach der Tat auf seiner Flucht zufällig Zeuge eines Verkehrsunfalls mit Personenschäden wird, kümmert sich nicht um die Verletzten.

Ausnahmen können sich ergeben, soweit nur eine geringfügige Bestrafung droht, auf der anderen Seite aber Lebens- oder schwere Leibesgefahren abzuwenden sind (*Seelmann,* JuS 1995, 286). Auch muss beachtet werden, dass unter Umständen die erforderliche Hilfe etwa in der Form eines anonymen Anrufs geleistet werden kann, ohne die Strafverfolgungsgefahr nennenswert zu erhöhen (vgl. BGHSt 11, 135, 138 f.; *Joecks,* § 323 c Rn. 27).

(3) Grundsätzlich nicht zumutbar ist es (Wertung der §§ 52, **16** 55 I 2. Var. StPO), wenn ein an sich hilfspflichtiger Angehöriger durch die Hilfeleistung einen anderen Angehörigen der Gefahr strafrechtlicher Verfolgung aussetzen würde (BGHSt 11, 135, 137 f.; *Eisele,* BT I, Rn. 971, a. A. SK/*Rudolphi/Stein,* § 323 c Rn. 21). Doch kommt auch hier wieder als zumutbare Hilfeleistung die anonyme Unterrichtung hilfswilliger Dritter in Betracht.

Beispiel: Infolge alkoholbedingter Fahruntüchtigkeit (§ 43 Rn. 6 ff.) fährt M den Fußgänger O an. M und seine mitfahrende Ehefrau F erkennen, dass der bewusstlose O ihrer Hilfe bedarf. Sie fahren aber weiter und unternehmen nichts. – M verwirklicht zunächst die §§ 229, 315 c I Nr. 1 a, III Nr. 2, 52 und dann dazu in Tatmehrheit (§ 46 Rn. 39) die §§ 142 I Nr. 2, 323 c, 52. Für F ist eine Hilfeleistung am Tatort nicht zumutbar, soweit sie dadurch M in Strafverfolgungsgefahr brächte. Doch erfüllt sie spätestens dann § 323 c, als sie nach Verlassen der Unfallstelle nicht von der Möglichkeit Gebrauch macht, etwa einen Rettungsdienst anonym zu verständigen.

e) Verzicht. Die Hilfeleistungspflicht entfällt, soweit der Hilfs- **17** bedürftige über das gefährdete Rechtsgut verfügen kann und wirksam auf Hilfe verzichtet bzw. ihre Annahme verweigert. Dadurch entlässt er den an sich Hilfspflichtigen aus seiner Handlungspflicht (vgl. *BGH* NStZ 1983, 117, 118; SK/*Rudolphi/Stein,* § 323 c Rn. 24).

Der dogmatische Standort bleibt oft unklar. Teilweise wird eine Rechtfertigung angenommen (*Fischer,* § 323 c Rn. 6; LK/*Spendel,* 11. Aufl., § 323 c Rn. 130), teilweise die Erforderlichkeit verneint (*Lackner/Kühl,* § 323 c Rn. 5; *Eisele,* BT I, Rn. 968). Da durch den Verzicht, was die Tatbestandsseite betrifft, jedenfalls Zumutbarkeitsfragen berührt werden, liegt die Annahme einer tatbestandsausschließenden Wirkung näher.

Bei einem freiverantwortlichen Selbsttötungsversuch muss, sofern man ihn mit der vorzugswürdigen Ansicht als Unglücksfall einstuft, eine Dispositionsbefugnis grundsätzlich verneint werden; doch bedarf hier die Frage der Zumutbarkeit besonderer Aufmerksamkeit (siehe § 8 Rn. 18 ff.).

III. Subjektiver Tatbestand

18   Erforderlich ist vorsätzliches Handeln (§ 15). Dazu gehört insbesondere die Kenntnis der Fakten, aus denen sich der Unglücksfall sowie die Erforderlichkeit und Zumutbarkeit ergeben (vgl. auch *AG Saalfeld* NStZ-RR 2005, 142).

IV. Tatvollendung und tätige Reue

19   Der genaue Zeitpunkt der **Tatvollendung** ist umstritten. Nach der vorzugswürdigen h. M. kommt dem Hilfeleistungsgebot nur nach, wer die erforderliche Hilfe *unverzüglich* – und das heißt: *sofort* – leistet. Von daher ist die Tat vollendet, sobald der Täter seinen Entschluss, nicht sofort zu helfen, kundgibt oder betätigt.

> Demgegenüber stellt eine wachsende Gegenmeinung auf die *Rechtzeitigkeit* der Hilfe ab und räumt dem Täter unter Umständen einen gewissen zeitlichen Spielraum ein. Als rechtzeitig wird jede Hilfeleistung angesehen, die geeignet ist, die drohenden Schäden noch genauso wirksam wie bei sofortiger Hilfe abzuwenden. Diese Ansicht verdient keinen Beifall, weil sie das Risiko erhöht, dass der Hilfspflichtige zu spät eingreift, und sei es wegen etwaiger Irrtümer über die Rechtzeitigkeit.
> Zur h. M. BGHSt 14, 213, 216; 21, 50, 55; *Fischer*, § 323 c Rn. 10; *Lackner/Kühl*, § 323 c Rn. 10. – Zur Gegenmeinung siehe SK/*Rudolphi/Stein*, § 323 c Rn. 15; Sch/Sch/*Cramer/Sternberg-Lieben*, § 323 c Rn. 24; *Geppert*, Jura 2005, 46; *Ellbogen/Stage*, JA 2005, 357 f., 359 mit Falllösung.

20   Ebenfalls umstritten ist, ob der Täter in analoger Anwendung der Vorschriften über die **tätige Reue** Straffreiheit erlangen kann, wenn er nach der formellen Vollendung der Tat doch noch wirksame Hilfe leistet. Man denke etwa an einen Täter, der verzögert einen Rettungsdienst benachrichtigt oder zum Unfallort zurückkehrt, um erste Hilfe zu leisten. Richtigerweise ist die Analogie anzuerkennen. Dafür sprechen der frühe Vollendungszeitpunkt und Aspekte des Opferschutzes.

> Für die Analogie auch Sch/Sch/*Cramer/Sternberg-Lieben*, § 323 c Rn. 30; *Lackner/Kühl*, § 323 c Rn. 11; MüKo/*Freund*, § 323 c Rn. 122; SK/*Rudolphi/Stein*, § 323 c Rn. 29; *Küpper*, BT 1, II § 5 Rn. 83; *Frisch/Murmann*, JuS 1999, 1201 mit Falllösung. – Dagegen BGHSt 14, 213, 217; *Fischer*, § 323 c Rn. 10. – Zu § 306 e vgl. § 40 Rn. 64 ff.; zu § 257 siehe *Rengier*, BT I, § 20 Rn. 20.

V. Konkurrenzen

Gegenüber vorsätzlichen unechten Unterlassungsdelikten wie 21
den §§ 212, (22), 13 oder §§ 223, 224, (22), 13 tritt § 323c im Wege
der Gesetzeskonkurrenz (Subsidiarität) zurück. Entsprechendes
gilt im Verhältnis zu § 221 I Nr. 2 (siehe bereits § 10 Rn. 23).

In gleicher Weise wird § 323c von einer vorsätzlichen Bege- 22
hungstat verdrängt, wenn der Täter an der Straftat, die für das Opfer den Unglücksfall darstellt, als Täter oder Teilnehmer aktiv beteiligt ist und im Anschluss daran keine Hilfe leistet (BGHSt 39,
164, 166; *BGH* NStZ 1997, 127). Etwas anderes gilt lediglich, soweit ein über die „Vortat" hinausgehender Unrechtserfolg einzu-
treten droht, der nicht schon vom Vorsatz des Haupttäters oder
Teilnehmers erfasst ist (BGHSt 14, 282, 285 ff.; *BGH* MDR/H
1982, 448).

Beispiel: Der Schläger oder sein Gehilfe verlässt den Tatort, ohne sich um
das verletzte Opfer zu kümmern. § 323c erlangt nur dann selbstständige Bedeutung, wenn für das Opfer eine Lebensgefahr besteht, die der Täter oder
Teilnehmer nicht gewollt hat.

Empfehlungen zur vertiefenden Lektüre:

Rechtsprechung (teilweise zum inhaltlich übereinstimmenden § 330c a. F.):
BGHSt 11, 135 (Zumutbarkeit der Hilfeleistung bei Strafverfolgungsgefahr für
Ehemann); BGHSt 11, 353 (Zumutbarkeit der Hilfeleistung bei eigener Strafverfolgungsgefahr); BGHSt 14, 213 (Art und Zeitpunkt der Hilfspflicht);
BGHSt 17, 166 (diverse Fragen); BGHSt 32, 367, 375 f., 381 (Selbsttötungsversuch insbesondere als Unglücksfall); *OLG Düsseldorf* NJW 1991, 2979 (normaler Geburtsverlauf kein Unglücksfall); *OLG Düsseldorf* NJW 1995, 799 (plötzliche Verschlimmerung eines Herzleidens); *AG Tiergarten* NStZ 1991, 236
(Begriff des Unglücksfalls).

Literatur: *Geppert*, Die unterlassene Hilfeleistung (§ 323c StGB), Jura
2005, 39 ff.

10. Kapitel. Verkehrsstraftaten

§ 43. Trunkenheit im Verkehr (§ 316)

I. Grundlagen und Aufbaufragen

1 § 316 enthält ein typisches **abstraktes Gefährdungsdelikt,** das die Sicherheit des Verkehrs schützt. Bei einem solchen Delikt knüpft der Gesetzgeber die Strafbarkeit an die – aus Erfahrungssätzen abgeleitete – allgemeine Gefährlichkeit einer Handlung an. „Passieren" muss nichts, vielmehr genügt zur Tatbestandserfüllung eine bestimmte Tätigkeit. Vom Deliktstyp her liegt folglich ein reines Tätigkeitsdelikt vor. Weiter handelt es sich um ein **eigenhändiges Delikt,** das nur der Fahrzeugführer täterschaftlich verwirklichen kann.

> Ganz h. M.; LK/*König*, 12. Aufl., § 315 c Rn. 201 ff., § 316 Rn. 2, 231 m. w. N.; a. A. wohl *Roxin,* AT II, § 25 Rn. 295.

2 Nach dem Wortlaut der **Subsidiaritätsklausel** des § 316 I, letzter Halbsatz scheint § 316 gegenüber allen Begehungsformen der §§ 315 a, 315 c zurückzutreten. Indes meint das Gesetz mit „die Tat" allein die Trunkenheitstat, so dass nur bezüglich der §§ 315 a I Nr. 1, 315 c I Nr. 1 a Subsidiarität besteht (LK/*König*, 12. Aufl., § 315 c Rn. 211 b).

2a Die Struktur des § 316 verdeutlicht das folgende

Aufbauschema (§ 316)

I. Tatbestandsmäßigkeit
  1. Objektiver Tatbestand
    a) Führen eines Fahrzeugs (eigenhändiges Delikt)
    b) Im Verkehr
    c) Zustand der Fahruntüchtigkeit, insbesondere
      aa) alkoholbedingte absolute Fahruntüchtigkeit (bei Kraftfahrern ab 1,1 Promille) oder
      bb) alkoholbedingte relative Fahruntüchtigkeit (ab 0,3 Promille i. V. m. Ausfallerscheinungen)
  2. Subjektive Tatseite: Vorsatz oder Fahrlässigkeit

II. Rechtswidrigkeit
III. Schuld
IV. Subsidiarität insbesondere gegenüber § 315 c I Nr. 1 a, III

II. Führen eines Fahrzeugs im Verkehr

Führen: BGHSt 35, 390 hat nicht zuletzt mit Blick auf den 3
Wortlaut klargestellt, dass von einem „Führen" (sprachliche Ableitung von „fahren") nicht schon mit dem Anlassen des Motors,
sondern erst dann die Rede sein kann, wenn das Fahrzeug in Bewegung gesetzt wird und die Räder anrollen. Als Fahrzeugführer
wird jeder angesehen, der „sich selbst aller oder wenigstens eines
Teiles der wesentlichen technischen Einrichtungen des Fahrzeuges
bedient, die für seine Fortbewegung bestimmt sind" (BGHSt 35,
390, 393). Nur unter dieser Voraussetzung kommt auch ein Beifahrer als Führer in Betracht. Deshalb führt ein (betrunkener)
Fahrlehrer das Fahrzeug nicht, der nur mündliche Anweisungen
erteilt (*OLG Dresden* NJW 2006, 1013, 1014 mit Anm. *Jahn,* JuS
2006, 468; *König,* DAR 2003, 448 ff.). Zum Führen zählt auch das
Lenken eines mit einem Seil abgeschleppten Pkw (BGHSt 36, 341,
343 ff.).

Fahrzeug: Erfasst wird nicht nur das Kraftfahrzeug, sondern
grundsätzlich jedes Fahrzeug (z.B. Fahrrad, Pferdefuhrwerk,
Krankenfahrstuhl im Sinne des § 24 II StVO). Nicht dazu gehören
Fortbewegungsmittel im Sinne des § 24 I StVO (z.B. Schlitten,
Kinderwagen, Tretroller, Rollschuhe); ob man insoweit für Inline-
Skates eine Ausnahme machen soll, ist ungeklärt (bejahend LK/
König, 12. Aufl., § 315 b Rn. 22, § 316 Rn. 8).

Verkehr: Geschützt sind alle in den §§ 315–315 d genannten 4
Verkehrsarten, insbesondere der Straßenverkehr. Gemeint sind allerdings nur Vorgänge im **öffentlichen** Verkehrsraum. Ob ein „öffentlicher" Verkehr vorliegt, richtet sich nicht nach den Eigentumsverhältnissen oder einer Widmung. Vielmehr sind alle Straßen,
Wege und Plätze öffentlich, die – mit ausdrücklicher oder still-
schweigender Duldung des Verfügungsberechtigten – von der
Allgemeinheit, d.h. von einem unbestimmten Personenkreis, tatsächlich benutzt werden. Man denke etwa an Parkplätze von Geschäften und Lokalen, an Parkhäuser oder an Straßen in einem Kli-
nikgelände, das trotz Umzäunung und Zugangskontrolle auch

Besuchern mit Fahrzeugen offensteht (*LG Dresden* NZV 1999, 221). Nicht zum öffentlichen Verkehrsraum gehört eine Rasenfläche (*BGH* NStZ 2004, 625) oder ein Betriebsgelände, zu dem nur Betriebsangehörige und andere individuell zugelassene Personen Zutritt haben (BGHSt 49, 128). – Zum Ganzen *Lackner/Kühl*, § 315c Rn. 2 m.w.N.; *Geppert*, Jura 1996, 640 und Jura 2001, 560.

III. Die Fahruntüchtigkeit insbesondere nach Alkoholgenuss

5   Der objektive Tatbestand setzt weiter voraus, dass der Führer „nicht in der Lage ist, das Fahrzeug sicher zu führen", kurz: dass er fahruntüchtig ist. Dabei muss die Fahruntüchtigkeit auf Alkoholgenuss oder auf den Genuss anderer berauschender Mittel (z.B. illegale Drogen, Medikamente) zurückzuführen sein.

1. Alkoholbedingte absolute und relative Fahruntüchtigkeit

6   Bei der **alkoholbedingten** Fahruntüchtigkeit unterscheidet man zwischen der sog. absoluten und sog. relativen Fahruntüchtigkeit. Beide Fälle sind gleichwertig und unterscheiden sich ausschließlich in der Beweisführung (zusammenfassend *König*, JA 2003, 131 ff.):

7   a) **Absolute Fahruntüchtigkeit.** Die Lehre von der alkoholbedingten absoluten Fahruntüchtigkeit stützt sich auf wissenschaftliche Erkenntnisse, wonach bei bestimmten Promille(grenz)werten jedermann unter allen denkbaren Umständen bestimmte Fahrzeugarten deshalb nicht mehr sicher führen kann, weil seine Leistungsfähigkeit unwiderleglich so herabgesetzt ist, dass er den Anforderungen des Verkehrs, gerade auch beim plötzlichen Eintritt einer schwierigen Verkehrslage, nicht mehr zu genügen vermag (vgl. BGHSt 21, 157, 160; 31, 42, 43).

8   Für **Kraftfahrer** (namentlich von Pkws, Motorrädern, Mopeds, Mofas) liegt der maßgebliche Grenzwert seit BGHSt 37, 89 bei 1,1 Promille (davor 1,3 Promille). Danach ist als Kraftfahrer absolut fahruntüchtig, wer zur Tatzeit eine Blutalkoholkonzentration von mindestens 1,1 Promille aufweist, oder wer – im Hinblick auf die besonderen Wirkungen des Alkohols in der sog. Anflutungsphase – eine Alkoholmenge im Körper hat, die zu dem Wert von 1,1 Promille führt (vgl. § 24a I StVG; BGHSt 25, 246).

Am Rande: Die Frage, ob das **Rückwirkungsverbot** (Art. 103 II GG) auch für Änderungen der Rechtsprechung gilt, lässt sich im Zusammenhang mit der Herabsetzung des Grenzwertes von 1,3 auf 1,1 Promille durch BGHSt 37, 89 gut studieren (zu Recht verneinend *BVerfG* NJW 1990, 3140; *BayObLG* NJW 1990, 2833).

Bei **Radfahrern** zieht die h.M. den Grenzwert für die absolute 9 Fahruntüchtigkeit zurzeit bei 1,6 Promille (*OLG Karlsruhe* NStZ-RR 1997, 356 mit Besprechung *Fahl*, JA 1998, 448 ff.; *Fischer*, § 316 Rn. 27 m.w.N.). Für die Führer sonstiger Fahrzeuge gibt es noch keine absoluten Grenzwerte.

In der **Fallbearbeitung** ist zu beachten, dass in den Normalfällen der absoluten Fahruntüchtigkeit trotz relativ hoher Blutalkoholwerte kein Anlass besteht, die Schuldfähigkeit im Sinne der §§ 20, 21 in Frage zu stellen. Denn im Regelfall kommt § 21 erst bei Werten ab 2,0 Promille in Betracht und § 20 sogar erst bei Werten ab 3,0 Promille (§ 41 Rn. 10, 20).

b) **Relative Fahruntüchtigkeit.** Bei der alkoholbedingten rela- 10 tiven Fahruntüchtigkeit handelt es sich nicht um einen minderen Grad der Fahrunsicherheit, vielmehr ist nur die Beweisführung eine andere (*Geppert*, Jura 2001, 562). Hier liegt im Ausgangspunkt die Blutalkoholkonzentration unterhalb des „absoluten" Grenzwertes von 1,1 Promille und oberhalb eines im Einzelfall denkbaren Mindestwertes von 0,3 Promille (h.M.). Dem Fahrzeugführer muss dann die (gerade) alkoholbedingte Fahruntauglichkeit durch weitere Beweisanzeichen nachgewiesen werden. Dabei spielen sog. **Ausfallerscheinungen** eine entscheidende Rolle (z.B. sorglose und leichtsinnige Fahrweise, Fahren in Schlangenlinien, Fahrfehler, Unfall, Stolpern und Schwanken des Fahrers, unbesonnenes Benehmen). Zur Bewertung des von der Verkehrslage nicht veranlassten auffälligen Langsamfahrens siehe LK/*König*, 12. Aufl., § 316 Rn. 112.

Freilich müssen die etwaigen Ausfallerscheinungen immer Rück- 11 schlüsse auf den Einfluss speziell des Alkohols zulassen, also typisch alkoholbedingt sein. Soweit z.B. Fahrfehler wie Geschwindigkeitsverstöße oder das Überfahren der Mittellinie auf einer kurvenreichen Strecke bei nüchternen Fahrern genauso vorkommen, wird man im Zweifel das Beruhen des Fehlers auf dem Alkoholgenuss nicht feststellen können. Ansonsten gilt: Je weiter die festgestellte Blutalkoholkonzentration vom „absoluten" Grenzwert entfernt liegt, umso größer muss das Gewicht der sonstigen Beweisanzeichen sein.

Zur relativen Fahruntüchtigkeit BGHSt 31, 42; *BGH* StV 1994, 543; NStZ 1995, 88, 89; weitere Rechtsprechung bei *Janiszewski,* NStZ 1995, 271, 584; ferner *Ranft,* Jura 1988, 133 f.

2. Feststellung der Blutalkoholkonzentration

12   In der Praxis bereitet die Feststellung der Blutalkoholkonzentration zur Tatzeit erhebliche Schwierigkeiten, die meist nur mit sachverständiger Hilfe zu lösen sind. So müssen bei der Rückrechnung von einem Blutprobenwert auf den Alkoholisierungsgrad zur Zeit der Tatbegehung zugunsten des Täters die günstigsten Sicherheitszuschläge und Abbauwerte zugrundegelegt werden. Auch liegt die Tat unter Umständen schon länger zurück. Gibt es keine Blutprobenwerte, so muss die Berechnung auf Grund von Trinkangaben erfolgen (vgl. hierzu *Schembecker,* JuS 1993, 675 f.; *Fischer,* § 20 Rn. 14 ff., § 316 Rn. 16 ff.; *Lackner/Kühl,* § 315 c Rn. 8 ff.; *Eisele,* BT I, Rn. 825 f.).

13   Solche **Berechnungsschwierigkeiten** (deren Kenntnis erst im zweiten Examen erwartet wird) können in Extremfällen dazu führen, dass auf der einen Seite nach dem Grundsatz in dubio pro reo die absolute Fahruntüchtigkeit im Sinne des § 316 nicht festgestellt werden kann, dass auf der anderen Seite aber auch der Zustand der alkoholbedingten Schuldunfähigkeit möglich ist, weil bezüglich § 20 – wiederum zugunsten des Täters – die Berechnung grundsätzlich auf der Basis maximaler Abbauwerte erfolgt (zu § 323 a in solchen Konstellationen siehe § 41 Rn. 21 ff. mit Fall 2).

3. Fahruntüchtigkeit infolge des Genusses anderer berauschender Mittel

14   Gesicherte Erfahrungswerte, die entsprechend der 1,1-Promillegrenze die Annahme einer „absoluten" Fahruntüchtigkeit nach dem Konsum von anderen berauschenden Mitteln, namentlich von illegalen Drogen (Haschisch, Heroin, usw.) erlauben, existieren bisher nicht. Insoweit kann eine drogenbedingte Fahruntüchtigkeit nur nach den Grundsätzen der relativen Fahruntüchtigkeit festgestellt werden.

Dazu BGHSt 44, 219 mit Anm. *Berz,* NStZ 1999, 407; *OLG Düsseldorf* StV 1999, 22; *OLG Zweibrücken* StV 2003, 624; NStZ-RR 2004, 149 mit Anm. *Geppert,* JK 10/04, StGB § 316/7.

IV. Subjektive Tatseite

§ 316 I erfasst die vorsätzliche Begehung (§ 15). Die insoweit 15 notwendige Feststellung des Vorsatzes bezüglich der Fahruntüchtigkeit bereitet in der Praxis selbst bei verhältnismäßig hohen Blutalkoholkonzentrationen Schwierigkeiten, weil die genossene Trinkmenge oft falsch eingeschätzt wird und bei fortschreitender Trunkenheit die Fähigkeit zur zutreffenden Selbsteinschätzung abnehmen kann. Es gibt also keinen allgemeinen Erfahrungssatz, dass ein Trinker nach dem Erreichen einer hohen Blutalkoholkonzentration seine alkoholbedingte Fahruntüchtigkeit zumindest für möglich hält. In der Tendenz ist demnach von einem nichtvorsätzlichen Handeln auszugehen. Immerhin dürfte es zulässig sein, bei sehr hohen Werten ab 2,0 Promille den Schluss auf vorsätzliches Handeln als naheliegend zu bezeichnen.

So *OLG Koblenz* NZV 2001, 357; zum Vorsatz ferner *OLG Celle* NZV 1998, 123; *OLG Hamm* NZV 1998, 291; *Kopp*, JA 1999, 944; LK/*König*, 12. Aufl., § 316 Rn. 190 ff.

§ 316 II erfasst – bei gleichem Strafrahmen – die Fahrlässigkeits- 16 tat, also den (Regel-)Fall, dass der Fahrzeugführer seine Fahruntüchtigkeit hätte erkennen können. Auch bei der Prüfung einer fahrlässigen actio libera in causa i. V. m. § 316 muss genau § 316 II zitiert werden (dazu, dass BGHSt 42, 235 und die h. M. diese Rechtsfigur bei § 316 im Ergebnis ablehnen, siehe die Nachweise in § 41 Rn. 3).

V. Konkurrenzen

Bei § 316 handelt es sich um ein Dauerdelikt, das mit dem An- 17 fahren vollendet und erst mit dem Abschluss der Fahrt beendet ist. Insoweit besteht mit innerhalb dieser Phase verwirklichten anderen Taten wie etwa § 113 Tateinheit. Ein Stopp oder eine Fahrtunterbrechung z. B. an einer roten Ampel, durch Tanken oder eine Rast beendet die Fahrt nicht ohne weiteres. Dies ist aber dann der Fall, wenn die anschließende Weiterfahrt auf einem neuen Entschluss beruht. Davon geht man vor allem im Falle eines Unfalls mit anschließender Unfallflucht aus, und zwar unabhängig davon, ob der Fahrer deshalb anhält.

18   **Beispiele:** (1) Nach erheblichem Alkoholkonsum setzt sich F, der sich für
fahrtüchtig hält, an das Steuer seines Pkw und fährt unterwegs alkoholbedingt
einen Fußgänger an, der erhebliche Prellungen erleidet. F, dem nunmehr seine
Alkoholisierung bewusst wird, setzt die Fahrt fort, um keinen Ärger zu be-
kommen. – F erfüllt zunächst § 315 c I Nr. 1 a, III Nr. 2 in Tateinheit mit § 229
(§ 316 II tritt zurück). Der Unfall mit dem Entschluss zur Unfallflucht schafft
eine Zäsur mit einem neuen, real konkurrierenden Tatgeschehen, in dem F
§ 142 I Nr. 1 in Tateinheit mit § 316 I verwirklicht. Der in beiden Handlungs-
teilen verwirklichte § 316 ist nicht geeignet, die Abschnitte zu einer Tateinheit
zu verklammern (§ 46 Rn. 40). *Ergebnis:* §§ 315 c I Nr. 1 a, III Nr. 2, 229, 52;
§§ 142 I Nr. 1, 316 I, 52; § 53.

(2) In entsprechender Weise wird eine Trunkenheitsfahrt unterbrochen,
wenn der Täter nach einem seine Fahruntüchtigkeit ergebenden Atemalkohol-
test weiterfährt. Es liegen dann zwei real konkurrierende Taten gemäß § 316
vor (*OLG Hamm* StraFo 2008, 396).

Zum Ganzen vgl. BGHSt 21, 203 ff.; 23, 141, 144; *BGH* NJW 1983, 1744;
OLG Hamm StraFo 2008, 396; *Fischer,* § 316 Rn. 56; *Eisele,* BT I, Rn. 829 f.;
Wessels/Hettinger, BT 1, Rn. 1025; ergänzend unten § 46 Rn. 39 ff.

Empfehlungen zur vertiefenden Lektüre:

Rechtsprechung: BGHSt 31, 42 (absolute und relative Fahruntüchtigkeit);
BGHSt 35, 390 (Begriff des Führens); BGHSt 37, 89 (Grenzwert von
1,1 Promille für absolute Fahruntüchtigkeit bei Kraftfahrern); *BGH* StV 1994,
543 (relative Fahruntüchtigkeit).

Literatur: *Geppert,* Gefährdung des Straßenverkehrs (§ 315 c StGB) und
Trunkenheit im Verkehr (§ 316 StGB), Jura 2001, 559 ff.; *König,* Promille-
arithmetik im Verkehrsstraf- und -ordnungswidrigkeitenrecht, JA 2003, 131 ff.;
Ranft, Die rauschmittelbedingte Verkehrsdelinquenz, Jura 1988, 133 f.; *Schem-
becker,* Blutalkoholkonzentrationen im Rahmen der §§ 315 c, 316, 20, 21
StGB, JuS 1993, 674 f.

§ 44. Gefährdung des Straßenverkehrs (§ 315 c)

Fall 1: Der alkoholungewohnte A hat 1,0 Promille Alkohol im Blut und
fährt deshalb mit seinem Pkw einen Radfahrer an. Der Radfahrer fällt hin, verletzt sich aber glücklicherweise überhaupt nicht. Das Fahrrad muss für 200 €
repariert werden; es hat einen Wert von 500 €. → Rn. 17

Fall 2: In voller Kenntnis der alkoholbedingten Fahruntüchtigkeit ihres
Mannes M lässt sich die Ehefrau E von M in einem gemieteten Fahrzeug nach
Hause fahren. Unterwegs kommt es zu einem schweren Unfall, bei dem der
Pkw beschädigt wird, E aber unverletzt bleibt. → Rn. 18

I. Grundlagen und Aufbaufragen

Anders als § 316 normiert § 315c ein **konkretes Gefährdungs-** 1
delikt, das neben der Sicherheit des – öffentlichen (§ 43 Rn.
4) – Straßenverkehrs auch Leben, Leib und Eigentum des Einzelnen
schützt. Es handelt sich um ein zusammengesetztes Delikt, das
einen Handlungs- und einen (an Individualrechtsgütern orientierten) Gefährdungsteil enthält. Die verschiedenen in § 315c I Nr. 1
und 2 aufgeführten Handlungen führen zur Strafe, wenn – jetzt
beginnt der Gefährdungsteil – „dadurch Leib oder Leben eines
anderen Menschen oder fremde Sachen von bedeutendem Wert
gefährdet" werden. Die hier verlangte konkrete Gefahr unterscheidet sich von einer bloß abstrakten Gefahr dadurch, dass ein
konkreter Gefahrerfolg eintreten, demnach etwas wirklich Gefährliches „passieren" muss. Von daher stellt § 315c dem Deliktstyp nach ein (Gefahr-)Erfolgsdelikt dar.

Für das Verständnis und die Reichweite der Vorschrift ist die 2
Abgrenzung zu § 315b von Bedeutung: § 315c erfasst nur vor-
schriftswidriges Verkehrsverhalten **im fließenden und ruhenden**
Straßenverkehr. Soweit die einschränkenden Voraussetzungen,
namentlich die „sieben Todsünden" des § 315c I Nr. 2, nicht
vorliegen, kann ein anderes Fehlverhalten im fließenden und ruhenden Verkehr – und sei es noch so schwer – lediglich eine
Ordnungswidrigkeit darstellen. Insoweit kommt § 315c eine
„Sperrwirkung" zu (BGHSt 48, 233, 237). Die Vorschrift des
§ 315b scheidet aus, weil sie allein die Funktion hat, **von außen**
kommende verkehrsfremde Eingriffe abzuwehren (zum Ausnahmefall der bewussten Zweckentfremdung siehe § 45 Rn. 8ff.,
13f.).

Was die **subjektive Tatseite** anbelangt, so regelt § 315c I die 3
Konstellation, dass der Täter sowohl bezüglich des Handlungs- als
auch des Gefährdungsteils vorsätzlich handelt (§ 15; Vorsatz-
Vorsatz-Kombination). § 315c III Nr. 1 erfasst dann die Vorsatz-
Fahrlässigkeits-Kombination und § 315c III Nr. 2 schließlich auch
den Fall, dass beide Teile fahrlässig verwirklicht werden (Fahrlässigkeits-Fahrlässigkeits-Kombination).

Der Studierende sollte sich mit der besonderen Struktur des 4
§ 315c gut vertraut machen. Eine Orientierungshilfe bietet das
folgende

Aufbauschema (§ 315 c I Nr. 1, III)

I. Tatbestandsmäßigkeit
  1. Objektiver Tatbestand
     a) Handlungsteil: Führen eines Fahrzeugs im Zustand
        einer
        aa) Nr. 1 a (wie § 316 I): rausch-, insbesondere alko-
            holbedingten oder
        bb) Nr. 1 b: infolge geistiger oder körperlicher
            Mängel bedingten
            Fahruntüchtigkeit
     b) Gefährdungsteil: Eintritt einer konkreten Gefahr für
        aa) Leib oder Leben eines anderen Menschen oder
        bb) fremde Sachen von bedeutendem Wert
     c) Zurechnungszusammenhang zwischen a und b
  2. Subjektive Tatseite
     a) Abs. 1: Vorsatz bezüglich 1.a–c
     b) Abs. 3 Nr. 1: Vorsatz bezüglich 1.a und
        Fahrlässigkeit bezüglich 1.b, c
     c) Abs. 3 Nr. 2: Fahrlässigkeit bezüglich 1.a–c
II. Rechtswidrigkeit
III. Schuld

Ergänzende Hinweise: 1. Wenn der objektive Tatbestand (I.1) zu bejahen und vorsätzliches Handeln (I.2.a) zu verneinen ist, kann mit der Prüfung der verbleibenden Fahrlässigkeitsfragen pragmatisch fortgefahren
werden (I.2.b, c), ohne etwa für die subjektive Fahrlässigkeit die Schuld-
stufe bemühen zu müssen (Falllösung bei *Goeckenjan*, JuS 2008, 703 f.).

2. Mit Blick auf die **Fälle des § 315 c I Nr. 2** ergeben sich folgende Änderungen: (1) Objektiver Tatbestand: Im Handlungsteil ist zunächst das Vorliegen eines Verkehrsverstoßes nach Nr. 2 a–g festzustellen. Danach muss
geprüft werden, ob der Täter dabei „grob verkehrswidrig" gehandelt hat.
(2) Subjektive Tatseite: Zusätzlich muss das besondere subjektive Tatbestandsmerkmal „rücksichtslos" erörtert werden.

II. Zum Handlungsteil

5   Der wichtige § 315 c I Nr. 1 a setzt im Handlungsteil den Tatbestand des § 316 I voraus, der bereits erörtert worden ist (oben
§ 43) und insoweit im Wege der gesetzlichen Subsidiarität oder
auch der Spezialität zurücktritt.

In der Fallbearbeitung wird man mit § 315 c I Nr. 1 a beginnen und insoweit den § 316 mitprüfen, sobald nach dem Sachverhalt ein konkreter Gefahrerfolg in Betracht kommt. Ist § 315 c I Nr. 1 a (ggf. i. V. m. III) zu bejahen, so genügt bezüglich der anschließenden Prüfung des § 316 ein kurzer Satz mit einem Hinweis auf dessen Subsidiarität.

§ 315 c I Nr. 1 b hat im Vergleich zur Nr. 1 a geringe Bedeutung. Zu den geistigen Mängeln gehören Geisteskrankheiten sowie die Übermüdung. Zu den körperlichen Mängeln zählen Krankheiten, Verletzungen und Behinderungen. Beim Einfluss von Rauschmitteln geht die Nr. 1 a vor.

Die sieben Fälle des **§ 315 c I Nr. 2** knüpfen an bestimmte Verkehrsverstöße an, setzen freilich weiter voraus, dass der Täter „grob verkehrswidrig" (objektives Tatbestandsmerkmal) *und* „rücksichtslos" handelt; letzteres stellt richtigerweise ein besonders subjektives Tatbestands- und nicht ein Schuldmerkmal dar (LK/*König*, 12. Aufl., § 315 c Rn. 138 m. w. N.; *Eisele*, BT I, Rn. 841).

Grob verkehrswidrig ist ein objektiv besonders schwerer (gefährlicher) Verstoß gegen eine tatbestandsrelevante Verkehrsvorschrift (BGHSt 5, 392, 395; *OLG Köln* VRS 84, 293, 294).

Rücksichtslos handelt, wer sich aus eigensüchtigen Gründen bewusst über seine Pflichten gegenüber anderen Verkehrsteilnehmern hinwegsetzt, oder wer – im Falle unbewusster Fahrlässigkeit – aus Gleichgültigkeit von vornherein Bedenken gegen sein Verhalten gar nicht aufkommen lässt und unbekümmert um mögliche Folgen drauflosfährt (BGHSt 5, 392, 395; *OLG Köln* VRS 84, 293, 294; *OLG Düsseldorf* NZV 1996, 245). Die Rücksichtslosigkeit ist ein täterbezogenes strafbarkeitsbegründendes Merkmal im Sinne des § 28 I (LK/*König*, 12. Aufl., § 315 c Rn. 206; *Fischer*, § 28 Rn. 6 a).

III. Zum Gefährdungsteil

1. Begriff der konkreten Gefahr

Der Begriff der konkreten Gefahr bzw. konkreten Gefährdung 6 (so in § 315 c I) muss von der bloßen abstrakten Gefahr unterschieden und abgegrenzt werden. Der Begriff hat nicht nur für § 315 c, sondern für alle konkreten Gefährdungsdelikte zentrale Bedeutung (z. B. §§ 221 I, 225 III, 235 IV Nr. 1, 250 I Nr. 1 c, II Nr. 3 b, 306 a II, 306 b II Nr. 1 und natürlich §§ 315 bis 315 b). Eindeutig liegt ein (konkreter) Gefahrerfolg – als notwendige Zwischenstufe – immer dann vor, wenn ein entsprechender Verletzungserfolg eingetreten ist.

Im Übrigen muss, ohne auf umstrittene Einzelheiten einzugehen (vgl. *Küper,* BT, S. 153 ff.; *Roxin,* AT I, § 11 Rn. 146 ff.), der Eintritt eines konkreten Gefahrzustandes – auf Grund einer objektiv-nachträglichen Prognose (dazu *Küper,* BT, S. 156 f.) – anhand der folgenden zwei Voraussetzungen geprüft werden (vgl. *BGH* NJW 1995, 3131; NStZ 1999, 32, 33; *OLG Düsseldorf* NJW 1993, 3212; *Geppert,* Jura 1996, 50 f.):

(1) Eine konkrete Gefahr setzt einen Zustand voraus, der auf einen unmittelbar bevorstehenden Unfall hindeutet und den Eintritt eines Schadens so wahrscheinlich macht, dass es **vom Zufall abhängt,** ob das Rechtsgut verletzt wird oder nicht **(Unbeherrschbarkeit des Gefährdungsverlaufes).**

(2) „Konkret" genug ist die Gefährdung dabei nur, wenn eine andere Person oder fremde Sache in die **unmittelbare Gefahrenzone** *und* dort in eine **riskante/kritische Verkehrssituation** gerät, die nach Lage der Dinge fast zu einem Unfall geführt hätte und rückblickend betrachtet gerade noch einmal gut ausgegangen ist (Existenzkrise, konkreter „Beinahe-Unfall"). Allein die räumliche Nähe zur Gefahrenquelle kann die Annahme einer konkreten Gefahr noch nicht begründen.

7   **Beispiele:** (1) Wer alkoholbedingt riskant überholt, gefährdet andere Verkehrsteilnehmer und deren Kraftfahrzeuge konkret, wenn etwa entgegenkommende Fahrzeuge nur knapp einem Zusammenstoß entgehen können (*BGH* NStZ-RR 1997, 18).

(2) **Mitfahrer** sind weder durch das bloße Mitfahren noch allein dadurch konkret gefährdet, dass der betrunkene Fahrer in der Mitte der Fahrbahn Schlangenlinien fährt, ohne dass eine kritische Begegnung mit anderen Fahrzeugen stattgefunden hat (klärend *BGH* NJW 1995, 3131; a. A. früher etwa *BGH* NJW 1989, 1227). Anders liegt es, wenn der Fahrer fast von der Fahrbahn abgekommen wäre oder ein Zusammenstoß mit einem entgegenkommenden Fahrzeug gerade noch vermieden werden konnte. Weitere Ereignisse, die einen Mitfahrer in konkrete Gefahr bringen, sind unkontrolliert schleudernde Fahrzeuge oder in der Fahrgastzelle umherfliegende Gegenstände (*OLG Düsseldorf* NJW 1993, 3212).

(3) Für den konkreten Gefahrbegriff lehrreich ist die § 315 I Nr. 1 betreffende Entscheidung *BGH* NStZ-RR 1997, 200: Die Unfallgefahren, die das Lösen von Schienenbefestigungen herbeiführt, sind abstrakter Natur, solange die Züge die Strecke problemlos passieren, ohne dass eine „kritische Situation" mit einem „Beinahe-Unfall" heraufbeschworen wird. – Zu einem weiteren instruktiven Beispiel bezüglich § 315 b I Nr. 1 siehe § 45 Rn. 4.

2. Gefährdungsmerkmale

a) **Leib oder Leben eines anderen Menschen.** Zwei Streitfragen 8
bedürfen der Beachtung: *Erstens* ist fraglich, ob auch **Tatbeteiligte**
zu den geschützten „anderen" gehören. Da Mittäterschaft in der
Regel wegen der Eigenhändigkeit des Delikts von vornherein ausscheidet (vgl. MüKo/*Groeschke, § 315 c* Rn. 72), kommen nur Teilnehmer, insbesondere der als Anstifter oder Gehilfe mitwirkende
Beifahrer, in Betracht. Der *BGH* und ein Teil der Literatur lehnen
ihre Einbeziehung in nicht überzeugender Weise mit der Überlegung ab, dass der Beteiligte auf der Täterseite stehe und damit nicht
Schutzobjekt eines die allgemeine Verkehrssicherheit schützenden
Tatbestandes sein könne. Der Wortlaut gibt zu einer solchen Restriktion keinen Anlass; auch bei den §§ 212, 222, 223, 229 sind
Tatbeteiligte als „andere" geschützt.

Übereinstimmend *OLG Stuttgart* NJW 1976, 1904; *Hillenkamp*, JuS 1977,
167 ff.; *Graul*, JuS 1992, 323 f.; *Schroeder*, JuS 1994, 847; *Geppert*, Jura 1996, 48;
Eisele, JA 2007, 171; Sch/Sch/*Cramer/Sternberg-Lieben, § 315 c* Rn. 33; a. A.
BGHSt 27, 40, 43; *BGH* NJW 1991, 1120 zu § 315 b; *Ranft*, Jura 1987, 614;
Lackner/Kühl, § 315 c Rn. 25.

Zweitens ist umstritten, ob der (später) Gefährdete mit strafaus- 9
schließender Wirkung **in den Gefahrerfolg einwilligen** kann. Die
Frage stellt sich, weil der Fahrer die Tatherrschaft innehat und es
von daher nicht um einen Fall der eigenverantwortlichen Selbstgefährdung, sondern der einverständlichen Fremdgefährdung geht
(siehe § 20 Rn. 6, 7 ff. zu Fall 3). Vor allem die Rechtsprechung
hält eine solche Einwilligung mit der Begründung für unbeachtlich, dass § 315 c entsprechend seinem systematischen Standort die
allgemeine Verkehrssicherheit schütze und diesbezüglich der Gefährdete keine Dispositionsbefugnis habe.

BGHSt 23, 261, 164; *OLG Stuttgart* NJW 1976, 1904; ebenso *Lackner/*
Kühl, § 315 c Rn. 32; LK/*König*, 11. Aufl., § 315 b Rn. 74; *Beulke* III, Rn. 557.

Demgegenüber betont die Gegenmeinung zu Recht, dass die
Strafbarkeit nach § 315 c I nun einmal auch von einer Individualgefährdung abhängt und mit einer wirksamen Einwilligung das
Unrecht des Gefährdungsteiles entfällt. Die verbleibenden Allgemeininteressen werden in den praxisrelevanten Fällen des § 315 c I
Nr. 1 a durch § 316 ausreichend geschützt. Allerdings steht, wie
einzuräumen ist, in den Fällen des § 315 c I Nr. 1 b und Nr. 2 ein
solcher Auffangstraftatbestand nicht zur Verfügung.

Hillenkamp, JuS 1977, 169ff.; *Graul,* JuS 1992, 325; *Schroeder,* JuS 1994, 847f.; *Geppert,* Jura 1996, 48ff.; *Eisele,* JA 2007, 172; Sch/Sch/*Cramer/Stern-berg-Lieben,* § 315c Rn. 43.

Dabei tritt die rechtfertigende – bzw. nach a.A. tatbestandsaus-schließende (dazu *Roxin,* AT I, § 13 Rn. 12ff., 35) – Wirkung der Einwilligung grundsätzlich unabhängig davon ein, ob der Gefähr-dete nur mit einer Leibes- oder auch mit einer Lebensgefährdung einverstanden ist. Freilich müssen die sich aus § 228 ergebenden Einwilligungsschranken – keine Einwilligung in eine jeweils kon-krete Lebensgefahr oder Gefahr einer schweren Gesundheitsschä-digung – berücksichtigt werden (näher § 20 Rn. 7ff. mit Fall 3 und Fall 4).

10   b) **Fremde Sachen von bedeutendem Wert.** Ein bedeutender Sachwert ist lange ab einem Betrag von 1.500 DM angenommen worden, so dass sich umgerechnet etwa 750 € ergeben (BGHSt 48, 119, 121). Nicht zu übersehen sind Tendenzen, die Schadensgren-ze auf zumindest 1.000 € zu erhöhen (*OLG Dresden* NJW 2005, 2633; *Fischer,* § 315 Rn. 16a: 1.300 €). Für den Wert der Sache ist der Verkehrswert maßgebend. Hat danach die Sache einen bedeu-tenden Wert, so muss weiter festgestellt werden, dass auch ein Schaden in dieser Höhe zumindest konkret drohte (*BGH* NStZ-RR 2008, 289).

Weiter muss beachtet werden, dass nach der zutreffenden h.M. das vom Täter geführte Fahrzeug – aber nicht die Ladung (kritisch LK/*König,* 12. Aufl., § 315c Rn. 164) – ohne Rücksicht auf die Eigentumsverhältnisse aus dem Schutzbereich der Vorschrift aus-scheidet (BGHSt 27, 40; *BGH* NStZ-RR 1998, 150; *Ranft,* Jura 1987, 614f.; a.A. SK/*Wolters/Horn,* vor § 306 Rn. 10). Zur Be-gründung lässt sich zum einen anführen, dass das Fahrzeug als notwendiges Werkzeug nicht gleichzeitig Schutzobjekt des Stra-ßenverkehrs sein kann; zum anderen darf nicht der Zufall, ob das Fahrzeug gerade dem Täter gehört, über die Anwendbarkeit des § 315c entscheiden.

3. Zurechnungszusammenhang

11   Zwischen dem Fehlverhalten im Handlungsteil und dem Ge-fahrerfolg muss ein Zurechnungszusammenhang bestehen („und dadurch"), dessen Voraussetzungen sich aus den Regeln der ob-jektiven Zurechnung ergeben und Überlegungen notwendig ma-

chen können, wie sie vor allem beim Fahrlässigkeitsdelikt eine Rolle spielen (Kausalität der Pflichtwidrigkeit, Schutzzweckzusammenhang, Vermeidbarkeit der Erfolgsherbeiführung). So muss bei der alkoholbedingten Fahruntüchtigkeit der Alkoholgenuss für die konkrete Gefährdung zumindest mit ursächlich sein. Dazu zwei

Beispiele: (1) Wenn ein absolut fahruntüchtiger Kraftfahrer bei winterlichen Straßenverhältnissen infolge nicht angepasster Geschwindigkeit ins Schleudern gerät und dadurch eine konkrete Gefahr im Sinne des § 315 c I hervorruft, spricht Vieles dafür, dass ein solcher Fahrfehler auch einem nüchternem Kraftfahrer hätte passieren können. Wenn daher – zumindest in dubio pro reo – angenommen werden muss, dass die Gefährdung nicht auf dem Alkoholkonsum beruht, entfällt § 315 c I Nr. 1 a, III. Es liegt nur § 316 vor.

(2) Während einer Autobahnfahrt beschließt der mit mindestens 2,97 Promille alkoholisierte, indes schuldfähige M, bei 120 km/h den Pkw ruckartig ins Gelände zu steuern, um sich und seine mitfahrende, von ihm getrennt lebende Frau F zu töten, nachdem sie eine Rückkehr zu ihm endgültig abgelehnt hat. Beide überleben schwer verletzt (*BGH* NStZ 2007, 330). – Hier spricht der gezielte Einsatz des Pkw zu Tötungszwecken dafür, dass nicht der Alkoholkonsum den M gelenkt hat. Daher ist § 315 c I Nr. 1 a zu verneinen. Natürlich erfüllt M § 316. Ferner muss § 315 b I Nr. 3 bejaht werden (ergänzend § 45 Rn. 12 ff., 17). Zudem sind die §§ 212, 211, 22, 223, 224 zu bedenken.

Zum Ganzen vgl. *BGH* NStZ 2007, 222; *OLG Düsseldorf* NZV 1994, 324, 325; *BayObLG* NStZ 1997, 388 mit abl. Anm. *Puppe; Lackner/Kühl,* § 315 c Rn. 27; Sch/Sch/*Cramer/Sternberg-Lieben,* § 315 c Rn. 36 ff.

IV. Subjektive Tatseite

Von den bezüglich der subjektiven Tatseite möglichen drei **12** Konstellationen (Rn. 3) wird die Vorsatz-Vorsatz-Kombination (§ 315 c I) schon deshalb selten vorliegen, weil der Verkehrstäter den Eintritt einer konkreten Gefahr in der Regel nicht bewusst hinnimmt. Bei der Vorsatz-Fahrlässigkeits-Kombination (§ 315 c III Nr. 1) ist im wichtigen Bereich der alkoholbedingten Fahruntüchtigkeit zu beachten, dass hier der Täter dazu neigt, auf seine Fahrtüchtigkeit noch zu vertrauen, weshalb der Nachweis vorsätzlichen Handelns Schwierigkeiten bereitet (§ 43 Rn. 15). Von daher kommt bei Alkoholfahrten im Ergebnis oft nur die Tatkombination des § 315 c III Nr. 2 in Betracht.

V. Teilnahme und Versuch

13   Eine **Teilnahme** an der Vorsatz-Vorsatz-Kombination ist nach den allgemeinen Regeln möglich. Darüber hinaus gilt nach § 11 II auch die Vorsatz-Fahrlässigkeits-Kombination als Vorsatztat. Insoweit kommen nach der vorzugswürdigen h. M. – entsprechend den für erfolgsqualifizierte Delikte geltenden Grundsätzen (§ 16 Rn. 32 ff.; *Rengier*, BT I, § 9 Rn. 23 f.) – die §§ 315 c III Nr. 1, 26 oder 27 in Betracht, sobald hinsichtlich des Handlungsteils die Voraussetzungen der §§ 26, 27 vorliegen und bezüglich des konkreten Gefahrerfolges der Teilnehmer wenigstens fahrlässig handelt.

> **Beispiel:** A und F trinken gemeinsam Alkohol und wissen, dass sie nicht mehr fahrtüchtig sind. Trotzdem gelingt es A, den F zu überreden, sie nach Hause zu fahren. Unterwegs streift F, woran niemand gedacht hat, alkoholbedingt ein parkendes Fahrzeug und verursacht dadurch einen Schaden von 1.500 €. – F erfüllt § 315 c I Nr. 1 a, III Nr. 1 (§ 316 I tritt zurück). Nach h. h. M. erfüllt A nicht nur die §§ 316 I, 26 (die zurücktreten), sondern ebenfalls die §§ 315 c I Nr. 1 a, III Nr. 1, 26, weil auch für ihn fahrlässiges Handeln bezüglich des konkreten Gefahrerfolges ausreicht. Dem widerspricht eine Gegenmeinung, die der h. M. einen Verstoß gegen das Analogieverbot mit der Begründung vorwirft, dass § 18 auf den Fall des § 315 c III Nr. 1 nicht anwendbar sei und daher im Gefährdungsteil die nach § 26 erforderliche vorsätzliche Haupttat fehle (*Noak/Sengbusch*, Jura 2005, 498 f. mit Falllösung; *Noak*, JuS 2005, 312 ff.). – Zur h. M. Sch/Sch/*Eser*, § 11 Rn. 75; LK/*König*, 12. Aufl., § 315 c Rn. 206; *Eisele*, BT I, Rn. 853.

14   Beim **Versuch** (§ 315 c II) erstreckt sich allerdings die Strafbarkeit trotz § 11 II nicht auf die Vorsatz-Fahrlässigkeits-Kombination des § 315 c III Nr. 1, weil sich die Versuchsklausel ihrer Stellung und dem Wortlaut nach nur auf den vollvorsätzlichen Tatbestand des § 315 c I Nr. 1 bezieht (*OLG Düsseldorf* NZV 1994, 486; Sch/Sch/*Eser*, § 11 Rn. 76).

VI. Konkurrenzen

15   § 315 c ist kein Dauer-, sondern ein Erfolgsdelikt, das mit dem Eintritt der konkreten Gefahr vollendet wird. Führt der Täter allerdings im Verlaufe einer Trunkenheitsfahrt für verschiedene Personen oder Sachen mehrere hintereinander liegende konkrete Ge-

fahrenlagen herbei, so werden diese zu einer Tat im Sinne eines
Dauerdelikts verbunden. Mehrere Taten gemäß § 315 c können
vorliegen, wenn die Fahrt unterbrochen und auf Grund eines neu-
en Entschlusses fortgesetzt wird.

Dazu schon § 43 Rn. 17 f.; siehe ferner BGHSt 23, 141, 144; *BGH* NJW
1989, 1227, 1228; *OLG Düsseldorf* NZV 1999, 388 f.; *Geppert*, Jura 2001, 566 f.

Von dem Grundsatz, dass die Fortsetzung der Fahrt nach einem   16
Unfall ein neues, real konkurrierendes Tatgeschehen auslöst,
macht die Rechtsprechung in den sog. „Polizeifluchtfällen" eine
durchaus problematische Ausnahme: Hier sieht die Rechtsprechung in dem einheitlichen Entschluss zur Flucht vor der Polizei
eine besondere Sachlage, die es legitimiert, auch mehrere Unfälle
im Verlaufe einer ununterbrochenen Fluchtfahrt zu einer Handlungseinheit gemäß § 52 zu verbinden.

BGHSt 22, 67, 76 f.; *BGH* NJW 1989, 2550 f.; NStZ-RR 1997, 331, 332. –
Kritisch LK/*König*, 12. Aufl., § 315 c Rn. 209; LK/*Geppert*, 11. Aufl., § 142
Rn. 215 f.

VII. Falllösungen

Im **Fall 1** entfällt bezüglich § 315 c I Nr. 1 a im Handlungsteil   17
zwar eine absolute Fahruntüchtigkeit (Blutalkoholkonzentration
unter 1,1 Promille), doch liegt eine relative alkoholbedingte Fahruntüchtigkeit vor (Unfall und fehlende Alkoholerfahrung als zusätzliche Beweisanzeichen; vgl. ferner im Sachverhalt das Wort
„deshalb"). Im Gefährdungsteil führt A eine konkrete Gefahr
für den „Leib" des R herbei, gefährdet aber keinen „bedeutenden" Sachwert, weil das Fahrrad nur 500 € wert ist (anders läge es,
wenn das Fahrrad – bei unveränderten Reparaturkosten – einen
Wert von über 1.300 € gehabt hätte und von daher der drohende
Schaden eindeutig „bedeutend" gewesen wäre). In subjektiver
Hinsicht ist von doppelter Fahrlässigkeit im Sinne des § 315 c III
Nr. 2 auszugehen; für die Kombination des § 315 c III Nr. 1 müsste vorsätzliches Handeln bezüglich der Fahruntauglichkeit und
für § 315 c I Nr. 1 a darüber hinaus Vorsatz hinsichtlich der Gefährdung festgestellt werden. § 316 II tritt zurück.

Im **Fall 2** erfüllt M den Handlungsteil des § 315 c I Nr. 1 a   18
unproblematisch. Im Gefährdungsteil sind folgende Punkte von

Bedeutung: Die E fällt unstreitig in den Schutzbereich, da für eine Tatbeteiligung (Beihilfe) zu wenige Anhaltspunkte bestehen. In eine konkrete Leibes- oder Lebensgefahr gerät E noch nicht durch das bloße Mitfahren, wohl aber durch den Unfall. Allerdings willigt sie in ihre Gefährdung wirksam ein, weshalb nach der hier vertretenen Ansicht das Unrecht des Gefährdungsteils und damit eine Strafbarkeit gemäß § 315 c I Nr. 1 a entfällt (nach der Gegenmeinung wäre § 315 c I Nr. 1 a, III Nr. 1 zu bejahen, wenn man bei M Vorsatz hinsichtlich seiner Fahruntauglichkeit feststellen könnte). Was das konkret gefährdete gemietete Fahrzeug anbelangt, so liegt es als Tatwerkzeug trotz seiner Fremdheit nach h. M. nicht im Schutzbereich der Norm. Im Ergebnis erfüllt M nur § 316 I. – Ausführlicher zu diesem beliebten Fall *Hillenkamp,* JuS 1977, 166 ff.; *Ranft,* Jura 1987, 613 ff.; *Graul,* JuS 1992, 323 ff.; *Schroeder,* JuS 1994, 846 ff.; ergänzend § 20 Rn. 7 ff. mit Fall 3.

Empfehlungen zur vertiefenden Lektüre:

Rechtsprechung: BGHSt 27, 40 (bloße Gefährdung des vom Täter benutzten fremden Fahrzeugs); *BGH* NJW 1995, 3131 (Begriff der konkreten Gefahr – gefährdeter Mitfahrer und Fahren in Schlangenlinien); *BGH* NJW 1996, 329 (Begriff der konkreten Gefahr – durchtrennter Bremsschlauch); *OLG Stuttgart* NJW 1976, 1904 (Einwilligung des mitfahrenden Tatteilnehmers in eigene Gefährdung).

Literatur: *Eisele,* Der Tatbestand der Gefährdung des Straßenverkehrs (§ 315 c StGB), JA 2007, 168 ff.; *Geppert,* Zu examensrelevanten Fragen im Rahmen alkoholbedingter Straßenverkehrsgefährdung (§ 315 c Abs. 1 Nr. 1 a StGB) durch Gefährdung von Mitfahrern, Jura 1996, 47 ff.; *Geppert* (wie zu § 43), Jura 2001, 559 ff.; *Graul,* Der praktische Fall – Strafrecht: Alkohol am Steuer, JuS 1992, 321 ff.; *Hillenkamp,* Verkehrsgefährdung durch Gefährdung des Tatbeteiligten – OLG Stuttgart NJW 1976, 1904, JuS 1977, 166 ff.; *Ranft,* Delikte im Straßenverkehr, Jura 1987, 608 ff.; *Schroeder,* Die Teilnahme des Beifahrers an der gefährlichen Trunkenheitsfahrt, JuS 1994, 846 ff.

§ 45. Gefährliche Eingriffe in den Straßenverkehr (§ 315 b)

Fall 1: Der Lkw-Fahrer F hat seine Ladung nur unzureichend gesichert (vgl. § 22 I StVO). Unterwegs verliert er sperriges Ladegut. F bemerkt zwar ein merkwürdiges Geräusch, verdrängt aber den Gedanken, er könne Ladegut verloren haben, und setzt seine Fahrt fort. Fünf Minuten später fährt die E mit ihrem Pkw in das Ladegut, der dadurch erheblich beschädigt wird. Hätte F gleich angehalten, wäre er in der Lage gewesen, das Ladegut rechtzeitig von der Fahrbahn zu entfernen. → Rn. 7

Fall 2: R hat alkoholisiert einen Raubüberfall (§ 249) begangen. Die anschließende Flucht behindert der Polizist P, der auf den schon fahrenden Pkw aufspringt und R zum Anhalten zwingen und festnehmen will. R erhöht jedoch die Geschwindigkeit und fährt Schlangenlinien, um den P loszuwerden. Schließlich springt P ab, wobei er sich verletzt. Die Blutprobe des R ergibt 1,2 Promille zum Tatzeitpunkt. → Rn. 17

I. Grundlagen und Aufbaufragen

§ 315b normiert wie § 315c ein konkretes Gefährdungsdelikt. **1** Beide Tatbestände stimmen auch in ihrer Struktur als (zweiteiliges) zusammengesetztes Delikt überein; im Gefährdungsteil sind sie identisch (vgl. § 44 Rn. 1, 6ff.). § 315b I regelt, wie aus § 15 folgt, die Vorsatz-Vorsatz-Kombination, § 315b IV den Vorsatz-Fahrlässigkeits-Fall und § 315b V die doppelte Fahrlässigkeit. Eine Hilfe, um die Struktur des § 315b zu verstehen, bietet das folgende

---

Aufbauschema (§ 315b)

I. Tatbestandsmäßigkeit
  1. Objektiver Tatbestand
    a) Handlungsteil: Verkehrsfremder Eingriff nach Abs. 1
      aa) Nr. 1,
      bb) Nr. 2 oder
      cc) Nr. 3,
      der die Sicherheit des Straßenverkehrs (abstrakt) beeinträchtigt.
    b) Gefährdungsteil: Eintritt einer konkreten Gefahr für
      aa) Leib oder Leben eines anderen Menschen oder
      bb) fremde Sachen von bedeutendem Wert
    c) Zurechnungszusammenhang zwischen a und b
  2. Subjektive Tatseite
    a) Abs. 1: Vorsatz bezüglich 1.a–c

b) Abs. 4: Vorsatz bezüglich 1.a und Fahrlässigkeit
   bezüglich 1.b, c

c) Abs. 5: Fahrlässigkeit bezüglich 1.a–c

II. Rechtswidrigkeit

III. Schuld

IV. Qualifikation (nur) der Vorsatz-Vorsatz-Kombination
    des § 315b I (§ 315b III i.V.m. § 315 III)

Ergänzende Hinweise: 1. Zur Prüfung der Fahrlässigkeitsfragen (I.2.b, c) vgl. den Hinweis 1 zum Aufbauschema des § 315c (§ 44 Rn. 4).

2. Der wichtige **Sonderfall der bewussten Zweckentfremdung** kann nur in der Vorsatz-Vorsatz-Kombination des § 315b I vorkommen. Bei diesem Fall lässt sich die übliche Trennung von objektiver und subjektiver Tatseite nicht aufrechterhalten, da hier die Feststellung des verkehrsfremden Eingriffs von der „Pervertierungsabsicht" (Rn. 10) abhängt.

2   Im Gegensatz zu § 315c fällt dem § 315b die Funktion zu, sog. **verkehrsfremde Eingriffe** in die Sicherheit des – öffentlichen (§ 43 Rn. 4) – Straßenverkehrs abzuwehren, d.h. vor allem Eingriffe, bei denen der Täter **von außen her** – und nicht wie bei § 315c als Teilnehmer am fließenden oder ruhenden Verkehr (§ 44 Rn. 2) – die Sicherheit des Straßenverkehrs beeinträchtigt. Von dieser Grundlage aus erschließt sich die Interpretation der drei Modalitäten des § 315b I.

II. § 315b I Nr. 1

3   **Anlagen** sind alle dem Verkehr dienenden Einrichtungen wie Verkehrszeichen, Ampeln und Absperrungen. Auch die Straße selbst mit ihrem Zubehör wie z.B. einem Gullydeckel gehört dazu (*BGH* NStZ 2002, 648).

Was das u.a. tatbestandliche **Beschädigen von Fahrzeugen** anbelangt, so können beispielhaft das Durchtrennen des Bremsschlauches (*BGH* NJW 1996, 329) und das Werfen von Steinen auf Fahrzeuge genannt werden. Allerdings muss die Beschädigung usw. die Beeinträchtigung der Sicherheit des Straßenverkehrs begründen (vgl. „dadurch beeinträchtigt") und dann das Mittel der zeitlich nachfolgenden (vgl. „und dadurch") konkreten Gefährdung sein. Daher darf die Beschädigung des Fahrzeugs als solche nicht schon als tatbestandsmäßiger konkreter Gefahrerfolg an einer Sache von bedeutendem Wert angesehen werden. Die bloße (folgenlose) Beschädigung eines Fahrzeugs oder einer Anlage kann also nicht § 315 b I Nr. 1 erfüllen (*BGH* NStZ 2009, 100, 101; *König,* JR 2003, 255).

Wohl aber kommen die Modalitäten insbesondere des § 315 b I Nr. 2 oder 3 unter der Voraussetzung in Betracht, dass in der Beschädigung die konkrete – auch mehr oder weniger zeitgleich eintretende – Folge eines die Verkehrssicherheit abstrakt beeinträchtigenden Eingriffs gemäß Nr. 2 oder 3 liegt.

> Dazu BGHSt 48, 119 mit Anm. *König,* JR 2003, 255; *BGH* NStZ 2009, 100, 101; LK/*König,* 12. Aufl., § 315 b Rn. 26, 59; SK/*Horn/Wolters,* § 315 b Rn. 19; zur praktisch relevanten Nr. 3 näher unter Rn. 12.
>
> Zum Begriff der konkreten Gefahr siehe § 44 Rn. 6.

Zu § 315 b I Nr. 1 das folgende lehrreiche   **4**

> **Beispiel** (*BGH* NJW 1996, 329 mit Anm. *Renzikowski,* JR 1997, 115 ff.): A durchtrennt an dem Pkw der W den Bremsschlauch, um ihr einen „richtigen Schrecken" einzujagen; dabei kalkuliert er die Möglichkeit eines Unfalls ein. Ohne den Defekt zu bemerken, fährt W mit ihrer Tochter los und nimmt über einige 100 m hinweg mit ca. 40 km/h ohne Gefährdung anderer Personen oder Sachen am Verkehr teil. Als W vor einer roten Ampel bremsen muss, erschrickt sie, weil die Fußbremse nicht funktioniert. Reaktionsschnell zieht sie die Handbremse und bringt das Fahrzeug auf dem (leeren) Fußgängerüberweg zum Stillstand.

W und ihre Tochter sind allein durch die Inbetriebnahme noch nicht in eine konkrete Gefahr geraten. Eine konkrete Gefährdung läge nur vor, wenn es „beinahe" oder tatsächlich zu einer Kollision mit anderen Fahrzeugen, sonstigen Gegenständen oder Fußgängern gekommen wäre. Dies war aber nicht der Fall. Folglich erfüllt A nicht § 315 b I Nr. 1. Immerhin sind die §§ 315 b I Nr. 1, II, 22 gegeben, weil A die Herbeiführung eines Unfalls und damit eines konkreten Gefahrerfolges (§ 44 Rn. 6) in seinen Eventualvorsatz aufgenommen hat. Hingegen bestehen für die qualifizierende Absicht (zielgerichtetes Wollen), einen Unglücksfall herbeizuführen (§ 315 b III i. V. m. § 315 III Nr. 1 a) keine Anhaltspunkte; denn sein Ziel kann A auch ohne Unfall erreichen. Weiter liegt § 303 (Bremsschlauch) vor. Für die §§ 223, 224, 22 oder gar §§ 212, 211, 22 gibt es, was den Vorsatz betrifft, zu wenige Anhaltspunkte.

III. § 315 b I Nr. 2

1. Grundlagen

5   Entsprechend der Schutzrichtung des § 315 b setzt das Hindernisbereiten verkehrsfremde Eingriffe voraus. Solche Eingriffe von außen her liegen beispielsweise vor, wenn der Täter Straßensperren mit Hilfe von Bäumen, Felsen, Seilen usw. errichtet, Steinbrocken auf die Fahrbahn legt, Gegenstände von Autobahnbrücken bis auf Fahrzeughöhe abseilt, Tiere auf Verkehrsstraßen treibt oder sich auf einer Autobahn auf eine zu Boden geworfene Person setzt (*BGH* NStZ 2007, 34, 35). Tritt wegen eines derartigen Hindernisses eine konkrete Gefahr an Leib oder Leben oder einer fremden Sache von bedeutendem Wert ein, so ist der Tatbestand erfüllt.

6   Vorgänge des fließenden oder ruhenden Verkehrs fallen grundsätzlich nicht unter § 315 b: So ist ein waghalsiges Wendemanöver Bestandteil des fließenden Verkehrs und kann unter Umständen von § 315 c I Nr. 2 f erfasst werden, aber nicht von § 315 b I Nr. 2. Ferner mag man einen in zweiter Reihe auf einer belebten Straße haltenden Pkw als Hindernis ansehen; doch handelt es sich um ein Hindernis im ruhenden Straßenverkehr, für das der Verantwortliche allenfalls nach § 315 c I Nr. 2 g strafrechtlich haftet.

7   Im **Fall 1** kann das Verlieren des Ladegutes als Teil eines fließenden Verkehrsvorgangs allenfalls § 315 c erfüllen; doch enthält dieser Tatbestand keine einschlägige Modalität.
   Indes kommt ein **Hindernisbereiten durch Unterlassen** in Betracht (§§ 315 b I Nr. 2, 13), und zwar in der Fahrlässigkeits-Fahrlässigkeits-Kombination gemäß Abs. 5: Die Garantenstellung des F ergibt sich sowohl aus seinem pflichtwidrigen Vorverhalten als auch aus seiner Verantwortlichkeit für die Gefahrenquelle Lkw (vgl. auch § 32 I 2 StVO). Auch hätte F – in objektiver Hinsicht – bei pflichtgemäßem Verhalten das entstandene, jetzt „verkehrsfremde", Hindernis beseitigen und dadurch die konkrete Schädigung der E vermeiden können. Da er weiter – in subjektiver Hinsicht – imstande gewesen wäre, den Verlust und die drohende Gefährdung zu erkennen, erfüllt er § 315 b I Nr. 2, V durch Unterlassen (vgl. dazu *BayObLG* NJW 1969, 2026, 2027; *OLG Hamm* VRS 51, 103; *Ranft*, Jura 1987, 611 f.; *Maurach/Maiwald*, BT 2, § 53 Rn. 20; a. A. *Geppert*, Jura 1996, 643).

2. Fall der bewussten Zweckentfremdung

8   Von dem Grundsatz, dass § 315 b Verkehrsvorgänge im ruhenden und fließenden Verkehr nicht erfasst, gibt es eine wichtige

Ausnahme, die für alle Varianten des § 315b I gilt, aber vor allem im Rahmen der Nr. 2 und auch der Nr. 3 relevant wird.

Zum Ganzen BGHSt 41, 231; 48, 233; *BGH* StV 2004, 136, 137; zur Nr. 3 unten Rn. 13 f.

Ein Hindernis bereitet auch, wer – so das typische Beispiel – **9** sein Fahrzeug **bewusst zweckentfremdet** als Mittel zur Verkehrsbehinderung, d. h. in der Absicht einsetzt, ein Hindernis zu schaffen. Freilich knüpft man diesen Fall der bewussten Zweckentfremdung an zwei weitere einschränkende Voraussetzungen, die dem Ziel dienen, eine zu weite Ausdehnung des § 315b auf Verkehrsvorgänge zu vermeiden und den Ausnahmefall so zu formen, dass er sich als faktischer „Außeneingriff" ohne weiteres in das Tatbild des § 315b einfügen lässt:

Erstens nämlich ist **objektiv eine grobe Einwirkung von eini-** **10** **gem Gewicht** notwendig. *Zweitens* muss es dem Täter **subjektiv** darauf ankommen, den Verkehrsvorgang zu einem Eingriff zu „pervertieren" und dadurch in die Sicherheit des Straßenverkehrs einzugreifen. Von daher können die Fälle der bewussten Zweckentfremdung nur in der **Vorsatz-Vorsatz-Kombination** (§ 315b I) verwirklicht werden; die Kombinationen des § 315b IV und V scheiden aus. Was die den Außeneingriff charakterisierende „**Pervertierungsabsicht**" betrifft, so lässt die neuere Rechtsprechung nicht mehr den bloßen Gefährdungsvorsatz genügen, sondern verlangt, dass das Fahrzeug mit (mindestens bedingtem) **Schädigungsvorsatz** – etwa als Waffe oder Schadenswerkzeug – missbraucht wird.

BGHSt 48, 233; *BGH* StV 2004, 136; kritisch *Seier/Hillebrand,* NZV 2003, 490 f.; *Dreher,* JuS 2003, 1159 ff.; *König,* NStZ 2004, 175 ff. – Dazu ein

Beispiel (BGHSt 48, 233): Wer auf der Flucht vor der Polizei den verfolgenden und zum Überholen ansetzenden Streifenwagen z. B. durch Abdrängen in gefährlicher Weise behindert, erfüllt nur dann § 315b I Nr. 2, wenn ein *Schädigungs*vorsatz und nicht bloß ein Gefährdungsvorsatz festgestellt werden kann. Ohne Schädigungsvorsatz kommt allein § 315c I Nr. 2b in Betracht. Gegeben ist (auch) § 113, der § 240 verdrängt (§ 53 Rn. 27).

Beim Studium früherer Entscheidungen muss demnach beach- **11** tet werden, dass die Rechtsprechung nunmehr für das Kriterium der „Pervertierungsabsicht" einen über den Gefährdungsvorsatz hinausgehenden Schädigungsvorsatz verlangt. Ansonsten behalten die in den folgenden Beispielen angesprochenen Fallgruppen ihre Bedeutung.

Beispiele: (1) Abschneiden des Weges, um einem anderen Verkehrsteilnehmer die ungehinderte Weiterfahrt unmöglich zu machen.

(2) Scharfes, willkürliches Abbremsen, um einen Auffahrunfall zu provozieren (*BGH* NStZ 1992, 182), oder um den Hintermann zu einer scharfen Bremsung oder Vollbremsung zu zwingen (*OLG Düsseldorf* NZV 1989, 441).

(3) Erfasst wird auch, wer durch ein dem äußeren Anschein nach verkehrsgerechtes Verhalten unter Ausnutzung bestimmter äußerer Bedingungen absichtlich einen Verkehrsunfall herbeiführt. Man denke an einen Vordermann, der durch an sich erlaubtes Abbremsen bei „Gelb" einen Auffahrunfall zielgerichtet provoziert, nachdem er vorher andere „gelbe" Ampeln durchfahren hat. In Wirklichkeit verstößt ein solcher Fahrer gegen § 1 II StVO und verhält sich damit eben doch verkehrswidrig (*BGH* NJW 1999, 3132; *Seier,* NZV 1992, 158f.; abl. *Kudlich,* StV 2000, 23 ff.; *Wessels/Hettinger,* BT 1, Rn. 979; *Eisele,* BT I, Rn. 868 f.). Diese Begründung ergänzend kann man das besondere Wissen des Fahrers um die Verkehrssituation auch als Sonderwissen einstufen, das den Sorgfaltsmaßstab verändert (vgl. *Seier,* NZV 1992, 159; *Freund,* JuS 2000, 756 f.; ferner *Wessels/Beulke,* AT, Rn. 670).

(4) Auch ein Fußgänger kann sich selbst zum Hindernis machen und als Schadenswerkzeug missbrauchen, so wenn er absichtlich auf die Motorhaube eines fahrenden Pkw aufspringt (*OLG Zweibrücken* VRS 93, 101) oder als „Fahrbahngeher" zu Demonstrationszwecken über Straßen marschiert und den Autoverkehr behindert (BGHSt 41, 231). Doch wird bei solchen Fußgängern der erforderliche, gegen andere Verkehrsteilnehmer gerichtete, Schädigungsvorsatz seltener vorhanden sein. § 315 c erfasst Fußgänger nicht. Zu § 240 in den Fußgänger-Fällen und anderen Beispielen siehe § 23 Rn. 17 f., 22.

11a   Die Lehre von der bewussten Zweckentfremdung dürfte auch von dem praxisrelevanten Gedanken getragen sein, über § 315 b I die Möglichkeit der Strafbarkeit aus der Qualifikation des § 315 b III zu eröffnen (vgl. Rn. 15).

IV. § 315 b I Nr. 3

12   Der Tatbestand des § 315 b I Nr. 3 enthält eine Generalklausel, die sonstige verkehrsfremde Außeneingriffe unter der Voraussetzung erfasst, dass sie vom Gefährdungspotential her den in Nr. 1 und 2 genannten Handlungen gleichkommen (BGHSt 25, 306, 307; *Sch/Sch/Cramer/Sternberg-Lieben,* § 315 b Rn. 9). Man denke etwa an das Geben falscher Zeichen oder Signale wie das Umdrehen eines Einbahnschildes. Als weiteres Beispiel lässt sich das Legen

von Ölspuren nennen, das man allerdings auch schon unter das
Hindernisbereiten im Sinne der Nr. 2 subsumieren könnte.

Wie schon angedeutet (Rn. 3), setzt der Tatbestand nicht unbedingt voraus, dass der Eingriff in die Sicherheit des Straßenverkehrs und der konkrete Gefahrerfolg zeitlich messbar auseinan-
derfallen (insoweit klärend BGHSt 48, 119 mit Anm. *König*, JR
2003, 255). Entscheidend ist, dass durch die Schaffung einer abstrakten Verkehrsgefahr mittels eines verkehrsfremden Eingriffs
ein – möglicherweise nur Sekundenbruchteile danach eintreten-
der – konkreter Gefahrerfolg herbeigeführt wird. Daher erfüllt
§ 315b I Nr. 3, wer von Brücken aus Steine auf Fahrzeuge wirft
und dadurch nur einen bedeutenden Sachschaden am getroffenen
Fahrzeug verursacht (BGHSt 48, 119; *BGH* NStZ 2003, 206).
Ebenso sind (konkret gefährdende) Schüsse auf Verkehrsteilnehmer erfasst, weil die abstrakte Verkehrsgefahr entsteht, sobald der
Schuss den Lauf verlässt (*König*, JR 2003, 256).

Darüber hinaus erfasst § 315b I Nr. 3 – entsprechend den zu   **13**
Abs. 1 Nr. 2 dargelegten Grundsätzen (Rn. 8 ff.) – Verkehrsvorgänge im ruhenden und fließenden Verkehr ausnahmsweise dann,
wenn der Kraftfahrer das von ihm gesteuerte Fahrzeug in verkehrsfeindlicher Einstellung **bewusst zweckentfremdet** nicht als Fortbewegungsmittel, sondern als Mittel zur Verletzung von Menschen
oder zur Beschädigung von Sachen einsetzt.

Darauf, dass die neuere Rechtsprechung für das Kriterium der
„Pervertierungsabsicht" den bloßen Gefährdungsvorsatz nicht
mehr ausreichen lässt, sondern einen **Schädigungsvorsatz** verlangt, ist schon hingewiesen worden (oben Rn. 10 f.). Diese Änderung der Rechtsprechung muss auch beim Studium von älteren
Entscheidungen zu den im Folgenden beispielhaft aufgeführten
Fallgruppen des § 315b I Nr. 3 berücksichtigt werden.

Beispiele: (1) Ein häufig vorkommender Fall ist das gezielte, nötigende und   **14**
konkret gefährdende Zufahren auf Polizeibeamte oder andere Personen, um die
Freigabe des Weges zu erzwingen. Freilich muss hier besonders auf die Feststellung des Schädigungsvorsatzes geachtet werden. Denn der Lebenserfahrung
nach springen solche Personen im letzten Moment zur Seite, um nicht verletzt
zu werden. Dementsprechend wird der Täter typischerweise darauf vertrauen,
dass die sich in den Weg stellende Person am Ende die Bahn doch freigeben und
daher keine Verletzungen erleiden wird (vgl. *BGH* StV 2004, 136; DAR 2006,
30 mit Anm. *Geppert*, JK 7/06, StGB, § 315b Rn. 11).

(2) Desgleichen begeht einen „ähnlichen, ebenso gefährlichen Eingriff", wer
sein Fahrzeug als „Waffe" missbraucht und auf einen anderen Verkehrsteil-

nehmer zufährt, um ihn zu verletzen bzw. zu töten (BGHSt 28, 87; *BGH* VRS 69, 125), oder wer das Fahrzeug zu einem „Schadenswerkzeug" umfunktioniert und absichtlich fremde Fahrzeuge rammt (*BGH* NStZ 1995, 31; NJW 1995, 1766; NZV 2001, 265). Zu beachten ist, dass insbesondere in dieser Fallgruppe Fälle vorkommen, bei denen der Tatbestand schon daran scheitert, dass sich die Tat nicht im öffentlichen Verkehrsraum abspielt (siehe § 43 Rn. 4; BGHSt 49, 128; *BGH* NStZ 2004, 625).

(3) § 315 b I Nr. 3 scheidet aus, wenn sich bei einem einvernehmlich herbeigeführten Unfall die Gefährdung und der Schädigungsvorsatz ausschließlich auf die beteiligten Fahrzeuge und Personen beschränken. Denn ein solcher „gestellter" Unfall verletzt nicht das Schutzgut, die Sicherheit des Straßenverkehrs (dazu *BGH* NJW 1991, 1120; NStZ-RR 1999, 120). Weitere Aspekte, aus denen sich unter Umständen die Tatbestandslosigkeit des Verhaltens ergeben kann, betreffen den Tatbeteiligten als einziges Opfer der Gefährdung und die Reichweite der Einwilligung (vgl. § 44 Rn. 8 f.).

(4) Erfasst werden Täter, die mit ihrem Fahrzeug los- bzw. weiterfahren, um etwa einen Polizisten, der sich am Fahrzeug festhält, abzuschütteln (vgl. BGHSt 28, 87, 91 f.; *BGH* NJW 1989, 917, 918; zu **Fall 2** Rn. 17).

(5) Der bewusst zweckentfremdete Einsatz des Fahrzeuges als Schädigungsmittel fehlt beim „Auto-Surfen" (*OLG Düsseldorf* NStZ-RR 1997, 325, 326; ergänzend § 20 Rn. 6). Er soll ferner in dem Fall fehlen, dass das Opfer aus dem fahrenden Fahrzeug bloß hinausgestoßen wird (*BGH* NStZ-RR 1998, 187; a. A. LK/*König*, 12. Aufl., § 315 b Rn. 51).

14a   Nach h. M. gelten die Grundsätze zur bewussten Zweckentfremdung des Fahrzeugs auch für den **Beifahrer,** der in die Fahrzeugführung eingreift. Demnach kann ein solcher Beifahrer den Tatbestand nur verwirklichen, wenn er das Fahrzeug in verkehrsfeindlicher Absicht – mit Schädigungsvorsatz (Rn. 13) – seinem Zweck als Verkehrsmittel entfremden will. Soll dagegen nur auf einen Verkehrsvorgang Einfluss genommen werden, etwa zur Erzwingung des Abbiegens oder Anhaltens, so scheidet die Vorschrift aus (*BGH* NZV 1990, 35). Daher erfüllt ein Beifahrer den Tatbestand nicht, der bei 140 km/h – in einer konkret gefährdenden Weise – die Handbremse zieht, um eine langsamere Fahrweise zu bewirken (*OLG Hamm* NJW 2000, 2686; zur h. M. auch *Eisele*, BT I, Rn. 863).

Die wachsende Gegenmeinung sieht keinen Grund, den Beifahrer in der geschilderten Weise zu privilegieren. Sie stuft ein in die Fahrzeugführung eingreifendes Verhalten stets als Außeneingriff ein, der uneingeschränkt unter § 315 b I Nr. 3, IV, V fällt (*OLG Karlsruhe* NJW 1978, 1391 f.; *Grupp/Kinzig,* NStZ 2007, 132 ff.; LK/*König*, 12. Aufl., § 315 b Rn. 18, 54; *Geppert*, Jura 1996, 644 f.; SK/*Horn/Wolters*, § 315 b Rn. 16; *BGH* NStZ 2007, 34, 35 lässt die Frage offen).

V. Sonstiges

Die **Qualifikation** des § 315 b III i. V. m. § 315 III, die sich *nur*   15
auf die Vorsatz-Vorsatz-Kombination des § 315 b I bezieht, wird
leicht übersehen: Bezüglich **§ 315 III Nr. 1 a** und des beabsichtigten
Unglücksfalles genügt – insoweit anders als bei § 323 c (vgl. § 42
Rn. 3 ff.) – eine bloße Gefahr nicht. Vielmehr muss es dem Täter
darauf ankommen, einen Schaden herbeizuführen (*OLG München*
NJW 2005, 3794; *Fischer,* § 315 Rn. 22). – Zu **§ 315 III Nr. 1 b**
vgl. § 4 Rn. 48 ff. Wer nur fliehen oder sich in erster Linie der
Festnahme entziehen will, handelt nicht mit Verdeckungsabsicht
(*OLG Hamm* NZV 2008, 261, 262). – Bei **§ 315 III Nr. 2** handelt
es sich um ein erfolgsqualifiziertes Delikt, das § 306 b I entspricht
(vgl. daher § 40 Rn. 40 ff.).

Vorschriften über die **tätige Reue** enthalten § 320 II Nr. 2, III
Nr. 1 b (vgl. § 40 Rn. 64 ff. zu § 306 e).

Verhältnis zu § 315 c: § 315 c und § 315 b schließen sich norma-   16
lerweise gegenseitig aus (oben Rn. 2 und § 44 Rn. 2). Doch kann
ein Verhalten im ruhenden oder fließenden Verkehr ausnahmsweise mit einer bewussten Zweckentfremdung zusammenfallen. Man
denke an das gezielte Rammen bei einem Überholungsvorgang
(§ 315 c I Nr. 2 b) oder einen Geisterfahrer, der vorsätzlich einen
Unfall herbeiführt (§ 315 c I Nr. 2 f). Soweit derartige Taten unter
§ 315 b I Nr. 2 oder 3 fallen und daneben gleichzeitig von § 315 c
erfasst werden, besteht nach der zutreffenden h. M. Idealkonkurrenz, um alle Gefährdungsaspekte zum Ausdruck zu bringen.

BGHSt 22, 67, 75 f.; *BGH* VRS 65, 359, 361; *OLG Düsseldorf* NZV 1989,
441; *Geppert,* Jura 1996, 647; *Pape,* Jura 2008, 150 f. mit Falllösung. – Für Vorrang des § 315 b: Sch/Sch/*Cramer/Sternberg-Lieben,* § 315 b Rn. 16; SK/*Horn/
Wolters,* § 315 c Rn. 26; *Eisele,* BT I, Rn. 884; LK/*König,* 12. Aufl., § 315 b
Rn. 95 (nur für die Fälle des § 315 c I Nr. 2).

Im **Fall 2** gelangt man zuerst, wenn man eine Verwirklichung des § 250 i. V. m.   17
§ 249 im Beendigungsstadium ablehnt (*Rengier,* BT I, § 8 Rn. 3 f. i. V. m. § 4
Rn. 48 ff., 74), jedenfalls über § 252 zu § 250 II Nr. 1 (sofern man den Pkw zu
Recht als gefährliches Werkzeug ansieht) und eventuell auch zu § 250 II Nr. 3 b
(erforderlich: Eintritt einer konkreten Todesgefahr mit entsprechendem Gefährdungsvorsatz). Ferner kämen, wenn R mit Tötungsvorsatz handeln würde,
die §§ 251, 22 in der Form der „versuchten Erfolgsqualifizierung" (§ 15 Rn. 30 f.;
Rengier, BT I, § 9 Rn. 15) sowie die §§ 212, 211, 22 in Betracht. Auf jeden Fall
sind § 224 I Nr. 2, 5 und § 113 I gegeben (zu § 113 II unten § 53 Rn. 26).

Bei den Straßenverkehrsdelikten muss § 315 b I Nr. 3 bejaht werden („Abschütteln" des P als Fall der bewussten Zweckentfremdung mit Verletzungserfolg, der den Gefahrerfolg beinhaltet, und Schädigungsvorsatz). Schließlich verwirklicht R infolge seiner absoluten Fahruntüchtigkeit (fahrlässig) § 316, jedoch wohl nicht den Tatbestand des § 315 c I Nr. 1 a, III Nr. 2, da nach den Tatumständen weniger gerade seine alkoholbedingte Fahruntüchtigkeit als vielmehr sein Wille zur Flucht für die Gefährdung des P ursächlich geworden ist (vgl. § 44 Rn. 11; *BGH* NStZ-RR 2004, 108, 109; 2005, 340 f.; DAR 1995, 166; *BayObLG* VRS 64, 368 f.). Bejaht man demgegenüber eine (Mit-)Kausalität des Alkoholgenusses und von daher § 315 c I Nr. 1 a, III Nr. 2, so liegt nach h. M. im Verhältnis zu § 315 b I Nr. 3 Idealkonkurrenz vor. Was den § 142 betrifft, so liegt kein Unfall im Straßenverkehr vor, weil das Fahrzeug ausschließlich als Tatwerkzeug eingesetzt wird (dazu § 46 Rn. 5).

Empfehlungen zur vertiefenden Lektüre:

Rechtsprechung: BGHSt 41, 231 (Fahrbahngeher-Fall – bewusste Zweckentfremdung); BGHSt 48, 233 (bewusst zweckentfremdeter Einsatz von Fahrzeugen); *BGH* NStZ 1995, 31 (bewusstes Rammen eines fremden Fahrzeugs); BGH NJW 1996, 329 (Durchtrennen eines Bremsschlauches).

Literatur: *Geppert*, Der gefährliche Eingriff in den Straßenverkehr (§ 315 b StGB), Jura 1996, 639 ff.

§ 46. Unerlaubtes Entfernen vom Unfallort (§ 142)

Fall 1: a) Am Unfallort gibt der unfallbeteiligte Fahrer F dem Geschädigten G falsche Personalien und eine falsche Anschrift an. G hält diese Angaben für ausreichend und ist einverstanden, dass F – zeitlich vor G – davonfährt. b) *Variante:* G verlässt zeitlich vor F den Unfallort; im Weiteren bleibt F untätig. → Rn. 20, 30

Fall 2: M stößt nachts beim Ausparken gegen ein fremdes Fahrzeug. Die Straßen sind menschenleer. Die Ehefrau E steigt schnell aus, bemerkt einen erheblichen Sachschaden, sagt aber zu M: „Du kannst weiterfahren, glücklicherweise ist nichts passiert." Am anderen Morgen sagt E dem M, dass sie geschwindelt habe. Trotzdem unternimmt M nichts weiter, E übrigens auch nicht. → Rn. 8, 26–29

I. Grundlagen

1   § 142 schützt allein das **private Feststellungsinteresse** der Unfallbeteiligten und Geschädigten zu dem Zweck, zivilrechtliche Ansprüche zu sichern bzw. abzuwehren. Die Vorschrift bezweckt *nicht* den Schutz von Strafverfolgungsinteressen. Der Tatbestand

hat demnach – entgegen seiner irreführenden gesetzlichen Einordnung bei den Straftaten gegen die öffentliche Ordnung – ausschließlich ein Individualrechtsgut im Blickfeld und normiert ein **abstraktes Vermögensgefährdungsdelikt.** Daher entfällt der Tatbestand, wenn Feststellungsinteressen wegen sofortiger Befriedigung, Behebung des Schadens oder aus anderen Gründen (Schuldanerkenntnis, Verzicht) nicht (mehr) bestehen (vgl. dazu Rn. 13 ff., 20). – **Aufbauschema** in Rn. 12 a.

II. Unfall im Straßenverkehr

Ein Unfall im Straßenverkehr ist nach allgemeiner Ansicht ein 2 plötzliches Ereignis im öffentlichen Straßenverkehr, das mit dessen typischen Gefahren in ursächlichem Zusammenhang steht und einen Personen- oder Sachschaden zur Folge hat, der nicht ganz unerheblich ist. – Innerhalb dieser Definition bedürfen vier Punkte einer näheren Erläuterung:

(1) Es muss sich um „**öffentlichen**" Straßenverkehr handeln 3 (dazu bereits § 43 Rn. 4). Dabei braucht sich nicht das gesamte Ereignis im öffentlichen Verkehrsraum abzuspielen; erfasst wird etwa auch der Unfall auf einem Privatgrundstück, das zum Wenden befahren wird.

(2) Nur der „**Straßen**"-Verkehr wird geschützt. Typische Ver- 4 kehrsgefahren verwirklichen sich auch noch bei einem unbeabsichtigten Zusammenprall zweier Fußgänger auf öffentlichen Straßen, Wegen oder Plätzen (*Maurach/Schroeder,* BT 1, § 49 Rn. 13, 18; h. M.; a. A. LK/*Geppert,* 11. Aufl., § 142 Rn. 25). Schließt man sich dem an, so gilt für den Zusammenstoß zwischen einem Rollschuhfahrer/Inline-Skater und einem Fußgänger natürlich das Gleiche. Demgegenüber verlangt eine andere Ansicht immer die Beteiligung wenigstens eines Fahrzeugs an dem Unfall, wobei immerhin anerkannt wird, dass nicht nur der Fahrzeuglenker als Unfallbeteiligter in Betracht kommt (Sch/Sch/*Cramer/Sternberg-Lieben,* § 142 Rn. 17, 21; siehe auch Rn. 9). Jedenfalls ist die Formulierung „Feststellung … seines Fahrzeugs" zu lesen als „ggf. seines Fahrzeugs" (*Maurach/Schroeder,* BT 1, § 49 Rn. 18). Weiterhin verwirklicht sich auch im Anstoßen eines Einkaufswagens gegen einen geparkten Pkw noch ein typisches Straßenverkehrsrisiko (*OLG Koblenz* MDR 1993, 366).

5   (3) Fraglich ist das Merkmal Verkehrsunfall, wenn **vorsätzliche Handlungen** den Unfall/Schaden (mit) verursachen. Der Bejahung eines „plötzlichen Ereignisses" steht die vorsätzliche Schadensverursachung nicht entgegen, falls das Ereignis zumindest für einen anderen Betroffenen ungewollt war (BGHSt 24, 382, 383). Jedoch muss immer noch ein Zusammenhang mit den typischen Gefahren des – fließenden oder ruhenden – Straßenverkehrs bestehen. Der straßenverkehrsspezifische Zusammenhang fehlt bei der verkehrsfremden Benutzung des Fahrzeugs ausschließlich als Tatwerkzeug zu deliktischen Zwecken wie der Tötung, Verletzung oder Sachbeschädigung (vgl. BGHSt 24, 382, 384; 47, 158).

6   Im **Grenzbereich** kann die Einordnung von „Vorsatzfällen" erhebliche Schwierigkeiten bereiten. Die Entscheidung hängt von der Wertung ab, ob sich in dem Schadensereignis noch ein mehr oder weniger typisches Straßenverkehrsrisiko oder letztlich nur ein deliktisches Verhalten realisiert (zusammenfassend LK/*Geppert*, 11. Aufl., § 142 Rn. 26).

Beispiele: Ein Polizeibeamter, der einen fliehenden Autofahrer mit einem Streifenwagen rammt, um einen Haftbefehl zu vollziehen, verursacht einen Verkehrsunfall, an dem der Flüchtige beteiligt ist (*BGH* NJW 2003, 1613, 1615; a. A. *Müller/Kraus*, NZV 2003, 560). Ebenfalls als Verkehrsunfälle eingestuft hat die Rechtsprechung das bewusste An- und Überfahren von Straßenpfosten, um sich abzureagieren, sowie die vorsätzliche Beschädigung eines hupenden Kfz, das einem auf der Fahrbahn gehenden, verärgerten Fußgänger entgegenkommt (*BayObLG* VRS 69, 438; 71, 277; a. A. Sch/Sch/*Cramer/Sternberg-Lieben*, § 142 Rn. 18 f.; SK/*Rudolphi/Stein*, § 142 Rn. 14).

Nicht als Verkehrsunfälle angesehen hat die Rechtsprechung: Das Verhalten eines Beifahrers, der zum Spaß Mülltonnen aus dem fahrenden Auto heraus ergriffen, nach einer gewissen Strecke losgelassen und dadurch mit dolus eventualis parkende Pkw beschädigt hat (BGHSt 47, 158 mit Anm. *Geppert*, JK 7/02, StGB § 142/20; *Sternberg-Lieben*, JR 2002, 386); das schädigende Bewerfen eines auffällig langsam vorausfahrenden Pkw mit Flaschen aus einem Lkw heraus (*OLG Hamm* NJW 1982, 2456; zust. BGHSt 47, 158, 159; a. A. LK/*Geppert*, 11. Aufl., § 142 Rn. 26); die Beschädigung der Schranke einer öffentlichen Tiefgarage nach erfolgter Ausfahrt beim Schließen per Hand (*BayObLG* JR 1993, 114 mit Anm. *Weigend*); das Abschütteln einer sich festhaltenden Person, um eine Auseinandersetzung zu beenden (*OLG Jena* NStZ-RR 2008, 74, 75).

7   (4) Als „**ganz unerheblich**" sieht die h.M. belanglose Personenschäden wie geringfügige Hautabschürfungen und Sachschäden bis ca. 25 € an (a.A. *OLG Nürnberg* NStZ-RR 2008, 56 f.: 50 €).

III. Unfallbeteiligter

Tauglicher Täter des § 142 kann nur ein Unfallbeteiligter sein **8** (**Sonderdelikt**). Nach der Legaldefinition des § 142 V ist Unfallbeteiligter jeder, dessen Verhalten nach den Umständen zur Verursachung des Unfalls beigetragen haben kann. Dafür genügt es, dass nach dem äußeren Anschein der nicht ganz unbegründete Verdacht einer irgendwie gearteten – nicht notwendig schuldhaften oder verkehrswidrigen – (Mit-)Verursachung besteht (*OLG Köln* NStZ-RR 1999, 251; *BayObLG* NZV 2000, 133; *OLG Stuttgart* NStZ-RR 2003, 278).

Im **Fall 2** (näher Rn. 26 ff.) gibt es für eine Unfallbeteiligung der E keine Anhaltspunkte; da es sich um ein Sonderdelikt handelt, scheidet sie auch als mittelbare Täterin aus.

Neben Radfahrern, Fußgängern, Einkaufswagenbenutzern kom- **9** men auch Beifahrer als Unfallbeteiligte in Frage. Das bloße Mitfahren genügt allerdings nicht, wohl aber der Griff ins Lenkrad oder das Ziehen der Handbremse durch den Beifahrer. Unfallbeteiligter ist auch der mitfahrende Kfz-Halter, wenn er das Fahrzeug einem Fahrer ohne Fahrerlaubnis überlassen hat und gerade dessen mangelnde Eignung zum Führen den Unfall beeinflusst haben kann (*OLG Stuttgart* VRS 72, 186; ferner *OLG Köln* VRS 86, 279, 280 f.).

Als Unfallbeteiligter kommt nur in Betracht, wer am Unfallort **10** (zum Begriff Rn. 18) anwesend ist und sich somit, wie es der Tatbestand verlangt, überhaupt vom Unfallort entfernen kann. Darüber hinaus muss mit der h.M. eine Anwesenheit am Unfallort *gerade zur Unfallzeit* gefordert werden.

Beispiel: Ein Falschparker P kehrt zu seinem Fahrzeug zurück und fährt davon, obwohl er – eventuell schon vor seiner Rückkehr – bemerkt hat, dass während seiner Abwesenheit sein verkehrswidrig abgestelltes Fahrzeug einen Unfall (mit) verursacht hat und feststellungsbereite Personen anwesend sind. – Wenn hier der unfallbeteiligte P den Unfallort überhaupt nicht aufsuchen würde, entfiele § 142 I Nr. 1 unstreitig; nach h.M. darf P nicht dadurch schlechter gestellt werden, dass er sich ohne Zwang zur Unfallstelle begibt. P erfüllt also nicht § 142 I Nr. 1.

Zur h.M. *OLG Köln* NJW 1989, 1683; *OLG Stuttgart* NStZ 1992, 384; SK/*Rudolphi/Stein*, § 142 Rn. 16 c. – A. A. *Berz*, NStZ 1992, 592; Sch/Sch/*Cramer/Sternberg-Lieben*, § 142 Rn. 47.

IV. Die Tathandlungen

1. Verhältnis von § 142 I und II

11 Die Grundnorm des § 142 I normiert eine Wartepflicht. Abs. 1 Nr. 1 setzt voraus, dass **feststellungsbereite Personen anwesend sind** (Umkehrschluss aus Abs. 1 Nr. 2) und der Unfallbeteiligte die vorgeschriebenen Pflichten nicht erfüllt. Soweit feststellungsbereite Personen *nicht* anwesend sind, muss der Unfallbeteiligte gemäß Abs. 1 Nr. 2 eine angemessene Zeit warten, um für den möglichen Fall zur Verfügung zu stehen, dass solche Personen während der Wartezeit eintreffen. Erscheint tatsächlich eine feststellungsbereite Person, so hat der Täter jetzt die Feststellungen nach Abs. 1 Nr. 1 zu ermöglichen.

12 § 142 II ist gegenstandslos, wenn sich der Täter nach Abs. 1 strafbar gemacht hat. Ebenso ist Abs. 2 gegenstandslos, falls der Täter die ihm nach Abs. 1 Nr. 1 obliegenden Pflichten erfüllt hat (weil er dann die Feststellungen schon ermöglicht hat; vgl. Abs. 2 am Ende). Die Anwendbarkeit des § 142 II setzt also immer voraus, dass der Unfallbeteiligte nicht nach Abs. 1 strafbar ist und die notwendigen Feststellungen noch nicht getroffen sind.

12a Für die **Fallbearbeitung** ergibt sich somit die folgende Prüfungsreihenfolge: Man wendet sich erst § 142 I Nr. 1 zu, bevor ggf. § 142 I Nr. 2 erörtert wird. Erst danach kann § 142 II zu prüfen sein (zum Ganzen siehe auch *Geppert*, Jura 1990, 81 f.). Für den Überblick hilfreich ist das folgende

---

Aufbauschema (§ 142)

I. Tatbestandsmäßigkeit
  1. Objektiver Tatbestand
    a) Unfall im Straßenverkehr
    b) Unfallbeteiligter
    c) **Abs. 1:** Sich-Entfernen vom Unfallort, bevor
      aa) Nr. 1: bei anwesenden feststellungsbereiten Personen der Täter seine Feststellungsduldungs- und Vorstellungspflicht erfüllt hat oder
      bb) Nr. 2: bei nicht anwesenden feststellungsbereiten Personen die Wartefrist abgelaufen ist.
    nur wenn Strafbarkeit nach Abs. 1 zu verneinen:

d) **Abs. 2:** Sich-Entfernt-Haben vom Unfallort
aa) Nr. 1: nach Ablauf der Wartefrist oder
bb) Nr. 2: berechtigt oder entschuldigt
cc) und Verletzung des Gebots, die Feststellungen
unverzüglich nachträglich zu ermöglichen
2. Subjektiver Tatbestand
Vorsatz
II. Rechtswidrigkeit
III. Schuld
Zumutbarkeit des Handelns bei Strafverfolgungsgefahren
IV. Tätige Reue (§ 142 IV)

2. § 142 I

a) **§ 142 I Nr. 1** hat den Sinn, den Täter so lange am Unfallort 13
festzuhalten, bis er gegenüber *anwesenden* feststellungsbereiten
Personen zugunsten der anderen Unfallbeteiligten und der Geschädigten (= der Berechtigten; vgl. Abs. 3) alle Feststellungen
ermöglicht hat, die zur Sicherung oder Abwehr von zivilrechtlichen Ersatzansprüchen der Berechtigten erforderlich sind. Diese
Feststellungen können von den Berechtigten selbst oder von zu
ihren Gunsten handelnden dritten Personen, insbesondere der Polizei, getroffen werden.

Während die Polizei allgemein zuständig ist, kommt ein anderer Dritter als 14
feststellungsbereite Person nur in Betracht, wenn er bereit und geeignet ist,
zugunsten des abwesenden Berechtigten zu handeln, und wenn er erkennbar
den Willen hat, seine Feststellungen zur Kenntnis des Berechtigten zu bringen
(*BayObLG* VRS 64, 119, 120). Möchte der Geschädigte die Polizei hinzuzie-
hen, so ist er nicht feststellungsbereit. In diesem Fall muss der Unfallbeteiligte
innerhalb der Grenzen des § 142 I Nr. 2 eine angemessene Zeit auf das Eintreffen der Polizei warten, wenn diese nicht insbesondere bei geringen Sachschäden ein Eingreifen ablehnt (vgl. MüKo/*Zopfs,* § 142 Rn. 54; Sch/Sch/*Cramer/*
Sternberg-Lieben, § 142 Rn. 27).

Der Tatbestand normiert für den Unfallbeteiligten zwei Pflich- 15
ten, nämlich zum einen eine (passive) **Feststellungsduldungspflicht** („die Feststellung seiner Person, seines Fahrzeugs und der
Art seiner Beteiligung durch seine Anwesenheit … ermöglicht
hat") und zum anderen eine **aktive Vorstellungspflicht** („Angabe, dass er an dem Unfall beteiligt ist"). Bis alle *zivilrechtlich*
relevanten Feststellungen getroffen sind, bleibt die Anwesenheits-
pflicht bestehen.

16   Auf *strafrechtliche* Interessen kommt es *nicht* an. Wer sich daher der Entnahme einer (zur genauen Feststellung des Trunkenheitsgrades) nach § 81 a StPO angeordneten Blutprobe durch Flucht entzieht, erfüllt dann nicht § 142 I Nr. 1, wenn aus zivilrechtlicher Sicht die Trunkenheit und sonstige Faktoren bereits in ausreichender Weise festgestellt, wenn also (weitere) Feststellungen zur Alkoholisierung für das Beweisinteresse des Geschädigten ohne Bedeutung sind (*OLG Köln* NStZ-RR 1999, 251; *Geppert*, JK 90, StGB § 142/14). Ferner wird die aktive Spurenverwischung als solche (z. B. Nachtrunk, Beseitigung von Bremsspuren) nicht erfasst.

17   Die Vorstellungspflicht beschränkt sich darauf, *dass* man sich als Unfallbeteiligter zu erkennen gibt; sie entfällt, wenn die Beteiligung schon bekannt ist (*BayObLG* NJW 1993, 410). Insbesondere beinhaltet die Vorstellungspflicht keine Verpflichtung zur Angabe der Personalien (anders § 34 I Nr. 5 b StVO). Wer freilich die aktive Mitwirkung bei der Feststellung seiner Person verweigert, muss dann unter Umständen das Eintreffen der Polizei abwarten (Folge der Feststellungsduldungspflicht). Die weitere Verweigerung führt zu § 111 OWiG und ggf. zur Feststellung der Identität gemäß § 46 I OWiG i. V. m. §§ 163 b, 163 c StPO.

18   Hat der Unfallbeteiligte ihm obliegende Pflichten verletzt, so hängt seine Strafbarkeit nach § 142 I Nr. 1 weiter davon ab, dass er – in Anwesenheit feststellungsbereiter Personen (vgl. Rn. 11, 13; Fall 1 b Rn. 20) – „sich vom Unfallort entfernt".

Dabei ist unter dem **Unfallort** der unmittelbare Unfallbereich zu verstehen, in dem der Unfallbeteiligte seine Pflichten erfüllen kann und/oder in dem feststellungsbereite Personen einen Wartepflichtigen vermuten und ggf. durch Befragen ermitteln würden; der Unfallort hat demnach einen von den Umständen des Einzelfalles abhängigen Radius (*OLG Karlsruhe* NStZ 1988, 409, 410; *OLG Köln* NZV 1989, 197, 198; SK/*Rudolphi/Stein*, § 142 Rn. 35).

19   Zum **Sich-Entfernen:** Wer sich am Unfallort nur versteckt, entfernt sich (noch) nicht (*OLG Hamm* NJW 1979, 438). Insbesondere setzt das „Sich-Entfernen" ein **willensgetragenes Verhalten** voraus. Daher entfernt *sich* nicht, wer vom Unfallort ohne oder gegen seinen Willen entfernt *wird,*
- sei es als Bewusstloser, der in ein Krankenhaus eingeliefert wird (*OLG Köln* VRS 57, 406),
- sei es als Opfer eines mit absoluter Gewalt durchgeführten Abtransports (*OLG Düsseldorf* VRS 65, 364, 365) oder
- sei es als Betroffener einer staatlichen Zwangsmaßnahme wie der vorläufigen Festnahme (*OLG Hamm* NJW 1979, 438, 439;

VRS 68, 111 f.) oder der Anordnung einer Blutentnahme gemäß § 81 a StPO (*BayObLG* NJW 1993, 410). – Zu § 142 II in solchen Fällen näher Rn. 31.

Im **Fall 1 a** spielen Einwilligungsfragen eine Rolle. Die Feststellungsdul- **20** dungspflicht entfällt, wenn alle Unfallbeteiligten und Geschädigten auf Feststellungen verzichten. Im **Fall 1 a** ist der Verzicht des G allerdings erschlichen worden. Die h. M. wendet insoweit zu Recht die Einwilligungsregeln an, erklärt den Verzicht wegen des Willensmangels für unbeachtlich und bestraft F nach § 142 I Nr. 1 (*OLG Stuttgart* NJW 1982, 2266; *BayObLG* NJW 1984, 1365; Sch/Sch/*Cramer/Sternberg-Lieben*, § 142 Rn. 30 c).

Im **Fall 1 b** verlässt der Geschädigte G *vor* dem F den Unfallort. In dieser Variante stellt sich die Frage, ob man die Strafbarkeit gemäß § 142 I Nr. 1 dadurch umgehen kann, dass man am Unfallort in Anwesenheit feststellungsbereiter Personen unentdeckt so lange ausharrt, bis keine feststellungsbereite Person mehr anwesend ist, und sich erst dann entfernt. Teilweise wird dies mit der Begründung bejaht, dass das Gebot, sich nicht vor der Erfüllung seiner Pflichten zu entfernen, ohne einen anwesenden Feststellungsinteressenten keinen Sinn mehr habe (*BayObLG* NJW 1984, 1365; *OLG Frankfurt* NJW 1990, 1189, 1190). Die h. M. widerspricht dem zu Recht unter Hinweis auf den Schutzzweck und sieht auch kein Wortlautproblem, da ein solcher Täter seine Vorstellungspflicht verletzt hat und das „bevor" im Sinne von „ohne zuvor" gelesen werden kann (*Küper*, GA 1994, 67 ff.; *Lackner/Kühl*, § 142 Rn. 18; MüKo/*Zopfs*, § 142 Rn. 62; *Eisele*, BT I, Rn. 908 f.). – Zu § 142 II Nr. 2 unten Rn. 30.

b) **§ 142 I Nr. 2** regelt den Fall, dass keine feststellungsbereiten **21** Personen am Unfallort anwesend oder erschienen sind. Der Unfallbeteiligte muss jetzt eine angemessene Zeit am Unfallort bleiben, um das mögliche Eintreffen feststellungsbereiter Personen abzuwarten. Trifft eine solche Person ein, so rückt der Unfallbeteiligte ab diesem Zeitpunkt in die Pflichtenstellung aus Abs. 1 Nr. 1 ein (MüKo/*Zopfs*, § 142 Rn. 46).

Die zeitliche Dauer dieser **Wartepflicht** richtet sich nach den Umständen des Einzelfalles und den Maßstäben der Erforderlichkeit und Zumutbarkeit. Dabei spielen vor allem die Feststellungsinteressen der Beteiligten, das Verhalten des Unfallverursachers, die Schwere des Unfalls, die Verkehrsdichte, die Tageszeit und die Witterungsverhältnisse eine Rolle. Ein Unfallbeteiligter braucht grundsätzlich nur so lange zu warten, wie mit dem alsbaldigen Eintreffen feststellungsbereiter Personen an der Unfallstelle zu rechnen ist. Handlungen, die den Zweck des Wartens, Feststellungen zu ermöglichen, fördern, können verkürzend wirken; man denke

z. B. an das Zurücklassen der Personalien oder die Benachrichtigung des Geschädigten (zum Ganzen *OLG Köln* NJW 2002, 1359 ff; *Lackner/Kühl,* § 142 Rn. 19).

22   Die Praxis lässt bei geringen Schäden eine **Wartezeit** von etwa 30 Minuten genügen, unter besonderen Umständen ausnahmsweise auch 10 Minuten (*OLG Stuttgart* NJW 1981, 1107). Ansonsten ist man mit einer Wartezeit von mindestens einer Stunde insbesondere in schwereren Fällen gut beraten (zusammenfassend *OLG Köln* NJW 2002, 1359, 1360; Sch/Sch/*Cramer/Sternberg-Lieben,* § 142 Rn. 39; *Otto,* BT, § 80 Rn. 60; *Geppert,* Jura 1990, 84).

Das Hinterlassen einer „Visitenkarte" oder eines Zettels mit Namen und Anschrift entbindet im Normalfall nicht von der Wartepflicht. Nur unter besonderen Umständen (z. B. Bagatellschäden, gute persönliche Beziehungen) kommt eine Rechtfertigung durch mutmaßliche Einwilligung in Betracht (vgl. *OLG Köln* VRS 64, 115; NJW 2002, 2334; *BayObLG* VRS 64, 121). Soweit Rechtfertigungs- oder Entschuldigungsgründe eingreifen, trifft den Unfallbeteiligten eine strafbewehrte Nachholpflicht gemäß § 142 II Nr. 2 (näher unten Rn. 25 ff.).

22a   c) **Deliktsnatur.** Die zutreffende h. M. stuft § 142 I wenn nicht als echtes, so doch zumindest als „verkapptes" Unterlassungsdelikt ein. Zwar deutet die Tathandlung des Sichentfernens auf ein Begehungsdelikt hin, doch prägen die Verhaltensgebote (Feststellungs- duldungs- und Vorstellungspflicht) in entscheidender Weise das Unrecht. Folgt man dem, so ist – wie bei allen (un)echten Unterlassungsdelikten – die Zumutbarkeit als regulatives Prinzip und insoweit grundsätzlich als Schuldelement anzuerkennen. Freilich bleiben die Auswirkungen begrenzt, weil im Rahmen des § 142 I Nr. 2 Zumutbarkeitsfragen bereits vertatbestandlicht sind (Rn. 21).

Zur h. M. siehe *OLG Stuttgart* NStZ 1992, 384; *Fischer,* § 142 Rn. 5, 49; *Lackner/Kühl,* § 142 Rn. 9; Sch/Sch/*Cramer/Sternberg-Lieben,* § 142 Rn. 2; a. A. *Maurach/Schroeder,* BT 1, § 49 Rn. 5, 48; zusammenfassend LK/*Geppert,* 11. Aufl., § 142 Rn. 69.

3. § 142 II

23   a) Bei § 142 II handelt es sich unstreitig um ein echtes Unterlassungsdelikt. Der Tatbestand ordnet für diejenigen Unfallbeteiligten eine strafbewehrte **Nachholpflicht** an, die sich im Sinne der Nr. 1 und 2 vom Unfallort entfernt haben, bevor die notwendi-

gen Feststellungen getroffen werden konnten (zum Verhältnis zu Abs. 1 siehe bereits Rn. 11 f.).

b) **§ 142 II Nr.** 1 erfasst den Unfallbeteiligten, der den Unfallort 24 verlassen hat, nachdem er seiner Wartepflicht gemäß Abs. 1 Nr. 2 genügt hat.

c) **§ 142 II Nr.** 2 bereitet erhebliche Auslegungsprobleme. **Be-** 25 **rechtigt** hat sich jedenfalls derjenige Unfallbeteiligte entfernt, der sich auf Rechtfertigungsgründe, namentlich auf § 34 oder (mutmaßliche) Einwilligung, berufen konnte. Ein typisches Beispiel stellt das Versorgen von Verletzten im Rahmen der allgemeinen Hilfspflicht (§ 323 c) dar, die im Lichte des § 34 normalerweise schwerer als die Wartepflicht wiegt.

Schwieriger liegen die Fälle, in denen ein Unfallbeteiligter die Unfallstelle vorzeitig verlässt, um dringende andere Angelegenheiten wahrzunehmen (z. B. Geschäfte, Termine, Prüfungen). Da solche Interessen von der Rechtsordnung regelmäßig in irgendeiner Form – und sei es durch die allgemeine Handlungsfreiheit – geschützt werden und deshalb notstandsfähige Rechtsgüter im Sinne des § 34 sind, kann dieser Rechtfertigungsgrund grundsätzlich eingreifen. Im Ergebnis wird die Bejahung des § 34 nur in Betracht kommen, wenn es sich um wichtige unaufschiebbare Angelegenheiten handelt und der Beteiligte zumindest Name und Anschrift hinterlässt (vgl. BGHSt 16, 139, 144 f.; *OLG Köln* VRS 54, 350 f.; LK/*Geppert*, 11. Aufl., § 142 Rn. 128).

Entschuldigt ist das Sich-Entfernen auf jeden Fall dann, wenn 25a der Täter „ohne Schuld" gehandelt hat, wenn also Entschuldigungs- oder Schuldausschließungsgründe vorgelegen haben (§ 35, Schuldunfähigkeit, unvermeidbarer Verbotsirrtum).

Nach der zutreffenden h. M. entfernt sich ferner – da ohne Vorsatzschuld handelnd – derjenige Täter entschuldigt, der sich in einem Erlaubnistatbestandsirrtum befindet (*Fischer*, § 142 Rn. 50 m.w. N.; a. A. *Mitsch*, NZV 2008, 219 f.).

Fraglich und lange umstritten gewesen ist, ob auch derjenige 26 „berechtigt" oder „entschuldigt" gehandelt hat, der sich **unvorsätzlich** von der Unfallstelle entfernt hat.

Im **Fall 2** stellt sich diese Frage bezüglich M, der zunächst § 142 I Nr. 1 objektiv nicht verwirklicht, weil keine feststellungsbereiten Personen anwesend sind, und der § 142 I Nr. 2 zwar objektiv erfüllt, dabei jedoch einem Tatbestandsirrtum (§ 16 I 1) unterliegt, da er das Merkmal Unfall, das einen Sachschaden voraussetzt, nicht erfasst.

27   Die Strafbarkeit des M gemäß § 142 II Nr. 2 setzt voraus, dass
der Wortlaut die Einbeziehung des unvorsätzlichen Sich-Entfernens noch deckt. Insoweit hat namentlich die Rechtsprechung
lange angenommen, dass man die Begriffe „berechtigt oder entschuldigt" nicht nur formal-dogmatisch beschränkt auf die allgemein anerkannten Rechtfertigungs- bzw. Schuldausschließungs-
und Entschuldigungsgründe, sondern nach der Alltagssprache auch
weiter verstehen könne, etwa im Sinne eines „verständlichen" Verhaltens oder eines „Nichtsdafürkönnens" (vgl. BGHSt 28, 129, 132;
Laschewski, NZV 2007, 446; zust. zuletzt 8. Aufl., § 46 Rn. 27).

27a   Einer solchen Wortlautinterpretation hat das *BVerfG* (NJW
2007, 1666 m.w.N.) im Lichte des Art. 103 II GG in Übereinstimmung mit der h.M. im Schrifttum widersprochen und damit
die Diskussion entschieden: Die Begriffe „berechtigt oder entschuldigt" könnten auf Grund ihres normativen Gehalts nicht in
einem nicht-normativen Sinne ausgelegt werden. Wer sich „berechtigt oder entschuldigt" vom Unfallort entferne, handele objektiv und subjektiv unter ganz anderen Voraussetzungen als derjenige, der das mangels Kenntnis des Unfallgeschehens tue. Man
muss demnach im konkreten Fall das Analogieverbot dahin-
gehend verstehen, dass der mögliche Wortsinn nicht nach einem
etwaigen weitergehenden Alltagssprachgebrauch, sondern nach
fachsprachlichen Maßstäben zu bestimmen ist (*Simon,* NJW 2007,
1668).

27b   Im Übrigen stützt das *BVerfG* seine Argumentation insbesondere noch auf ein systematisches Argument: § 142 II habe Aus-
nahmecharakter, da dessen Pflichten weiter reichen als die Pflichten des § 142 I. § 142 II rechtfertige sich aus der Privilegierung
desjenigen, der sich nach Ablauf der Wartefrist oder berechtigt
oder entschuldigt entfernt habe. Wer aber den Unfall überhaupt
nicht bemerkt habe, könne nicht gleichermaßen verpflichtet werden, sich selbst belastende Handlungen vorzunehmen.

27c   Im Fall *BVerfG* NJW 2007, 1666 ging es um einen Autofahrer A, der mit
seinem Pkw beim verbotswidrigen Überholen Rollsplitt aufgewirbelt und dadurch an dem überholten Fahrzeug des geschädigten G einen Schaden in Höhe
von 1900 Euro verursacht hatte. G folgte dem A, der 500 m später auf das Gelände einer Tankstelle abbog und dort von G auf den Unfall aufmerksam
gemacht wurde. A bestritt den Vorgang und fuhr davon. Da A nicht nachgewiesen werden konnte, die Schädigung bemerkt zu haben, verneinten die
Fachgerichte § 142 I Nr. 1 und bejahten § 142 II Nr. 2, wogegen sich die erfolgreiche Verfassungsbeschwerde richtete.

Teleologisch betrachtet war die weite Auslegung sinnvoll, weil **28**
§ 142 II eine Auffangfunktion für solche Fälle erfüllen soll, in denen sich der Unfallbeteiligte straflos vom Unfallort entfernt hat, bevor die erforderlichen Feststellungen getroffen sind. Das *BVerfG* leugnet dies letztlich nicht, wenn es am Ende seines Beschlusses ein „Hintertürchen" (*Jahn*, JuS 2007, 691) öffnet und Folgendes zur Diskussion stellt: Es sei

> „eine verfassungskonforme Auslegung des § 142 I StGB denkbar, die Fälle erfasst, in denen der Täter nachträglich auf den Unfall hingewiesen wird und sich gleichwohl – weiter – von der Unfallstelle entfernt." Denn der „Entfernens-Vorsatz" könne grundsätzlich bis zur Beendigung der Tat, d. h. bis zum erfolgreichen Sich-Entfernt-Haben gebildet werden. Die Aufgabe, den Begriff des Unfallortes zu konkretisieren, obliege den Fachgerichten (*BVerfG* NJW 2007, 1666, 1667).

Der Gedanke des *BVerfG*, den Begriff Unfallort in der geschilderten Weise auszudehnen, überrascht nicht nur, weil auch er in Konflikt mit dem Wortlaut des § 142 I gerät, sondern mündet außerdem in eine „Sackgasse" (*Küper*, NStZ 2008, 602 ff.): Denn je großzügiger man – abweichend von Rn. 18 – den räumlichen Bereich des Unfallorts bestimmt, „desto größer wird zugleich der Bereich, innerhalb dessen sich der Unfallbeteiligte straflos vom Kollisionspunkt wegbewegen darf" (*Mitsch*, NZV 2008, 218; ferner *Brüning*, ZJS 2007, 322 f.; *Fischer*, § 142 Rn. 20). Dass ein Täter, der von dem Unfallgeschehen erst fünf bis zehn Minuten später und nach einer Weiterfahrt von etwa drei km Kenntnis erlangt, den Unfallort längst verlassen hat, bedarf eigentlich keiner Diskussion (im Ergebnis richtig *OLG Düsseldorf* NZV 2008, 107). Daher kann er auch nicht § 142 I erfüllen, wenn er, bösgläubig geworden, seine Fahrt fortsetzt, ohne Feststellungen zu ermöglichen.

Zurück zu **Fall 2:** Folgt man dem *BVerfG*, so erfüllt M nicht § 142 II Nr. 2. **29** Es geht auch nicht um eine Konstellation im Beendigungsstadium. Die E, die nicht Unfallbeteiligte ist, kann nicht aus den §§ 142 I Nr. 1, 25 I 2. Var. bestraft werden (Sonderdelikt). Die §§ 142 I Nr. 2, 26 scheitern am Erfordernis der *vorsätzlichen* Haupttat. M und E bleiben also straflos.

Die vom *BVerfG* von Verfassungs wegen geforderte fachspezi- **30**
fische Interpretation der Formel „berechtigt oder entschuldigt" hat Konsequenzen für zwei weitere, bisher ebenfalls kontrovers diskutierte Fallgruppen:

Erstens darf auf den Tatbestand des § 142 II Nr. 2 auch nicht mehr bei **jedem straflosen** – von § 142 I also nicht erfassten – Sich-Entfernen zurückgegriffen werden.

Wer im **Fall 1b** (Rn. 20) § 142 I Nr. 1 ablehnt, kann nicht mehr, wie es die Rechtsprechung bisher getan hat, mit Hilfe des § 142 II Nr. 2 zur Strafbarkeit gelangen.

31 Zweitens liegen erst recht außerhalb des § 142 II Nr. 2 alle Konstellationen, in denen **mangels eines willensgetragenen Verhaltens** allseits ein strafbares „Sich-Entfernen" im Sinne des Abs. 1 verneint wird (Rn. 19). So kann ein Bewusstloser einen Vorsatz schon naturgemäß nicht bilden. Allgemeiner formuliert lässt sich ein nicht willensgetragenes Verhalten aus fachsprachlicher Sicht nicht als „berechtigt oder entschuldigt" verstehen. Im Übrigen kann davon, dass der Täter „sich ... entfernt hat", wie es der Wortlaut des § 142 II Nr. 2 verlangt, dann nicht mehr die Rede sein, wenn der Unfallbeteiligte **entfernt worden** ist. Zwar wäre die Einbeziehung dieser Fälle in den § 142 II nach dem Gesetzeszweck sinnvoll, doch ist es mit dem Gesetzeswortlaut nicht vereinbar, das „Entferntwerden" als ein „Sich-Entfernen" zu interpretieren, auch nicht beschränkt auf § 142 II.

So bereits die bisherige h. M.: *OLG Köln* VRS 57, 406; *OLG Hamm* NJW 1979, 438, 439; *Lackner/Kühl,* § 142 Rn. 25; LK/*Geppert,* 11. Aufl., § 142 Rn. 106; MüKo/*Zopfs,* § 142 Rn. 106. Die Gegenmeinung (*BayObLG* NJW 1982, 1059 f.; 1993, 410) ist jedenfalls mit *BVerfG* NJW 2007, 1666 überholt.

32 Ein nach wie vor aktueller Streitpunkt betrifft den Fall, dass der Unfallbeteiligte § 142 I Nr. 1 oder 2 im **Vollrausch** (§ 323 a) erfüllt hat und, nüchtern geworden, keine Feststellungen ermöglicht (zum Streitstand LK/*Geppert,* 11. Aufl., § 142 Rn. 131 f. m. w. N.): Hier müsste § 142 II Nr. 2 von vornherein ausscheiden, wenn man, wie es vereinzelt geschieht, unter das „entschuldigte" Sich-Entfernen nur Entschuldigungsgründe wie die §§ 33, 35 subsumieren würde. Richtigerweise muss aber das „entschuldigt" zumindest im Sinne von „ohne Schuld" verstanden und der Zustand vorübergehender Schuldunfähigkeit einbezogen werden (h. M.; vgl. §§ 17 S. 1, 20, 35 I 1). Von daher bejaht eine andere Meinung in der Tat § 142 II Nr. 2 und lässt das zuvor erfüllte Gefährdungsdelikt (§ 323 a i. V. m. § 142 I) im Wege der Subsidiarität zurücktreten. Gegen die Bejahung des § 142 II Nr. 2 spricht aber, dass sich der Täter wegen des Sich-Entfernens bereits gemäß § 323 a i. V. m. § 142 I Nr. 1 oder 2

strafbar gemacht hat und § 142 II auffangweise Täter erfassen soll, die sich in nicht strafbarer Weise von der Unfallstelle entfernt haben. Daher ist es überzeugender, § 142 II Nr. 2 nicht anzuwenden. Begründen lässt sich diese herrschende Ansicht am besten damit, dass der Vollrauschtäter keineswegs *insgesamt* straflos und „entschuldigt", sondern in gemäß § 323 a strafbarer und damit schuldhafter Weise den Unfallort verlassen hat.

BayObLG NJW 1989, 1685; *Küper,* NJW 1990, 209 ff.; LK/*Geppert,* 11. Aufl., § 142 Rn. 132; *ders.,* JK 90, StGB § 142/15; *Otto,* BT, § 80 Rn. 64; *Fischer,* § 142 Rn. 48; *Lackner/Kühl,* § 142 Rn. 24.

d) **Tathandlung.** Der Täter des Abs. 2 hat die Pflicht, die – bis-   33 her noch nicht getroffenen – Feststellungen im Sinne des Abs. 1 Nr. 1 unverzüglich nachträglich zu ermöglichen (echtes Unterlassungsdelikt). Zu beachten ist zunächst, dass Abs. 2 durch Abs. 3 ergänzt wird und die hier normierten Pflichten über das in Abs. 1 Nr. 1 Verlangte hinausgehen. Denn Abs. 3 verpflichtet den Unfallbeteiligten, *aktiv* alle erforderlichen Angaben wahrheitsgemäß zu machen, und zwar wahlweise gegenüber den Berechtigten oder gegenüber einer nahe gelegenen Polizeidienststelle; allerdings lässt man auch jede andere gleich geeignete Weise genügen (*Fischer,* § 142 Rn. 55).

Vor allem muss der Täter die nachträglichen Feststellungen **un-**   34 **verzüglich** (= ohne schuldhaftes Zögern) nach Ablauf der Wartefrist bzw. nach Wegfall der legitimierenden Situation ermöglichen. Was im Einzelfall als „unverzüglich" anzusehen ist, muss unter Berücksichtigung von Sinn und Zweck des § 142 – insbesondere: Sicherung der zivilrechtlichen Ersatzansprüche, Schutz der Berechtigten vor Beweismittelverlusten – beurteilt werden. So darf der Schädiger bei einem nächtlichen Unfall mit bloßem Sachschaden unter Umständen bis zum nächsten Morgen warten, während dies bei einem Personenschaden kaum in Betracht kommt (*LG Zweibrücken* NZV 1998, 172).

Außerdem kann das Unverzüglichkeitsgebot nach h. M. zum Verlust des Wahlrechts führen und den Unfallbeteiligten faktisch dazu zwingen, die Polizei zu informieren.

Beispiel: Nach Ablauf der Wartefrist (§ 142 I Nr. 2) erreicht der Unfallbeteiligte den Berechtigten – z. B. an Wochenenden – trotz intensiver Bemühungen nicht. Nach h. M. muss der Täter jetzt im Normalfall zur Polizei gehen (BGHSt 29, 138; *Lackner/Kühl,* § 142 Rn. 26; *Fischer,* § 142 Rn. 54; SK/*Rudolphi/Stein,*

§ 142 Rn. 48). Eine Gegenansicht beschränkt das Unverzüglichkeitsgebot auf den einmal eingeschlagenen Weg (*Geppert,* Jura 1990, 86).

4. Zumutbarkeit des Handelns bei Strafverfolgungsgefahren

34a   Davon ausgehend, dass alle Tatbestände des § 142 Unterlassungsdelikte normieren (Rn. 22 a, 23), stellt sich wie bei § 323 c (§ 42 Rn. 11 ff.) die Frage, inwieweit die Gefahr eigener Strafverfolgung die Zumutbarkeit des Handelns beeinflusst (näher LK/ *Geppert,* 11. Aufl., § 142 Rn. 195 ff.). Als gesichert kann gelten, dass solche Straftaten die Zumutbarkeit unberührt lassen, die mit dem Unfallgeschehen im Zusammenhang stehen (z. B. §§ 222, 229, 315 c, 316); denn § 142 hat diesen typischen Konflikt zu Gunsten des privaten Feststellungsinteresses und gegen das Selbstbelastungsrisiko geregelt.

Nicht so eindeutig sind Taten einzuordnen, die mit dem Schadensereignis keinen Zusammenhang aufweisen. In der Praxis spielen insoweit vor allem Straftaten gemäß den §§ 242, 246, 248 b wegen deliktischer Erlangung des Fahrzeugs eine Rolle. Rechtsprechung und h. M. bejahen insoweit ebenfalls die Zumutbarkeit (BGHSt 9, 267; 24, 382; *BGH* VRS 38, 341; LK/*Geppert,* 11. Aufl., § 142 Rn. 197 f.; *Fischer,* § 142 Rn. 49). Ob dies auch noch für schwere(re) Vortaten wie Raub oder Mord gelten soll, die mit dem Straßenverkehr gar keine Berührungspunkte mehr haben, ist ungeklärt und letztlich eine Abwägungsfrage (vgl. *Eisele,* BT I, Rn. 913).

V. Subjektiver Tatbestand und Irrtum

35   Der subjektive Tatbestand verlangt vorsätzliches Handeln (§ 15). Einem **Tatbestandsirrtum** (§ 16 I 1) unterliegt insbesondere, wer seine Unfallbeteiligung und/oder den Verkehrsunfall (mit seinen tatbestandlichen Elementen) nicht richtig erfasst, etwa weil er irrtümlich keinen oder bloß einen unter 25 € liegenden Schaden wahrnimmt (*OLG Hamm* NStZ-RR 1997, 90; *ThürOLG* StV 2006, 529). Entsprechendes gilt für jemanden, der zu Unrecht davon ausgeht, den entstandenen Schaden und damit die tatbestandlichen Feststellungsinteressen selbst beseitigt zu haben.

36   Demgegenüber befindet sich bloß in einem **Verbotsirrtum** (§ 17), wer die Tatsachen richtig einschätzt, sich aber über seine Handlungspflichten täuscht, z. B. über die Dauer der Wartefrist oder über die Grenzen des Unverzüglichkeitsgebots.

Zusammenfassend zu Irrtumsfragen SK/*Rudolphi/Stein,* § 142
Rn. 49; *Geppert,* Jura 1990, 86.

VI. Tätige Reue

§ 142 IV will in bestimmten Fällen den Unfallflüchtigen dazu   37
motivieren, die erforderlichen Feststellungen noch nachträglich zu
ermöglichen, und damit in die Legalität zurückzukehren. Hintergrund sind namentlich Taten, die in der ersten Aufregung begangen werden.

Die Vorschrift ist auf den **ruhenden Verkehr** (Parkunfälle) und   38
nicht bedeutende Sachschäden beschränkt (Wertgrenze in Anlehnung an § 69 II Nr. 3 bei ca. 1.300 €; dazu *OLG Dresden* NJW
2005, 2633; *Fischer,* § 142 Rn. 64). Weiter wird innerhalb von
24 Stunden freiwilliges Handeln wie beim Rücktritt vom Versuch
vorausgesetzt. – Näher *Fischer,* § 142 Rn. 62 ff.; Sch/Sch/*Cramer/
Sternberg-Lieben,* § 142 Rn. 88.

VII. Konkurrenzen

Zwischen den Taten, die mit der Herbeiführung des Unfalls im   39
Zusammenhang stehen (z. B. §§ 222, 229, 315 c, 316), und dem später verwirklichten § 142 besteht nach der Rechtsprechung und h. M.
in der Regel Tatmehrheit, weil die Unfallflucht typischerweise auf
einem neuen Tatentschluss beruht und daher eine Zäsur schafft.

Allerdings ist nach dem (in Einzelheiten umstrittenen) **Prinzip**   40
der Verklammerung bei Dauerstraftaten, die sich über beide Teile
erstrecken (z. B. §§ 248 b, 316) eine Verbindung zu einer Tateinheit
möglich, wenn die verbindende Dauerstraftat wenigstens genauso
schwer wie eine der zu verklammernden Taten wiegt.

Bei dem Dauerdelikt der Trunkenheitsfahrt ist dies nicht der Fall, wenn
§ 316 erst mit den §§ 229, 315 c III Nr. 1 (Unfall) und dann mit der Unfallflucht (§ 142) zusammenfällt (ergänzend das Beispiel in § 4 Rn. 64). Demgegenüber verklammert § 248 b im Falle des „Dauergebrauchs" eine Unfalltat
(etwa § 222) und die anschließende Flucht (§ 142) zur Tateinheit, weil § 248 b
und § 142 den gleichen Strafrahmen haben.

Näher zu diesen Konkurrenzfragen BGHSt 31, 29; *BGH* NStZ 1993, 39, 40;   41
OLG Düsseldorf VRS 87, 290, 292; *Lackner/Kühl,* § 142 Rn. 42; *Jescheck/
Weigend,* AT, § 67 II 3; *Wessels/Beulke,* AT, Rn. 780 f.; Sch/Sch/*Stree/Sternberg-*

Lieben, § 52 Rn. 14 ff.; ausführlich zur Tateinheit durch Verklammerung *Geppert,* Jura 1997, 214 ff.

Empfehlungen zur vertiefenden Lektüre:

Rechtsprechung: *BVerfG* NJW 2007, 1666 (Unanwendbarkeit des § 142 II Nr. 2 bei unvorsätzlichem Sich-Entfernen); BGHSt 29, 138 (Unverzüglichkeitsgebot); *OLG Hamm* NJW 1979, 438 (Begriff des Sich-Entfernens); *BayObLG* NJW 1993, 410 (diverse Fragen); *OLG Köln* NJW 2002, 1359 (Wartezeit des § 142 I Nr. 2).

Literatur: *Brüning,* Das unerlaubte Entfernen vom Unfallort gem. § 142 StGB, ZJS 2008, 148 ff.; *Geppert,* Unerlaubtes Entfernen vom Unfallort (§ 142 StGB), Jura 1990, 78 ff.

11. Kapitel. Straftaten gegen die Umwelt

§ 47. Allgemeine Fragen

I. Einführung

Die §§ 324 ff. gehen auf das 18. StrÄndG aus dem Jahre 1980 **1** (BGBl. I S. 373) zurück, als der Gesetzgeber das Umweltstrafrecht in grundlegender Weise reformierte und einen eigenen Abschnitt „Straftaten gegen die Umwelt" in das StGB einfügte. Zwar hatte es zuvor auch schon bestimmte Umweltdelikte gegeben; doch waren diese in die Umweltverwaltungsgesetze (z. B. WHG, BImSchG, AbfG, AtomG) integriert und führten dort aus verschiedenen Gründen ein Schattendasein. Reformen und Erweiterungen der §§ 324 ff. brachte das Zweite Gesetz zur Bekämpfung der Umweltkriminalität (2. UKG) von 1994 (BGBl. I S. 1440).

Mit seinen Maßnahmen verfolgt der Gesetzgeber das Ziel, den **2** sozialschädlichen Charakter von Umweltbeeinträchtigungen verstärkt in das Bewusstsein der Bevölkerung wie auch der Strafverfolgungsbehörden zu rücken. Zu diesem Zweck werden die Umweltmedien (Wasser, Boden und Luft) als eigenständige ökologische (Universal-)Rechtsgüter anerkannt, die grundsätzlich den gleichen Schutz wie die Individualrechtsgüter Leben, Leib und Eigentum verdienen; daneben werden Tiere und Pflanzen als schützenswerte Umweltgüter hervorgehoben. Zwei Tatbestandsgruppen lassen sich unterscheiden: Die speziellen Normen zum Schutz von Wasser (§ 324), Boden (§ 324 a) und Luft (§ 325) schützen das jeweilige Umweltmedium unmittelbar. Demgegenüber richten sich die §§ 326, 327, 328 gegen bestimmte Gefahrenquellen für alle Umweltmedien (*Kindhäuser*, BT I, § 73 Rn. 1 ff.; *Rogall*, in: Umweltrecht im Wandel, 2002, S. 819 f.).

In systematischer Hinsicht kann man innerhalb des Umweltstrafrechts vor **3** allem die folgenden Teilgebiete unterscheiden (in Klammern die wichtigsten Strafnormen):
– Gewässerschutzstrafrecht (§ 324);
– Bodenschutzstrafrecht (§ 324 a);

- Immissionsschutzstrafrecht (§§ 325, 325 a, 327 II Nr. 1);
- Abfallstrafrecht (§§ 326, 327 II Nr. 3);
- Atomstrafrecht (§§ 307, 309 ff., 327 I, 328 I, II);
- Gefahrstoffstrafrecht (§ 328 III, § 27 ChemG);
- Naturschutzstrafrecht (§ 329 III, § 30 a BNatSchG);
- Tier- und Pflanzenschutz (§ 17 TSchG, § 39 PflSchG).

4   Ähnlich wie im Wirtschaftsstrafrecht (*Rengier,* BT I, § 17 Rn. 1 f.)
prägen auch im Umweltstrafrecht bestimmte allgemeine Grundfragen die Diskussion. Hervorzuheben sind die Fragen nach den
geschützten Rechtsgütern (Rn. 9 ff.), der Verwaltungsakzessorietät
(Rn. 12 ff.) und der Amtsträgerstrafbarkeit (Rn. 22 ff.).

5   Was die **Deliktstypen** anbelangt, so ist auch im Umweltstrafrecht das abstrakte Gefährdungsdelikt verbreitet (z. B. §§ 325 II,
327, 328 I, II). Daneben findet man potentielle (z. B. §§ 325 I,
326 I Nr. 4) und konkrete Gefährdungsdelikte (z. B. § 328 III).
Der Fahrlässigkeitsfall wird – anders als im Wirtschaftsstrafrecht –
in der Regel mit erfasst (z. B. §§ 324 III, 324 a III, 326 V).

6   Die **kriminalpolitische Diskussion** kreist hauptsächlich um die
Notwendigkeit, die Effektivität und die Grenzen des umweltstraf-
rechtlichen Schutzes. So haben empirische Erkenntnisse, wonach
in der Strafverfolgungspraxis eher kleine als große „Umweltsün-
der" erfasst werden, unterschiedliche Reaktionen hervorgerufen,
die von der Forderung nach Abschaffung bis hin zur erheblichen
Verschärfung des Umweltstrafrechts reichen. Der Gesetzgeber hat
sich mit dem 2. UKG auf der Linie vorsichtiger Strafbarkeitser-
weiterungen bewegt.

7   Näher zu den Grundfragen *Kloepfer/Vierhaus,* Umweltstrafrecht, 2. Aufl.,
2002, Rn. 1 ff., 19 ff.; *Lackner/Kühl,* vor § 324 Rn. 1 ff.; *Schall,* NJW 1990,
1263 ff. und wistra 1992, 1 ff.; *Schmidt/Schöne,* NJW 1994, 2516 f.

8   Versucht man, examensrelevante Gebiete des Umweltstrafrechts hervorzuheben, so kann man die Bereiche der Verwaltungsakzessorietät und Amtsträgerstrafbarkeit sowie die Tatbestände der §§ 324, 326 nennen.

II. Geschützte Rechtsgüter

9   Die geschützten Rechtsgüter sind in erster Linie für die Pönali-
sierungsbefugnisse des Gesetzgebers und die Auslegung der
§§ 324 ff. von Bedeutung. In der Diskussion spielen vier verschiedene Ansatzpunkte eine Rolle:

(1) Nach der **rein ökologischen Sichtweise** werden die Umweltmedien (Wasser, Boden, Luft) und die sonstigen Umweltgüter (Tiere, Pflanzen) um ihrer selbst willen – als ideelles Gut – geschützt.

(2) Demgegenüber betont die **rein anthropozentrische Sichtweise**, dass es bei dem Schutz der Umwelt ausschließlich um den Schutz des Individuums vor Umweltgefahren gehe.

(3) Die heute h. M. vertritt zu Recht eine vermittelnde **ökologisch-anthropozentrische Sichtweise**, die auch dem Willen des Strafgesetzgebers entspricht (vgl. ferner Art. 20a GG). Danach werden Wasser, Boden, Luft, Tiere und Pflanzen zwar als eigenständige ökologische (Universal-)Rechtsgüter anerkannt, doch wird die Umwelt nur in ihrer Funktion als elementare Lebensgrundlage des Menschen geschützt. Die Umweltrechtsgüter sind also letztlich auf den Menschen bezogen, was auch der Aufgabe des Strafrechts entspricht, *sozial*schädliche Verhaltensweisen zu bekämpfen. Im geltenden Recht wird die individualrechtliche Komponente mal stärker, mal schwächer akzentuiert. Zum Teil tritt sie völlig in den Hintergrund (z.B. §§ 324, 324a I Nr. 2), während sie sich etwa bei den §§ 325 I, 326 I Nr. 1, 328 III deutlicher zeigt.

(4) Schließlich gibt es Tatbestände, bei denen die Tatbestandsverwirklichung (auch) von der Verletzung behördlicher Kontrollfunktionen, namentlich von einem Handeln ohne Genehmigung abhängt (deutlich § 327). Bei solchen Tatbeständen gehört die behördliche Präventivkontrolle zumindest auch zu den geschützten Rechtsgütern (**administrativer Rechtsgutsaspekt**). – Zum Ganzen *Rengier*, NJW 1990, 2506 ff.; *Bloy*, JuS 1997, 578 ff.; *Kloepfer/Vierhaus* (wie bei Rn. 7), Rn. 12 ff.; *Lackner/Kühl*, vor § 324 Rn. 7.

III. Verwaltungsakzessorietät des Umweltstrafrechts

Wenn man von der Verwaltungsakzessorietät des Umweltstrafrechts, d.h. von dessen Abhängigkeit vom Umweltverwaltungsrecht spricht, hat man die drei Erscheinungsformen der *begrifflichen* Akzessorietät, der Verwaltungs*rechts*akzessorietät und der Verwaltungs*akts*akzessorietät vor Augen.

1. Begriffliche Akzessorietät und Verwaltungsrechtsakzes-sorietät

13   Die ersten beiden Formen sind verhältnismäßig unproblema-tisch: Die *begriffliche* Akzessorietät besteht darin, dass das Straf-recht bestimmte Begriffe des Umweltverwaltungsrechts – wie „Abfall" oder „kerntechnische Anlage" – (weitgehend) übernom-men hat.

14   Bei der Verwaltungs*rechts*akzessorietät wird das Strafrecht in Abhängigkeit von umweltverwaltungsrechtlichen *Rechts*vorschrif-ten gebracht (vgl. §§ 324a, 326 III i.V.m. 330d Nr. 4a; § 329). Eine solche Blankettgesetztechnik ist mit den Art. 103 II, 104 I 1 GG vereinbar, wenn (nicht die Exekutive, sondern) der Gesetzgeber in förmlichen Gesetzen im Rahmen der Vorgaben des Art. 80 I 2 GG die Strafbarkeitsmaterie in hinreichend deutlicher Weise geregelt hat (vgl. BVerfGE 75, 329, 340ff.; *Schall,* NJW 1990, 1265f.; *Otto,* Jura 1991, 310f.).

2. Verwaltungsaktsakzessorietät

15   Bei der problematischeren dritten Form, der Verwaltungs*akts*-akzessorietät, ist die Reichweite des Umweltstrafrechts von Einzel-fallentscheidungen der Verwaltungsbehörden abhängig (deutlich § 327; ferner z.B. §§ 324a, 325 I i.V.m. 330d Nr. 4c, d). Unter dem Blickwinkel der Art. 103 II, 104 I 1 GG akzeptiert man weitgehend auch diese Form, soweit der Gesetzgeber die Voraussetzungen für den Erlass von konkretisierenden Verwaltungsakten durch ein förmliches Gesetz hinreichend bestimmt geregelt hat (BVerfGE 78, 374, 382f.; zur Kritik *Kühl,* Lackner-FS, 1987, S. 834ff.).

16   Schwierigkeiten bereitet die Abhängigkeit des Strafrechts von Verwaltungsakten dann, wenn diese zwar wirksam, aber in mate-riellrechtlicher Hinsicht rechtswidrig sind (vgl. §§ 43ff. VwVfG). Einigkeit besteht lediglich darüber, dass Verwaltungsakte, die nach verwaltungsrechtlichen Maßstäben nichtig sind (§ 44 VwVfG), auch strafrechtlich unverbindlich sind.

Im Übrigen muss man zwischen fehlerhaften belastenden und fehlerhaften begünstigenden Verwaltungsakten unterscheiden:

17   (1) Zum fehlerhaften **belastenden** Verwaltungsakt ein

Beispiel: A betreibt eine Abfallentsorgungsanlage weiter, deren Betrieb ihm auf Grund einer für sofort vollziehbar erklärten (§ 80 II Nr. 4 VwGO), fehlerhaften Untersagungsverfügung verboten worden ist. Nach Widerspruch und Anfechtungsklage hebt das Verwaltungsgericht den Verwaltungsakt auf.

Der h.M. muss widersprochen werden, soweit sie, wie in diesem Fall, auch bei einem Verstoß gegen einen noch nicht bestandskräftigen, fehlerhaften belastenden Verwaltungsakt die Strafbarkeit gemäß § 327 II Nr. 3 bzw. Nr. 1 (dazu § 48 Rn. 31 f.) im Sinne strenger Verwaltungsaktsakzessorietät bejaht. Nicht zuletzt unter dem Blickwinkel gewisser Tendenzen in der Rechtsprechung des *BVerfG* ist die h.M. schwer haltbar (vgl. BVerfGE 87, 399, 406 ff.; 92, 191, 200 ff.; zur Problematik siehe schon § 30 Rn. 21 ff.).

(2) Zum fehlerhaften **begünstigenden** Verwaltungsakt das folgende   **18**

Beispiel: Dem Unternehmer U wird von der zuständigen Behörde unter Verstoß gegen gewässerschützende Vorschriften eine fehlerhafte (nicht nichtige) Einleiteerlaubnis erteilt. U macht von der Erlaubnis Gebrauch. Kann U nach § 324 I bzw. III bestraft werden, wenn er die Rechtswidrigkeit der Genehmigung erkennt bzw. hätte erkennen können?

Bei solchen fehlerhaften begünstigenden Verwaltungsakten übernimmt die h.M. zu Recht die verwaltungsrechtlichen Vorgaben, wonach die Genehmigung wirksam ist (§ 43 I, II VwVfG) und lediglich unter den Voraussetzungen des § 48 VwVfG zurückgenommen werden kann. Von daher schließt auch eine rechtswidrige (nicht nichtige) Genehmigung ein Handeln „ohne Genehmigung" (§ 327) bzw. ein „unbefugtes" Handeln (§ 324) aus, solange eine Rücknahme nicht erfolgt.

Demgegenüber löst sich eine Mindermeinung, die man als „materielle Durch-   **19** griffslösung" charakterisieren kann, von allen formalen verwaltungsrechtlichen Kategorien und beurteilt die strafrechtliche Wirksamkeit der Genehmigung selbstständig und ausschließlich nach dem materiellen Verwaltungsrecht. Zur h.M. *Lackner/Kühl*, § 324 Rn. 10; Sch/Sch/*Cramer/Heine*, vor § 324 Rn. 16 ff.; zur Mindermeinung *Schünemann*, GA 1996, 444 ff.; differenzierend *Perschke*, wistra 1996, 165 f. Zur Unterscheidung zwischen tatbestandsausschließender und rechtfertigender Genehmigung Sch/Sch/*Lenckner*, vor § 32 Rn. 61; *Roxin*, AT I, § 10 Rn. 32, § 17 Rn. 58 ff.; *Jescheck/Weigend*, AT, § 33 VI; *Kühl*, AT, § 9 Rn. 119 ff.

(3) Bei begünstigenden Verwaltungsakten wird die Verwaltungs-   **20** aktsakzessorietät allein in den sog. **Rechtsmissbrauchs-Fällen** des § 330 d Nr. 5 durchbrochen (vgl. demgegenüber § 48 II 3 VwVfG). Mit dem durch das 2. UKG eingefügten § 330 d Nr. 5 hat der Gesetzgeber den Streit um die strafrechtliche Beachtlichkeit von

durch rechtsmissbräuchliches Handeln erlangten Genehmigungen geklärt.

Zur früheren Diskussion BGHSt 39, 381, 387; *Rengier*, ZStW 1989, 885 ff.; *Otto*, Jura 1993, 313. – Zur heutigen Diskussion siehe *Schall*, Otto-FS, 2007, S. 743 ff.

21   (4) Weitere Diskussionspunkte betreffen zum einen die Frage, ob die bloße **Genehmigungsfähigkeit** dem Handeln mit Genehmigung gleichgestellt werden kann, zum anderen das Problem, inwieweit sog. **behördliche Duldungen** einen ausreichenden Genehmigungsersatz darstellen können. Beides ist für den Regelfall zu verneinen, weil die Kontrollfunktionen der behördlichen Genehmigung grundsätzlich ein vorgeschaltetes Verfahren erfordern. Doch lassen sich insbesondere im Rahmen der Duldung Ausnahmefälle denken, in denen duldendes Verhalten der Behörden eine genehmigungsgleiche Wirkung entfaltet.

Zur Vertiefung *Rengier*, ZStW 1989, 902 ff.; *Perschke*, wistra 1996, 166 ff.; *Kloepfer/Vierhaus* (wie Rn. 7), Rn. 36 ff.; Sch/Sch/*Cramer/Heine*, vor § 324 Rn. 19 f.

IV. Verantwortlichkeit von Amtsträgern

22   Die Probleme rund um die umweltstrafrechtliche Verantwortlichkeit von Amtsträgern sind intensiv diskutiert worden. Man kann vier Fallgruppen unterscheiden (zusammenfassend *Schall*, JuS 1993, 720 ff.):

1. Amtsträger als Betreiber von öffentlichen Anlagen

23   Relativ unproblematisch ist die erste Fallgruppe, in der es um das Betreiben emissionsträchtiger öffentlicher Einrichtungen insbesondere auf kommunaler Ebene geht (z. B. Kläranlagen, Abfallentsorgungsanlagen, Mülldeponien, Schwimmbäder, Schlachthöfe, Krankenhäuser, Kraftwerke). In diesen sog. „Betreiberfällen" ist der zuständige Amtsträger direkter Adressat der Umweltstrafnormen wie ein vergleichbarer privater Anlagenbetreiber (vgl. auch § 14 II 3). So macht sich ein Bürgermeister nach § 324 III i. V. m. § 13 strafbar, der sich um den gebotenen Ausbau einer gemeindlichen Kläranlage nicht kümmert und daher vermeidbare Gewässerverunreinigungen verursacht. Das dogmatische Fundament bildet hier typischerweise die Stellung des Betriebsinhabers als Überwachungsgarant (vgl. dazu Sch/Sch/*Cramer/Heine*, vor § 324 Rn. 41; *Pfohl*, NJW 1994, 419).

2. Erteilung einer fehlerhaften Genehmigung

Die *fahrlässige* Erteilung einer fehlerhaften – und vom Begüns- **24** tigten genutzten – Genehmigung führt bei *Allgemein*delikten zur Haftung des Amtsträgers aus dem Fahrlässigkeitstatbestand (wichtig namentlich § 324 III). Hingegen scheidet bei Sonderdelikten wie den §§ 325, 327, die sich an den Betreiber einer Anlage wenden bzw. mindestens eine Tätigkeit „beim Betrieb" voraussetzen, diese Möglichkeit aus, weil der Amtsträger kein tauglicher Täter ist.

Bei der *vorsätzlichen* Erteilung einer fehlerhaften Genehmigung **25** ist umstritten, inwieweit, ein Allgemeindelikt vorausgesetzt, der Amtsträger *mittelbarer* Täter sein kann.

Beispiel: Amtsträger A erteilt dem U, ohne dass dieser sich rechtsmissbräuchlich verhält, bewusst eine fehlerhafte Erlaubnis zur Gewässerbenutzung, um dem U einen Gefallen zu tun. U macht von der Genehmigung – gut- oder bösgläubig – Gebrauch.

Die h. M. bejaht hier zu Recht eine Strafbarkeit des A nach den §§ 324 I, 25 I 2. Var. mit der Begründung, dass A mittels des rechtswidrigen Verwaltungsaktes die bis dahin bestehende Verbotsschranke aufhebe und damit gewissermaßen grünes Licht für eine – wegen der Genehmigung – gerechtfertigte Umweltverschmutzung gebe (BGHSt 39, 381, 387 ff.; *Rudolphi*, NStZ 1994, 434 f.; a. A. – mangels Tatherrschaft – z. B. *Schall*, JuS 1993, 721; *Otto*, Jura 1991, 314 f.).

Eine Beihilfe oder Anstiftung des Amtsträgers scheidet – bei **26** Allgemein- wie Sonderdelikten – im Normalfall aus, weil nach den Regeln der Verwaltungsaktsakzessorietät der Amtsträger mit der Erteilung der fehlerhaften (wirksamen) Genehmigung gleichsam selbst dafür sorgt, dass es an einer tatbestandsmäßigen bzw. rechtswidrigen Haupttat fehlt. Anders liegt es bei einer nichtigen Genehmigung und insbesondere in den Fällen des Rechtsmissbrauchs, zu denen gemäß § 330 d Nr. 5 auch die Kollusion, d. h. das auf einen gemeinsamen Rechtsbruch gerichtete Zusammenwirken, gehört. Hier kommt eine Teilnahme (§§ 26, 27), bei Allgemeindelikten auch Mittäterschaft (§ 25 II) des Amtsträgers an

der Tat des Genehmigungsempfängers in Betracht (dazu auch
BGHSt 39, 381, 385 ff.).

3. Nichtrücknahme einer fehlerhaften Genehmigung

27   **Zwei Fallgruppen** sind zu unterscheiden: (1) Der zuständige Amtsträger A
erteilt eine rechtswidrige Genehmigung, nimmt sie aber pflichtwidrig nicht
zurück, nachdem er den Fehler entdeckt hat.
(2) Die Genehmigung wird erst nachträglich rechtswidrig und von A pflichtwidrig nicht widerrufen.

28   Die h. M. bejaht in beiden Konstellationen zu Recht eine Garantenstellung (z. B. SK/*Rudolphi,* § 13 Rn. 40b, 44a; *ders.,* NStZ
1994, 435). In der ersten Fallgruppe ist die Garantenstellung aus
dem rechtswidrigen vorangegangenen Tun (Ingerenz) abzuleiten.
In der zweiten Gruppe wechseln die Begründungen; wesentliche
Aspekte sind die Dauerwirkung der Erlaubnis und der Gedanke
der behördlichen Überwachungspflichten. Richtigerweise spielt es
für die Handlungspflicht auch keine Rolle, ob inzwischen ein anderer Amtsträger den Platz des genehmigenden Beamten eingenommen hat.

29   Dementsprechend kann A in beiden Fallgruppen z. B. wegen vorsätzlicher
oder fahrlässiger Gewässerverunreinigung durch Unterlassen strafbar sein,
wenn er die (nachträgliche) Rechtswidrigkeit einer wasserrechtlichen Erlaubnis
erkennt bzw. hätte erkennen können und die unterlassene Aufhebung ermes-
sensfehlerhaft und insoweit pflichtwidrig wäre. Pflichtwidrig ist das Verhalten,
wenn der Amtsträger ihm verwaltungsrechtlich eingeräumte Beurteilungs- und
Ermessensspielräume überschreitet (*OLG Karlsruhe* BeckRS 2004 Nr. 09351;
auch bei *Schall,* NStZ-RR 2006, 263 f.).

4. Nichteinschreiten gegen rechtswidrige Umweltbeeinträchti-
gungen durch Dritte

30   **Beispiele:** (1) Der verantwortliche Bedienstete B der zuständigen Wasserbehörde unternimmt pflichtwidrig nichts (er ergreift z. B. keine Zwangsmaßnah-
men), als er feststellt, dass der Unternehmer U illegal Abwässer in den Rhein
einleitet.
(2) Der für die Überwachung von Abfallentsorgungsanlagen zuständige
Amtsträger A sieht tatenlos zu, wie U Sondermüll in einer dafür nicht zugelassenen Deponie lagert.

31   Die vierte (und umstrittenste) Fallgruppe betrifft zuständige
Amtsträger von Überwachungsbehörden, die in pflichtwidriger
Weise (Rn. 29) gegen rechtswidrige Umweltbeeinträchtigungen

durch Dritte nicht einschreiten und dadurch deren Taten nicht unterbinden. Die Rechtsprechung und h.M. bejahen hier zu Recht eine Beschützergarantenstellung des zuständigen Amtsträgers mit der Begründung, dass die Umweltgüter den Umweltverwaltungsbehörden anvertraut seien und der jeweils zuständige Bedienstete als Beschützergarant gleichsam auf Posten gestellt sei, die ökologischen Güter wie das Wasser rundum vor allen Angriffen zu schützen.

OLG Frankfurt NJW 1987, 2753, 2757; LG Bremen NStZ 1982, 164; AG Hanau wistra 1988, 199; Lackner/Kühl, vor § 324 Rn. 12; Sch/Sch/Cramer/ Heine, vor § 324 Rn. 39 f.; Otto, Jura 1991, 315; Roxin, AT II, § 32 Rn. 99 ff.

Die Gegenmeinung bestreitet insbesondere, dass zwischen den **32** Umweltbehörden und dem Umweltgut ein für eine Beschützergarantenstellung ausreichendes tatsächliches Obhuts- und Pflegeverhältnis bestehe (SK/Rudolphi, § 13 Rn. 54 d).

Handelt im Beispiel (1) U fahrlässig (§ 324 III), so wird man bei B auf dem **33** Boden der h.M. zu den §§ 324 I, 13 kommen. Verwirklicht U § 324 I, so muss bezüglich B zwischen den §§ 324 I, 13 und §§ 324 I, 27, 13 abgegrenzt werden (dazu Otto, AT, § 21 Rn. 37 ff.; LK/Roxin, 11. Aufl., § 25 Rn. 201 ff.; Sowada, Jura 1986, 401 ff.).

Im Beispiel (2) gelangt man zu entsprechenden Ergebnissen bezüglich § 326 I Nr. 4 a, V bei U bzw. §§ 326 I Nr. 4 a, (27), 13 bei A.

BGHSt 38, 325 hat zu Recht einen Bürgermeister wegen vor **34** sätzlicher Gewässerverunreinigung durch Unterlassen verurteilt (ohne allerdings zu den §§ 324 I, 27, 13 abzugrenzen), der gesetzeswidrig nicht dafür gesorgt hatte, dass ortsansässige Grundstückseigentümer Kläreinrichtungen installierten, die zu geringeren Gewässerverunreinigungen geführt hätten. Die Garantenstellung des Bürgermeisters ergibt sich hier – beschränkt auf den Abwasserbereich – aus der öffentlichrechtlichen Abwasserbeseitigungspflicht der Gemeinden (zust. Schall, JuS 1993, 723; ergänzend OLG Frankfurt NStZ-RR 1996, 103).

Empfehlungen zur vertiefenden Lektüre:

Rechtsprechung: BGHSt 38, 325 (Garantenstellung des Bürgermeisters im Aufgabenbereich der Abwasserbeseitigung); BGHSt 39, 381 (vorsätzliche Erteilung einer fehlerhaften Genehmigung); AG Hanau wistra 1988, 199 (§§ 324 III, 13 durch Beamten der Wasserbehörde wegen Nichteinschreitens gegen vorsätzliche Gewässerverunreinigung).

Literatur: Bloy, Umweltstrafrecht: Geschichte – Dogmatik – Zukunftsperspektiven, JuS 1997, 577 ff.; Franzheim/Pfohl, Umweltstrafrecht, 2. Aufl., 2001;

Kloepfer/Vierhaus, Umweltstrafrecht, 2. Aufl., 2002; *Otto,* Grundsätzliche Problemstellungen des Umweltstrafrechts, Jura 1991, 308 ff.; *Rudolphi,* Anm. zu BGHSt 39, 381, NStZ 1994, 433 ff.; *Schall,* Zur Strafbarkeit von Amtsträgern in Umweltverwaltungsbehörden – BGHSt 38, 325, JuS 1993, 719 ff.

§ 48. Einzelne Tatbestände

I. Gewässerverunreinigung (§ 324)

1   § 324 enthält eine griffige umweltstrafrechtliche Vorschrift, die neben § 326 die größte praktische Bedeutung hat. – Rechtsprechungsübersichten bei *Schall,* NStZ 1992, 209 ff., 266; NStZ-RR 1998, 353 f.; 2001, 1; 2003, 65 f.; 2005, 33 ff.; 2006, 162 f.

Zum Tatobjekt **Gewässer** gehört auch das Grundwasser (§ 330 d Nr. 1). Unter einem oberirdischen Gewässer versteht man das „ständig oder zeitweilig in Betten fließende oder stehende oder aus Quellen wild abfließende Wasser" (§ 1 I Nr. 1 WHG).

Beispiele: Fluss, Bach, Kanal, See, Teich.

2   *Nicht* dazu gehören – da dem natürlichen Wasserkreislauf entzogen – das in Leitungen und anderen Behältnissen gefasste Wasser und Abwasser.

Beispiele: Kanalisation, Kläranlagen, Schwimmbecken, Zierteiche. – Zur Abgrenzung siehe auch *BGH* JR 1997, 253, 254 mit Anm. *Sack.*

3   Die **Tathandlung** (zusammenfassend *OLG Frankfurt* NStZ-RR 1996, 103) besteht in einer nachteiligen Veränderung der Gewässereigenschaften, wobei die Verunreinigung einen Spezialfall darstellt; von daher ist § 324 ein Erfolgsdelikt. Ausgehend von einer schwerpunktmäßig ökologisch orientierten Rechtsgutsbestimmung (vgl. § 47 Rn. 10) schützt die h.M. das Gewässer in seinem jeweiligen ökologischen Status quo – auch wenn er schon schlecht ist.

4   Aus diesem Blickwinkel wird die Tathandlung weit verstanden: Als **nachteilige Veränderung** ist jede nicht unerhebliche Verschlechterung der Gewässereigenschaften im physikalischen, chemischen oder biologischen Sinn anzusehen. Typischerweise tritt ein Minus an Wassergüte ein (vgl. ergänzend Rn. 7). Es genügt, dass die Verschlechterung ökologische oder wirtschaftliche Nachteile zur Folge haben kann. Die Frage der „Erheblichkeit" hängt

insbesondere von der Größe und Tiefe des Gewässers, der Was-
serführung, der Fließgeschwindigkeit, der Menge und Gefährlichkeit der Schadstoffe sowie von der Vorbelastung des Gewässers
ab.

Die **Verunreinigung** als Unterfall der Verschlechterung der 5
Gewässereigenschaften erfasst die äußerlich erkennbare Veränderung (Trübung, Ölspuren, Schaumbildung, Schmutzfahnen). – Zur
tatbestandlichen Reichweite einige

Beispiele: Eine vorübergehende und partielle negative Beeinträchtigung z.B. 6
des Rheins durch bestimmte – die Erheblichkeitsschwelle überschreitende –
Abwassermengen genügt (vgl. *BGH* NStZ 1991, 281f.; *OLG Stuttgart*
NVwZ-RR 1990, 13, 15; *LG Kleve* NStZ 1981, 266). Ebenso kann das Absen-
ken des Wasserspiegels ausreichen (*OLG Stuttgart* NStZ 1994, 590f.). Erst
recht erfüllt den Tatbestand, wer ein Gewässer durch Austrocknen beseitigt
(*OLG Oldenburg* NuR 1990, 480; a.A. *Lackner/Kühl*, § 324 Rn. 5).

Die nachteilige Veränderung der Gewässereigenschaften muss 7
nicht unbedingt gerade die Wasserqualität als solche beeinträchtigen (a.A. *Lackner/Kühl*, § 324 Rn. 4; *Sch/Sch/Cramer/Heine*, § 324
Rn. 9). Vielmehr gehören zu den geschützten Eigenschaften auch
die faktischen Benutzungsmöglichkeiten. Daher handelt tatbestandsmäßig, wer etwa den Schiffsverkehr durch Einbringen von
Hindernissen gefährdet oder in Badezonen scharfkantige Gegenstände versenkt (*OLG Stuttgart* NStZ 1994, 590; *Rengier,* Das
moderne Umweltstrafrecht ..., 1992, S. 16ff.; NK/*Ransiek*, § 324
Rn. 17; a.A. Sch/Sch/*Cramer/Heine*, § 324 Rn. 8; LK/*Steindorf*,
11. Aufl., § 324 Rn. 37).

Die Reichweite der tatbestandlichen „Erheblichkeitsschwelle" 8
ist ungeklärt. Die immer wieder genannten Beispiele (Ausleeren
einer Cola- oder Milchflasche bzw. Flasche mit Salatöl; geringfügige Trübungen durch Sand oder Lehm) zeigen aber, dass die
restriktive Wirkung nicht weit geht.

Erhebliche Bedeutung hat der Fahrlässigkeitstatbestand (§ 324 9
III). Als Anknüpfungspunkte kommen alle Pflichtverletzungen
(z.B. Schlampereien bei Betankungsvorgängen) sowie vermeidbare
Unfälle jeder Art mit auslaufendem Schadstoff in Betracht, soweit
unmittelbar oder mittelbar ein Gewässer geschädigt wird, auch im
Wege des Versickerns (Grundwasser).

Zur „unbefugtes" Handeln ausschließenden, rechtfertigenden 10
Wirkung der behördlichen Genehmigung siehe bereits § 47 Rn. 18.
– Ein rechtfertigender Notstand (§ 34) kann in der Regel nur in

Not- und Katastrophenfällen eingreifen und insbesondere nicht Umweltstraftaten legitimieren, die der Sicherung des Betriebs und/ oder von Arbeitsplätzen dienen (*BGH* JR 1997, 253, 254 mit Anm. *Sack;* Sch/Sch/*Lenckner/Heine*, § 326 Rn. 16; Sch/Sch/*Cramer/ Heine*, § 324 Rn. 13). – Im Falle einer nur gewässerschädigenden Beseitigung von Abfällen tritt § 326 I Nr. 4a im Wege der Konsumtion hinter § 324 zurück (BGHSt 38, 325, 338f.; Sch/Sch/ *Lenckner/Heine,* § 326 Rn. 22).

II. Bodenverunreinigung (§ 324a)

11   Mit der Einfügung des § 324a durch das 2. UKG erkennt der Gesetzgeber an, dass auch der Boden wie Luft und Wasser eine besondere Bedeutung für den Naturhaushalt hat und als Lebensgrundlage und Lebensraum für Menschen, Tiere und Pflanzen strafrechtlichen Schutz verdient. – Rechtsprechungsübersichten bei *Schall,* NStZ-RR 2002, 34f.; 2003, 66f.; 2005, 35ff.; 2006, 163ff.; 2008, 99f.

Geschütztes Rechtsgut sind in erster Linie und bei § 324a I Nr. 2 ausschließlich die ökologisch-anthropozentrischen Bodenfunktionen, wobei man vor allem die Lebensraum-, Klima-, Regelungs- und Reinigungsfunktion unterscheiden kann (dazu *Möhrenschlager,* NStZ 1994, 516; LK/*Steindorf,* 11. Aufl., § 324a Rn. 17ff.; vgl. ferner *Hofmann,* wistra 1997, 89f.).

12   Der Begriff des **Bodens** umfasst die obere – unbebaute wie bebaute – Schicht der Erdkruste, soweit sie Träger der genannten Bodenfunktionen ist und durch menschliche Aktivitäten beeinflusst werden kann (vgl. *Möhrenschlager,* NStZ 1994, 516; Sch/ Sch/*Heine,* § 324a Rn. 3; *Lackner/Kühl,* § 324a Rn. 2).

Der Begriff des **Stoffes** entspricht dem des § 224 I Nr. 1 (dazu oben § 14 Rn. 5; vertiefend LK/*Steindorf,* 11. Aufl., § 324a Rn. 26ff.). Beeinträchtigungen *nicht*stofflicher Art z.B. durch Bauwerke, Abgrabungen, Aufschüttungen und Entwässerungen werden nicht erfasst.

Das Merkmal **unter Verletzung verwaltungsrechtlicher Pflichten** wird durch § 330d Nr. 4 ausgefüllt (ergänzend *OLG Celle* NStZ-RR 1998, 208, 209; *AG Schwäbisch Hall* NStZ 2002, 152, 153; *Rengier,* Brohm-FS, 2002, S. 525ff.; *Schall,* Küper-FS, 2007, S. 505ff.).

Das **Einbringen** beschreibt den finalen Stoffeintrag, das **Eindringenlassen** das – nach h.M. eine Garantenstellung voraussetzende – pflichtwidrige Nichtverhindern des Eindringens von Stoffen in den Boden und das **Freisetzen** die Herbeiführung einer Lage, in der sich der Stoff unkontrollierbar ausbreiten kann.

Als Taterfolg muss der Boden verunreinigt oder sonst nachteilig 13 verändert werden; insoweit lehnt sich § 324a I an § 324 I an und kann ebenfalls als Erfolgsdelikt bezeichnet werden (vgl. Rn. 3 ff.). Doch muss bei § 324a I einschränkend entweder gemäß Nr. 1 eine generelle Schädigungseignung hinzukommen (potentielles Gefährdungsdelikt) oder gemäß Nr. 2 die Beeinträchtigung einen bedeutenden Umfang erreichen, was kumulativ eine quantitative und qualitative (ökologische) Komponente beinhaltet (*Sch/Sch/ Heine*, § 324a Rn. 12; a.A. LK/*Steindorf*, 11. Aufl., § 324a Rn. 57: auch alternativ).

Wird die Bodenverunreinigung mittels gewässergefährdender Abfälle begangen, so konsumiert – vergleichbar mit dem Fall des § 324 (Rn. 10) – § 324a den § 326 I Nr. 4a (*BGH* wistra 2001, 259).

III. Luftverunreinigung (§ 325)

§ 325 spielt in der Strafverfolgungspraxis bisher keine große 14 Rolle. Dies liegt nicht zuletzt an verschiedenen restriktiven Tatbestandselementen (vgl. ferner § 325 V). § 325 I normiert ein potentielles Gefährdungsdelikt, das insbesondere die Feststellung bestimmter Immissionen voraussetzt, die Menschen, Tiere usw. gefährden können (vgl. auch § 3 I, II BImSchG). Demgegenüber enthält der durch das 2. UKG eingefügte § 325 II einen reinen Emissionstatbestand (vgl. auch § 3 III BImSchG). Der Gesetzgeber hat damit zwar eine alte Reformforderung erfüllt, verlangt aber einschränkend z. B. eine „grobe" Verletzung verwaltungsrechtlicher Pflichten sowie ein Freisetzen „außerhalb des Betriebsgeländes". – Rechtsprechungsübersicht bei *Schall*, NStZ-RR 2003, 67; 2006, 166.

IV. Unerlaubter Umgang mit gefährlichen Abfällen (§ 326)

1. Grundlagen

15   Nach den Strafverfolgungsstatistiken entfallen auf § 326 die meisten bekannt gewordenen Umweltstraftaten (vor § 324 und § 327). § 326 I ist so konzipiert, dass die Abfälle eine bestimmte besonders gefährliche Qualität aufweisen müssen und dann (so der Oberbegriff) „beseitigt", d. h. dem regulären strengen Abfallregime entzogen werden. Mit § 326 II, der die unerlaubte Ein-, Aus- und Durchfuhr bestraft, hat der Gesetzgeber – in Erfüllung internationaler Verpflichtungen – namentlich auf aufsehenerregende Giftmüllexporte reagiert. – Ausführliche Rechtsprechungsübersichten bei *Schall*, NStZ 1997, 422 f., 462 ff., 577 ff.; NStZ-RR 1998, 354 ff.; 2001, 1 ff.; 2002, 35 ff.; 2003, 68 f.; 2005, 97 ff.; 2006, 263 ff., 292 ff.; 2008, 101 ff., 129 ff.

2. Der strafrechtliche Abfallbegriff

16   Der strafrechtliche Abfallbegriff lehnt sich eng an den verwaltungsrechtlichen Abfallbegriff an, ohne dass dies eine vollständige Übereinstimmung bedeutet. Auch nach dem seit dem 6. 10. 1996 geltenden Kreislaufwirtschafts- und Abfallgesetz (KrW-/AbfG), das das Abfallgesetz von 1986 abgelöst hat, muss man den subjektiven und den objektiven Abfallbegriff unterscheiden (vertiefend *Heine*, NJW 1998, 3665 ff.).

17   a) Abfälle im Sinne des **subjektiven Abfallbegriffs** – man spricht auch vom **gewillkürten Abfall** – sind alle beweglichen Sachen, deren sich ihr Besitzer entledigt oder entledigen will (vgl. § 3 I 1 1. und 2. Var. KrW-/AbfG; Sch/Sch/*Lenckner/Heine*, § 326 Rn. 2 c). Unterschieden werden Abfälle zur Verwertung und Abfälle zur Beseitigung (§ 3 I 2 KrW-/AbfG).

18   § 3 II KrW-/AbfG umschreibt in klärender Weise den Begriff der **Entledigung:** Eine solche liegt vor, wenn der Besitzer bewegliche Sachen einer gesetzlich geregelten bestimmten Verwertung oder Beseitigung zuführt oder die tatsächliche Sachherrschaft über sie unter Wegfall jeder weiteren Zweckbestimmung aufgibt. Bei allen Entledigungsformen will der Besitzer die Sache so, wie sie ist, loswerden. Der mögliche Wille, sie später in *anderer* Form wieder

zu verwenden, schließt die Abfalleigenschaft nicht aus (Abfälle zur „Verwertung").

Nicht um Abfall im Sinne des subjektiven Abfallbegriffs (son- **19** dern um ein „Produkt" oder „Wirtschaftsgut") handelt es sich, wenn die Sache entsprechend ihrem ursprünglichen Zweck weiter verwendet oder in ihrem gegenwärtigen Zustand *ohne* weitere Behandlung durch „Umwidmung" einem neuen Verwendungszweck zugeführt werden soll (zum Ganzen Sch/Sch/*Lenckner/Heine*, § 326 Rn. 2c; *Schall*, NStZ-RR 2006, 292ff.).

Beispiele: Altreifen sind Abfälle zur Verwertung, wenn sie für die Runderneuerung gebraucht werden. Dagegen entstehen aus Altreifen durch Umwidmung Wirtschaftsgüter, wenn sie z.B. in der Schifffahrt als Puffer dienen.

b) Abfälle im Sinne des **objektiven Abfallbegriffs** – man spricht **20** auch vom sog. **Zwangsabfall** – sind bewegliche Sachen, deren sich ihr Besitzer entledigen *muss* (§ 3 I 1 3. Var. KrW-/AbfG). Der objektive Abfallbegriff soll gewährleisten, dass eine ordnungsgemäße Entsorgung umweltgefährdender Restprodukte auch gegen den Willen des Abfallbesitzers durchgeführt werden kann.

§ 3 IV KrW-/AbfG konkretisiert die Voraussetzungen: Danach **21** liegt Zwangsabfall vor, (1) wenn die beweglichen Sachen entsprechend ihrer ursprünglichen Zweckbestimmung nicht mehr verwendet werden, (2) sie auf Grund ihres konkreten Zustandes geeignet sind, gegenwärtig oder künftig das Wohl der Allgemeinheit, insbesondere die Umwelt zu gefährden und (3) das Gefährdungspotential der Sachen nur durch eine ordnungsgemäße und schadlose Verwertung oder gemeinwohlverträgliche Beseitigung ausgeschlossen werden kann.

Maßgebender Anknüpfungspunkt ist also der Verlust der ur- **22** sprünglichen Zweckbestimmung: Die Sache hat entweder „ausgedient" und gehört sozusagen auf den Müll, oder sie kann in ihrem gegenwärtigen Zustand eine neue Zweckbestimmung erst nach einem Verwertungsverfahren erhalten. Umgekehrt betrachtet: Eine Sache gehört nicht zu den Abfallstoffen, solange sie noch zweckentsprechend gebraucht wird, oder wenn sie so, wie sie ist, durch „Umwidmung" einen neuen sinnvollen Gebrauchszweck erhält (zum Ganzen vertiefend Sch/Sch/*Lenckner/Heine*, § 326 Rn. 2e–f).

Beispiele für Zwangsabfälle: Verseuchter Sand (BGHSt 37, 21, 25ff.); unsortierter Bauschutt (BVerwGE 92, 353); Altreifen, wenn für sie kein Markt existiert (BVerwGE 92, 359); in ihrem aktuellen Zustand nicht brauchbare Altöle und Reststoffe aus Produktionsprozessen (vgl. *OLG Oldenburg* MDR 1996, 301); Pferdemist, der zwar grundsätzlich als Dünger tauglich sein mag, aber als gelagerter Haufen die Umwelt schädigt (*OLG Koblenz* NStZ-RR 1997, 363). Zur Abgrenzung zwischen Abfall und Wirtschaftsgut bei Autowracks zusammenfassend *Schall,* NStZ-RR 1998, 355 f.; 2008, 129 f.; *Brede,* NStZ 1999, 137; zu (Abfall-)Autowracks, die noch nennenswerte Mengen an Betriebsflüssigkeiten enthalten, unten Rn. 27.

23   c) Die **Anwendungsbeschränkungen** des § 2 II KrW-/AbfG, die vor dem Hintergrund öffentlichrechtlicher Spezialgesetze (z. B. Tierkörperbeseitigungsgesetz) zu sehen sind, gelten für das Strafrecht nicht. Insbesondere kann – trotz § 2 II Nr. 6 KrW-/AbfG – § 326 I eingreifen, wenn Stoffe in Gewässer oder Abwasseranlagen eingeleitet werden (vgl. BGHSt 37, 21, 24 f.; *BGH* NStZ 1991, 281, 282; *OLG Celle* ZfW 1990, 303).

3. Abfälle im Sinne des § 326 I Nr. 4 a

24   Alle Abfälle müssen eine **bestimmte Gefährlichkeit** aufweisen (sonst kommt nur eine Ordnungswidrigkeit nach § 61 I KrW-/AbfG in Betracht). Den wichtigsten Fall enthält § 326 I Nr. 4 a (= Nr. 3 a. F.). Das Merkmal **nachhaltig** hat eine temporales und ein quantitatives Element. Der zu erwartende Schaden muss zum einen von längerer Dauer (d. h. nicht nur vorübergehend, kurzfristig), zum anderen von einer gewissen Intensität (d. h. von erheblichem Umfang) sein (vgl. zu § 326 I Nr. 3 a. F. *OLG Zweibrücken* NJW 1992, 2841, 2842; *OLG Schleswig* NuR 1990, 92, 93).

25   Umstritten und in Einzelheiten ungeklärt ist die Interpretation der **Eignungsklausel.** Dazu folgende

> **Beispiele:** (1) Der Täter lagert Abbruchmaterial, das erheblich mit wassergefährdenden Stoffen belastet ist, ab. Ein Sachverständigengutachten stellt fest, dass auf Grund der konkreten Tatumstände eine Grundwassergefährdung nicht besteht, weil über dem Grundwasser eine undurchlässige Gesteinsschicht liegt (vgl. *BayObLG* NJW 1989, 1290).
> (2) Jemand kippt 10 l Altöl in die Kanalisation, eine Menge, welche die Kläranlage unproblematisch „verarbeiten" kann.

26   In der Literatur wird die Ansicht vertreten (*Fischer,* § 326 Rn. 5 d), dass eine Bestrafung ausscheide, wenn eine Gefährdung von Wasser, Boden oder Luft ausgeschlossen sei (zur Reduktion von abstrakten Gefährdungsdelikten vgl. auch § 40 Rn. 29 ff.). Diese Ansicht zieht im Rahmen der Eignungsprüfung die konkrete Tat- und Lagerungssituation mit heran und versteht damit den Tatbestand

als potentielles Gefährdungsdelikt. Richtigerweise darf aber konkret nur die „Art, Beschaffenheit oder Menge" des Abfalls berücksichtigt werden; ansonsten muss man im Sinne eines abstrakten Gefährdungsdelikts auf dessen abstrakt-generelle Ansichgefährlichkeit abstellen.

BayObLG NJW 1989, 1290; NStZ-RR 2002, 76; *Rengier* (wie Rn. 7), S. 26 ff.; Sch/Sch/*Lenckner/Heine*, § 326 Rn. 8; SK/*Horn*, § 326 Rn. 14; offengelassen von BGHSt 39, 381, 385; *BGH* NStZ 1997, 189; näher zur Rechtsprechung *Schall*, NStZ-RR 1998, 356; 2008, 130.

Nach der hier vertretenen Ansicht ist also in beiden Beispielen § 326 I **27** Nr. 4 a zu bejahen. Die Gegenmeinung könnte nur eine Ordnungswidrigkeit nach § 61 I Nr. 1 oder 2 KrW-/AbfG annehmen.

Der Streit spiegelt sich ferner in der Behandlung von **Autowracks** wider, die noch nennenswerte Mengen an Betriebsflüssigkeiten enthalten. Zum Teil wird hier die Einordnung unter § 326 I Nr. 4 a von dem konkreten Zustand der Flüssigkeitsbehälter und -leitungen abhängig gemacht (*OLG Koblenz* NStZ 1996, 9; *OLG Schleswig* NStZ 1997, 546; *OLG Braunschweig* NStZ-RR 1998, 175; a. A. zu Recht *OLG Celle* NStZ 1996, 191; *BayObLG* JR 2001, 475 mit zust. Anm. *Sack; LG Stuttgart* NStZ 2006, 291 mit Anm. *Henzler; Iburg*, NStZ 1997, 547 f.; *Brede*, NStZ 1999, 137 f.; *Kirchner/Jakielski*, JA 2000, 815 f.).

4. Tathandlungen

Die Interpretation der Tathandlungen erschließt sich vor dem **28** verwaltungsrechtlichen Hintergrund. Danach dürfen **Abfälle zur Beseitigung** nur in zugelassenen Abfallbeseitigungsanlagen entsorgt und müssen grundsätzlich öffentlichrechtlichen Entsorgungsträgern überlassen werden (vgl. etwa §§ 10, 11, 13, 15, 27 KrW-/AbfG). Vor diesem Hintergrund meint der **Oberbegriff des Beseitigens** ein Verhalten, das den Abfall dem gesetzlich vorgeschriebenen „Beseitigungsverfahren" entzieht (vgl. *OLG Düsseldorf* wistra 1994, 73, 76; Sch/Sch/*Lenckner/Heine*, § 326 Rn. 10).

Insofern handelt es sich um ein *Erfolgs*delikt, das jede – vorsätzliche und fahrlässige (Abs. 5) – Verursachung eines illegalen Beseitigungserfolges als tatbestandsmäßige Handlung erfasst (zu den Auswirkungen für die Haftung des Entsorgungspflichtigen und von ihm beauftragter Dritter vgl. BGHSt 40, 79; *Hecker*, MDR 1995, 757 ff.).

Das **Behandeln** umfasst z. B. das Aufbereiten, Entgiften oder **29** Verbrennen. Das **Lagern** und **Ablagern** muss man im Zusammenhang sehen. Das Lagern bezeichnet die (vorübergehende) Zwischenlagerung vor einer endgültigen Beseitigung, während ein Ablagern vorliegt, wenn der Abfall mit dem Ziel gelagert wird, sich seiner endgültig zu entledigen. Vom (strafbaren) Lagern muss das (nicht strafbare) Bereitstellen zur Abfuhr/zum Abtransport unterschieden werden (dazu BGHSt 37, 333, 337; *OLG Köln* NStZ 1987, 461, 462; *OLG Düsseldorf* MDR 1982, 868, 869).

30   Was die **Abfälle zur Verwertung** anbelangt, so kann nach BGHSt 37, 333, 337 das Merkmal Lagern auch bezüglich solcher Stoffe erfüllt sein. Allgemein wird man wiederum vom verwaltungsrechtlichen Pflichtenkreis her die tatbestandlichen Grenzen abstecken müssen. Die genaue Rechtslage ist nach dem Inkrafttreten des KrW-/AbfG noch ungeklärt. Zu weit geht es jedenfalls, den Umgang mit Abfällen zur Verwertung generell für nicht nach § 326 I strafbewehrt zu halten (vgl. NK/*Ransiek*, § 326 Rn. 8; a.A. *Rogall*, Boujong-FS, 1996, S. 807ff., 816ff.).

Zum Konkurrenzverhältnis zwischen § 326 I Nr. 4a und § 324 bzw. § 324a siehe oben Rn. 10, 13.

V. Unerlaubtes Betreiben von Anlagen (§ 327)

31   Eine wichtige Ergänzung insbesondere für den Bereich des Abfallstrafrechts bringen die Nummern 1 und 3 des § 327 II, soweit sie das unerlaubte Betreiben von genehmigungsbedürftigen Abfallentsorgungsanlagen erfassen. Dabei fallen heute – insoweit ist § 327 II noch nicht angepasst – nur noch die Deponien als Abfallbeseitigungsanlagen unter § 327 II Nr. 3, während alle anderen Abfallentsorgungsanlagen dem immissionsschutzrechtlichen Genehmigungsverfahren unterworfen sind und im Falle ihrer Genehmigungspflicht von § 327 II Nr. 1 erfasst werden.

Vgl. §§ 3 VII, 27, 31 KrW-/AbfG; § 4 I 1 BImSchG und die 4. BImSchV i.V.m. Nr. 8 des Anhangs; Sch/Sch/*Lenckner/Heine*, § 327 Rn. 15, 17; *Schall*, NStZ-RR 2005, 103f.; 2007, 34ff.; zur unübersichtlichen Rechtslage vgl. auch *Rogall*, Boujong-FS, 1996, S. 814ff.; *Kutscheidt*, NVwZ 1994, 209ff.

32   Ein häufiger Anwendungsfall der heutigen Nr. 1 (= Nr. 2 a.F.) des § 327 II liegt darin, dass als Abfallanlage auch ein **unbebautes Grundstück** in Betracht kommt, sofern es mit einer gewissen Stetigkeit für einen nicht unerheblichen Zeitraum zur Lagerung oder Ablagerung von Abfällen in einem solchen Umfang genutzt wird, dass es auch für den Durchschnittsbürger als Einrichtung für solche Gegenstände zu erkennen ist (vgl. *OLG Köln* NStZ 1987,

461 f.; *BayObLG* NJW 1992, 925; NStZ 1998, 465; *OLG Zwei-brücken* NJW 1992, 2841 f.; *Schall,* NStZ-RR 2007, 34 f.).

Empfehlungen zur vertiefenden Lektüre:

Rechtsprechung: *BGH* NStZ 1991, 280 (zu den Tathandlungen des § 324); *BGH* JR 1997, 253 mit Anm. *Sack* (Fragen der §§ 324, 326); *OLG Köln* NStZ 1987, 461 (Begriff der Abfallentsorgungs- bzw. Abfallbeseitigungsanlage).

Literatur: *Franzheim/Pfohl,* Umweltstrafrecht, 2. Aufl., 2001; *Kirchner/Jakielski,* Autowracks und andere Probleme des Abfallstrafrechts – *OLG Braunschweig,* NStZ-RR 1998, 175, JA 2000, 813 ff.; *Kloepfer/Vierhaus* (wie zu § 47); *Rengier,* Das moderne Umweltstrafrecht im Spiegel der Rechtsprechung – Bilanz und Aufgabe, 1992, S. 11 ff.

12. Kapitel. Straftaten gegen die Rechtspflege

Das folgende Kapitel behandelt die Straftaten gegen die Rechtspflege. Erörtert werden die Aussagedelikte (§§ 153–162), die falsche Verdächtigung (§ 164), das Vortäuschen einer Straftat (§ 145 d) und die Nichtanzeige geplanter Straftaten (§§ 138, 139). Die Rechtsbeugung (§ 339) wird im Zusammenhang mit den Straftaten im Amt erörtert (unten § 61). Zu den Rechtspflegedelikten gehören ferner die §§ 257–258 a, 261, die der Gesetzgeber zusammen mit der Hehlerei im Abschnitt der §§ 257 ff. geregelt hat. Der gemeinsame Anschlusscharakter dieser Vorschriften und der bei den §§ 257, 261 hinzukommende vermögensdeliktische Hintergrund legen es nahe, die §§ 257–261 im Zusammenhang zu erörtern (*Rengier*, BT I, §§ 20–23).

§ 49. Aussagedelikte (§§ 153–162)

Fall 1: S hat am 28. 5. gegen 23 Uhr den O vor einer bestimmten Kneipe zusammengeschlagen. Zeuge Z sagt, von der Richtigkeit seiner Aussage überzeugt, vor Gericht uneidlich aus, a) am 28. 5. gegen 23 Uhr habe dort keine Schlägerei stattgefunden, b) soweit er sich erinnere, habe dort am 28. 5. gegen 23 Uhr keine Schlägerei stattgefunden. → Rn. 9

Fall 2: a) Um ihren Freund F vor Strafe zu bewahren, sagt die Z als Zeugin vor dem Amtsgericht (vgl. §§ 24, 25, 28 GVG) falsch aus und beschwört schließlich ihre Aussage auch deshalb, weil sie wegen der Falschaussage nicht entdeckt werden will. F wird zu Unrecht freigesprochen. b) *1. Variante:* In der Berufungsverhandlung vor dem Landgericht (vgl. §§ 312 StPO, 74 III GVG) schwört Z erneut falsch. c) *2. Variante:* In der Berufungsverhandlung vor dem Landgericht bezeichnet Z ihre erstinstanzliche Aussage als falsch und sagt richtig aus. → Rn. 24, 46, 51

Fall 3: Im Fall 2 a hat die Z die Eidesworte noch nicht zu Ende gesprochen („ich schwö…"), als sie innehält und alles richtig stellt, a) weil sie plötzlich eine Bestrafung befürchtet, b) weil sie sich durchschaut fühlt. → Rn. 24, 49

Fall 4: Der an einem Verkehrsunfall beteiligte A überredet seinen Bekannten B, als Zeuge eine falsche Version des Unfallherganges auch vor Gericht zu bestätigen; dabei rechnet A nicht mit einer Vereidigung des B im Zivilprozess. Nachdem B vor der Zivilkammer in Anwesenheit des klagenden A falsch ausgesagt hat, ordnet das Gericht die Vereidigung des B an, gibt diesem aber noch die Möglichkeit, in einer Verhandlungspause seine Aussage zu überdenken. In dieser Pause stehen A und B auf dem Flur herum, ohne miteinander zu sprechen. Nach der Pause bestätigt B seine Aussage und wird vereidigt (*BGH* NStZ 1993, 489). → Rn. 68, 72

I. Grundlagen

Geschütztes Rechtsgut der §§ 153 ff. ist die staatliche Rechts- 1 pflege, und zwar grundsätzlich nur die inländische (vgl. *Lackner/ Kühl*, vor § 153 Rn. 2). § 153 enthält für Zeugen- und Sachverständigenaussagen das Grunddelikt der vorsätzlichen uneidlichen Falschaussage, das im Falle des Eides durch § 154 (i.V.m. § 155) qualifiziert wird. § 156 regelt die falsche Versicherung an Eides Statt. Die §§ 154–156 können auch fahrlässig begangen werden (§ 161).

Es handelt sich um reine Tätigkeitsdelikte in der Form abstrak- 2 ter Gefährdungsdelikte. Auf eine wie auch immer geartete tatsächliche Gefährdung oder Beeinflussung der Rechtspflege kommt es nicht an. Auch die sofort als falsch durchschaute Aussage ist tatbestandsmäßig.

Ferner stellen die §§ 153–156, 161 eigenhändige Delikte dar. Da 3 insoweit eine mittelbare Täterschaft nach allgemeinen Grundsätzen ausscheidet, hat der Gesetzgeber einen besonderen Tatbestand geschaffen (§ 160). § 159 dehnt den Anwendungsbereich des § 30 I auf die §§ 153, 156 aus.

II. Falsche uneidliche Aussage (§ 153)

1. Täterkreis

Als taugliche Täter kommen nur Personen in Betracht, die im 4 Rahmen einer Vernehmung in ihrer Eigenschaft als Zeugen oder Sachverständige aussagen. Maßgebend ist der Status nach dem jeweiligen Verfahrensrecht. Insbesondere scheiden also der Beschuldigte/Angeklagte im Strafprozess und die Partei im Zivilprozess als Täter einer Falschaussage aus.

2. Zuständige Stelle

Strafbar sind nur Falschaussagen vor einem (staatlichen, grund- 5 sätzlich inländischen) Gericht oder einer anderen zur **eidlichen** Vernehmung von Zeugen oder Sachverständigen zuständigen Stelle. Entgegen weit verbreiteten Vorstellungen sind weder die Staatsanwaltschaft noch die Polizei solche Stellen. Für die Staatsanwaltschaft folgt das aus § 161 a I 3 StPO, für die Polizei aus § 163 a V StPO (denn diese Vorschrift verweist nicht auf die unmittelbar nur für den Richter geltenden §§ 59 ff. StPO). Falschaussagen vor der Polizei oder Staatsanwaltschaft erfüllen also nicht den Tatbestand des § 153.

3. Tathandlung „falsch aussagt"

6   a) Mit der „Aussage" *vor* Gericht usw. ist grundsätzlich nur die **mündliche Aussage** vor der Vernehmungsperson erfasst (Ausnahme § 186 GVG). Schriftliche Erklärungen reichen nicht aus (h. M.; *OLG München* MDR 1968, 939; SK/*Rudolphi*, § 153 Rn. 2; NK/*Vormbaum*, § 153 Rn. 7; a. A. Sch/Sch/*Lenckner*, vor § 153 Rn. 22 für den Fall, dass die Erklärungen eine prozessual vollwertige Aussage darstellen).

7   b) Umstritten ist, wann eine Aussage im Sinne der §§ 153 ff. als **falsch** angesehen werden kann. Insbesondere die drei folgenden **Aussagetheorien** werden vertreten (*Lackner/Kühl*, vor § 153 Rn. 3; *Otto*, BT, § 97 Rn. 5 ff.; *Wolf*, JuS 1991, 178; Sch/Sch/ *Lenckner*, vor § 153 Rn. 4 ff.; *Küper*, BT, S. 31 ff.; *Eisele*, BT I, Rn. 1066 ff.; *Arzt/Weber*, BT, § 47 Rn. 36 ff.; *Beulke* III, Rn. 510):

(1) Nach der herrschenden **objektiven Theorie** (BGHSt 7, 147; *OLG Koblenz* JR 1984, 422, 423) ist eine Aussage falsch, wenn sie inhaltlich mit dem tatsächlichen Sachverhalt nicht übereinstimmt. Dabei können Gegenstand der Aussage nicht nur äußere, sondern auch innere Tatsachen sein. Aussagegegenstand solcher „subjektiven Sachverhalte" sind etwa Wahrnehmungen, Erinnerungen und Überzeugungen.

(2) Nach der **subjektiven Theorie** ist eine Aussage – unabhängig von ihrem objektiven Wahrheitsgehalt – falsch und damit tatbestandsmäßig, wenn sie von dem Vorstellungsbild und Wissen des Aussagenden abweicht. Wer daher objektiv zutreffend, aber bewusst entgegen seinem Erinnerungsbild uneidlich aussagt, verwirklicht nach der subjektiven Theorie § 153. Nach der objektiven Theorie gelangt man zu einem straflosen Versuch des § 153.

(3) Nach der **Pflichttheorie** macht der Zeuge/Sachverständige eine falsche Aussage, wenn er seine prozessuale Wahrheitspflicht verletzt, d. h. nicht das beste ihm erreichbare Wissen bzw. Erinnerungsbild wiedergibt. Dementsprechend muss sich Vorsatz auf die Abweichung vom erreichbaren Erinnerungsbild erstrecken (*Otto*, BT, § 97 Rn. 7 ff., 36; modifizierend SK/*Rudolphi*, vor § 153 Rn. 40 ff.).

(4) **Stellungnahme:** Die vorzugswürdige objektive Theorie kann 8
sich darauf stützen, dass Gefährdungen der staatlichen Rechtspflege typischerweise von objektiv unwahren Aussagen ausgehen und
auch in den §§ 164, 263 die Falschheit objektiv bestimmt wird.
Ferner lässt sich der Tatbestand des § 160, der die Verleitung Gut-
gläubiger zu „falschen Aussagen" betrifft, nur auf dem Boden der
objektiven Lehre sinnvoll erklären. Gegen die subjektive Theorie
spricht auch die merkwürdige Konsequenz, dass eine Aussage
nicht falsch sein soll, wenn die Aussageperson ein der Realität wi-
dersprechendes Geschehen schildert, von dessen Richtigkeit sie
bloß subjektiv überzeugt ist. Die Pflichttheorie schließlich ist
schwer mit § 161 in Einklang zu bringen, weil sie auf eine Gleichstellung von falscher und sorgfaltspflichtwidrig falscher Aussage
hinausläuft (hierzu etwa *Wolf*, JuS 1991, 177 ff.; Sch/Sch/*Lenckner*,
vor § 153 Rn. 6).

Im **Fall 1 a** erfüllt Z nach der objektiven Theorie den objektiven Tatbestand 9
des § 153, handelt aber nicht vorsätzlich. Nach der subjektiven Theorie entfällt
bereits der objektive Tatbestand. Nach der Pflichttheorie kommt es darauf an,
ob Z bei pflichtgemäßem Nachdenken das richtige Erinnerungsbild hätte gewinnen können; ist dies zu bejahen und erkennt Z dabei die fehlende Übereinstimmung mit dem erreichbaren Erinnerungsbild, so liegt § 153 objektiv *und*
subjektiv vor.

Im **Fall 1 b** gelangt auch die objektive – wie die subjektive – Theorie zu dem
Ergebnis, dass die Aussage nicht falsch ist; denn Z berichtet zutreffend
über eine innere Tatsache, nämlich seine Erinnerung an das Tatgeschehen. Für
die Pflichttheorie ergeben sich keine Änderungen.

c) **Gegenstand der Aussage** und damit der **Wahrheitspflicht** 10
sind Mitteilungen über äußere und innere Tatsachen sowie bei
Sachverständigen auch Werturteile.

Die Reichweite der Wahrheitspflicht wird durch den **Verneh-** 11
mungsgegenstand begrenzt (vgl. §§ 69 StPO, 396 ZPO). Die Angaben zur Person gehören bei Zeugen dazu (vgl. §§ 68 StPO, 395
ZPO). Was die Angaben zur Sache betrifft, so wird im Zivilprozess
der Gegenstand der Vernehmung grundsätzlich durch Beweisbe-
schluss (§§ 358, 359 ZPO) förmlich festgelegt, während im Strafverfahren die gesamte Tat im Sinne des § 264 StPO den Gegenstand
der Untersuchung und damit auch der Zeugenvernehmung bildet.
Freilich kann der Vernehmungsgegenstand im Zivil- wie im Strafprozess durch Fragen erweitert werden (vgl. §§ 396, 397 ZPO,
68 IV, 69 II, 240 StPO und KG JR 1978, 77 f.).

12   Eine besondere Rolle spielt die Frage der **Spontanäußerungen.** Überschreiten solche Äußerungen den Rahmen des Vernehmungsgegenstandes, so fallen sie nicht unter die Wahrheitspflicht, selbst wenn sie entscheidungserhebliche Tatsachen betreffen. Etwas anderes gilt nur, wenn der vernehmende Richter den Vernehmungsgegenstand nachträglich erweitert und der Zeuge dann die spontane Aussage bestätigt (BGHSt 25, 244, 246; *BGH* NStZ 1982, 464; a.A. SK/*Rudolphi,* vor § 153 Rn. 25).

13   Von Bedeutung ist ferner die Frage, inwieweit durch **Verschweigen von Tatsachen** das Merkmal der falschen Aussage erfüllt werden kann. Dabei geht es *nicht* um ein Unterlassen im Sinne des § 13. Vielmehr folgt aus der prozessualen Aussage- und Wahrheitspflicht, dass der Zeuge auch ungefragt alle Tatsachen angeben muss, die erkennbar mit dem Gegenstand der Vernehmung zusammenhängen und entscheidungserheblich sind. Wird eine in diesem Sinne unvollständige Aussage als eine vollständige hingestellt, so ist sie falsch (vgl. auch § 64 StPO: der Zeuge schwört, nichts verschwiegen zu haben). Wer hingegen erkennbar die Aussage verweigert, sagt überhaupt nicht aus und erfüllt daher nicht den Tatbestand (*OLG Zweibrücken* StV 1993, 423).

4. Versuch und Vollendung

14   Strafbar ist nur die vollendete und nicht die versuchte falsche Aussage (Vergehen). Einen straflosen Versuch begeht z.B., wer vor einem Staatsanwalt oder Referendar, den er für einen Richter hält, uneidlich falsch aussagt (vgl. Rn. 25).

15   Besondere Bedeutung hat der **Zeitpunkt der Vollendung:** Die Vollendung tritt (erst) ein, sobald die Vernehmung abgeschlossen ist. Dies wiederum ist der Fall, wenn „der Richter zu erkennen gegeben hat, dass er von dem Zeugen keine weitere Auskunft über den Vernehmungsgegenstand erwartet, und der Zeuge, dass er seinerseits nichts mehr bekunden und das bisher Bekundete als seine verantwortliche Aussage gelten lassen will" (BGHSt 8, 301, 314; *BayObLG* StV 1989, 251).

> **Beispiele:** Die Vollendung setzt spätestens mit dem Schluss der Verhandlung in der jeweiligen Instanz ein. Eine vollendete Falschaussage liegt ferner vor, sobald – beim typischen Nacheid (Rn. 23 f.) – der „Vereidigungsteil" beginnt, d.h. zur Beschlussfassung über die Vereidigung geschritten wird (vgl. §§ 59 ff. StPO). Wer erst falsche Angaben macht und diese dann vor dem Vollendungszeitpunkt richtigstellt, bleibt völlig unabhängig von den Motiven und der Frage der Freiwilligkeit straflos, weil er insgesamt richtig aussagt (vgl. *BGH* NStZ 1982, 431; *BayObLG* StV 1989, 251).

Im Übrigen kann sich *eine* (einheitliche) Vernehmung über 16 mehrere Vernehmungstermine erstrecken, so dass sie erst mit dem letzten Termin ihren Abschluss findet. Umgekehrt ist es auch denkbar, dass ein Zeuge in derselben Instanz mehrfach „abschließend" vernommen wird und insoweit jeweils den Tatbestand des § 153 verwirklicht; doch sind in diesem Fall die jeweiligen Falschaussagen einer Instanz grundsätzlich zu einer rechtlichen Handlungseinheit zu verbinden (zutreffend Sch/Sch/*Lenckner,* § 153 Rn. 14; SK/*Rudolphi,* § 153 Rn. 11).

Beachte: Die Feststellung des Vollendungszeitpunktes ist wichtig, weil da- 17 vorliegende Berichtigungen die – als Einheit zu begreifende – Aussage insgesamt richtig machen. Für solche Berichtigungen gilt *nicht* § 158. Diese Vorschrift betrifft nur Berichtigungen *nach* einer bereits *vollendeten* Falschaussage (ergänzend Rn. 48 ff.).

III. Meineid (§ 154)

1. Grundlagen

Der Tatbestand des Meineides (Verbrechen) normiert eine 18 durch den Eid qualifizierte Falschaussage. Der Gesetzeswortlaut („Wer ... falsch schwört") ist insoweit ungenau; er muss im Sinne von „Wer ... eine falsche Aussage beschwört" gelesen werden. Dem Eid (§§ 64 StPO, 481 ZPO) stellt § 155 insbesondere die eidesgleiche Bekräftigung (§§ 65 StPO, 484 ZPO) gleich. Davon zu unterscheiden ist die von § 156 erfasste falsche Versicherung „an Eides Statt".

2. Täterkreis

Anders als § 153 beschränkt § 154 den Täterkreis nicht aus- 19 drücklich auf Zeugen und Sachverständige. Daher erfasst § 154 auch den falschen Parteieid im Zivilprozess (§ 452 ZPO). In diesem speziellen Bereich stellt § 154 keine Qualifikation des § 153 dar. Weiter kommt als tauglicher Täter des § 154 der vereidigte Dolmetscher (§ 189 GVG) in Betracht, der bewusst falsch übersetzt (BGHSt 4, 154; Sch/Sch/*Lenckner,* § 154 Rn. 4 m. w. N.). Dagegen fällt der entgegen § 189 GVG unvereidigt gebliebene Dolmetscher nicht unter § 153, weil er kein Sachverständiger ist (Sch/Sch/ *Lenckner,* § 153 Rn. 4a m. w. N.; a. A. wohl BGHSt 4, 154).

20   Die Täterqualität fehlt in den in § 60 Nr. 1 2. Var. StPO geregelten Fällen der **Eidesunfähigkeit.** Im Falle der **Eidesunmündigkeit** (§ 60 Nr. 1 1. Var. StPO) ist umstritten, ob Jugendliche unter 16 Jahren auch dann als taugliche Täter des § 154 ausscheiden, wenn sie nach ihrer individuellen Reife (§ 3 JGG) eine genügende Vorstellung vom Wesen und von der Bedeutung des Eides haben. Die heute h.M. in der Literatur geht zu Recht generell von der mangelnden Täterqualität solcher Jugendlicher aus.

> Diese Ansicht kann sich erstens auf § 60 Nr. 1 1. Var. StPO stützen, der eine auch materiellrechtlich wirkende unwiderlegliche Vermutung aufstellt, und zweitens auf § 157 II, der offenbar eine eidliche Aussage durch einen Eidesunmündigen ausschließt (Sch/Sch/*Lenckner,* vor § 153 Rn. 25; *Küpper,* BT 1, II § 2 Rn. 18; *Wessels/Hettinger,* BT 1, Rn. 754; *Krey/M. Heinrich,* BT 1, Rn. 563; a. A. BGHSt 10, 142, 144). Zu den Folgen von Verstößen gegen § 60 Nr. 2 StPO siehe unten Rn. 35 ff.

3. Zuständige Stelle

21   Neben der schon erwähnten allgemeinen Zuständigkeit (Rn. 5) setzt der Tatbestand voraus, dass der Eid in einem Verfahren abgenommen wird, in dem das Gesetz einen Eid dieser Art überhaupt zulässt sowie die ihn abnehmende Person dazu gesetzlich ermächtigt ist (vgl. BGHSt 10, 8, 13; 10, 272, 273).

> **Beispiele:** Eine eidliche Vernehmung von Beschuldigten kennt das Strafverfahrensrecht nicht (BGHSt 10, 8, 10). Referendare sind nicht befugt, einen Eid abzunehmen (§ 10 GVG).

4. Tathandlung „falsch schwört"

22   Das „falsch schwören" setzt eine „falsche Aussage" im Sinne des § 153 voraus (Rn. 7 ff.). Diese Falschaussage muss der Täter beschwören. Dabei reicht es für das Vorliegen eines tatbestandlichen „Eides" aus, dass die wesentlichen äußeren Formen der Eidesleistung beachtet werden, d. h. in den Normalfällen des § 64 StPO namentlich die Worte „Ich schwöre" gesprochen worden sind (Sch/Sch/*Lenckner,* vor § 153 Rn. 21).

23   Bei Zeugen sowie bei Sachverständigen im Strafprozess erfolgt die Vereidigung im Wege des **Nacheides** (§§ 59, 79 StPO, 392 ZPO). Der **Voreid,** der vor der Aussage abgenommen wird, ist bei Dolmetschern vorgeschrieben (§ 189 GVG) und bei Sachverständigen im Zivilprozess möglich (§ 410 ZPO).

5. Versuch und Vollendung

Beim **Nacheid** beginnt der Meineidsversuch – beachte: nach 24
Vollendung der Falschaussage – mit dem Beginn des Sprechens
der Eidesworte (BGHSt 1, 241, 243f.; 4, 172, 176). Vollendet ist
der Meineid mit der Beendigung des Schwurs. Siehe hierzu ergänzend **Fall 2** (Rn. 46) und **Fall 3** (Rn. 49).

Beim **Voreid** beginnt der Versuch mit der Falschaussage; die
Vollendung tritt mit dem Abschluss der Vernehmung ein (Rn. 15).

Beim **Irrtum über die Zuständigkeit** stellt sich die Frage, ob ein 25
(strafbarer) untauglicher Meineidsversuch oder ein (strafloses)
Wahndelikt vorliegt.

Beispiel: Ein Zeuge beschwört eine Falschaussage vor einem Referendar
oder Staatsanwalt in der irrigen Vorstellung, der Referendar (vgl. § 10 Satz 2
GVG) oder Staatsanwalt (vgl. Rn. 5) dürfe Eide abnehmen.

Richtigerweise handelt es sich nicht um einen untauglichen Versuch (a. A. BGHSt 3, 248, 253 ff.; 12, 56, 58; *Jescheck/Weigend*, AT,
§ 50 II 2), sondern um ein Wahndelikt, weil der Zeuge der Sache
nach über die rechtliche Reichweite von Zuständigkeitsnormen
irrt. Zu einem untauglichen Versuch der §§ 154, 22 gelangt man
nur dann, wenn sich der Zeuge Tatsachen vorstellt, die die Zuständigkeit der Vernehmungsperson begründen, wenn er etwa in
dem Beispiel den Staatsanwalt bzw. Referendar für einen (Ermitt-
lungs-)Richter halten würde (übereinstimmend Sch/Sch/*Lenckner*,
§ 154 Rn. 15; *Krey/M. Heinrich*, BT 1, Rn. 557ff.; *Roxin*, JZ 1996,
986f.; *Kühl*, AT, § 15 Rn. 100).

IV. Falsche Versicherung an Eides Statt (§ 156)

1. Zuständige Behörde

Das Zuständigkeitsmerkmal setzt nach der üblichen Umschrei- 26
bung dreierlei voraus (*BGH* StV 1985, 505; *OLG Frankfurt* NStZ-
RR 1996, 294; NK/*Vormbaum/Zwiehoff*, § 156 Rn. 23ff.):

(1) Die Behörde muss zur Abnahme eidesstattlicher Versicherungen überhaupt zuständig sein (sog. allgemeine Zuständigkeit).

(2) Die Behörde muss befugt sein, die Versicherung auch in dem konkreten
Verfahren und über den Gegenstand, auf den sie sich bezieht, abzunehmen
(sog. besondere Zuständigkeit).

(3) Die Versicherung darf nicht rechtlich völlig wirkungslos sein.

Wesentlich sind die unter (2) genannten Kriterien. Über die eigenständige Bedeutung der Punkte (1) und (3) kann man streiten (vgl. Sch/Sch/*Lenckner*, § 156 Rn. 8/9).

27   **Beispiele:** (1) Im **Strafprozess** sind Polizei und Staatsanwaltschaft nicht zuständig, sondern nur das Gericht (vgl. §§ 161 a I 3, 163 a V StPO). Eidesstattliche Versicherungen des Beschuldigten sieht das Verfahrensrecht generell nicht vor, auch nicht im Falle des § 45 II 1 StPO (*BayObLG* NStZ 1990, 340). Unzulässig – mit der Folge der Unzuständigkeit – sind ferner von Zeugen und Sachverständigen vorgelegte eidesstattliche Versicherungen, soweit sie die Schuld- und Straffrage betreffen; denn insoweit kennt die StPO als Bekräftigung nur den Eid.

Eine Zuständigkeit des Strafgerichts zur Entgegennahme eidesstattlicher Erklärungen besteht namentlich in den Fällen der Glaubhaftmachung (§§ 26 II, 56, 74 III StPO). – Vertiefend *BGH* GA 1973, 109; *BayObLG* NJW 1998, 1577; Sch/Sch/*Lenckner,* § 156 Rn. 12.

28   (2) Im **Zivilprozess** haben eidesstattliche Versicherungen zur Glaubhaftmachung tatsächlicher Behauptungen – etwa im Arrest- und einstweiligen Verfügungsverfahren – große Bedeutung (vgl. §§ 294, 920 II, 936 ZPO). Einen besonders wichtigen vollstreckungsrechtlichen Fall regelt § 807 ZPO, soweit der Schuldner verpflichtet ist, ein Vermögensverzeichnis vorzulegen und dessen Richtigkeit an Eides Statt zu versichern (§ 807 III ZPO).

(3) Zur Zuständigkeit im **Verwaltungsverfahren** vgl. § 27 VwVfG; *OLG Stuttgart* NStZ-RR 1996, 265; *OLG Frankfurt* NStZ-RR 1996, 294; 1998, 72.

29   (4) Nicht tatbestandsmäßig sind unaufgefordert abgegebene (spontane) eidesstattliche Versicherungen, wenn das Gesetz, wie es z.B. die §§ 118, 435 ZPO tun, eine vorherige Anordnung der Behörde vorschreibt. Solche Versicherungen werden – im Sinne der Voraussetzung (3) gemäß Rn. 26 – als rechtlich völlig wirkungslos angesehen (*BGH* StV 1985, 505; NK/*Vormbaum/Zwiehoff,* § 156 Rn. 29; nach Sch/Sch/*Lenckner,* § 156 Rn. 10 fehlt die Zuständigkeit).

2. Tathandlung „falsch abgibt/aussagt"

30   Zum Begriff der Falschheit ist zunächst auf Rn. 7 ff. zu verweisen. Umfang und Grenzen der Wahrheitspflicht bestimmen sich nach dem Verfahrensgegenstand und den Regeln, die für das Verfahren gelten, in dem die eidesstattliche Versicherung abgegeben wird (*BGH* NJW 1990, 918, 920).

31   Besonderheiten ergeben sich bei den häufigen spontan eingereichten eidesstattlichen Versicherungen, da bei ihnen eine Festlegung des Beweisthemas durch die Behörde fehlt. Hier kommt es

darauf an, welches Beweisthema sich die Spontanäußerung selbst gestellt hat. Nur soweit Tatsachenbehauptungen für das konkrete Verfahren ohne jede mögliche Bedeutung sind, unterliegen sie nach dem Schutzzweck der Vorschrift nicht der Wahrheitspflicht (*BGH* NJW 1990, 918, 920; SK/*Rudolphi,* § 156 Rn. 10; h.M.; anders Sch/Sch/*Lenckner,* § 156 Rn. 5).

In dem wichtigen Fall des § 807 ZPO ergibt sich der Umfang der Offen- **32** barungs- und damit Wahrheitspflicht aus dem Zweck des Vollstreckungsverfahrens, dem Gläubiger den Zugriff auf das Vermögen des Schuldners zu ermöglichen. Daher muss der Schuldner offensichtlich unpfändbare Sachen grundsätzlich nicht angeben (§ 807 II 2 ZPO). Das Gleiche gilt für offensichtlich völlig wertlose Gegenstände. Ansonsten müssen alle Vermögenswerte aufgenommen werden, die möglicherweise dem Zugriff des Gläubigers im Wege der Zwangsvollstreckung unterliegen; es ist nicht Sache des Schuldners, die Verwertbarkeit zu prüfen und festzustellen (vgl. hierzu BGHSt 13, 345, 348 f.; *BayObLG* StV 1992, 324; NStZ 2003, 665; *OLG Köln* StV 1999, 319; *OLG Zweibrücken* NStZ-RR 2008, 173).

3. Sonstiges

Der Vorsatz muss sich vor allem darauf erstrecken, dass die **33** Versicherung falsch, die Wahrheitspflicht also verletzt ist. Beispielsweise unterliegt einem Tatbestandsirrtum (§ 16 I 1), wer irrtümlich glaubt, ein bestimmter Gegenstand oder Wert müsse nicht im Vermögensverzeichnis (§ 807 ZPO) angegeben werden (*KG* JR 1985, 161 f.). Zu beachten ist, dass die Tat auch fahrlässig begangen werden kann (§ 161 I).

V. Auswirkungen prozessualer Verstöße

Der Einfluss des Prozessrechts auf die tatbestandliche Reich- **34** weite der §§ 153 ff. ist unbestritten, soweit es um die schon angesprochenen Fragen zur Zuständigkeit (Rn. 5, 21, 26 ff.), zum Umfang der Wahrheitspflicht (Rn. 10 ff., 30 ff.) und zum Begriff des „Eides" (Rn. 22 f.) geht.

Einen schon behandelten umstrittenen Fall stellt die Vereidigung von unter 16-jährigen dar (dazu bereits Rn. 20).

Darüber hinaus ist die Frage umstritten, inwieweit andere Ver- **35** fahrensverstöße die Strafbarkeit nach den §§ 153 ff. beeinflussen (näher *Geppert,* Jura 1988, 496 ff.). Dazu die folgenden

Beispiele: Entgegen den §§ 52 III, 55 II StPO nicht belehrte Zeugen sagen falsch aus (Strafbarkeit gemäß § 153?). Ein falsch aussagender Zeuge wird unter Verstoß gegen § 60 Nr. 2 StPO vereidigt (Strafbarkeit nicht nur nach § 153, sondern auch nach § 154?).

36   Rechtsprechung und h. M. vertreten zu Recht eine bloße **Strafzumessungslösung** und sehen in solchen Verstößen lediglich Strafmilderungsgründe. Zur Begründung ist insbesondere darauf zu verweisen, dass Verfahrensfehler verborgen bleiben und auch prozessual an sich unverwertbare Falschaussagen/Eide die Rechtspflege gefährden können. Für die h. M. spricht ferner, dass die §§ 52, 55 StPO das Schweigen erlauben, aber nicht das Lügen.

Zum Ganzen BGHSt 10, 142, 144; 27, 74; *BGH* StV 1995, 249; *OLG Karlsruhe* StV 2003, 505; *Maurach/Schroeder*, BT 2, § 75 Rn. 23 f.; Sch/Sch/*Lenckner*, vor § 153 Rn. 23; Falllösung bei *Theile*, Jura 2007, 465 f.

37   Nach der von einer Mindermeinung vertretenen **Tatbestandslösung** sollen fehlerhaft erlangte Aussagen im Falle ihrer prozessualen Unverwertbarkeit schon tatbestandlich nicht unter den Schutzbereich der §§ 153 ff. fallen. Begründung: Solche Aussagen dürften bei der Wahrheitsfindung gar nicht berücksichtigt werden und könnten daher die Rechtspflege auch nicht gefährden (SK/*Rudolphi*, vor § 153 Rn. 33 ff.; auf vermeidbare Fehler einschränkend *Otto*, BT, § 97 Rn. 28 f.; *Geppert*, Jura 1988, 498).

38   Zu den für das Verständnis wichtigen strafprozessualen Vorfragen siehe *Meyer-Goßner*, StPO, 51. Aufl., 2008, § 52 Rn. 32 ff., § 55 Rn. 16 ff., § 60 Rn. 34; *Beulke*, Strafprozessrecht, 10. Aufl., 2008, Rn. 454 ff., 461, 464.

39   Wiegen Verfahrensverstöße – namentlich auf der Ebene der §§ 69 III, 136 a StPO – so schwer, dass man nicht mehr von einer freien Mitteilung eigenen Wissens sprechen kann, wie sie zum Wesen der Aussage gehört, verneint auch die h. M. den Tatbestand, indem sie ein tatbestandsmäßiges „Aussagen" in Abrede stellt (*OLG Köln* NJW 1988, 2485, 2486; LK/*Ruß*, 11. Aufl., vor § 153 Rn. 30; *Lackner/Kühl*, vor § 153 Rn. 6).

VI. Aussagenotstand (§ 157)

40   § 157 enthält einen besonderen Strafmilderungsgrund, der die Zwangslagen von Zeugen berücksichtigt, die durch eine wahrheitsgemäße Aussage sich selbst oder einen Angehörigen belasten müssten.

Entgegen der Überschrift kann die Vorschrift keinesfalls mit **41** den Notstandsfällen der §§ 34, 35 verglichen werden. Dies wird schon dadurch deutlich, dass der „Notstand" im Sinne des § 157 in der Regel durch legale Aussageverweigerungen (§§ 52, 55 StPO) vermieden werden kann, § 157 aber auch dann anwendbar bleibt, wenn der Zeuge von dem Schweigerecht trotz entsprechender Belehrung keinen Gebrauch macht, weil er vielleicht von der Vorstellung geleitet wird, die Aussageverweigerung werde als Eingeständnis gewertet (*BGH* StV 1995, 250; NStZ 2008, 91, 92 mit Anm. *Geppert*, JK 7/08, StGB § 157/5). Ferner ist – entgegen der Richtlinie des § 35 I 2 – die Anwendung des § 157 selbst dann nicht ausgeschlossen, wenn der Täter den Aussagenotstand etwa durch eine Falschaussage in einer früheren Vernehmung schuldhaft herbeigeführt hat (BGHSt 7, 332; *BGH* NStZ 2005, 33, 34; NStZ-RR 2007, 40, 41; h. M.; a. A. Sch/Sch/*Lenckner*, § 157 Rn. 11). Schließlich setzen die §§ 34, 35 (enger) eine „gegenwärtige" Gefahr voraus.

In den typischen Konstellationen im Umfeld der §§ 34, 35 geht es um Zeu- **42** gen, denen Angriffe auf Leib oder Leben für den Fall angekündigt werden, dass sie nicht zugunsten des Angeklagten die Unwahrheit sagen. Rechtliche Probleme können hier insbesondere bei der gegenwärtigen (Dauer-)Gefahr, der anderen Abwendbarkeit, der Anwendbarkeit des § 34, der Interessenabwägung im Rahmen des § 34 und bei Zumutbarkeitsfragen des § 35 liegen (Falllösung bei *Müller*, Jura 2005, 641 f.).

Mit § 157 haben diese Fälle der §§ 34, 35 nichts zu tun. Überschneidungen sind nur bei (gegenwärtigen) Strafverfolgungsgefahren denkbar. Insoweit ist aber wieder zu beachten, dass die §§ 34, 35 im Ergebnis entfallen, soweit gesetzlich institutionalisierte Duldungspflichten existieren, die dann ggf. auch einen Notstandshelfer binden. Solche Pflichten bestehen hier; denn die Ab-wehr von Strafverfolgungsgefahren darf allein mit Hilfe der zur Verfügung stehenden gesetzlichen Rechtsbehelfe erfolgen (vgl. dazu *Roxin*, AT I, § 16 Rn. 54, § 22 Rn. 42; *Kühl*, AT, § 8 Rn. 175 ff., § 12 Rn. 77 ff.; Sch/Sch/*Lenckner/Perron*, § 34 Rn. 41, § 35 Rn. 24 ff. m. w. N.; Falllösung bei *Theile*, Jura 2007, 466 f.).

Speziell **bezüglich des § 157** sind die folgenden Punkte hervor- **43** zuheben:

(1) Soweit die Vorschrift den Schutzbereich auf Angehörige (§ 11 I Nr. 1) beschränkt, ist ihre analoge Erweiterung auf nahestehende Personen im Sinne des § 35 I 1 – wie im Parallelfall des § 258 VI (*Rengier*, BT I, § 21 Rn. 25 f.) – diskutabel, doch auch hier Sache des Gesetzgebers.

OLG Celle NJW 1997, 1084; Sch/Sch/*Lenckner*, § 157 Rn. 6; *Geppert*, JK 95, StGB § 157/3; a. A. SK/*Rudolphi*, § 157 Rn. 1; NK/*Vormbaum*, § 157 Rn. 14.

44   (2) Der Täter muss die Unwahrheit sagen, *um* die Gefahr einer Bestrafung abzuwenden. Dabei braucht das (Selbst-)Begünstigungsmotiv nicht der einzige Zweck und auch nicht der Hauptbewegungsgrund zu sein. Im Übrigen kommt es allein auf die subjektive Vorstellung des Täters und nicht auf die objektive Strafverfolgungsgefahr an.

> Dazu *BGH* NStZ-RR 2007, 40, 41; 2008, 9; NStZ 2008, 91, 92; *OLG Düsseldorf* NJW 1986, 1822; Sch/Sch/*Lenckner,* § 157 Rn. 10.

45   (3) Die Absicht, die Gefahr „abzuwenden", wird weit verstanden und erfasst auch den Willen, eine mildere Bestrafung zu erreichen (BGHSt 29, 298). Daher genügt die Absicht, die Anwendung strafschärfender Vorschriften zu verhindern, ebenso wie das Streben, die Strafzumessung in anderer Weise günstig zu beeinflussen.

46   (4) Die Gefahr der Bestrafung usw. muss schon *vor* der Aussage bestanden haben, darf also nicht erst *durch* die Aussage begründet worden sein. Dabei kommt als „Vortat" jede Straftat in Betracht. Zu berücksichtigen ist lediglich, dass Falschaussagen in *derselben* Instanz, die gemeinsam beschworen werden, mit dem Meineid eine tatbestandliche Einheit bilden und deshalb als Vortaten des § 154 ausscheiden. Soweit mit dieser Einheit eine andere Straftat wie z.B. § 258 ideal konkurriert, stellt sie ebenfalls keine taugliche Vortat dar (dazu BGHSt 8, 301, 319f.; 9, 122; *BGH* NStZ-RR 2007, 40, 41; *Maurach/Schroeder,* BT 2, § 75 Rn. 111; SK/*Rudolphi,* § 157 Rn. 9f.; *Geppert,* Jura 2002, 181).

> Im **Fall 2a** darf man demnach die §§ 258 I, 153 nicht als Vortaten des § 154 ansehen, so dass § 157 I entfällt. Ergebnis: §§ 154, 258 I; 52.

> Im **Fall 2b** sind dagegen die in der ersten Instanz verwirklichten §§ 154, 258 taugliche Vortaten, so dass bezüglich des erneut – in Realkonkurrenz – erfüllten § 154 die Strafe gemäß § 157 I gemildert werden kann.

47   (5) Schließlich muss die Gefahr der Bestrafung gerade aus der wahrheitsgemäßen Aussage resultieren. Der Zeuge muss infolge des Widerstreits zwischen Zeugniszwang und drohender Selbstbezichtigung falsch aussagen (BGHSt 7, 2, 5). § 157 I ist also unanwendbar, wenn der Zeuge nicht unter dem Druck steht, durch Offenbarung der Wahrheit sich selbst oder einen Angehörigen *be*lasten zu müssen, sondern *nur* zum Zweck der *Ent*lastung falsch aussagt (*Lackner/Kühl*, § 157 Rn. 6; Falllösung bei *Vormbaum*, JuS 1980, 369).

Beispiel: Um seinem angeklagten Bruder A ein falsches Alibi zu verschaffen, sagt B, der über die Tat des A nichts weiß, vor Gericht als Zeuge uneidlich wahrheitswidrig aus, A habe ihn zur Tatzeit besucht. – B erfüllt § 153, ohne dass zu seinen Gunsten § 157 I eingreift.

VII. Berichtigung einer falschen Angabe (§ 158)

§ 158 dient dem Zweck, die Berichtigung falscher Aussagen zu **48** fördern. Vor diesem Hintergrund wird die Vorschrift weit ausgelegt und insbesondere auf Teilnehmer an der Falschaussage erstreckt. § 158 greift den Gedanken der tätigen Reue auf (vgl. § 40 Rn. 64 ff.), eröffnet also Rücktrittsmöglichkeiten vom vollendeten Delikt.

Die allgemeine Rücktrittsvorschrift des § 24 hat kaum Bedeutung, weil

– die §§ 153, 156 den Versuch nicht bestrafen,
– im Rahmen des § 154 jedenfalls beim Nacheid die Versuchsphase sehr kurz ist (vgl. schon Rn. 23 f.) und
– „Berichtigungen" vor Vollendung der Falschaussage insgesamt eine nicht mehr tatbestandsmäßige richtige Aussage herbeiführen (vgl. schon Rn. 15 ff.).

Anders als § 24 setzt § 158 *freiwilliges* Handeln *nicht* voraus. **49** Da insoweit § 158 täterfreundlicher ist, muss die Vorschrift, um Wertungswidersprüche zu vermeiden, auch im Falle eines bloß versuchten Meineides anwendbar sein.

Im **Fall 3 a** hat Z § 153 vollendet; doch greift diesbezüglich § 158 ein. Von den §§ 258 I, 22 und §§ 154, 22 ist Z gemäß § 24 I 1 1. Var. mit strafbefreiender Wirkung zurückgetreten.

Im **Fall 3 b** scheitert der Rücktritt an der Freiwilligkeit. Indes findet jetzt § 158 auch bezüglich der §§ 154, 22 Anwendung. Davon unberührt bleiben die §§ 258 I, 22 (a.A. Sch/Sch/*Lenckner*, § 158 Rn. 11 m.w.N., der entgegen der h.M. § 158 analog anwendet). Konkurrenzen: Die §§ 258 I, 22 konkurrieren ideal mit den §§ 154, 22 (i.V.m. § 158), die wiederum § 153 i.V.m. § 158 im Wege der Konsumtion verdrängen, weil die vollendete Falschaussage eine typische Vorstufe ist (Rn. 24).

Für das **Berichtigen** genügt nicht ein bloßer Widerruf, vielmehr **50** muss der Täter die frühere falsche Aussage zurücknehmen (d.h.

von ihr eindeutig abrücken) und sie durch eine richtige Aussage ersetzen; eine bestimmte Form ist dafür nicht vorgeschrieben (BGH-St 18, 348; *OLG Hamburg* JR 1981, 383 mit Anm. *Rudolphi*). Allein aussageverweigerungsberechtigte Zeugen (z.B. §§ 52, 55 StPO) können sich darauf beschränken, ihre bisherigen Aussagen lediglich als falsch zu bezeichnen und anschließend von ihrem Schweigerecht Gebrauch zu machen, da sie nicht entgegen dem Prozessrecht zu einer Aussage gezwungen werden dürfen (SK/*Rudolphi*, § 158 Rn. 4).

51   Ferner muss die Berichtigung **rechtzeitig** erfolgen. Abs. 2 erläutert, wann die Berichtigung **verspätet** ist. Nicht mehr verwertbar ist die Berichtigung, wenn sie bei der die Instanz abschließenden Sachentscheidung nicht mehr berücksichtigt werden kann.

Im **Fall 2 c** kommt die Berichtigung zu spät, so dass sich an der Strafbarkeit der Z gegenüber **Fall 2 a** (Rn. 46) nichts ändert.

52   Für den **Nachteil** (vgl. *BGH* NJW 1962, 2164) reicht ein rein ideeller Nachteil oder die mit der Falschaussage verbundene Verschlechterung der Beweislage als solche nicht aus. In Betracht kommen neben Vermögensnachteilen auch sonstige greifbare Verschlechterungen der Lage eines anderen (z.B. Einleitung eines Straf- oder Disziplinarverfahrens; Erlass ungünstiger gerichtlicher Entscheidungen).

VIII. Täterschaft und Teilnahme

1. Grundlagen

53   Die Tatbestände der §§ 153 ff. sind eigenhändige Delikte, die nur der persönlich Aussagende täterschaftlich verwirklichen kann. Außenstehende können also weder Mittäter noch mittelbare Täter, sondern nur Anstifter oder Gehilfen sein. In die Lücke, die dadurch namentlich im Bereich der mittelbaren Täterschaft entsteht, stößt § 160. Anstiftung und Beihilfe zu den §§ 153 ff. sind nach den allgemeinen Regeln möglich, doch bereitet es hier besondere Schwierigkeiten, die Grenzen der Beihilfe (hauptsächlich durch Unterlassen) abzustecken. Die Strafbarkeit der versuchten Anstiftung zum Meineid (Verbrechen) ergibt sich aus der allgemeinen Vorschrift des § 30 I. Hingegen stellen die §§ 153, 156 Vergehen

dar; insoweit erstreckt § 159 die Reichweite des § 30 I auf die Tatbestände der §§ 153, 156.

2. Verleitung zur Falschaussage (§ 160)

a) **Grundlagen.** Aus der geringen Strafdrohung des § 160 ergibt 54
sich zunächst, dass die Vorschrift lediglich eine **Ergänzungsfunktion** hat und *nur* eingreift, wenn nicht bereits eine erfolgreiche
Anstiftung (§ 26) oder eine versuchte Anstiftung (§§ 159, 30 I)
vorliegt.

Unbestritten ist weiter, dass § 160 die infolge des eigenhändigen 55
Charakters der §§ 153 ff. verbleibenden Lücken im Bereich der
mittelbaren Täterschaft schließen soll. Dabei geht es in erster Linie
um die Aussageperson als gutgläubig (vorsatzlos) handelndes
Werkzeug. Denkbar ist freilich auch die Figur des nach § 34 gerechtfertigt handelnden Werkzeugs (*Arzt/Weber*, BT, § 47 Rn. 131).
Demgegenüber liegt im Falle der Entschuldigung des Aussagenden
eine vorsätzliche rechtswidrige Haupttat vor, so dass die (versuchte) Anstiftung greift und von daher § 160 mit seiner Ergänzungsfunktion nicht benötigt wird.

b) **Verleiten eines vermeintlich Gutgläubigen.** Bestritten ist, 56
ob § 160 ausschließlich einen Spezialfall der mittelbaren Täterschaft regelt. Der Streit wird aktuell, wenn der Hintermann einen
vermeintlich Gutgläubigen zur unwahren Aussage bestimmt.

Beispiel: A ist angeklagt, am Abend des 1. 12. einen Überfall begangen zu
haben. A spielt mit Z oft Skat und versucht nun wider besseres Wissen, dem
als Zeugen geladenen Z „in Erinnerung zu rufen", dass sie beide doch an diesem Abend mit X Skat gespielt hätten. Z erkennt die Absichten des A, lässt
sich aber nichts anmerken und sagt in der Hauptverhandlung im Sinne des A
uneidlich falsch aus.

In diesem Fall erfüllt Z § 153. Z handelt jedoch entgegen der Vorstellung des A nicht gut-, sondern bösgläubig. Von daher scheitert
die Bestrafung des A aus den §§ 153, 26 daran, dass sich sein Vorsatz
nicht auf eine vorsätzliche Falschaussage durch Z erstreckt. Man
könnte allenfalls erwägen, den fehlenden Anstiftervorsatz durch
den vorhandenen Vorsatz zur mittelbaren Täterschaft zu ersetzen
(vgl. Rn. 58). Indes ist dieser Weg hier schon deshalb nicht gangbar,
weil § 160 I den Fall der mittelbaren Täterschaft selbstständig erfasst und erheblich milder als die Anstiftung bestraft. Was den
§ 160 I anbelangt, so kann der bösgläubige Z nicht als Werkzeug und

demzufolge A nicht als mittelbarer Täter angesehen werden. Wer nun in § 160 I einen speziellen Fall der mittelbaren Täterschaft geregelt sieht, muss die Vorschrift ablehnen und kann A nur wegen Versuchs gemäß § 160 I 3. Var., II bestrafen.

So etwa *Krey/M. Heinrich*, BT 1, Rn. 569 ff.; *Wessels/Hettinger*, BT 1, Rn. 782 ff.; *Beulke* III, Rn. 521; *Eschenbach*, Jura 1993, 407 ff.; *Geppert*, Jura 2002, 180; *Kretschmer*, Jura 2003, 537 f.; *Kudlich/Henn*, JA 2008, 513.

57   Indes ist dem gesetzlichen Tatbestand, der ein „Verleiten" erfordert, die „exklusive" Ausrichtung auf Fälle der mittelbaren Täterschaft nicht zu entnehmen. Zur Ableistung der Aussage „verleitet", wer die Beweisperson durch beliebige Mittel dazu bestimmt, falsch auszusagen. Diese Umschreibung ermöglicht auch die Einbeziehung von Zeugen, die keine Werkzeugqualität aufweisen und „nur" zur Tat bestimmt worden sind, ohne dass die Voraussetzungen der mittelbaren Täterschaft oder des § 26 vollständig vorliegen. In dem Beispielsfall veranlasst der Hintermann (A) durch seinen bestimmenden Einfluss die Falschaussage und erreicht damit sein Ziel, die Rechtspflege zu gefährden. Richtigerweise muss deshalb aus dem vollendeten § 160 I 3. Var. bestraft werden.

Ebenso BGHSt 21, 117; SK/*Rudolphi*, § 160 Rn. 4; *B. Heinrich*, JuS 1995, 1117 f.; *Lackner/Kühl*, § 160 Rn. 4; *Jäger*, BT, Rn. 571; Falllösung bei *Theile*, Jura 2007, 467.

58   Zur vergleichbaren Konstellation im Rahmen der §§ 271, 348 siehe § 37 Rn. 9. – Eine weitere ähnliche Konstellation, deren Studium sich an dieser Stelle empfiehlt, wird im Rahmen der allgemeinen Lehren zur mittelbaren Täterschaft diskutiert. Gemeint ist das Problem, ob der Hintermann, der ein vermeintlich gutgläubiges Werkzeug etwa zu einem Totschlag einsetzt, nur wegen versuchter mittelbarer Täterschaft und/oder als Anstifter mit der Begründung bestraft werden kann, der allein fehlende Anstiftervorsatz sei als Minus in dem qualitativ schwerer wiegenden Vorsatz zur mittelbaren Täterschaft enthalten (dazu *Wessels/Beulke*, AT, Rn. 549; *Kühl*, AT, § 20 Rn. 86 f.; *Roxin*, AT II, § 25 Rn. 163 ff.). – Zusammenfassend zu den einschlägigen AT- und BT-Fragen *Kretschmer*, Jura 2003, 535 ff.

59   **c) Verleiten eines vermeintlich Bösgläubigen.** Die umgekehrte Konstellation verdeutlicht das folgende

Beispiel: In dem Fall Rn. 56 sagt Z gutgläubig falsch aus, während der bestimmende A bei Z von einer vorsätzlichen Falschaussage ausgeht.

Hier handelt Z bezüglich § 153 nicht vorsätzlich; die potentielle fahrlässige Begehung des § 153 ist nicht strafbar (§ 161). Bei A fehlt hinsichtlich der §§ 153, 26 die vorsätzliche Haupttat. Doch liegen die §§ 153, 159, 30 I vor (Rn. 61 f.). Von daher wird die Ergänzungsfunktion des § 160 nicht gebraucht.

Zur vergleichbaren Konstellation im Rahmen der §§ 271, 348 siehe § 37 **60** Rn. 10. In der parallelen Diskussion im Rahmen des Allgemeinen Teils hat sich die Ansicht, die beim vermeintlich bösgläubigen Werkzeug den Hintermann nicht nur nach den Regeln der versuchten Anstiftung, sondern wie einen Anstifter bestrafen will, nicht durchgesetzt (dazu *Lackner/Kühl*, vor § 25 Rn. 10; *Kühl*, AT, § 20 Rn. 88 f.).

3. Versuch der Anstiftung zur Falschaussage (§ 159)

§ 159 erweitert den ausschließlich für Verbrechen geltenden **61** § 30 I auf die Vergehenstatbestände der §§ 153, 156.

In der **Fallbearbeitung** sind – wie in allen Fällen der versuchten Anstiftung – die folgenden gedanklichen Schritte notwendig: (1) Zunächst muss festgestellt werden, dass eine erfolgreiche Anstiftung gemäß § 26 ausscheidet. (2) Die anschließend zu prüfende versuchte Anstiftung setzt erstens voraus, dass sich der Vorsatz des Einwirkenden darauf erstreckt hat, den Aussagenden zu einer vollendeten vorsätzlichen Tat nach § 153 oder § 156 zu bestimmen; zweitens muss im Sinne des § 22 zu dem Bestimmen unmittelbar angesetzt worden sein.

Unproblematische **Beispiele** zu den §§ 159, 30 I: Der „bearbei- **62** tete" Zeuge sagt wider Erwarten gutgläubig falsch aus oder war schon zur Falschaussage entschlossen; der anstiftende Brief erreicht den Zeugen nicht oder später.

Besondere Zweifelsfragen ergeben sich aber in dem folgenden **63**

Beispiel: A stiftet den Zeugen Z zu einer falschen Aussage oder Versicherung an Eides Statt vor einer zuständigen Stelle an. Danach kommt es bei Z nur zu einem straflosen Versuch des § 153 bzw. § 156.

Die schulmäßige Lösung ergibt zunächst Folgendes: Bleibt die Haupttat (§ 153 oder § 156) unvollendet im Versuchsstadium stecken, so kann der täterschaftlich handelnde Zeuge (Z) wegen fehlender Versuchsstrafbarkeit (§§ 12 II, 23 I) nicht bestraft werden. Damit entfällt mangels Haupttat zugleich die Möglichkeit, den Einwirkenden (A) wegen (erfolgreicher) Anstiftung (§ 26) zum Versuch des § 153 oder § 156 zu belangen. Indes kann (bei A) über die §§ 159, 30 I ein Fall der versuchten (erfolglosen) Anstiftung angenommen werden.

64   Die Lösung macht gewisse Wertungswidersprüche sichtbar: Während der täterschaftliche Versuch des Zeugen straflos ist, wird die weiter im Vorfeld liegende versuchte Anstiftung sanktioniert. Man versucht, diese Differenzierung mit der besonderen Gefährlichkeit der Anstiftung bei den Aussagedelikten zu rechtfertigen (vgl. Sch/Sch/*Lenckner*, § 159 Rn. 1/2).

65   Allerdings soll nach BGHSt 24, 38 eine Strafbarkeit gemäß § 159 entfallen, wenn die Aufforderung von vornherein objektiv nur zu einem *un*tauglichen Versuch führen kann. Diese pauschale Einschränkung, die die Wertungswidersprüche abmildern will, verdient keinen Beifall. Denn sie widerspricht dem Gesetz und den zu § 30 I weitgehend anerkannten Grundsätzen, wonach die Strafbarkeit wegen versuchter Anstiftung allein davon abhängt, ob sich der Täter Umstände vorstellt, nach denen der Angestiftete eine vollendete Tat begeht.

> Ablehnend auch SK/*Rudolphi*, § 159 Rn. 2 f.; *Wessels/Hettinger*, BT 1, Rn. 781; Sch/Sch/*Lenckner*, § 159 Rn. 4 m. w. N. – Dem *BGH* zust. *Krey/M. Heinrich*, BT 1, Rn. 585 ff.; *Kudlich/Henn*, JA 2008, 511 f. – Ergänzend LK/*Schünemann*, 12. Aufl., § 30 Rn. 31 f.

65a   Im Übrigen erledigt sich die Diskussion weitgehend von selbst, wenn man erkennt, dass in der bisher einzigen praktisch relevanten Konstellation – nämlich: Anstiftung zu einer falschen Aussage bzw. eidesstattlichen Versicherung vor einer objektiv unzuständigen, aber irrtümlich für zuständig gehaltenen Behörde – richtigerweise nur ein Wahndelikt vorliegt (vgl. Rn. 25).

> **Beispiel:** A stiftet Z erfolgreich zu einer falschen Aussage vor der Polizei in dem Glauben an, diese sei auch zur eidlichen Vernehmung zuständig. – Z erfüllt nicht den objektiven Tatbestand des § 153 I; unabhängig von der Frage des Wahndelikts ist ein etwaiger untauglicher Versuch straflos (vgl. Rn. 5, 14). Vom Standpunkt des *BGH* aus erfüllt A § 159 jedenfalls deshalb nicht, weil die Anstiftung nur zur Begehung eines untauglichen Versuchs führen kann. Nach der hier vertretenen Ansicht ergibt sich das zutreffende Ergebnis daraus, dass der Anstiftervorsatz des A bloß auf die Begehung eines Wahndelikts gerichtet ist.

4. Anstiftung und Beihilfe durch positives Tun

66   Für die Anstiftung und Beihilfe durch positives Tun gelten die allgemeinen Regeln. Besondere Aufmerksamkeit verdient vor allem die Frage, ob sich ein Angeklagter wegen Anstiftung oder Beihilfe zu den §§ 153, 154 allein dadurch strafbar machen kann, dass er einen Zeugen benennt, von dem er eine falsche Aussage zu seinen Gunsten erwartet (dazu *B. Heinrich,* JuS 1995, 1116f., 1118f.; Falllösung bei *Kelker,* Jura 1996, 94ff.).

Anknüpfend an die im Rahmen des § 258 geltenden Regeln **67** zum Verteidigerhandeln (*Rengier,* BT I, § 21 Rn. 39ff.) hängt die Antwort davon ab, inwieweit sich der Angeklagte prozessordnungsgemäß verhält. Verhaltensweisen, die aus prozessualer Sicht zulässig sind, schaffen kein rechtlich missbilligtes Risiko und können damit auch nicht strafrechtlich verboten sein. Da den Angeklagten keine Pflicht trifft, an der Wahrheitsfindung mitzuwirken und die Benennung von Zeugen zu den typischen Verteidigungsrechten gehört (§ 219 StPO), überschreitet er den prozessual zulässigen Rahmen nicht, solange er sich auf das bloße Benennen beschränkt (vgl. *OLG Hamm* NStZ 1993, 82, 83; *LG München* StV 1994, 134; SK/*Rudolphi,* vor § 153 Rn. 48ff.; Sch/Sch/*Lenckner,* vor § 153 Rn. 36).

Umstritten ist, ob die zeitlich vor dem Gerichtstermin erfolgende Anstiftung eines Zeugen zu einer uneidlichen Falschaussage (§ 153, 26) durch einen Kläger K mit dessen Prozessbetrug (dazu *Rengier,* BT I, § 13 Rn. 49) in Tateinheit (so BGHSt 43, 317) oder Tatmehrheit (so *Geppert,* JK 98, StGB § 52/10) steht.

5. Beihilfe durch Unterlassen

Im **Fall 4** verwirklicht B § 154 (§ 153 wird verdrängt). A erfüllt die §§ 153, **68** 26, mangels Anstiftervorsatzes aber nicht die §§ 154, 26. In Betracht kommt eine Beihilfe zum Meineid durch Unterlassen (§§ 154, 27, 13).

Was die erforderliche Garantenstellung anbelangt, so kann heu- **69** te als weitgehend gesichert gelten, dass sie sich grundsätzlich weder aus einem etwaigen Angehörigenverhältnis noch aus einer engen persönlichen Beziehung wie einem Liebesverhältnis noch – im Zivilprozess – aus der Wahrheitspflicht des § 138 ZPO ableiten lässt (zusammenfassend *B. Heinrich,* JuS 1995, 1119; vgl. auch *Rengier,* BT I, § 21 Rn. 14ff. zu den §§ 258, 13).

In Betracht kommt also nur der Gedanke der Ingerenz. Inso- **70** weit nimmt die neuere Rechtsprechung eine Garantenstellung an, wenn der Täter die Aussageperson in eine besondere, dem Prozess nicht mehr eigentümliche (inadäquate) Gefahr der Falschaussage gebracht hat (*OLG Köln* NStZ 1990, 594; *OLG Hamm* NStZ 1993, 82, 83; *OLG Düsseldorf* NJW 1994, 272, 273). Die Reichweite dieser Formel ist freilich unklar. Jedenfalls scheidet die Annahme einer Garantenstellung bei einem rechtmäßigen prozessualen Vorverhalten aus (vgl. Rn. 67). Für fremde Falschaussagen kann ein passiver Zuschauer nur dann als Garant verantwortlich sein, wenn sein Vorverhalten eine *rechtlich* missbilligte Gefahr für das Aussagedelikt geschaffen hat.

71   Verfehlt ist die vielfach kritisierte Entscheidung *OLG Hamm* NStZ 1993, 82 (zur Kritik die Falllösung bei *Kelker,* Jura 1996, 97 f.; ferner *Bartholme,* JA 1993, 221 f.; *Prittwitz,* StV 1995, 274). Das *OLG Hamm* sieht zwar im Ausgangspunkt völlig zu Recht in Übereinstimmung mit Rn. 66 f. in der bloßen Zeugenbenennung seitens des Angeklagten keine Beihilfe durch positives Tun und räumt die Rechtmäßigkeit dieses Tuns ausdrücklich ein. Dann aber hält das Gericht dem Angeklagten die Hervorrufung einer „besonderen" Gefahrenlage sowie „sozial inadäquates" Verhalten vor und leitet daraus eine Garanten-Handlungspflicht ab. Auf diese Weise wird trotz zulässigen Verteidigungsverhaltens mittelbar eine Verpflichtung zur Selbstbelastung geschaffen und das in den §§ 136 I 2, 243 IV 1 StPO verankerte Schweigerecht unterlaufen (in diesem Sinne auch *BGH* StV 1994, 125 f.).

72   Im anders liegenden **Fall 4** hat der *BGH* zu Recht eine Garantenstellung bejaht und den A aus den §§ 154, 27, 13 (in Tateinheit mit den §§ 153, 26) verurteilt. Hier ergibt sich die Garantenstellung aus dem rechtswidrigen Anstifterverhalten. Die weiteren Voraussetzungen der Beihilfe durch Unterlassen liegen ebenfalls vor: Der Untätige muss in der Lage sein, die Begehung der Haupttat zu verhindern oder zu erschweren, und ihm muss das Handeln möglich sowie zumutbar sein (zur Zumutbarkeit vgl. § 42 Rn. 14).

Engere Ansichten verneinen auch in diesem Fall eine Garantenstellung (des A). Sie stellen den Gedanken der Eigen-/Alleinverantwortlichkeit des mündigen Zeugen in den Vordergrund (Sch/Sch/*Lenckner,* vor § 153 Rn. 40; *Krey/M. Heinrich,* BT 1, Rn. 579; vgl. ferner *Geppert,* Jura 2002, 178 f.; *B. Heinrich,* JuS 1995, 1119 f.). – Zum Ganzen *Bartholme,* JA 1998, 204 ff.

IX. Fahrlässige Begehung (§ 161)

73   Die §§ 154–156 (nicht § 153!) können gemäß § 161 (= § 163 a.F. bis 2008) auch fahrlässig verwirklicht werden. Die Fahrlässigkeit kann sich auf alle objektiven Tatbestandsmerkmale beziehen. Sie kommt vor allem in Betracht, soweit der Täter

– über die Zuständigkeit der Stelle irrt (vgl. Rn. 5, 11, 26 ff.),
– zu Unrecht glaubt, eine falsche Angabe falle nicht unter die Wahrheitspflicht (vgl. Rn. 10 ff., 30 ff.), oder
– die Unwahrheit seiner Angaben nicht erkennt.

In dem besonders wichtigen letzten Fall muss gefragt werden, **74** ob die Aussageperson bei Einhaltung der gebotenen Sorgfalt die Falschheit der Aussage hätte erkennen können. Insoweit kann sich beim *Zeugen* der Fahrlässigkeitsvorwurf daraus ergeben,

- dass er aus Nachlässigkeit sein Erinnerungsbild nicht so wiedergibt, wie es noch in seinem Gedächtnis besteht,
- dass er etwas Unwahres als sicheres Erinnerungsbild hinstellt, obwohl er es wegen mangelnder Gedächtnisanspannung nicht als sicheres Wissen ausgeben darf, oder
- dass er es schuldhaft unterlässt, tatsächliche Anhaltspunkte oder äußere Hilfsmittel zu benutzen, die sich ihm während der Vernehmung darbieten und die geeignet sind, bei ihm mindestens Zweifel an der Richtigkeit seines Erinnerungsbildes zu wecken (zusammenfassend OLG Köln MDR 1980, 421).

Danach ist der Zeuge im Strafprozess grundsätzlich nur zur **75** Konzentration in der Vernehmungssituation, aber nicht zur Vorbereitung auf die Vernehmung verpflichtet. Kurz: Konzentrationspflicht ja, Vorbereitungspflicht nein (vertiefend *Krehl,* NStZ 1991, 416 ff.). Eine Vorbereitungspflicht im Zeugenbereich nimmt die h. M. nur bei Zeugen an, die über Wahrnehmungen berichten sollen, die sie in *amtlicher* Eigenschaft gemacht haben (z. B. als Polizeibeamter, Staatsanwalt, Ermittlungsrichter).

Außerdem besteht eine Vorbereitungspflicht für den Sachverständigen, ferner in den Fällen der eidesstattlichen Versicherung und schließlich noch im Zivilprozess für den Zeugen (vgl. § 378 I 2 ZPO) wie die Partei. – Zum Ganzen *Fischer,* § 161 Rn. 5 ff.; Sch/Sch/*Lenckner,* § 163 Rn. 3 ff.

Der 2008 neu eingefügte **§ 162** erstreckt die §§ 153 ff. mit unterschiedlicher **76** Reichweite auf falsche Angaben vor bestimmten internationalen Gerichten und Untersuchungsausschüssen.

Empfehlungen zur vertiefenden Lektüre:

Rechtsprechung: *BGH* NStZ 1993, 489 (Beihilfe zum Meineid durch Unterlassen); *OLG Köln* MDR 1980, 421 (fahrlässiger Falscheid); *OLG Düsseldorf* NJW 1994, 272 (Beihilfe zum Meineid durch Unterlassen); *OLG Celle* NJW 1997, 1084 (keine analoge Anwendung des § 157 bei nichtehelicher Lebensgemeinschaft); *LG Münster* StV 1994, 134 (Beihilfe zur Falschaussage durch Tun und Unterlassen).

Literatur: *Bartholme,* Beihilfe zur Falschaussage durch Unterlassen, JA 1998, 204 ff.; *Eschenbach,* Verleiten i. S. d. § 160 StGB – eine Verführung zur Überbetonung teleologischer Interpretation, Jura 1993, 407 ff.; *Geppert,* Welche Bedeutung hat die Nichtbeachtung strafprozessualer Vorschriften für die Strafbarkeit nach den §§ 153 ff. StGB?, Jura 1988, 496 ff.; *Geppert*, Grundfragen der Aussagedelikte (§§ 153 ff. StGB), Jura 2002, 173 ff.; *B. Heinrich*, Die strafbare Beteiligung des Angeklagten an falschen Zeugenaussagen, JuS 1995, 1115 ff.; *Kudlich/Henn*, Täterschaft und Teilnahme bei den Aussagedelikten, JA 2008, 510 ff.; *Otto*, Die Aussagedelikte, §§ 153–163 StGB, JuS 1984, 161 ff.; *Wolf*, Falsche Aussage, Eid und eidesgleiche Beteuerungen, JuS 1991, 177 ff.

§ 50. Falsche Verdächtigung (§ 164)

Fall 1: Ladendetektiv D ist davon überzeugt, dass die Jugendliche J Preisetiketten ausgetauscht hat. In der polizeilichen Anzeige behauptet er wahrheitswidrig, den Austausch genau beobachtet zu haben, obwohl J ihm den Rücken zuwandte. Ob J die Tat wirklich begangen hat, lässt sich nicht mehr aufklären (BGHSt 35, 50). → Rn. 12

Fall 2: a) A und sein Bruder B haben in einer Gaststätte so viel Alkohol genossen, dass sie beide erkennbar angeheitert und fahruntüchtig sind. Dennoch fährt A mit seinem Pkw nach Hause. B nimmt auf dem Beifahrersitz Platz. Als sie unterwegs in eine Verkehrskontrolle geraten, hält A sofort an. Beide steigen aus. Den Verdacht schöpfenden und auf sie zukommenden Polizeibeamten erklärt A, um seinen Führerschein zu retten: „Ich bin nicht gefahren!" b) *1. Variante:* A erklärt wahrheitswidrig, sein Bruder B habe das Fahrzeug geführt. c) *2. Variante:* Auf Aufforderung des A gibt sich B als Fahrer aus, was A bestätigt. Daher wird bei B die Entnahme einer Blutprobe gemäß § 81 a StPO angeordnet. Als nach drei Wochen das Ergebnis (1,2 Promille) vorliegt, räumt A doch ein, selbst gefahren zu sein. → Rn. 18, 19, 27

Fall 3: A, der keine Fahrerlaubnis besitzt, gerät am Steuer eines Pkw mit 1,19 Promille Alkohol im Blut in eine Polizeikontrolle. Er glaubt, er habe weniger als 0,8 Promille Alkohol im Blut und sei fahrtauglich. Um sich vor Strafverfolgung zu schützen, gibt er sich als B aus, genau wissend, dass dieser den Führerschein hat (*LG Dresden* NZV 1998, 217). → Rn. 23

I. Grundlagen

1   Nach der zutreffenden h.M. hat § 164 eine **doppelte Schutzrichtung:** Die Vorschrift schützt zum einen die **inländische staatliche Rechtspflege** und soll die ungerechtfertigte Beanspruchung und Irreführung der Verfolgungsbehörden verhindern. Zum anderen dient § 164 auch dem **Schutz des Einzelnen** vor ungerechtfertigter staatlicher Verfolgung (BGHSt 5, 66, 68; Sch/Sch/*Lenckner*, § 164 Rn. 1; *Lackner/Kühl*, § 164 Rn. 1). Beide Schutzzwecke stehen *alternativ* nebeneinander mit der Folge, dass

(1) § 164 auch im Falle einer Einwilligung des Verdächtigten eingreift, weil die Einwilligung den Angriff auf die Rechtspflege nicht legitimieren kann;

(2) bei einer gegen einen Deutschen gerichteten oder von einem Deutschen aufgestellten Falschbeschuldigung im Ausland die individuelle Betroffenheit die Anwendbarkeit des deutschen Strafrechts gemäß § 7 I, II Nr. 1 regelmäßig eröffnet (zu § 7 II Nr. 1 vgl. auch BGHSt 40, 79 mit Anm. *Rengier*, JR 1996, 34 ff.).

Demgegenüber beschränken die „Rechtspflegetheorie" (vertreten z. B. von **2** SK/*Rudolphi/Rogall*, § 164 Rn. 1) und die „Individualgutstheorie" (vertreten z. B. von NK/*Vormbaum*, § 164 Rn. 10) den Schutzzweck auf jeweils einen Bereich. Im Einwilligungs-Fall würde die rein individualrechtliche Lehre eine rechtfertigende Einwilligung bejahen (NK/*Vormbaum*, § 164 Rn. 66), während im Auslands-Fall auf dem Boden der „Rechtspflegetheorie" der Anzeigende in Deutschland straflos bliebe (SK/*Rudolphi/Rogall*, § 164 Rn. 32).

Der Studierende sollte mit den für die Auslegung des § 164 **3** zentralen Rechtsgutsfragen besonders vertraut sein, weil sie auch in der Fallbearbeitung eine erhebliche Rolle spielen (vgl. Rn. 8, 12).

II. Objektiver Tatbestand

1. § 164 I

Den objektiven Tatbestand des § 164 I erfüllt, wer einen ande- **4** ren bei einer Behörde (vgl. § 11 I Nr. 7), bei einem zur Entgegennahme von Anzeigen zuständigen Amtsträger (vgl. § 158 I StPO), einem militärischen Vorgesetzten gegenüber oder öffentlich (§ 29 Rn. 16) einer rechtswidrigen Tat (§ 11 I Nr. 5) oder der Verletzung einer Dienstpflicht verdächtigt.

a) Der Verdacht muss sich gegen **einen anderen** richten, d. h. **5** gegen eine **bestimmte** lebende Person, die zwar nicht unbedingt namentlich genannt, aber identifizierbar sein muss. Nicht tatbestandsmäßig sind folglich falsche Selbstbezichtigungen sowie Anzeigen gegen Unbekannt oder gegen eine verstorbene Person (zu § 145 d siehe § 51 Rn. 16).

b) Unter das Merkmal **Verdächtigen** fällt jedes Verhalten, durch **6** das gegen eine bestimmte andere Person ein Verdacht *hervorgerufen* oder ein bereits bestehender Verdacht *verstärkt* wird (BGHSt 14, 240, 246). Vollendet ist die Tat mit dem Zugang der Verdächti-

gung oder mit dem Abschluss der Vernehmung, in der die Verdächtigung geäußert wurde. Eine tatsächliche Irreführung der
Verfolgungsbehörde setzt der Tatbestand nicht voraus.

7   Das Verdächtigen kann erstens – auch in konkludenter Form –
durch falsche *Tatsachen*äußerungen geschehen (wie in § 164 II).
Zweitens kommt ein falsches Verdächtigen auch dadurch in Betracht, dass der Täter zu Lasten eines anderen eine **Verdacht er-
regende Beweislage** schafft. Von daher darf in den § 164 II, wenn er
von einer „sonstigen" Behauptung tatsächlicher Art spricht, nicht
die Aussage hineingelesen werden, auch § 164 I erfasse nur Tatsachenbehauptungen (h. M.; vgl. BGHSt 9, 240; Sch/Sch/*Lenckner*,
§ 164 Rn. 8 m. w. N.; a. A. NK/*Vormbaum*, § 164 Rn. 20f.).

> **Beispiele:** Der Täter lässt belastendes Beweismaterial in die Hände eines Un-
> schuldigen gelangen. Der Täter gibt, auf frischer Tat ertappt, einen falschen
> Namen an (BGHSt 18, 204; zu **Fall 3** Rn. 23). Der Täter lässt am Tatort fremde
> Ausweispapiere/Visitenkarten zurück, um den Verdacht auf einen anderen zu
> lenken. Der Täter bringt in anonymen Schreiben an die Strafverfolgungsbe-
> hörde andere Namen ins Spiel.

8   c) **Gegenstand** der Verdächtigung ist vor allem die Behauptung
einer **rechtswidrigen Tat.** In Frage kommt nur eine Straftat (§ 11 I
Nr. 5), nicht eine Ordnungswidrigkeit (ergänzend Rn. 22). Welche
Voraussetzungen diese „Tat"-Verdächtigung im Einzelnen erfüllen
muss, ergibt sich aus dem Schutzzweck der Vorschrift (Rn. 1): Es
muss sich um eine Tat handeln, die nach rechtlichen Maßstäben
strafrechtliche Sanktionen irgendwelcher Art nach sich ziehen
und damit, was ausreichende Verdachtsmomente voraussetzt (vgl.
§ 152 II StPO), die behördliche Tätigkeit auslösen kann (*BGH* StV
2002, 303; *OLG Hamm* NStZ-RR 2002, 167; Sch/Sch/*Lenckner*,
§ 164 Rn. 10; *Lackner/Kühl*, § 164 Rn. 5). In Abs. 2 findet man
diese allgemeine Auslegungsrichtlinie deutlich(er) angesprochen.

9   **Beispiele:** Nicht tatbestandsmäßig sind Anzeigen, die objektiv – auch unter
dem Blickwinkel der §§ 61 ff. – keine strafrechtlichen Folgen nach sich ziehen
können, weil sich aus den Angaben die Tatbestandslosigkeit, Rechtfertigung,
Schuldunfähigkeit, Entschuldigung, ein strafbefreiender Rücktritt, ein Verfolgungshindernis wie die Verjährung oder eine bloße Ordnungswidrigkeit ergibt. Zu **Fall 3** Rn. 23.
Umgekehrt ist der Tatbestand erfüllt, wenn der Verdächtigende entlastende
Umstände bewusst verschweigt und auf diese Weise – konkludent (durch aktives Tun!) – zu Unrecht den Anschein einer straf- und verfolgbaren Handlung
erweckt (*BGH* MDR/D 1956, 270; *OLG Karlsruhe* NStZ-RR 1997, 37, 38;

Sch/Sch/*Lenckner,* § 164 Rn. 10; *Geilen,* Jura 1984, 300 f.; h.M.; abweichend SK/*Rudolphi/Rogall,* § 164 Rn. 24, die Abs. 2 anwenden wollen).

d) Die Verdächtigung muss objektiv **unwahr** sein. Dies lässt 10 sich aus der Überschrift („falsche" Verdächtigung) und dem subjektiven Tatbestand („wider besseres Wissen") ableiten. Dabei kommt es darauf an, ob der Verdacht in seinem wesentlichen Inhalt unrichtig ist. Übertreibungen, entstellende Schilderungen und andere Unrichtigkeiten, die (nach rechtlichen Maßstäben) den Deliktscharakter der rechtswidrigen Tat nicht nachteilig verändern und nur die allgemeine Strafzumessung beeinflussen können, sind unerheblich. Dagegen genügt das Hinzudichten von Qualifizierungen, Regelbeispielen oder ideell konkurrierenden Taten.

Dazu *BGH* MDR/D 1956, 270; *OLG Karlsruhe* Die Justiz 1986, 195, 196; SK/*Rudolphi/Rogall,* § 164 Rn. 28; LK/*Ruß,* 11. Aufl., § 164 Rn. 11.

e) Umstritten ist, ob § 164 I lediglich die Verdächtigung eines 11 Unschuldigen erfasst, oder ob es auch genügt, dass die gegen einen Schuldigen geäußerten Verdachtsmomente unrichtig sind. Nach der ersten Ansicht kommt eine Bestrafung gemäß § 164 I trotz Verbreitens unwahrer belastender Tatsachen nicht in Betracht, wenn der Verdächtigte die rechtswidrige Tat (möglicherweise) begangen hat.

Im **Fall 1,** der eine solche Problemlage enthält, stellt BGHSt 35, 12 50 auf die Beschuldigung, die „rechtswidrige Tat" als solche ab und hat daher den D, weil die Unschuld des J nicht feststeht, nach dem Grundsatz in dubio pro reo freigesprochen. Demgegenüber lässt es die überzeugendere h.M. in der Literatur ausreichen, dass lediglich die vorgebrachten Verdachtstatsachen oder sonstigen Beweismaterialien falsch sind. Denn der Ermittlungsapparat wird gleichfalls dann unberechtigt in Anspruch genommen, wenn nach der prozessualen Lage hinreichende Verdachtstatsachen fehlen (vgl. § 152 II StPO) und die Behörde in nutzloser Weise wegen manipulierter Beweise ermittelt. Ferner hat im Rechtsstaat auch der Schuldige einen Anspruch darauf, nicht auf Grund falschen Beweismaterials in ein Straf- oder Disziplinarverfahren verwickelt zu werden.

Sch/Sch/*Lenckner,* § 164 Rn. 16; *Geilen,* Jura 1984, 302 f.; *Fezer,* NStZ 1988, 177 f.; *Otto,* Jura 2000, 217 f.; *Welp,* JuS 1983, 869 und *Gaede,* JuS 2003, 778 f. mit Falllösungen. – Dagegen stimmen BGHSt 35, 50 zu: *Fischer,* § 164 Rn. 6 m. w. N.; im Ergebnis auch *Krey/M. Heinrich,* BT 1, Rn. 596 a ff.

13   f) Mit dem in Rn. 9 angesprochenen Fall des konkludenten Ver-
schweigens darf nicht die Frage verwechselt werden, inwieweit ein
Verdächtigen **durch unechtes Unterlassen** (§ 13) erfolgen kann.
Die Möglichkeit muss richtigerweise für zwei Fälle bejaht werden:
Erstens: Ein Garant schreitet gegen eine fremde Falschverdächtigung nicht ein, die in der Absicht erfolgt, ein Verfahren *herbei-*
zuführen.

14   *Zweitens:* Ein Garant teilt bewusst entlastende Umstände nicht
mit, wobei er das sichere Wissen oder die zielgerichtete Vorstellung
hat, dadurch die Beendigung eines laufenden Strafverfahrens zu
verhindern. Mit anderen Worten: Der Garant handelt in der Absicht, das Verfahren *fortdauern zu lassen.* Da das Gesetz den Fall
des Fortdauernlassens ausdrücklich mit erwähnt, muss auch diese
Form der Unterlassungshaftung grundsätzlich anerkannt werden.

   Übereinstimmend Sch/Sch/*Lenckner,* § 164 Rn. 21; LK/*Ruß,* 11. Aufl., § 164
   Rn. 14; *Fischer,* § 164 Rn. 4. – Abweichend SK/*Rudolphi/Rogall,* § 164 Rn. 17.

   Allerdings bereitet im zweiten Fall die Ableitung einer etwaigen
Ingerenz-Garantenstellung besondere Schwierigkeiten. Dazu ein

15   **Beispiel:** Ohne die Unwahrheit seiner Beschuldigungen positiv zu erkennen,
   doch mit gewissen Zweifeln hat T den O einer Straftat verdächtigt und dadurch ein Verfahren ausgelöst. Als T später die Unhaltbarkeit der Vorwürfe
   klar erkennt, unternimmt er nichts.

   § 186 liegt tatbestandlich vor, könnte aber nach § 193 gerechtfertigt sein (vgl. § 29 Rn. 40). § 164 I durch aktives Tun entfällt, da T
die falsche Behauptung nicht „wider besseres Wissen" aufgestellt
hat (Rn. 23). Bei den §§ 164 I, 13 stößt man auf die Ingerenz-
Garantenstellung, die nach der (keinesfalls unangefochtenen)
h. M. grundsätzlich ein *pflichtwidriges* Vorverhalten voraussetzt
(zur Diskussion SK/*Rudolphi,* § 13 Rn. 39 ff.; *Lackner/Kühl,* § 13
Rn. 11 ff.; *Kühl,* AT, § 18 Rn. 91 ff.). Eine solche Pflichtwidrigkeit
wird man verneinen müssen, wenn die aktive Verdächtigung
(§ 186) nach § 193 gerechtfertigt oder ihre Falschheit zum Zeitpunkt der Anzeige für T nicht erkennbar war. – Vgl. ergänzend die
Falllösung bei *Welp,* JuS 1983, 865, 866 ff.

2. Falsche Fremdverdächtigung und Selbstbegünstigung

16   Zwischen dem Tatbestand des § 164 I auf der einen Seite und
einem Verteidigungsverhalten in Selbstbegünstigungsabsicht auf

der anderen Seite können sich Spannungen ergeben. Diese hängen mit dem Schweigerecht des Beschuldigten (§ 136 StPO) und dem Selbstbegünstigungsprivileg (vgl. § 54 Rn. 7 ff.; *Rengier,* BT I, § 21 Rn. 23) zusammen. Wenn auch die Begründungen wechseln, so lassen sich doch die folgenden restriktiven Auslegungsgrundsätze festhalten:

(1) Ein Beschuldigter, der von seinem prozessualen Schwei- 17 gerecht Gebrauch macht, erfüllt den Tatbestand des § 164 I auch dann nicht, wenn daraus Schlüsse zu Lasten eines anderen gezogen werden könnten.

(2) Dem Fall des Schweigens gleichzusetzen ist das wahrheits- 18 widrige bloße Leugnen der Tat, da es sich vom reinen Schweigen qualitativ kaum unterscheidet. Sofern also das ausdrückliche Bestreiten der Täterschaft namentlich in Zwei-Personen-Konstellationen den Verdacht zwangsläufig auf die andere Person lenkt, scheidet der Tatbestand aus. Im **Fall 2 a** kommt somit eine Strafbarkeit des A nach § 164 I nicht in Betracht.

(3) Die h. M. geht zu Recht einen Schritt weiter und verneint 19 § 164 I auch dann noch, wenn der (potentiell) Beschuldigte über das bloße Leugnen hinausgeht und zusätzlich lediglich die logische Folge seines Leugnens ausspricht. In solchen Fällen des sog. „modifizierten" Leugnens verbalisiert der Täter allein das, was sich in der Zwei-Personen-Konstellation ohnehin aus seinem Leugnen ergibt. Begründet wird dieses Ergebnis hauptsächlich damit, dass hier der sich bereits aus der Sachlage gegen die andere Person ergebende Tatverdacht nicht in tatbestandsrelevanter Form verstärkt werde (dazu *OLG Düsseldorf* NJW 1992, 1119; Sch/Sch/*Lenckner,* § 164 Rn. 5 m.w.N.; *Keller,* JR 1986, 30; *Mitsch,* JZ 1992, 979 f.; a. A. *Schneider,* NZV 1992, 473; *Otto,* BT, § 95 Rn. 4).

Wenn also im **Fall 2 b** A seinen Bruder B fälschlich als Täter der Trunkenheitsfahrt benennt, so erfüllt dieses Verhalten trotz der ausdrücklichen Fremdbezichtigung nach h. M. nicht den Tatbestand des § 164 I.

Siehe ergänzend *OLG Frankfurt* DAR 1999, 225 mit Besprechung *Geppert,* JK 99, StGB § 164/4.

(4) Die Grenze zur strafbaren Fremdverdächtigung wird erst 20 überschritten, sobald der Täter wahrheitswidrig **zusätzliche Tatsachen** behauptet, die auf die Täterschaft des anderen hinweisen, oder zu dessen Nachteil die **Beweislage verfälscht** und dadurch den Verdacht verstärkt (*OLG Düsseldorf* NJW 1992, 1119; Sch/Sch/*Lenckner,* § 164 Rn. 5; SK/*Rudolphi/Rogall,* § 164 Rn. 15).

Beispiele: Ein typischer Fall ist der Platztausch, durch den der Fahrer sich als Beifahrer ausgibt und den Verdacht einer Straftat (namentlich gemäß §§ 315 c, 316, 142, 222 oder 229) auf den eigentlichen Beifahrer lenkt (Falllösung bei *Kuhlen*, JuS 1990, 396, 398 f.). – Ein Angeklagter, der sich gegen eine ihn belastende wahre Zeugenaussage verteidigt, erfüllt § 164 I nicht, solange er die Tatbegehung bloß leugnet, aber jedenfalls dann, wenn er gegen den Zeugen eine Strafanzeige wegen Falschaussage erstattet (*BayObLG* NJW 1986, 441, 442 mit Anm. *Keller,* JR 1986, 30). – Zu **Fall 2 c** Rn. 27.

3. § 164 II

21   In der **Fallbearbeitung** hat die Prüfung des § 164 I Vorrang. Soweit die Anschuldigungen eine Straftat oder Dienstpflichtverletzung zum Gegenstand haben, enthält Abs. 1 eine abschließende Regelung. Der unter § 164 II fallende Denunziant stellt eine „sonstige" tatsächliche Behauptung auf, die nicht einen Verdacht im Sinne des Abs. 1 formuliert (vgl. BGHSt 35, 50, 54 mit Verweis auf *RG* JW 1935, 864; *OLG Köln* NJW 1952, 117, 118; LK/*Ruß,* 11. Aufl., § 164 Rn. 4, 21; Sch/Sch/*Lenckner,* § 164 Rn. 3, 12).

22   Zu den von Abs. 2 erfassten Verfahren gehören z. B. Bußgeldverfahren (*BGH* MDR/H 1978, 623), Ehrengerichtsverfahren sowie Verwaltungsverfahren zur Entziehung von Konzessionen, Approbationen und akademischen Graden (Sch/Sch/*Lenckner,* § 164 Rn. 13). Im Übrigen genügt bei § 164 II im Unterschied zu § 164 I nur das Aufstellen von Behauptungen tatsächlicher Art; die Schaffung einer falschen Beweislage reicht hier nicht aus (zu § 164 I siehe Rn. 7).

III. Subjektiver Tatbestand

23   Der subjektive Tatbestand verlangt zunächst vorsätzliches Handeln. Wichtig ist, dass beide Absätze die Vorsatzanforderungen nur bezüglich der Unwahrheit der behaupteten Verdachtstatsachen bzw. der geschaffenen Beweislage verschärfen und insoweit ein Handeln „wider besseres Wissen", d. h. die sichere Kenntnis der Unwahrheit voraussetzen.

Im **Fall 3** erfüllt A nicht § 316 I (§ 16 I 1), aber § 316 II (vgl. § 43 Rn. 6 ff., 14). Ferner liegt § 21 I Nr. 1 StVG vor. § 164 I entfällt bezüglich der Straftat des § 21 I Nr. 1 StVG von vornherein, weil B die Fahrerlaubnis besitzt. Hinsichtlich des § 316 hat A zwar den objektiven Tatbestand des § 164 I erfüllt, doch fehlt ihm der Vorsatz, den B einer rechtswidrigen (Straf-)Tat zu verdäch-

tigen; die Ordnungswidrigkeit des § 24 a StVG ist keine Straftat. Zu § 145 d
siehe § 51 Rn. 14.

Davon zu unterscheiden ist – als zusätzliches besonderes subjek-   **24**
tives Tatbestandsmerkmal – die „Absicht", ein behördliches Verfahren oder andere behördliche Maßnahmen gegen den Verdächtigten herbeizuführen oder fortdauern zu lassen. Hier geht die
h. M. zu Recht von einem weiten Absichtsbegriff aus, der sowohl
den dolus directus 1. Grades (Absicht als zielgerichtetes Wollen)
als auch den dolus directus 2. Grades (Wissentlichkeit) umfasst.
Demnach genügt das sichere Wissen des Täters, dass die falsche
Verdächtigung die Einleitung eines behördlichen Verfahrens gegen
den Verdächtigten zur Folge haben wird (*BayObLG* NJW 1986,
441, 442; *OLG Düsseldorf* NZV 1996, 244; Sch/Sch/*Lenckner,*
§ 164 Rn. 32; a. A. NK/*Vormbaum,* § 164 Rn. 64). – Siehe ergänzend **Fall 2 c** Rn. 27.

Fällt der Verdacht entgegen der Tätervorstellung auf eine andere Person, so   **25**
soll darin nach der h. M. eine unwesentliche Abweichung liegen, weil eines der
beiden geschützten Rechtsgüter, die Rechtspflege, unverändert betroffen sei
(BGHSt 9, 240, 242; *Maurach/Schroeder,* BT 2, § 99 Rn. 22; Sch/Sch/*Lenckner,*
§ 164 Rn. 31). Eine Mindermeinung wendet überzeugend ein, dass jedenfalls
nach dem Absichtsmerkmal *(„gegen ihn")* der subjektive Tatbestand auf die
ins Auge gefasste verdächtigte Person konkretisiert sein muss. Daher liegt
richtigerweise nur eine (straflose) versuchte Falschverdächtigung vor (*Roxin,*
AT I, § 12 Rn. 170; *Krey/M. Heinrich,* BT 1, Rn. 591 ff.).

IV. Sonstiges

Fraglich ist, ob die entsprechende Anwendung der §§ 158 und   **26**
258 V, VI in Betracht kommt. Insoweit befürwortet die h. M. bezüglich § 158 zu Recht die Analogie, weil dessen Grundgedanken
(§ 49 Rn. 48) auch auf § 164 zutreffen (*Lackner/Kühl,* § 164 Rn. 10;
Sch/Sch/*Lenckner,* § 164 Rn. 35; a. A. SK/*Rudolphi/Rogall,* § 164
Rn. 45; LK/*Ruß,* 11. Aufl., § 164 Rn. 32). Hingegen kommt die
analoge Anwendung der Absätze 5 und 6 des § 258 bei § 164 angesichts dessen auch individueller Schutzrichtung nicht in Frage
(noch weniger als bei § 145 d; vgl. § 51 Rn. 20).

Im **Fall 2 c** ist *bezüglich A* zunächst § 316 I (Fahrt) festzuhalten. – Im an-   **27**
schließenden Teil beginnt man am besten mit der *Strafbarkeit des B:* § 153 erfasst nicht Aussagen vor der Polizei (§ 49 Rn. 5). § 258 I 1. Var. (Strafvereitelung) und § 258 I 2. Var. (Maßnahmevereitelung hinsichtlich der Entziehung der

Fahrerlaubnis) sind zumindest angesichts der zeitlichen Verzögerung von drei Wochen und möglicherweise auch deshalb erfüllt, weil man dem A die Fahruntüchtigkeit nicht mehr nachweisen kann; doch greift § 258 VI ein (zu den Fragen des § 258 siehe *Rengier,* BT I, § 21). § 164 I entfällt, weil der Tatbestand die Verdächtigung „eines anderen" voraussetzt. Zu § 145 d siehe § 51 Rn. 22.

Bei der *Strafbarkeit des A* ergibt sich Folgendes: § 258 I erfasst nicht die Strafvereitelung zu Gunsten der eigenen Person. Die Strafbarkeit wegen der Anstiftung des B zu § 258 I – dessen Straflosigkeit gemäß § 258 VI das Vorliegen der Haupttat nicht berührt – entfällt gemäß § 258 V (*Rengier,* BT I, § 21 Rn. 23).

Im Rahmen des zentralen § 164 I stellen sich mehrere Fragen: (1) Zunächst muss zur Abgrenzung zwischen Fremdverdächtigung und Selbstbegünstigung Stellung genommen werden (näher Rn. 16 ff.); hier geht A, indem er B zu seinen Gunsten einspannt und dadurch die Beweislage verfälscht, über ein „modifiziertes" Bestreiten hinaus. (2) Im subjektiven Tatbestand bereitet die Bejahung der besonderen Absicht (dazu Rn. 24) keine Schwierigkeiten, wenn man hierfür mit der h. M. die sichere Voraussicht (dolus directus 2. Grades) genügen lässt. Aber auch auf dem Boden der engeren Ansicht, die dolus directus 1. Grades verlangt, könnte man vertretbar den zielgerichteten Willen mit der Begründung bejahen, für A sei das Verfahren gegen B ein notwendiges Zwischenziel, um sein Endziel zu erreichen (vgl. *Rengier,* BT I, § 13 Rn. 104 f.). (3) Dann muss man sich im Rahmen der Rechtswidrigkeit mit der Einwilligungsfrage (oben Rn. 1 f.) auseinandersetzen. (4) Schließlich scheitert die analoge Anwendung des § 158 (dazu Rn. 26) spätestens daran, dass die Berichtigung zu spät kommt, weil B schon Opfer von Ermittlungsmaßnahmen geworden ist. § 258 VI gilt nicht entsprechend. Im Ergebnis muss § 164 I auf dem Boden der h. M. bejaht werden. Zu den Fragen des (subsidiären) § 145 d näher § 51 Rn. 22.

Nun ist *nochmals die Strafbarkeit* des B zu prüfen und eine Beihilfe zu den §§ 164 I, 27 festzustellen. – Zum **Fall 2 c** siehe auch den vergleichbaren Platztausch-Fall (2. Variante) bei *Kuhlen,* JuS 1990, 396 ff.

Empfehlungen zur vertiefenden Lektüre:

Rechtsprechung: BGHSt 35, 50 (Verdächtigen eines materiellrechtlich – möglicherweise – Schuldigen durch manipulierte Beweise); *BayObLG* NJW 1986, 441 (Fragen des Verdächtigens und der Absicht bei einem sich gegen eine Zeugenaussage verteidigenden Angeklagten); *OLG Düsseldorf* NJW 1992, 1119 (Grenzen der Selbstbegünstigung beim Bestreiten und Umlenken eines Verdachts).

Literatur: *Geilen,* Grundfragen der falschen Verdächtigung (§ 164 StGB), Jura 1984, 251 ff., 300 ff.; *Kuhlen,* Strafrecht: Der Platztausch, JuS 1990, 396 ff.

§ 51. Vortäuschen einer Straftat (§ 145 d)

Fall 1: Der flüchtige Häftling H wird in eine Schlägerei verwickelt und räumt gegenüber der alarmierten Polizei ein, einen Beteiligten schmerzhaft geschlagen zu haben. Bei der Personenfeststellung gibt er die Personalien seines Bruders an, weil er befürchtet, sonst identifiziert und gleich in die Haftanstalt zurückgebracht zu werden (*KG* JR 1989, 26). → Rn. 14

Fall 2: M kommt infolge alkoholbedingter Fahruntüchtigkeit von der Fahrbahn ab und prallt mit seinem Fahrzeug gegen einen Laternenmast; der Fremdschaden beträgt 2.000 €. M steigt aus, erkennt die Situation und geht zu Fuß nach Hause. Dort informiert er seine Ehefrau F über das Geschehen. Gegenüber der bald eintreffenden Polizei gibt F, um den Führerschein des M zu retten, wahrheitswidrig an, sie sei gefahren (*OLG Zweibrücken* NStZ 1991, 530). → Rn. 21, 22

I. Grundlagen

§ 145 d I Nr. 1, II Nr. 1 dient – insoweit übereinstimmend mit **1**
§ 164 (§ 50 Rn. 1) – dem Schutz der inländischen staatlichen Rechtspflege, § 145 d I Nr. 2, II Nr. 2 dem Schutz der inländischen (namentlich polizeilichen) Präventivorgane. Der Tatbestand soll eine ungerechtfertigte Inanspruchnahme des behördlichen Apparates verhindern, die durch Hinlenken behördlicher Ermittlungen in eine falsche Richtung erfolgt. Hiermit verbindet sich der Zweck, die Strafverfolgungs- und Präventivorgane davor zu bewahren, durch unnötigen Einsatz von der Erfüllung ihrer wirklichen Aufgaben abgehalten zu werden (BGHSt 19, 305, 307 f.; *OLG Hamm* NStZ 1987, 558, 559; *OLG Karlsruhe* MDR 1992, 1166, 1167).

Wie bei § 164 ist auch im Rahmen des § 145 d das geschützte Rechtsgut für die Auslegung und **Fallbearbeitung** von besonderer Bedeutung (vgl. Rn. 4, 10 ff.). Ferner sind vor allem die Tatbestände des Abs. 1 Nr. 1 und Abs. 2 Nr. 1 zu beachten, die Lücken schließen, die sich im Bereich des § 164 ergeben. Die Subsidiaritätsklausel des Abs. 1 gilt auch für Abs. 2 (Rn. 19 f.).

II. Objektiver Tatbestand

1. § 145 d I Nr. 1

Die Tathandlung liegt darin, dass der Täter die Begehung einer **2**
rechtswidrigen Tat vortäuscht. Mit dem Vortäuschen ist – entspre-

chend dem Schutzzweck des § 145 d und parallel zu § 164 (vgl. § 50 Rn. 6 f.) – die Schaffung einer objektiv unrichtigen Verdachtslage gemeint, die ein unnützes behördliches Einschreiten auslösen kann. Ob die Behörde wirklich tätig wird, spielt keine Rolle. Auf welche Weise der falsche Verdacht erregt wird, ob durch Tatsachenbehauptungen oder die Herstellung einer verdachtserregenden Beweislage (vgl. § 50 Rn. 7), ist unerheblich. Die vorgetäuschte „rechtswidrige Tat" muss entsprechend § 50 Rn. 8 f. verfolgbar, darf aber *nicht* tatsächlich begangen worden sein.

3   **Beispiele:** Der Täter täuscht zu betrügerischen Zwecken einen Fahrrad- oder Auto(radio)diebstahl, einen Wohnungseinbruch usw. vor. Der Täter bezichtigt sich selbst falsch, indem er bewusst z. B. durch Fahren in Schlangenlinien den Eindruck einer Trunkenheitsfahrt erweckt (*OLG Köln* VRS 54, 196). Wer vortäuscht, einen anderen in Notwehr erschossen zu haben, kann nur bezüglich einer etwaigen Tat des angeblichen Angreifers § 145 d I Nr. 1 erfüllen, aber nicht wegen der eigenen behaupteten Tat, weil diese als gerechtfertigt und damit unverfolgbar hingestellt wird (*Lackner/Kühl*, § 145 d Rn. 4; SK/ *Rudolphi/Rogall*, § 145 d Rn. 15; LK/*Ruß*, 11. Aufl., § 145 d Rn. 8).

4   Besondere Schwierigkeiten bereiten Konstellationen, die man unter dem Stichwort „Täuschungen mit Wahrheitskern" zusammenfassen kann (*Krümpelmann*, ZStW 1984, 999). Es geht um Fälle, in denen eine Straftat wirklich begangen wurde, der täuschende Täter aber durch Übertreibungen, Vergröberungen oder Hinzudichten anderer Umstände das tatsächliche Geschehen verfälscht. Ausgehend vom Schutzzweck der Norm (Rn. 1), wonach die Fehlleitung staatlicher Verfolgungstätigkeit verhindert werden soll, stellt die h. M. zutreffend im Wesentlichen darauf ab, ob die „aufgebauschte" Darstellung geeignet ist, die Strafverfolgungsbehörde zu einem (erhöhten) Ermittlungsaufwand zu veranlassen, der *erheblich* über demjenigen liegt, der zur Aufklärung der tatsächlich begangenen Straftat(en) erforderlich wäre.

OLG Hamm NStZ 1987, 558; *OLG Karlsruhe* MDR 1992, 1166; *Fischer*, § 145 d Rn. 5 ff.; Sch/Sch/*Stree/Sternberg-Lieben*, § 145 d Rn. 9; *Küpper*, BT 1, II § 3 Rn. 31. – Enger SK/*Rudolphi/Rogall*, § 145 d Rn. 18 ff. und *Geppert*, Jura 2000, 384 f., die im Wesentlichen darauf abstellen, ob eine neue *prozessuale* Tat vorliegt.

5   **Beispiele:** Unerhebliche bloße Übertreibungen oder Vergröberungen liegen vor, wenn der Umfang der Diebesbeute vergrößert (*OLG Hamm* NJW 1982, 60; *BayObLG* NJW 1988, 83), wenn eine schwerere Begehungsweise vorgetäuscht (*OLG Celle* NdsRpfl 1957, 16), wenn ein versuchter Diebstahl zu ei-

nem vollendeten Delikt hochgestuft (*OLG Hamm* NStZ 1987, 558) oder wenn bei einem Mordversuch oder Raub eine untergeordnete Tat (z. B. Körperverletzung) hinzugedichtet wird (*OLG Karlsruhe* MDR 1992, 1166; Sch/Sch/*Stree*/*Sternberg-Lieben*, § 145 d Rn. 9).

Beachte: Bei § 164 greift der Tatbestand in vergleichbaren Fällen früher ein (vgl. § 50 Rn. 10), weil es dort auch um den Individualschutz geht.

Anders ist jedoch in der Regel zu entscheiden, wenn der Täter **6** durch Hinweglassen oder Hinzudichten von Umständen das Gewicht und den Charakter der tatsächlich begangenen Tat völlig verändert.

Beispiele: Eine Körperverletzung wird um einen Raub oder Mordversuch „ergänzt". Eine Beleidigung mit sexuellem Inhalt wird als Vergewaltigung hingestellt.

Bei derartigen Charakterveränderungen ergibt sich die Eignung **7** der falschen Darstellung, den Ermittlungsaufwand erheblich zu erhöhen, in der Regel aus der besonderen Schwere der vorgespiegelten Tat. Ebenfalls an die Tatschwere knüpfen die beiden folgenden Kriterien an, die Rechtsprechung und h. M. als Entscheidungshilfen noch anbieten (vgl. *OLG Karlsruhe* MDR 1992, 1166, 1167; Sch/Sch/*Stree*/*Sternberg-Lieben*, § 145 d Rn. 9; *Stree,* NStZ 1987, 560): (1) Durch die Täuschung wird aus einem Antrags- bzw. Privatklagedelikt ein Offizialdelikt; (2) durch die Täuschung wird aus einem Vergehen ein Verbrechen. Insbesondere das zweite Kriterium ist als aussagekräftiges Indiz für den festzustellenden potentiellen erheblichen Ermittlungsmehraufwand gut verwendbar (a. A. *Eisele,* BT I, Rn. 1191).

2. § 145 d II Nr. 1

a) Der objektive Tatbestand setzt voraus, dass der Täter über den **8** Beteiligten (Täter oder Teilnehmer) an einer rechtswidrigen Tat **zu täuschen sucht.** Während § 145 d I Nr. 1 die Vortäuschung einer *angeblich* begangenen Straftat regelt, täuscht der Täter des § 145 d II Nr. 1 richtigerweise nur über den Beteiligten einer *tatsächlich* begangenen Straftat. Für diese Ansicht spricht vor allem der Wortlaut des Gesetzes, nach dem Täter ist, wer „über den Beteiligten" *an* einer rechtswidrigen Tat „zu täuschen sucht". Danach beschränkt sich also der Versuchscharakter der Tat auf die Täuschung über die Person.

KG JR 1989, 26; *BayObLG* NStZ 2004, 97; *Krey/M. Heinrich*, BT 1, Rn. 607; *Fischer*, § 145d Rn. 7; *Otto*, BT, § 95 Rn. 20.

9   Nach der Gegenmeinung soll auch die irrtümliche Annahme einer strafbaren Handlung genügen (Sch/Sch/*Stree/Sternberg-Lieben*, § 145d Rn. 13), zumindest beim Vorliegen konkreter Verdachtsgründe (so einschränkend etwa SK/*Rudolphi/Rogall*, § 145d Rn. 24). – Zusammenfassend zum Streitstand *Küper*, BT, S. 296f.; *Geppert*, Jura 2000, 385f.

10   b) Für die Behandlung aller weiteren Fragen ist es hilfreich, stets den Sinn und Zweck der Vorschrift vor Augen zu haben. Sie will unnütze Maßnahmen verhindern, die Täuschungen über den Beteiligten an einer begangenen Straftat nach sich ziehen können. Anders formuliert: Der Täter muss einen *Un*beteiligten in den Verdacht bringen, an einer begangenen Straftat beteiligt gewesen zu sein und so die Ermittlungstätigkeit auf eine falsche Fährte lenken.

11   Demnach erfasst § 145d II Nr. 1 solche Handlungen nicht, durch die die Ermittlungsarbeit der Strafverfolgungsbehörden lediglich behindert, aber nicht zugleich der Tatverdacht auf eine unbeteiligte Person gelenkt wird. – Dazu die folgenden

12   **Beispiele:** (1) A ist in den Verdacht geraten, eine Straftat begangen zu haben. Die Polizei hat deshalb seine Wohnung durchsucht. Die Verlobte V gibt gegenüber der Polizei wahrheitswidrig an, A habe sich zur Tatzeit bei ihr befunden. Ferner vernichtet sie Beweismittel, um die Überführung des A zu verhindern.

§ 145d II Nr. 1 entfällt. Der Tatbestand erfasst nicht das **Verschaffen eines falschen Alibis** oder andere Entlastungsversuche, durch die der Verdacht vom wahren Täter nur abgelenkt werden soll, ohne dass ein Unbeteiligter ins Gespräch gebracht wird (*BayObLG* JR 1985, 294 mit Anm. *Kühl;* SK/*Rudolphi/Rogall*, § 145d Rn. 26; h.M.). Die (versuchte) Strafvereitelung bleibt gemäß § 258 VI straffrei.

13   (2) F ist nach einem Gaststättenbesuch mit seinem Pkw im Zustand der Fahruntüchtigkeit in Schlangenlinien nach Hause gefahren und angezeigt worden. Um der Bestrafung gemäß § 316 zu entgehen und den Führerschein nicht zu verlieren, geben F und seine fahrtüchtige Ehefrau E gegenüber der bald eintreffenden Polizei übereinstimmend an, dass E gefahren sei.

In diesem Fall lenken F und E den Verdacht von dem Täter F auf einen Dritten (E), in dessen Person die Tat gerade keine Straftat darstellt. Sie wollen keine unnützen (weiteren) Ermittlungen, sondern die Einstellung der polizeilichen Tätigkeit bewirken. Daher erfüllen weder F noch E § 145 d II Nr. 1 (BGHSt 19, 305; *OLG Celle* NStZ 1981, 440). In Betracht kommen bei E eine (versuchte) Strafvereitelung und bei F eine Anstiftung oder Beihilfe dazu, wobei § 258 VI bzw. V zur Straffreiheit führt.

(3) Im **Fall 1** ist § 164 I objektiv erfüllt (§ 50 Rn. 7) und auch der Vorsatz nicht **14** fraglich; die weiter erforderliche Absicht lässt sich nach dem knappen Sachverhalt in der Form der Wissentlichkeit vertretbar bejahen, aber auch verneinen (vgl. § 50 Rn. 24). § 145 d I Nr. 1 entfällt eindeutig, da es um eine tatsächlich begangene Straftat geht. Aber auch § 145 d II Nr. 1 muss verneint werden; denn A, der seine Beteiligung einräumt und nur seine wahre Identität verschleiert, spiegelt nicht vor, als wahrer Täter an der Körperverletzung komme (noch) eine andere Person (sein Bruder) in Betracht (*KG* JR 1989, 26, 27; *LG Dresden* NZV 1998, 217; *Lackner/Kühl*, § 145 d Rn. 7; SK/*Rudolphi/Rogall*, § 145 d Rn. 27; a. A. Sch/Sch/*Stree/Sternberg-Lieben*, § 145 d Rn. 14; *Saal*, NZV 1998, 218 f.). Es liegt nur § 111 OWiG vor.

c) Im Übrigen erlangt § 145 d II Nr. 1 vor allem in den folgenden **15** Konstellationen Bedeutung (vgl. auch SK/*Rudolphi/Rogall*, § 145 d Rn. 25 ff.):

(1) Der Täuschende lenkt den Verdacht von dem wirklich an der Straftat Beteiligten auf sich ab (falsche Selbstbezichtigung). Überschneidungen mit § 164 I gibt es hier nicht, wohl aber mit § 258, gegenüber dem § 145 d I und II subsidiär ist.

(2) Der Täuschende lenkt den Verdacht auf eine unbeteiligte **16** (lebende) Person ab, wobei sowohl er selbst als auch ein anderer Dritter diejenige Person sein kann, die die Straftat tatsächlich begangen hat (falsche Fremdbezichtigung). Hier gibt es Überschneidungen mit den vorrangigen §§ 164 I und 258.

Ein gegenüber § 164 I eigenständiger Anwendungsbereich kann sich hauptsächlich in zwei Punkten ergeben: Erstens muss es sich bei dem Beteiligten im Sinne des § 145 d nicht unbedingt um eine bestimmte identifizierbare Person handeln (zu § 164 I siehe § 50 Rn. 5); vielmehr kann auch die Verdächtigung eines „Unbekannten" namentlich durch eine entsprechende Anzeige genügen, sofern der Täter durch konkrete Angaben die Ermittlungsorgane auf eine falsche Spur zu lenken versucht (vgl. BGHSt 6, 251, 254 f.; *OLG Celle* NJW 1961, 1416 f.; Sch/Sch/*Stree/Sternberg-Lieben*, § 145 d Rn. 14; SK/*Rudolphi/Rogall*, § 145 d Rn. 26). Zweitens verlangt § 145 d im Gegensatz zu § 164 I nicht die Feststellung einer besonderen Absicht (§ 50 Rn. 24).

(3) Lenkt der Täuschende in der Konstellation (2) den Verdacht **17** von sich ab („ich war es nicht", „es war ein anderer/Unbekann-

ter"), so gelten in diesem Bereich zwischen Selbstbegünstigung und Fremdbezichtigung die gleichen Grundsätze wie bei § 164 (§ 50 Rn. 16ff.; *Geppert*, Jura 2000, 387f.).

III. Subjektiver Tatbestand

18   § 145d setzt vorsätzliches Handeln voraus (§ 15). Der Tatbestand erhöht jedoch die Vorsatzanforderungen insoweit, als (nur) die Täuschungshandlung „wider besseres Wissen" erfolgen muss. Der Täuschende muss also positiv wissen, dass die angegebene Straftat nicht begangen worden ist (Abs. 1 Nr. 1) bzw. dass eine Straftat vorliegt und die Angabe über den Tatbeteiligten nicht stimmt (Abs. 2 Nr. 1). – Zu **Fall 2** siehe Rn. 21.

IV. Subsidiaritätsklausel

19   Die Subsidiaritätsklausel des § 145d I gilt, wie sich aus dem „*Ebenso* wird bestraft ..." ergibt, auch in den Fällen des § 145d II.

20   Fraglich ist, ob auf den gegenüber § 258 subsidiären § 145d zurückgegriffen werden kann, wenn der Täter den Tatbestand des § 258 erfüllt, seine Bestrafung aber an § 258 V oder VI scheitert (dazu bereits *Rengier*, BT I, § 21 Rn. 30f.). Insoweit stellt sich das Problem, ob § 258 V und VI im Rahmen des § 145d entsprechend gelten. Richtigerweise tritt § 145d als subsidiäres Delikt nur zurück, wenn aus dem schwereren Delikt tatsächlich bestraft werden kann. Denn der Gesetzgeber gibt dem Motiv der Selbst- bzw. Angehörigenbegünstigung nur in einem begrenzten Umfang gegenüber dem staatlichen Strafverfolgungsanspruch den Vorrang, will damit aber nicht auch Eingriffe in das anders gelagerte Schutzgut des § 145d (Arbeitspotential der Behörde; siehe Rn. 1) straffrei stellen. Die unterschiedlichen Rechtsgüter der §§ 145d, 258 stehen der Analogie im Wege.

BayObLG NJW 1978, 2563; 1984, 2302; *OLG Celle* NJW 1980, 2205; *Rudolphi*, JuS 1979, 862f.; Falllösung bei *Kuhlen*, JuS 1990, 397f.; ergänzend § 50 Rn. 26.

V. Falllösungen

Im **Fall 2** erfüllt M § 315c I Nr. 1a, III Nr. 1 oder 2 (vgl. § 44 Rn. 3, 6, 10), **21**
ferner § 142 I Nr. 2 (vgl. § 46 Rn. 21 f.). Bei der F ist zunächst die (versuchte)
Strafvereitelung zu sehen, die freilich nach § 258 VI straflos bleibt. § 145 d I
Nr. 1 erfüllt sie keinesfalls, weil sie nicht die Begehung einer nicht geschehenen
Straftat vorspiegelt. § 145 d II Nr. 1 scheidet aus, soweit es um § 315 c geht;
denn indem sie sich als Fahrerin ausgibt, leugnet sie gerade eine Trunkenheitsfahrt. Bezüglich § 142 I Nr. 2 bringt sie sich freilich zu Unrecht als Tatbeteilig-
te in Verdacht. Von daher ist § 145 d II Nr. 1 objektiv erfüllt. In subjektiver
Hinsicht muss F allerdings positiv wissen, dass sie sich selbst der Wahrheit
zuwider in den Verdacht des unerlaubten Entfernens vom Unfallort gebracht
hat. Der Sachverhalt sagt hierzu nicht viel; dies könnte für eine Verneinung des
Vorsatzes sprechen (so in der Tendenz *OLG Zweibrücken* NStZ 1991, 530).
Wenn man demgegenüber annimmt, dass der F das Vorliegen einer strafbaren
Unfallflucht klar war, gelangt man noch zur Frage der analogen Anwendung
des § 258 VI. – Vgl. auch den ähnlichen Fall bei *Geppert*, Jura 1980, 204 ff.

Im **Fall 2c zur falschen Verdächtigung** (§ 50 Rn. 27) ergibt sich hinsicht- **22**
lich der offen gebliebenen Fragen des § 145 d folgendes: (1) Bei B entfällt
§ 145 d I Nr. 1, da tatsächlich eine Tat gemäß § 316 vorliegt. Indes ist § 145 d II
Nr. 1 erfüllt; denn der unbeteiligte B bezichtigt sich selbst, Beteiligter der
Trunkenheitsfahrt zu sein. Eine analoge Anwendung des § 258 VI scheidet
richtigerweise aus. – (2) Bei A erlangen die Fragen des (subsidiären) § 145 d
Bedeutung, wenn man entgegen der h.M. § 164 I wegen rechtfertigender Einwilligung verneint. Im Ergebnis ist dann auch bei A § 145 d II Nr. 1 zu bejahen; im Einzelnen muss man sich mit der Frage des „modifizierten" Bestrei-
tens sowie der analogen Anwendung des § 258 V auseinandersetzen.

Empfehlungen zur vertiefenden Lektüre:

Rechtsprechung: *BayObLG* NJW 1978, 2563 (Strafbarkeit nach § 145 d
trotz Straffreiheit gemäß § 258 V); *OLG Celle* NJW 1980, 2205 (Strafbarkeit
nach § 145 d trotz Straffreiheit gemäß § 258 VI); *BayObLG* JR 1985, 294 (Fragen des § 145 d II Nr. 1 beim Verschaffen eines falschen Alibis); *OLG Hamm*
NStZ 1987, 558 mit Anm. *Stree* (Übertreibungen und Vergröberungen bei
§ 145 d I Nr. 1); *OLG Zweibrücken* NStZ 1991, 530 (Fragen des § 145 d II
Nr. 1 beim Vortäuschen der Fahrereigenschaft); *OLG Karlsruhe* MDR 1992,
1116 (Übertreibungen und Vergröberungen bei § 145 d I Nr. 1).

Literatur: *Geppert,* Zu einigen immer wiederkehrenden Streitfragen im
Rahmen des Vortäuschens einer Straftat (§ 145 d StGB), Jura 2000, 383 ff.;
Geppert, Examensklausur Strafrecht. Ein Verfahren aus dem Verkehrsstraf-
recht, Jura 1980, 204 ff.; *Kuhlen,* Strafrecht: Der Platztausch, JuS 1990, 396 ff.

§ 52. Nichtanzeige geplanter Straftaten
(§§ 138, 139)

Fall 1: Der volljährige S erzählt seinem Vater V, dass er den X erschießen will. V schweigt und unternimmt nichts. S realisiert seinen Plan. → Rn. 9

Fall 2: Im Fall 1 besteht der Verdacht, dass V den Plan des S zustimmend zur Kenntnis genommen hat. Doch kann der Verdacht weder bestätigt noch ausgeräumt werden. → Rn. 1, 10

I. Grundlagen

1   Das geschützte Rechtsgut des § 138 ist umstritten. Nach h. M. bezieht sich der Schutzzweck nur auf die durch die anzeigepflichtigen Straftatbestände geschützten Rechtsgüter. Begründet wird dies damit, dass, abgesehen von § 138 II, die Benachrichtigung des Bedrohten genügt und der Katalog des § 138 I beschränkt ist. Die überzeugendere Gegenmeinung knüpft an das Ziel des Tatbestandes an, Straftaten zu verhindern. Nach ihr schützt § 138 *auch* die staatliche Rechtspflege, zu deren typischen Aufgaben die Verbrechensverhütung gehört.

Zur h.M. siehe Sch/Sch/*Cramer/Sternberg-Lieben*, § 138 Rn. 1; *Fischer*, § 138 Rn. 3; SK/*Rudolphi/Stein*, § 138 Rn. 2; LK/*Hanack*, 11. Aufl., § 138 Rn. 2 f.; MüKo/*Hohmann*, § 138 Rn. 1. – Zur Gegenmeinung *Tag*, JR 1995, 134 mit Fn. 13; *Krey/M. Heinrich*, BT 1, Rn. 635; *Küpper*, BT 1, II § 3 Rn. 68; *Eisele*, BT I, Rn. 1202. – Der Streit erlangt im **Fall 2** Relevanz (unten Rn. 10).

2   § 138 gehört – wie § 323c (dazu oben § 42) – zu den seltenen *echten* Unterlassungsdelikten. Als Täter kommt jedermann in Betracht. Aus der Anzeigepflicht darf auf keinen Fall eine Garantenstellung (§ 13) abgeleitet werden (vgl. schon § 42 Rn. 1 zu § 323c).

3   § 138 betrifft die Nichtanzeige bestimmter *geplanter* Straftaten. Bei der schlichten Nichtanzeige *begangener* Straftaten ist an die §§ 258, 258a zu denken; doch setzt die Strafbarkeit dieses Unterlassens gemäß § 13 eine Garantenstellung zum Schutz des staatlichen Strafverfolgungsanspruchs voraus (näher *Rengier*, BT I, § 21 Rn. 14 ff., 43 ff.).

II. Anwendungsbereich

4   Seinem Sinn nach regelt § 138 die Nichtanzeige geplanter **fremder** Straftaten. Deshalb scheidet nach der zutreffenden h.M. als

tauglicher Täter aus, wer an der geplanten Katalogtat als Täter, Anstifter oder Gehilfe – auch durch Unterlassen – beteiligt ist. Dabei muss es sich nicht unbedingt um eine strafbare Beteiligung handeln; vielmehr entfällt die Anzeigepflicht ebenso für Personen, die in nicht strafbarer Weise nur im Planungsstadium mitgewirkt haben oder strafbefreiend zurückgetreten sind.

BGHSt 36, 167, 169; 39, 164, 167; *BGH* MDR/D 1956, 269; NStZ 1982, 244; Sch/Sch/*Cramer/Sternberg-Lieben*, § 138 Rn. 20; ausführlich LK/*Hanack,* 11. Aufl., § 138 Rn. 42 ff.; a. A. SK/*Rudolphi/Stein*, § 138 Rn. 5 f., die den Beteiligten einbeziehen und § 138 ggf. als subsidiär zurücktreten lassen.

Für die h. M. sprechen mehrere Gründe: Unter Hinweis auf den   5 Gesetzeswortlaut kann zunächst gesagt werden, dass der Beteiligte von dem Vorhaben nichts „erfährt", sondern darüber auf Grund eigener Mitwirkung informiert ist (dazu *Tag*, JR 1995, 134 f.). Ferner käme eine Pflicht zur Selbstanzeige mit dem Grundsatz der Selbstbelastungsfreiheit in Konflikt. Schließlich soll die Möglichkeit der Lossagung von einer geplanten Straftat nicht durch eine Verpflichtung zur Anzeige erschwert werden.

In der **Fallbearbeitung** hat die Frage kein allzu großes Gewicht, so dass eine kurze Erörterung genügt.

Unter **Vorhaben** ist jede ernstliche Planung der Tat zu verste-   6 hen. **Rechtzeitig** (§ 138 I) bedeutet nicht unverzüglich (dies verlangt § 138 II); vielmehr genügt jede Mitteilung, die geeignet ist, die Ausführung oder den Erfolg der geplanten Tat noch abwenden zu können (BGHSt 42, 86, 88).

Neben der Anzeige bei der Behörde genügt auch die Anzeige   7 bei dem Bedrohten. Daraus folgt zugleich, dass dieser nicht anzeigepflichtig ist, es sei denn, die Tat richtet sich nicht nur gegen Rechtsgüter des Bedrohten. Bei Rechtsgütern der Allgemeinheit kommt faktisch nur eine Anzeige bei der Behörde in Betracht.

Es handelt sich um ein Vorsatzdelikt (§ 15). Ein Irrtum über die   8 Rechtzeitigkeit ist ein Tatbestandsirrtum (§ 16 I 1). Dagegen berührt ein Irrtum über die Handlungspflicht (= Anzeigepflicht) kein Tatbestandsmerkmal, sondern führt zu einem Gebotsirrtum im Sinne des § 17 (BGHSt 19, 295).

§ 138 III erweitert die Strafbarkeit *nur* auf das leichtfertige Unterlassen der Anzeige. Im Übrigen bleibt die Notwendigkeit vorsätzlichen Handelns bezüglich des Vorhabens oder der Ausführung der Tat unberührt.

Die Einzelheiten des § 139 können dem Gesetzestext entnommen werden.

9   Im **Fall 1** erfüllt S § 212 und ggf. § 211. Bei V gibt es für eine Beihilfe durch aktives Tun keine Anhaltspunkte. Eine Beteiligung durch Unterlassen scheitert daran, dass V keine (Überwachungs-)Garantenstellung zur Verhinderung von Straftaten seines volljährigen Sohnes innehat (vgl. Sch/Sch/*Stree*, § 13 Rn. 52; *Jescheck/Weigend*, AT, § 59 IV 4 c). Da V demnach an der Katalogtat nicht beteiligt ist, erfüllt er § 138 I Nr. 6. Die Straffreiheit gemäß § 139 III 1 scheidet im Falle des § 212 generell aus.

10   Im **Fall 2** ist bei V eine Beteiligung an der Katalogtat (§§ 212, 27) nach dem Grundsatz in dubio pro reo zu verneinen. Bezüglich § 138 I Nr. 6 muss erneut die in dubio pro reo-Regel mit dem Ergebnis angewandt werden, dass V wiederum straflos ausgeht, weil ihm als (möglichem) Gehilfen die Täterqualität fehlt. Immerhin bleibt eine echte **Wahlfeststellung** zwischen den §§ 212, 27 und § 138 I Nr. 6 zu erwägen, die indes, wenn man § 138 auch als Rechtspflegedelikt einstuft (Rn. 1), an der fehlenden rechtsethischen und psychologischen Vergleichbarkeit (BGHSt 39, 164, 166 f.; *BGH* MDR/H 1986, 794 f.; *Eisele*, BT I, Rn. 1214) oder nach anderer Ansicht an dem Erfordernis der Identität des Unrechtskerns scheitert (ergänzend § 41 Rn. 23; *Rengier*, BT I, § 22 Rn. 43 a).

Demgegenüber plädiert die h. M., die nur das durch die jeweilige Katalogtat betroffene Rechtsgut als geschützt ansieht (vgl. Rn. 1), für eine eindeutige Verurteilung gemäß § 138 I Nr. 6 mit der Begründung, es liege ein normatives Stufenverhältnis vor (LK/*Hanack*, 11. Aufl., § 138 Rn. 74 f.; *Kindhäuser*, LPK-StGB, § 138 Rn. 1, 7; vgl. auch *Lackner/Kühl*, § 138 Rn. 6). Solchen Stimmen schließt sich *BGH* NStZ 2004, 499 an, ohne sich ausdrücklich zum Rechtsgut zu äußern. Das gleiche Ergebnis ergibt sich, wenn man den Beteiligten zu den Normadressaten zählt (vgl. Rn. 4; SK/*Rudolphi/Stein*, § 138 Rn. 35).

13. Kapitel. Straftaten gegen die Staatsgewalt und öffentliche Ordnung

§ 53. Widerstand gegen Vollstreckungsbeamte (§§ 113, 114)

Fall 1: Zwei Täter überfallen Bundeswehrsoldaten, die im Kasernengelände Streife gehen. Den Soldaten gelingt es, die Täter mit den Gewehren zu bedrohen, woraufhin diese sich widerstandslos ergeben (*BGH* GA 1983, 411). → Rn. 6

Fall 2: Als Polizeibeamte eine rechtswidrige Demonstration gewaltsam auflösen wollen, kündigt ein Demonstrant D für den Fall des gewaltsamen Vorgehens seine Selbstverbrennung an. Daraufhin nimmt die Polizei von der geplanten Räumung Abstand (*OLG Hamm* NStZ 1995, 547). → Rn. 10, 28

I. Grundlagen und Aufbaufragen

Der doppelte Schutzzweck des § 113 liegt zum einen im Schutz 1 inländischer staatlicher Vollstreckungshandlungen und zum anderen im Schutz der zur Vollstreckung berufenen inländischen Organe (Sch/Sch/*Eser*, § 113 Rn. 2; h. M.). Es handelt sich um ein Jedermannsdelikt, das auch Personen begehen können, die nicht von der Vollstreckungshandlung betroffen sind (ergänzend unten Rn. 27).

Die Bestrafung aus dem Tatbestand des § 113 I setzt vorsätzliches Handeln (§ 15) und insbesondere die Rechtmäßigkeit der Diensthandlung voraus (Abs. 3). Abs. 4 enthält eine spezielle Regelung für Irrtümer über die Rechtmäßigkeit der Diensthandlung. Abs. 2 folgt der Regelbeispielstechnik und sieht Strafschärfungen für zwei benannte besonders schwere Fälle vor. § 114 erweitert den Kreis der geschützten Personen. – Greift man den Vorschlag auf, die Rechtmäßigkeitsfragen des Abs. 3 und Abs. 4 im Anschluss an die Tatbestandsmäßigkeit zu erörtern (Rn. 12), so ergibt sich folgendes

Aufbauschema (§ 113)

1a

I. Tatbestandsmäßigkeit
  1. Objektiver Tatbestand
     a) Tatopfer: Vollstreckungsbeamter (insbesondere ein zur Vollstreckung berufener Amtsträger)
     b) Vornahme einer Dienst-, d.h. Vollstreckungshandlung
     c) Tathandlungen
        aa) Widerstand leisten oder
        bb) tätlich angreifen
  2. Subjektiver Tatbestand: Vorsatz
II. Rechtmäßigkeit der Vollstreckungshandlung
  1. Wenn nicht rechtmäßig: auch im Falle eines Irrtums keine Strafbarkeit (Abs. 3)
  2. Wenn rechtmäßig: für etwaige Irrtümer über die Rechtmäßigkeit abschließende Regelung in Abs. 4
III. Rechtswidrigkeit
IV. Schuld
V. Strafzumessung: Besonders schwere Fälle (§ 113 II)

II. Der Tatbestand des § 113 I

1. Begriff des Vollstreckungsbeamten

2   Zum geschützten Personenkreis gehören Amtsträger (§ 11 I Nr. 2) und Soldaten der Bundeswehr, die zur **Vollstreckung** von Gesetzen, Rechtsverordnungen, Urteilen, Gerichtsbeschlüssen oder Verfügungen berufen sind. Zur „Vollstreckung" ist berufen, wer grundsätzlich die Befugnis hat, bezogen auf einen konkretisierten Einzelfall den Staatswillen zu verwirklichen und notfalls mit Zwang durchzusetzen. Rein gesetzesanwendende Tätigkeiten wie z.B. der Erlass von Bußgeldbescheiden oder Verwaltungsakten genügen dafür nicht (Sch/Sch/*Eser*, § 113 Rn. 10). Typische mit Vollstreckungsaufgaben betraute Amtsträger sind Polizeibeamte, Gerichtsvollzieher und auch Richter wegen ihrer sitzungspolizeilichen Befugnisse.

3   § 114 erstreckt den Schutz des § 113 auf weitere Personen. Eine gewisse praktische Relevanz hat § 114 II, der z.B. nach den §§ 105 II, 106 StPO, 759

ZPO hinzugezogene Zeugen sowie private Unternehmer erfasst, die im Auftrag der Polizei verkehrswidrig abgestellte Fahrzeuge abschleppen (Sch/Sch/ *Eser*, § 114 Rn. 14, 16).

2. Begriff der Vollstreckungshandlung (Diensthandlung)

Das Erfordernis der Vollstreckungshandlung taucht im Geset- 4 zeswortlaut nicht ausdrücklich auf, ist aber nach dem Gesamtzusammenhang gemeint, wenn der Tatbestand von der Vornahme einer „solchen" Diensthandlung spricht. Nicht jede Tätigkeit eines Vollstreckungsbeamten – z.B. eines Polizisten oder Richters – wird geschützt, sondern nur eine **konkrete Vollstreckungstätigkeit.** Mit den tatbestandsmäßigen Vollstreckungshandlungen sind Tätigkeiten gemeint, bei denen der konkretisierte, also der auf die Regelung eines bestimmten Einzelfalles abzielende, staatliche Wille durch eine dazu berufene Person verwirklicht werden soll, und zwar notfalls mit den Mitteln staatlichen Zwangs (BGHSt 25, 313, 314; *BGH* NJW 1982, 2081; *KG* NStZ 1989, 121; *Lackner/Kühl*, § 113 Rn. 3).

Beispiele für Vollstreckungshandlungen: Betreten eines Hauses durch Poli- 5 zeibeamte, um einen Straftäter festzunehmen (*BGH* NJW 1982, 2081), oder eines Spielcasinos, um dem Verdacht einer Straftat (unerlaubtes Glücksspiel) nachzugehen (*KG* NStZ 1989, 121); vorläufige Festnahme durch Polizeibeamte; Durchsuchung nach §§ 102 ff. StPO; Entnahme einer Blutprobe nach § 81 a StPO; Anhalten von Verkehrsteilnehmern im Rahmen einer allgemeinen Verkehrskontrolle nach § 36 V StVO (BGHSt 25, 313; *OLG Düsseldorf* NZV 1996, 458, 459); polizeiliche Schutzmaßnahmen zugunsten einer bestimmten, konkret gefährdeten Person (*KG* JR 1989, 24); Vollstreckungstätigkeit des Gerichtsvollziehers; sitzungspolizeiliche Maßnahmen des Richters.

Keine Vollstreckungshandlungen sind schlichte Amtshandlun- 6 gen, allgemeine Überwachungs- und bloße Ermittlungstätigkeiten. BGHSt 25, 313, 314 f. führt insoweit Streifenfahrten, Beschuldigtenvernehmungen und Befragungen von Straßenpassanten an. Weiter sind zu nennen: Die präventiv-polizeiliche Beobachtung von Personen, z.B. von Demonstranten und anderen Menschenansammlungen (*KG* StV 1988, 437; NStZ 1989, 121); die Bewachung von Gefangenen (*Tenckhoff/Arloth*, JuS 1985, 131).

Auch der Streifengang von Soldaten ist keine Vollstreckungshandlung (*BGH* GA 1983, 411). Im **Fall 1** scheidet daher hinsichtlich des Überfalls eine Bestrafung gemäß § 113 I aus; für den späteren Zeitpunkt, als die Soldaten zur Vollstreckung (Festnahme) schreiten, entfällt § 113 I ebenfalls, weil die Täter keinen Widerstand leisten.

7   Der Schutz des § 113 I besteht „bei" der Vollstreckungshandlung, d.h. sie muss unmittelbar bevorstehen oder bereits begonnen haben und darf noch nicht beendet sein. Ist z.B. der Einsatzort eine Wohnung bzw. ein Grundstück, so gehören das Betreten wie das Verlassen der Wohnung/des Grundstücks zur geschützten Vollstreckungstätigkeit, aber noch nicht die Fahrt zum Einsatzort (hierzu *BGH* NJW 1982, 2081; *AG Berlin-Tiergarten* NJW 1988, 3218; *Lackner/Kühl*, § 113 Rn. 4).

3. Die Tathandlungen

8   a) Nach der **ersten Handlungsvariante** muss der Täter **Widerstand leisten,** und zwar **mit Gewalt** oder durch **Drohung mit Gewalt.** Dabei versteht man unter Widerstand nur eine *aktive* Tätigkeit, durch die eine Verhinderung oder Erschwerung der Diensthandlung bezweckt wird. Diese Interpretation wirkt sich auch auf die Auslegung des Gewaltbegriffs aus, der insoweit nicht unbedingt mit dem Gewaltbegriff des § 240 (§ 23 Rn. 2 ff.) übereinstimmen muss. In diesem Sinne wird als Widerstand mit Gewalt jede durch aktives Handeln bewirkte, gegen die Person des Amtsträgers gerichtete und von diesem (zumindest mittelbar) körperlich empfundene Kraftentfaltung angesehen, die nach der Vorstellung des Täters dem Ziel dient, die Vollstreckungshandlung zu verhindern oder dergestalt zu erschweren, dass der Amtsträger die Diensthandlung nicht ausführen kann, ohne seinerseits eine nicht ganz unerhebliche Kraft aufwenden zu müssen (BGHSt 18, 133, 134 f.; *BayObLG* JR 1989, 24; Sch/Sch/*Eser,* § 113 Rn. 42; h.M.).

9   **Beispiele:** Aktivitäten wie Herumschlagen, Festklammern, heftiges Sträuben; „Abschütteln" eines Polizeibeamten, der auf dem Trittbrett eines Fahrzeuges steht; Zufahren auf einen Polizeibeamten; Versperren des Weges eines anfahrenden Polizeifahrzeuges (*BayObLG* JR 1989, 24); Einsperren eines Vollstreckungsbeamten; Aussperren eines Vollstreckungsbeamten durch aktives Verbarrikadieren einer Tür (BGHSt 18, 133, 135; h.M.; a.A. Sch/Sch/*Eser,* § 113 Rn. 42); Verriegeln der Fahrzeugtüren bei einer polizeilichen Verkehrskontrolle, aber nicht, wenn der Fahrer nach der Androhung von unmittelbarem Zwang die Tür öffnet (*Geppert,* JK 97, StGB § 113/4; a.A. *OLG Düsseldorf* NZV 1996, 458 mit abl. Anm. *Seier/Rohlfs; Trüg,* JA 2002, 221 f.).

10   *Nicht* erfasst werden: Der bloße „passive Widerstand" bzw. schlichte „Ungehorsam", also z.B. das untätige Sitzenbleiben eines Demonstranten oder Festzunehmenden; das bloße Nichtöffnen einer Tür; die Flucht mit dem Pfandobjekt vor dem Gerichtsvollzieher; die Missachtung polizeilicher Halte-

zeichen, ohne auf den Beamten zuzufahren. Auch im **Fall 2** wird nicht mit Gewalt gedroht, weil sich die angekündigte Handlung (Selbstverbrennung) nicht gegen Vollstreckungspersonen richtet (*OLG Hamm* NStZ 1995, 547, 548; zum Fall weiter Rn. 28).

b) Die **zweite Handlungsvariante** erfasst den **tätlichen An-**   11
griff. Darunter versteht man jede in feindseliger Absicht unmittelbar auf den Körper des Vollstreckungsbeamten abzielende Einwirkung ohne Rücksicht auf ihren (Körperverletzungs-)Erfolg. Auf den Willen, die Vollstreckung zu verhindern oder zu erschweren, kommt es hier nach dem Wortlaut nicht an, weshalb auch ein reiner Racheakt während („bei") der Vollstreckungshandlung tatbestandsmäßig ist.

III. Die Rechtmäßigkeit der Vollstreckungshandlung (§ 113 III 1)

Die Rechtsnatur dieser Vorschrift ist umstritten (Übersicht bei   12
Sch/Sch/*Eser*, § 113 Rn. 18 ff.; *Geppert*, Jura 1989, 275 f.; *Wessels/Hettinger*, BT 1, Rn. 633; *Kindhäuser*, LPK-StGB, § 113 Rn. 17 ff.). Freilich wirkt sich der Meinungsstreit, ob es sich um ein Tatbestandsmerkmal, einen Rechtfertigungsgrund oder eine objektive Bedingung der Strafbarkeit handelt, praktisch nicht aus, da § 113 III, IV die einschlägigen Rechtsfolgen abschließend regelt.

In der **Fallbearbeitung** prüft man am besten zuerst § 113 I einschließlich seines subjektiven Tatbestandes (Vorsatz) und im Anschluss daran die Rechtmäßigkeit der Vollstreckungshandlung einschließlich der Relevanz einschlägiger Irrtümer, ohne auf die Frage nach dem dogmatischem Standort einzugehen. Gegen eine rechtswidrige Diensthandlung ist Notwehr zulässig (ergänzend unten Rn. 23).

Größere Bedeutung hat die ebenfalls umstrittene Frage, nach   13
welchen Kriterien die Rechtmäßigkeit der Vollstreckungshandlung zu bestimmen ist. Die wohl noch h. M. vertritt einen speziellen sog. **strafrechtlichen Rechtmäßigkeitsbegriff.** Danach hängt, von Differenzen im Einzelnen abgesehen, die Rechtmäßigkeit der Vollstreckungshandlung von den folgenden **drei Voraussetzungen** ab:

(1) Sachliche und örtliche Zuständigkeit des Vollstreckungsbeamten.

(2) Wahrung der wesentlichen Förmlichkeiten, d. h. vor allem von Formvorschriften, die dem Schutz des Betroffenen dienen.

(3) Pflichtgemäße Würdigung der tatsächlichen Eingriffsvoraussetzungen (ggf. pflichtgemäße Ermessensausübung).

Sind die drei Kriterien erfüllt, so ist die Diensthandlung auf dem
Boden des strafrechtlichen Rechtmäßigkeitsbegriffs ohne weitere
Berücksichtigung der materiellen Rechtslage rechtmäßig.

> Zur h.M. BGHSt 21, 334, 361 ff.; *KG* StV 2001, 260; 2005, 669; Sch/Sch/
> *Eser*, § 113 Rn. 23 ff.; *Lackner/Kühl*, § 113 Rn. 7 ff.; *Wessels/Hettinger*, BT 1,
> Rn. 634 ff.; *Geppert*, JK 3/08, StGB § 113/6.

14   Inzwischen hat sich eine breite Gegenströmung formiert, die
einem solchen „formellen" Rechtmäßigkeitsbegriff widerspricht
und sich im Sinne eines **materiellen Rechtmäßigkeitsbegriffs**
vollständig an der sich aus dem Strafprozess-, Verwaltungs- und
Vollstreckungsrecht ergebenden materiellen Rechtslage orientiert.
Diese Lehre verdient grundsätzlich Beifall.

> *Roxin*, AT I, § 17 Rn. 1 ff.; *Eisele*, BT I, Rn. 1237; *Backes/Ransiek*, JuS 1989,
> 626 ff.; *Reinhart*, StV 1995, 101 ff.; *Weber*, JuS 1997, 1080 ff.; *Niehaus/Achel-
> pöhler*, StV 2008, 71 ff.; *von Schenck*, Jura 2008, 557 mit Falllösung.

15   Bevor in die Diskussion eingetreten wird, sollte erkannt werden, dass zwischen den Meinungen, soweit es um die Beurteilung
der *rechtlichen* Eingriffsvoraussetzungen durch den Amtsträger
geht, kein nennenswerter Unterschied besteht. Rechtsirrtümer
eines Vollstreckungsbeamten sind gewissermaßen nicht „verzeih-
lich", weil man die erforderlichen Rechtskenntnisse erwarten
kann.

16   **Beispiele:** (1) Es gehört zur Rechtmäßigkeit der Vollstreckung eines Vorfüh-
rungsbefehls (§§ 134, 163 a III, 230 II StPO), dass dieser Befehl dem Betroffenen vor weiteren Maßnahmen eröffnet wird (*BGH* NStZ 1981, 22). Geschieht
dies nicht, ist die Diensthandlung auch nach h.M. rechtswidrig, weil wesentliche Förmlichkeiten (d.h. vor allem Rechtsvorschriften, die dem Schutze des
Betroffenen dienen) nicht beachtet worden sind. Entsprechendes gilt für die
unterlassene Eröffnung der Tat entgegen § 163 b I 1 2. Halbsatz i.V.m. § 163 a
IV 1 StPO (*KG* NJW 2002, 3789, 3790). Genauso muss unmittelbarer Zwang
grundsätzlich vorher angedroht werden (*OLG Dresden* NJW 2001, 3643,
3644).
(2) Ein Verkehrskontrolleur, der trotz Widerspruchs des Fahrers einen Ver-
warnungszettel an der Windschutzscheibe befestigen will, missachtet § 56 II
OWiG und damit eine wesentliche Förmlichkeit/Rechtsvorschrift (*OLG Düsseldorf* NJW 1984, 1571).
(3) Auch die Beachtung der §§ 105 II StPO, 759 ZPO (Hinzuziehung von
Zeugen) und von Richtervorbehalten zählt zu den wesentlichen Förmlichkei-

ten (dazu *BGH* NStZ 1986, 84, 85; *BayObLG* JZ 1980, 109; *OLG Hamm*
NStZ 1996, 281; *OLG Zweibrücken* NStZ 2002, 256).

(4) Als weitere, gleichfalls auf dem Boden des strafrechtlichen Rechtmäßigkeitsbegriffs rechtswidrige Vollstreckungshandlung kann schließlich die Anwendung von Zwang zur Herbeiführung eines Atemalkoholtests (nicht einer
Blutprobe) im Rahmen des § 81 a StPO genannt werden (weil § 81 a StPO den
Zwang zur aktiven Selbstbelastung nicht deckt, wohl aber die Pflicht zur Duldung der Blutentnahme).

Unterschiede können sich ergeben, soweit es um die Beurteilung   17
der *tatsächlichen* Eingriffsvoraussetzungen geht. Nach dem strafrechtlichen Rechtmäßigkeitsbegriff ist die Vollstreckungshandlung
– unabhängig von der materiellen Rechtslage – dann rechtmäßig,
wenn der Vollstreckungsbeamte nach einer pflichtgemäßen Würdigung der tatsächlichen Umstände annehmen konnte, zu der Handlung berechtigt und verpflichtet zu sein. Dabei besteht allerdings
im Lager der h. M. Uneinigkeit darüber, ob schon einfach fahrlässige Fehleinschätzungen (*Lackner/Kühl*, § 113 Rn. 12; *Wessels/Het-
tinger*, BT 1, Rn. 639 und wohl auch BGHSt 24, 125, 132) oder erst
grobe Fahrlässigkeit (so *BayObLG* JR 1989, 24) die Diensthandlung unrechtmäßig machen.

Beispiele: (1) Polizeibeamte, die einen alkoholisierten Kfz-Fahrer mit Ge-   18
walt zur Duldung einer Blutentnahme durch einen Nicht-Arzt zwingen, sollen nach dem strafrechtlichen Rechtmäßigkeitsbegriff rechtmäßig handeln,
wenn sie etwa einen Sanitäter in der konkreten Situation ohne Verschulden für
einen Arzt halten konnten (BGHSt 24, 125, 130, 132).
(2) Nach RGSt 61, 297 ff. soll die Vollstreckungstätigkeit eines Gerichtsvollziehers in einer falschen Wohnung rechtmäßig sein, wenn er irrtümlich ohne
Verschulden angenommen hat, es handele sich um die Wohnung des Schuldners.
(3) Für die irrige Festnahme eines Unbeteiligten, der dem gesuchten Täter
sehr ähnlich sieht, soll Entsprechendes gelten (LK/*v. Bubnoff*, 11. Aufl., § 113
Rn. 33).

Für die h. M. trägt der strafrechtliche Rechtmäßigkeitsbegriff   19
insbesondere dem Gesichtspunkt Rechnung, dass sich ein Vollstre-
ckungsbeamter häufig in der Lage sieht, in einem schwierig gela-
gerten Fall eine schnelle Entscheidung treffen zu müssen, und es
ihm oft nicht möglich ist, die gesamten tatsächlichen Umstände zu
übersehen und richtig zu würdigen. Es liege im Interesse einer effektiven Dienstausübung, die Entschlusskraft des Vollstreckungsbeamten zu stärken und ihn vor einem größeren Notwehrrisiko
zu schützen.

20   Die Gegenmeinung hält ein solches, auf die „formale" Rechtmäßigkeit abstellendes, Denken für obrigkeitsstaatlich. Ein „Irrtumsprivileg" des Staates zu Lasten des Bürgers könne es nicht geben. Weiter wird der h.M. zu Recht vorgeworfen, sie schaffe außerhalb des Gesetzesvorbehalts Eingriffsrechte.

20a   Gegen die h.M. sprechen auch gewisse Tendenzen in der Rechtsprechung des *BVerfG*. Zwar hat das *BVerfG* den strafrechtlichen Rechtmäßigkeitsbegriff verfassungsrechtlich grundsätzlich nicht beanstandet, doch verlangt es von den Fachgerichten, dass sie bei der Prüfung der Rechtmäßigkeit der Vollstreckungshandlung dem Schutzbereich von betroffenen Grundrechten wie Art. 8 GG Rechnung tragen.

BVerfG NVwZ 2007, 1180 ff. mit abl. Anm. *Niehaus/Achelpöhler*, StV 2008, 71 ff.; vgl. ferner BVerfGE 87, 399, 406 ff.; 92, 191, 200 ff.; ergänzend § 30 Rn. 24; § 47 Rn. 17.

20b   Die Notwendigkeit solcher Korrekturen, die nicht gerade der Rechtssicherheit dienen, unterstreicht die Schwächen des strafrechtlichen Rechtmäßigkeitsbegriffs. Auch deshalb erscheint er als „eine überholte Konstruktion" (*Roxin*, Pfeiffer-FS, 1988, S. 45).

21   Im Übrigen zeigt sich bei näherem Hinsehen, dass sich die Meinungsdifferenzen eher selten auswirken. Denn in vielen Fällen trägt das materielle Recht den praktischen Schwierigkeiten „vor Ort" Rechnung und erkennt ein gewisses „Irrtumsprivileg" des Beamten insoweit an, als die Rechtsordnung Verdachtstatbestände (z.B. §§ 112, 127 StPO), Gefahrtatbestände und Regeln über die (vorläufige) Vollstreckbarkeit normiert (*Roxin*, AT I, § 17 Rn. 12).

22   Dann muss man noch sehen, dass es um die Rechtmäßigkeit der konkreten Vollstreckungshandlung geht. Nach dem Vollstreckungsrecht kann diese Handlung auch dann rechtmäßig sein, wenn die Grundverfügung an sich dem materiellen Recht widerspricht, aber z.B. rechtskräftig, bestandskräftig oder vorläufig vollstreckbar ist (vgl. dazu *Backes/Ransiek*, JuS 1989, 628). Ein darüber hinausgehendes Bedürfnis, den Beamten zu Lasten des Bürgers bei unklaren Lagen zu schützen, ist nicht anzuerkennen.

23   Demzufolge darf sich in den streitig bleibenden Fällen (Rn. 18) der zu Unrecht Betroffene nach der hier vertretenen Auffassung grundsätzlich auf das Notwehrrecht (§ 32) berufen, falls er den Amtsträger tätlich abwehrt (§ 223) oder mit Gewalt fortdrängt (§ 240). Da indes dieses Verteidigungsrecht bei einem erkennbar irrenden Angreifer (hier dem Amtsträger) unter dem Aspekt

der Gebotenheit nur in eingeschränkter Form gilt – konkret: der betroffene
Bürger muss sich um Aufklärung des Irrtums bemühen und eventuell auf aktive schädigende Gegenwehr verzichten (*BayObLG* MDR 1986, 956, 957) –,
ergeben sich vom „materiellen" Rechtmäßigkeitsbegriff aus keinesfalls unangemessene Lösungen (*Roxin*, AT I, § 17 Rn. 13 f.).

IV. Irrtümer über die Rechtmäßigkeit
der Vollstreckungshandlung

Was den objektiven Tatbestand des § 113 I anbelangt, so führt   24
ein Irrtum in diesem Bereich nach den üblichen Regeln ggf. zu
einem Tatbestandsirrtum (§ 16 I 1).

Für Irrtümer über die Rechtmäßigkeit der Vollstreckungshand-   25
lung treffen § 113 III 2 und IV abschließende Regelungen. Die
Strafbarkeit nach § 113 I hängt davon ab, dass die Diensthandlung
rechtmäßig ist (§ 113 III 1). Daran ändert sich nichts, wenn der
Täter eine rechtswidrige Diensthandlung irrtümlich für rechtmäßig hält (§ 113 III 2). Den umgekehrten Fall regelt § 113 IV: Der
Täter nimmt, gleichgültig aus welchen Gründen, an, eine rechtmäßige Diensthandlung sei rechtswidrig. Hier unterscheidet das
Gesetz wie in § 17 zwischen dem vermeidbaren und unvermeidbaren Irrtum (§ 113 IV 1 und 2). Beim unvermeidbaren Irrtum
verschärft freilich § 113 IV 2 im Vergleich mit § 17 die Anforderungen, weil die Unvermeidbarkeit als solche die Bestrafung noch
nicht ausschließt; die zusätzlich verlangte Einlegung von Rechts-
behelfen ist insbesondere dann unzumutbar, wenn ein nicht wie-
dergutzumachender Schaden droht.

V. Besonders schwere Fälle (§ 113 II)

§ 113 II 2 enthält zwei besonders schwere Fälle in Form der   26
Regelbeispielstechnik (vgl. *Rengier*, BT I, § 3 Rn. 1 ff. zu § 243). In
der Nr. 1 hat die h. M. den Begriff „Waffe" lange weit unter Einbeziehung der gefährlichen Werkzeuge des § 224 I Nr. 2 verstanden
(§ 14 Rn. 9 ff.) und z. B. auch Kraftfahrzeuge als Tatwaffen eingestuft. Dieser Interpretation ist das *BVerfG* (NJW 2008, 3627 ff.)
entgegengetreten, da Art. 103 II GG auch für die Regelbeispiele
gelte und ein Kraftfahrzeug nicht als Waffe angesehen werden
könne; doch komme die Annahme eines unbenannten besonders

schweren Falles in Betracht (abl. *Koch/Wirth*, ZJS 2009, 92 f.; kritisch *Simon*, NStZ 2009, 84 f.). Folgt man dem, so erfasst das Regelbeispiel entsprechend den §§ 224 I Nr. 2 1. Var., 244 I Nr. 1 a 1. Var., 250 I Nr. 1 a 1. Var. nur die Waffen im technischen Sinn (§ 14 Rn. 17; *Rengier*, BT I, § 4 Rn. 16).

Zu den konkreten Gefahrerfolgen des § 113 II 2 Nr. 2 siehe § 10 Rn. 13, 16 ff.; die „Gewalttätigkeit" verlangt den Einsatz oder zumindest das In-Bewegung-Setzen physischer Kraft durch aggressives aktives Tun (§ 23 Rn. 38; ergänzend oben § 4 Rn. 49 zu Fall 4).

VI. Verhältnis zu § 240

27   Gegenüber § 240 stellt § 113, wie sich vor allem aus dem milderen Strafrahmen ergibt, eine Privilegierung dar, die den Rückgriff auf § 240 ausschließt (BGHSt 48, 233, 238: „lex specialis"). § 113 trägt dem Umstand Rechnung, dass sich der von der Vollstreckungshandlung Betroffene bei der Konfrontation mit der Staatsgewalt typischerweise in einem besonderen Erregungszustand befindet; dabei handelt es sich um eine unwiderlegbare Vermutung. Der Privilegierungsgedanke gilt auch für sich einmischende Dritte, da sie typischerweise zu Gunsten des Betroffenen Partei ergreifen (*Lackner/Kühl*, § 113 Rn. 5; h.M.; a.A. SK/*Horn*, § 113 Rn. 16).

28   Umstritten ist die Sperrwirkung des § 113 in Widerstandsfällen, in denen der Betroffene die Vollstreckungshandlung unterhalb der Gewaltschwelle „nur" durch Drohung mit einem empfindlichen Übel verhindern will (zusammenfassend *Küper*, BT, S. 471 ff.). Nach einer Ansicht soll hier der Rückgriff auf § 240 generell ausgeschlossen sein (*Backes/Ransiek*, JuS 1989, 629; NK/*Paeffgen*, § 113 Rn. 90; Sch/Sch/*Eser*, § 113 Rn. 68). Danach würde im **Fall 2** neben § 113 (Rn. 10) gleichfalls eine Bestrafung des D nach § 240 ausscheiden. Demgegenüber hält eine andere – vorzugswürdige – Meinung die Tätigkeit des Vollstreckungsbeamten auch bei bloßen Drohungen mit einem empfindlichen Übel für schutzwürdig, wendet aber auf § 240 zugunsten des Täters § 113 III, IV sowie den reduzierten Strafrahmen des § 113 analog an (*OLG Hamm* NStZ 1995, 547, 548; *Otto*, BT, § 91 Rn. 24 f.). Von diesem Standpunkt aus hat sich D im **Fall 2** nach § 240 strafbar gemacht, weil für die Polizeibeamten die Drohung mit dem Tod eines Menschen ein empfindliches Übel darstellt (vgl. § 23 Rn. 43).

Empfehlungen zur vertiefenden Lektüre:

Rechtsprechung: *BVerfG* NJW 2008, 3627 (Pkw keine Waffe im Sinne des § 113 II 2 Nr. 1); BGHSt 25, 313 (Vollstreckungshandlung bei einer allgemeinen Verkehrskontrolle); *BGH* NJW 1982, 2081 (Begriff der Vollstreckungshandlung und ihre Beendigung); *BayObLG* JZ 1980, 109 (Rechtswidrigkeit der Vollstreckungshandlung bei Verletzung des § 105 II StPO); *OLG Düsseldorf* NJW 1984, 1571 (Rechtswidrigkeit der Vollstreckungshandlung bei einer Verwarnung unter Verletzung des § 56 II OWiG); *BayObLG* JR 1989, 24 (diverse Fragen); *KG* NStZ 1989, 121 (keine Vollstreckungshandlung bei rein präventiv-polizeilicher Beobachtung).

Literatur: *Backes/Ransiek,* Widerstand gegen Vollstreckungsbeamte, JuS 1989, 624 ff.; *Geppert,* Zum strafrechtlichen „Rechtmäßigkeits"-Begriff (§ 113 StGB) und zur strafprozessualen Gegenüberstellung, Jura 1989, 274 ff.

§ 54. Gefangenenbefreiung und -meuterei (§§ 120, 121)

I. Grundlagen

§ 120 schützt nicht die Rechtspflege als solche, sondern die **1** staatliche Verwahrungsgewalt über den Gefangenen (*BayObLG* JZ 1984, 343). Bei § 121 I Nr. 1 tritt der Schutzzweck des § 113 (§ 53 Rn. 1) hinzu.

Täter des § 120 I kann jeder mit Ausnahme des Gefangenen **2** selbst sein. § 120 II qualifiziert die Tat (unechtes Amtsdelikt; vgl. § 59 Rn. 3). Bei § 121 kommen nur Gefangene als taugliche Täter in Betracht (Sonderdelikt). In beiden Fällen ist der Versuch strafbar (§ 120 III, § 121 II).

II. Begriff des Gefangenen

Gefangener ist nicht jeder, dem kraft staatlicher Gewalt die per- **3** sönliche Freiheit entzogen worden ist. Die amtliche Verwahrungsgewalt muss vielmehr dem staatlichen Haftrecht entspringen und auf Grund öffentlicher (in der Regel) Polizei- oder Strafgewalt begründet worden sein (vgl. *BayObLG* JZ 1984, 343).

Beispiele: Strafgefangene; Untersuchungsgefangene; Jugendliche im Jugendarrest (§§ 16, 90 JGG); Personen in Zwangs- oder Ordnungshaft gemäß §§ 51, 70 StPO, 177, 178 GVG, 888, 890 ZPO; nach § 127 StPO *polizeilich* vorläufig Festgenommene (*KG* JR 1980, 513).

Nicht zu den Gefangenen zählen die von *Privat*personen nach § 127 StPO Festgenommenen; kein Gefangener ist auch, wer nach § 81 a StPO zur Entnahme einer Blutprobe gebracht wird (*BayObLG* JZ 1984, 343).

4 Gefangenen im Sinne von § 120 I und II gleichgestellt sind gemäß § 120 IV insbesondere die nach den §§ 63, 64, 66 im Maßregelvollzug Untergebrachten. Im Rahmen des § 121 gehören aber nur die Täter in Sicherungsverwahrung (§ 66) zu den Gefangenen (§ 121 IV).

5 Für die **Begründung der Gefangeneneigenschaft** reicht die formell ordnungsgemäße Ingewahrsamsnahme aus (*BGH* GA 1965, 205, 206; *KG* JR 1980, 513). Die **Gefangenschaft endet** mit der tatsächlichen Aufhebung des Gewahrsamsverhältnisses, d. h. bei einer Flucht aus dem Gefängnis mit dem Verlassen des Anstaltsgeländes (*BGH* NStZ-RR 2000, 139). Der Transport eines Straf- oder Untersuchungsgefangenen etwa zu einem Vernehmungstermin beseitigt den amtlichen Gewahrsam nicht.

6 Schwierigkeiten bereitet die Beurteilung der Gefangenen- oder Verwahrteneigenschaft bei **Vollzugslockerungen** (offener Vollzug, Außenbeschäftigung, Freigang, Ausgang, Hafturlaub). Bei täglicher Rückkehr an den Verwahrungsort und entsprechenden Kontrollen kann man noch von einem Fortbestand des amtlichen Gewaltverhältnisses und damit der Gefangenen-/Verwahrteneigenschaft ausgehen (BGHSt 37, 388, 392; dazu ferner Sch/Sch/*Eser,* § 120 Rn. 6 ff.).

III. Zu den Tathandlungen des § 120 I

7 Aus den drei Tatvarianten des § 120 I ergibt sich eindeutig, dass der Gefangene nicht Täter einer reinen Selbstbefreiung sein kann. Der Strafgesetzgeber steht auf dem Standpunkt, dass die Selbstbefreiung als solche wegen des aus dem menschlichen Freiheitsdrang resultierenden Motivationsdrucks nicht strafwürdig ist.

8 § 120 I 1. Var. setzt voraus, dass ein anderer als der befreite Gefangene selbst – täterschaftlich – das amtliche Gewahrsamsverhältnis aufhebt (= Befreiung). § 120 I 2. Var. erhebt die Anstiftung zur (erfolgreichen) Selbstbefreiung und § 120 I 3. Var. die Beihilfe zur (erfolgreichen) Selbstbefreiung zu selbstständigen Tatbeständen, weil die Selbstbefreiung als solche tatbestandslos ist.

9 Täter des § 120 I 1. Var. kann auch ein **Mitgefangener** sein. Wenn sich Mitgefangene allerdings gemeinsam befreien und sich

dabei gegenseitig lediglich die für die eigene Selbstbefreiung nützliche oder für erforderlich gehaltene Hilfe leisten, sind sie im Hinblick auf die Befreiung des Mitgefangenen nach keiner Variante des § 120 I strafbar. Einer Bestrafung stünde zwar nicht der Wortlaut, wohl aber der Gedanke der straflosen Selbstbefreiung entgegen (BGHSt 17, 369, 373 ff.). Dabei ist zu beachten, dass dieser Gedanke auf der Ebene des § 121 sein Ende findet.

Umstrittener sind die Konstellationen, in denen der Gefangene **außenstehende Personen** dazu verleitet, ihm bei seiner Flucht zu helfen (zusammenfassend *Herrlein/Werner*, JA 1994, 561 f.; *Küper*, BT, S. 56 f.). **10**

Beispiel: Der Gefangene G bittet seine Ehefrau F, ihm für die Fluchtvorbereitung Bücher mit im Buchrücken eingeklebten Sägeblättern zu bringen. F erfüllt den Wunsch. G kann daher ein Gitter zersägen und fliehen.
F verwirklicht § 120 I 3. Var. (§ 258 VI gilt nicht entsprechend). Für G ist die schlichte Selbstbefreiung straflos. Allerdings hat er formal die F zu § 120 I 3. Var. gemäß § 26 angestiftet. Insoweit hat nach BGHSt 17, 369, 373, 375 f. der Gefangene G mehr getan, als für seine eigene Befreiung nützlich ist, und eine strafbare Anstiftung begangen. Demgegenüber stellt die h. M. zu Recht auch hier den Gedanken der straflosen Selbstbefreiung in den Vordergrund und verneint die Strafbarkeit des G (LK/*v. Bubnoff*, 11. Aufl., § 120 Rn. 35 f.; Sch/Sch/*Eser*, § 120 Rn. 15; Falllösungen – auch zu anderen Fragen des § 120 – bei *Britz/Müller-Dietz*, JuS 1998, 237 ff., 244; *Hardtung*, JuS 1998, 720 f., 725).

IV. Zu den Tathandlungen des § 121

Alle Modalitäten des § 121 I (Sonderdelikt) setzen voraus, dass sich Gefangene bzw. Sicherungsverwahrte „zusammenrotten" und „mit vereinten Kräften" handeln. Eine Zusammenrottung liegt vor, wenn mindestens zwei Gefangene zu einem äußerlich erkennbar gewaltsamen oder bedrohlichen Zweck räumlich zusammentreffen. Das Merkmal „mit vereinten Kräften" setzt kein mittäterschaftliches Handeln voraus. Gemeint ist die vereinigte Kraft der Rotte, aus der heraus die Tathandlung begangen wird; es kann genügen, dass ein Gefangener aktiv handelt und der andere ihn durch Aufpasserdienste oder in sonstiger Weise erkennbar unterstützt (Sch/Sch/*Eser*, § 121 Rn. 5; LK/*v. Bubnoff*, 11. Aufl., § 121 Rn. 19). **11**

Zum Begriff des tätlichen Angriffs im Sinne von § 121 I Nr. 1 kann auf § 53 Rn. 11 verwiesen werden; auf eine konkrete Voll- **12** streckungstätigkeit kommt es hier freilich nicht an. Die Bedeutung von § 121 I Nr. 2 und 3 liegt vor allem darin, dass Gewalt gegen Sachen erfasst wird, nach dem Schutzzweck allerdings nur gegen solche, die das Entweichen von Gefangenen verhindern sollen.

Beispiele: Aufbrechen eines Raumes, Zersägen von Gittern, Zerschneiden von Stacheldraht. Das Öffnen einer Zellentür mit einem Dietrich genügt deshalb nicht, weil *gewaltsames* Handeln eine erhöhte Kraftanstrengung erfordert (BGHSt 16, 34, 35).

13   Umstritten ist, ob § 121 I Nr. 2 und 3 ausschließlich Fälle der Gewalt gegen Sachen oder darüber hinaus auch gewaltsame Aktionen gegen solche Personen regelt, die Abs. 1 Nr. 1 nicht aufführt; man denke an Gewalt gegen entgegentretende Polizisten oder Besucher. Zustimmung verdient die Ansicht, die in § 121 I Nr. 1 *keine* abschließende Regelung für gewaltsames Handeln gegen Personen sieht (*Fischer,* § 121 Rn. 8; a.A. Sch/Sch/*Eser,* § 121 Rn. 11).

14   In den Fällen des § 121 I Nr. 2 und 3 setzt die **Vollendung** der Tat einen gelungenen Ausbruch, d.h. eine zumindest vorübergehende Aufhebung des staatlichen Gewahrsams voraus.

Die besonders schweren Fälle des § 121 III 2 Nr. 2 und 3 entsprechen denen des § 113 II (siehe § 53 Rn. 26). – Eine Falllösung mit Fragen der §§ 120, 121 findet sich bei *Tenckhoff/Arloth,* JuS 1985, 129 ff.

§ 55. Amtsanmaßung (§ 132)

I. Grundlagen

1   Für die Auslegung der Vorschrift hat das von ihr geschützte **Rechtsgut** besondere Bedeutung (und deshalb sollte es sich der Studierende gut einprägen): Der Tatbestand schützt die Autorität des Staates und seiner Behörden. Dieser droht Gefahr, wenn Unbefugte öffentlich-rechtliche Funktionen in Anspruch nehmen und nach außen den Anschein amtlichen Handelns für Tätigkeiten erwecken, die in Wirklichkeit nicht unter der Kontrolle der staatlichen Organe zustande gekommen sind (BGHSt 12, 30, 31 f.; 40, 8, 12 f.; *BayObLG* NJW 2003, 1616, 1617; *Geppert,* Jura 1986, 591).

Aus dem Rechtsgut ergibt sich, dass sich die Norm nur auf in der Bundesrepublik Deutschland vorhandene Ämter und nicht z. B. auf Amtsbezeichnungen früherer Zeiten wie „Reichspräsident" erstreckt (*OLG Stuttgart* NStZ 2007, 527).

II. Tathandlung des § 132 1. Var.

Aus dem geschützten Rechtsgut folgt, dass auch die 1. Var. des **2** § 132, was sich aus dem Wortlaut nicht ergibt, die Vornahme einer Amtshandlung verlangt. Demnach setzt die 1. Var. voraus: Der Täter muss *erstens* sich selbst als Inhaber eines öffentlichen Amtes ausgeben, das er nicht innehat, und *zweitens* in Ausübung dieses angemaßten Amtes eine Handlung vornehmen, die nach außen den Anschein einer Amtshandlung erweckt. Kurz: Der Täter maßt sich Amt *und* Amtshandlung an; nur dann besteht für die geschützte staatliche Autorität eine Gefahr.

Beispiele: Der Täter gibt sich als Polizeibeamter aus und nimmt polizeiliche **3** Amtshandlungen vor (wie Durchsuchung, Beschlagnahme, Vernehmung, Verkehrskontrolle; auch vorläufige Festnahme nach § 127 StPO, wobei es keine Rolle spielt, ob er die Festnahme auch als Privatperson durchführen dürfte). Ein vermeintlicher Amtsarzt untersucht Schüler(innen). Ein angeblicher Gerichtsvollzieher pfändet Gegenstände.

Entgegen *OLG Koblenz* NStZ 1989, 268 fällt auch der anonyme Anruf bei einem Nachbarn mit dem Inhalt: „Hier ist die Kriminalpolizei. Leute aus der Nachbarschaft beschweren sich über den ganzen Tag bellende Hunde, die Hunde müssen an die Kette!" unter § 132 1. Var.; denn der Anrufer gebärdet sich als Polizeibeamter, der eine Polizeiverfügung erlässt (richtig *Krüger*, NStZ 1989, 477 f.; *Geppert*, JK 90, StGB § 132/1).

Nicht in den Schutzbereich des § 132 1. Var. fällt die bloße An- **4** maßung des Amtes, *ohne* eine Amtshandlung vorzunehmen.

Beispiele: Schlichtes Vorzeigen eines Geldstücks, um sich als Kriminalbeamter auszuweisen (*BGH* GA 1967, 114); Anruf eines Rechtsanwalts bei der Polizei als „Staatsanwalt Y" ohne Vornahme einer Diensthandlung (*KG* NJW 2007, 1989); Auftreten als Bundespräsident, Landrat, Abgeordneter usw., um als Gast bevorzugt behandelt zu werden; rein fiskalische Tätigkeiten (z. B. Wareneinkauf) als angeblicher Beamter einer Behörde (BGHSt 12, 30; *OLG Oldenburg* MDR 1987, 604).

III. Tathandlung des § 132 2. Var.

5   Für die Erfüllung der 2. Var. – gegenüber der die 1. Var. die speziellere ist (h. M.) – muss der Täter lediglich eine Handlung vornehmen, die nach außen den Anschein einer Amtshandlung erweckt.

Beispiele (LK/*v. Bubnoff,* 11. Aufl., § 132 Rn. 18 f.): Versenden und Verbreiten nachgemachter amtlicher Schreiben (Falllösung bei *Hardtung,* JuS 1998, 724); Aufstellen amtlicher Verkehrsschilder (das auch § 267 I 1. Var. erfüllen kann, vgl. § 32 Rn. 18 a); Ein- und Ausschalten einer Verkehrsampel; Aufkleben einer Pfandmarke, um die Sache gegenüber Gläubigern als schon gepfändet erscheinen zu lassen; Ausstellung von Führerscheinen und Personalausweisen, aber nicht, wenn man unzweifelhaft ihren nichtamtlichen Charakter erkennt (*OLG Stuttgart* StraFo 2006, 255, 256).

6   *Nicht* erfasst wird z. B. das eigenmächtige Ablösen einer Pfandmarke. Auch das Entfernen eines „fremden" Verwarnungszettels und seine Anbringung am eigenen Pkw sind nicht tatbestandsmäßig, weil eine Gefährdung der staatlichen Autorität nur droht, wenn dem *Bürger* gegenüber amtliches Handeln vorgetäuscht wird (SK/*Rudolphi,* § 132 Rn. 10; LK/*v. Bubnoff,* 11. Aufl., § 132 Rn. 23; Falllösung bei *I. Schünemann,* JA 1974, 106 f.). Ferner fällt die bloße Verfälschung amtlicher Urkunden regelmäßig nicht unter den Tatbestand; denn diese Handlung tritt nicht gerade als *Amts*-handlung nach außen in Erscheinung (vgl. *BGH* MDR/H 1993, 719; *Geppert,* Jura 1986, 593).

IV. Sonstiges

7   Als Täter kommt auch ein **Amtsträger** (§ 11 I Nr. 2) in Betracht, der sich als Inhaber eines anderen, ihm nicht zustehenden Amtes ausgibt, so wenn ein Rechtsreferendar als Richter einen Haftbefehl erlässt (1. Var.). Unter die 2. Var. kann ein Amtsträger fallen, der, ohne bloß interne Dienstvorschriften zu verletzen, eine in den Kompetenzbereich eines anderen Amtes fallende Handlung außerhalb seiner sachlichen Zuständigkeit vornimmt.

Vgl. BGHSt 3, 241, 244; 44, 186, 189 f.; *BayObLG* NJW 2003, 1616; LK/*v. Bubnoff,* 11. Aufl., § 132 Rn. 36; SK/*Rudolphi/Stein,* § 132 Rn. 7 a.

Das Merkmal „unbefugt" (= ohne amtliche Legitimation) ge- **8** hört zum objektiven Tatbestand, weil sich der Unrechtsgehalt der Tat erst aus dem Handeln ohne Befugnis ergibt (*Geppert,* Jura 1986, 593 f.). Wer sich über diese Befugnis irrt, befindet sich in einem Tatbestandsirrtum (BGHSt 40, 8, 15).

Empfehlungen zur vertiefenden Lektüre:

Rechtsprechung: BGHSt 12, 30 (Rechtsgut, fiskalische Tätigkeit angeblicher Behördenvertreter); *OLG Koblenz* NStZ 1989, 268 (Anruf mit Erklärung „Hier ist die Kriminalpolizei").

Literatur: *Geppert,* Ausgewählte Delikte gegen die „öffentliche Ordnung", insbesondere Amtsanmaßung (§ 132 StGB) und Verwahrungsbruch (§ 133 StGB), Jura 1986, 590 ff.; *Krüger,* Anm. zu *OLG Koblenz* NStZ 1989, 268, NStZ 1989, 477 f.

§ 56. Missbrauch von Titeln usw. (§ 132 a)

I. Grundlagen

Ähnlich wie bei § 132 (oben § 55 Rn. 1) spielt auch bei der Aus- **1** legung des § 132 a das **Rechtsgut** eine besondere Rolle: Die Vorschrift dient dem Schutz der Allgemeinheit vor Personen, die sich durch den Gebrauch falscher Bezeichnungen oder mittels eines falschen Erscheinungsbildes den Anschein besonderer Funktionen, Fähigkeiten und Vertrauenswürdigkeit geben. Die Bevölkerung soll davor bewahrt werden, dass einzelne Bürger im Vertrauen darauf, dass eine bestimmte Person eine bestimmte Stellung innehat, Handlungen vornehmen, die für sie oder andere schädlich sein können. Denn wie die Erfahrung lehrt, reagiert man gegenüber den Trägern namentlich bestimmter Amts- oder Dienstbezeichnungen, die Autorität und Vertrauenswürdigkeit ausstrahlen, häufig leicht anders, ein Umstand, auf den viele Hochstapler bauen (hierzu BGHSt 31, 61, 62; 36, 277, 279; *Geppert,* Jura 1986, 594).

II. Geschützte Bezeichnungen

Abs. 1 Nr. 1: Geschützt werden nur **förmliche** Amts- und **2** Dienstbezeichnungen, nicht bloße Funktionsbezeichnungen und allgemeine Berufsangaben.

Amtsbezeichnungen sind z. B.: Richter und Richter am … (siehe § 19a DRiG), Staatsanwalt, Bürgermeister, Studienrat, Universitätsprofessor, Polizeiobermeister, Kriminalhauptkommissar (aber *nicht:* Stadtoberhaupt, Amtsleiter, Lehrer, Universitätslehrer, Polizei- oder Kriminalbeamter).

Dienstbezeichnungen: Referendar, Privatdozent, Fleischbeschauer; bei diesen Bezeichnungen handelt es sich um Berufe, die auf öffentlicher Zulassung beruhen, jedoch nicht mit einem öffentlichen Amt verbunden sind (SK/*Rudolphi,* § 132a Rn. 3).

Akademische Grade sind von einer deutschen Hochschule verliehene Titel und Bezeichnungen: Dr., Dr. h. c., auch Diplomvolkswirt, Diplomkaufmann.

Titel sind ehrenhalber verliehene Bezeichnungen (Justizrat, Honorarprofessor). **Öffentliche Würden:** Ehrenbürger, Ehrensenator.

3   **Abs. 1 Nr. 2** enthält eine abschließende Aufzählung bestimmter Berufsbezeichnungen.

Abs. 1 Nr. 4: Erfasst sind z. B. die Polizei- und Soldatenuniform sowie die Roben der Richter, Staatsanwälte und Rechtsanwälte. Nach dem Schutzzweck (Rn. 1) muss das Tragen in einer Weise geschehen, die insbesondere über eine bloße Maskerade hinausgeht und bei anderen den Anschein zur Berechtigung des Tragens der Uniform hervorruft (*BayObLG* NStZ-RR 1997, 135; *OLG Zweibrücken* NJW 2003, 982).

4   **Abs. 2:** Ob die geführte Bezeichnung zum Verwechseln ähnlich ist, bemisst sich nach dem Gesamteindruck eines durchschnittlichen, nicht genau prüfenden Beurteilers (*BayObLG* NStZ-RR 2000, 236; *OLG Dresden* NJW 2000, 2519, 2520). Beispielsweise kann ein „Spezialist für Frauenheilkunde" oder ein „Homöopath" mit einem Arzt verwechselt werden. Erfasst werden auch erfundene Bezeichnungen („Konsul von Induras").

Abs. 3 erweitert den Schutzbereich auf Religionsgesellschaften des öffentlichen Rechts, z. B. auf Albe und Stola als kirchliche Amtskleidung (*LG Offenburg* NJW 2004, 1609).

III. Insbesondere zum Begriff des „Führens"

5   Der Begriff setzt voraus, dass der Täter die Bezeichnung durch aktives Verhalten in Anspruch nimmt; das bloße Dulden der Anrede oder eines sonstigen Gebrauchs durch Dritte genügt nicht

(die Arztehefrau lässt sich als „Frau Dr." anreden, ein Lehrbeauf-
tragter als „Herr Professor"). Im Übrigen besteht Einigkeit darüber, dass das „Führen" in einer Art und Weise geschehen muss,
die das geschützte Rechtsgut gefährdet, die also in irgendeiner
Weise die Interessen der Allgemeinheit berührt (*BGH* GA 1974,
151, 152; *OLG Köln* NJW 2000, 1053, 1054; *KG* NJW 2007, 1989,
1990; *OLG Karlsruhe* wistra 2007, 438).

Beispiele: (1) Ein Rechtsanwalt, der telefonisch als „Staatsanwalt Y" von der   **6**
Polizei einmalig die Herausgabe von beschlagnahmtem Geld verlangt, erfüllt
nicht § 132 a I Nr. 1, da für die Herausgabe ein formalisiertes Verfahren ein-
gehalten werden muss (*KG* NJW 2007, 1989, 1990 f.).

(2) Es genügt nicht, dass der Täter gegenüber einer Dame, um ihr zu imponieren, bei einer einmaligen privaten Verabredung wahrheitswidrig mehrfach
erklärt, ein promovierter Rechtsanwalt zu sein (BGHSt 31, 61).

(3) Wer als Nicht-Arzt an seinem Pkw eine Arztplakette anbringt, um in
verbotenen Zonen unbeanstandet parken zu können, verstößt nicht gegen
§ 132 a I Nr. 2, weil er sich dadurch „der Allgemeinheit gegenüber nicht als
besonderes Vertrauen erheischende Person" ausgibt (*BayObLG* NJW 1979,
2359).

(4) Auch ein Referendar, der sich aus Mitleid in eine polizeiliche Personen-
kontrolle mit der Bemerkung einmischt, er sei Rechtsanwalt und der Festgenommene habe ein Recht auf faire Behandlung, verletzt nicht den Tatbestand,
es sei denn, dass nach den Umständen die Gefahr begründet wird, die Beamten
könnten im Hinblick auf das Auftreten des vermeintlichen Rechtsanwalts un-
sicher werden und ihre korrekte Tätigkeit einstellen (*OLG Saarbrücken* NStZ
1992, 236).

Dagegen handelt tatbestandsmäßig, wer die Bezeichnung Pro-   **7**
fessor, Rechtsanwalt usw. in zehn Einzelfällen im Schriftverkehr
zu Unrecht führt (BGHSt 36, 277, 278). Das Gleiche gilt nach
einer in BGHSt 31, 61, 63 zitierten Entscheidung für jemanden,
der sich innerhalb eines mehrmonatigen Zeitraums mindestens gegenüber vier Privatpersonen als Professor ausgibt. Wer sich zwecks
öffentlicher Wahlwerbung in Polizeiuniform zusammen mit Zi-
vilpersonen fotografieren lässt, „trägt" unbefugt eine Uniform und
verwirklicht § 132 a I Nr. 4 (*Meurer*, JR 1984, 470 ff.; LK/*v. Bubnoff*, 11. Aufl., § 132 a Rn. 22; a. A. *OLG Oldenburg* JR 1984, 468).

Empfehlungen zur vertiefenden Lektüre:

Rechtsprechung: BGHSt 26, 267 (Polizeibeamter keine „förmliche" Amts-
bezeichnung); BGHSt 31, 61 (zum „Führen" bei einer einmaligen privaten
Verabredung); *OLG Saarbrücken* NStZ 1992, 236 (zum „Führen" bei einer

einmaligen Behauptung); *KG* NJW 2007, 1989 (einmaliger Anruf eines Rechtsanwalts als „Staatsanwalt Y" bei der Polizei).
Literatur: *Geppert* (wie zu § 55), Jura 1986, 594 f.

§ 57. Verwahrungsbruch (§ 133)

I. Grundlagen

1   Die Vorschrift schützt die staatliche Herrschaftsgewalt über im
dienstlichen Verwahrungsbesitz befindliche Gegenstände und das
Vertrauen auf deren sichere Aufbewahrung (BGHSt 5, 155, 159 f.;
35, 340, 341). Was die Tatobjekte anbelangt, so kommt es auf die
Eigentumsverhältnisse nicht an (dazu ein Beispiel in Rn. 8). Die
Schriftstücke müssen nicht Urkundenqualität haben.

II. § 133 I

1. Erfordernis der dienstlichen Verwahrung

2   a) Von zentraler Bedeutung ist das Erfordernis der dienstlichen
Verwahrung. Eine **dienstliche Verwahrung** (= der amtliche Verwahrungsbesitz) setzt voraus, dass fürsorgliche Hoheitsgewalt die
bewegliche Sache in Besitz genommen hat, um gerade sie in ihrer
Individualität unversehrt zu erhalten und im Amtsgewahrsam vor
unbefugtem Zugriff zu bewahren (BGHSt 18, 312, 313). Die
Zweckbestimmung der fürsorglichen Hoheitsgewalt fehlt bei Gegenständen des allgemeinen Amtsbesitzes, die sich nur in schlich-
tem staatlichen Gewahrsam befinden; hier hat die Verwahrung
keinen spezifisch hoheitlichen Charakter.

3   **Beispiele** (dazu *Geppert,* Jura 1986, 596 f., SK/*Rudolphi,* § 133 Rn. 5 ff.; LK/
v. Bubnoff, 11. Aufl., § 133 Rn. 10 ff.): (1) **Bloßer Amtsbesitz** ist gegeben bei
Verbrauchs-, Gebrauchs- und Einrichtungsgegenständen wie Büromaterial,
Brennstoffen, Möbeln, Computeranlagen; bei Sachen, die zur Veräußerung
oder Vernichtung bestimmt sind (weil sie nicht als solche „aufbewahrt" werden sollen); bei Geld in öffentlichen Kassen, wenn es für den amtlichen Geschäftsverkehr bereitgehalten wird oder ausgezahlt werden soll und von daher
die einzelnen Scheine/Münzen gerade nicht aufbewahrt, sondern verbraucht
werden sollen (BGHSt 18, 312, 314); bei Büchern in staatlichen Bibliotheken.
Nach h.M. soll auch bei Ausstellungsobjekten in öffentlichen Museen bloßer
Amtsbesitz bestehen (a.A. Sch/Sch/*Cramer/Sternberg-Lieben,* § 133 Rn. 7;
zur Diskussion *I. Sternberg-Lieben,* Jura 1996, 546).

(2) Demgegenüber besteht **dienstliche Verwahrung** bei Behördenakten und **4**
behördlich geführten Registern; bei eingesandten Angebotsunterlagen auf
Grund einer öffentlichen Ausschreibung (Falllösung bei *Regge/Rose/Steffens,*
JuS 1999, 165); bei beschlagnahmten Gegenständen; bei amtlich aufbewahrten
Blutproben (*BayObLG* JZ 1988, 726); bei Prüfungsarbeiten in der Obhut des
Prüfers; bei einem Scheck, den ein Staatsanwalt zur Erfüllung einer Geldauf-
lage erhält (BGHSt 38, 381, 385 ff.).

(3) **Weitere Fälle:** Vervielfältigungen von Anklageschriften, die lediglich zur **5**
künftigen Arbeitserleichterung oder zur Weiterbildung angefertigt worden
sind, stehen nicht unter dienstlicher Verwahrung, weil die Behörde kein Interesse an der Erhaltung gerade der Kopien hat (*OLG Köln* JR 1980, 382 mit
Anm. *Rudolphi*). Die traditionellen Fälle der Entziehung von Post- und Bahn-
gut fallen nach der Privatisierung von Post und Bahn nicht mehr unter den
Tatbestand (LK/*v. Bubnoff*, 11. Aufl., § 133 Rn. 10 a).

Für den Amtsgewahrsam, der zur dienstlichen Verwahrung gehört, **6**
kommt es nicht auf einen besonderen Aufbewahrungsort
an. Der amtliche Gewahrsam bleibt z. B. bestehen, wenn der Berechtigte Prozessakten oder Prüfungsarbeiten mit nach Hause
nimmt.

b) Die Bedeutung der Variante **„dienstlich in Verwahrung ge-** **7**
geben" liegt darin, dass auch **Privatpersonen** als „Verwahrer" in
Betracht kommen. Voraussetzung dafür ist eine hoheitliche Anordnung, aus der erkennbar hervorgeht, dass dem privaten Empfänger dienstliche Herrschaftsgewalt übertragen wird.

Beispiele: (1) Einem privaten **Abschleppunternehmer,** der im Auftrag der **8**
Polizei ein Fahrzeug abgeschleppt und auf seinem Betriebsgelände abgestellt
hat, ist das Fahrzeug dienstlich in Verwahrung gegeben worden. Holt sich der
Eigentümer eigenmächtig sein Fahrzeug, erfüllt er § 133 I (*BayObLG* NJW
1992, 1399).

(2) Einem **Verteidiger,** dem die Staatsanwaltschaft eine Strafakte nach
§ 147 IV StPO vorübergehend aushändigt, wird die Akte dienstlich in Verwahrung gegeben. In der Weitergabe an unbefugte Dritte liegt regelmäßig ein „Entziehen" (Rn. 10).

Demgegenüber erhält ein **Schuldner** bei einer Pfändung gemäß **9**
§ 808 II 2 ZPO durch Anbringen eines Pfandsiegels keinen dienstlichen Gewahrsam, weil der Gerichtsvollzieher die Sache nur beim
Schuldner belässt, sie ihm aber keineswegs hoheitlich-dienstlich
übergibt (*Geppert,* Jura 1986, 597; zu § 136 II vgl. § 58 Rn. 10 ff.).

2. Insbesondere die Tathandlung des „Entziehens"

Von den Tathandlungen bedarf nur eine Variante näherer Erläu- **10**
terung. Der „dienstlichen Verfügung entzieht" eine Sache, wer dem

dienstlich Berechtigten die Möglichkeit der jederzeitigen Verfügung nimmt. Dafür genügt es, wenn die Zugriffsmöglichkeit auf die Sache nur vorübergehend genommen oder erheblich erschwert wird (BGHSt 35, 340, 341).

Daher kann das Verstecken der Sache innerhalb der Amtsräume oder ihr Verlegen an einen ungewöhnlichen Ort ausreichen. Das pflichtwidrige Überlassen von Akten an unbefugte Dritte ist in der Regel tatbestandsmäßig, weil dadurch die dienstliche Verfügungsmöglichkeit (vorübergehend) beseitigt wird (vgl. *BGH* GA 1978, 206).

11   Das „Entziehen" setzt ein Handeln gegen den Willen des Verfügungsberechtigten voraus. Dessen Einverständnis – auch das durch Täuschung erschlichene – schließt den Tatbestand aus (BGHSt 33, 190, 194; *BGH* MDR/H 1993, 719).

III. § 133 III

12   § 133 III enthält ein unechtes Amtsdelikt und qualifiziert § 133 I. Für Beteiligte ohne die Sondereigenschaft gilt § 28 II (vertiefend § 59 Rn. 3 f.). Anvertraut ist die Sache, wenn der Amtsträger die Verfügungsmacht über sie kraft dienstlicher Anordnung in dem Vertrauen darauf erhält, dass er für ihre Erhaltung auf Grund seiner amtlichen Eigenschaft Sorge trägt (BGHSt 38, 381, 387). Zugänglich ist die Sache, wenn der Amtsträger infolge seines Amtes die tatsächliche Möglichkeit hat, auf die Sache zuzugreifen.

13   Bezüglich der Variante des „Entziehens" ist fraglich, inwieweit der allein zuständige und verfügungsberechtigte Amtsträger als tauglicher Täter in Betracht kommt. Trotz der Lehre vom tatbestandsausschließenden Einverständnis (vgl. § 30 Rn. 9) scheidet ein solcher Amtsträger nicht generell als Täter aus. Allgemein wird man darauf abstellen können, ob die (pflichtwidrige) Verwendung des Gegenstands noch „im Rahmen des Dienstbetriebs" liegt (vgl. BGHSt 33, 190, 194). Dies ist nicht mehr der Fall, wenn der verfügungsberechtigte Amtsträger die Sache sich oder einem eindeutig unberechtigten Dritten zueignet (in diesem Sinne BGHSt 5, 155, 160 f.).

Entgegen BGHSt 33, 190 (zust. etwa Sch/Sch/*Cramer/Sternberg-Lieben*, § 133 Rn. 15; *Geppert*, Jura 1986, 598) fällt daher die bösgläubige Ausstellung und Herausgabe von Führerscheinen durch den zuständigen Amtsträger an Unberechtigte unter den Tatbestand (so auch LK/*v. Bubnoff*, 11. Aufl., § 133

Rn. 17). Vgl. ferner *BGH* NStZ 1995, 442, 444 f.; *Schroeder*, JR 1995, 97 im Zusammenhang mit der Weiterleitung von Postgut durch die Post der ehemaligen DDR an das Ministerium für Staatssicherheit.

Empfehlungen zur vertiefenden Lektüre:

Rechtsprechung: BGHSt 18, 312 (allgemeiner Amtsbesitz bei zur Auszahlung bestimmtem Geld); BGHSt 35, 340 (Weiterleiten von Ermittlungsakten an die Staatsanwaltschaft ohne zugehörige Verwahrstücke); BGHSt 38, 381, 385 ff. (private Verwendung eines zur Erfüllung einer Geldauflage übergebenen Schecks).

Literatur: *Geppert* (wie zu § 55), Jura 1986, 595 ff.

§ 58. Verstrickungs- und Siegelbruch (§ 136)

I. Verstrickungsbruch (§ 136 I)

§ 136 I schützt die durch staatliche Pfändung oder Beschlag 1 nahme begründete staatliche Herrschaftsgewalt über die betreffende Sache (BGHSt 5, 155, 157). „Verstrickung" bedeutet, dass der Staat durch Hoheitsakt ein öffentlich-rechtliches Gewaltverhältnis geschaffen hat. Folge ist ein relatives Veräußerungsverbot (§§ 135, 136 BGB).

Der Schutzbereich erstreckt sich auf alle Sachen, auch auf un 2 bewegliche (Grundstücke). Forderungen werden also nicht erfasst. Die Beschlagnahme ist der Oberbegriff. Fälle der Beschlagnahme regeln vor allem die §§ 94 ff., 111 b ff. StPO. Nach h. M. bewirken ferner der Beschluss nach § 20 ZVG und die Eröffnung des Insolvenzverfahrens (§ 80 I InsO) eine Verstrickung kraft Beschlagnahme (SK/*Rudolphi*, § 136 Rn. 5, 8; kritisch *Geppert*, Jura 1987, 36 m. w. N.). Bei der strafprozessualen Beschlagnahme muss beachtet werden, dass nicht schon ihre Anordnung, sondern erst die Sicherstellung der Sache die Verstrickung herbeiführt (BGHSt 15, 149 f.).

Die Pfändung ist ein Unterfall der staatlichen Beschlagnahme 3 und setzt als Akt der Zwangsvollstreckung zunächst voraus, dass die allgemeinen Voraussetzungen der Zwangsvollstreckung vorliegen (Titel, Klausel, Zustellung; vgl. §§ 704 ff., 724 ff., 750 ZPO). Im Übrigen sind namentlich die §§ 808 ff., 864 ff. ZPO einschlägig.

Ein typisches Problem betrifft die Frage, inwieweit **Vollstre** 4 **ckungsfehler** die Wirksamkeit der öffentlich-rechtlichen Verstri ckung berühren. Da es um staatliche Hoheitsakte geht, nimmt man parallel zur Lehre von der Wirksamkeit und Nichtigkeit von Verwaltungsakten an, dass Pfändungen trotz vorhandener Vollstreckungsmängel grundsätzlich eine – zwar anfechtbare (z. B. § 766 ZPO), indes: – wirksame hoheitliche Verstrickung begründen, wenn nicht ausnahmsweise die Vollstreckungshandlung wegen evidenter grundlegender schwerer Mängel nichtig ist. Einzelheiten gehören in das Gebiet des Zwangsvollstreckungsrechts (*Brox/ Walker*, Zwangsvollstreckungsrecht, 7. Aufl. 2003, Rn. 362 ff.; strafrechtlich orientiert *Geppert*, Jura 1987, 36 ff.; *Geppert/Weaver*, Jura 2000, 46 ff.; LK/*v. Bubnoff*, 11. Aufl., § 136 Rn. 7 a ff.). Hier nur folgende

5   **Beispiele:** Nichtig ist eine Vollstreckung ohne Titel. Ein zur Nichtigkeit führender schwerwiegender Mangel liegt ferner vor, wenn der Gerichtsvollzieher entgegen dem klaren Gebot des § 808 II 2 ZPO die Pfändung nicht „ersichtlich macht", also etwa das Pfandsiegel lose in eine Schublade legt, ohne es mit dem Gegenstand zu verbinden, das Siegel im Handschuhfach eines Pkw befestigt oder es an einer anderen verborgenen Stelle anbringt (LK/*v. Bubnoff*, 11. Aufl., § 136 Rn. 8).

Demgegenüber nur anfechtbar sind Pfändungen von schuldnerfremden oder nach § 811 ZPO unpfändbaren Sachen; hier tritt eine wirksame Verstrickung ein, die grundsätzlich durch § 136 I geschützt wird (siehe aber ergänzend Rn. 9).

6   Ist die hoheitliche Verstrickung einmal wirksam entstanden, so hängt deren Fortbestand nicht davon ab, ob man das Pfandsiegel später noch erkennen kann. § 136 I bleibt also auch anwendbar, wenn das Siegel aus irgendwelchen Gründen abfällt. Im Übrigen endet die Verstrickung erst nach der ordnungsgemäßen Verwertung der Sache oder nach einem hoheitlichen „Entstrickungsakt". Insbesondere hört die Verstrickung nicht auf, wenn der Schuldner den Gläubiger befriedigt. Ein etwaiger Irrtum über das Ende der Verstrickung ist ein Tatbestandsirrtum.

7   Die **Tathandlungen** entsprechen weitgehend denen des § 133. Die Sache ist der Verstrickung ganz oder zum Teil entzogen, wenn die durch die Pfändung oder Beschlagnahme begründete Verfügungsgewalt der Behörde dauernd oder vorübergehend aufgehoben oder erheblich erschwert wird (vgl. § 57 Rn. 10).

Beispiele: Die gemäß § 808 II 2 ZPO gepfändete Sache wird versteckt, vom ursprünglichen Aufbewahrungsort entfernt oder an einen anderen veräußert (*und* übergeben). Der Schuldner zieht mit dem Pfandstück um, ohne den Gerichtsvollzieher zu informieren.

Die bloße Weiterbenutzung der nach § 808 II 2 ZPO gepfände- **8** ten Sache *ohne* Beeinträchtigung der Zugriffsmöglichkeit ist grundsätzlich zulässig. *Wertmindernde* Benutzungen (namentlich von Pkws) sollen allerdings unzulässig sein (vgl. *OLG Hamm* VRS 13, 34; LK/*v. Bubnoff,* 11. Aufl., § 136 Rn. 13). Indes kann man aus dem Schutzzweck der Vorschrift die Einbeziehung wertmindernder Handlungen nicht ableiten (*Geppert,* Jura 1987, 40; zu § 288 siehe *Rengier,* BT I, § 27). – Zum „Entziehen" durch den allein zuständigen Amtsträger gilt § 57 Rn. 13 sinngemäß.

§ 136 III, IV deckt sich sachlich mit § 113 III, IV. Vom hier ver- **9** tretenen „materiellen" Rechtmäßigkeitsbegriff aus ist die Rechtslage klar (vgl. § 53 Rn. 12ff.): Die Strafbarkeit gemäß § 136 I entfällt, wenn die Verstrickung der materiellen Rechtslage widerspricht. Bei der Pfändung schuldnerfremder Sachen ist dies übrigens nicht unbedingt der Fall, da das Vollstreckungsrecht (§ 808 I ZPO) nur auf den Gewahrsam des Schuldners abstellt.

Demgegenüber ergibt sich auf dem Boden des strafrechtlichen („formellen") Rechtmäßigkeitsbegriffs der h. M. vor allem das Problem, inwieweit bei fehlerhaften, indes wirksamen Verstrickungen wesentliche Förmlichkeiten nicht gewahrt sind und von daher eine rechtmäßige Diensthandlung im Sinne des § 136 III 1 ausscheidet (vgl. *Geppert,* Jura 1987, 39; *Geppert/Weaver,* Jura 2000, 48 f.; LK/*v. Bubnoff,* 11. Aufl., § 136 Rn. 25; Sch/Sch/*Cramer/ Sternberg-Lieben,* § 136 Rn. 28–32).

II. Siegelbruch (§ 136 II)

Das dienstliche Siegel soll die staatliche Autorität nach außen **10** verkörpern. Geschütztes Rechtsgut ist demnach das im dienstlichen Siegel manifestierte äußere Zeichen der amtlichen Herrschaft (*OLG Köln* NStZ 1987, 330). Von daher kann wegen der unterschiedlichen Schutzrichtungen Tateinheit zwischen § 136 I und II vorliegen (*Geppert,* Jura 1987, 42; *Geppert/Weaver,* Jura 2000, 49; h. M.).

Als **dienstliche Siegel** kommen etwa in Betracht: Siegelmarken, **11** Siegelabdrucke und Pfandanzeigen (typischerweise im Zusammenhang mit § 808 II 2 ZPO); Plomben (z. B. an städtischen Elektrizitätszählern oder öffentlichen Feuermeldern); Stempel des Fleischbeschauers; Stempel auf Kfz-Schildern. Das Siegel muss

„angelegt" sein, d. h. es muss eine mechanische Verbindung zwischen Siegel und Gegenstand bestehen; dafür genügt es, wenn der Gerichtsvollzieher das Pfandsiegel mit Stecknadeln am Pelzmantel befestigt (*BGH* MDR/D 1952, 658). Da der Tatbestand das äußere Zeichen schützt, scheidet § 136 II – nicht § 136 I (Rn. 6) – aus, sobald das Siegel nicht mehr angebracht, also etwa abgefallen ist.

12   Bestraft wird, wer das Siegel beschädigt usw. oder „wer den durch ein solches Siegel bewirkten Verschluss ganz oder zum Teil unwirksam macht". Letzteres erfordert keine Verletzung des Siegels. Beispielsweise genannt werden das Einsteigen durch ein Fenster in einen Raum, dessen Tür versiegelt ist, und das Entwenden von Sachen aus einer versiegelten Räumlichkeit (*Sch/Sch/ Cramer/Sternberg-Lieben*, § 136 Rn. 25).

Nach der Rechtsprechung soll auch das Weiterbauen auf einer versiegelten Baustelle unter die Modalität des Unwirksammachens fallen (*OLG Köln* NStZ 1987, 330; zust. LK/*v. Bubnoff*, 11. Aufl., § 136 Rn. 21). Dem wird zu Recht mit der Begründung widersprochen, bei einem Bauverbot gehe es nicht um den körperlichen Verschluss einer Sache, sondern um ein „geistiges" Verbot (SK/ *Rudolphi*, § 136 Rn. 23; *Geppert*, Jura 1987, 43).

13   So betrachtet kann von einem ausreichenden, nämlich körperlich-räumlich wirkenden, Verschluss ferner bei solchen Objekten nicht die Rede sein, die bloß mittels Pfandanzeige gepfändet werden, und in der tatsächlichen Verfügungsmacht des Schuldners verbleiben (Falllösung bei *Tiedemann*, JuS 1967, 26: mit Pfandanzeige gepfändeter Zuchtstier).

Empfehlungen zur vertiefenden Lektüre:
Literatur: *Geppert*, Verstrickungsbruch (§ 136 Abs. 1 StGB) und Siegelbruch (§ 136 Abs. 2 StGB), Jura 1987, 35 ff.; *Geppert/Weaver*, Die Auswirkungen zivilprozessualer Vollstreckungsfehler bei Sachpfändungen auf die Strafbarkeit nach § 136 StGB, Jura 2000, 46 ff.

14. Kapitel. Straftaten im Amt

Der 30. Abschnitt „Straftaten im Amt" enthält nicht nur sog. Amtsdelikte, die ausschließlich von Amtsträgern begangen werden können (= Sonderdelikte). Bei den Fällen der „aktiven" Bestechung (§§ 333, 334) handelt es sich um von jedermann begehbare Allgemeindelikte. Besonders deutlich aus der Kategorie der Amtsdelikte fallen die §§ 353 d, 356 heraus.

§ 59. Allgemeine Fragen

Fall 1: Der 19-jährige R hat einen Raub (§ 249) begangen. Staatsanwalt S kennt den R als Wiederholungstäter. S spricht mit seiner Ehefrau E über den Fall, die – in Kenntnis der Rechtslage – dem S ernsthaft empfiehlt, das „einzig Effektive" zu tun und dem R als Alternative zur Anklage eine – von S zu vollziehende – „Prügelstrafe" anzubieten, nach deren Vollzug er (S) das Verfahren „gemäß § 153 a StPO" einstellen könnte. S lässt sich überzeugen und führt den Vorschlag mit Einverständnis des R plangemäß bis hin zur Einstellung durch. → Rn. 5

I. Echte und unechte Amtsdelikte

Amtsdelikte sind Sonderdelikte, weil bei ihnen nur bestimmte 1 Personen als Täter in Betracht kommen (vgl. § 11 I Nr. 2–4). Ein Nicht-Amtsträger kann mangels Täterqualität niemals (Mit-, mittelbarer, Unterlassungs-)Täter eines Amtsdelikts sein.

Im Übrigen ist zu unterscheiden: **Echte** Amtsdelikte sind 2 solche, bei denen die Amtsträgereigenschaft die Strafbarkeit **begründet.**

Beispiele: §§ 339, 344, 345, 348.

Hingegen wirkt beim **unechten** Amtsdelikt die Amtsträgerei- 3 genschaft bloß **strafschärfend;** denn es baut auf einem Grunddelikt auf, das von jedermann verwirklicht werden kann.

Beispiele finden sich nicht nur im 30. Abschnitt, wo § 340 I gegenüber § 223 I spezieller ist, sondern auch außerhalb davon: So qualifiziert § 120 II den § 120 I, § 133 III den § 133 I, § 201 III den § 201 I, II und § 258 a I den § 258 I, II.

4   Die Unterscheidung zwischen echten und unechten Amtsdelikten hat für die korrekte Anwendung des § 28 auf außenstehende
Beteiligte Bedeutung, weil die Amtsträgereigenschaft ein „besonderes persönliches Merkmal" darstellt. Von daher muss bei **echten**
Amtsdelikten die Strafe des Außenstehenden wegen Teilnahme
am Amtsdelikt nach § 28 I zwingend gemildert werden. Bei **unechten** Amtsdelikten greift § 28 II ein; hier bestimmt sich die
Strafbarkeit des beteiligten Nicht-Amtsträgers allein nach seiner –
auch täterschaftlichen – Beteiligung am Grunddelikt.

5   Im **Fall 1** erfüllt S § 339, indem er entgegen § 153 a I StPO ein Verbrechen ein-
stellt und eine ungesetzliche Sanktion vollzieht (ergänzend § 61 Rn. 6, 11). Ferner verwirklicht S die §§ 258 I, 258 a I, weil R wegen des Raubes nicht strafrechtlich verfolgt wird (vgl. *Rengier*, BT I, § 21 Rn. 5). Desgleichen liegt § 240 I
i. V. m. IV 2 Nr. 3 vor; denn S droht mit der Erhebung oder Nichtrücknahme der
Anklage zu dem rechtlich missbilligten Zweck, die Einwilligung des R in eine
körperliche Züchtigung zu erlangen (vgl. § 23 Rn. 48 f., 61). Schließlich muss
§ 340 I (Qualifikation zu § 223 I) bejaht werden; insoweit kann die abgenötigte
Einwilligung des R wegen beachtlicher Willensmängel nicht rechtfertigend wirken. Zwischen den §§ 339, 258 a I, 240, 340 I besteht Tateinheit (§ 52).
   Bei E gelangt man zunächst zu den §§ 339, 26, 28 I. Was dann die §§ 258 I,
258 a I, 26 anbelangt, so führt die Anwendung des § 28 II nach h. M. zur Bejahung der §§ 258 I, 26 und zur Ablehnung der §§ 258 a I, 26 (anders LK/
Roxin, 11. Aufl., § 28 Rn. 4 und SK/*Rudolphi*, vor § 331 Rn. 5, die nur den
Strafrahmen der §§ 258 I, 26 zugrundelegen, aber wegen der §§ 258 a, 26 I
schuldig sprechen). Weiter liegen die §§ 240 I, 26 vor; bezüglich § 240 IV 2 Nr. 3
(Regelbeispiel) gilt § 28 II analog (ergänzend *Rengier*, BT I, § 3 Rn. 8, 34). Bei
den §§ 223, 340 I, 26 dürfen wegen § 28 II auf dem Boden der h. M. im Ergebnis
nur die §§ 223, 26 bejaht werden. Das Endergebnis für E lautet also: §§ 339, 26,
28 I, 258 I, 26, 240 I, 26, 223, 26; 52.
   Zu vergleichbaren Fragen des § 28 im Zusammenhang mit den Tötungsdelikten siehe § 5 Rn. 3 ff.

II. Begriff des Amtsträgers

6   Die für den Täterkreis der Amtsdelikte einschlägigen Legalde-
finitionen finden sich in § 11 I Nr. 2–4.

1. § 11 I Nr. 2 a

Mit dem Beamten sind nur Beamte im staatsrechtlichen Sinn
gemeint, d. h. Personen, die vom Staat förmlich in ein Beamten-
verhältnis durch Aushändigung einer Ernennungsurkunde beru-

fen worden sind. Zum Begriff des Richters ist ergänzend § 11 I
Nr. 3 heranzuziehen.

2. § 11 I Nr. 2 b

Das „sonstige öffentlich-rechtliche Amtsverhältnis" setzt ein be-   7
amtenähnliches Dienst- und Treueverhältnis im Bereich der voll-
ziehenden Gewalt voraus. Erfasst sind z.B. die Mitglieder der
Bundesregierung (vgl. § 1 BMinG) und Notare (vgl. § 1 BNotO),
aber nicht Abgeordnete (vgl. Sch/Sch/*Eser*, § 11 Rn. 20; *Lackner/
Kühl*, § 11 Rn. 5; ergänzend Rn. 15). Der Anwendungsbereich dieser Vorschrift ist demnach eher schmal.

3. § 11 I Nr. 2 c

Wenn es sich nicht um Beamte im staatsrechtlichen Sinne han-   8
delt, wird in der Regel zu prüfen sein, ob sich die Amtsträgereigenschaft aus § 11 I Nr. 2 c ergibt.

Zu den **Aufgaben der öffentlichen Verwaltung** gehören alle
Dienstverrichtungen, die aus der Staatsgewalt abgeleitet sind und
staatlichen Interessen dienen (und nicht Gesetzgebung oder Rechtsprechung sind; ergänzend Rn. 15). Der typische Fall ist die Ausübung hoheitlicher Gewalt insbesondere im Bereich der **Ein-
griffsverwaltung.** Erfasst wird aber auch im Bereich der **Leistungsverwaltung** die Ausübung von Diensten der staatlichen
Daseinsvorsorge, die dazu bestimmt sind, unmittelbar für die Da-
seinsvoraussetzungen der Allgemeinheit zu sorgen (zusammenfassend BGHSt 38, 199, 201).

Zu den **sonstigen Stellen** gehören vor allem Körperschaften und   9
Anstalten des öffentlichen Rechts, z.B. öffentliche Sparkassen,
Staats- und Kommunalbanken (BGHSt 31, 264, 269 ff.), ferner
staatliche Prüfungskommissionen.

Außerdem zählen dazu die Stellen, die Aufgaben der öffentlichen
Verwaltung in **privatrechtlichen Organisationsformen** wahrnehmen. Der 1997 eingefügte Zusatz „unbeschadet der zur Aufga-
benerfüllung gewählten Organisationsform" stellt dies unmissver-
ständlich klar. Für die Zuordnung zur öffentlichen Verwaltung, für
die Gleichstellung mit einer Behörde ist entscheidend, dass die pri-
vatrechtliche Organisation wesentlich durch staatliche Instanzen
gesteuert und kontrolliert wird und damit bei der gebotenen Gesamtbetrachtung als „verlängerter Arm" des Staates erscheint. Da-

bei ist zu beachten, dass sich allein aus der Inhaberschaft der öffent-
lichen Hand nicht automatisch die staatliche oder kommunale
Steuerung ergibt (BGHSt 43, 370; 45, 16; 46, 310; 50, 299, 303 ff.;
BGH NJW 2004, 693; 2007, 2932, 2933; NStZ 2007, 211, 212).

9a Was den Bereich der **daseinsvorsorgenden Leistungsverwaltung** betrifft, so lassen sich folgende Kriterien nennen, die der Tendenz nach dafür sprechen, ein privatrechtlich strukturiertes Unternehmen als „sonstige Stelle" einzustufen: Wahrung von Allgemeininteressen (öffentlicher Nah- und Fernverkehr, Wasser- und
Stromversorgung, Unterhaltung von kulturellen Einrichtungen);
fehlende Gewinnorientierung; kein Wettbewerb mit Konkurrenten
(*BGH* NJW 2007, 2932, 2934; 2008, 3724, 3725; *OLG Düsseldorf*
wistra 2008, 33, 34; *Geppert*, JK 00, StGB § 11 I Nr. 2/6; ergänzend
Rn. 13).

Davon zu unterscheiden sind rein **erwerbswirtschaftlich-fiskalische Tätigkeiten,** wie sie insbesondere staatliche Brauereien und Weingüter sowie kommunale Gaststättenbetriebe ausüben. Diese Tätigkeiten sind richtigerweise
nicht von § 11 I Nr. 2 c erfasst (*Geppert*, Jura 1981, 44; *Lackner/Kühl*, § 11
Rn. 9 a; in der Tendenz auch BGHSt 50, 299, 307; *BGH* NJW 2007, 2932,
2934; a. A. *Maurach/Schroeder*, BT 2, § 69 Rn. 16; Sch/Sch/*Eser*, § 11 Rn. 22;
Eisele, BT I, Rn. 1313; ausführlich MüKo/*Radtke*, § 11 Rn. 42 ff.).

10 Die **Bestellung,** die das Gesetz weiter verlangt, liegt im Normalfall in der Aufnahme des Beschäftigungsverhältnisses und der Beauftragung des Beschäftigten mit einer Aufgabe der öffentlichen
Verwaltung. Dabei spielt es keine Rolle, ob das Anstellungsver-
hältnis öffentlich-rechtlicher oder – bei einer gewählten privaten
Organisationsform – privatrechtlicher Natur ist (BGHSt 43, 370,
379 f.; dazu auch *Ransiek*, NStZ 1998, 565).

11 Es ist zu erkennen, dass dem Gesetz, soweit es die Unbe-
achtlichkeit der Organisationsform betont, eine **funktionale** Betrachtungsweise zugrunde liegt (*König*, JR 1997, 398). Daran anknüpfend gibt es Stimmen, die den Gedanken der funktionalen
Betrachtungsweise erweitern und auch die einzelvertragliche (pri-
vatrechtliche) Beauftragung außenstehender Personen mit öffentlichen Aufgaben genügen lassen.

So etwa *Ossenbühl*, JR 1992, 473 ff.; abl. BGHSt 43, 96, 101 ff. m. w. N. –
Vgl. auch den Gesetzestext „in deren Auftrag".

Dem steht die überzeugendere **organisatorische** Betrachtungsweise gegenüber, die für das von § 11 I Nr. 2 c verlangte Erfordernis der **Bestellung** mehr voraussetzt als eine bloße Zulassung, Hin-

zuziehung oder Beauftragung in einzelnen Fällen. Doch bedarf die Bestellung, wie sich schon aus einem Vergleich mit der Nr. 4 ergibt, keines förmlichen Bestellungsaktes; sie kann auch formfrei erfolgen. Danach liegt ein Bestellungsakt öffentlich-rechtlicher Natur auch dann vor, wenn eine Person faktisch mit der Erfüllung öffentlicher Aufgaben beauftragt und deshalb für eine gewisse Dauer so in die öffentliche Verwaltung eingegliedert wird, dass sie als ihr Repräsentant erscheint.

Hierzu BGHSt 42, 230; 43, 96, 101 ff. mit Anm. *Otto,* JR 1998, 73 f.; *BGH* NStZ 2008, 87, 88; *BayObLG* NJW 1996, 268, 270; *Lenckner,* ZStW 1994, 533 f.; *Otto,* Jura 1997, 49; *Ransiek,* NStZ 1997, 523 ff.

Zur Verdeutlichung und Vertiefung die folgenden **12**
Beispiele (vgl. *B. Heinrich,* NStZ 2005, 198 ff.; *Lackner/Kühl,* § 11 Rn. 9 ff.; Sch/Sch/*Eser,* § 11 Rn. 30 f.; MüKo/*Radtke,* § 11 Rn. 41): (1) Amtsträger sind z. B. Angestellte von kommunalen Versorgungs- und Verkehrsunternehmen; Angestellte eines Bauamts oder Arbeitsamts; Angestellte an Universitäten; Ärzte in öffentlichen Krankenanstalten; Angestellte von öffentlichen Sparkassen; die sogenannten Beliehenen im Sinne des Verwaltungsrechts sowie ein Rechtsanwalt als Prüfer im juristischen Staatsexamen (*Lenckner,* ZStW 1994, 523, 534).

(2) Die Angestellten von Unternehmen der daseinsvorsorgenden **13** Leistungsverwaltung (wie Versorgungs- und Verkehrsunternehmen) sind auch dann Amtsträger, wenn das Unternehmen etwa in der Form einer GmbH oder AG geführt, aber z. B. von einer Kommune gesteuert und kontrolliert wird, wie es namentlich bei vielen Stadtwerken der Fall ist (*BGH* NStZ 2006, 628, 629 f.). Amtsträger ist ferner der Geschäftsführer einer kommunalen Energieversorgungs-GmbH (*BGH* NJW 2004, 693 mit Anm. *Dölling,* JZ 2005, 30) genauso wie der Geschäftsführer einer landeseigenen GmbH, die auf dem Gebiet des sozialen Wohnungsbaus tätig ist (überholt BGHSt 38, 199). Die staatliche oder kommunale Steuerung fehlt aber, wenn ein Privater an einer Abfallverwertungsgesellschaft in einem Umfang beteiligt ist, dass er durch eine Sperrminorität wesentliche unternehmerische Entscheidungen mitbestimmen kann (BGHSt 50, 299; zust. *Saliger,* NJW 2006, 3379 f.; abl. *Radtke,* NStZ 2007, 57 ff.).

Auch ein Angestellter der **Frankfurter Flughafen AG** (FAG), deren Anteile das Land Hessen, der Bund und die Stadt Frankfurt besitzen, gehört nicht zu den Amtsträgern. Denn bei der FAG handelt es sich zum einen nicht nur um ein marktwirtschaftlich auf Gewinnerzielung ausgerichtetes Unternehmen, zum anderen ist auch der faktische Einfluss der öffentlichen Hand auf die Gesellschaft nicht wesentlich größer als bei Flughafenbetrieben in ausschließlich privater Trägerschaft (näher BGHSt 45, 16, 19ff. mit zust. Anm. *Geppert,* JK 00, StGB § 11 I Nr. 2/6). Mitarbeiter der Deutschen Bahn AG haben keinen Amtsträgerstatus (BGHSt 49, 214ff.; a.A. MüKo/*Radtke,* § 11 Rn. 41), ebenso wenig solche der Deutschen Post AG.

14   (3) Nach der organisatorischen Betrachtungsweise (Rn. 11) *keine* Amtsträger sind die **freiberuflichen Mitarbeiter** privater Ingenieur- und Planungsbüros, die von staatlichen Stellen auf Grund eines privatrechtlichen Vertrages mit der Wahrnehmung von Aufgaben der öffentlichen (insbesondere Bau-)Verwaltung betraut werden (BGHSt 43, 96, 101ff. m.w.N. pro und contra). In gleicher Weise müssen eingeschaltete **Architekten** und **Sachverständige** (z.B. freiberuflich tätige Ärzte) behandelt werden. Will man in solchen Fällen die §§ 331ff. angewendet wissen, so muss der Weg über § 11 I Nr. 4 (Rn. 19) gegangen werden. Im Übrigen kann § 299 eingreifen (dazu *Schramm,* JuS 1999, 338f.).

Allerdings können die erwähnten außenstehenden Privatpersonen, da der erforderliche öffentlich-rechtliche Bestellungsakt formfrei möglich ist (Rn. 11), zu Amtsträgern werden, wenn sie „zu einer über den einzelnen Auftrag hinausgehenden längerfristigen Tätigkeit" herangezogen werden oder eine „Eingliederung in die Behördenstruktur" erfolgt (so BGHSt 43, 96, 105; *BGH* NJW 1998, 2373; abweichend *Schramm,* JuS 1999, 333ff.). Auf dieser Basis stuft *BGH* NJW 1998, 2373 einen freiberuflichen Bauingenieur als Amtsträger ein, der auf Grund eines Rahmenvertrages sämtliche Bauangelegenheiten eines städtischen Krankenhauses betreut. Unklar bleibt hier freilich, wann genau und durch was der Ingenieur zum Amtsträger wird (*Ransiek,* NStZ 1998, 564f.).

15   (4) **Abgeordnete,** die der gesetzgebenden Gewalt angehören, sind keine Amtsträger (vgl. insoweit § 108e), nach h.M. auch dann nicht, wenn sie z.B. als Landtagspräsident Verwaltungsaufgaben wahrnehmen (insoweit a.A. SK/*Rudolphi,* § 11 Rn. 21; MüKo/ *Radtke,* § 11 Rn. 48).

16   (5) Inwieweit **kommunale Mandatsträger** wie Gemeinde- und Stadträte Amtsträger sind, ist umstritten. Auf jeden Fall zu weit geht es, die Eigenschaft generell zu bejahen (entgegen *LG Krefeld* NJW 1994, 2036; *LG Köln* NStZ-RR 2003, 364). Eine differenzierende Position verneint die Amtsträgerstellung mit Blick auf § 108e, soweit es um die „legislative" Satzungstätigkeit geht, und

bejaht sie, soweit die Ratsmitglieder Aufgaben der Exekutive wahrnehmen (*Lackner/Kühl*, § 11 Rn. 11; SK/*Rudolphi*, § 11 Rn. 21;
Sch/Sch/*Eser*, § 11 Rn. 23). Der *BGH* (BGHSt 51, 44; *BGH* wistra
2006, 419) widerspricht allen Ansichten und verneint die Amtsträgereigenschaft für die gesamte Tätigkeit des Ratsmitglieds als
Volksvertreter: Zwar nehme der kommunale Mandatsträger überwiegend Aufgaben der öffentlichen Verwaltung wahr, handle aber
weder „im Auftrag" einer Behörde noch sei er „bei einer Behörde"
bestellt; vielmehr werde er in freier Ausübung seines durch Wahl
erworbenen Mandats tätig. Außerdem stelle § 108e in Übereinstimmung mit dem historischen Willen des Gesetzgebers eine Son-
dervorschrift dar, die Vorteilszuwendungen im Zusammenhang
mit Wahlen und Abstimmungen in den Volksvertretungen der
Gemeinden abschließend regele. Eine Amtsträgerstellung und damit eine Strafbarkeit gemäß den §§ 331 ff. kommt nach der Ansicht
des *BGH* lediglich für den Fall in Betracht, dass das Ratsmitglied
mit konkreten Verwaltungsfunktionen auf Gemeindeebene betraut
wird.

Zustimmend *Feinendegen*, NJW 2006, 2014f.; LK/*Hilgendorf*, 12. Aufl.,
§ 11 Rn. 48. – Widerspruch bei *Eisele*, BT I, Rn. 1310 (im Sinne der differenzierenden Ansicht) und *Niehaus*, ZIS 2008, 49ff. (im Sinne der generellen Einbeziehung).

(6) Nicht zu den Amtsträgern gehören **Träger eines kirch-** 17
lichen Amts (BGHSt 37, 191; *OLG Düsseldorf* NJW 2001, 85).

(7) Weiter scheiden untergeordnete und mechanische (Hilfs-)- 18
Tätigkeiten etwa als **Chauffeur, Schreib- oder Reinigungskraft**
aus (*Fischer*, § 11 Rn. 23b).

4. § 11 I Nr. 4

Bestimmte Amtsdelikte zählen neben dem Amtsträger auch 19
den „für den öffentlichen Dienst besonders Verpflichteten" zum
Täterkreis (z.B. §§ 133 III, 203 II Nr. 2, 331, 332). Es handelt
sich dabei um Nicht-Amtsträger (z.B. Bote, Schreibkraft, beauftragter Freiberufler), die eine bestimmte Tätigkeit ausüben
und im Einzelfall nach dem Verpflichtungsgesetz förmlich verpflichtet worden sind (Anhang 19 in *Tröndle/Fischer*, StGB, bis
54. Aufl.).

Empfehlungen zur vertiefenden Lektüre:

Rechtsprechung: BGHSt 42, 230 (zur Amtsträgereigenschaft eines vereidigten Dolmetschers); BGHSt 43, 96, 101 ff. und *BGH* NJW 1998, 2373 (zur Amtsträgereigenschaft von eingeschalteten freiberuflichen Prüf- und Planungsingenieuren); BGHSt 51, 44 (keine Amtsträgereigenschaft kommunaler Mandatsträger).

Literatur: *Ransiek,* Zur Amtsträgereigenschaft nach § 11 I Nr. 2 c StGB, NStZ 1997, 519 ff.

§ 60. Bestechungsdelikte (§§ 331–336)

Fall 1: Der Angeklagte T bietet dem Richter R an, für ein „mildes Urteil" 10.000 € an die Verlobte V des R zu zahlen. R lehnt ab. → Rn. 12, 24, 33, 35

Fall 2: Unternehmer U und Behördenleiter B verabreden, dass B für nicht erbrachte Leistungen des U Auszahlungen an diesen anordnet, von denen B die Hälfte erhält. So geschieht es auch (*BGH* NStZ 1987, 326; ähnlich *BGH* NStZ 1994, 191). → Rn. 17

Fall 3: a) Amtsträger A hat dem E in korrekter Weise eine Baugenehmigung erteilt. F, die Ehefrau des E, fordert mit Erfolg ihren Mann auf, dem A für seine Bemühungen 1.000 € anzubieten. Schließlich nimmt A das Geld nach mehrfachem gutem Zureden durch E und F an. b) *1. Variante:* L, die Lebensgefährtin des A, fordert den A auf, von E für die „Arbeit" 1.000 € zu verlangen. E erfüllt den geäußerten Wunsch des A. c) *2. Variante:* Die Erteilung der Baugenehmigung war, wie alle wissen, rechtswidrig. → Rn. 44

I. Grundlagen

1   Die §§ 331 ff. haben durch das Gesetz zur Bekämpfung der Korruption vom 13. 8. 1997 (BGBl. I S. 2038) ein verändertes Gesicht erhalten. Die wichtigsten Neuerungen sind
– die Lockerung des Merkmals der Unrechtsvereinbarung auf der Ebene der §§ 331 I, 333 I, wo als Bezugspunkt nicht mehr unbedingt eine (hinreichend) bestimmte Diensthandlung vorausgesetzt wird, sondern die allgemeine Dienstausübung genügt,
– die eindeutige Einbeziehung von Drittzuwendungen,
– die zum Tatbestand des § 331 spiegelbildliche Ausgestaltung des § 333 und

– eine Strafzumessungsvorschrift in der Form der Regelbeispielstechnik (§ 335).

Täter der §§ 331, 332 ist der Amtsträger (usw.) als Vorteils- **2**
nehmer, weshalb von „passiver" Bestechung gesprochen wird.
Demgegenüber erfassen die §§ 333, 334 den Vorteils*geber*, regeln
also die Fälle der „aktiven" Bestechung. Die §§ 331, 332 sind echte
Amtsdelikte (§ 59 Rn. 2). Dagegen handelt es sich bei den §§ 333,
334 um Allgemeindelikte, die Teilnahmehandlungen in tatbestandlich selbstständiger Form als täterschaftliches Handeln bestrafen.

Auf der *Nehmer*seite stellt § 331 I das Grunddelikt dar, das die **3**
gesamte Dienstausübung erfasst. § 332 I qualifiziert die Tat, soweit
es um eine konkrete pflichtwidrige Diensthandlung geht. Entsprechendes gilt auf der *Geber*seite für das Verhältnis von § 333 I
(Grunddelikt) und § 334 I (Qualifikation). Dabei korrespondieren
die Tathandlungen der §§ 331 I, 333 I und 332 I, 334 I jeweils
spiegelbildlich miteinander.

Die in entsprechender Weise ausgestalteten Richtertatbestän- **4**
de verlangen bestimmte Diensthandlungen, wobei die §§ 331 II,
333 II im Falle von pflichtwidrigen Handlungen durch die
§§ 332 II, 334 II qualifiziert werden. Ist nur die dienstliche Tätigkeit im Allgemeinen betroffen, so gelten auch für die Richter als
Amtsträger (§ 11 I Nr. 2 a) die §§ 331 I, 333 I.

In der **Fallbearbeitung** lassen sich strukturelle Mängel vermei- **5**
den, wenn man die folgenden Punkte beachtet:
Erstens: Zunächst folgt aus dem Teilnahmecharakter der §§ 333,
334, dass man grundsätzlich mit den §§ 331, 332 beginnen sollte.
Die gesetzliche Reihenfolge bietet sich zugleich als maßgebliche
Orientierungslinie für den Aufbau an; dementsprechend wird im
Normalfall die Prüfung von § 331 (Grunddelikt) und § 332 (Qualifikation) der Prüfung von § 333 (Grunddelikt) und § 334 (Qualifikation) vorangehen.

Zweitens: Ferner enthalten die §§ 331–334 im objektiven Tatbe- **6**
stand die gleichen vier Bausteine: (1) Amtsträgereigenschaft bzw.
die Eigenschaft als besonders Verpflichteter, Richter oder Schiedsrichter (dazu § 59 Rn. 6 ff.); (2) Fordern usw. beziehungsweise
Anbieten usw. eines Vorteils (Rn. 8 ff.); (3) Diensthandlung bzw.
richterliche Handlung, wobei die §§ 331 I, 333 I zusätzlich die bloße Dienstausübung erfassen (Rn. 15 ff.); (4) Unrechtsvereinbarung
(Rn. 22 ff.).

7   *Drittens:* Schließlich begreift man das Gesetz und den Anwendungsbereich der §§ 331 ff. nur richtig, wenn über das **Rechtsgut**
Klarheit besteht. Dieses liegt nach der zutreffenden h. M. in dem
Vertrauen der Allgemeinheit in die Integrität und Unbestechlich-
keit von Trägern staatlicher Funktionen und damit zugleich in die
Sachlichkeit staatlichen Handelns. Dieses Vertrauen wird schon
durch den „bösen" Anschein der Käuflichkeit der Dienstausübung
erschüttert.

Hierzu BGHSt 15, 88, 96 f.; 47, 295, 309; *BGH* wistra 1994, 104; NJW 2004,
693, 695; *OLG Frankfurt* NStZ 1989, 76; *Geppert,* Jura 1981, 46; *Lackner/
Kühl,* § 331 Rn. 1; enger *Dölling,* JuS 1981, 572 ff.; zur Diskussion NK/
Kuhlen, § 331 Rn. 9 ff.

II. Begriff des Vorteils

1. Grundlagen

8   Unter einem Vorteil im Sinne der §§ 331 ff. ist jede Leistung
materieller *oder* immaterieller Art zu verstehen, auf die der Amtsträger oder Dritte keinen Anspruch hat und die seine wirtschaftliche, rechtliche oder auch nur persönliche Lage objektiv messbar
verbessert (BGHSt 33, 336, 339; 35, 128, 133; *BGH* NJW 2008,
3580, 3581). Dabei genügt es, dass der Vorteil dem Begünstigten lediglich mittelbar zugute kommt. Indes hat die Frage nach einem
etwaigen „mittelbaren" Vorteil seit der Einbeziehung von Drittvorteilen erheblich an Bedeutung verloren (näher unten Rn. 12).

9   **Beispiele:** (1) Zu den **materiellen** (wirtschaftlichen) Vorteilen
zählen Geld- und Sachzuwendungen jeder Art, Eintrittskarten für
entgeltpflichtige Veranstaltungen, die Finanzierung von Reisen,
Barbesuchen und Übernachtungen, Bewirtungen in Restaurants
sowie die Stundung einer fälligen Geldforderung. Ein solcher Vorteil kann ferner im Abschluss eines entgeltlichen Vertrages liegen,
auf den der Amtsträger keinen Rechtsanspruch hat, auch wenn er
sich zu Gegenleistungen verpflichtet, die in einem angemessenen
Verhältnis zu der Bezahlung stehen (BGHSt 31, 264, 279 f.; *BGH*
NStZ 2008, 216, 217; *OLG Hamburg* StV 2001, 284 f.; NK/
Kuhlen, § 331 Rn. 47 ff.; a. A. *Zieschang,* StV 2001, 291). In ähnlicher Weise stellt die Vereinbarung eines Rabatts auch dann einen
materiellen Vorteil dar, wenn die Gesamtleistung für den Amtsträger trotz des Rabatts tatsächlich nicht wirtschaftlich vorteilhaft
ist (*BGH* NJW 2001, 2558 mit abl. Anm. *Kudlich,* JR 2001, 516).

Bei allem spielen Wert und Höhe des Vorteils grundsätzlich keine Rolle (siehe aber Rn. 13 f.). Der Vorteil kann auch aus einer Straftat (z. B. Betrug) stammen, an der sich der Amtsträger beteiligt hat; die §§ 331 ff. entfallen nur, wenn sich der Amtsträger den Vorteil unmittelbar selbst verschafft oder verschaffen soll (BGHSt 20, 1; *BGH* NStZ 1987, 326; wistra 1990, 306).

(2) Zu den **immateriellen** Vorteilen zählt die Rechtsprechung 10 namentlich die Gewährung des Geschlechtsverkehrs oder anderer sexueller Leistungen (*BGH* NJW 1989, 914, 915; StV 1994, 527; *OLG Hamm* NStZ 2002, 38, 39). Der Vorteilsbegriff darf aber nicht zu weit ausgelegt werden. Daher reicht eine einmalige flüchtige Zärtlichkeit mit Umarmung und Kuss nicht aus (*BGH* MDR 1960, 63 f.). Doch soll nach älteren Äußerungen in der Rechtsprechung – zu weitgehend – die Befriedigung des Ehrgeizes und der Eitelkeit des Amtsträgers genügen (BGHSt 14, 124, 128; *OLG Zweibrücken* JR 1982, 381, 383). Ein Entscheidungsmaßstab lässt sich nur gewinnen, wenn man verlangt, dass der immaterielle Vorteil einen objektiv messbaren Inhalt aufweisen und den Amtsträger oder Dritten in irgendeiner Weise tatsächlich besser stellen muss (zutreffend BGHSt 47, 295, 304 f.; BGH NStZ 1985, 497, 499; *OLG Karlsruhe* NJW 2001, 907; Sch/Sch/*Heine*, § 331 Rn. 19; SK/*Rudolphi/Stein*, § 331 Rn. 21; NK/*Kuhlen*, § 331 Rn. 38 ff.).

(3) Ein Vorteil kann ferner in der *Abwendung* von drohenden materiellen 11 oder immateriellen Nachteilen liegen, beispielsweise in der Abwendung einer Kündigung oder von Offenbarungen, die Karrierechancen zerstören (*BGH* NStZ 1985, 497, 499 mit kritischer Anm. *Marcelli*). In ähnlicher Weise handelt auch beim Mordmerkmal der Habgier derjenige Täter wegen eines (Vermögens-)Vorteils, der finanzielle Belastungen vermeiden will (§ 4 Rn. 13).

(4) Soweit Zuwendungen **einem Dritten** zugute kommen (sol- 12 len), kommt es nach der ausdrücklichen Einbeziehung von Drittvorteilen nicht mehr darauf an, ob dem Amtsträger aus der Zuwendung an den Dritten ein eigener (mittelbarer) materieller oder immaterieller Vorteil erwächst. Es genügt, dass der Drittvorteil Gegenstand einer Unrechtsvereinbarung ist. Unter dieser Voraussetzung sind z. B. Zahlungen an Sportvereine oder Parteien unproblematische Anwendungsfälle. Früher vorhandene Tendenzen, Drittzuwendungen in eigene Vorteile umzudeuten (vgl. BGHSt 14, 123, 128; 15, 286; *BGH* NJW 1959, 345, 346 f.; *Rudolphi*, NJW 1982, 1418 f.), sind damit überholt.

Im **Fall 1** erfüllt T wegen des angebotenen Drittvorteils § 333 II und § 334 II Nr. 2, III Nr. 2 (ergänzend Rn. 24, 33 ff.). Vor der Reform von 1997 hätte die h. M., die Drittzuwendungen ausschloss, überlegen müssen, ob R im Falle der Zahlung an V mittelbare Vorteile erlangt hätte.

12a   Eine umfangreiche Diskussion hat der – wohl kaum klausurrelevante – Bereich der **Drittmittelforschung** hervorgerufen. Mit den §§ 331 ff. in Konflikt geraten können hier vor allem an Universitätskliniken tätige Ärzte, die bestimmte Medizinprodukte bestellen (lassen) und dafür von den Herstellern teilweise umsatzabhängige Zuwendungen für die Forschung erhalten. Für die Praxis klärend – und mit viel Zustimmung in der Tendenz – hat BGHSt 47, 295 eine teleologische Reduktion des Tatbestandes der Vorteilsannahme für diejenigen Fälle vorgeschlagen,

> „in denen es die hochschulrechtlich verankerte Dienstaufgabe des Amtsträgers ist, sog. Drittmittel für Lehre und Forschung – und damit zugleich auch Vorteile im Sinne des Tatbestands – einzuwerben. Dem Schutzgut des § 331 Abs. 1 StGB (Vertrauen in die Sachgerechtigkeit und ‚Nicht-Käuflichkeit‘ der Entscheidung) wird auf diesem Felde schon dadurch angemessen Rechnung getragen, dass das im Hochschulrecht vorgeschriebene Verfahren für die Mitteleinwerbung (Anzeige und Genehmigung) eingehalten wird" (BGHSt 47, 295 f.). – Ergänzend BGHSt 48, 44. Zu diesen Entscheidungen *Kindhäuser/ Goy,* NStZ 2003, 291 ff.; *Ambos,* JZ 2003, 345 ff.; *Rönnau,* JuS 2003, 232 ff.; *Kuhlen,* JR 2003, 231 ff.; *Korte,* NStZ 2003, 157 f.; *Tholl,* wistra 2003, 181 f.; *Otto,* JK 3/03, StGB § 331/7; *Bernsmann,* StV 2003, 521 f. – Rechtsprechungsüberblick bei *B. Heinrich,* NStZ 2005, 256 ff.

2. Sozialadäquate Vorteilszuwendungen

13   Im Ergebnis besteht Einigkeit darüber, dass bestimmte sozialadäquate Vorteilszuwendungen nicht tatbestandsmäßig sind, weil sie das Rechtsgut (Rn. 7) nicht berühren. Es handelt sich um relativ geringwertige Zuwendungen/Aufmerksamkeiten, die nach der Verkehrssitte oder den Regeln der Höflichkeit gewährt sowie allgemein gebilligt werden und deshalb nicht geeignet sind, den Anschein der Käuflichkeit von Diensthandlungen zu erzeugen.

Beispiele: Genannt werden übliche Neujahrsgeschenke und kleinere Werbegeschenke wie Kugelschreiber, Notizbücher und Taschenrechner. Ferner kommen im Einzelfall die Gewährung von Unterkunft in einem Gästehaus, die Bezahlung von gemeinsam konsumierten Getränken sowie Einladungen in die Werkskantine oder zu Arbeitsessen in Restaurants im Rahmen des Üblichen und gleichwertiger Gegeneinladungen in Betracht. Das schlichte „Dankeschön" z. B. für eine Rettungstat in Form von einer Flasche Wein gehört ebenfalls hierher. – Zum Ganzen vgl. BGHSt 15, 239, 251 f.; 31, 264, 279; *BGH* wistra 2002, 426, 427; NStZ 2005, 334, 335; SK/*Rudolphi/Stein*, § 331 Rn. 23; Sch/Sch/ *Heine*, § 331 Rn. 29 a; *Fischer*, § 331 Rn. 25 ff.

In der Begründung verneinen viele das Vorliegen einer Un- **14** rechtsvereinbarung (Rn. 22 ff.; vgl. BGHSt 15, 239, 251 f.; *Lackner/ Kühl*, § 331 Rn. 10, 14), andere schon den Vorteil (SK/*Rudolphi/ Stein*, § 331 Rn. 23). Der übergreifende Aspekt für die Straflosig- keit folgt aus der Lehre von der objektiven Zurechnung, wonach tatbestandsmäßiges Handeln die Schaffung eines rechtlich missbil- ligten Risikos für das geschützte Rechtsgut voraussetzt (*Roxin*, AT I, § 11 Rn. 44 ff.).

Welchen **Wert** die „übliche" Zuwendung haben darf, hängt vom **14a** Einzelfall ab. Aus der Genehmigungsmöglichkeit (§§ 331 III, 333 III) kann man ableiten, dass der Rahmen verhältnismäßig eng gesteckt ist. Jedenfalls wird bei Zuwendungen im Wert von über 50 € eine in der Regel nicht mehr akzeptable Größenordnung er- reicht (*OLG Hamburg* StV 2001, 277, 282).

III. Begriffe der Diensthandlung und Dienstausübung

Auch nach der Reform von 1997 behält der Begriff der Dienst- **15** handlung (bzw. richterlichen Handlung) seine zentrale Bedeutung. So erfassen die auf die „Dienstausübung" erweiterten §§ 331 I, 333 I natürlich nach wie vor alle Diensthandlungen. Unverändert auf Dienst- bzw. richterliche Handlungen beschränkt bleibt der Anwendungsbereich der §§ 331 II, 332, 333 II, 334. Eine Dienst- *handlung* muss als Bezugspunkt der Unrechtsvereinbarung stets *bestimmt* sein; ist dies nicht der Fall, kommt als Bezugspunkt nur die bloße Dienst*ausübung* in Betracht (dazu noch Rn. 28 ff.).

1. Diensthandlung

Eine Diensthandlung – die auch im Unterlassen einer bestimm- **16** ten Handlung bestehen kann (§ 336) – liegt unzweifelhaft dann vor, wenn die Handlung zu den dienstlichen Obliegenheiten des Amtsträgers gehört und von ihm in dienstlicher Eigenschaft vor- genommen wird (BGHSt 31, 264, 280). Dabei kommt es auf die konkrete Zuständigkeit nach der Geschäftsverteilung nicht an (BGHSt 16, 37, 38).

Beispiele: Bearbeitung von Anträgen; Erteilung von Genehmigungen; Bewilligung von Geldern; Bewachung von Gefangenen; schulische Tätigkeit des Lehrers. Zu § 336: Unterlassen (der Weiterleitung) einer Strafanzeige; Missachtung von Meldepflichten (*BGH* NStZ 1998, 194).

17   Wie die §§ 332, 334 – die pflichtwidrige Diensthandlungen einbeziehen – zeigen, schließen dabei bewusste Verstöße gegen Dienstpflichten eine Diensthandlung nicht aus. Nach der zutreffenden h. M. handelt der Amtsträger auch dann in dienstlicher (und nicht in privater) Eigenschaft, wenn er „seine amtliche Stellung dazu missbraucht, eine durch die Dienstvorschriften verbotene Handlung vorzunehmen, die ihm gerade seine amtliche Stellung ermöglicht" (*BGH* NStZ 1987, 326, 327 mit zust. Anm. *Letzgus,* NStZ 1987, 309 ff.; *KG* NJW 1998, 1877, 1878). Freilich muss zwischen dem übertragenen amtlichen Aufgabenkreis des Bediensteten und der fraglichen Handlung zumindest ein funktionaler Zusammenhang bestehen (NK/*Kuhlen,* § 331 Rn. 59 ff.; Sch/Sch/*Heine,* § 331 Rn. 9).

Beispiele (für pflichtwidrige Diensthandlungen): Die nach § 203 II StGB strafbare Verletzung der Schweigepflicht; die verbotswidrige Abgabe von alkoholischen Getränken in einer staatlichen Entziehungsanstalt durch einen Krankenpfleger (*BGH* NJW 1983, 462; h. M.; a. A. *Amelung/Weidemann,* JuS 1984, 596 f.); die nach § 120 II strafbare Gefangenenfreilassung durch einen Aufsichtsbeamten (Falllösung bei *Miehe,* JuS 1996, 1001 f.); Unterlassen einer dienstlich gebotenen Anzeige (*BGH* NStZ 2004, 565, 566).

Auch im **Fall 2** liegt eine pflichtwidrige Diensthandlung vor. Deshalb erfüllt B § 332 I und U § 334 I, wobei B in Tateinheit mit § 266 I 2. Var. und U mit §§ 266 I 2. Var., 27, 28 I handelt (vgl. *Rengier,* BT I, § 18 Rn. 9 ff., 24).

18   Von den Diensthandlungen muss man die **Privathandlungen** unterscheiden, deren privater Charakter nicht dadurch entfällt, dass sie bei Gelegenheit einer Diensthandlung, während der Dienstzeit, in den Diensträumen oder mit Hilfe dienstlich erworbener Kenntnisse ausgeübt werden. Privattätigkeiten sind dadurch gekennzeichnet, dass sie mit dem Aufgabenbereich des Amtsträgers in keinerlei Beziehung stehen, oder dass der Amtsträger sie möglicherweise zwar gelegentlich der dienstlichen Tätigkeit, aber gleichwohl als Privatperson vornimmt (dazu *Lackner/Kühl,* § 331 Rn. 9; NK/*Kuhlen,* § 331 Rn. 63 ff.; Sch/Sch/*Heine,* § 331 Rn. 10).

Beispiele: Nachhilfestunden des Lehrers; Erteilung sonstigen Privatunterrichts selbst während der Dienststunden (*BGH* GA 1966, 377); Recherchen eines Kriminalbeamten für einen privaten Auftraggeber; Falschaussage eines

Polizeibeamten über Wahrnehmungen im außerdienstlichen Bereich (*OLG Köln* NJW 2000, 3727); Erstellung von Privatgutachten; Beratungstätigkeit, soweit der Amtsträger mit der Angelegenheit nicht dienstlich befasst ist (BGHSt 31, 264, 280 f.); Übernahme von bauplanerischen Arbeiten durch Bedienstete von Baubehörden, es sei denn, der Amtsträger hat mit dem Fall – ggf. in der Zukunft – auch dienstlich zu tun und schließt diesbezüglich eine Unrechtsvereinbarung (vgl. BGHSt 11, 125; 18, 267; *BGH* wistra 2001, 388, 389).

Beachte: Auch wenn demnach eine private entgeltliche Nebentätigkeit eines Amtsträgers keine Diensthandlung darstellt, kann der gewährte Vorteil Gegenstand einer Unrechtsvereinbarung gemäß den §§ 331 I, 333 I sein, wenn er im Sinne „allgemeiner Klimapflege" mit der Dienstausübung verknüpft wird (*BGH* NStZ 2008, 216, 217; ergänzend unten Rn. 31).

2. Dienstausübung

Mit der Dienstausübung ist die dienstliche Tätigkeit im allge- **19** meinen gemeint, ohne dass es auf eine – noch nicht einmal in groben Umrissen – konkretisierte Diensthandlung ankommt. Hier spielen insbesondere die Fälle des „Anfütterns" und der „Klimapflege" eine Rolle (dazu noch Rn. 29 ff.).

Dass die §§ 331 I, 333 I auf die übliche Formel „vorgenommen **20** hat oder künftig vornehme" (siehe §§ 331 II, 332 I, II, 333 II, 334 I) verzichten, hat im Wesentlichen redaktionelle Bedeutung. Denn das Merkmal „Dienstausübung" ist so weit, dass es die vergangene und künftige Amtstätigkeit gleichermaßen erfasst (*Korte,* NStZ 1997, 514).

3. Die vorgetäuschte Diensthandlung

Beispiel (BGHSt 29, 300): Ein Staatsanwalt verlangt und erhält 300 €, indem **21** er seinem Opfer vorspiegelt, er habe in pflichtwidriger Weise dafür gesorgt, dass es den beschlagnahmten Führerschein wiederbekomme (zu diesem Fall und zu dessen Betrugsseite schon *Rengier,* BT I, § 13 Rn. 62).

Nach Ansicht des *BGH* greift im Falle einer vorgetäuschten, in der *Vergangenheit* liegenden (pflichtwidrigen) Diensthandlung § 332 nicht ein (anders bei in der *Zukunft* liegenden Handlungen, bei denen es auch nach der Rechtsprechung auf den Realisierungswillen nicht ankommt). BGHSt 29, 300 beruft sich insbesondere auf den Wortlaut („vorgenommen hat"; „Dienstpflichten verletzt hat"). Dagegen wird zu Recht eingewendet, dass sich der Tatbestand zwanglos als eine im Indikativ ausgedrückte Beschreibung

der Unrechtsvereinbarung verstehen lässt, für die das tatsächliche
Vorliegen der Diensthandlung unerheblich ist.

Dieser Wortlautinterpretation gebührt aus folgenden Gründen der Vorzug: Erstens wird auch bei einer vorgetäuschten Diensthandlung das Rechtsgut (Rn. 7) berührt, und zweitens muss die Vorspiegelung vergangener und
künftiger Diensthandlungen gleichbehandelt werden (übereinstimmend etwa
Lackner/Kühl, § 331 Rn. 11; NK/*Kuhlen*, § 331 Rn. 31 f.; a. A. *Dölling*, JuS
1981, 572 ff.; *Arzt/Weber*, BT, § 49 Rn. 30). Drittens ist auf der dem § 332 vorge-
lagerten Ebene des § 331 I nach dessen Neufassung die Einbeziehung der Täu-
schungsfälle unproblematisch, so dass auch von daher das Wortlautargument
des *BGH* an Überzeugungskraft verliert. Die differenzierende Lösung, nur im
Rahmen des § 331 I die vorgetäuschte zurückliegende Diensthandlung zu erfassen (*Küper*, BT, S. 435, 437 f.), befriedigt nicht.

IV. Die Unrechtsvereinbarung

1. Wesen

22   Das Tatbestandserfordernis der Unrechtsvereinbarung macht
das Wesen der Bestechungsdelikte aus und bedarf auch deshalb
besonderer Beachtung, weil es im Gesetz nur undeutlich, doch in
immerhin erkennbarer Weise, zum Ausdruck kommt („für" die
Dienstausübung ...; „als Gegenleistung dafür ..."). Der Bestoche-
ne muss zur Zeit der Tat, d. h. der Unrechtsvereinbarung, noch
Amtsträger sein (*BGH* NStZ 2004, 564).

23   Zwischen der Tatbestandshandlung – Fordern (usw.) eines Vorteils bei den §§ 331, 332 bzw. Anbieten (usw.) eines Vorteils bei
den §§ 333, 334 – und der Amtshandlung muss ein Beziehungs-
verhältnis (oder: Äquivalenzverhältnis) bestehen dergestalt, dass
der Vorteil dem Amtsträger als Gegenleistung für die Dienstausübung bzw. für eine Diensthandlung oder richterliche Handlung
zufließen soll. Präzise hat – mit Blick auf die Diensthandlung –
BGHSt 39, 45, 46 die maßgeblichen Grundsätze zusammengefasst:

„Kern des in den Bestechungstatbeständen umschriebenen Schuldvorwurfs
ist die – ausdrücklich oder konkludent getroffene – Unrechtsvereinbarung, in
der Amtsträger und Vorteilsgeber sich über die Gewährung eines Vorteils an
den Empfänger als Gegenleistung für eine von ihm vorzunehmende oder vorgenommene Diensthandlung einig werden. Es genügt also ... nicht schon die
Feststellung der Annahme eines Vorteils durch den Amtsträger, und zwar auch
dann nicht, wenn die Zuwendung mit Rücksicht auf seine Dienststellung oder
aus Anlaß oder bei Gelegenheit einer Amtshandlung erfolgt. "

Kürzer: Ein Unrechtsvereinbarung liegt vor, „wenn eine beiden Seiten bewusste Verknüpfung zwischen der Diensthandlung und dem Vorteil besteht, mithin der Vorteil für die Diensthandlung erbracht wird" (*BGH* NStZ-RR 2008, 13, 14; ergänzend *BGH* NJW 2005, 3011, 3012).

Auf die Dienstausübung der §§ 331 I, 333 I bezogen bedeutet **23a** dies: Ziel der Vorteilszuwendung muss es sein, auf die künftige Dienstausübung Einfluss zu nehmen und/oder die vergangene Dienstausübung zu honorieren, der Vorteil muss also in diesem Sinne Gegenleistungscharakter haben. Ob eine derartige Unrechtsvereinbarung vorliegt, ist im Wege einer Gesamtschau zu prüfen. In die Würdigung fließen insbesondere die dienstlichen Berührungspunkte zwischen den Beteiligten, die Vorgehensweise (Heimlichkeit oder Transparenz) sowie die Art, der Wert und die Zahl der Vorteile ein (*BGH* NJW 2008, 3580, 3583).

Bei den „einseitigen" Tathandlungen des Forderns bzw. des **24** Anbietens bedarf das Merkmal der Unrechtsvereinbarung der folgenden Modifikation: Hier reicht – wie im **Fall 1** – für die Tatvollendung (!) eine einseitige Willenserklärung aus, die auf den Abschluss einer „zweiseitigen" Unrechtsvereinbarung gerichtet ist und dem anderen zur Kenntnis gebracht wird. Kurz: Es genügt die Kenntnisnahme des Angebots zur Unrechtsvereinbarung. Ob der andere den Sinn des tatbestandlichen Forderns/Anbietens wirklich versteht, spielt keine Rolle; der Täter muss nur den entsprechenden Vorsatz haben (*BGH* NStZ 2006, 628, 629).

Beim Fordern/Anbieten wird also die Unrechtsvereinbarung angestrebt, **25** beim Versprechen(lassen) wird sie geschlossen und beim Annehmen/Gewähren realisiert. In allen drei Fällen ist die Tat vollendet.

Den **Versuch** bestrafen nur § 331 II 2, § 332 I 3, § 332 II 1 (Ver- **26** brechen) und § 334 II 2. Die Bedeutung dieser Versuchsfälle ist freilich gering, weil mit dem Fordern/Anbieten und der ergänzenden Norm des § 334 III die Tatvollendung früh einsetzt.

Beispiel: Ein bloß versuchtes Fordern im Sinne des § 332 I 1, 3 liegt solange vor, bis der abgesandte einschlägige Brief dem Adressaten zugeht.

Unrechtsvereinbarungen können auch unter **Amtsträgern** ge- **27** schlossen werden (*OLG Frankfurt* NJW 1989, 847, 848; *OLG Hamm* NStZ 2002, 38).

Beispiele: Ein Amtsträger A fordert von seinem Kollegen K ein Schweigegeld dafür, dass er (A) entgegen seiner Dienstpflicht eine schwere dienstliche

Verfehlung des K nicht anzeigt. Ein Dienstvorgesetzter verlangt von einer Untergebenen sexuelle Kontakte, um ihr berufliches Fortkommen zu fördern.

Die Beispiele zeigen zugleich, dass die (angestrebte) Unrechtsvereinbarung nicht unbedingt freiwilliges Handeln voraussetzt, sondern auch *erzwungen* sein kann (BGHSt 9, 245; LK/*Jescheck*, 11. Aufl., § 331 Rn. 10). So erfüllt A neben § 332 I i.V.m. § 336 auch § 253, wenn K zahlt (der damit seinerseits § 334 I i.V.m. § 336 verwirklicht).

2. Die „bestimmte" Diensthandlung und die bloße Dienstausübung als Bezugspunkte

28   Die (erstrebte) Unrechtsvereinbarung muss sich bei den §§ 331 II, 332, 333 II, 334 immer auf eine **bestimmte Diensthandlung** beziehen. Allerdings dürfen

„die Anforderungen an die Bestimmtheit der zu entgeltenden Diensthandlungen nicht überspannt werden. Es genügt, wenn unter den Beteiligten Einverständnis besteht, daß der Amtsträger innerhalb eines bestimmten Aufgabenbereichs oder Kreises von Lebensbeziehungen nach einer gewissen Richtung hin tätig werden soll und die ins Auge gefasste Diensthandlung dabei nach ihrem sachlichen Gehalt mindestens in groben Umrissen erkennbar und festgelegt ist" (BGHSt 39, 45, 46f.; ferner *BGH* NStZ 2000, 319; 2005, 214, 215; NJW 2001, 2558, 2559).

29   Eine in diesem Sinne konkretisierte Unrechtsvereinbarung *fehlt* namentlich dann, wenn sich der Vorteilsgeber nur das **allgemeine Wohlwollen** oder die **Geneigtheit** des Amtsträgers erkaufen oder noch nicht näher bestimmte Gefälligkeiten sichern will (vgl. BGHSt 15, 217, 222ff.; 32, 290, 292; *BGH* NStZ 1989, 74). Entsprechendes gilt für Zuwendungen, die lediglich mit Rücksicht auf die Dienststellung des Amtsträgers oder aus Anlass oder bei Gelegenheit einer Amtshandlung erfolgen (BGHSt 39, 45, 46).

30   Solche Bereiche fallen also mangels Bestimmtheit der Diensthandlung nicht unter die §§ 331 II, 332, 333 II, 334. Sie werden aber nach der Reform von 1997 durch die §§ 331 I, 333 I erfasst, sofern die folgenden beiden Voraussetzungen erfüllt sind: Es muss zumindest die (vergangene oder künftige) **Dienstausübung** betroffen *und* diese Bezugspunkt einer Unrechtsvereinbarung sein (hierzu auch BGHSt 49, 275, 281, 282f., 286; *BGH* NJW 2008, 3580, 3582f.; NStZ 2008, 216, 217; *Lackner/Kühl*, § 331 Rn. 10a).

Beispiele: (1) Eine typische Konstellation ist die Gewährung von Vorteilen **31** (Geld, Bewirtung, Übernachtung) an Amtsträger, die für Beschaffungen zuständig sind, ohne dass die Erteilung irgendwie konkretisierter Behördenaufträge im Raume steht („**Klimapflege**").

(2) Weiter sind Zuwendungen zu nennen, die nicht mit der Erwartung einer bestimmten Gegenleistung verbunden sind, aber dem Aufbau von Beziehungen dienen, die beim Amtsträger allgemeines Wohlwollen erzeugen und ihn zu eventuellen späteren Gegenleistungen geneigt machen sollen („**Anfüttern**").

(3) In den vorstehenden Konstellationen können die Vorteile auch in der Übertragung einer privaten entgeltlichen Nebentätigkeit liegen (vgl. *BGH NStZ* 2008, 216, 217; oben Rn. 18).

(4) Wenn ein Gefangener G einem Justizvollzugsbeamten J wegen „dessen freundlicher Art" ein Paket mit Lebensmitteln und Getränken im Wert von 35 € zukommen lässt, das der Beamte behält, so ist jedenfalls die Dienst*ausübung* betroffen (a. A. NK/*Kuhlen*, § 331 Rn. 75). J erfüllt daher § 331 I und G § 333 I (insoweit überholt BGHSt 39, 45).

3. Weitere Aspekte

Um das Wesen der Unrechtsvereinbarung und die §§ 331 ff. noch **32** besser zu verstehen, ist es sinnvoll, vor der Erörterung vertiefender Beispiele (Rn. 36 ff.) die folgenden, teilweise schon angesprochenen, Punkte festzuhalten:

(1) Die Unrechtsvereinbarung kann sich auf pflichtgemäße und pflichtwidrige – konkretisierte – **Diensthandlungen** erstrecken. Pflichtgemäße Amtshandlungen werden nur von den §§ 331, 333 erfasst. Die Strafbarkeit von Unrechtsvereinbarungen, die sich auf pflichtwidrige Diensthandlungen beziehen, richtet sich nach den §§ 332, 334 (die insoweit die §§ 331, 333 verdrängen). Dabei stellt § 336 klar, dass der Vornahme einer Diensthandlung deren **Unterlassung** gleichsteht.

(2) Gegenstand der Unrechtsvereinbarung kann ferner die bloße **Dienstausübung** sein. Diesen Bereich erfassen ausschließlich – gleichfalls bezüglich des Richters – die §§ 331 I, 333 I, die insoweit auch Auffangfunktionen erfüllen.

(3) Die Unrechtsvereinbarung kann sich bei allen Tatbeständen auf eine vergangene *oder* künftige Diensthandlung bzw. Dienstausübung beziehen.

(4) Eine – in den §§ 332 III Nr. 2, 334 III Nr. 2 ausdrücklich an- **33** gesprochene – **Diensthandlung mit Ermessensspielraum** liegt vor, wenn der Amtsträger als sog. Ermessensbeamter die Wahl zwischen verschiedenen rechtmäßigen Handlungsmöglichkeiten hat, wenn ihm also – anders als bei einer gebundenen Entscheidung – ein sachlicher Entscheidungsspielraum verbleibt (*OLG Frankfurt* NJW 1990, 2074, 2075; *OLG Naumburg* NJW 1997, 1593). Ermes-

sensbeamter ist auch ein Amtsträger, dem die Aufgabe zufällt, durch eigenverantwortliche Stellungnahmen fremde Ermessensentscheidungen vorzubereiten (dazu BGHSt 47, 260 mit Anm. *Wohlers*, JR 2003, 160; *BGH* NStZ-RR 2008, 13, 14). Weiter ist der Begriff des Ermessens strafrechtlich so zu verstehen, dass er auch die Fälle des Beurteilungsspielraums etwa im Zusammenhang mit Prüfungs- und richterlichen Strafzumessungsentscheidungen umfasst (dazu *Krey/M. Heinrich*, BT 1, Rn. 677; *Fischer*, § 332 Rn. 6).

Ein **Beispiel** stellt die „Bitte" um ein durch die Vorteilszuwendung günstig beeinflusstes „mildes Urteil" im **Fall 1** (Rn. 12) dar.

34   (5) Geht es um **künftige pflichtwidrige Diensthandlungen,** so genügt es für die Tatbestandsvollendung, dass sich der Amtsträger *nach außen hin* bereit gezeigt hat, seine Pflichten zu verletzen (zum Ganzen BGHSt 48, 44, 46 ff.; *BGH* NStZ-RR 2008, 13, 14). Der bloße innere Vorbehalt, unter allen Umständen pflichtgemäß zu handeln, ist unerheblich. Dies folgt nicht nur aus der rechtsgutsbezogenen Überlegung, wonach schon der Anschein der Käuflichkeit das Vertrauen der Allgemeinheit erschüttert (Rn. 7), sondern wird auch vom Gesetz selbst klargestellt (§ 332 III Nr. 1). Korrespondierend genügt auf der Seite des Vorteilsgebers der Abschluss einer Unrechtsvereinbarung, die eine nach außen hin gezeigte Bereitschaft zur Pflichtverletzung zum Gegenstand hat, bzw. ein entsprechender – im Sinne des § 30 I zu verstehender – Bestimmungsversuch (§ 334 III Nr. 1).

35   (6) Bei **künftigen Ermessenshandlungen** liegt die Pflichtwidrigkeit in der äußerlich gezeigten Bereitschaft, sich bei der Ausübung des Ermessens durch den Vorteil beeinflussen zu lassen (§ 332 III Nr. 2 bzw. § 334 III Nr. 2), d. h. sachfremden Erwägungen Raum zu geben (wobei es wieder keine Rolle spielt, ob die spätere Diensthandlung tatsächlich Mängel aufweist). Zu § 334 III Nr. 2 siehe auch **Fall 1** in Rn. 12.

4. Vertiefende Beispiele

36   (1) Gerichtsvollzieher G sucht zur Erledigung eines Vollstreckungsauftrages über 59,10 € die Schuldnerin S auf. Nachdem sie erklärt hat, das Geld nicht da zu haben, äußert G, sie solle mit ihm den Geschlechtsverkehr durchführen, dann werde er für sie das Geld an den Gläubiger überweisen und sie nicht mehr weiter behelligen. S stimmt dem Angebot a) zu, b) nicht zu (so im Fall *BGH* StV 1994, 527).

In der *Variante a)* fordert G mit dem Geschlechtsverkehr einen immateriellen Vorteil, der ihm auch gewährt wird. Die als Gegenleistung angekündigte Überweisung stellt allerdings nur eine Privathandlung dar; denn die Zahlung soll außerhalb des Vollstreckungsauftrages mit privaten Mitteln erfolgen. Doch verspricht G, sie nicht weiter in dienstlicher Eigenschaft aufzusuchen, d.h. eine – nach der Bezahlung: – pflichtgemäße Diensthandlung zu unterlassen (§ 331 I i.V.m. § 336). Daher erfüllt G § 331 I. – Dem entspricht – seit der Neufassung von 1997 – auf der Geberseite spiegelbildlich die Strafbarkeit der S gemäß § 333 I.

In der *Variante b)* ändert das fehlende Einverständnis der S nichts an der Strafbarkeit des G gemäß § 331 I in der Modalität des Forderns.

(2) Als Angestellter des Tiefbauamtes der Stadt S fordert A vom Straßen- **37** bauunternehmer U für sich 1.000 €, wobei er für den Fall der Weigerung ankündigt, die Vertragsbeziehungen des U zur Stadt S nachteilig zu beeinflussen. U zahlt das Geld. In Wirklichkeit hat A niemals daran gedacht, den U in irgendeiner Weise zu bevorzugen oder zu benachteiligen.

A verwirklicht zunächst § 253 (zur Drohung § 23 Rn. 39); § 263 tritt zurück (*Rengier*, BT I, § 11 Rn. 75). A erfüllt ferner § 331 I, da die Unrechtsvereinbarung den Inhalt hat, dass A sich im Hinblick auf die Beziehungen zwischen U und S weiter so wie bisher, also pflichtgemäß verhält. Was den § 332 I betrifft, so darf man ihn nicht mit der Begründung bejahen, dass A mit der in Aussicht gestellten nachteiligen Beeinflussung durchaus eine pflichtwidrige Diensthandlung androhe. Denn darauf erstreckt sich die Unrechtsvereinbarung nicht, vielmehr werden die 1.000 € allein als Gegenleistung für (weiterhin) pflichtgemäßes Verhalten gezahlt (*BGH* StV 1985, 146). § 332 I muss verneint werden. – U erfüllt „spiegelbildlich" § 333 I.

(3) Der Beamte B der Stadt X ist für Bauabnahmen zuständig. Solche Beamte **38** haben einen Ermessensspielraum (*OLG Frankfurt* NJW 1990, 2074, 2075). U, der für die Stadt ein großes Objekt gebaut hat und Mängelrügen befürchtet, geht vor der Abnahme zu B und übergibt ihm einen Umschlag mit 10.000 €. B nimmt das Geld entgegen. a) B erklärt, U solle bloß nicht glauben, er sei bestechlich. Tatsächlich nimmt B, korrekt handelnd, den Bau nicht ab. b) B erklärt, „da lasse sich wohl was machen", hat aber in Wirklichkeit vor, sich nicht beeinflussen zu lassen. Wieder nimmt B, korrekt handelnd, den Bau nicht ab.

Es geht um die Diensthandlung Abnahme. In der *Variante a)* erfüllt B § 331 I, aber nicht § 332 I, III Nr. 2, da es wegen seiner

Äußerung keine Anhaltspunkte für eine zumindest konkludente
Bereitschaftserklärung gibt, sich unsachlich beeinflussen zu lassen.
– U verwirklicht § 333 I, bei realistischer Betrachtungsweise aber
auch § 334 I, III Nr. 2 (versuchte Bestimmung zu einer Unrechtsvereinbarung, welche die Einbeziehung sachfremder Erwägungen
zum Gegenstand haben sollte). – Die Variante a) zeigt übrigens,
dass trotz der spiegelbildlichen Konstruktion der §§ 332, 334 einer Tat nach § 334 nicht immer auch eine solche nach § 332 entsprechen muss.

In der *Variante b)* gelangt man bei B zu § 332 I, III Nr. 2. Der
geheime Vorbehalt des B schließt die Tatbestandsverwirklichung
ebenso wenig aus wie sein in tatsächlicher Hinsicht korrektes
Verhalten. Die §§ 331 ff. bestrafen schon die Erweckung des bösen
Anscheins der Käuflichkeit. – U erfüllt § 334 I.

V. Die behördliche Genehmigung (§ 331 III)

39   Für den Fall nicht geforderter Vorteile und für den von § 331 I
erfassten Bereich kommt als Rechtfertigungsgrund (BGHSt 31,
264, 286; *OLG Hamburg* StV 2001, 277, 282; h.M.) die behörd-
che Genehmigung in Betracht (ergänzend § 333 III). Dabei ist
zu beachten, dass sozialadäquate Vorteilszuwendungen (Rn. 13f.)
schon nicht tatbestandsmäßig sind und daher keiner Genehmigung
bedürfen.

40   Sofern die vorherige Genehmigung fehlt und auch nicht in zu-
mutbarer Weise eingeholt werden kann, darf der Amtsträger den
Vorteil unter Vorbehalt – gleichsam vorläufig – entgegennehmen;
im Falle der späteren Versagung der Genehmigung muss er den Vorteil abgeben. Wo eine Annahme unter Vorbehalt untunlich (diplo-
matischer Verkehr) oder naturgemäß unmöglich ist (Einladung zu
einem nicht mehr „sozialadäquaten" Essen oder zu einem Theater-
besuch), hängt die Rechtfertigung davon ab, ob die Annahme objektiv genehmigungsfähig war und der Amtsträger subjektiv in dieser Vorstellung sowie mit der Absicht gehandelt hat, unverzüglich
Anzeige zu erstatten.

41   Unter diesen Voraussetzungen spielt es keine Rolle, ob die Genehmigung später wirklich erteilt wird oder nicht; denn aus strafrechtlicher Sicht kann es nur auf den Zeitpunkt der Tat ankommen.
Sind umgekehrt die genannten Voraussetzungen nicht erfüllt, so

kann eine dennoch erteilte nachträgliche Genehmigung nur als Strafaufhebungsgrund wirken (dazu *Fischer*, § 331 Rn. 32 ff.; SK/ *Rudolphi/Stein*, § 331 Rn. 38 ff.; *Krey/M. Heinrich*, BT 1, Rn. 670).

VI. Teilnahmeprobleme

Die §§ 331 ff. regeln – im Bestechungsbereich – die Strafbarkeit 42 des Vorteilsgebers wie des Vorteilsempfängers selbstständig und abschließend. Von daher kommt eine strafbare Teilnahme des begünstigten Amtsträgers/Richters an den §§ 333, 334 so wenig in Betracht wie eine solche des Vorteilsgebers an den §§ 331, 332.

Die frühere Privilegierung des Vorteilsgebers im Bereich des § 333 wirkte sich auch auf die Strafbarkeit von Teilnehmern aus (vgl. BGHSt 37, 207, 212 f.). Mit der zu § 331 I spiegelbildlichen Ausgestaltung des § 333 I ist die Rechtslage einfacher geworden.

Was die Teilnahme von **außenstehenden Dritten** anbelangt, 43 lassen sich die folgenden Leitlinien aufstellen:

(1) Will der Dritte (hauptsächlich) den Vorteilsgeber unterstützen, steht er also in dessen Lager, so kann der Dritte auch nur im Rahmen der §§ 333, 334, 26, 27 erfasst werden.

(2) Steht umgekehrt der Dritte im Lager des Vorteilsnehmers, so können für den Dritten nur die §§ 331, 332, 26, 27, 28 I eingreifen.

(3) Allein wenn der Dritte in gleicher Weise beiden Seiten dient, wird seine Beteiligung grundsätzlich doppelt erfasst, doch tritt die mildere Beteiligungsform (§§ 331, 332, 26, 27, 28 I) zurück (*Fischer*, § 331 Rn. 38; NK/*Kuhlen*, § 331 Rn. 122).

Im **Fall 3 a** erfüllt A nur § 331 I (und nicht § 332 I). E verwirklicht § 333 I 44 (keinesfalls die §§ 331 I, 26, 28 I). F steht auf der Seite des E und ist daher nach den §§ 333 I, 26 zu bestrafen. – Kombiniert mit **Fall 3 c** ergibt sich eine Strafbarkeit des A nach § 332 I, des E nach § 334 I und der F nach den §§ 334 I, 26.

Im **Fall 3 b** ergeben sich für A und E keine Änderungen. Bei der L liegen, weil sie A unterstützen will, die §§ 331 I, 26, 28 I vor. – Kombiniert mit **Fall 3 c** ist A gemäß § 332 I, E gemäß § 334 I und L gemäß den §§ 332 I, 26, 28 I strafbar.

VII. Strafschärfungen

§ 335 sieht für bestimmte Fälle der §§ 332, 334 Strafschärfungen 45 vor und knüpft in § 335 II an die Regelbeispielsmethode an (vgl.

Rengier, BT I, § 3 Rn. 1 ff. zu § 243). Bezüglich des „großen Aus-
maßes" (§ 335 II Nr. 1) liegt es nahe, bei Vermögenswerten parallel
zu § 263 III 2 Nr. 2 1. Var. eine Untergrenze von 50.000 € zugrun-
dezulegen (vgl. *Rengier,* BT I, § 13 Rn. 120; *Wessels/Hettinger,*
BT 1, Rn. 1124); doch werden auch niedrigere Beträge, mindestens 10.000 € genannt (*Fischer,* § 335 Rn. 6; *Lackner/Kühl,* § 335
Rn. 2). Eine fortgesetzte Vorteilsnahme setzt eine mindestens
dreimalige Tatbegehung voraus (*Fischer,* § 335 Rn. 9; *Kindhäuser,*
BT I, § 76 Rn. 65). Zum Regelbeispiel des § 335 II Nr. 3 vgl.
Rengier, BT I, § 3 Rn. 34 (Gewerbsmäßigkeit) und § 4 Rn. 89 ff.
(Bandendiebstahl).

Empfehlungen zur vertiefenden Lektüre:

Rechtsprechung: BGHSt 29, 300 (vorgetäuschte zurückliegende Diensthandlung); BGHSt = NJW 2008, 3580 (Sponsor als Täter einer Vorteilsgewäh-
rung durch Verschenkung von WM-Tickets an Politiker); *BGH* NStZ-RR
2008, 13 (Grundlagen der §§ 331 ff.); *BGH* NStZ 2008, 216 („Klimapflege"
durch Vereinbarung einer privaten entgeltlichen Nebentätigkeit).

Literatur: *Dölling,* Betrug und Bestechlichkeit durch Entgeltannahme für
eine vorgetäuschte Dienstpflichtverletzung? – *BGH* NJW 1980, 2203 (= BGHSt
29, 300), JuS 1981, 570 ff.

§ 61. Rechtsbeugung (§ 339)

Fall 1: a) B fährt innerhalb der Ortschaft um 10 km/h zu schnell und wird
auf frischer Tat ertappt. Die Polizei leitet die Anzeige an die zuständige Ver-
waltungsbehörde weiter. Dort verhängt der zuständige A nicht das übliche
Verwarnungsgeld (§ 56 OWiG), vielmehr stellt er das Verfahren nach § 47
OWiG ein, weil er den B kennt. b) *Variante:* B fährt um 30 km/h zu schnell.
A stellt wieder nach § 47 OWiG ein und ahndet die Ordnungswidrigkeit
nicht durch Bußgeldbescheid (§ 65 OWiG), wie es geboten gewesen wäre.
→ Rn. 8

Fall 2: a) Der Zivilrichter Z weist die Räumungsklage des V gegen die Mie-
terin M ab. Das Urteil wird schwach begründet, trifft aber aus juristischer
Sicht im Ergebnis unter Berücksichtigung einer literarischen Mindermeinung
eine noch vertretbare Entscheidung. Z ist von der Richtigkeit seines Urteils
überzeugt (*KG* NStZ 1988, 557). b) *Variante:* Z hält die Mindermeinung an
sich für nicht haltbar; dennoch stützt er sein Urteil darauf und weist die Klage
des V ab, weil er den V unsympathisch und das Mietrecht unsozial findet.
→ Rn. 16

I. Grundlagen

§ 339 (= § 336 a. F.) schützt die Rechtspflege. Die Rechtsgemein-   1
schaft erwartet von Richtern und anderen Amtsträgern, die
Rechtssachen zu leiten und zu entscheiden haben, dass sie ihr Amt
unparteiisch und ausschließlich an Recht und Gesetz orientiert
ausüben. Die Rechtspflege soll, so ist der spezifische Unrechts-
kern des § 339 zu präzisieren, vor elementaren Angriffen „von
innen" geschützt werden, d. h. vor Angriffen durch Personen, die
auf Grund richterlicher bzw. richterähnlicher Unabhängigkeit,
Neutralität und Autorität in herausgehobener Weise zur Durchsetzung des Rechts berufen sind.

Die Einordnung der Rechtsbeugung in die Kategorie der Ver-   2
brechen (§ 12 I) führt im Falle der rechtskräftigen Verurteilung
kraft Gesetzes zur Beendigung des Richter- oder Beamtenverhält-
nisses (§§ 24 Nr. 1 DRiG, 24 I 1 Nr. 1 BRRG, 48 I 1 Nr. 1 BBG).
Aus dieser gravierenden Rechtsfolge wie auch aus dem Schutzzweck der Vorschrift ergibt sich die Notwendigkeit, den Tatbestand **restriktiv** auszulegen (vgl. BGHSt 34, 146, 148; 38, 381, 383;
OLG Düsseldorf NJW 1990, 1374; *Lackner/Kühl*, § 339 Rn. 5).

II. Der Täterkreis

§ 339 ist ein *echtes* Amtsdelikt (vgl. § 59 Rn. 2). Täter können   3
nur **Richter** (§ 11 I Nr. 3: Berufsrichter oder ehrenamtliche Richter wie Schöffen), **Schiedsrichter** (vgl. §§ 1025 ff. ZPO, 101 ff.
ArbGG) oder andere **Amtsträger** (§ 11 I Nr. 2) sein. Für außenstehende Teilnehmer, die kein Amt der vorstehenden Art ausüben,
gilt § 28 I (vgl. § 59 Rn. 4 f.).

Schwierigkeiten bereitet die Kategorie der **anderen (nichtrich-**   4
terlichen) Amtsträger. Die maßgeblichen Kriterien ergeben sich
daraus, dass der Tatbestand eine Tätigkeit bei der „Leitung oder
Entscheidung einer Rechtssache" voraussetzt: Ein nichtrichter-
licher Amtsträger kommt dann als Täter in Betracht, „wenn seine
Tätigkeit im Hinblick auf seinen Aufgabenbereich und seine Stellung mit der eines Richters vergleichbar ist" (BGHSt 34, 146). Der
Amtsträger muss die jeweilige Rechtssache „wie ein Richter" zu
leiten oder zu entscheiden haben (BGHSt 38, 381, 382). Dabei

richtet in einer „Rechtssache" nur, wer richterähnlich in einem
rechtlich vollständig geregelten Verfahren zu entscheiden hat und
einen gewissen Grad sachlicher Unabhängigkeit genießt (BGHSt
40, 168, 177; 41, 247, 249).

> Insoweit unterscheidet sich die richterliche/richterähnliche Tätigkeit von der
> bloßen (nicht unter § 339 fallenden) Verwaltungstätigkeit, bei der die Amts-
> träger selbstverständlich auch an Gesetz und Recht gebunden sind (Art. 20 III
> GG).

5   Im Einzelnen sind die Kriterien, die das Wesen einer richterähnlichen Tätigkeit ausmachen, noch nicht abschließend geklärt.
Jedenfalls steht die Weisungsabhängigkeit des Amtsträgers einer
richterähnlichen Funktion nicht generell entgegen. Als wesentliche Anhaltspunkte, die für eine quasi-richterliche Tätigkeit sprechen, lassen sich namentlich nennen:

– Die unparteiische Stellung des Amtsträgers,
– das Gewicht und die Reichweite seiner Leitungs- und Ent-
scheidungsbefugnis sowie
– die Zielsetzung des Verfahrens, gestützt auf die Autorität des
Amtes primär das Recht und nicht sonstige Staatszwecke/
Verwaltungsinteressen durchzusetzen (vgl. SK/*Rudolphi/Stein,*
§ 339 Rn. 6 ff.; *Behrendt,* JuS 1989, 946 f.).

6   **Beispiele:** (1) Insbesondere der **Staatsanwalt** trifft als „Herr
des Ermittlungsverfahrens" in bestimmten Fällen richterähnliche
Entscheidungen in einer „Rechtssache". Dazu gehören: Einstel-
lungsverfügungen nach den §§ 153 ff., 170 II StPO, 45 JGG, und
zwar unabhängig davon, ob die Verfügung der richterlichen
Zustimmung bedarf; Anklageerhebungen gemäß § 170 I StPO
(BGHSt 32, 357; 38, 381, 382; 41, 247, 249); nach BGHSt 41, 247,
249 f. sogar Anträge auf Erlass eines Haftbefehls (§§ 125 I, 128 II 2
StPO).

7   (2) Ferner können unter § 339 **Rechtspfleger** fallen, wenn ihnen das Gesetz
die selbstständige (§ 9 RPflG) Wahrnehmung richterlicher Aufgaben übertragen hat (BGHSt 35, 224, 230 ff. zum Fall des § 3 Nr. 2 RPflG). Die Tätigkeit des
Gerichtsvollziehers ist aber nicht mit der eines Richters vergleichbar (*OLG
Düsseldorf* NJW 1997, 2124).

8   (3) Im **Bußgeldverfahren** kommen als taugliche Täter die Amtsträger der zuständigen Verwaltungsbehörden in Betracht, die über
die Verfolgung und Ahndung von Ordnungswidrigkeiten zu entscheiden haben (vgl. §§ 35 ff., 46 I, II, 47 I, 65 f. OWiG). Entschei-

dungen im **Verwarnungsverfahren** nach den §§ 56 ff. OWiG gehören aber nicht dazu, weil hier dem Betroffenen in einem vereinfachten Verfahren sein Fehlverhalten nur vorgehalten wird und die notwendige Zustimmung des Betroffenen (§ 56 II OWiG) eine förmliche Entscheidung überflüssig macht (*OLG Hamm* NJW 1979, 2114).

Im **Fall 1 a** scheidet somit eine Strafbarkeit des A nach § 339 aus. Nur im **Fall 1 b** erfüllt A § 339; denn hier verzichtet er rechtswidrig auf den Erlass eines Bußgeldbescheides nach § 65 OWiG und wird insoweit bei der „Entscheidung einer Rechtssache" tätig.

(4) *Nicht* zum tauglichen Täterkreis gehören **Polizeibeamte,** da 9 sie nicht mit richterähnlichen Leitungs- und Entscheidungsbefugnissen ausgestattet sind. Das Gleiche gilt für (leitende) **Amtsträger in gewöhnlichen Verwaltungsverfahren:** Man denke etwa an Amtsträger, die in der Kommunalverwaltung für die Erteilung von Aufenthaltsbewilligungen (BGHSt 34, 146) oder die Gewährung von Sozialhilfe (*OLG Koblenz* GA 1987, 553) zuständig sind, oder an den Leiter eines behördlichen Planfeststellungsverfahrens (*OLG Hamburg* NStZ-RR 2005, 143).

Auch die Tätigkeit von **Finanzbeamten** im Steuerveranlagungsverfahren liegt außerhalb des Schutzbereichs von § 339; denn sie werden nicht in einer unparteiischen richterlichen Funktion, sondern im Auftrag einer Partei (Finanzverwaltung) mit dem Ziel tätig, in deren Interesse die Mittel für die Deckung des öffentlichen Finanzbedarfs zu beschaffen (BGHSt 24, 326 mit Anm. *Bemmann,* JZ 1972, 599 ff.; *OLG Celle* NStZ 1986, 513).

III. Die Tathandlung

Die Tathandlung besteht in einer „Beugung des Rechts", d. h. in 10 einer („Verbiegung" =) Verletzung des geltenden materiellen oder prozessualen Rechts. Die Rechtsbeugung kann durch Sachverhaltsverfälschung, durch unrichtige Anwendung des geltenden Rechts oder durch Ermessensmissbrauch begangen werden. Hierbei sind – parallel zur Untreue (*Rengier,* BT I, § 18 Rn. 20 ff.) – Pflichtverletzungen durch Unterlassen einbezogen (*Lackner/Kühl,* § 339 Rn. 5 a).

Als allgemeine **Beispiele** für mögliche Tathandlungen können genannt wer- 11 den: Die Verurteilung wegen versuchter Untreue (vgl. §§ 266, 12, 23 I); die Einstellung eines Jugendstrafverfahrens durch den Jugendstaatsanwalt gemäß

§ 45 II JGG nach einverständlicher körperlicher Züchtigung (BGHSt 32, 357); die den §§ 153 ff., 170 II StPO widersprechende Einstellung; das Nichtbetreiben der Strafverfolgung entgegen §§ 152 II, 170 I StPO (*BGH* 1 StR 394/07 bei *Satzger*, JK 7/08, StGB § 339/3); die unberechtigte Anklageerhebung; die Verhängung von unverhältnismäßig hohen oder niedrigen Strafen; die Vorenthaltung prozessualer Rechte (Verteidigung, rechtliches Gehör, letztes Wort usw.); Verstöße gegen §§ 115 a II, 128 I StPO (*OLG Frankfurt* NJW 2000, 2037); die Abweisung einer berechtigten zivilrechtlichen Klage. Im Fall Schill geht es um die verzögerte Behandlung von Beschwerden nach der Verhängung von Ordnungshaft (BGHSt 47, 105; dazu *Schiemann*, NJW 2002, 112 ff.; *Kühl/Heger*, JZ 2002, 210 ff.; *Wohlers/Gaede*, GA 2002, 483 ff.).

Zum Ermessensmissbrauch im Zusammenhang mit Verfahrenseinstellungen gemäß § 47 II 1 OWiG siehe BGHSt 44, 58 mit Anm. *Herdegen*, NStZ 1999, 456; *Seebode*, JZ 2000, 319; *Scheffler*, JR 2000, 119.

12   Jedoch ist umstritten, unter welchen genauen Voraussetzungen man von einer „Beugung des Rechts" sprechen kann (zusammenfassend *Geppert*, Jura 1981, 80; *Behrendt*, JuS 1989, 948 f.):

(1) Nach der **objektiven Theorie** wird Recht gebeugt, wenn sich die Entscheidung nicht mehr im Rahmen des objektiv noch Vertretbaren bewegt (*KG* NStZ 1988, 557; LK/*Spendel*, 11. Aufl., § 339 Rn. 37 ff.; *Lackner/Kühl*, § 339 Rn. 5; *Maurach/Maiwald*, BT 2, § 77 Rn. 8 ff.; h. M.).

13   (2) Nach der seltener vertretenen **subjektiven Theorie** kommt es darauf an, ob der Richter/Amtsträger bewusst entgegen seiner juristischen Überzeugung entscheidet, auch wenn das Ergebnis objektiv an sich noch haltbar ist.

14   (3) Die zunehmend vertretene vermittelnde **Pflichtverletzungslehre** sieht das Wesen der Rechtsbeugung darin, dass der Entscheidungsträger die ihm obliegenden Pflichten verletzt. Diese Lehre geht insoweit über die objektive Theorie hinaus, als sie bei mehrdeutigen Rechtsnormen eine Rechtsbeugung auch dann bejaht, wenn sich der Richter/Amtsträger mit seiner Entscheidung objektiv zwar noch im Rahmen des Vertretbaren bewegt, diese aber aus sachfremden Erwägungen trifft (SK/*Rudolphi/Stein*, § 339 Rn. 17 d; *Behrendt*, JuS 1989, 948 f.).

15   (4) Die (enge) **Ansicht der Rechtsprechung** kann im Ausgangspunkt wohl als eine Art objektive Schweretheorie gekennzeichnet werden. Jedenfalls betont der *BGH*, dass der Vorwurf der Rechtsbeugung von hohen Schranken abhängig sein müsse. Die (bloße) Unvertretbarkeit einer Entscheidung reiche nicht aus. Nur „der Rechtsbruch als elementarer Verstoß gegen die Rechts-

pflege" solle unter Strafe gestellt sein. Rechtsbeugung begehe daher allein der Amtsträger, der sich „bewusst in schwerwiegender Weise von Recht und Gesetz entfernt".

BGHSt 41, 247, 251; 42, 343, 345; 44, 258, 260; 48, 105, 108 f.; *OLG Karlsruhe* NJW 2004, 1469, 1470; zust. Sch/Sch/*Heine*, § 339 Rn. 5 b; a. A. SK/*Rudolphi/ Stein*, § 339 Rn. 11 a, b m. w. N.; ergänzend *Lehmann*, NStZ 2006, 127 ff.

Neuerdings nimmt die Rechtsprechung zudem Gedankengut der Pflichtverletzungslehre auf und hält einen „schwerwiegenden Verfahrensverstoß" auch dann für gegeben, „wenn der Richter mit seiner Verfahrensweise aus sachfremden Erwägungen gezielt zum Vorteil oder Nachteil einer Partei handelt" (BGHSt 47, 105, 113; *Lackner/Kühl*, § 339 Rn. 5; zur „Mischformel" des *BGH* kritisch *Wohlers/Gaede*, GA 2002, 489 ff.).

Im **Fall 2 a** bleibt Z nach allen Lehren straflos; auch auf dem Boden der **16** Pflichtverletzungslehre begründet die bloße mangelnde Sorgfalt bei der Urteilsfindung und -abfassung, ohne dass sachfremde Erwägungen eine Rolle spielen, noch keine Pflichtverletzung.

Im **Fall 2 b** muss § 339 nach der objektiven Theorie verneint werden. Dagegen ist auf dem Boden der subjektiven Theorie der Tatbestand zu bejahen. Die Pflichtverletzungslehre gelangt ebenfalls zur Bejahung, weil das in rechtlicher Hinsicht an sich haltbare Urteil unter sachfremden Erwägungen zustande gekommen ist. Nach BGHSt 47, 105, 113 f. käme es auf den Nachweis einer „gezielten" Benachteiligung des V an.

Zur Diskussion: Gegen die subjektive Theorie spricht, dass die **17** Rechtsordnung in erster Linie objektive Maßstäbe setzt und von daher auch das Merkmal der „Beugung des Rechts" grundsätzlich nach objektiven Kriterien zu bestimmen ist. Andererseits liegt das Wesen der Rechtsfindung in einem unparteiischen und frei von sachfremden Erwägungen erfolgenden Entscheidungsprozess. Verfälschungen dieses Prozesses kann die – Zustimmung verdienende – Pflichtverletzungslehre besser als die objektive Theorie begegnen. Was die besonders restriktive Ansicht der Rechtsprechung betrifft, so besteht in der Sache kein Anlass, noch eine zusätzliche Lehre zu entwickeln.

Zur Kritik SK/*Rudolphi/Stein*, § 339 Rn. 11 a, b; *Seebode*, JR 1994, 1 ff.; *ders.*, Jura 1997, 419 ff.; *Spendel*, JR 1995, 215 f.; *Hohmann*, DtZ 1996, 336 f.; *Sowada*, GA 1998, 178 ff.; *Herdegen*, NStZ 1999, 457; *Lehmann*, NStZ 2006, 127 ff.

Die Rechtsbeugungshandlung muss zur Folge haben, dass eine **18** „Partei" (d. h. ein Verfahrensbeteiligter) begünstigt oder benachteilgt wird. Die zu Unrecht erlangte Besser- oder Schlechterstellung kann z. B. in unberechtigten Einstellungen, Freisprüchen und Verurteilungen sowie in fehlerhaften Zivilurteilen liegen. In Betracht kommen auch Veränderungen der prozessualen Beweislage (LK/*Spendel*, 11. Aufl., § 339 Rn. 69). Ob aber grundsätzlich jeder Verfahrensverstoß unabhängig von seiner Auswirkung auf die Endentscheidung genügt, ist zweifelhaft (bejahend *Seebode*, JR 1997, 478; a. A. BGHSt 42, 343, 351 f.; *BGH* NStZ-RR 2001, 243, 244; *Volk*, NStZ 1997, 412 ff.).

IV. Der Rechtsbeugungsvorsatz

19   Nach ganz h. M., für die § 15 und die Entstehungsgeschichte sprechen, reicht der dolus eventualis aus (BGHSt 40, 272, 276; *KG* NStZ 1988, 557; *Lackner/Kühl*, § 339 Rn. 9). Auf dem Boden der objektiven Theorie setzt vorsätzliches Handeln die rechtliche Wertung voraus, bewusst und gewollt eine unvertretbare Entscheidung zu fällen. Aus der Sicht der Rechtsprechung hat man zu fragen, ob der Amtsträger bewusst einen schwerwiegenden Rechtsbruch begehen will. Nach der Pflichtverletzungslehre muss der Täter den Willen haben, die ihm nach dieser Lehre obliegenden Pflichten zu verletzen.

20   Im Übrigen wird die Schwelle zu einer vorsätzlichen Beugung des Rechts noch nicht dadurch überschritten, dass der Richter oder Amtsträger seiner Entscheidung kritisch gegenübersteht oder sogar gewisse Zweifel an ihrer juristischen Richtigkeit hegt. Vielmehr muss er sich mit seiner Rechtsanwendung auch für den Fall ihrer Unvertretbarkeit abfinden, darf also nicht mehr auf die Vertretbarkeit vertrauen. Das für die Zweifelsfälle verschiedentlich aufgestellte zusätzliche Erfordernis einer „innerlichen" Billigung (*Lackner/Kühl*, § 339 Rn. 9) braucht man nicht, um sachgerechte Ergebnisse zu erzielen (*Fischer*, § 339 Rn. 18 f.; *Küpper*, BT 1, II § 4 Rn. 39).

V. „Sperrwirkung" des § 339

21   § 339 entfaltet zugunsten des Richters oder Amtsträgers eine „Sperrwirkung" mit der Folge, dass dieser nach anderen Vorschriften (z. B. §§ 239, 258 a), die er bei der Leitung oder Entscheidung einer Rechtssache verwirklicht, nur bestraft werden kann, wenn er sich zugleich einer Rechtsbeugung schuldig gemacht hat (BGHSt

32, 357, 364 f.; *OLG Düsseldorf* NJW 1990, 1374; *OLG Karlsruhe* NJW 2004, 1469; *Lackner/Kühl,* § 339 Rn. 11; h. M.).

Empfehlungen zur vertiefenden Lektüre:

Rechtsprechung: BGHSt 32, 357 (Einstellung durch Jugendstaatsanwalt nach Einverständnis mit körperlicher Züchtigung); BGHSt 38, 381 (Rechtsbeugung durch Staatsanwalt im Rahmen des § 153 a StPO); BGHSt 42, 343 mit Anm. *Seebode,* JR 1997, 474 ff. (Verstöße gegen Verfahrensrecht); *OLG Celle* NStZ 1986, 513 (Finanzbeamte im Steuerveranlagungsverfahren als untaugliche Täter); *KG* NStZ 1988, 557 (noch vertretbare Rechtsanwendung durch Zivilrichter); *OLG Düsseldorf* NJW 1990, 1377 („Sperrwirkung").

Literatur: *Behrendt,* Die Rechtsbeugung, JuS 1989, 945 ff.; *Geppert,* Amtsdelikte (§§ 331 ff. StGB), Jura 1981, 78 ff.

§ 62. Körperverletzung im Amt (§ 340)

§ 340 I stellt ein unechtes Amtsdelikt dar, das den § 223 I quali-   1
fiziert. Für außenstehende Beteiligte gilt demnach § 28 II; sie werden entsprechend dem Grad ihrer Beteiligung allein aus dem Grunddelikt bestraft (dazu bereits § 59 Rn. 1 ff.).

Der objektive Tatbestand des § 340 I setzt voraus, dass der   2
Amtsträger die Körperverletzung „während der Ausübung seines Dienstes" oder „in Beziehung auf seinen Dienst" begeht. Insoweit muss zwischen der Dienstausübung und der Körperverletzung ein **innerer Zusammenhang** bestehen, der sich als Missbrauch der Amtsgewalt darstellt; ein bloß zeitlicher Zusammenhang genügt nicht (h. M.; *KG* NJW 2008, 2132, 2133 f.; NK/*Kuhlen,* § 340 Rn. 8; Sch/Sch/*Cramer/Sternberg-Lieben,* § 340 Rn. 3; *Fischer,* § 340 Rn. 2 f.; *Eisele,* BT I, Rn. 376 ff.).

Beispiele: Vollziehung einer „Prügelstrafe" durch einen Staatsanwalt (dazu   3
schon § 59 Rn. 5); Misshandlung von Gefangenen durch Aufsichtsbeamte; Ohrfeigen durch Lehrer an staatlich gelenkten Schulen. Auch für Rauschzustände (vgl. § 13 Rn. 11) eines Inhaftierten/Untergebrachten kann ein Amtsträger nach § 340 I verantwortlich sein, es sei denn, dass eigenverantwortliches Handeln des Berauschten die Zurechnung ausschließt (vgl. *BGH* NJW 1983, 462; *Amelung/Weidemann,* JuS 1984, 598 ff.; § 20 Rn. 3 ff. i. V. m. § 8 Rn. 1 ff.).

Nicht unter § 340 I fällt etwa der Beamte, der aus privaten Gründen seinen Kollegen im Dienst ohrfeigt. Entsprechendes gilt, unabhängig von seiner zweifelhaften Amtsträgereigenschaft, für den Busfahrer eines kommunalen Verkehrsbetriebs, der einem aussteigenden Fahrgast wegen einer Beleidigung nacheilt und ihn tätlich angreift (*KG* NJW 2008, 2132). Eine Heilbehandlung ist auch dann keine spezifisch dienstliche Tätigkeit, wenn sie in einem öffentlichen Krankenhaus erfolgt (*OLG Karlsruhe* NJW 1983, 352).

4   Das **Begehen** erfasst die Fälle der aktiven (Allein- oder Mit-)-Täterschaft. Unter das **Begehenlassen** subsumiert die wohl h.M. nicht nur die mittelbare Täterschaft, sondern auch die Anstiftung und Beihilfe sowie jede Beteiligung durch Unterlassen entgegen einer dienstlichen Verhinderungs(garanten)pflicht. Von daher scheiden die Milderungsmöglichkeiten der §§ 27 II 2, 13 II aus.

NK/*Kuhlen*, § 340 Rn. 10; *Lackner/Kühl*, § 340 Rn. 2; Sch/Sch/*Cramer/Sternberg-Lieben*, § 340 Rn. 4; a. A. SK/*Horn/Wolters*, § 340 Rn. 3 aff.; LK/*Hirsch*, 11. Aufl., § 340 Rn. 7 ff.; *Otto*, BT, § 19 Rn. 5 f.

5   Eine rechtfertigende **Einwilligung** hat die h.M. bis zum 6. StrRG 1998, von Ausnahmefällen wie § 81 a I 2 StPO abgesehen, mit der Begründung für unbeachtlich gehalten, dass die Tat staatliche Belange berühre. Diese Ansicht ist überholt, weil nunmehr § 340 III auch auf § 228 (dazu oben § 20) verweist und damit die Einwilligungsmöglichkeit grundsätzlich anerkennt.

Lackner/Kühl, § 340 Rn. 4; SK/*Horn/Wolters*, § 340 Rn. 8; NK/*Kuhlen*, § 340 Rn. 5; *Eisele*, BT I, Rn. 371; a. A. *Jäger*, JuS 2000, 38; LK/*Hirsch*, 11. Aufl., § 340 Rn. 15; *Duttge*, Jura 2006, 19 ff.

6   Im Übrigen fällt dem § 340 III erstens die Funktion zu, die Variante des „Begehenlassens" auf die Fälle der §§ 224 ff. zu übertragen (BT-Drs. 13/8587, S. 83). Zweitens erlaubt die Vorschrift auch einen Schuldspruch etwa wegen gefährlicher oder schwerer Körperverletzung im Amt (*Wolters*, JuS 1998, 586; LK/*Hirsch*, 11. Aufl., § 340 Rn. 19).

7   Ein einfache Körperverletzungen rechtfertigendes, kraft Gewohnheitsrecht bestehendes Züchtigungsrecht des Lehrers kann heute nicht mehr anerkannt werden (*Lackner/Kühl*, § 223 Rn. 11; vgl. auch *BGH* NStZ 1993, 591; ergänzend § 13 Rn. 14).

Stichwortverzeichnis

Die **fett** gesetzten Zahlen verweisen auf die Paragraphen des Buches,
die mageren auf deren Randnummern.